QUELLEN ZUR GESCHICHTE
DES 7. UND 8. JAHRHUNDERTS

AUSGEWÄHLTE QUELLEN ZUR DEUTSCHEN GESCHICHTE DES MITTELALTERS

FREIHERR VOM STEIN-GEDÄCHTNISAUSGABE

Begründet von Rudolf Buchner
und fortgeführt von Franz-Josef Schmale

Band IVa

FONTES HISTORIAM SAECULORUM SEPTIMI ET OCTAVI ILLUSTRANTES

CHRONICARUM QUAE DICUNTUR FREDEGARII LIBRI QUATTUOR

(a libri secundi capite LIII usque ad librum quartum, paucis locis abbreviati)

Editionis quam paraverat B. Krusch textum consilio H. Wolfram adiutus denuo imprimendum curavit

ANDREAS KUSTERNIG

CHRONICARUM QUAE DICUNTUR FREDEGARII CONTINUATIONES

LIBER HISTORIAE FRANCORUM

(paucis locis abbreviatus)

VITA LEBUINI ANTIQUA

(selectio)

IONAE VITAE COLUMBANI LIBER PRIMUS

Editionum quas paraverant B. Krusch et A. Hofmeister textus consilio H. Wolfram adiutus denuo imprimendos curavit

HERBERT HAUPT

1982

WISSENSCHAFTLICHE BUCHGESELLSCHAFT
DARMSTADT

QUELLEN
ZUR GESCHICHTE
DES 7. UND 8. JAHRHUNDERTS

DIE VIER BÜCHER
DER CHRONIKEN DES SOGENANNTEN FREDEGAR
(Buch 2, Kapitel 53 bis Buch 4,
unwesentlich gekürzt)

Unter der Leitung von Herwig Wolfram neu übertragen von
ANDREAS KUSTERNIG

DIE FORTSETZUNGEN
DER CHRONIKEN DES SOGENANNTEN FREDEGAR

DAS BUCH VON DER GESCHICHTE DER FRANKEN
(unwesentlich gekürzt)

DAS ALTE LEBEN LEBUINS
(Auswahl)

JONAS ERSTES BUCH VOM LEBEN COLUMBANS

Unter der Leitung von Herwig Wolfram neu übertragen von
HERBERT HAUPT

1982

WISSENSCHAFTLICHE BUCHGESELLSCHAFT
DARMSTADT

CIP-Kurztitelaufnahme der Deutschen Bibliothek

Quellen zur Geschichte des 7. [siebten] und 8. [achten] Jahrhunderts /
unter Leitung von Herwig Wolfram neu übertr. von Andreas Kusternig; Herbert Haupt. — Darmstadt: Wissenschaftliche Buchgesellschaft, 1982.
(Ausgewählte Quellen zur deutschen Geschichte des Mittelalters; Bd. 4a)
Parallelt.: Fontes historiam saeculorum septimi et octavi illustrantes. — Enth. u. a.: Die vier Bücher der Chroniken des sogenannten Fredegar: (Buch 2. Kap. 53 — Buch 4) [Einheitssacht.: Chronica]. — Die Fortsetzungen der Chroniken des sogenannten Fredegar
ISBN 3-534-01414-6

NE: Kusternig, Andreas [Übers.]; Fredegarius [Angebl. Verf.]; GT; PT; 1. enth. Werk; EST d. 1. enth. Werkes; 2. enth. Werk

2 3 4 5

Bestellnummer 1414-6

Satz: Roddert Fotosatz, Mainz

Druck und Einband: Wissenschaftliche Buchgesellschaft, Darmstadt

Printed in Germany

Schrift: Century Light

ISBN 3-534-01414-6

INHALTSVERZEICHNIS

Liber Historiae Francorum
(paucis locis abbreviatus) –
Das Buch von der Geschichte der Franken
(unwesentlich gekürzt)
Übertragen von Herbert Haupt

Vita Lebuini antiqua (selectio) –
Das alte Leben Lebuins (Auswahl)
Übertragen von Herbert Haupt

Ionae Vitae Columbani liber primus –
Jonas erstes Buch vom Leben Columbans
Übertragen von Herbert Haupt

VORWORT

Herbert HAUPT betreute die *Vita Columbani* des Jonas, die *Vita Lebuini* sowie den *Liber Historiae Francorum*. Andreas KUSTERNIG bearbeitete zunächst den sogenannten *Fredegar* unter Einschluß der *Continuationes*, mußte aber dann wegen seines Eintritts in den Schuldienst die Fertigstellung der letzteren Herbert Haupt überlassen. Die Übersetzungen wurden mit mir abgesprochen und gemeinsam durchgelesen. Obwohl die beiden Übersetzer durchaus eigenständige Leistungen vorlegen und auch für Fehler die Verantwortung tragen können, will ich mich davon keineswegs ausschließen. Dies gilt besonders für die Grundkonzeption der Arbeit. Zum Unterschied vom überwiegenden Teil der *Ausgewählten Quellen zur deutschen Geschichte des Mittelalters* hatten Haupt und Kusternig es nämlich mit Werken zu tun, deren frühmittelalterliches Latein nicht selten so weit aus den Fugen gerät, daß die Übersetzung nur zu leicht in einen interpretierenden Kommentar umzuschlagen drohte, der den Benützer präjudizieren mußte. Um dem entgegenzuwirken, wurde die philologische Einstellung zum Text betont und die historische Entscheidung aufgeschoben. So wird etwa Andreas Kusternig das Fredegar-Problem weiter behandeln und dazu diejenigen Teile seines historischen Kommentars verwenden, die hier – vor allem aus den genannten Gründen – nicht berücksichtigt werden konnten. Mag dies, wie im Falle des „römischen Konsulats" Karl Martells, auch mitunter schwergefallen sein, so dürfte dadurch die Brauchbarkeit der vorgelegten Übersetzungen eher zugenommen haben.

Wien, zu Weihnachten 1975 — Herwig WOLFRAM

ABKÜRZUNGSVERZEICHNIS

a. = anno
add. = hinzugefügt
Anm. = Anmerkung
Ar. = Arrondissement
B. = Bischof
c. = Kapitel
Chr. = Chronik (Paralipomenon)
codd. = Codices
coni. = konjiziert
Cor. = Korintherbrief
corr. = korrigiert
Ct. = Canton, Kanton
d. = der
Dép. = Département
Erg.-Bd. = Ergänzungsband
Etym. = Etymologiae
Fredegar Cont. = Fredegar Continuationes
frg. = Fragment
G. = Gattin
Gn. = Genesis
Gregor = Gregor von Tours, Historia Francorum
Hst. = Hauptstadt
HZ = Historische Zeitschrift
Jo. = Johannes
Jonas = Jonas, Vita Columbani
K. = König
Kg. = Buch der Könige
Kr. = Kreis
Ks. = Kaiser
Liber Hist. Franc. = Liber Historiae Francorum
Lk. = Lukas
MGH = Monumenta Germaniae Historica

MIÖG	= Mitteilungen des Instituts für österreichische Geschichtsforschung
Mk.	= Markus
Mt.	= Matthäus
mod.	= modern(er)
NA	= Neues Archiv
Nr.	= Nummer
Pr.	= Provinz
Pr.-Hst.	= Provinzhauptstadt
Ps.	= Psalm
RB	= Regierungsbezirk
Reg.	= Region
rell.	= übrige Handschriften
S.	= Sohn
s.	= siehe
s. a.	= siehe auch
sc.	= scilicet, soviel wie
sec. m.	= spätere Hand
Sp.	= Spalte
Spr.	= Sprüche
St.	= Saint
Ste.	= Sainte
T.	= Tochter
V.	= Vater
v.	= von
vgl.	= vergleiche
vv.	= Verse

CHRONICARUM QUAE DICUNTUR FREDEGARII LIBRI QUATTUOR

(a libri secundi capite LIII usque ad librum quartum)
(paucis locis abbreviati)

DIE VIER BÜCHER DER CHRONIKEN DES SOGENANNTEN FREDEGAR

(Buch II, Kapitel 53, bis Buch IV)
(unwesentlich gekürzt)

CHRONICARUM QUAE DICUNTUR FREDEGARII CONTINUATIONES

DIE FORTSETZUNGEN DER CHRONIKEN DES SOGENANNTEN FREDEGAR

EINLEITUNG

1. Die Chronik

Mit Gregor von Tours, dessen „Zehn Bücher Geschichten“ mit dem Jahre 594 enden, versiegt der breite Strom historiographischer Überlieferung, und schon deshalb sind die wenigen und oft schwer überprüfbaren Nachrichten, wie sie neben einigen Dutzend Urkunden, einer größeren Anzahl von Heiligenviten und dem *Liber Historiae Francorum* in der Chronik des sogenannten Fredegar überliefert werden, von besonderer Wichtigkeit. Doch abgesehen von der faktisch-historischen Verwertbarkeit bietet diese Chronik ein schon um ihrer selbst willen sehr wertvolles Dokument dafür, wie man in dieser Zeit Geschichte erlebte und wohl auch erlebt haben wollte.

Formal stellt unsere Chronik eine eigentümliche Kreuzung dar aus Weltchronik, wie sie im christlich-lateinischen Bereich eine lange Tradition hatte, und Volksgeschichte, wie sie seit Cassiodor als eigenes Genos in die Historiographie eingeführt worden war. Weltchronik ist sie insofern, als sie auf fünf älteren Chroniken aufbauend einen Abriß der Weltgeschichte seit der Erschaffung der Welt bietet, Volksgeschichte hingegen, weil die gesamte Geschichte unter der Devise *ad maiorem Francorum gloriam* gesehen wird. Wenn Fredegar zwar an sprachlicher Ausdrucksfähigkeit und Bildung sowie an Fähigkeit, die Stoffmassen zu bewältigen, Gregor von Tours weit unterlegen ist, so ist doch diese kühne und kompromißlos durchgeführte Interpretation der Geschichte sehr ernst zu nehmen. Bemerkenswert ist weiter die Freiheit des Urteils gegenüber dem herrschenden Geschlecht der Merowinger. Ebenfalls zuwenig gewürdigt wurde bisher die lebendige Darstellung der Eroberung des Südens durch die Karolinger in den Fortsetzungen und die Tatsache, daß wir es bei Fredegar nicht mit einer „barbarischen“ Latinität, sondern mit einer Sprache zu tun haben, die sicherlich nicht in dieser Form gesprochen wurde, andererseits jedoch tiefe Einblicke in die Entwicklung des Altfranzösischen aus dem Lateinischen bietet. Zuletzt sei hier noch erwähnt, daß viele der Angaben Fredegars, die bisher durch die

Unklarheit über die Verfasserschaft schwer interpretierbar waren, nun, nach einer neuerlichen Überprüfung dieses Problems, in ein neues Licht gerückt werden können.

Die Chronik Fredegars läßt sich vielleicht am besten im Gegensatz zu Gregor von Tours charakterisieren: Auch Fredegar bemüht sich, einen kontinuierlichen Bericht merowingischer Politik zu liefern, doch ist ihm dies, seinen Quellen entsprechend, nicht immer möglich. So erklärt sich, daß bis zum Jahre 613 die Erzählung äußerst lebendig, in gewissem Sinne sogar fast episch breit und zugleich spannend ist, während er für die Jahre 614 bis 623 kaum eine Nachricht pro Jahr zu bieten imstande ist. Von da an zeigt sich Fredegar von Jahr zu Jahr besser unterrichtet, und seine Erzählung gewinnt bis zu dem abrupten und sicher nicht beabsichtigten Ende im Jahre 642 immer mehr an Farbe und Lebendigkeit. Ein weiteres Charakteristikum seiner Erzählweise ist, daß Fredegar sich weit mehr als Gregor von Tours von seinem Material führen läßt und geradezu assoziativ – dies entspricht auch ganz seiner sprachlichen Ausdrucksweise – von einem Thema zum anderen übergeht. Während Gregor von Tours zum Beispiel im Kapitel *II 9* die Frage nach den ersten Frankenkönigen kritisch untersucht, geht Fredegar häufig über die Problematik der Überlieferung hinweg und bringt seine eigene, sehr persönliche und häufig auch seiner Quelle widersprechende Meinung (*III 5 exstinctis ducibus* gegen die sorgfältige Differenzierung Gregors). Überspitzt formuliert könnte man also sagen, Fredegar verwende seine Quellen geradezu nur als Steinbruch für seine eigene Geschichtsinterpretation.

Auf fünf älteren Chroniken, dem *Liber Generationis* des Hippolyt von Porto und den Chroniken des Isidor, Eusebius-Hieronymus, Hydatius und Gregor von Tours, in die Fredegar immer wieder Zusätze zur Verherrlichung der Franken einschiebt, baut er die Geschichte seiner Zeit, die *acta regum et bella gentium (Prolog IV)*, auf. Sein Vorhaben ist also, nicht nur das Wirken der Könige, sondern auch die Kriege, besonders die des fränkischen Volkes, zu schildern. *Bellum* ist dabei ein durchaus positiver Begriff, denn für Fredegar geht es immer um die Selbstbehauptung von politischen Einheiten, *gentes* in seiner Terminologie. Die *gens* ist für ihn Inhaberin der *dicio*, sie in ihrer Gesamtheit ist also in Wirklichkeit Herr über Land und Volk, der König ist nur ausführendes Organ, denn er wurde ja ursprünglich auch von ihr gewählt *(II 4, 5; III 5)*. Von hier aus ist auch verständlich, warum Fredegar Brunhilde, die die Stellung des Königtums im Kampf gegen den sich immer deutlicher bildenden „Adel" zu festigen suchte, so tief haßte, und dies ist zugleich einer der tieferen Gründe für die Deutung der merowingischen Geschichte im Traume der Basina *(III 12)*. Fredegar ist sicherlich das Sprachrohr einer Adelspartei, vielleicht sogar der pippinidischen. Die Kapitel *IV 86* und *IV 88* könnten jedenfalls geradezu als Hausgeschichte Grimoalds bezeichnet werden — von den Fortsetzungen ist ja schon lange bekannt, daß sie die Hausgeschichte der aufstrebenden Karolinger darstellen. Ist es ein Zufall, daß die gesamte bekannte Überlieferung von Metz ausgeht und daß die spätesten Nachrichten in Fredegars Werk bis in das Jahr 658 heraufreichen, der Sturz Grimoalds, der möglicherweise schon zu diesem frühen Zeitpunkt stattfand, jedoch durch nichts, schon gar nicht in den Fortsetzungen, angedeutet wird? Die fränkische Geschichte wird bis zum Jahre 642 geschildert, das Werk selbst ist jedoch sicherlich nicht vollendet (vgl. die nicht erfüllte Ankündigung *IV 81*). Ist das Werk vielleicht im Zusammenhang mit den Ereignissen um Grimoald nicht zu Ende geführt worden?

Außenpolitisch ist Fredegar vor allem antibyzantinisch und antigotisch eingestellt: Die schweren Verluste, die Sisebut den Byzantinern zufügte *(IV 33)*, kommentiert er mit Frohlocken, die Ausdehnung der Araber auf byzantinischem Gebiet *(IV 65)* mit der Wendung *divino noto*, dem byzantinischen Kaiser wird ein sogar dem Titel nach ebenbürtiger *imperator Persarum (IV 9, 64)* gegenübergestellt, der byzantinische Staat wird mit teils fiskalisch anmutenden Bezeichnungen wie *manus publica (IV 33, 58, 69)*, *pars publeca (IV 66)* und *res publica (IV 23, 64)* belegt. Seine antigotische Haltung geht am besten aus der Schilderung des *morbus Gotorum (IV 82)* hervor. Mit Hilfe der fränkischen Trojasage (vor allem *II 2—4, III 2*), einer in Gallien sehr traditionsreichen Geschichtsklitterung, stillt Fredegar nicht nur das Bedürfnis der Franken nach einer eigenen Origo, also nach einer historischen Begründung ihres Bestimmungsglaubens, sondern er stellt sie auch mit den letzten antiken Herrschaftsvölkern, den Makedonen und Römern, auf eine Stufe und erhebt somit Anspruch auf den gleichen geschichtlichen Rang. In Fredegars Interpretation, wie sie durch die Auswahl auch noch so dürftiger Exzerpte aus seinen Quellen deutlich erkennbar ist, weisen die Ereignisse aus der jüdischen, babylonisch-assyrischen, medisch-persischen, makedonischen und schließlich römischen Geschichte sämtlich auf das Entstehen des christlichen fränkischen Reiches hin. So gesehen beschreibt Fredegar die größten Taten dieser „Vorgänger"-Völker nur, um daraufhin um so triumphierender feststellen zu können, daß die Franken auch diese Völker schließlich besiegen konnten: *per signum crucis* besiegt Konstantin der Große *omnes gentes (II 42)*, und *Bellesarius* besiegt unter anderen die Perser *gloriosissime*, doch wird schließlich auch er, der Byzantiner, *a Buccelenum quidam Franco (II 62)* besiegt. Aus diesem Erzählungsmodell – ein weiteres Beispiel ist die doppelte Beurteilung Dagoberts I. *(IV 58, 60)* – erklärt sich auch, daß Theoderich der Große *II 57* zuerst zum Makedonen gemacht und dann in den höchsten Tönen gelobt wird, *II 59* jedoch als Mörder des Papstes Johannes und des Patrizius Symmachus in den Höllenpfuhl geführt wird. Dies war nach Fredegar die gerechte Strafe dafür, daß er *(II 58)* aus dem Streit Chlodwigs und Alarichs für sich Kapital schlagen wollte; natürlich war Theoderich – nach Fredegar – dies nicht gelungen, denn Chlodwig besiegte Alarich ja bei Vouillé.

Das Unverständnis für den Ideengehalt einer solchen Geschichtsauffassung hat moderne Kritiker dazu verführt, viele sonst nicht beglaubigte Nachrichten kurzweg abzutun, bei so manchem Kapitel sicher mit Recht. So wird zum Beispiel *III 71* von einer Allianz Sigiberts und Chilperichs gegen Guntchramn sehr detailreich berichtet, von der Gregor von Tours nichts weiß. Im Kapitel *IV 90* hingegen, dem letzten und demnach „jüngsten" Kapitel (642), berichtet Fredegar über eine Schlacht, verwendet jedoch – schließlich ist er ja auch Erzähler – zur Verlebendigung der Szene den Topos der Rettung des Vaters durch den treuen Sohn. Diese Vermischung von Dingen, die tatsächlich geschahen, einerseits und von Dingen, die nach der Vorstellung des Autors möglich sind und schon deshalb als historisch relevant betrachtet werden, andererseits ist aus der mittelalterlichen Historiographie nicht wegzudenken. Durch diese wurden zumeist nicht historische Wahrheiten, sondern Grundideen, Geschichtsinterpretationen, vermittelt. Auf Fredegar bezogen heißt das, daß er den historisch-politischen Standort der Franken seiner Zeit bestimmen wollte. Gregor von Tours' Geschichtsbild hingegen ist historisch-exemplifizierend und moralisierend ausgerichtet und von seiner christlichen Ideenwelt geprägt.

Als weitere Schwerpunkte des Fredegarischen Werkes müssen sein Interesse für den Königsschatz (zum Beispiel *IV 85*), Steuerwesen *(II 37; III 80; IV 24)* und für die Theorie zwischenstaatlicher Beziehungen (zum Beispiel *IV 87*) gelten.

Fredegar hätte sich sicherlich als guten Christen bezeichnet, doch wie sieht dieses Christentum aus! Bibelzitate, wie man sie von Gregor gewöhnt ist, sind äußerst spärlich, Chlodwig wird als echter Christ bezeichnet, weil er bei der Gefangennahme Christi nicht untätig zugesehen hätte *(III 21)*, der Bischof Lesio rät Theuderich II., seinen Bruder Theudebert vollends zu vernichten *(IV 38)*, *IV 52* wird Chrodoald *instigantibus beatissimo pontifice Arnulfo* ermordet, *IV 30* wird der Vollzug der Ehe als rechtliches Kriterium verwendet und am heiligen Columban, den er sicherlich sehr verehrte, interessierte ihn nur, wie er mit König Theuderich II. und Brunhilde umsprang *(IV 36)*. Der Papst ist für ihn nicht das Oberhaupt der Gesamtkirche, sondern nur der *papa Romensis (II 59)*, also der „stadtrömische Oberhirte", und er fand es wohl auch nicht sehr dringlich, die Papstliste (*I 25* bis zu Theodor I., 24.11.642 – 14.5.649, reichend) bis auf seine Zeit fortzusetzen. Erzählungen aus dem heidnischen Bereich schwächt er nur insofern ab, als er *fertur (III 9)* hinzusetzt oder den Namen der Gottheit einfach wegläßt *(III 65)*.

Fredegar will selbstverständlich auch unterhalten – schließlich wendet er sich im *Prolog IV* sogar explizit an ein Publikum: *quisquam legens hic* –, und daraus erklärt sich der geradezu epische Stil in seinen Erzählungen über Aetius *(II 53)*, Theoderich den Großen *(II 57–59)* und Justinian und Belisar *(II 62)* ebenso wie in seinem letzten Kapitel *(IV 90)* bei der Schilderung der Errettung des Vaters durch den treuen Sohn (siehe oben).

Zwiespältig ist sein Verhältnis zur Chronologie: Einerseits benötigte er sie als Gerüst für seine Darstellung, andererseits rechnete er die ihm vorliegenden Komputationen, also die Berechnung bestimmter Zeiträume, nicht nach *(III 73)*, vervollständigte die ihm vorliegenden Papst- und Kaiserkataloge nicht *(I 25, 26)* und beachtete auch die *Fasti* des Hydatius nicht, die ihm sicherlich vorgelegen haben (siehe unten zu den Quellen).

Durch diese Skizzierung der Interessen Fredegars mag die Bestimmung des Quellenwertes jeder einzelnen Angabe erleichtert sein.

Die *Continuationes:* In den Handschriften der Klassen 4 und 5, also in mehr als der Hälfte der uns erhaltenen Handschriften, ist die Chronik Fredegars mit drei Fortsetzungen bis zum Jahre 768 kombiniert.

Die *erste Fortsetzung* reicht bis zum Jahre 736. Dies geht hervor aus der Komputation des Kapitels *16* und der Formulierung des Endes von Kapitel *10*, das noch zu Lebzeiten Theuderichs IV. geschrieben sein muß. Es handelt sich dabei genau genommen nicht um eine Fortsetzung des Fredegar, sondern um eine Fortsetzung des *Liber Historiae Francorum* in der austrasischen Rezension B, die bis 727 reichte. Interessant ist diese Fortsetzung vor allem deshalb, weil der ursprünglich neustrische *Liber Historiae Francorum* vom austrasischen Standpunkt aus überarbeitet wurde. Dabei ging es nicht ohne Mißverständnisse ab, und besonders den chronologischen Angaben seiner Vorlage stand der Überarbeiter vollständig gleichgültig gegenüber: So lesen wir etwa im Kapitel *6 post haec*, während in der Vorlage *sub idem fere tempus* zu lesen ist. Die Kapitel, die von dem Fortsetzer selbst stammen *(11—17)*, enthalten jedoch manche wichtige Information.

Die *zweite Fortsetzung* (736—751) wurde unter der Aufsicht des Grafen Childebrand, des Halbbruders Karl Martells und Onkels Pippins III., von zwei Schreibern, die nur aus stilistischen Gründen unterschieden werden können — die Grenze zwischen beiden ist das Ende des Kapitels *21* —, angelegt. Dies wird explizit im Kapitel *34* berichtet. Childebrand hatte demnach einen Schreiber beauftragt, die Chronik Fredegars mit der bis 736 fortgesetzten austrasischen Rezension B des *Liber Historiae Francorum* zu kombinieren und bis auf seine eigene Zeit (751) fortzusetzen. Der Schreiber übernahm die Kapitel *43—53* des *Liber Historiae Francorum*, in denen über die Ereignisse seit 639/43 berichtet wird, und die Fortsetzung bis 736. Außerdem ersetzte er den *Liber Generationis* durch Hilarians Schrift *De Cursu Temporum* und schob in das Kapitel *II 4* Fredegars vor der Trojanersage einen großen Teil der Schrift des Dares Phrygius *De Origine Francorum* ein. Offenbar wurde nicht nur der Aufbau der neuen Chronik von Childebrand dem Fortsetzer vorgeschrieben, sondern auch der Inhalt. Wie wäre es sonst erklärlich, daß wir über den „Staatsstreich" Grimoalds ebensowenig finden wie über die Schwierigkeiten mit Grifo, dem Sohne Karl Martells, und die steile Karriere des heiligen Bonifatius? Childebrand, der also seinem Halbbruder gegenüber völlig loyal geblieben war, verfügte über Besitzungen in der Nähe von Melun und wahrscheinlich auch bei Autun. Über den Ort, wo diese pippinidisch-nibelungische Hausgeschichte geschrieben wurde, läßt sich nichts Näheres ermitteln, doch dürfte auch sie in Metz verfaßt worden sein.

In der *dritten Fortsetzung*, Kapitel *34—54* (Kapitel *34*, in dem berichtet wird, daß die Chronik zuerst unter der Anleitung Childebrands und dann unter der seines Sohnes Nibelung geschrieben wurde, ist nur in der besten Handschrift, 4a, überliefert), wurden unter Anleitung von Childebrands Sohn Nibelung die Ereignisse der Jahre 753—768 beschrieben. Mit dem Bericht der Thronerhebung der Söhne Pippins, Karls des Großen und Karlmanns, wobei merkwürdigerweise das Datum mit dem 18. September 768 falsch angegeben wird, endet die dritte Fortsetzung.

Die Frage nach der Anzahl der Fortsetzer war vor Krusch verschieden beantwortet worden: Während Ruinart und Breysig an vier Verfasser glaubten, sahen Monod und Hahn nur einen einzigen am Werke. Das Problem an sich, das Krusch nicht nur mit stilistischen Argumenten wie seine Vorgänger, sondern auch mit chronologischen zu lösen versuchte, entbehrt jedoch einer gewissen Berechtigung insofern, als man hier eher nach Fortsetzungen als nach Verfassern zu suchen hat, da die beiden Schreiber Childebrands und der eine Nibelungs nur auf Anweisung hin schreiben durften. An Informationen hat es ihnen sicherlich nicht gemangelt; daß ihre Darstellung jedoch so sehr auf Karl Martell und Pippin ausgerichtet ist, hängt natürlich mit dem Charakter einer Hausgeschichte zusammen. Aber gerade deshalb, weil hier die Meinung der aufstrebenden Karolinger über sich selbst wiedergegeben wird, sind die *Continuationes Fredegarii* für uns von außerordentlichem Wert. Besonders bemerkenswert ist die von alttestamentarischen Vorstellungen geprägte Auffassung des Königtums, wie sie sich in allen Fortsetzungen zeigt.

2. Der Verfasser

Der Autorname Fredegar, der eher germanische als romanische Abkunft suggeriert, wurde erst im sechzehnten Jahrhundert der bis dahin anonym überlieferten Chronik zugelegt. Wir finden ihn zuerst in der Handschrift *St. Omer 766 f. 118* als Notiz eines Humanisten des sechzehnten Jahrhunderts: *Putemque esse Fredegarium archidiaconum,* später mehrmals bei *Claude Fauchet, Recueil des Antiquitéz Gauloises et Françoises* (Paris 1579). Bevor sich dieser heute geläufige und auch von uns aus Gründen der Zweckmäßigkeit übernommene Name durchsetzte, galt sie auch als die Chronik eines *Scholasticus* (*Papirius Massonius, Annalium Libri quattuor I* [Lutetiae 1577] 68) und als die eines *Oudarius,* doch handelt es sich hierbei wohl um einen Lesefehler des *Beatus Rhenanus* (1531), der *Udacius (= Hydatius)* für *Oudarius* las.

Jedenfalls wurde die Chronik vor der grundlegenden Untersuchung Bruno Kruschs[1], der später auch die unersetzte Edition der Chronik Fredegars besorgte[2], als das Werk eines einzigen Autors angesehen. Lokale Interessen, die die Standpunkte von verschiedenen Verfassern anzeigten, scheinbare Übereinstimmungen chronologischer Natur und inhaltliche und sprachliche Beobachtungen bildeten die Grundpfeiler seiner lange Zeit herrschenden Drei-Verfasser-Theorie: *I 24* enthält am Ende eine Komputation, also eine Jahresberechnung, bis zum ersten Jahre Sigi-

[1] B. Krusch, Die Chronicae des sogenannten Fredegar. Neues Archiv 7 (1882) 249–351 und 423–516.

[2] Chronicarum quae dicuntur Fredegarii Scholastici Libri IV cum Continuationibus (ed. B. Krusch, MGH SS rer. Mer. 2, 1888) 1–193.

berts II. (613); dies stimmt in etwa überein mit einem offensichtlichen Höhepunkt des vierten Buches, der Schilderung der Machtübernahme Chlothars II. nach der Beseitigung Brunhildes und ihrer Kinder. Der Papstkatalog *I 25* reicht bis zum Jahre 642 – der Amtsantritt des Papstes Theodor am 24. November 642 wird noch genannt –, der Katalog der römischen Kaiser *I 26* bricht im 31. Regierungsjahr Heraklius' (5. Oktober 640 bis 11. Februar 641) ab und die kontinuierliche Erzählung von Buch *IV* endet im Jahre 642 (doch bezieht sich *IV 88* sogar auf 643). Es sind jedoch auch einige Angaben enthalten, die den Terminus post quem auf zumindest 658 heraufrücken: *IV 48* wird der Tod Samos erwähnt, der nach Fredegars in diesem Punkte jedoch besonders unsicherer Chronologie etwa 659 erfolgt sein muß; *IV 76* wird berichtet, der Vertrag zwischen Sigibert III. und Chlodovech II. sei bis zu ihrem Lebensende eingehalten worden (Sigibert III. starb am 1. Februar 656, Chlodovech II. zwischen Oktober und November 657); *IV 79* muß gemäß der Formulierung nach dem Tod des Abtes Aigulf im Jahre 652 geschrieben worden sein; *IV 81* fallen die letzten datierbaren Ereignisse in das Jahr 658; *IV 82* in das Jahr 652; *IV 84* wird durch die Ausdrucksweise der Tod Erchinoalds 657 vorausgesetzt; hinzu kommen Datierungen nach austrasischen Königsjahren in den Kapiteln *IV 87* und *88*, während ansonsten nach neustrisch-burgundischen Königsjahren gerechnet wurde. Diese Umstände veranlaßten Krusch, einen Burgunder A anzunehmen, der 613 den *Liber Generationis* abgeschrieben und die Auszüge aus *Hieronymus/ Hydatius* angefertigt und unter Benutzung von burgundischen Annalen bis 603 eine eigene Fortsetzung bis 613 zusammengestellt habe; 642 habe wiederum ein Burgunder, B, die Auszüge aus *Gregor von Tours* angefertigt und die Chronik und zugleich die Liste der Päpste und Könige bis 642 fortgesetzt; schließlich habe ein Austrasier, C, um 660 viele nicht immer nachweisbare Interpolationen eingeschaltet und vor allem die Kapitel *IV 48,81, 82* und *84* (Ende)–*88* eingeschoben sowie den *Prolog* an die neuen Erfordernisse angepaßt. Die Isidorabschrift am Ende des *Claromontanus*, der ältesten Handschrift, sei schließlich durch einen späteren Abschreiber hinzugesetzt worden. Gustav Schnürer[3] versuchte daraufhin, das System Kruschs auszubauen und für jedes Kapitel, manchmal sogar für jede Redewendung, den Verfasser festzustellen; seine Verfahrensweise wurde jedoch von der Kritik rundweg abgelehnt.

[3] G. Schnürer, Die Verfasser der sogenannten Fredegar-Chronik (Collectanea Friburgensia 9, 1900).

Kruschs Argumente, vor allem die chronologischer Natur, waren nicht haltbar: Die Komputation bis 613 konnte auch in einer Vorlage gestanden haben, die beiden Listen *(I 25* und *I 26)* liegen mit ihren Endpunkten etwa zwei Jahre auseinander (der Tod Heraklius' am 11. Februar 641 wird noch nicht genannt, der Amtsantritt Papst Theodors am 24. November 642 hingegen ist bereits bekannt), auch Gregor von Tours verwendete abweichende Datierungsweisen (*Historia Francorum VIII 1; X 24*, während er sonst in den letzten vier Büchern nach dem Austrasier Childebert II. datierte). Es wurde allgemein anerkannt, daß das Kapitel *IV 90* keinen sinnvollen Abschluß bilde und die Chronik demnach unvollendet überliefert sein müsse. Andeutungen auf spätere Ereignisse finden sich schon in „frühen" Kapiteln (*III 59* wird der Tod Brunhildes 613 vorausgesetzt), *IV 36* kann erst nach 640 eingefügt worden sein, es konnten viele Irrtümer nachgewiesen werden, die bei einem Zeitgenossen undenkbar wären, und es erhob sich die Frage, womit der Autor A die Lücke zwischen Hydatius und seiner eigenen Fortsetzung geschlossen habe, wenn die Auszüge aus Gregor von Tours erst später durch den Autor B eingefügt wurden. Außerdem lassen die Interpolationen in allen vier Büchern, die epischen Erzählungen in drei der vier Bücher und die besonders in den Interpolationen feststellbare einheitliche Sprache und Interessenlage auf einen einzigen Autor schließen.

Nach der Ablehnung von Kruschs These durch die französische Forschung[4] wurden schließlich alle diese Argumente von Siegmund Hellmann[5] eindrucksvoll zusammengefaßt. Wegen des auffallenden Informationsmangels nach *IV 42* (für die Jahre 614 bis 624) legte Hellmann sich jedoch eine Zwei-Verfasser-Theorie zurecht, die er mit stilistischen Argumenten zu untermauern suchte, obwohl gerade diese am ehesten für eine einheitliche Verfasserschaft sprachen.[6] Hellmann ließ den Austrasier C fallen und sprach dem Burgunder B, der um 658/60 geschrieben habe, die Interpolationen der ersten zwei Bücher, das *Scarpsum Gregorii* (= Buch *III*, auch als *Historia epitomata* bezeichnet) und die zweite Hälfte des vierten Buches zu, so daß dem Burgunder A von

[4] F. Lot, Encore la chronique du Pseudo-Frédégaire. Revue Historique 115 (1914) 305–337; M. Baudot, La question du Pseudo-Frédégaire. Moyen Âge 29 (1928) 129–170; L. Levillain, Rezension Krusch, Fredegarius – Oudarius? Bibliothèque de l'École des Chartes 89 (1928) 89–95.

[5] S. Hellmann, Das Fredegarproblem. Historische Vierteljahrsschrift 29 (1935) 36–92.

[6] A. Erikson, The Problem of Authorship in the Chronicle of Fredegar. Eranos 63 (1965) 47–76.

613/14 eigentlich nur mehr die Funktion einer Quelle für Autor B zugedacht wurde. Obwohl Hellmanns Theorie hiemit im Prinzip eine Ein-Verfasser-Theorie darstellt, wurde sie im allgemeinen als Modifikation von Kruschs Drei-Verfasser-Theorie angesehen.[7]

Nach den letzten Untersuchungen[8] wird es sich nun aber doch um einen einzigen Autor handeln, der um 658/60 sein Werk in einem Zuge unter Benutzung verschiedener Quellen niederschrieb. Der Autor könnte durchaus romanischer Herkunft gewesen sein, darauf deuten zumindest seine Vorstellungswelt und seine Sprache, die in Laut-, Formen- und Satzlehre aufs tiefste von der damals entstehenden altfranzösischen Sprache geprägt ist. Genaue Kenntnis der Rechts- und Steuersprache *(pontificius, IV 36; poleptici, III 80)*, Kenntnis von Urkundenformeln *(ubi ipsi praeciosus requiescit in corpore, IV 1)*, Interesse an Urkundenausstellungen *(IV 44)*, zwischenstaatlichen Beziehungen (Gesandtschaften *IV 45, 51, 62, 65, 68, 71, 73;* Staatsverträge und Teilungsverhandlungen *IV 53, 57, 74, 75, 76, 78, 89;* staatsrechtliche Implikationen von Tributärverhältnissen *IV 45, 69, 74*), Kenntnis der offiziellen Sprache des Hofes in Konstantinopel (Heraklius wird *IV 64* als *novus David* bezeichnet), Interesse für den Königsschatz *(IV 57, 67, 73, 75)* und Exzerpierweise *(II 37, 50; III 11, 24, 36, 45)* sowie Bezeichnung des byzantinischen Staates mit fiskalisch bestimmten Begriffen (vgl. oben) lassen vermuten, daß Fredegar an „Kanzlei"-Geschäften beteiligt war. Schließlich läßt sich aus *III 9* (Abschwächung der angeblichen Herkunft des merowingischen Geschlechtes von einem göttlichen Meeresungeheuer durch *fertur* und *aut a bistea aut a viro*) und besonders *III 12* (Deutung der merowingischen Geschichte im Traume der Basina) antimerowingische Tendenz herauslesen. In der ersten Hälfte des vierten Buches spricht der Haß gegen Brunhilde als Verfechterin eines starken Königtums für die Zugehörigkeit zu einer Adelsopposition. Aus *IV 60* und sicher aus *IV 85* bis *88* spricht propippinidische oder genauer progrimoaldische Gesinnung. Trotz alledem ist das Bestreben unverkennbar, tüchtigen *(= utilis)* Merowingern und selbst Neustriern *(IV 80: Aega)* gerecht zu werden.

[7] J. M. Wallace-Hadrill, The Fourth Book of the Chronicle of Fredegar with its Continuations (Medieval Classics, 1960) XXI.

[8] W. Goffart, The Fredegar-Problem Reconsidered. Speculum 38 (1963) 206–241; Erikson, The Problem of Authorship; A. Kusternig, Studien zu Fredegar (Hausarbeit am Institut für österreichische Geschichtsforschung, 1974), eine Publikation der Ergebnisse ist in Vorbereitung.

Der Blickpunkt Fredegars ist nicht so leicht zu bestimmen: Seine Vorliebe für Burgund wurde schon früh erkannt, und so wird man auch annehmen dürfen, daß er tatsächlich aus Burgund stammte, und zwar wahrscheinlich aus der Gegend von Avenches *(II 36, 37, 40; IV 42, 43, 90)*. Seine Mannesjahre dürfte er jedoch in Metz verbracht haben, denn Einschübe, die sich nur aus seinem besonderen Interesse an Metz erklären lassen, finden sich häufig *(II 60; III 29, 55, 72; IV 16, 38, 39, 40, 58, 74, 75, 85;* legendäre Einschübe bezüglich der weiteren Umgebung von Metz: *III 7, 11, 16, 19, 21*), und es kann vor allem als gesichert gelten, daß die Verbreitung der Fredegar-Handschriften ihren Ausgangspunkt in Metz genommen hat (vgl. unten). Für keine einzige Handschrift sind jedenfalls Beziehungen zu Burgund erwiesen.

Von diesen neuen Erkenntnissen über den Verfasser und seinen Blickpunkt aus ist besser verständlich, warum *IV 40* Pippin als Anführer der austrasischen Aristokratie gegen Brunhilde genannt wird, *IV 42* jedoch berichtet wird, daß nach dem Siege Chlothars II. Rado die Würde eines Hausmeiers erhielt. Ein weiteres Problem bietet die Erzählung Fredegars *IV 61*, daß der *zelus Austrasiorum* gegen Pippin *vehementer surgebat*. Diese Nachricht wird nun dahingehend zu interpretieren sein, daß es Pippin in Austrasien tatsächlich nicht an Feinden gefehlt haben dürfte, so daß er offensichtlich als austrasischer (!) Hausmeier Dagobert nach Neustrien (!) folgte, da er sich ohne dessen Unterstützung in Austrasien nicht mehr halten konnte. In dieser Interpretation scheint Pippins Treue und Gutherzigkeit, die ihn – nach Fredegar – an Dagoberts Seite rief, nicht mehr als ein Deckmäntelchen zu sein, das ein beflissener Anhänger einem erzwungenen Rückzug seines „Herrn" umgehängt hat.

3. *Aufbau und Darstellungsweise*

Den Plan für sein Werk legte Fredegar in seinem Prolog zum vierten Buche in Worten nieder, die im ganzen gesehen doch sehr sinnvoll sind: Er wollte, aufbauend auf die schon genannten fünf älteren Chroniken – Chronik ist für Fredegar ein Einteilungsprinzip bzw. eine Einheit, nicht, wie sonst üblich, die Gesamtheit eines historiographischen Werkes –, als sechste Chronik eine eigene Darstellung bis zu seiner Zeit bieten, wobei er auch künftighin schriftlich niedergelegte oder gehörte Nachrichten und eigene Erlebnisse zu verwenden versprach. Daß Fredegar ältere Chroniken sozusagen als Grundstock zur Einordnung seiner eigenen Geschichte verwendete, ist nicht weiter bemerkenswert, denn das taten viele mittelalterliche Chronisten; auffällig ist dabei vielmehr, daß hier der *Liber Generationis* des Hippolyt die *Bibel* als anerkannte Geschichtsquelle für die älteste Zeit ersetzte. Daß er, wie Gregor, in seiner Vorrede den „Bescheidenheits"-Topos verwendete, entsprach nicht nur bester literarischer Tradition, sondern auch seinem eigenen, wohl echt empfundenen Lebensgefühl. Dafür spricht zumindest noch die Argumentation, die er *II 60* der Mutter des sagenhaften Vandalenkönigs Chrocus in den Mund legt.

Die Form der Weltchronik hat Fredegar offenbar deshalb gewählt, weil nur in diesem Genos der Geschichtsschreibung die trojanische Herkunft der Franken fest verankert und, wenn überhaupt, nur in dieser Gattung das Überwundenwerden eines Herrschervolkes durch ein anderes und der schließliche Triumph der Franken selbst dargestellt werden konnte.

In Kruschs Ausgabe erscheint Fredegars Werk in vier Bücher, nicht in sechs „Chroniken" geteilt. Krusch hat mit dieser Anordnung die Einteilung eines späteren Abschreibers übernommen und in einem Punkt sogar die Einteilung in vier Bücher stärker betont als dieser Abschreiber selbst, denn in der ältesten Handschrift, dem Claromontanus, sind sowohl der Prolog IV als auch der Beginn des Exzerptes aus Hydatius durch gemalte Initialen hervorgehoben. Es scheint überhaupt ein Gliederungsprinzip Fredegars gewesen zu sein, jedem Exzerpt den Prolog des exzerpierten Autors voranzustellen: Als Einleitung zu den Exzerpten aus Isidor *(I 26)* findet sich, allerdings nur im Claromontanus — in den Handschriften der Klasse 2 ist hierfür Platz ausgespart —, eine Darstellung von zwei Figuren, die Monod mit Eusebius und Hieronymus identifiziert hat, doch ist diese Gleichsetzung sehr zweifelhaft; der Auszug aus Hieronymus selbst hat keinen Prolog, doch ist dies wohl dadurch erklärlich, daß Fredegar einige Teile daraus für seinen Prolog des vierten Buches entlehnt hat. Für die Einteilung in sechs „Chroniken" spricht schließlich noch, daß Fredegar gegen Ende des Prologes IV ankündigte, jeder Leser, der irgendeine Angabe bezweifle, könne *per uniuscuiusque* (sc. *chronici*) *nomen redeat ad auctorem.* Fredegar selbst machte sich dieses Gliederungsprinzip zunutze, indem er *III 1* und *III 2* auf Darstellungen in den Chroniken des Hydatius und Hieronymus zurückverwies, obwohl gerade die angegebenen Stellen von seiner eigenen Hand eingeschoben waren.

Die heftig diskutierte Frage, ob die Abschrift der Chronik Isidors von Sevilla, die sich am Ende der ältesten Handschrift, des Claromontanus, befindet, zu der ursprünglichen Sammlung Fredegars gehörte oder nicht, ist wohl doch eindeutig zu verneinen. Die Erklärung könnte darin liegen, daß der Schreiber des Claromontanus im Prolog die Chronik Isidors angekündigt sah, den Bezug auf *I 26*, wo der Name Isidors nicht genannt wird, jedoch nicht verstand und deshalb eine Abschrift der Chronik Isidors, die ihm zufällig zur Hand sein mochte, der Chronik Fredegars hinzufügte.

Von einem oder mehreren sehr frühen Abschreibern stammen, wie schon gesagt, die Einteilung in vier Bücher, die Einteilung der Bücher in Kapitel und die Inhaltsangaben (Kapiteltafeln) am Anfang jedes Buches. Sie finden sich in allen Handschriften, im Claromontanus sind jedoch die Kapitelnummern erst später hinzugefügt. Schon aus diesem Grunde entbehrt die Kapiteleinteilung jeglicher Autorität. Zum anderen wurde sie von einem völlig verständnislosen Schreiber ausgeführt, denn oft beginnt ein neues Kapitel mitten im Satz oder an absurden Stellen (zum Beispiel *IV 79/80, 85/86*).

Gemäß seinem Programm, die *acta regum et bella gentium* zu beschreiben, versuchte Fredegar, das Ineinandergreifen der Handlungen der verschiedenen Völker schon dadurch zu veranschaulichen, daß er seine Berichte nur über jeweils einen geringen Zeitraum ausdehnte. So entstand sein sozusagen in „Zeitebenen" aufgeteilter eigener Bericht. Einen positiven Beweis für dieses Gliederungsprinzip bieten Ankündigungen wie *anno in quo expletum est in ordene debeto referam (IV 81)*. Die Idee zu diesem synchronistischen Aufbau hat er sicherlich aus der Chronik des Eusebius-Hieronymus entlehnt, das teleologische Geschichtsverständnis, das bei diesem jedoch zu dieser Gliederung geführt hatte, ist bei Fredegar aber durch den Gedanken, alle Weltgeschichte ziele auf die Machtübernahme der Franken, ersetzt. Sein Prinzip der „Zeitebenen" ist übrigens schon im Prolog in der merkwürdigen Etymologie von „Chronik" *grego, quod Latini interpretatur Gesta temporum* angedeutet, die wiederum eine charakteristische Umdeutung der Isidorschen Etymologie darstellt. Nichtsdestoweniger suchte Fredegar, die ihn am meisten interessierenden Berichte zu episodenhaften Erzählungen abzurunden.

Hier soll auch nochmals das Darstellungsmodell genannt werden, das Fredegar dreimal *(II 57/59, II 62, IV 58/60)* verwendet hat, in den ersten beiden Fällen, um zu zeigen, daß so große Kriegshelden wie Theoderich der Große und Belisar schließlich doch den Franken unterlegen waren, im dritten Falle, um zu beweisen, daß die Güte Dagoberts in Wirklichkeit auf dem guten Einflusse Pippins und Arnulfs beruhte.

Daß Fredegar die Ermordung Hermenegilds durch seinen Vater dreimal *(III 83, 87, 92)* und die Ermordung Amalarichs durch die Franken zweimal *(III 30, 41)* berichtet, läßt sich nicht so sehr als Doublette erklären, sondern beruht vielmehr auf dem assoziativen Erzählstil. Die Ermordung durch den eigenen Vater kann als Inbegriff gotischer Brutalität von dem Franken nicht oft genug erzählt werden, und die Ermordung Amalarichs war eine Großtat, die Fredegar sehr ins Konzept paßte.

4. Die Quellen und ihre Behandlung

Bei der Anfertigung der Auszüge, die jetzt die ersten beiden Bücher Fredegars bilden, dürfte Fredegar eine Handschrift verwendet haben, die dem heutigen Berliner Codex 127 (Cheltenhamensis Philippicus 1829, Meermann 715) sehr ähnlich war. Diese Handschrift enthält jedenfalls die *Chroniken* des *Hieronymus* und *Hydatius*, die *Fasti* des *Hydatius* und den *Liber Generationis* des *Hippolyt von Porto* in dieser Reihenfolge. Vielleicht war in dieser Vorlage auch schon der durch präzisere Angaben berichtigte Auszug aus der *Chronik Isidors*, der die Quelle für das Kapitel *I 26* darstellte, enthalten. Nach dem Plane, mit der Erschaffung der Welt zu beginnen, rückte Fredegar also den *Liber Generationis* an die erste Stelle. Für die Liste der jüdischen Könige am Ende von *I 24* verwendete Fredegar eine bisher nicht identifizierte Quelle, an die er dann die als *Supputatio Eusebii Hieronymi* bezeichnete Berechnung der Jahre bis 613 anschloß. Das Kapitel *I 25* besteht aus einer Papstliste, deren Sedesangaben ziemlich genau mit denen des *Liber Pontificalis* übereinstimmen.[9] Für die Abfassung des Kapitels *I 26* verwendete Fredegar das dritte Kapitel der *Chronik Isidors von Sevilla*, für die folgenden Listen von Patriarchen, Richtern, jüdischen, persischen und hellenistischen Königen, heidnischen und christlichen römischen Kaisern eine bis jetzt nicht identifizierte, vermutlich griechische Quelle in lateinischer Übersetzung,[10] die praktisch das Skelett der *Isidorschen Chronik* darstellt, jedoch präzisere Angaben bietet. Die Komputation am Ende der Kaiserliste führt ins 31. Regierungsjahr Heraklius'.

Die Kapitel *1—49* des zweiten Buches stellen Auszüge aus der *Chronik* des *Eusebius-Hieronymus* dar, doch läßt sich *II 36* Benutzung der *Chronik Isidors*, *II 39, 46* Benutzung des *Orosius*, *Historia adversus paganos* und *II 42, 46* die der *Historia Tripertita* erschließen. Von der Mitte

[9] Krusch, Chronicae 471.

[10] Krusch, Chronicae 472; Goffart, The Fredegar-Problem 211f.

des Kapitels *II 49* an verwendete Fredegar die *Chronik* des *Hydatius*, die Fortsetzung der *Hieronymianischen Chronik*.

Mit *II 53*, dem bekannten Einschub über Aetius und die Schlacht auf den Katalaunischen Feldern, setzen die langen, teils fast episch breit anmutenden Erzählungen ein: *II 56, 57* die *Gesta Theoderici*, *II 58* die Erzählung über Chlodwig und Alarich, *II 62* der früheste „Belisarroman" des lateinischen Westens. *II 59* hängt von den *Dialogi Gregors des Großen* ab, für *II 58, 60, 61* verwendete Fredegar erstmals *Gregor von Tours*. Östliche, möglicherweise persische Einflüsse, wie sie leicht durch Gesandtschaftsberichte vermittelt werden konnten, sind denkbar bei der singulären Bezeichnung eines Kurzschwertes als *uxus (II 58; IV 64)*, im Namen des Avaren *Xerxer (II 57)* und in der Geschichte von Theoderich des Großen Flucht nach Ravenna *(II 57)*.

Das dritte Buch stellt im wesentlichen Auszüge aus *Gregor von Tours' „Zehn Bücher Geschichten"* dar, doch ist für *III 65* Verwendung der *Chronik Isidors* gesichert. *III 2* taucht die Trojasage unter irreführender Berufung auf die Autoritäten *Hieronymus* und *Vergil* auf, spätere Zusätze mit meist sagenhaftem Charakter könnten zum Teil *(III 41, 83)* den allgemein angenommenen *burgundischen Annalen* bis 603 entnommen sein.

Für den Prolog des vierten Buches verwendete Fredegar die Vorrede des *Hieronymus, Isidors Etymologiae* und vielleicht die *Vita Caesarii. IV 36* stellt praktisch eine Abschrift von Teilen der *Vita Sancti Columbani* des *Jonas von Bobbio* dar. *Burgundische Annalen* bis zum Jahre 603, deren besonderes Kennzeichen das Interesse an Himmelserscheinungen wie besonders Sonnenfinsternissen gewesen sein dürfte, sind wahrscheinlich eine Quelle Fredegars gewesen. Verwendung der *Vita Desiderii* des westgotischen Königs *Sisebut* oder eines Briefes *Sisebuts* an *Caesarius (IV 24, 32, 33)* ist immerhin möglich, *IV 66* hingegen beruft sich Fredegar fälschlich auf *Orosius*.

In Fredegars Exzerpierweise zeigt sich auch im Detail ein einheitlicher, klar abgesteckter Interessenkreis, der schon oben skizziert wurde; hier sei vielleicht noch vermerkt, daß Fredegar etwa die vielen Berichte des *Hieronymus* zur alten Geschichte (besonders zur Geschichte der Griechen) beiseite ließ, während er bei den Makedonen gerne verweilte, sogar Eigenes hinzufügt. So wird vor allem auch Theoderich der Große zum Makedonen gemacht. Andererseits ließ er die *Fasti* des *Hydatius*, die ihm sicherlich vorgelegen haben – sie finden sich ja auch im Cheltenhamer Codex –, völlig beiseite, da sie für seine Zwecke nichts Neues und Wesentliches bieten konnten. Bisweilen schrieb er seine

Vorlage Wort für Wort ab, manchmal zog er wiederum größere Sinneinheiten seiner Vorlage zu wenigen Worten zusammen, wobei sich nicht selten die *Interpretatio Fredegariana*, d.h. die Umprägung in Vorstellungen und Begriffe seiner Zeit, bemerkbar macht. So wird etwa die Formulierung des *Hydatius „ut Gothorum mereretur auxilia"* bei Fredegar *II 56* zu *ut Gothorum fideretur.*

5. Die Sprache

Der erste Eindruck, den Fredegars Sprache vermittelt, ist der einer „barbarisch wilden" Latinität, die Kasusendungen scheinen vollständig willkürlich zu sein, die Worte sind ihrem Lautbestand nach oft kaum mehr zu erkennen *(covetum = cubito, II 57)*, die Syntax erscheint oft völlig aufgelöst, Anakoluthe (Konstruktionsbrüche) beherrschen das Bild. Fredegars Sprache ist weit von der verbal ausgerichteten des klassischen Latein entfernt, indem Substantivgruppen immer wieder verbale Ausdrucksformen ersetzen, der Stil ist geradezu centonenhaft, das heißt, ähnliche Situationen werden mit immer gleichbleibenden Worten und Phrasen beschrieben. Trotz dieser mangelnden Ausdrucksfähigkeit ist unverkennbar, daß Fredegar, wie jeder Autor seiner Zeit, ein korrektes Latein schreiben wollte. Davon zeugt schon der Prolog zum vierten Buch, den Fredegar mit einigen Zitaten aufzuputzen suchte, und die Tatsache, daß Fredegar die lateinischen Kasusendungen beibehalten wollte, obwohl die Fälle in der Umgangssprache seiner Zeit sicher schon zum Casus obliquus verschmolzen waren.

Bei näherem Hinsehen aber zeigt sich deutlich, daß die lautlichen Verschiebungen nichts anderes darstellen als die Reflexe der Umgangssprache Fredegars. Seine Sprache ist also nur auf dem Hintergrund der Entwicklung vom Lateinischen zum Romanischen, in unserem Falle also zum Altfranzösischen, zu verstehen. Dieser Einfluß macht sich naturgemäß in der direkten Rede am stärksten bemerkbar *(adarrabo, II 58; Daras, II 62)*. Der assoziative Eindruck jedoch, der durch die häufigen Anakoluthe und Subjektwechsel im selben Satz vermittelt wird, kann auch als bewußtes oder unbewußtes Stilmittel betrachtet werden, das Fredegar verwendete, um das Gegeneinander der Personen und das Nacheinander der Handlungen deutlich zu machen. Zugleich wird dadurch ein lebhaftes Temperament bezeugt, das jederzeit bereit ist, sich über sprachliche Konventionen hinwegzusetzen, wenn es nur seine Gedanken besser zur Geltung bringen kann. Viele hauptwörtliche Wendungen hingegen und die Formelhaftigkeit des Stils sind wohl zum Großteil auf dauernde Beschäftigung mit Urkunden und Rechtsakten zurückzuführen. Aus antiker Tradition stammen die Beschreibungen der körperlichen und geistigen Eigenschaften führender Männer *(IV 27)*.

Es wird im folgenden versucht werden, eine etwas ausführlichere Darstellung der Sprache Fredegars zu bieten, da ein Großteil der Beobachtungen an Fredegar auch auf die übrigen in diesem Band vereinigten Autoren übertragen werden kann. Zuerst sei jedoch noch auf einige prinzipielle Schwierigkeiten bei diesem Vorhaben hingewiesen.

Bruno Krusch, der die auch heute noch maßgebliche Edition in den *Monumenta Germaniae Historica* besorgte, nahm in seinen Text im wesentlichen immer die „verwildertsten“ Lesarten – bei unserem Autor sind es zumeist die des Claromontanus 10910, einer Handschrift, die dem Original zwar zeitlich einigermaßen nahesteht, jedoch bereits sehr viele Fehler enthält – auf, ohne die Möglichkeit in Betracht zu ziehen, daß diese Lesarten bereits der Überlieferung zuzuschreiben sein könnten. Da im Rahmen dieser Übersetzung eine generelle Überarbeitung der Lesarten nicht möglich war, sieht der nachfolgende Text Fredegars, orthographisch gesehen, sicher verwilderter aus als das Original Fredegars. Trotzdem können natürlich viele „Fehler“ und verschiedene Schreibweisen ein und desselben Wortes von Fredegar herrühren, für den es ja weniger um eine korrekte Orthographie ging als darum, einen neu in die Sprache eingeführten Laut mit dem überlieferten Buchstabenbestand graphisch darzustellen: So steht etwa *Wintrio (IV 18)* neben *Quintrione (IV 14)*, *Willebadus* neben *Villebadi (IV 90)* und *Badowarius (IV 72)* neben *Baguarinsis (Cont. 12)*. Andererseits kann durch diesen Spielraum der graphischen Darstellungsweisen – hinzu kommen noch die häufigen umgekehrten (hyperkorrekten) Schreibweisen, die darauf zurückzuführen sind, daß durch das Wissen um einen häufig gemachten Fehler dieser Fehler am falschen Ort vermieden wird (*III 78* verrät *husus* anstelle von *usus* das Wissen um das Schwinden der Aspirata *h*) – die tatsächliche Lautgestalt eines Wortes rekonstruiert werden.

Aus genannten Gründen kann auch nur sehr selten entschieden werden, ob es sich bei einer graphisch unkorrekten Form um einen Fehler der Lautlehre, gemessen an klassischen Standards, oder etwa um eine neue Endung im Sinne des romanischen Flexionssystems handelt. Dies bezieht sich besonders auf die Schrumpfung des lateinischen Kasussystems zum romanischen Zweikasussystem durch die Ausbildung eines Casus obliquus. Schließlich könnte es sich noch bei einer fehlerhaften

Form um eine Rektionsverschiebung oder um eine syntaktische Neubildung handeln (so wird etwa *III 11 „locum“* von einigen als Accusativus loci gedeutet).

Obwohl sich also oft nicht entscheiden läßt, ob wir es im Einzelfall mit einem Problem der Laut-, Formen- oder Satzlehre zu tun haben, soll diese traditionelle Dreiteilung beibehalten werden.

Viele, doch bei weitem nicht alle Eigenheiten der romanischen Sprachen finden sich bei Fredegar. So bietet Fredegar etwa Beispiele eines voll entwickelten romanischen Futurum *(adarrabo, II 58; Daras, II 62)*, während die romanische Bildungsweise des Passiv im Präsensstamm nach dem Typus *amatus sum* bei Fredegar noch keine Spuren hinterlassen hat. Der Grund dafür mag auch darin liegen, daß Fredegar sich bemühte, ein korrektes Latein zu schreiben und ihm gerade dieser Unterschied besonders bewußt war.

A. Lautlehre

a) Vokalismus

Im Lateinischen hatte die Quantität der Vokale eine metrische und vor allem auch semantische, also bedeutungsunterscheidende Funktion. Als sich aber das Lateinische in Europa und Afrika ausbreitete und dabei Sprachen verdrängte, für die der Unterschied von langen und kurzen Vokalen keine Bedeutung hatte, ging als Rückwirkung von diesen Sprachen aus auch im Lateinischen das Gefühl für die Quantitätsunterschiede verloren. So blieb als einziges Unterscheidungsmerkmal — und das nicht einmal bei allen Vokalen — der verschiedene Öffnungsgrad, der sich in unterschiedlichen Klangfarben auswirkte. Klassisch lateinisch lange Vokale wurden also in der Umgangssprache geschlossen, klassisch lateinisch kurze aber offen ausgesprochen. Weil jedoch das geöffnete į im geschlossenen ẹ und das geöffnete ų im geschlossenen ọ aufgingen, gelangte man bei den betonten Vokalen zu folgender Reduzierung:

<table>
<tr><td>klassisches Latein</td><td>ă ā</td><td>ĕ</td><td>ē ĭ</td><td>ī</td><td>ŏ</td><td>ō ŭ</td><td>ū</td></tr>
<tr><td></td><td>\ /</td><td>|</td><td>| |</td><td>|</td><td>|</td><td>| |</td><td>|</td></tr>
<tr><td>gesprochenes Latein</td><td>a</td><td>ę</td><td>ẹ į</td><td>ị</td><td>ǫ</td><td>ọ ų</td><td>ụ</td></tr>
<tr><td></td><td>|</td><td>|</td><td>\ /</td><td>|</td><td>|</td><td>\ /</td><td>|</td></tr>
<tr><td>„Vorromanisch“</td><td>a</td><td>ę</td><td>ẹ</td><td>i</td><td>ǫ</td><td>ọ</td><td>u</td></tr>
</table>

In dem Maße, wie der dynamische Akzent sich gegenüber der Quantität durchsetzte, verlor die Länge als kennzeichnendes Merkmal eines jeden Vokals selbstverständlich immer mehr an Bedeutung. Die betonten Silben – insbesondere die Silben mit betontem kurzen Vokal – wurden nun insgesamt länger als die unbetonten ausgesprochen, dagegen erschienen die Silben mit langem, aber unbetontem Vokal kürzer.

Bei den unbetonten, innersilbigen Vokalen fielen „vorromanisch" folgende zusammen:

klassisches Latein	ă ā	ĕ ē ĭ	ī	ŏ ō ŭ	ū
	\ /	\ | /	|	\ | /	|
„Vorromanisch"	a	e	i	o	u

Die sprachlichen Erscheinungen werden im folgenden, soweit möglich, derart mit Beispielen belegt, daß zumeist auf eine „fehlerhafte" Form eine hyperkorrekte Schreibung folgt.

Die Aussprache des *Doppel-u* als einfaches *u* war schon im Lateinischen üblich; bei Fredegar etwa *fructum (III 46)*.

Sehr häufig findet sich prothetisches *e (estabilire, IV 56: storiographus, III 1)*, Synkope in unbetonten oder nebentonigen Silben seltener *(vermiclis, IV 25)*, Vokalentfaltung nur einmal *(materem, III 56)*, doch könnte es sich dabei auch um eine Angleichung an Akkusative wie *aggerem* handeln.

Da die Monophthongierung der lateinischen Diphthonge schon in der klassischen Zeit beinahe abgeschlossen war, ist diese Erscheinung bei Fredegar kaum erwähnenswert *(agusta, III 65; Sauconna* = frz. *Saône, IV 90)*. Bemerkenswert ist jedoch die häufige Schreibung von *ep* für *eu (Neptrico, III 42)*.

Die Bedeutung dieser Vokalverschiebungen besonders für die Formenlehre und hier vor allem für die Endungen auf *i* und *u* ist klar. Gegenüber der in die Augen springenden „Verwilderung" der Endungen muß unbedingt die relative Regelmäßigkeit dieser Verschiebungen betont werden.

b) Konsonantismus

Auch die Entwicklung der Aussprache der Konsonanten war nicht stehengeblieben. Für Fredegar aber bedeutete dies, daß er diese neuen Laute mit dem herkömmlichen Buchstabenbestand auszudrücken hatte.

Von hier aus ist verständlich, daß etwa das germanische *w* geschrieben werden kann als *w (Willibadus, IV 90)*, *v (= u, Villebadus, IV 90)*, *qu (Quillacharius, III 54)* und als *gu/go (Bagoarii, Cont. 25)*; nur graphisch ausgefallen ist das *w* in *Meroeus* passim und *Merohingii III 9*. Das Eindringen des germanischen *h* brachte ein Neuaufleben dieses Lautes, der schon im Lateinischen seit ältester Zeit sehr schwach gewesen sein dürfte: Weglassungen *(iaemandum, IV 72)*, hyperkorrekte Schreibungen *(habundans, IV 80)* und Versuche, es mit *g (Gairibertus, IV 55)*, *c (Cairibertus, IV 57)* oder *ch (Chairibertus, IV 57)* wiederzugeben, waren die Folge.

Die weitestgehenden Veränderungen jedoch bewirkten die Verschiebungen der lateinischen Tenuis *(p, t, k)* zur Media und der Media *(b, d, g)* zur Spirans (*f/v, j,* wobei jedoch der Dental *d* stabil blieb). Die Aufweichung der Tenuis zeigt sich in *recibebant (IV 69): concupina (III 56); idemque (= itemque, IV 90), inquid (III 22): trucitare (II 59); negat (= necat, III 19): astralocus (IV 65)*. Den Übergang von der Media *b* zur Spirans *f/v* deuten an *covetum (= cubito, II 57): stabilibit (= stabilivit, IV 87)*; den Zusammenfall des lateinischen *g* vor *e* und *i* mit dem *j*, das dann graphisch sehr verschieden auftritt, zeigen *Remediae (= Remigii, IV 83), colliens (= colligens, IV 55): Madio (= Maio, IV 38), subgectis (= subiectis, IV 90), Trogiae (= Troiae, III 2), abigerunt (= abierunt, II 53)*. Intervokalisches *-f-* wird zu stimmhaftem *-v- (pontevecum, IV 57*, vgl. *malefatius* ›› *mauvais)*, intervokalisches *-g-* fällt in der Verbindung *-agu-* aus *(paum = pagum, III 4)*; die Gruppen *-gn-* und *-ng-* wurden, wie vielleicht schon in klassischer Zeit, sicher schon mouilliert als *ñ* ausgesprochen: *renumque (= regnumque, III 36), quinnentus (IV 73), septinientis (IV 72)*. Der halbvokalische Anteil an *-quu-* und *-quo-* verschwindet, deshalb finden wir *secuntur (IV 64), aecum (= equum, IV 64), Sigona (= Sequana, IV 20): quoactus (= coactus, IV 37)*.

Die Assimilierung von *-ci-* und *-ti-* führte zu häufigen Verwechslungen: *sagatitate (IV 27): inundacione (IV 66)*; auch *-ki-* und *-ke-* wurden assimiliert: *Authiciodero (III 78)* neben und für *Autisiodero (Cont. 41), nessio (= nescio, IV 89): Tascilone (= Tassilone, Cont. 38)*.

Vorkonsonantisch werden *-m-* und *-n-* vertauscht, zwischen *-m-* oder *-n-* und folgenden Konsonanten wird *-p-* eingeschoben *(columpna, III 12)*, das auslautende *-m* verschwindet *(ut levi = ut levem, II 57)*, in der Gruppe *-ns-* wird *-n-* nasaliert und fällt graphisch aus *(trasactis, Prolog IV: occansione, III 83)* und schließlich fällt *-n-* aus in häufigem *sigillatem (= singulatim, IV 75)* oder *siggylatem (Prolog IV)*.

Klassisch-lateinisches *r* in zwei aufeinanderfolgenden Silben wird häufig dissimiliert: *caelebrum (= cerebrum, IV 38), Burgarus/Bulgarus (IV 72)*.

Sehr verschiedenartig wird das wohl ungeläufige *-x-* wiedergegeben: *subtracsit (IV 67), iuncxerunt (IV 20), Saxsonum (IV 78), ausilium (IV 73): comex (IV 87).* Sehr geschwunden war wohl auch schon das Gefühl für Doppelkonsonanten: *exhusit (= exussit, III 82), repraesum (IV 55): Sarracinorum (Cont. 20), facilletas (IV 79).*

Metathese zeigt sich in *pras (= pars, IV 13, 20; Cont. 44), suprestitem (Cont. 8)* und *prevagans (Cont. 38).*

Im Gegensatz zu Gregor von Tours neigt Fredegar sehr dazu, die Vorsilben in ihrer ursprünglichen Form zu schreiben: *conlate (IV 79), inmenso (IV 58).*

B. Formenlehre

Auf diesem wie auf dem Gebiet der Satzlehre ist es besonders schwer, zwischen wirklichen Fehlern und neugebildeten Formen zu unterscheiden.

a) Deklinationen

Von den klassisch-lateinischen fünf Deklinationen erhielten sich romanisch nur drei und von den drei Geschlechtern des Hauptwortes nur das männliche und weibliche Geschlecht. Durch den immer weiter um sich greifenden Gebrauch der Präpositionen, der einerseits die Funktion der lautlich nunmehr undifferenzierten Kasus ersetzte, andererseits der weiteren lautlichen Verunsicherung dadurch Vorschub leistete, schrumpfte das lateinische Sechs-Kasus-Schema zum romanischen Zwei-Kasus-System. Vor allem durch die Kombinationen *de* + Ablativ und *ad* + Akkusativ, die den Genetiv bzw. Dativ ersetzten (dadurch konnte wiederum der reine Dativ die Richtung einer Bewegung ausdrücken), wurde die strenge Unterscheidung der Fälle aufgeweicht und durch den Zusammenfall von *-i* und *-e*, *-u* und *-o* sowie den Abfall des auslautenden *-m* die Unterscheidung zwischen Dativ, Akkusativ und Ablativ zunächst im Singular unmöglich gemacht. Analog dazu schwand dann auch im Plural das Gefühl für die bedeutungsunterscheidende Funktion der Endungen. Der somit entstandene Casus obliquus findet sich bei Fredegar in seiner reinen Ausprägung jedoch fast nur bei Personennamen *(filius Authario rege, IV 34; manibus germano suo, Cont. 30; multitudo genti, II 53).*

Nach dem Abfall des auslautenden *-m* im Akkusativ Singular fielen Nominativ und Akkusativ sowie, infolge des Ausgleichs der Silbenlängen, auch der Ablativ Singular der ersten Deklination lautlich zusammen. Wahrscheinlich in Analogie zum Femininum Plural der dritten Deklination, das sowohl im Nominativ als auch im Akkusativ auf *-es* endet, wurde der Nominativ Plural der ersten Deklination im Romanischen wie der Akkusativ Plural auf *-as* gebildet: *uvas ... nate (III 49), vicinas ... gentes ... canerent (IV 1)*. Im Akkusativ und Ablativ Plural wird *-as* und *-is* häufig vertauscht: *lapides preciosis (III 80), insidias iussit interfici (III 33)*. In die erste Deklination gingen fast alle Substantiva der fünften, gewisse Feminina der dritten *(nepta, Cont. 12)* und manche Neutra Plural der zweiten und dritten Deklination über. Bei *Persos (II 62)* ist hingegen der leicht verständliche Übertritt in die zweite Deklination zu erkennen.

In der zweiten Deklination ergab sich durch den Zusammenfall von *-u* und *-o* sowie den Abfall des auslautenden *-m* folgender Deklinationstypus:

	Singular	Plural
Nominativ	*murus (muros)*	*muri*
Casus obliquus	*muru(m), muro(m)*	*muros (murus, muris)*

In unserer Chronik finden sich dementsprechend: *frater suos (IV 3), postergum tuom (IV 64), cumtus (= cunctos, IV 89)*. Rein lautliche Erscheinungen sind der Genetiv Singular und Nominativ Plural auf *-iae (dicione imperiae, IV 45)* und der Dativ und Ablativ Plural auf *-ies (cum tinsauraries, IV 67)*. Wie bei der ersten Deklination geht die Vermischung von *-is* und *-os* als Endung des Dativ, Akkusativ und Ablativ Plural sehr weit: *ante Chunis (IV 48), ipsos Sarracinos ... munera dedit (Cont. 51)*. In die zweite Deklination gingen die Maskulina und Neutra Singular der vierten Deklination über, aber auch *capo (= capite, IV 52)* aus der dritten Deklination. *Uni (= unius, III 7)* deutet auf Angleichung der pronominalen Deklination. Weiters ist wie schon im Altlateinischen der Übergang der Neutra Singular in die maskuline Form feststellbar *(regnus, III 27)*.

Auch in der dritten Deklination kam es durch den Zusammenfall von *-i* und *-e* im Singular zu einer lautlichen Angleichung von Dativ, Akkusativ (da das *-m* ausfiel) und Ablativ *(dicione, IV 78; pauperi [= pauperem], III 18); duci, IV 24)* sowie zur Schreibung des Nominativ Singular mit *-es (omnes, IV 66: comis, Cont. 44)* und des Nominativ und Akkusativ Plural mit *-is (revellis, III 11; civitatis, III 55)*. Häufig wird im Dativ und Ablativ Plural *-ibus* mit *-ies* oder *-es* vertauscht, doch geschieht dies zumeist durch Kasusattraktion, da Formen der zweiten Deklination vorausgehen: *ceterisque gentis (II 57): scaritos et leudibus suis ... transmisit*

(Cont. 52). Ähnlich wie Gregor bildet Fredegar durch Analogie zum Normalparadigma *orbis (= urbs, III 82)* und *senece (= sene, III 80)*. Der in direkter Rede gebrauchte Genetiv *sanguis (IV 33)* muß unter Einfluß der romanisch erschließbaren Form **sangue* entstanden sein. Ob die stereotype Form *nomen (= nomine, III 25)* einen syntaktischen (= Accusativus respiciendi) oder einen lautlichen Vorgang darstellt, kann nicht entschieden werden, dagegen wird der Genetiv *Dagoberti regi (IV 78)* wohl auf Kasusattraktion beruhen. Wie das schon genannte Substantiv *capo (II 60)* traten auch einige Adjektiva der dritten Deklination in die zweite über *(ordine pedestro, IV 11)*. Manche Abstrakta auf *-or* erscheinen bereits, wie im Französischen, als Feminina *(ea pavore, IV 55)*, unsicher ist *mare traducta (II 60)*. Maskulina hingegen werden *quondam arborem (Cont. 39), gentium sevissemorum (IV 66)*.

In der vierten Deklination zeigt sich schon oft die Endung der zweiten Deklination, doch finden sich die ursprünglichen Formen noch häufig: *maiordomi* neben *maiorem domus (IV 42)*. *Domos, quos (Cont. 38)* zeigt Übertritt zum Maskulinum, *utrasque exercitus (IV 14)* dagegen zum Femininum, falls es sich nicht nur um einen Fehler der Überlieferung handelt.

Substantiva der fünften Deklination begegnen so selten, daß der sicher schon teilweise durchgeführte Übertritt in die erste Deklination nicht belegbar ist.

Wie Gregor kennt Fredegar für germanische Eigennamen den Deklinationstyp auf *-a, -anis (Bobylanem, III 56;* sogar *Agricolanis, III 55)*. *Constantinopole (II 57), Auster, Neuster* (für das gelegentlich auch *Neptricum,* etwa *IV 42,* eintritt) sowie alttestamentarische Eigennamen (außer *Moses*) und möglicherweise auch *nomen (IV 21)* sind indeklinabel. Auffällig ist der Genetiv *Sclavinorum (IV 68)*.

Fredegar steigert im allgemeinen noch nach dem lateinischen Komparationssystem, nur ein einziges Mal erscheint bei ihm die romanische analytische Komparation: *plus magnam rem* (*II 60,* direkte Rede). Der Superlativ kann für den Komparativ eintreten *(fidelissimus ceteris, III 11)* und in zwei Fällen tritt *ab* als Präposition beim Komparativ *(meliorem a precessoribus, II 60,* direkte Rede; *menorem se a Brunechilde esse, IV 35)* auf; *nimius* kann für *maximus (nimia multitudine, III 80)* und *nimium* für *valde* oder *maxime (nimium mirum, III 82)* stehen.

Bei den Zahlwörtern finden sich ebenfalls nur wenige Veränderungen: *uni (= unius, III 7)* ist singulär, *captis filiis ... tres (IV 42)* ist vielleicht schon wie das französische *trois* unflektiert, *ternos soledus (III 11)* steht für *tres* oder *ter* und ähnlich *singulus (II 57)* für *solus*. Wie im Französischen wird das Jahr mit einer Kardinalzahl angegeben: *anno quinquaginta tres (II 17).*

Mit Ausnahme von *hic,* das im Romanischen bereits fehlt, und besonders *qui* ist die Flexion der Pronomina auch dort, wo die Aussprache leicht zu Irrtümern führen könnte, im allgemeinen korrekt, doch finden sich häufig Formen wie *regina .. quem (= quam, IV 79), sacramenta qua (= quae, IV 70)* und *milia ... quas* (vom Akkusativ Plural Femininum beeinflußt, *IV 45*), *quos ... conlocatis (= quibus, IV 8).* In den *Continuationes* häufen sich Formen wie *custodias, quod (Cont. 44). Qui* steht möglicherweise für den Nominativ, *quem* für den Obliquus Singular und *quod* für den Obliquus Singular und Plural, *quid* fehlt ganz.

Deutlich ist jedoch ein Funktionswechsel zwischen den einzelnen Pronomina feststellbar: *is,* das aus der gesprochenen Sprache verschwand, wird ersetzt durch *hic (imperium huius, qui, IV 64)* und *idem (eadem instetutionem, IV 79). Ipse* wird sehr häufig verwendet, es kann eintreten für *idem (ipso anno, IV 5),* für *ille (odium contra ipsam, IV 42)* für *se (ducem super ipsos ... instituunt, IV 21)* und für *is (contra ipsos rebellionem excitat, Cont. 26); is* und *ipse* können in einem Satz dieselbe Person bezeichnen: *cum rex eis non placeat ab ipsis interficetur (III 42).*

Die schon früher feststellbare Abschwächung von *ille* und *ipse* zur Funktion eines Artikels ist auch bei Fredegar sehr häufig feststellbar, wobei jedoch die Verwendung von *ipse* überwiegt *(ipse praedictus rex, Cont. 49; ille alius Theudericus, II 57)* und sich *ille* häufig, wie heute noch im Rumänischen, dem Substantiv nachgesetzt findet *(puer ille, II 57).*

Während im Romanischen das Possessivpronomen *suus* im Plural durch *illorum* (französisch *leur*) ersetzt wird, verwendet Fredegar *eorum: leudis ... manus eorum ponentes (IV 76).*

Das romanisch fehlende Pronomen *quidam* wird völlig willkürlich gebraucht.

b) Konjugationen

Das Romanische tendierte im allgemeinen zum analytischen Typus, das heißt, daß die Funktionen der lateinischen Endungen im Romanischen durch je ein einzelnes Wort ausgedrückt wurden. So wurde etwa das passive Präsens vom Typus *amor* durch den Typus *amatus sum* ersetzt. Obwohl wir bei Fredegar noch kein Beispiel für diese neue Passivbildung im Präsensstamm vorfinden, so ist es doch indirekt beweisbar, daß dieser Wandel in der Umgangssprache zur Zeit Fredegars bereits vollzogen war: Dafür sprechen der häufige Typus *conveneentia ... fuit conventum (IV 7)* als neues Perfekt Passiv und *tinsauri ... devisi fuerant (IV 84)* als passives Plusquamperfekt sowie die häufige Verwechslung von Aktiv und Passiv *(150 000 pugnatorum (*sc. *Heraclius) aemittetur, IV 66; paetens ... ut per eius adiutorium ... liberaret, Cont. 36; fietur, IV 35)*, die Bildung einer Art Medium für Fälle, wo lateinisch *se* + Aktiv gestanden hätte *(docis ... cum exerceto eis subiunguntur, IV 90)* und das häufige Auftreten von Deponentia mit aktiven Formen *(adgrediebant, IV 48)*. Die Schreibung des passiven Präsensinfinitiv mit *-e* hingegen ist lautlich erklärbar *(vastare, III 23; portas ... aperire precepit, IV 66)*. Häufig und geradezu formelhaft ist die Umschreibung des Passiv nach dem Typus *promissio sortitur aefectum (IV 87)*.

Die Verbindung des Partizipium Perfekt mit 1) Präsens, 2) Imperfekt und 3) einer perfektischen Zeit von *habeo* ergab drei neue Ausdrucksmöglichkeiten für Handlungen, die 1) in der Vergangenheit begonnen wurden, aber noch in die Gegenwart hereinreichen *(vitam habent indultam, IV 78)*, 2) für eine lang dauernde vergangene Handlung *(cum Radulfo unitum habebat consilium, IV 87)* und 3) für eine in der Vergangenheit bereits vollendete Handlung *(quem ... habuerat disponsatam, IV 34)*.

Die Zukunft wurde umschrieben durch Verbindung des Infinitivs mit dem Präsens *(donant, ut ... fideles ... esse debeant, Cont. 51)*, Imperfekt *(tributa ... solvere deberet, Cont. 47)* oder sogar dem Plusquamperfekt *(convenerat, ut ... debuissimus conflige, IV 64)* von *habeo, debeo* oder *velle*. Auch der ungebräuchliche aktive Futurinfinitiv wurde umschrieben *(cernentes, quod vellet imperium ... destruere, IV 63; pollicetur esset implere, IV 40)*. Die romanische Futurbildung findet sich bei Fredegar schon zweimal in direkter Rede: *darás* (aus *dare habes, II 62*) und *adarrabo* (wohl gekreuzt aus *dabo* und fest verbundenem *dare* + *habeo, II 58*).

Scheinbare Verwechslungen von Futurum und Perfekt sind auf den Lautwandel *-b-/-v-* zurückzuführen *(stabilibit, IV 87)*.

Bei Fredegar finden sich auch die von Gregor von Tours her bekannten Kurzformen des Perfekts vom Typ *regnat (III 15)* und sehr häufig die Perfekta auf *-ui- (capuit, Cont. 37)*. Die Komposita von *do* haben in den Perfektstämmen fast regelmäßig *-dedi- (ostendedit, III 39)*.

Der Imperativ wird regelmäßig gebildet, selbst *dic* und *fac*. *Dicis* (für *dic, III 12*) ist singulär.

Von den Lautwandlungen her verständlich sind Formen wie *movint (= movent, IV 20), ut levi (= levem, II 57)* und *tolletur (IV 73)*. Die häufige Schreibung der dritten Person Plural der dritten Konjugation nach dem Typus *dicent (III 71)* deutet wohl, wie das singuläre *facint (IV 85)*, auf eine Tendenz zur Vereinheitlichung der Konjugationen. Da die Verba auf *-io-* romanisch größtenteils das *-i-* verloren haben, finden wir häufig Formen wie *recibebant (IV 69)*.

Konjugationswechsel ist feststellbar bei *venerit (IV 9)*, *censiret (IV 35)*, *fugire (III 23)*, *menuarit (IV 70)*, *profetenti (IV 11)* und *fietur (IV 33)*.

Durch Angleichung an das Normalparadigma entstanden Formen wie *potebas (IV 51)*, *vellebam (= volebam, III 11)*, *feris (= fers, III 19)*, *abtultus (= ablatus, IV 76)*. Das sonst nicht gebrauchte *malle* wird einmal umschrieben *(plus mori vellens quam vivere, II 57)*.

Auch bei den Komposita finden wir, soweit sich das bei der schwierigen Überlieferung feststellen läßt, die Tendenz, die ursprüngliche Form herzustellen *(depraemere* und *requererint*, beide *III 7)*.

C. Satzlehre und Stil

Auf die Bedeutung der Lautwandlungen für die Auflösung des Kasussystems wurde bereits hingewiesen. Die Ausbildung des Casus obliquus im Singular zog Analogien im Plural nach sich *(consilio Austrasiis, IV 35)*. Zum Schwinden des Gefühls für die Funktion eines Kasus trugen jedoch auch Übertragungen von Konstruktionen *(praestare alicui* führte zu *Gothis superant, II 57; resistere* zu *tantis oppropriis sustenire, II 62)*, Rektionsverschiebungen (*Thoringorum regnabant, III 32;* schon im klassischen Latein vorbereitet) und besonders die immer weitere Verbreitung der Präpositionen bei. In der Verwendung der Präpositionen ergaben sich vielfache Verschiebungen.

ad: für den Dativus finalis *(ut ei cervus esset ad prandium, II 57)*, zur Bezeichnung der angesprochenen Person *(ad Charoaldo dixit, IV 51)*, mit dem Gerundivum für einen Finalsatz *(ad ventrem purgandum, IV 34)*, für *ab (degradaret ad regnum, IV 73)*. Umgekehrt konnte *ad* + Akkusativ durch den reinen Dativ vertreten werden *(arbor tam excelsus, quod nubebus paenetraret, II 57)*.

apud: wird für *cum* verwendet *(apud quem ... demigavit, II 62)*.

per: mit dem Ablativ, um das Mittel zu bezeichnen *(per iudicio Francorum emendaret, Cont. 38)*, für *ab (per ipsum eripiebamur, III 11)*.

infra: entspricht *intra (infra murus recipere, IV 69)*.

inter: entspricht *a (nec procul inter se, IV 66)*.

deinter: wie einige französische Präpositionen (z.B. *dedans*) aus *de* + reiner Präposition zusammengesetzt *(deinter moncium rupes aegressi, IV 78)*. Bei Gregor finden sich solche Formen noch nicht.

post: für *per (regnum ... post sedecim annis tenuit, IV 42).*

post quod: für *post quam (anno, post quod ... acciperat, IV 16).*

super: entspricht französisch *sur (super Mentia flumene, III 6; super Theudericum inruerint, IV 31; cupiens super Saracinus vindictam, IV 66).*

usque: häufig ohne *ad* als Präposition gebraucht *(usque diem obetus, IV 71); usque ad:* für *a (usque ad fundamento distruens, IV 71).*

contra: für Dativ *(contra Pippino ... insidias parat, Cont. 42).*

adversus: für Dativ *(adversus Tiberium ... muliebatur, III 81).*

ab: für Genetiv *(caesi sunt a Saxonibus, III 76)*, beim Komparativ *(meliorem a praecessoribus, II 60)*, für *ob (ab infirmitate besenteriae, III 84)*, in der Bedeutung *mit (cum loqueretur ... ab Alaricum, II 58).*

cum: für *apud (cum Dagobertum facere odiosum, IV 61).*

de: sehr häufig für *ex (de ... lavacro excipiens, IV 3)*, für *ab (utilitas de Chunis facta, IV 48)*, für Genetiv entsprechend französisch *de (civitates de regno Theuderici, IV 25).*

ex: entgegen der Volkssprache sehr häufig; oft für Genetivus Partitivus *(duo milia ex militibus, IV 66).*

in: häufig für Ablativus Instrumenti *(iocundemur in fabolis, II 57)*, zum Ausdruck eines Zweckes *(exercitum in ausilium Sisenandi, IV 73)*, zur Beschreibung der Art und Weise *(in integritate deberit aspicere, IV 76)*, für *ex (filii ... quos in uxores ... generaverant, IV 48).*

sub: zur Beschreibung der Art und Weise *(placitum sub caeleritate instituant, III 18).*

Der Unterschied zwischen den adverbialen Akkusativen der Zeit- und Raumerstreckung und Ablativen der Zeit und des Ortes ist geschwunden *(diebus plurimis residit, IV 83)*, die Ortsbestimmungen auf die Fragen *Wohin?* und *Wo?* werden kaum mehr unterschieden (ohne *in: Aetaliam dirigit, III 6;* wie französisch *jusqu'à: usque ad Trecas, Cont, 42;* Ablativ für Akkusativ: *Mettis veniens, IV 75;* Dativ für Akkusativ: *patriae remeare, II 57;* die Richtung wird umschrieben: *partibus Burgundie dirigit, Cont. 18;* für *apud* + Akkusativ: *Wangas, IV 37;* für Ablativ: *in Burgundias, IV 5;* für Ablativ auf die Frage *Woher?: de partibus Spaniae, III 59*).

Manche „fehlerhaften" Verbindungen sind auf Kasusattraktion *(ad veciosissimum aequum caudam, IV 42)* oder auf syntaktische Kreuzung zurückzuführen *(Franci ... per montes ... erumpentibus, Cont. 38)*, doch sind auch völlig verwilderte Fälle anzutreffen *(ad Nevernum urbis, Cont. 42).*

Die Bildung des Passiv im Präsens- und Perfektstamm sowie der Typus *habeo* + Participium Perfecti Passivi wurden bereits besprochen.

Viele Verschiebungen im Zeitgebrauch Fredegars sind jedoch durch die romanischen Tendenzen zu erklären, das Präsens für das Perfektum *(qui temporebus Theuderici ... probatur strenuos, IV 78)*, das Präsens für das Futurum *(panes non indiget in sempiternum, III 14)* und den Konjunktiv Plusquamperfekt für den Konjunktiv Imperfekt eintreten zu lassen (bei Fredegar jedoch fast nur auf *potuissem* = altfranzösisch *poüsse, II 62; debuissem* = altfranzösisch *deüsse, IV 45; fuissem* = altfranzösisch *fusse, III 82,* beschränkt). Im abhängigen Satz kann auch das Futurum Exaktum für das Präsens eintreten *(gens inpaciens est, quando ... iogum non habuerit, IV 82)*.

Der Infinitiv Präsens kann als neutrales Substantiv verwendet werden *(petens auxiliare contra Chunis, II 53)*, in den mit *esse* zusammengesetzten Infinitiven fehlt das Hilfszeitwort häufig *(eam daturus spondet, III 18)*, der Futurinfinitiv wird mehrfach mit *velle* + Infinitiv ersetzt *(indecans se ... velle adgredere, IV 37)*. Das Verständnis für die Infinitivkonstruktionen ist bereits nahezu geschwunden: Häufig werden sie mit *ut* oder *quod* eingeleitet oder einfach in den Konjunktiv gesetzt *(dicentes, ut ... adiret, IV 54; videns, quod ... rex ... ceperat et ... urbem capuisset, Cont. 46; fertur ... bistea ... eam adpetisset, III 9; narrat storia Priamum ... habuisse regi ... exinde fuissent egressi; postea Frigam habuissent regem ... partem eorum ... fuisse adgressa, III 2)*. Häufig wird dabei im Nebensatz durch den Indikativ die Realität des Gesagten, durch den Konjunktiv aber die Vorstellung des Sprechenden betont. Mit dem Indikativ steht auch der Ersatz des Nominativus cum Infinitivo *(post fertur anni circolo Pippinus moretur, IV 85)*.

Da der Infinitiv die Funktion des Gerundium zu übernehmen begann, trat umgekehrt vielfach das Gerundium für den Infinitiv ein *(incipiens scribendum, Prolog IV; tributa ... emplendum refutat, IV 81)*. Der passive Präsensinfinitiv kann ersetzt werden durch das Gerundivum *(senserat se ... a Protadio degradandum, IV 26)* und selbst durch das Participium Perfecti Passivi *(vove tae [= te] baptizatum Christum dominum, II 62)*.

Sehr weit geht der Gebrauch des Partizipium Praesens: Häufig wird es als finites Verb gebraucht *(Bertoaldus de muro respondens, IV 25)*, oft sogar für eine vergangene Zeit *(deinde ... cum exercito transiens, Toringiam properans, Radulfus haec cernens, castrum ... construens, cum uxore ... in hunc castrum stabilibit, IV 87)*. Dadurch kommt es nicht selten zu Konstruktionsmischungen *(cumque uterque phalangiae certamine iungentes, dixit, III 21)*.

Fredegar verwendet alle Arten der bekannten absoluten Partizipialkonstruktionen, am häufigsten den Ablativus absolutus, sehr oft auch, wie *Gregor von Tours*, den Accusativus absolutus *(eos totus oppressus, IV 41)*, seltener den Nominativus absolutus (*discriptio ... facta, II 27*, in diesem Band nicht abgedruckt; *foedus initum, III 40*, auch als Accusativus absolutus aufzufassen), wobei diese Konstruktionen oftmals vermischt werden (Nominativus/Ablativus absolutus: *multi ex eis ... trucidati et in captivitate missi, regiones eorum ... crematis, Cont. 31*; Accusativus/Ablativus absolutus: *acceptis ab Eiegio quingentus in munere aureos, III 11; missus discurrentebus, IV 87*).

Das Gerundium kann, wie erwähnt, für den Infinitiv eintreten, öfters erscheint es — gewöhnlich ohne *ad* — zur Bezeichnung des Zweckes *(negutiantes adcivit, exercendum negucium, IV 48)*.

Fredegar vermeidet im allgemeinen die Unterordnung, ja, die Beiordnung von Hauptsätzen ist geradezu ein Hauptmerkmal seines Stiles. In den Nebensätzen werden die Modi zumeist richtig verwendet: *ut consecutivum*, zumeist im Hauptsatz durch *ita* vorbereitet, wird nur selten mit dem Indikativ konstruiert *(nimium vastavit, ita ut ... non audebant, Cont. 50)*, *cum* wird nur selten mit dem Indikativ verbunden, wo klassisch der Konjunktiv gestanden hätte, doch erscheinen häufig Indikativ und Konjunktiv nebeneinander *(cum ... Bilichildem habebat uxorem ... et esset ... utilis et ... diligeretur, IV 35)*, doch könnte durch diese Differenzierung ein Bedeutungsunterschied angezeigt werden. *Dum* wird kaum von *cum* unterschieden und steht fast immer mit dem Konjunktiv *(dum haec ageretur, Cont. 35*; mit dem Indikativ: *dum increpabatur, IV 35)*. *Quicumque, quoadusque, postquam* und *priusquam* stehen mit dem Konjunktiv, *eo quod* weit häufiger mit dem Konjunktiv als mit dem Indikativ. Bisweilen treten Temporalsätze ohne Konjunktion, aber mit Konjunktiv auf. Einige dieser Beispiele können jedoch durch eine Veränderung der Interpunktion Kruschs wegfallen, wodurch das Verbum dann an eine im Satz weit vorne genannte Konjunktion angeschlossen erscheint *(Villebadus cum esset opebus habundans ... aelacionem superbiae esset deditus, adversus Flaochadum tumebat, eumque dispicere quonaretur, Flaochadus ... placitum instituit, IV 90)*.

Von großer Unsicherheit im Tempus- und Modusgebrauch zeugen die Bedingungssätze: Es findet sich im bedingenden Satz für lateinischen Konjunktiv Imperfekt der Indikativ Imperfekt *(si praevalebat resistere, ... Gothis daret, II 53)* und Indikativ Präsens *(dicens, si ... conspecto Chlothariae presentatur, ipsum regem vellet interficere, IV 54)*, im bedingten Satz aber für den Konjunktiv Imperfekt der Indikativ Imperfekt *(si Childerico ... potuissemus conperire, libenter eum ... recipebamus; forsitam ... eripiebamur, III 11)* und Futurum *(si me iobaret [= iuvaret], ... eroque illi fidelis, III 21)* und anstelle des Konjunktiv Plusquamperfekt der Indikativ Plusquamperfekt *(si cor habuisset, ego eum praevalere non potueram, II 57)* und Indikativ Perfekt *(feliciter fuerunt repedati, si dux ... non fuisset interfectus, IV 78)*.

Im Wunschsatz verwendet Fredegar einmal – vielleicht aus dem Zusammenhang verständlich – den Indikativ anstelle des Konjunktiv *(vellebam ... puerum dirigere, ut ... mercaret, III 11)*.

Sehr stark an Bedeutung nahmen die *quod*-Sätze zu (= französisch *que*). *Quod* kann nun verwendet werden für *ut (arbor ... tam excelsus, quod nubebus paenetraret, II 57)* und *quam* bei Zeitangaben, fast immer mit Indikativ (aber *post anno tertio, quod regnare coepisset, IV 57*) und als Einleitung eines Tatsachensatzes anstelle eines Accusativus cum Infinitivo, wobei es bisweilen mit *eo* verbunden wird *(perlatum ..., eo quod frater ... esset interfectus, IV 3)*. In den Inhaltsangaben, die kurz nach Fredegar Eingang in die gesamte Überlieferung fanden, finden wir die stereotype Verbindung *de quod (De quod Dagobertus ... accessit,* Inhaltsangabe zu *IV 74)*.

In der indirekten Rede verwendet Fredegar entsprechend dem romanischen Gebrauch zumeist den Indikativ anstelle des Konjunktiv *(inquirens, quae ... proficerit: aut veniret aut opportebat rennuere, II 57)*.

Bei den Hilfszeitwörtern *habere, posse, velle, debere* und besonders *esse* (in etwa einem Drittel der vergleichbaren Fälle) ist die romanische Wortstellung, also die Vorausstellung des Hilfszeitwortes, festzustellen.

*

Wie in der Anordnung des Stoffes im großen Fredegar durch die „Zeitebenen“ das Gegeneinander und Miteinander der Könige und Völker darzustellen versuchte, so läßt er durch seinen teils episch breiten, teils gedrängt vorwärtsstürmenden und die Sätze im allgemeinen unverbunden nebeneinander stellenden Stil weniger die logische Verbindung, dafür aber das Nebeneinander und Gegeneinander der Handelnden und das Nacheinander der Handlungen erkennen. Ähnliche Situationen werden dabei immer wieder mit fast stereotyp anmutenden Wendungen beschrieben *(impia vita digna morte finivit, II 60* zweimal, *III 93; ad instar, II 57; III 2; Prolog IV; IV 9; IV 57; IV 64; uterque falange ... iungunt ad prelium, II 53; III 21; IV 37; IV 90)*. Diese „Lieblingsausdrücke“ kommen in allen Teilen des Fredegarschen Werkes vor, manchmal mehrfach kurz nacheinander, und zeugen somit für die Verfasserschaft einer einzigen Person ebenso wie das überflüssige *-que (itemque, II 57; ibique, III 2; cunctique, II 57; pariterque, IV 7; totusque, IV 27)* und die Verwendung der Pronomina (in abnehmender Häufigkeit: *is, hic, ipse, ille,* wobei *ipse* und *ille* im Verhältnis von 3:1 gebraucht werden) und Partikel (adversativ: *sed, vero, at ille, autem* nur in der stereotypen Verbindung *sin autem;* explikativ: selten *nam, nam et,* wobei *nam* bisweilen in adversativem Sinn anstelle von *sed* gebraucht wird; *enim* fehlt im Kontrast zu *Gregor von Tours* völlig).

Fredegar neigt dazu, anstelle von Verba oder Adverbia Substantiva *(factione alicuius, IV 40* für *faciente aliquo; integra adsiduaetate, IV 22; IV 27; IV 32; IV 37* für *adsidue)* und uns überflüssig erscheinende Hilfszeitwörter *(nuscuntur, IV 57; dinuscitur, IV 67)* zu verwenden. Letzteres rückt wie die auffällige Formelhaftigkeit und die Kenntnis vieler Termini technici *(pontificius, IV 36; polepticus, III 80)* der Rechtssprache und von Urkundenformeln *(ubi ipsi praeciosus requiescit in corpore, IV 1)* seine Sprache in die Nähe der Urkundensprache. Im Gegensatz zu *Gregor von Tours* klingt die *Heilige Schrift* nur sehr selten an *(II 57; 62; IV 9; 11; 27; 58; 60; 61; 68; 82)* und es werden nur mehr sehr vereinzelt Stilmittel verwendet *(et de populo et de spacium terre, IV 76;* Variatio: *regimen eligere/regnum ... expetisse, IV 56).* In merkwürdigem Gegensatz dazu steht das poetisch klingende *velut purissimus fons largiter fluenta manantes (Prolog IV),* das Fredegar jedoch sicherlich einem Florilegium oder einer bisher noch nicht identifizierten Heiligenvita (vielleicht der *Vita Caesarii?*) entnommen hat.

Beim Exzerpieren seiner Vorlagen übernimmt Fredegar teils den vorliegenden Wortlaut, teils ersetzt er ein Wort seiner Vorlage durch ein ihm besser geläufiges, manchmal gibt er ihnen jedoch auch einen neuen Sinn *(amiciciam ... inientis, III 77).*

Trotz all dieser Fehler ist das ständige Bemühen Fredegars, ein möglichst korrektes Latein zu schreiben, nicht zu verkennen, und — was in dieser Aufstellung wohl kaum zum Ausdruck kam — sehr häufig traf er auch das Richtige.

6. Die Handschriften und ihr Stammbaum

Bruno Krusch teilte die 38 erhaltenen Fredegar-Handschriften nach ihrem Inhalt in fünf Klassen ein. Die Zusammensetzung der Klassen mag dem nachfolgenden Schema entnommen werden:

Klasse I	Klasse II	Klasse III	Klasse IV	Klasse V
1. *Liber Generationis*	1. *Liber Generationis*	1. *Liber Generationis* bis Kap. *23*	1. *Hilarianus, De Cursu Temporum*	
2. *Hieronymus* und *Hydatius*	2. *Hieronymus* und *Hydatius*	2. *Hieronymus* und *Hydatius*	2. *Hieronymus* und *Hydatius* (mit *Dares Phrygius*)	
		3. *Hilarianus, De Cursu Temporum*		
3. *Gregor von Tours, Historia Epitomata*	3. *Gregor von Tours, Historia Epitomata*	4. *Gregor von Tours, Historia Epitomata*	3. *Gregor von Tours, Historia Epitomata*	1. *Gregor von Tours, Historia Francorum* bis *X 28.*
4. *Chronik* bis Kap. *90*	4. *Chronik* nur bis Kap. *9*	5. *Chronik* bis Kap. *90*	4. *Chronik* bis Kap. *90* und alle *Fortsetzungen*	2. *Chronik* bis Kap. *90* und *Fortsetzungen* bis Kap. *24.*
(Isidor)				

Am Ende des Claromontanus 10910, der die Handschriftenklasse I repräsentiert, da die Metzer Handschrift 1* nur Exzerpte der Bücher 1 und 2 bietet, befindet sich eine vollständige Abschrift der Chronik Isidors, die jedoch sicher erst von einem späteren Abschreiber hinzugesetzt wurde.[11]

Das Verhältnis der Handschriften zueinander hat Krusch jedoch in einem wesentlichen Punkt verkannt. Krusch hat in seinem Handschriftenstemma offengelassen, ob der Claromontanus die Stammutter aller übrigen Handschriften sei, doch hat er sie in seiner praktischen Editionsarbeit immer wieder als maßgebliche Handschrift herangezogen. Erst Hellmann[12] hat erkannt, daß die gesamte übrige Überlieferung vom Claromontanus unabhängig ist. Dieser Erkenntnis trug J. M. Wallace-Hadrill Rechnung, indem er für seine Ausgabe des vierten Buches und der *Continuationes* einen Großteil der Handschriften neu kollationierte.[13]

[11] Goffart, The Fredegar-Problem 215f.

[12] Hellmann, Das Fredegarproblem 74f.

[13] Wallace-Hadrill, The Fourth Book XLVIff.

Es wäre sinnlos, die vorzügliche Beschreibung aller Handschriften durch Krusch in seinem ersten Artikel zu Fredegar[14] oder die auf das Wesentliche beschränkten Zusammenstellungen Kruschs in seiner Ausgabe[15] oder Wallace-Hadrills[16] zu wiederholen. Die wichtigsten Angaben, wie Entstehungszeit und -ort, können — soweit überhaupt feststellbar — dem untenstehenden Handschriftenstemma entnommen werden.

Hier möge nur mehr eine Beschreibung der trotz allem wichtigsten Handschrift folgen:

Codex Paris, Bibl. Nat. Fonds Latin 10910 (früher Suppl. Latin. 695bis; VIIex/VIIIin [eine Komputation auf Folio 184 führt auf das Jahr 714/15, doch kann die Handschrift selbst etwas älter sein[17]]), 184 ff.; wahrscheinlich aus Metz; schnelle, nicht sehr geübte Unziale. Die Handschrift befand sich im Besitz Sirmonds und kam von da in die Bibliothek des Collegium Claromontanum in Paris.

Es handelt sich dabei um eine schlechte Abschrift, die wahrscheinlich nicht direkt vom Original Fredegars gemacht wurde. Die Vorlage dürfte in kursiver Schrift abgefaßt gewesen sein, denn der Schreiber verwechselte oft *s* mit *r*, *t* mit *e*, *t* mit *c*, *n* mit *u* und *ci* mit *a*; bisweilen mißverstand er kursive Kürzungen und brachte unglückliche Verbesserungen und Interpunktionen in den Text.

Nur in dieser Handschrift — doch sind in beiden Handschriften der Klasse II an den entsprechenden Stellen Plätze ausgespart — befindet

[14] Krusch, Chronicae 249 ff.

[15] Chronicarum quae dicuntur Fredegarii Scholastici 9 ff.

[16] Wallace-Hadrill, The Fourth Book XLVII ff. — Anzumerken ist hier, daß Krusch, Chronicarum quae dicuntur Fredegarii Scholastici 12, die Handschrift 4b^2 als Harleianus 3671 bezeichnet. Die richtige Signatur lautet Harleianus 3771. Die Handschrift dürfte übrigens aus Köln stammen, vgl. Wallace-Hadrill, The Fourth Book LI f. — Die als 4z^4 bezeichnete Handschrift der Grazer Universitätsbibliothek fol. 42/59 trägt jetzt die Signatur Graz, Univ. bibl. 454. Sie stammt aus dem Benediktinerstift St. Lambrecht in der Steiermark, Österreich, nicht aus St. Lambert bei Lüttich, Belgien, wie Wallace-Hadrill LII angibt. — Die als 4z^{4*} bezeichnete Handschrift Graz, Univ. quart. 33/52 trägt jetzt die Signatur Graz, Univ. bibl. 926. Die *Gesta Theoderici* werden jedoch in: Die Handschriften der Universitätsbibliothek Graz 2 (bearb. v. A. Kern, 1956) 132, nicht angeführt. — Die Handschrift 4z^5 trägt nicht die Signatur Wien, Nationalbibliothek 428, wie Krusch und Wallace-Hadrill schreiben, sondern die Nummer 57.

[17] L. Delisle, Le Cabinet des Manuscripts de la Bibliothèque Impériale III (Paris 1881) 218: 7. Jahrhundert; Codices Latini Antiquiores V (ed. E. A. Lowe) no. 608.

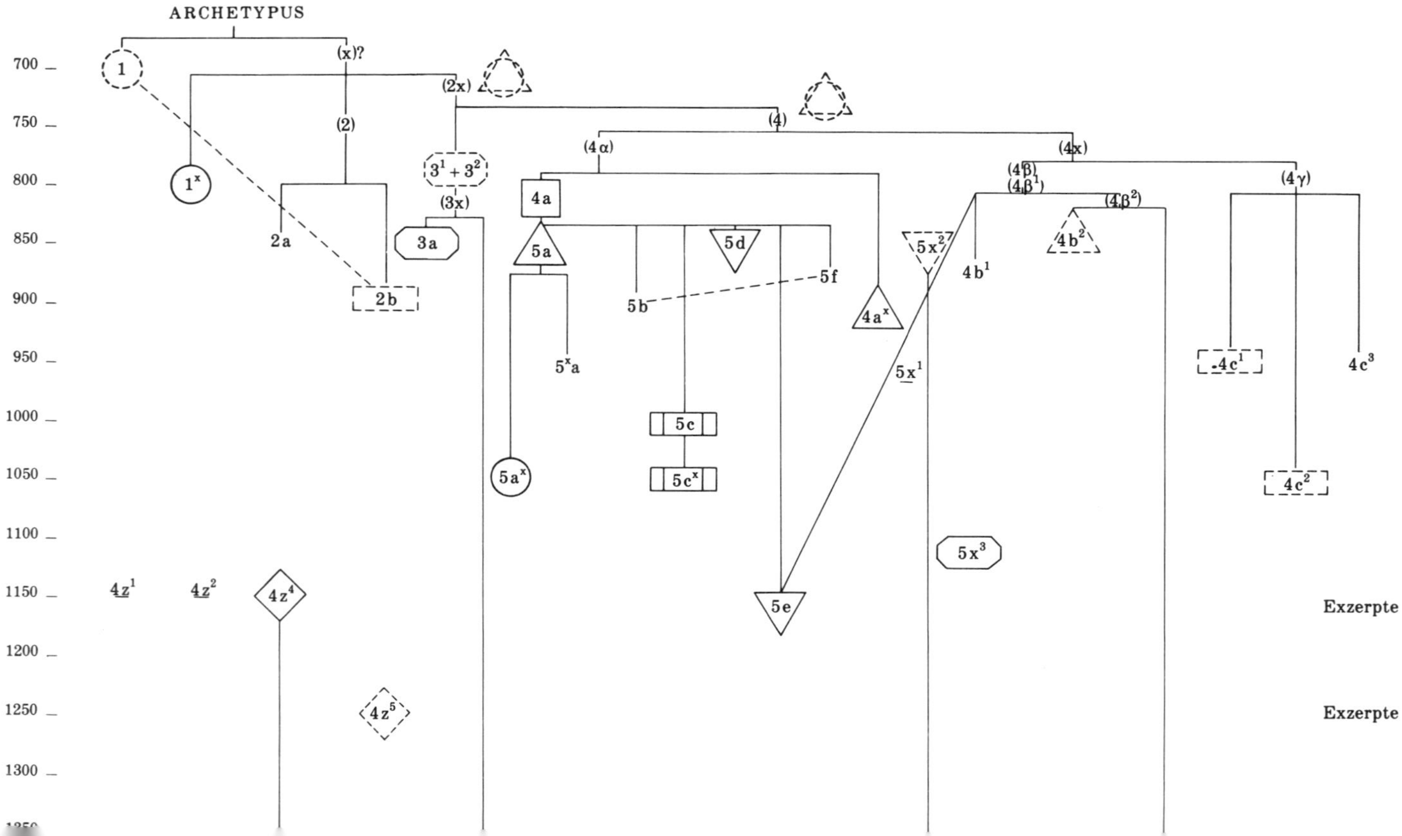

ARCHETYPUS
700
750
800
850
900
950
1000
1050
1100
1150
1200
1250
1300
1
(x)?
(2x)
(2)
1^x
(4)
(4α)
(4x)
(4β)
($4β^1$)
($4β^2$)
(4γ)
$3^1 + 3^2$
(3x)
3a
2a
2b
4a
5a
5d
5f
5b
5^xa
$5a^x$
5c
$5c^x$
$4a^x$
$5x^2$
$5x^1$
$5x^3$
5e
$4b^1$
$4b^2$
$4c^1$
$4c^2$
$4c^3$
$4z^1$
$4z^2$
$4z^4$
$4z^5$
Exzerpte
Exzerpte

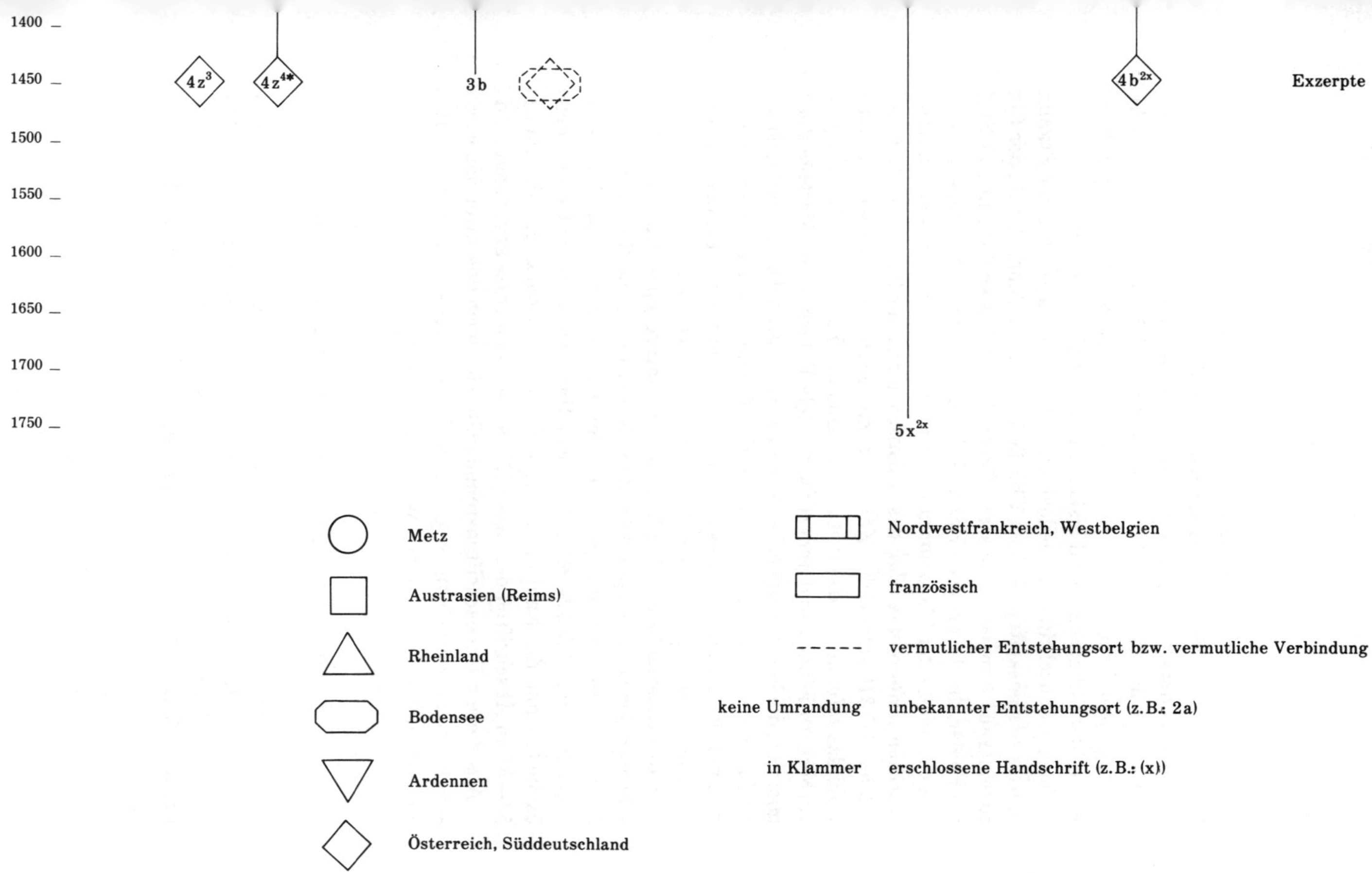

1400
1450
1500
1550
1600
1650
1700
1750
4z3
4z4*
3b
5x2x
4b2x
Exzerpte
Metz
Austrasien (Reims)
Rheinland
Bodensee
Ardennen
Österreich, Süddeutschland
Nordwestfrankreich, Westbelgien
französisch
vermutlicher Entstehungsort bzw. vermutliche Verbindung
keine Umrandung
unbekannter Entstehungsort (z.B.: 2a)
in Klammer
erschlossene Handschrift (z.B.: (x))

sich Folio 23^v gegenüber dem Kapitel *I 26* eine ganzseitige Darstellung von zwei Männern, in denen G. Monod Eusebius und Hieronymus sah. Darunter findet sich in quasi-griechischen Buchstaben ein Satz aus der Vorrede Isidors von Sevilla: *Chronicorum multiplicem ediderunt istoriam.* Auf Folio 75^v, in der Mitte des Kapitels *II 58*, befindet sich die Abbildung einer Frau, in der Monod die hl. Helena zu erkennen glaubte.[18] Beide Identifikationen sind bisher stets bezweifelt worden.

Diese Handschrift kann jedoch nicht, wie Krusch glaubte, die Stammmutter der gesamten übrigen Überlieferung sein, denn, obwohl der Claromontanus zumeist die bessere Lesart bietet, hat er doch an vier Stellen Fehler, die die anderen Handschriften vermeiden: Am Ende des *Prologes IV* bietet der Claromontanus *scribere non solvi*, alle anderen Handschriften *scribere non silui*, das stilistisch genau der Phrase *scribere non selebo (IV 81)* entspricht. Kaum ein mittelalterlicher Schreiber hätte wohl das *solvi* des Claromontanus anhand der Parallele in *IV 81* in *silui* verbessern können und andererseits viele Fehler seiner Vorlage übernommen, die leichter zu verbessern gewesen wären. Dazu kommt, daß in *IV 36*, dem langen Exzerpt aus der *Vita Columbani*, der Claromontanus dreimal die inkorrekte Lesart bietet, während ein Teil der übrigen Handschriften auf seiten des Textes der Vorlage steht.

In den Klassen IV und V gibt es je eine Untergruppe: Die sechs Handschriften der Untergruppe 4z bieten als Anhang an die Rezension A des *Liber Historiae Francorum* unter der Überschrift *Gesta Theoderici regis* die Kapitel *II 57—62* und die vier Handschriften der Untergruppe 5x bieten nur die Kapitel *10—24* der *Continuationes*, die als Kapitel *52—55* an Abschriften des *Liber Historiae Francorum* angehängt sind.

Aus diesem Handschriftenstemma läßt sich auch unschwer das wechselnde und oft zeitlich und regional bedingte Interesse an Fredegar bzw. an bestimmten Teilen seines Werkes entnehmen.

7. Anlage und äußere Einrichtung dieser Ausgabe

Es ist schon dargelegt worden, daß es unmöglich ist, Fredegars Orthographie und Grammatik im Einzelfall zu bestimmen. Bruno Krusch hingegen hielt dies bei der Erstellung seines weiterhin durchaus gültigen Fredegar-Textes für durchführbar und nahm fast prinzipiell die unkor-

[18] G. Monod, Études critiques sur les sources de l'histoire mérovingienne. Bibliothèque de l'École des Hautes Études 63 (1885) 25 Anm. 1; 74 Anm. 26.

rektere Lesart als die ältere, echte Lesart in seinen Text auf. Dazu kommt noch, daß er sich im wesentlichen auf die Lesarten der ältesten Handschrift stützte, des Claromontanus, der jedoch bereits eine große Anzahl von Abschreibfehlern enthält.

Um demnach die Orthographie und Grammatik des Textes im Detail zu verbessern, wäre eine neue Sichtung der Handschriften nötig gewesen, was jedoch den Rahmen dieser Ausgabe gesprengt hätte. Deshalb wurde die Kruschsche Ausgabe als Hauptgrundlage verwendet. Für das vierte Buch und die Fortsetzungen konnten wir uns jedoch auch auf die Angaben stützen, die Wallace-Hadrill nach einer neuen Kollation der wesentlichsten Handschriften seiner Ausgabe beigegeben hat. Da jedoch nur wichtigere Veränderungen übernommen wurden, wird man sich beim Studium der Orthographie Fredegars und besonders der Eigennamen, für die es ja keine durchgehende, als korrekt geltende Schreibung gab, weiterhin des kritischen Apparates Kruschs bedienen müssen, wobei besonders die Handschriften 2a, 4a, 4b² und 5b, gelegentlich auch 3, Beachtung verdienen. Wo die Großschreibung Kruschs (zum Beispiel *sancti, IV 1*), verändert wurde, geschah dies ohne Anmerkung. Die Kruschsche Interpunktion wurde trotz ihrer Schwächen im wesentlichen beibehalten. In besonders sinnstörenden Fällen wurde Kruschs Interpunktion ohne Anmerkung geändert.

Bei den *Continuationes* liegen die Dinge einfacher. Krusch und Wallace-Hadrill stimmen darin überein, daß 4a den besten Text bietet, jedoch bewertete Krusch 4b²* zumeist höher als 4b², während Wallace-Hadrill gerade dieser Handschrift oft den Vorzug gab. Die beste Handschrift der Gruppe V dürfte 5b sein.

Die Einteilung des Textes in vier Bücher und in Kapitel sowie die Kapiteltafeln vor den einzelnen Büchern wurden von späteren Schreibern teils in Anlehnung an die Ausgestaltung des Werkes Gregors von Tours beigebracht. Krusch übernahm diese Zusätze als authentische Bestandteile der Chronik Fredegars nach dem Claromontanus, obwohl gerade in dieser Handschrift besonders die Kapiteleinteilung oft jeglichen Sinnes entbehrt (z.B. *III 30/31; III 34/35; IV 63/64*). Wallace-Hadrill korrigierte die Kapiteleinteilung anhand der übrigen Handschriften, doch haben wir uns an die Ausgabe Kruschs gehalten, um nicht unnötige Verwirrung in die Belegstellen in der Literatur zu bringen, die ja von Kruschs Ausgabe abhängen. Aus demselben Grund wurde auch Kruschs Einteilung in vier Bücher beibehalten.[19]

[19] Vgl. oben Abschnitt 3 über den Aufbau des Werkes.

Die Kapiteltafeln und die wörtlich übernommene Vorrede Gregors (zu Buch *III*) wurden weggelassen. Ebenso die Kapitel *II 53* Ende bis einschließlich *55* und der Großteil des Kapitels *IV 36*, soweit sie inhaltlich im wesentlichen unveränderte Exzerpte aus der Chronik des Hydatius und der Vita Columbani darstellen.

Um die Lesbarkeit der Übersetzung zu erhöhen, wurden oft längere Perioden in Hauptsätze aufgelöst; diese wurden jedoch nur durch Strichpunkte getrennt, um die Konstruktion des Urtextes wenigstens anzudeuten. Um den Stil dem modernen Sprachgebrauch anzugleichen, wurden in den stärker annalistischen Teilen bisweilen verbindende Partikel wie „aber" eingefügt bzw. eine innere Verbindung zum Vorsatz durch relative Adverbien und ähnliches hergestellt. Wegen des stark anakoluthischen Stiles besonders Fredegars wurden in der deutschen Übersetzung oft Ergänzungen in Klammern beigegeben, um einen gleitenderen und logischeren Übergang zwischen den Satzteilen zu erreichen. Auch stärker vom Urtext abweichende Interpretationen, die sich manchmal als unumgänglich erwiesen, wurden durch Klammern gekennzeichnet.

Im Sachkommentar zur Chronik Fredegars wurden Personen, Orte, Ereignisse, Daten und Quellen, den besonderen Problemen dieses Historiographen entsprechend, etwas eingehender behandelt, in schwierigeren Fällen wurden auch Literaturangaben beigegeben. Da Fredegar seine Quellen im allgemeinen frei verwendete, war es nötig, jede Änderung gegenüber seinen Vorlagen anzuzeigen; summarische Verweise hätten hier nur den Eindruck einer problemlosen Exzerpierweise erweckt. Da diese Einschübe im Deutschen eventuell nur durch ein Wort wiedergegeben werden, kann es vorkommen, daß ein solcher Einschub im Originaltext zwischen zwei Exponenten gesetzt ist, im deutschen Text aber nur durch einen Exponenten gekennzeichnet ist. Auch der umgekehrte Fall tritt bisweilen ein. Priorität hat jedoch prinzipiell der lateinische Text. Sehr selten wurde in sachlich begründeten Fällen auch eine zweite Übersetzungsmöglichkeit angeführt. Die Chronologie basiert weiterhin auf den Ergebnissen Kruschs, die Ausführungen Courtois'[20], aufgrund deren Wallace-Hadrill die Jahresangaben Fredegars neu überarbeitete, haben uns nicht überzeugt. Auf den Sachkommentar wird mit hochgestellten Ziffern sowohl beim Text als auch bei der Übersetzung hingewiesen.

[20] C. Courtois, L'avènement de Clovis II et les règles d'accession au trône chez les Mérovingiens. Mélanges d'Histoire du Moyen Âge dédiés à la Mémoire de Louis Halphen (Paris 1951) 155–164.

Nur Lesarten, die ein gewisses philologisches oder historisches Gewicht haben, wurden aus den Ausgaben Kruschs und Wallace-Hadrills in den kritischen Apparat übernommen und mit hochgestellten Kleinbuchstaben beim lateinischen Text angemerkt; auf sprachliche Besonderheiten wird ebenfalls mit Kleinbuchstaben hingewiesen.

Der Seitenwechsel der Edition Kruschs wird im Text durch / angezeigt.

Zitate zum Fredegartext, wie z.B. *c. 23*, beziehen sich auf dasselbe Buch Fredegars, Zitate, wie z.B. *II 58*, auf ein anderes Buch Fredegars.

LITERATUR

O. Abel, Die Chronik Fredegars und der Frankenkönige, die Lebensbeschreibungen der Bischöfe Arnulf, Leodegar und Eligius, der Königin Balthilde (Die Geschichtsschreiber der deutschen Vorzeit, VII. Jahrhundert, ^{3}bearb. v. W. Wattenbach, Leipzig 1888).

M. Baudot, La question du Pseudo-Frédégaire. Moyen Âge 29 (1928) 129–170.

P. Beneš, Remarques sur quelques noms propres dans la Chronique de Frédégaire. Opera Universitatis Purkynianae Brunensis, Facultas Philosophica 200 (= Classica atque Mediaevalia Jaroslao Ludvíkovský octogenario oblata, Brno 1975) 125–127.

C. Cahen, Frédégaire et les Turcs. Mélanges offerts à E. Perroy (1973) 24–27.

V. Chaloupecky, Considerations sur Samon, le premier roi des Slaves. Byzantinoslavica 11 (1950) 223–239.

C. Courtois, L'avènement de Clovis II et les règles d'accession au trône chez les Mérovingiens. Mélanges d'histoire du Moyen Âge dédiés à la Mèmoire du Louis Halphen (Paris 1951) 155–164.

C. Dirlmeier – K. Sprigade, Quellen zur Geschichte der Alamannen von Marius von Avenches bis Paulus Diaconus (Quellen zur Geschichte der Alamannen III, Heidelberger Akademie der Wissenschaften, Kommission für Alamannische Altertumskunde Schriften 5, Heidelberg 1979) 12–17.

L. Dupraz, Le royaume des Francs et l'ascension politique des maires du palais au déclin du VIIe siècle (656–680) (Freiburg 1948).

A. Erikson, The problem of Authorship in the Chronicle of Fredegar. Eranos 63 (1965) 47–76.

E. Ewig, Die fränkischen Teilungen und Teilreiche (511–613) (Akademie der Wissenschaften und der Literatur Mainz. Abh. d. geistes- und sozialwiss. Kl. 9, 1952) 651–715, jetzt in: ders. Spätantikes und Fränkisches Gallien I. Hrsg. v. H. Atsma (Beiheft der Francia 3/1, München 1976) 114–171.

ders. Trier im Merowingerreich. Trierer Zeitschrift 21 (1952) 5–367.

ders. Die fränkischen Teilreiche im 7. Jahrhundert. Trierer Zeitschrift 22 (1953) 85–144, jetzt in Spätantike ... 172–230.

K. F. Freudenthal, Arnulfingisch-Karolingische Rechtswörter (Göteborg 1949).

W. Fritze, Untersuchungen zur frühslawischen und frühfränkischen Geschichte bis ins 7. Jahrhundert (Diss. Marburg/Lahn 1952).

W. Goffart, The Fredegar-Problem Reconsidered. Speculum 38 (1963) 206–241.

P. Goubert, Byzance avant l'Islam II 1 (Paris 1955).

O. Haag, Die Latinität Fredegars. Romanische Forschungen 10 (1899) 837–933, jetzt auch in: Mittellateinische Philologie. Hrsg. A. Önnerfors (Wege der Forschung 292, Darmstadt 1975) 13–87.

L. Halphen, Une théorie récente sur la chronique de Pseudo-Frédégaire. Revue Historique 79 (1902) 41–56.

S. Hellmann, Das Fredegarproblem. Historische Vierteljahrsschrift 29 (1935) 36–92, jetzt in: ders. Ausgewählte Abhandlungen zur Historiographie und Geistesgeschichte des Mittelalters. Hrsg. v. Helmut Beumann (Darmstadt 1961) 101–157.

E. Hlawitschka, Karl Martell, das römische Konsulat und der römische Senat. Zur Interpretation von Fredegarii Continuatio c. 22. Festschrift Edith Ennen (1972) 74–90.

B. Krusch, Die Chronicae des sogenannten Fredegar. Neues Archiv 7 (1882) 247–351, 421–516.

ders. (Hrsg.) Chronicarum quae dicuntur Fredegarii Scholastici Libri IV cum Continuationibus (MGH SS rer. Mer. 2, 1888) 1–193.

ders. Fredegarius Scholasticus – Oudarius? Neue Beiträge zur Fredegarkritik. (Nachrichten von der Gesellschaft der Wissenschaften zu Göttingen 1926, phil.-hist. Kl.) 237–263.

H. Kunstmann, Was besagt der Name Samo, und wo liegt Wogastisburg? Die Welt der Slaven 24 (1979) 1–21.

ders. Die Pontius-Pilatus-Sage von Hausen-Forchheim und Wogastisburg. Die Welt der Slaven 24 (1979) 225–247.

ders. Samo, Dervanus und der Slavenfürst Wallucus. Die Welt der Slaven 25 (1980) 171–177.

ders. Über die Herkunft Samos. Die Welt der Slaven 25 (1980) 293–313.

L. Levillain, Rezension Krusch, Fredegarius – Oudarius? Bibliothèque de l'École des Chartes 89 (1928) 85–95.

A. Longnon, Atlas historique de la France depuis César jusqu'à nos jours. Texte explicatif des planches I (Paris 1907).

ders. Géographie de la Gaule au VIe siècle (Paris 1878).

F. Lot, Encore la chronique du Pseudo-Frédégaire. Revue Historique 115 (1914) 305–337.

G. Reichenkron, Historische Latein-Altromanische Grammatik I (Wiesbaden 1965).

C. Tagliavini, Einführung in die romanische Philologie (Deutsch von Reinhard Meisterfeld und Uwe Petersen, München 1973).

V. Väänänen, Introduction au Latin Vulgaire (Bibliothèque Française et Romane. Manuels et Études Linguistiques 6, Paris 1967).

J. M. Wallace-Hadrill, The Fourth Book of the Chronicle of Fredegar with its Continuations (Medieval Classics, London 1960).

ders. Fredegar and the History of France. Bulletin of the John Rylands Library 40 (1958) 527–550.

E. Zöllner, Geschichte der Franken. Geschichte der deutschen Stämme bis zum Ausgang der Völkerwanderung (München 1970).

(LIBER II)*

53. Gens Chunorum, pace rupta, ruunt in Galliis[1]. Quos cum Agecius[2] patricius venientes conperisset, sanctum Anianum[3] Aurilianinsium episcopum ad Theudorum[4] regi Gothorum in legacionem dirigit, petens auxiliare contra Chunis: si praevalebat resistere, mediam partem Galliae Gothis daret. Cum a Theudoro regi, huius peticionis annuens, auxilium fuisset promissum, Agecius legatus mittens ad Attilanem regem Chunorum obviam, petens auxilium contra Gothis, qui Galleas conabant invadere: si praevalebant Chuni haec contra Gothis defendere, medietatem Galliae ab Agecio perciperint. Attila rex cum Chunis festinans et parcens civitatebus Germaniae et Galliae, contra Gothus super Legere fluvio nec procul ab Aurilianes confligit certamine. Caesa sunt Gothorum ducenta milia hominum; Theudor rex hoc proelio occubuit. Caesa sunt Chunorum 150 milia. Civetas Aurilianes oracionibus beatissimi Aniani liberata est. Chuni repedantes Trecassis, in Mauriacensim[5] consedentis/campaniam. Thoresmodus[6], filius Theodorus, qui ei successit in regnum, collectum Gothorum exercito, patrem ulcisci desiderans, cum Attilanem et Chunis Mauriaco confligit certamine; ibique tribus diaebus uterque falange in invicem proeliantes, et innumerabiles multitudo genti occubuit. Agecius cum esset strenuosissimus consilii, per nocte ad Attilanem veniens, dixit ad eum: ‘Optabilem duxeram, ut tua virtute regionem hanc a perfidis Gothis potuissem erepere, sed nullatenus fieri potest; usque nunc cum menimis pugnatoribus proelias, hac nocte Theudericus[7], germanus Thoresmodi,

[1] 451.
[2] Ströme. Feldherr um 390–454.

(ZWEITES BUCH)*

53. Das Volk der Hunnen brach den Frieden und hauste übel in Gallien.[1] Als der Patricius Aetius[2] von ihrem Ansturm erfuhr, schickte er den heiligen Anianus[3], den Bischof von Orléans, als Gesandten zum Gotenkönig Theoderich[4], um Hilfe gegen die Hunnen zu erbitten: Wenn es ihm gelänge, Widerstand zu leisten, dann würde er den Goten halb Gallien überlassen. Als ihm nun der König Theoderich, der sich dieser Bitte geneigt zeigte, Hilfe versprochen hatte, da schickte Aetius dem Hunnenkönig Attila Gesandte entgegen und bat um Hilfe gegen die Goten, die versuchten, Gallien anzugreifen: Sollte es den Hunnen gelingen, Gallien gegen die Goten zu verteidigen, dann würden sie von Aetius die Hälfte Galliens erhalten. Der König Attila eilte mit seinen Hunnen herbei, schonte die Städte Germaniens und Galliens und traf mit den Goten nicht weit von der Stadt Orléans an der Loire zum Kampf zusammen. Auf der Seite der Goten fielen in dieser Schlacht 200 000 Mann, darunter (vor allem) der König Theoderich. Auf seiten der Hunnen wurden 150 000 Mann getötet. Die Stadt Orléans wurde durch die Gebete des heiligen Anianus gerettet. Die Hunnen zogen sich nach Troyes zurück und ließen sich in der Ebene von Maurica[5] nieder. Thorismud[6] folgte seinem Vater Theoderich als Herrscher; er sammelte das Heer der Goten und prallte, begierig, den Vater zu rächen, mit Attila und den Hunnen bei Maurica zusammen. Drei Tage lang kämpften dort die beiden Heere miteinander, und es gingen dabei unübersehbare Scharen zugrunde. Aetius aber, dessen Stärke in der Überschau lag, ging in der Nacht zu Attila und sprach zu ihm; „Mein Wunsch war es, mit deiner Kraft und Hilfe dieses Land den treulosen Goten zu entreißen, aber es ist nicht möglich; bis jetzt hast du es nur mit einer geringen Streitmacht der Goten zu tun gehabt, in dieser Nacht aber traf Theoderich[7], der Bruder

* Titel sinngemäß ergänzt.

3 B. v. Orléans.

4 Theoderich I., K. d. Westgoten 418–451.

5 Katalaunische (Mauriacensische) Felder, wohl nicht bei Châlons-sur-Marne, sondern eher bei Troyes.

6 Thorismud, K. d. Westgoten 451–453.

7 Theoderich II., K. d. Westgoten 453–466.

cum nimia multitudinem et fortissimus Gothorum pugnatores advenit. Haec non sustenis; adque utinam vel evadere possis!' Tunc Attila dedit Agecio decem milia soledorum[8], et[a] per suo ingenio Pannoniam repedaret. Ipsaque nocte Agecius ad Thorismodo idque perrexit; dicensque ei causam consimilem, quod apud vilis Chunorum pugnatores usque nunc pugnaverat: nam maxima multitudo et fortissimi pugnatores a Pannonies ipsaque nocte Attilanem advenerant, et audissent fratrem suum Theudericum tinsauris Gothorum occupasse, regnumque vellit adrepere; nisi festinus ad resedendum pergerit, periculum ad degradandum haberit. Acceptis idemque Agecius a Tursemodo decim milia soledus, ut suo ingenio a persecutionem Chunorum liberati Gothi, ad sedis proprias remearint, protinus abigerunt. Agecius vero cum suis, etiam Francos secum habens, post tergum direxit Chunorum, quos usque Toringia a longe prosecutus est; praecepitque suis, ut unusquisque nocte ubi manebant decim sparsim focus facerint, ut inmensa multitudine semolarint. Quievit hoc proelium Ageci consilium; Gallia ab adversariis liberatur. Postea cum a Tursemodo regi et Gothis haec factio perlata fuisset, requirentis promissionem Ageci emplendam, et ille rennuerit, per pacis iura urbiculum aureum gemmis ornatum, pensante quingentas[9] liberas, ab Agecio / conposiciones causa transmittetur Tursemodo; et haec iurgia quieverunt. Quae species devotissime usque hodiernum diem Gothorum thensauris pro ornatum veneratur et tenetur[10].../

56. Romanorum 45. Severus[11] a senato Romae agustus appellatur an. imperiae Leonis[12] 5. Atrepennus[13] Gallies comis et civis invedus Aegidio[14] insignis inimicus, ut Gothorum fideretur, Narbonam[15] tradit Theuderico. [b]Mense Iunio in Gallicia[16] coruscationem villae exuste, gregis ovium concrematae, carnis concise,

[a] *et* 1; *ut* 2a.

[b–b] *Mense - mortui* fehlen zwar in der einzigen Hydatiushandschrift, gehen jedoch sicher auf *Hydatius* zurück.

[8] Ein Solidus bestand aus etwa 4,55g Feingold.

[9] Vgl. unten *IV, 73*. Möglicherweise die *Tabula Salomonis*. Vgl. *Gesta pontificum Autissiodorensium c. 20* (ed. L. M. Duru, Bibliothèque historique de l' Yonne I, 1850) und H. Wolfram, Geschichte der Goten (^{2}1980) 215 Anm. 59.

Thorismuds, mit unübersehbaren Scharen der tapfersten Goten hier ein. Das geht über deine Kräfte; wenn du doch wenigstens entkommen könntest!" Daraufhin übergab Attila Aetius 10 000 Solidi[8] und kehrte freiwillig nach Pannonien zurück. In derselben Nacht machte sich Aetius auch zu Thorismud auf und erzählte ihm eine ganz ähnliche Geschichte; er habe nämlich bis jetzt nur mit den schwächeren Truppen der Hunnen gekämpft: In dieser Nacht aber seien die tapfersten Krieger in unübersehbaren Scharen aus Pannonien zu Attila gekommen; außerdem sei berichtet worden, daß sich sein Bruder Theoderich des Schatzes der Goten bemächtigt habe und die Herrschaft an sich reißen wolle; wenn er nicht schnellstens zu seinem Herrschaftssitz zurückkehre, bestünde die Gefahr, daß er abgesetzt werde. In gleicher Weise empfing Aetius von Thorismud 10 000 Solidi, da durch seine Wachsamkeit die Goten vor der Verfolgung durch die Hunnen bewahrt blieben und nach Hause zurückkehren konnten; sogleich machten sie sich auf den Weg. Aetius aber folgte mit seinen Leuten, unter denen sich auch Franken befanden, den Hunnen in einiger Entfernung bis nach Thüringen; er befahl seinen Leuten, jeder solle im Umkreis seines Nachtlagers zehn Feuer entfachen, um so eine ungeheure Zahl vorzutäuschen. Durch die Klugheit des Aetius wurde dieser Kampf vermieden; Gallien wurde von seinen Gegnern befreit. Als die Kunde darüber später dem König Thorismud und den Goten zuteil wurde und sie von Aetius verlangten, er solle sein Versprechen erfüllen, lehnte es dieser ab und gab Thorismud unter Friedensschwüren eine 500[9] Pfund schwere goldene Schüssel, die mit Edelsteinen verziert war, um ihn zu versöhnen. So wurde auch dieser Streit beigelegt. Diese kostbare Schüssel aber wird bis auf den heutigen Tag mit größter Ehrfurcht als Prunkstück des Gotenschatzes verehrt und bewahrt[10]...

56. Severus[11] wurde in Rom im fünften Regierungsjahr Leos[12] vom Senat zum 45. Kaiser der Römer ernannt. Agrippinus[13], ein gallischer comes und Bürger, aus Neid ein erbitterter Feind des Aegidius[14], lieferte die Stadt Narbonne[15] an Theoderich aus, um sich das Vertrauen der Goten zu erwerben. Durch Blitzschlag wurden im Monat Juni in Galicien[16] ganze Häuser und Schafherden verbrannt; ihr Fleisch wurde verkohlt,

[10] Bis hierher ist Benutzung von *Gregor von Tours, Historia Francorum II 7* wahrscheinlich; die folgenden Nachrichten sind zum Teil sinnentstellende und in falsche Reihenfolge gebrachte Exzerpte aus *Hydatius*.

[11] Libius Severus, weström. Ks. 461–465.

[12] Leo I., oström. Ks. 457–474.

[13] Comes in Gallien um 460.

[14] Vornehmer Gallier um 460.

[15] Dép. Aude, Ar. Narbonne, Frankreich.

[16] Landschaft in NW-Spanien.

pluviae de caelo mixtae cadent; duo aduliscentes, carne in invicem soledati adhaerentes, sunt mortui[b]. In Armoricana[17] provincia Fridericus[18], frater Theuderici regis, insurgens, cum his cum quibus fuerat superatus occidetur. Luna 15. tunc conversa est in sanguine[19]. In speciae lunae quinta sol ab hora tercia usque nona obscuratus[20]. Wandali per Marcellinum[21] in Sicilia caesi aefugantur. Aegidius comes veneno perit. Romanorum 46. regnat Antimius[22], Romam agustus appellatur an. Leonis imperiae 8. Expedicio ab Africam adversus Wandalus ordenatur. Per Theudericum Salla[23] legatus mittetur Remusmundum[24] regem Suaevorum; qui reversus, eum a fratri suo Teuderico[25] nuntiat interfectum. Gothi, qui ad Wandalus missi fuerant, supredicte expediciones romore perterreti, revertuntur. Conembra[26] civetas in pace decepta, domebus destructis cum aliqua parte murorum, habitatores capti atque dispersi, et regio dissolatur et civetas. An. 2. regni Antimiae medio Tholose[27] civetatis sanguis erupit de terra et tota diae fluxit, [28]signeficans, Gothorum dominatione sublata, Francorum adveniente regno[28]. Exercitus Leonis adversus Wandalus cum tribus ducibus discendit. Rychimirum[29] generum Antimiae imperatores et patricium factum, adfatim[30] degradato ad privatam vitam, filium eius occiso, adversus Romanorum imperium, conventique sunt Wandali consolentis. Gothi eundem tempore hoste legate[c] deseviunt, partem etiam Lusitaniae[31] depraedantebus. Richymundum cum Suaevis ad imperatore transeuntem[32].

[c] *hostilitate, Hydatius.*

[17] Westfranzösische Landschaft zwischen Loire und Seine.

[18] Westgote, Sohn Theoderichs I., Bruder Theoderichs II., gest. 463.

[19] Totale Mondfinsternis am 2. März 462. *Fredegar* hat sie mit der erst zwei Jahre späteren Sonnenfinsternis zu einem Komplex von Schilderungen außergewöhnlicher Begebenheiten zusammengezogen.

[20] Ringförmige Sonnenfinsternis am 20. Juli 464.

[21] Weström. Patrizius in Dalmatien um 460.

[22] Procopius Anthemius, weström. Ks. 467–472.

[23] Gesandter des Westgotenkönigs Theoderich II. 466.

[24] Remismund, K. d. Sueben ab 465.

staubiger Regen fiel vom Himmel und zwei Jünglinge, die durch ihr Fleisch fest miteinander verbunden waren, starben. Als sich in der Provinz Aremorika[17] Friedrich[18], der Bruder des Königs Theoderich, erhob, wurde er mit seinen Begleitern überwältigt und getötet. Damals färbte sich der Vollmond blutrot[19]. Von der dritten bis zur neunten Stunde verfinsterte[20] sich die Sonne so sehr, daß sie nur mehr die Größe des Mondes am fünften Mondtage hatte. Die Vandalen wurden nach einer Niederlage gegen Marcellinus[21] in Sizilien vertrieben. Der comes Aegidius ging an Gift zugrunde. Als 46. Kaiser der Römer regierte Anthemius[22]; er wurde im achten Regierungsjahr des Leo in Rom zum Augustus ausgerufen. Ein Feldzug nach Afrika gegen die Vandalen wurde anbefohlen. Theoderich schickte Salla[23] als Gesandten zu Remismund[24], dem König der Sueben; bei seiner Rückkehr berichtete er, Remismund sei von seinem Bruder Theoderich[25] getötet worden. Durch das Gerede von dem schon oben erwähnten Feldzug in Furcht versetzt, kehrten die Goten, die zu den Vandalen gesandt worden waren, zurück. Die Stadt Coimbra[26] wurde im Frieden überrascht, ihre Häuser und ein Teil ihrer Mauern wurden zerstört, die Bewohner gefangengenommen und weggeschleppt und die Stadt und ihre Umgebung verwüstet. Im zweiten Jahre des Anthemius sprudelte mitten in der Stadt Toulouse[27] Blut aus der Erde hervor und floß den ganzen Tag hindurch; [28]dieses Zeichen deutete an, daß nach dem Ende der Gotenherrschaft das Reich der Franken kommen werde[28]. Das Heer Leos marschierte unter drei duces gegen die Vandalen. Ricimer[29] wurde Schwiegersohn des Kaisers Anthemius und zum Patricius erhoben, dann aber wurde er weitgehend[30] in ein Leben ohne öffentliches Amt zurückgedrängt und sein Sohn getötet; die Vandalen aber sammelten sich, um gemeinsam gegen das Römische Reich vorzugehen. Zur selben Zeit wüteten auch die Goten in wilder Feindseligkeit: Ein Teil von ihnen plünderte Lusitanien[31], während Remismund mit den Sueben zum Kaiser überging[32]. Außergewöhnlich hart ver-

[25] Tatsächlich fand Salla nach seiner Rückkehr nach Toulouse K. Theoderich II. von Eurich ermordet vor. Der Irrtum entstand in Verbindung mit der behaupteten Ermordung Theoderichs d. Gr. durch seinen Bruder Geiserich, vgl. *c. 59*.

[26] Pr. Beira Litoral, Portugal. *Hydatius* setzte die Zerstörung von Coimbra in das 2. Jahr des Anthemius.

[27] Hst. Dép. Haute-Garonne, Frankreich.

[28–28] Einschub *Fredegars*. Ab hier nur als „Einschub" bezeichnet.

[29] Weström. Patrizius 457–472.

[30] Mißverständnis *Fredegars*. *Hydatius* hatte hier das Gerücht von der Absetzung des Flavius Ardabur Aspar, weström. Patrizius, im Jahre 468 wiedergegeben.

[31] Röm. Provinz, die sich über das heutige Portugal und einen Teil des westlichen Spanien erstreckte.

[32] Nach *Hydatius* ging die Gesandtschaft an den Kaiser.

[d]Durissimus extra soleto hoc eodem an.[33] hibernus hiemis et aestatem, autumni fructuumque mutatione defundetur[d].

Temporibus[34] imperatores Honoriae[35] regnum Gothorum post captam Romam befaria devisione partitur; et qui in Aetalia consederunt, dicionem imperiae se tradent, reliqui Aquitania[36] provincia, civitatem Tolosa eligentes sedem, regem elegunt Ataulfum[37]. Postea, ut supra gesta[38] confirmat, a Gothis regnatum est. In[e] his vero qui in Aetaliam consedentes Romano pertinebant imperio /

57. Theudericus[39] natione Macedonum permissum Leonis imperatores principatum adsumit, sicut huius libri gesta testatur. Nam ille alius Theudericus[40], Theudoris regi filius, natione Gothus fuit. Nativetas Theuderici regis ex genere Macedonum[41] ita fuit, qui in Aetalia Gothis et Romanis regnavit: Idacius patricius et uxor Eugenia[42] cum sine liberis essent, habentes in ministerio credetarius sibi puerum nomine Theudorum[43] et puella nomine Liliam[44]. Quos cum[f] conperissent diligentes invicem, coniugium permiserunt copulare; erantque ambo natione Macedonis, unde parvuli captivi fuerant adducti. Eugenia iussit puellae: ‘Cum ad viri coetum accesseris, quodcumque eadem nocte sopore somnii visaveris, mihi in crastinum narrare non sileas; quia creditur veritate subsistere, quod nubentes prima nocte visaverint’. Quod cum coiugati eadem nocte fuissent, vidit puella somnium, quod natus ille fuesset arbor[45] exiliens de umbolico ventris tam excelsus, quod nubebus paenetraret. Narravitque virum iussionem dominae suae et visionem quem viderat. Dixit ad eam vir

d–d *Durissimus extra solitum hoc eodem tempore annus hiberni, veris, aestatis, autumni in aeris et omnium fructuum permutatione diffunditur. Hydatius* 35, 252.

e Kapitelbeginn *57* 2a.

f fehlt 1, Krusch.

33 468?

34 Hier beginnen die sogenannten *Gesta Theoderici*. Vgl. N. Lukman, Der historische Wolfdietrich. Theoderich der Große. Classica et Mediaevalia 3 (1940) 253–284, und ebd. 4 (1941) 1–61.

35 Flavius Honorius, weström. Ks. 393–423.

36 Landschaft zwischen Loire und Pyrenäen.

37 Athaulf, K. d. Westgoten 410–415. Toulouse wurde aber erst 418 Hauptstadt des Tolosanischen Reiches.

strichen in diesem Jahr[33] Winter, Frühjahr, Sommer und Herbst, so daß sich das Getreide in Schimmel verwandelte.

Zur Zeit[34] des Kaisers Honorius[35] wurde das Reich der Goten nach der Eroberung Roms in zwei Teile geteilt: Diejenigen, die sich in Italien niederließen, unterstellten sich der Herrschaft des Kaiserreiches, die übrigen, die in der Provinz Aquitanien[36] seßhaft wurden und die Stadt Toulouse zu ihrer Hauptstadt machten, erwählten Athaulf[37] zu ihrem König. Dann wurde, wie die obige Erzählung[38] bestätigt, von den Goten regiert. Unter denen, die sich in Italien niederließen und somit im römischen Reichsverband verblieben,

57. übernahm Theoderich[39], ein Mazedone seiner Herkunft nach, in der Weise, wie es in diesem Buch berichtet wird, mit Zustimmung des Kaisers Leo die Herrschaft. Der andere Theoderich[40], der Sohn des Königs Theoderich, war nämlich ein Gote von Geburt. Zur Geburt des Königs Theoderich, der von den Mazedonen[41] abstammte und in Italien über die Goten und Römer herrschte, kam es folgendermaßen: Dem Patricius Idacius und seiner Gemahlin Eugenia[42] waren keine Kinder geboren worden; in ihren Diensten standen ein junger Mann namens Theoderich[43] und ein Mädchen, Lilia[44], zu denen sie großes Vertrauen besaßen. Als sie gewahr wurden, daß diese sich gegenseitig sehr zugetan waren, erlaubten sie ihnen, die Ehe einzugehen; beide stammten aus dem Volke der Mazedonen, doch waren sie, noch ganz klein, gefangen und versklavt worden. Eugenia befahl dem Mädchen: „Wenn du dich mit deinem Mann vereinigt hast, dann versäume nicht, mir morgen all das zu erzählen, was du heute nacht im Schlafe träumen wirst; denn man glaubt, daß das in Erfüllung geht, was Brautleute in ihrer ersten Nacht träumen". Als sie sich in dieser Nacht vereinigt hatten, träumte das Mädchen, der eben gezeugte Sohn sei ein Baum[45], der aus der Mitte ihres Schoßes so hoch aufschoß, daß er die Wolken durchbohrte. Sie berichtete ihrem Mann von dem Befehl ihrer Herrin und von der Erscheinung, die sie gesehen hatte. Da sprach ihr Mann zu ihr: „Wenn du heute vor deine Herrin

[38] Gemeint ist die Chronik des *Hydatius*.

[39] Theoderich d. Gr., K. d. Ostgoten 474/75–526.

[40] Theoderich II., K. d. Westgoten.

[41] Vgl. *Fredegar II 4*, wo die Herkunft der Mazedonen und Franken von den Trojanern behauptet wird.

[42] Beide nicht näher identifizierbar.

[43] Der Vater Theoderichs hieß nach *Jordanes, Getica c. 52, Thiudimer.*

[44] Theoderichs Mutter war nach *Jordanes, Getica c. 52,* die *concubina Erelieva;* der *Anonymus Valesianus, pars posterior 322,7* nennt sie *Ereriliva;* der Papst Gelasius I. nennt sie *(H)ereleuva,* vgl. P. Jaffé – S. Loewenfeld, Regesta pontificum Romanorum I, 2. Aufl. (1885) 683.

[45] Vgl. *Justinus, Epitoma historiae Philippicae I,4; Jonas, Vita Columbani I 2.*

suus: 'Cum steteris hodie in conspectu domine tuae, eo quod sine liberis est, sic dicis ad eam: "Visavi nocte hac aequum et aequam, ambos pulcherrimus cunctorum et coma nimia pulchritudinem habentis; sequebat eos tercius aequus parvolus eorum consimilis, et haec ambulabant in domo dominorum meorum". Quod cum dixeris, [45a]invenies gratiam in conspectum eius[45a]. Surgensque Lilia, omnia, sicut vir praeceperat, protinus nuncians dominae suae. Eugenia cum audisset, virum narrans, putaverunt, liberum esse futurum; repleti gaudio, Theudoro et Lilia liberus esse iusserunt, et per tabularum adscriptione firmantis, etiam rebus plurimis ditaverunt. Conceptum Lilia peperit filium nomen Theudericum, qui diligenter nutritus, Idacio et Eugeniae praesentatur; quem secum / esse iusserunt, tanta in eum amplectentes amorem, ut ipsum sibi adoptarent in filium[46]. Criscensque puer decorus valde covetum[g] super aliorum statura, effectus est prudens et fortis valde. Defuncto Idacio et Eugenia, praeceptum imperatores Leonis Theudericus iussus est militaris. Duodecim annis miliciam agens, tante fortitudines et ingenies prilia gessit, primum ut ab omnes senatores palaciae vehementer diligeretur. Posttremum sagaci invidiae morbum adversus eum dolore fremebant, investigantis, qualum[h] iusso imperatores interirit. Tolomeus[47] quidam ex senatoribus huius consiliae tacitae contrarius, vehementer cum Theuderico amicicias inians, quo usque die ovetus custudivit. Gothi postquam Romam vastaverunt[48] et terra Aetaliae possiderant, se dicionem imperatores Leonis espontaniae tradiderunt. Ab Odoagro[49] rege et Erolis seo et reliquas vicinas gentes eorum adsiduae vastarentur, per legatus Leonem imp. postulaverunt, ut Theudericum eis instituerit patricium, ut per ipsum adversariis resisterint. Quod Leo imp. clementer annuens[50], cum consilio senato Theuderico Romam direxit; qui a Romanis seo Gothis patriciati honorem gloriose susceptus est et

[g] sc. *cubito*.
[h] sc. *qualiter*.

[45a–45a] Vgl. *Gn. 30, 27.*

trittst, dann erzähle ihr deshalb, weil sie ohne Kinder ist, folgendes: ‚In dieser Nacht habe ich einen Hengst und eine Stute gesehen; beide waren schöner als alle anderen Pferde, und ihre Mähne war von makelloser Pracht; ihnen folgte ein dritter, noch junger Hengst, der ihnen in allem ähnlich war, und sie gingen im Hause meiner Herren umher‘. Wenn du das sagst, so [45a]wirst du Wohlgefallen vor ihr finden[45a]“. Lilia erhob sich und berichtete alles so, wie ihr Mann ihr aufgetragen hatte, sofort ihrer Herrin. Als Eugenia dies vernahm, berichtete sie es ihrem Gatten, und sie glaubten, daß ihnen ein Sohn geboren werden würde; überglücklich gaben sie Theoderich und Lilia ihre Freiheit und bestätigten dies durch eine Urkunde und überhäuften sie mit vielen Geschenken. Lilia gebar den Sohn, den sie empfangen hatte, und nannte ihn Theoderich; nach einer sorgfältigen und gewissenhaften Erziehung wurde er Idacius und Eugenia vorgestellt; sie geboten ihm, bei ihnen zu bleiben, und schlossen ihn so sehr ins Herz, daß sie ihn schließlich an Sohnes Statt annahmen.[46] Der Knabe wuchs heran zu strahlender Schönheit und stattlicher Größe — er überragte die anderen um eine Elle —, und er wurde sehr klug und tapfer. Nach dem Tode des Idacius und der Eugenia mußte Theoderich auf Befehl des Kaisers Leo Soldat werden. Während er zwölf Jahre lang im Heere diente, focht er mit solcher Tapferkeit und Klugheit, daß er zuerst von allen Senatoren, die im Palaste verkehrten, sehr geschätzt wurde. Schließlich ließ sie der heftig bohrende Schmerz des Neides gegen ihn rasen, und sie suchten nach einer Möglichkeit, wie er auf Befehl des Kaisers zugrunde gehen könne. Aber einer von den Senatoren, Ptolomaeus[47], stellte sich insgeheim gegen dieses Vorhaben und ging mit Theoderich eine innige Freundschaft ein, die er bis zum Tage seines Ablebens bewahrte. Nachdem die Goten Rom verwüstet[48] und von Italien Besitz ergriffen hatten, unterstellten sie sich freiwillig der Oberherrschaft des Kaisers Leo. Da sie aber von König Odoaker[49], den Herulern und anderen ihnen benachbarten Völkern andauernd heimgesucht wurden, verlangten sie durch Gesandte von Kaiser Leo, er solle Theoderich zu ihrem Patricius machen, damit sie durch ihn ihren Gegnern Widerstand leisten könnten. Kaiser Leo kam dieser Bitte huldreich nach[50] und sandte mit Zustimmung des Senats Theoderich nach Rom; er wurde von den Römern und den Goten in der Würde eines Patricius mit allen Ehren em-

[46] Der oström. Ks. Zeno (474—491) machte Theoderich zu seinem Waffensohn. *Fredegar* verwechselte also die Kaiser Leo und Zeno, vgl. jedoch unten die Fabel des Ptolomaeus, deren Pointe ist, daß der Kaiser Leo mit dem Leo der Fabel identifiziert werden sollte.

[47] Cassiodor?

[48] 24. August 410.

[49] Odoaker, K. v. Italien 476—493.

[50] Zeno erhob Theoderich 476 zum Patrizius.

cum Aerolis plures prilia gessit. Nam quadam vice apud Odoagrum rege et Aerolis Theudericus cum Gothis prilium concitasset, Theudericus fugiens cum suis, Ravennam ingressus est; ibique mater eius Liliam obviam veniens, increpans eum, dicens: 'Non est, ubi fugias, fili, nisi ut levi[i] vestimenta mea, ut ingredias utero, de quo natus es'[51]. Quod ille audiens, nimium confusus, cum suis quos potuerat repperire plus mori vellens quam vivere, obviam Odoagri et Aerolorum exivit. Quod cum eos imparatos et dispersos obviasset, tandem cum paucis eos superat. Resumptis viris, Gothis secon colliens, persequitur Odoagrum; quem cum uxore et liberis vinctum interfecit gentemque et regnum Aerolorum dilivit. Quod cum perlatum Leoni imp. fuisset, et a senato saepius suaderetur, ut Theudericum deliret, praecepit eum venire ad se. Theudericus, collictis secum utilissemus pugnatores Gothorum armatus et qui nobilis erant, utrumque 12 milibus tantum, evecto navale, quasi oboediens, in occursum Leonis imp. Constantinopole venit. Amicus eiusdem Tolomeus nullo ingenio potebat[k] qualiter eidem res agebatur narrare, nisi tantum in consilio prudentissime et suptili ordine qui Theuderico erant contrarii destruebat. Decreto imperatores Leones et senato cum esset, ut Theudericus, cum in palatio ingrediebatur, seductus membratem et separatus a suis, ut interficeretur, consilio Tholomei amici sui de hoc periculo liberatur, dicens ad imperatorem: 'Non est utile gloriae tuae, ut homine ille sic fraudulenter interficiatur, nec dictum sit a suis, / qui cum eodem venerunt, quod non publice eum potuissetis interficere, nisi ingeniosae separatum a suis. Sed iobe eum vinctum tenere, et mittantur seniores senatores ad castra Gothorum foris civitate[52], qui cum Theuderico venerunt, narrint eis offensionem Theuderici et iram gloriae tuae, eo quod dignus est morte; ipsi decernant, utrum capite truncetur, an bistiis devorandum tradatur'. Cumque placuisset consilius Tolomei, transmissi sunt quinque senatores, qui erant citeris, et Tholomeus cum ipsis, haec verba Gothis nuncianda. Ibique Tholomeus secretissime mittens puerum, nuncians Gothis, ut, cum

[i] so 1; *levem* 2a, 4b^{2*}. c^{2}; *leve* 3.
[k] *poterat* 2a.

pfangen und kämpfte oftmals mit den Herulern. Als es wieder einmal zwischen Theoderich und den Goten sowie König Odoaker und den Herulern zum Kampfe kam, floh Theoderich mit den Seinen und verschanzte sich in Ravenna; dort aber trat ihm seine Mutter, Lilia, entgegen und fuhr ihn mit folgenden Worten an: „Nirgends kannst du mehr hinfliehen, mein Sohn, außer ich schürze meine Kleider, damit du in den Bauch flüchten kannst, aus dem du geboren wurdest“[51]. Als er das vernahm, war er sehr betroffen und stürmte mit denen von seinen Leuten, die er noch finden konnte, Odoaker und den Herulern entgegen, eher bereit zu sterben als zu leben. Da er mit ihnen zusammenstieß, als sie unvorbereitet umherzogen, überwältigte er sie schließlich mit wenigen Männern. Frischen Mutes sammelte er die Goten um sich und verfolgte Odoaker; er nahm ihn mit seiner Gattin und seinen Kindern gefangen, tötete ihn und vernichtete das Volk und die Herrschaft der Heruler. Als dies Kaiser Leo berichtet wurde, und da der Senat immer wieder darauf drang, Theoderich zu vernichten, befahl er ihn zu sich. Theoderich rief von den tapfersten und besten Kriegern und vornehmen Goten je 12 000 zu sich und fuhr zu Schiff unter dem Schein des Gehorsams zu Kaiser Leo nach Konstantinopel. Seinem Freund Ptolomaeus war es trotz aller Bemühungen nicht möglich, ihn über die Sachlage in Kenntnis zu setzen; er vermochte nur, die Feinde Theoderichs im Konsistorium sehr klug und wohlüberlegt auszuschalten. Obwohl Kaiser Leo und der Senat beschlossen hatten, Theoderich beim Betreten des Palastes beiseite zu führen, ihn so von seinem Gefolge zu trennen und ihn dann zu töten, wurde er durch die Besonnenheit seines Freundes Ptolomaeus aus dieser Gefahr gerettet; denn dieser sprach zum Kaiser: „Es trägt nicht zu deinem Ruhm bei, diesen Mann so heimtückisch zu töten, und diejenigen, die mit ihm hierhergekommen sind, sollen nicht sagen, daß du nicht imstande warst, ihn in aller Öffentlichkeit zu töten, sondern nur, wenn er hinterlistig von seinen Leuten getrennt war. Aber gib den Befehl, ihn in Fesseln zu legen, und schicke einige alterprobte Senatoren ins Gotenlager, das die Begleiter Theoderichs vor der Stadt errichteten[52]; sie sollen ihnen von den Vorwürfen gegen Theoderich und dem Zorn, den deine Herrlichkeit über sein todeswürdiges Verhalten empfindet, berichten; sie sollen selbst entscheiden, ob er geköpft oder den wilden Tieren zum Fraß vorgeworfen werden soll“. Da dieser Vorschlag des Ptolomaeus Gefallen fand, wurde er zusammen mit fünf vornehmen Senatoren abgesandt, um diesen Spruch den Goten mitzuteilen. Im geheimen schickte Ptolomaeus aber einen Diener, der den Goten den Auftrag überbrachte, sie sollten

[51] Vgl. *Orosius, Historiae adversum paganos I 19* nach *Justinus, Epitoma I 6* über die Perser.

[52] 478 wurde ein Teil des Gefolges Theoderichs vor Konstantinopel geschlagen.

ipsi et reliqui senatores eis verba haec narrandum accederint, eos Gothi cincgerint et legarint, imperatores mandantis: 'Nisi dominum nostrum Theudericum vivum et salvum nobis reddederit et sacramentis firmaverit, ut incolomis nos cum ipso patriae remeare permittat, senatores hos interficiemus et adversus civitatem hanc qua virtute possumus priliavemus'. Quod cum consilius Tolomei fuisset impletus, Theudericus vinctus in palatio teneretur, et Tholomeus cum sociis, itemque a Gothis vincti[l], sub eiusmodi ordine tenerintur, vellit nollit, Leo imp. Theudericum sanum Gothis reddedit, insuper promittens, eum cum suis incolomem patriae repedare. Salvatus est Theudericus consilium Tholomei. Regressus Romam, cum Avaris[53] bellum intulit, plurimae strages uterque facti. Chuni Aetaliam inundantes, Theudericum et Gothis superant, plurimas civitates Aetaliae vastant. Tandem Theudericus, resumptis viris, inruit super Avaris, quos vinctus Pannoniam in fugam dirigit. Quos cum sequeretur, finibus in Pannoniae non est ausus ingredi; ibique cum castra sederit, cum quattuor pueris in aequis sedentibus extra castra sibi quintus[m] agressus est, ut praevederit, ne forte Avaris dinuo adversus ipsum insurgerint. Cum iam procul a castra essit, Avar nomen Xerxer[54] utelissimus cunctorum singulus ad praevidendum Theudericum ex secretum eum obvians. Quod cum a longe repertus fuisset, missi ad Theudericum tres viri bellatores, ut eum aut vivum caperint aut interficerint. Quos Avar, fugam fingens, singellatim interfecit. Dinuo Theudericus alios tres viros ad ipsum capiendum direxit, qui itemque ab Avare interfecti sunt. Postea Theudericus singulare certamen cum Avari bellum inivit. Quem, contho in brachio percusso[n], diutissime in invicem cum aequis girantis, a Theuderico Avar superatus est. Quem vinctum Theudericus secum ducit ad castra. Quem cum cognovisset fortissimum esse in bellum, verbis blandiciis eum suadebat, ut suo sacramento fidem Theuderico promitterit, et eum postea multis muneribus Theudericus ditarit. Quod Avar Xerser nomen vehementer

[l] *vinctus* 2a.

[m] = selbfünft.

[n] 1; fehlt rell.

ihn selbst und die übrigen Senatoren gefangennehmen und fesseln, wenn sie zu ihnen kämen, um diese Angelegenheit vorzutragen; dem Kaiser sollten sie dann sagen lassen: „Wenn er uns unseren Herrn Theoderich nicht lebend und unverletzt zurückgibt und unter Schwüren die Erlaubnis gibt, unbehelligt mit ihm in die Heimat zurückzukehren, so werden wir diese Senatoren töten und mit allen Mitteln gegen diese Stadt kämpfen". Als sich nun der Plan des Ptolomaeus erfüllte, Theoderich gefesselt im Palaste lag, andererseits Ptolomaeus mit seinen Begleitern von den Goten gefesselt gefangengehalten wurde, gab Kaiser Leo gegen seinen Willen Theoderich wohlbehalten den Goten zurück; darüber hinaus gab er das Versprechen, ihn mit den Seinen unversehrt in die Heimat ziehen zu lassen. Theoderich wurde durch den Rat des Ptolomaeus gerettet. Nach seiner Rückkehr nach Rom begann er mit den Awaren[53] Krieg zu führen, wobei beiden Seiten ungeheure Verluste zugefügt wurden. Die Hunnen brachen in Italien ein, besiegten Theoderich und die Goten und verwüsteten die meisten Städte Italiens. Schließlich griff aber Theoderich mit neuen Kräften die Awaren an, besiegte sie und verjagte sie nach Pannonien. Bei ihrer Verfolgung wagte er aber nicht, pannonisches Gebiet zu betreten; als er dort im Felde lag, ritt er als fünfter Mann mit vier seiner Leute aus dem Lager, um selbst Maßnahmen zu treffen, damit ihn nicht etwa die Awaren von neuem angreifen könnten. Als er sich schon weit vom Lager entfernt hatte, trat ihm ein Aware namens Xerxer[54], ein hervorragender Krieger, allein aus einem Versteck entgegen, um ihn abzuwehren. Da man ihn schon von weitem entdeckt hatte, sandte Theoderich drei Krieger aus, die ihn lebendig fangen oder töten sollten. Diese tötete der Aware einzeln, indem er so tat, als wolle er fliehen. Daraufhin schickte Theoderich drei andere Männer aus, um ihn zu ergreifen, doch wurden diese von dem Awaren ebenso getötet. Daraufhin stürzte sich Theoderich selbst in den Zweikampf mit dem Awaren. Lange umkreisten sie einander auf ihren Pferden und erst, als er ihn durch einen Wurfspieß am Arm verwundet hatte, vermochte Theoderich, den Awaren zu überwältigen. Theoderich fesselte ihn und schleppte ihn mit sich in sein Lager. Da Theoderich seine außergewöhnliche Tapferkeit im Kampfe erkannt hatte, versuchte er, ihn mit Schmeicheleien und dem Versprechen, ihn später reich zu beschenken, dazu zu bringen, ihm eidlich Treue zu versprechen. All dies wies der Aware

[53] *Fredegar* setzt die Avaren, die erst um 567/68 die pannonische Tiefebene erreicht haben, auch mit den Hunnen gleich, vgl. unten *III 55* mit Anm. 7. 504 kämpfte Theoderich in Pannonien mit dem Gepidenkönig Thrasarich. Zur Gleichsetzung barbarischer Völker vgl. H. Messmer, Hispania-Idee und Gotenmythos (1960) 21.

[54] Reminiszenz an Liberius, den treuen Anhänger Odoakers? Zum persischen Namen vgl. oben Anm. 51. Vgl. auch Wolfram, Goten 346 Anm. 15.

rennuens, fidem promittere noluit, nisi terram suam cupiens remeare. Postea minis et diversis adflictionibus a Theuderico coactus est; sed tamen eius imperio denegans, fidem paenitus promittere noluit. Cumque vehementer rennuerit, permisit eum Theudericus patriae remeare. Natans cum aequum fluvium Stria[55], respiciens ex alia parte, ad Theudericum / dixit[56]: 'Liberatus sum a dominatione tua, liberum me arbitrium esse cognusco, nihil super me modo[o] est tua potestas, revertam ad te eroque tibi fidelissimus citeris'. Quem Theudericus multis opibus ditans, cunctis delectissimum habuit; et cum pluris prilia Wandalis et Suaevis ceterisque gentis agebat, eum semper proximum et fortissime priliantem suae custudiae in agmenibus cognuscebat. Ideoque vehementer a Theuderico delictus est. Cumque utilitas Theuderici et prilia quae gesserat perlata aula imperatoris fuisset, Leo imp. iussit eum dinuo venire consilio senato, ut tractatum perficerint, quem de ipso iniverant. Iuramento senatores constringit, ut huius consiliae nullus proditur esset, et si quis agnetus prodedisse, capite puniendus esset. Tunc Theudericus dirigens secraetae puerum ad Tholomeum, inquirens, que suae utilitate proficerit: aut venirit, aut forsitam oportebat[p] rennuere. Tholomeus, his verbis secretissime auditis, dixit ad puerum: 'Nihil paenitus Theuderico remando. Hodiae dies festus est, iussionem agusti omnes senatores in aula imperiae discumbent ad prandium; tu vero ad instar puerum meum mihi ad dorsum obidiens, diligenter adtende, quod ad senato loquer fabolis. Protenus reverte, nuncians ad eum, qui te misit'. Quod cum puer ille huius eadem diae obidiretur, discumbentibus senatoribus ad prandium, dixit Tholomeus: 'Laetus dies huius prandii sit, iocundemur in fabolis. Cum esset leo[57] fortissimus bistiarum, fuitque elictus a cunctis bisteis rex, venientis cunctique in eius occur-

[o] 1; fehlt rell.

[p] *oporteret* rell.

[55] *Ister*, antiker Name für den Unterlauf der Donau.

Xerxer leidenschaftlich zurück und wollte unter keinen Bedingungen Treue versprechen, sondern nur in seine Heimat zurückkehren. Er wurde daraufhin von Theoderich mit Drohungen und verschiedenen Martern bedrängt, aber dennoch wollte er sich ihm nicht unterwerfen und ihm unter keinen Umständen Treue geloben. Da er sich so heftig sträubte, erlaubte ihm Theoderich heimzukehren. Er durchschwamm mit seinem Pferd die Donau[55]; auf der anderen Seite aber wandte er sich um und rief Theoderich zu[56]: „Jetzt, wo ich aus deiner Gewalt befreit bin, wo ich wieder frei über mich entscheiden kann und du keine Gewalt mehr über mich hast, jetzt werde ich zu dir zurückkehren und dir treuer dienen als alle anderen". Theoderich beschenkte ihn sehr reich und schloß ihn mehr in sein Herz als alle anderen; und während der Kämpfe mit den Vandalen, Sueben und anderen Völkern sah er ihn immer ganz nahe bei sich tapferer als alle anderen Männer seiner Leibwache im Heerhaufen kämpfen. Aus diesem Grund gewann ihn Theoderich sehr lieb. Als die Kunde von den Fähigkeiten Theoderichs und von den Erfolgen, die er im Krieg errungen hatte, in den kaiserlichen Palast drang, gab ihm Kaiser Leo auf Drängen der Senatoren, die den Beschluß, den sie über ihn gefaßt hatten, endlich in die Tat umsetzen wollten, den Befehl, noch einmal bei ihm zu erscheinen. Durch einen Schwur verpflichtete er die Senatoren, keiner solle dieses Vorhaben verraten, und, sollte doch einer als Verräter entlarvt werden, so solle er mit dem Tode bestraft werden. Daraufhin sandte Theoderich heimlich einen Gefolgsmann zu Ptolomaeus mit dem Auftrag, er solle erkunden, was für ihn von größerem Vorteil sei: zu kommen, oder ob es vielleicht notwendig sei, es abzulehnen. Als Ptolomaeus diese Worte in einer geheimen Unterredung vernahm, sprach er zu dem Gefolgsmann: „Ganz und gar nichts verrate ich Theoderich. Aber heute ist ein Festtag, und da werden sich auf Befehl des Kaisers alle Senatoren im kaiserlichen Palaste zum Mittagsmahle niederlassen; du aber bleib gehorsam hinter mir, als wärest du mein eigener Diener, und höre genau zu, was ich den Senatoren in Form von Tierfabeln sage. Daraufhin kehre sogleich zurück und berichte dem, der dich gesandt hat". So leistete der Mann an diesem Tage Ptolomaeus Gefolgschaftsdienste; als sich die Senatoren zum Mahle niederließen, ergriff Ptolomaeus das Wort: „Froh soll der Tag dieses Gastmahles sein, erfreuen wir uns also an Tiergeschichten: Da sich der Löwe[57] als das stärkste von allen wilden Tieren erwies, wurde er von allen zum König erwählt;

[56] *Malchus, Excerpta de legationibus fragm. 16,* berichtet von einem dramatischen Gespräch Theoderichs mit dem oström. Heerführer Adamantios über einen Fluß hinweg.

[57] Vgl. die Fabelsammlung des *Babrios Nr. 95.* Dem germanischen Denken entsprechend tritt in dieser Fabel später der Bär an die Stelle des Löwen. Vgl. ähnliche Geschichten unten *III 11, 18, 19.*

sum, cum iam esset hora prandiae, venit cervus. Cum adorasset leonem, adpraehendit cornum eius, ut ei cervus esset ad prandium. Ille vehementer retragens, cornum amisit, cursuque veloci fugit in heremis. Iusso leonis inter his bisteis missa est vulpis, ut eum veniendum subverterit. Illa cum sit artis suae ingeniosa, iuramentis non pavida, sacramentis praeventum cervum in conspectu leonis adducit. Quod cum iterum adorasset leonum, vehementer ad[q] ipso leone capitur et membratem disrumpitur. Vulpes illa forto ablato cor eius comedit. Leo cum diligerit cor cervi ad manducandum, inquirens et fremens vehementer, omnes bistii pavefactae tremebant, eo quod cor cervi invenire non potuissent. Dixerunt: "Vulpes, qui eum adduxit, ipsa proxemior cunctis fuit, quando deruptus est; illa furavit cor eius". Adpraehensa cum esset in poena, et quaereretur ei, ut redderet quod furaverat, dixit: "Sine culpa poenas patior: cervos ille non habet cor; nam si cor habuisset, ego eum praevalere non potueram, nec hic numquam venisset. Primo amissum cornum, vix tandem evasit; co pacto cor habens hic reverti potuerat?" Puer ille diligenter audiens, memoriam retenens, Theuderico velociter narravit consilium Tholomei. Iterum Theudericus de pericolis liberatur. Post haec rennuens dicione imperie, cum summa felicitate viginti et duobus[r] annis / cum Gothis regnavit. Fiunt omnes anni, quibus Theudericus in Aetalia regnum tenuit, 32[s.58] a finibus Pannoniae usque ad Rodano fluvio, a Terreno mare usque Alpis Poenunas[59] et Isera fluvio. Unum tantum modio plenum terrae annis singulis haerariis publecis dissolvebat, ut diceretur: 'Theudericus rex modio pleno aerariis per singulis annis reddit publecis'; decretum imperiae, ut amplius ei nullo tempore quaereretur. Civitates universas quas regebat miri operis restaurare et munire sollertissime fecit. Palatia quoque splendedissime Ravennae urbis, Veronae et Papiae, quod Ticinum cognomentum est, fabricare iussit. Tantae prosperetatis post regnum tenuit, pacem cum gen-

[q] *ab* rell.
[r] 1; *viginti quinque* 2a; *25.* 4b2*. c2.
[s] 1; *ann. 32.* 2a; *22 anni* 4a*. b2*. c2.

als die Stunde des Gastmahles näher rückte und sich alle Tiere bei ihm einfanden, da kam auch der Hirsch. Als er dem Löwen seine Verehrung bezeugte, ergriff dieser sein Geweih, um ihn zum Frühstück zu verspeisen. Dieser stemmte sich mit aller Kraft dagegen, verlor das Geweih und floh in schnellem Lauf in weitab gelegene Gebiete. Der Löwe gab unter den wilden Tieren dem Fuchs den Befehl, den Hirschen zur Rückkehr zu überreden. Dieser, der seine Kunst trefflich verstand und vor keiner Eidesleistung zurückschreckte, wiegte den Hirschen mit Schwüren in falscher Sicherheit und führte ihn vor den Löwen. Als er nun dem Löwen ein zweites Mal die Aufwartung machte, wurde er von diesem gierig angefallen und in Stücke gerissen. Der Fuchs aber schaffte listig das Herz des Hirschen beiseite und fraß es selbst auf. Da der Löwe aber heiß begehrte, das Herz des Hirschen zu fressen, suchte er es schäumend vor Wut; da die Tiere das Herz des Hirschen nicht finden konnten, zitterten sie alle vor Angst. Sie sagten: ‚Der Fuchs, der ihn hergebracht hat, war dem Hirsch doch näher als alle anderen, als er gerissen wurde; er hat sein Herz gestohlen'. Als der Fuchs ergriffen wurde, um bestraft zu werden, und man von ihm forderte, er solle zurückgeben, was er gestohlen hatte, sagte er: ‚Schuldlos werde ich bestraft: Dieser Hirsch hat kein Herz; wenn er ein Herz gehabt hätte, wäre es mir nämlich nicht möglich gewesen, ihn zu überlisten, und er wäre niemals hierhergekommen. Als er beim ersten Mal sein Geweih verlor, ist er schon kaum mehr entkommen; wie konnte er da hierher zurückkommen, wenn er ein Herz gehabt hätte?' " Der Gefolgsmann hörte aufmerksam zu, prägte es sich genau ein und erzählte schnell Theoderich den Rat des Ptolomaeus. So wurde Theoderich ein zweites Mal aus großer Gefahr befreit. Daraufhin verweigerte er dem Imperium den Gehorsam und herrschte zweiundzwanzig Jahre lang mit großem Glück mit den Goten. Insgesamt regierte Theoderich 32 Jahre[58] in Italien von den Grenzen Pannoniens bis zur Rhône, vom Tyrrhenischen Meer bis zu den Penninischen Alpen[59] und der Isère. Als Abgabe lieferte er an den Staatsschatz jährlich nur einen Scheffel voll Erde, so daß es hieß: „Der König Theoderich leistet dem Staatsschatz jährlich einen Scheffel"; es gab nämlich einen Beschluß des Kaisers, es dürfe niemals mehr von ihm verlangt werden. Alle Städte, die er beherrschte, ließ er mit großem Aufwand wiederherstellen und zweckmäßig mit Wehrbauten befestigen. Er ließ auch die Paläste der glanzvollen Stadt Ravenna und die von Verona und Pavia, das auch Ticinum genannt wird, erbauen. Indem er mit den benachbarten Völkern Frieden hielt, regierte er dann in solcher Blüte, daß es einfach Bewunde-

[58] Vgl. *Anonymus Valesianus, pars posterior 322,9ff.: qui regnavit annos 33, cuius temporibus felicitas est secuta Italiam per annos 30.*

[59] Teil der Westalpen, östlich des Großen St. Bernhard, heute Walliser Alpen.

tibus vicinas habens, ut mirum fuisset. Cuius filiam Sigysmundus[60] rex Burgundionum habuit uxorem[61].

58.[62] Quadam vicem Chlodoveus[63] rex Francorum et Alaricus[64] rex Gothorum, qui sedem Tolosa habebat, post multa prilia, quae invicem gesserant, intercedentes legatus, cum pacem inire coepissent huius convenentiae, ut Alaricus barbam tangerit Chlodovei[65], effectus ille[t] patrenus, perpetuam ab invicem pacem servarint, et ad huius placita coniunctione nec Francos nec Gothos armatus paenitus non accederit, aestatuentes diem ad locum designatum ab invicem. Ibique legatus Chlodoviae Paternus nomen ad Alaricum accessit, inquirens, utrum eo habito Gothi inarmis, quo spoponderant, placitum custodirent, aut forte more soleto, ut post probatum est, mendaciis apparerint. Cum loqueretur Paternus ab Alaricum regem, nuncians salutes Chlodovei et diligenter inquirens, quo ordine deberint coniungere, Gothi fraudulenter uxos[u,66] pro baculis in manum ferentis, adpraehensum unum ex his Paternus extrait, dicens: 'Mendacia tua placita sunt, rex, ut fraude coneris cum tuis Gothis dominum meum et Francos decepere'. Accepto placito cum Alarico espondens Paternus pro Francis, ut iudicium Theuderice regis Aetaliae huius rei terminus fieretur. Ibi legatus Alarice regis et Paternus directus a Chlodoveo conspectum properant Theuderici. Exponens per ordine Paternus causam Chlodoviae et Francis, quod legatus Alarice denegare non potuit, nisi / tantum petens, ut iudicium Theuderici fineretur. Cogitans in semet ipsum Theudericus huius causae aeventum et futuris temporibus quae oportebant oblivionem non tradens, zelum adversus hos duos regis retenens, dicens his legatis: 'In crastinum, quod attencius huius rei pro pacis concordiam, ut iusticiae ordo poscuerit, cum seniores palatiae[67] pertractare

[t] 1; fehlt rell.
[u] *oxos* 2a.

[60] Sigismund, K. d. Burgunder 516–523.
[61] Ariagne, auch als Ostrogotho bezeichnet.
[62] Die Geschichte von Chlodovech und Alarich unterbricht den natürlichen Gang der *Gesta Theoderici*, die *c. 59* fortgesetzt werden. Es handelt sich um eine sehr entstellte Reminiszenz an das Treffen der Könige Chlodovech und Alarich II. auf einer Loireinsel bei Amboise, vgl. *Gregor II 35*.

rung verdient. Seine Tochter hatte Sigismund[60], der König der Burgunder, zur Gemahlin[61].

58.[62] Chlodwig[63], der König der Franken, und Alarich[64], der König der Goten, der von Toulouse aus regierte, hatten einander viele Schlachten geliefert und tauschten einmal Unterhändler aus, da sie zum Friedensschluß bereit waren unter folgenden Bedingungen: Alarich sollte den Bart Chlodwigs berühren[65] und dadurch zu dessen Taufpaten werden, sie sollten gegenseitig ewig Frieden halten, und zum Abschluß dieses Vertrages sollten sowohl die Franken als auch die Goten gänzlich unbewaffnet anrücken; so bestimmten sie einvernehmlich Zeit und Ort. Dort trat ein Unterhändler Chlodwigs, Paternus mit Namen, zu Alarich und fragte, ob die Goten die Abmachung, der sie zugestimmt hatten, ohne Waffen unter ihrem Gewand einhielten oder ob sie vielleicht in gewohnter Art, wie es sich nachher als richtig erwies, mit Hintergedanken anrückten. Als Paternus mit König Alarich sprach, ihm die Grüße Chlodwigs überbrachte und die Einzelheiten des Treffens besprach, (bemerkte er,) daß die Goten ihr Wort gebrochen hatten und kurze Schwerter[66] statt Botenstäben in den Händen hielten; da ergriff er eines von ihnen, zog es hervor und rief: „Verträge, die du schließt, sind reine Lüge, König! Du wagst es sogar, mit deinen Goten meinen Herrn und die Franken zu betrügen". Schließlich kam es zu einer Übereinkunft zwischen Alarich und Paternus, der das Gelöbnis für die Seite der Franken ablegte, daß der Schiedsspruch Theoderichs, des Königs von Italien, dieser Angelegenheit ein Ende setzen solle. Daraufhin eilten ein Gesandter des Königs Alarich und Paternus als Beauftragter Chlodwigs zu Theoderich. Paternus legte die Ansicht Chlodwigs und der Franken in allen Einzelheiten dar, die der Gesandte Alarichs nicht abstreiten konnte; es blieb ihm nur mehr übrig, darum zu bitten, daß durch das Urteil Theoderichs entschieden werde. Theoderich erwog bei sich die Möglichkeiten, wie diese Angelegenheit ausgehen könne, überlegte alles, was auf lange Sicht von Wichtigkeit war, und antwortete den Gesandten, wobei er seine Eifersucht gegen beide Könige verhehlte: „Am morgigen Tage werde ich nicht unterlassen, meinen Brüdern in ungeschmälerter und überquellender Liebe mitzuteilen, was ich mit den Vornehmen meines Palastes[67] über eine

[63] Chlodwig, K. d. salischen Franken 482–511.

[64] Alarich II., K. d. Westgoten 484–507.

[65] Durch das Bartscheren wird man einerseits Taufpate *(Aimoin PL 139, 656; Rorico PL 139, 608f.; Paulus Diaconus, Historia Langobardorum IV 38, VI 53)*, andrerseits ist es Ausdruck höchster Erniedrigung *(Gesta Dagoberti regis I cc. 6, 35)*. Vgl. auch R. Sohm, Die fränkische Reichs- und Gerichtsverfassung I (Neudruck 1911) 548ff.

[66] Vgl. unten *IV 64*, wo das Schwert des Kaisers Heraklius, mit dem er einen persischen Patrizius tötet, *uxus* genannt wird. Vgl. oben Anm. 51, 54.

[67] Die gotischen Berater Theoderichs wurden als *proceres palatii* bezeichnet.

potuero, fratribus meis cum integra delectione et amore praefuso mandare non sileo'. Tractansque in archana cordis iam olym caelaverat. Cupiens, his duobus regibus ab invicem semper esse discordis, talem inter eosdem iudicium termenavit, ut difficile Gothis, quos Alaricus regebat, huius culpa conpositio suppleretur: ut veniret legatarius Francorum, sedens super aequum, contum aerictum tenens in manum, ante aula palatiae Alarice, et tam diu Alaricus et Gothi super eum solidos iactarint, quousque legatum et aequum et cacumine conti cum soledis coperirent. Renuntiantes legati Alarico protenus, quod Theuderici huius rei terminasset iudicius, et cum esset difficile haec Alarici vel Gothis[v] supplere, volentis fraudem Paterno legato Francorum decepere, quem in solarium missum, per nocte quod supposetum erat ruens, fracto brachio, vix tandem evasit. Ducitque eum Alaricus in crastinum, suos ostendens thesauros et cum sacramento dicens, amplius soledus non haberit, quam ad praesens arcis plenis ostenderit. Ubi Paternus unum soledum de pugno extrahens suum, proiecit, dicens: 'Hos solidos adarrabo[w] ad partem dominae mei Chlodovei regis et Francis'. Revertens ad Chlodoveo, narrans per singula, [x]Chlodoveus[68] adversus Alaricum arma commovit, quem in campania Voglavensem[69] decimo ab urbe Pectava[70] miliario interfecit[x], et maximam partem exercitus Ghothorum inibi gladium trucidavit, regnumque eius a Legere fluvium[71] et Rodanum per mare Terrenum et montes Pereneos usque Ocianum mare abstulit, quod hodiaeque dicione condigno permanet ad regnum Francorum.

59. Theudericus[72] cum papa Romensis[y] apostolicum virum Iohannem[73] sine culpa morte damnassit et Symmacum[74] patricium nullis causis extantibus itemque trucitare fecisset, ira percussus

[v] Hier endet f. 75 des Codex Claromontanus. Auf f. 75[v] befindet sich eine schwer identifizierbare Zeichnung, von G. Monod als Hl. Helena bezeichnet.

[w] Frühestes literarisches Vorkommen eines vollentwickelten romanischen Futurums, vgl. *Daras*, unten *c. 62* Anm. d.

[x–x] Fast wörtlich aus *Gregor, II 37*.

[y] *Romensis* steht im Gegensatz zu *Romanus* und bedeutet „stadtrömisch".

einvernehmliche friedliche Regelung dieser Angelegenheit, wie es gerecht und richtig erscheint, herausfinden kann". Daß er es schon längst bei sich im Innersten seines Herzens überlegte, hatte er dabei verschwiegen. Da es in seinem Interesse lag, daß sich beide Könige für alle Zeiten feindlich gegenüberstehen sollten, verkündete er schließlich einen solchen Urteilsspruch über beide, daß es den Goten, die Alarich regierte, schwerfallen mußte, die Buße für ihre Schuld zu erfüllen: Der Gesandte der Franken sollte hoch zu Roß, den Wurfspieß aufrecht in der Hand, vor der Palasthalle des Alarich erscheinen, und so lange sollten Alarich und die Goten Solidi auf ihn schütten, bis sie den Gesandten, sein Pferd und die Spitze des Wurfspießes mit den Münzen bedeckten. Alarichs Gesandte meldeten ihm sofort den Spruch Theoderichs, der diesem Streit ein Ende setzen sollte; da die Erfüllung dieses Spruches die Goten und Alarich sehr schwer getroffen hätte, planten sie, Paternus, den Gesandten der Franken, zu hintergehen; sie schickten ihn auf einen Söller, von wo er, wie die Goten beabsichtigt hatten, während der Dunkelheit herabstürzte, sich dabei einen Arm brach und schließlich nur mit Mühe dem Tode entrann. Am nächsten Tage führte ihn Alarich und zeigte ihm seine Schätze; dabei schwor er, außer den Solidi, die er eben in den vollen Geldkästen zeigte, keine Münzen mehr zu besitzen. Daraufhin entwand Paternus der Faust des Alarich einen Solidus, schleuderte ihn weg und rief: „Diese Solidi werde ich meinem König Chlodwig und den Franken beschaffen". Als er zu Chlodwig zurückkehrte und ihm die Einzelheiten schilderte, griff Chlodwig[68] gegen Alarich zu den Waffen und tötete ihn im Gebiet von Vouillé[69], zehn Meilen von Poitiers[70] entfernt; dort vernichtete er den Großteil des gotischen Heeres und nahm Alarichs Reich zwischen Loire[71], Rhône, Tyrrhenischem Meer, Pyrenäen und Ozean in Besitz; dieses Gebiet ist auch heute noch gebührlich der Herrschaft der Franken unterworfen und gehört zu ihrem Reich.

59. Als Theoderich[72] den römischen Papst, den apostolischen Herrn Johannes[73], schuldlos zum Tode verurteilt hatte und den Patricius Symmachus[74] ebenfalls grundlos hatte töten lassen, traf ihn der Zorn

[68] Vgl. unten *III 24*.

[69] 507. Dép. Vienne, Ar. Poitiers, Ct. Vouillé, Frankreich. Vgl. unten 110 Anm. 62.

[70] Hst. Dép. Vienne, Frankreich.

[71] Die endgültige Eroberung dieses Gebietes dauerte noch einige Jahre, Septimanien und ein schmaler Landstreifen nördlich der Pyrenäen verblieb weiterhin in gotischem Besitz.

[72] Das Kapitel 59 bildet die Fortsetzung der *Gesta Theoderici*, oben *c. 57*, und steht schon im Zeichen der Verteufelung durch katholisch-nationalrömische Kreise.

[73] Papst Johannes I. 523–526.

[74] Patrizius und Haupt des Senates in Rom.

divina, a germano suo Gaisirico[75] interficetur. Fertur in dialiquos sancti Gregorii[76] a quaedam sacerdoti visibiliter: ab ipso pontefici et patricio Theudericus vinctus tragetur Sicilia in olloam ignis[z]. /

60. Chrocus[77] rex Wandalorum cum Suaevis et Alanis egressus de sedibus, Galleas adpetens, consilium matris nequissimam utens, dum ei dixisset: 'Se novam rem volueris facere et nomen adquirere, quod alii aedificaverunt cuncta distruae et populum, quem superas, totum interfice; nam nec aedificium meliorem a praecessorebus facere non potes neque plus magnam rem, per qua nomen tuum elevis'. Qui Renum Mogancia[78] ponte ingeniosae transiens, primum ipsamque civitatem et populum vastavit; deinde cunctasque civitatis Germaniae[79] vallans, Mettis[80] pervenit, ubi murus civitatis divino noto per nocte ruens, capta est civetas a Wandalis. Treverici[81] vero in arenam huius civitates, quem munierant, liberati sunt. Post haec cunctas Galleas Chrocus cum Wandalis, Suaevis et Alanis pervagans, alias ubsidione delivit, aliasque ingeniosae rumpens vastavit. Nec ulla civetas nec[a] caster ab eis in Galliis liberata est. Cumque Arelato[82] obsederint, Chrocos a Mario[83] quaedam militae captus et vinculis constrictus est. Qui ductus ad poenam per universas civitates, quas vastaverat, impia vita digna morte finivit. [84]Cui Trasemundus[85] successit in rignum. Alamanni adversus Wandalus arma commovunt. Uterque consencientes singulare certamen priliandum, duos miserunt[86]. Sed et ille qui a Wandalis missus est ab Alamannos superator. Victusque Trasemundus et Wandali, secundum placetum cum Wandalis, Suaevis et Alanis de Gallias praetermissis Spanias adpetivit, ibique multos christianorum pro fide

[z] Hier folgt in 1, Krusch *Explicit* in Verbindung mit der Marginalnotiz am Beginn des Kapitels 57 *De Teodericom et Tolomeom*.

[a] 2a, 3, 4a*. b^{2*}. c^{1}. c^{2}; *aut* 1, Krusch.

[75] Angeblicher Bruder Theoderichs. Vgl. oben Anm. 25.

[76] Vgl. *Gregorius Magnus, Dialogi IV 31*.

[77] Zu dem sagenhaften Bericht vom K. Chrocus vgl. A. Coville, Chrocus, Roi des Alamans. Mélanges littéraires publiés par la Faculté des Lettres de Clermont-Ferrand (1910) 15ff. *Gregor I 32, 34* nennt einen Alemannenkönig *Chrocus* zur Zeit der Kaiser Valerian und Gallienus (253–268). In der *Vita Antidii (AA SS Juni V) 41 ff.* wird das Martyrium des Bischofs unter einem Vandalenkönig *Chrocus* erzählt: Antidius starb am 17. Juni 411.

Gottes, und er wurde von seinem Bruder Geiserich[75] ermordet. In den Dialogen des heiligen Gregor[76] wird von einer Erscheinung berichtet, die sich einem Priester zeigte: Theoderich wurde von diesem Bischof und dem Patricius in Sizilien gefesselt in den Höllenpfuhl geführt.

60. Chrocus[77], der König der Vandalen, verließ mit Sueben und Alanen seine alten Wohnsitze und zog nach Gallien; dabei folgte er dem verderblichen Rat seiner Mutter, die ihm eingeschärft hatte: „Wenn du vorhast, etwas ganz Neues zu tun und dir dadurch einen Namen zu schaffen, dann zerstöre alles, was andere erbaut haben, und rotte jedes Volk aus, das du besiegst; denn es ist einfach nicht mehr möglich, ein Bauwerk zu errichten, das schöner wäre als die, die von deinen Vorgängern erbaut wurden, und du kannst auch keine größere Tat mehr setzen, durch die du deinen Namen mit Ruhm bedecken könntest". Mit großer Geschicklichkeit überschritt er also bei Mainz[78] auf einer Brücke den Rhein und verheerte zuerst diese Stadt und schlachtete das Volk hin; daraufhin belagerte er alle Städte Germaniens[79] und stieß bis Metz[80] vor; da die Stadtmauer auf Gottes Befehl hin nachts einstürzte, wurde die Stadt von den Vandalen erobert. Die Leute aus Trier[81] aber retteten sich in der Arena der Stadt, die sie befestigt hatten. Daraufhin durchzog Chrocus mit den Vandalen, Sueben und Alanen ganz Gallien und zerstörte die einen Städte durch Belagerung, die anderen, indem er sie mit Geschick und List eroberte. Keine Stadt und kein befestigter Ort in Gallien wurde vor ihnen errettet. Als die Vandalen aber Arles[82] belagerten, wurde Chrocus von einem Soldaten namens Marius[83] gefangengenommen und in Fesseln gelegt. Zur Strafe wurde er durch alle Städte, die er heimgesucht hatte, geführt und beschloß sein ruchloses Leben mit einem dementsprechenden Tode. [84]Ihm folgte Thrasamund[85] als Herrscher. Als die Alemannen gegen die Vandalen die Waffen erhoben, kamen beide Heere darin überein, den Krieg durch einen Zweikampf zu entscheiden, und schickten zwei Krieger vor[86], woraufhin der Vorkämpfer der Vandalen dem Alemannen unterlag. Da Thrasamund und die Vandalen besiegt worden waren, gab Thrasamund mit den Vandalen, Sueben und Alanen gemäß der Vereinbarung Gallien auf und zog nach Spanien, wo er viele Christen wegen

[78] Ein Teil der Vandalen überschritt tatsächlich bei Mainz den Rhein.

[79] Gemeint ist die röm. Provinz *Germania superior.*

[80] Hst. Dép. Moselle, Frankreich. Eroberung von Metz durch Attila?

[81] Fränkischer Angriff auf die Stadt in der ersten Hälfte des 5. Jahrhunderts?

[82] Dép. Bouches-du-Rhône, Ar. Arles, Frankreich. Vgl. *Gregor I 34.*

[83] Sonst unbekannt. Identisch mit dem Tyrannen *Marius,* der in *Scriptores Historiae Augustae, Tyranni triginta VIII,* genannt wird?

[84–84] hier folgt *Fredegar* inhaltlich *Gregor II 2, 3.*

[85] Thrasamund, K. d. Vandalen 496–523.

[86] Vgl. *Paulus Diaconus, Historia Langobardorum I 15.*

catholica interfecit. Post paucum tempore mare traducta[87] in Maurittania, [88]credo divino noto fera ducente[88], cum Wandalis vadando transivit; [89]fertur mare ibi septe milia passum latitudinem esse[89]. Mortuo in Mauritania Trasemundo, Hunericus[90] mente crudelior Wandalis successit in regnum. Avream tutam occupans, nimia estrage in christianis exercuit, consiliante Cyrola[91] hereticorum episcopo, cuius persecucionem plurimos numerus christianorum martyrii palmam sunt coronatae. His diebus Eugenius, Longinus et Vindemialis[92] episcopi miras virtutis in Christi / nomen ostendebant, etiam et mortuos suscitabant. Cyrola quaedam hominem praeventum datis quinquaginta auries[93], ut se caecum fingerit et clamarit coram Honoricum regem, Cyrolae virtutibus lumen accipere; qui tactus a Cyrola, caecus efficitur. Postea orationis Eugeniae lumen recepit. Instigante Cyrola ab invidiae morbum, Honorico iobente, Eugenius capo truncatur. Longinus et Vindemialis diversis poenis adfecti pro Christi nomen, ad aeternam migrant beatitudinem. Honoricus, merito exigente, propriis se morsibus laniavit, indigna vita iusta morte finivit. Cui Childericus[94] successit in regnum[84].

61. Ipsoque defuncto, Ghildemeris[95] regnum suscepit, [96]apud quem Bellesarius[97] patricius fortissime demigavit[96]. In quem regnum Wandalorum finivit.

62. Iustinianus[98], priusquam temporibus Iustini[99] imperatore regnum adsumerit, cum esset comex cartarum[100] et Bellessarius comex aestabolarius[1], erantque ab invicem nimia delictione amplexi, iurantes sibi, quantum cuiusquam ex his causa proficerit, pare sempiternam fidem servarit. Cum quadam die cum duas

[87] Mißverständnis *Fredegars*. *Gregor* hatte von der Stadt *Traducta* (Tanger) gesprochen, bis wohin die Vandalen von den Alemannen verfolgt worden seien.

[88—88] Einschub. Vgl. zum Topos *Jordanes, Getica c. 24*.

[89—89] Einschub

[90] Hunerich, K. d. Vandalen 477—484. Er hatte vor Thrasamund regiert.

[91] Arianischer Patriarch der Vandalen.

[92] Eugenius, B. v. Karthago; Longinus, B. v. Pamaria; Vindemialis, B. v. Gafsa (im südlichen Zentraltunesien). *Gregor II 3* erwähnt nur eine Totenerweckung durch Vindemialis.

[93] = *solidus*.

[94] Childerich, K. d. Vandalen 523—530.

ihres katholischen Glaubens tötete. Es verging nicht viel Zeit und er setzte an einer seichten Stelle mit den Vandalen über das Meer[87] nach Mauretanien; [88]ich glaube, ein Tier wies ihm dabei auf göttlichen Befehl den Weg[88]; [89]man sagt, das Meer sei dort nur 7000 Schritte breit[89]. Nachdem Thrasamund in Mauretanien gestorben war, folgte als Herrscher der Vandalen Hunerich[90], der noch viel grausamer war. Er eroberte ganz Afrika und brachte unsägliches Verderben über die Christen, und zwar auf Rat des Bischofs der Irrgläubigen, Cyrila[91], durch dessen Verfolgung eine Unzahl Christen mit der Palme des Martyriums bekrönt wurden. In diesen Tagen zeigten die Bischöfe Eugenius, Longinus und Vindemialis[92] außergewöhnliche Kräfte im Namen Christi und erweckten sogar Tote zum Leben. Cyrila bestach einen Mann mit fünfzig Goldstücken[93], damit er sich blind stelle und in Anwesenheit König Hunerichs Cyrila anflehe, er möge ihm durch seine Wunderkräfte das Augenlicht schenken; als ihn aber Cyrila berührte, wurde er (wirklich) blind. Später erlangte er auf Bitten des Eugenius hin seine Sehkraft wieder. Da Cyrila von krankhaftem Neide und Haß aufgewühlt wurde, wurde Eugenius auf Cyrilas Hetzen und Hunerichs Befehl hin enthauptet. Longinus und Vindemialis wurden um des Namens Christi willen verschiedenen Martern unterworfen und gingen in die ewige Seligkeit ein. So, wie seine Taten es mit sich bringen mußten, beendete Hunerich sein unwürdiges Leben mit einem entsprechenden Tode: Er zerfleischte sich mit seinen eigenen Zähnen. Ihm folgte Childerich[94] als Herrscher nach[84].

61. Nach seinem Tode übernahm die Herrschaft Gelimer[95], [96]mit dem der Patricius Belisar[97] aufs tapferste kämpfte[97]. Mit ihm hörte das Reich der Vandalen zu bestehen auf.

62. Als Justinian[98], noch bevor er zur Zeit des Kaisers Justinus[99] die Herrschaft übernahm, das Amt eines Comes Chartarum[100] und Belisar das eines Comes Sacri Stabuli[1] bekleideten, waren sie einander in innigster Freundschaft zugetan; so schworen sie sich, gleich, welche Karriere einer von ihnen machen sollte, einander doch für alle Zeiten die Treue zu

[95] Gelimer, K. d. Vandalen 530–533/34.

[96–96] Einschub

[97] Oström. Feldherr, gest. 565.

[98] Justinian I., oström. Ks. 527–565. Zu dem folgenden, aus unbekannten Quellen geschöpften frühesten Belisarroman des lateinischen Westens, der in keinem Zusammenhang zum byzantinischen steht, vgl. R. Salomon, Belisariana in der Geschichtsschreibung des abendländischen Mittelalters. Byzantinische Zeitschrift 30 (1929/30) 102ff.

[99] Justinus I., oström. Ks. 518–527.

[100] *Comes domesticorum?*

[1] Dieses Amt wurde erst gegen die Mitte des 6. Jahrhunderts eingerichtet, doch berichtet auch *Gregor III 32* von diesem Amt Belisars.

germanas de lopanar electas ex genere Amazonas sibi cumcubito meridiae sub quasdam arboris in pomario senior Antonia[2] cum Iustiniano discubuisset, Iustiniano sopore oppraesso, sol declinans capud eius incaluit. Veniens aquila divino noto, eodem dormiente, calorem solis extinsis alis obumbrabat. Quod cum, Antonia vigilante, fuisset repertum, sperans hoc signum, Iustinianus imperium adsumerit, expertum[b] a somno, dicens ei: 'Si imperatur effectus fueris, erit digna ancilla tua tibi concubito?' Et ille subridens, cum ei fuisset difficile hoc esse honore dignum, dixit ad eam: 'Si imperatur effectus fuero, tu mihi eris agusta'. Commutantis ab invicem anolis, ait Iustinianus ad Bellesarium: 'Scias inter me et Antunia placuisse, si ego efficior imperatur, ipsa sit mihi agusta. Anolis commutantis hoc foedus inivimus'. Dixitque Antunia: 'Si soror mea tibi agusta, ego Bellesario matrona efficiar'. Dicensque Bellesarius[c]: 'Divino noto si Antunia agusta efficitur, tu estratus mei matrimonium sociaris'. Idemque anolis commutandis abierunt. Nec multo post tempore Iustinus imperator bellum in Persis movit; quod cum Calcedona transisset, morbo perit[3]. Consenso senato et militum elevatus est Iustinianus in regnum. Oppraesso rege Persarum[4], cum vinctum tenerit, in cathedram quasi honorifice sedere iussit, quaerens ei civitatis et provincias rei publice restituendas; factisque, pactionis vinculum firmarit. Et ille respondebat: 'Non dabo'. Iustinianus dicebat: 'Daras[d]'. Ob hoc loco illo, ubi haec acta sunt, civetas nomen Daras[5] fundata est iusso Iustiniano, quae usque hodiernum diem hoc nomen nuncopatur. Post receptas provincias et civitatis plurimas, quae / a rege huiuscemodi ordine Iustinianus suae dicione adsumserat, omnibusque firmatis[6], permisit eum in Persas reg-

[b] sc. *experrecto.*

[c] So Monod; *Bellesarius divino noto: Si* Krusch.

[d] Vollentwickeltes romanisches Futurum, vgl. *adarrabo,* oben *c. 58* Anm. w.

[2] Belisars Gattin hieß Antonina; Justinians Gattin, die aus dem Zirkusmilieu stammte, Theodora; beide Frauen waren eng befreundet.

[3] 527. Er starb, von einem Pfeilschuß verwundet, an einem Geschwür am Fuße.

[4] Kawadh I., K. d. Perser 488–531.

bewahren. Als sie sich eines Tages zwei Schwestern, die aus dem Volk der Amazonen stammten, aus einem Freudenhaus auswählten, legte sich die ältere, Antonia[2], mit Justinian zur Mittagszeit in einen Obstgarten unter einige Bäume, um mit ihm zu schlafen; als Justinian vom Schlafe übermannt wurde, begann sich die Sonne zu neigen und brannte so auf sein Haupt. Da kam auf göttlichen Befehl ein Adler und wehrte die Hitze der Sonne mit ausgebreiteten Flügeln ab, solange er schlief. Als Antonia, die wach lag, dies bemerkte, hoffte sie, dies sei ein Zeichen, daß Justinian die Herrschaft erlangen werde, und sprach zu ihm, als er aus dem Schlaf erwachte: „Wird dir deine Magd auch dann, wenn du Kaiser sein wirst, zum Schlafen gut genug sein?" Er aber gab ihr lächelnd zur Antwort, da es ihm sehr unwahrscheinlich erschien, daß er dieser Ehre würdig sein sollte: „Wenn ich Kaiser bin, dann wirst du meine Kaiserin sein". Sie tauschten ihre Ringe aus; dann kündigte Justinian Belisar an: „Du sollst wissen, daß ich und Antonia beschlossen haben, daß sie meine Gemahlin wird, wenn ich zum Kaiser erhoben werde, und wir haben uns zur Einhaltung dieses Vertrages verpflichtet, indem wir unsere Ringe wechselten". Da sprach Antonia: „Wenn meine Schwester deine Kaiserin wird, dann werde ich Belisars Gattin werden". Da versprach Belisar: „Wenn Antonia durch Gottes Fügung Kaiserin wird, dann wirst du als meine Gattin mein Lager teilen". Dann machten sie sich auf, um ebenfalls die Ringe zu wechseln. Nicht viel später begann der Kaiser Justinus einen Krieg gegen die Perser; doch ging er an einer Krankheit zugrunde[3], als er nach Chalcedon hinübergegangen war. In Übereinstimmung zwischen Senat und Soldaten wurde Justinian zum Herrscher erhoben. Als er den Perserkönig[4] besiegt und gefesselt hatte, befahl er ihm, sich so in einen Sessel zu setzen, als ob er in Amt und Würden wäre, und verlangte von ihm, er solle dem Römerreiche die Städte und Provinzen zurückgeben; sei dies geschehen, so würde er mit ihm einen Bündnispakt abschließen. Der Perserkönig antwortete: „Ich werde sie nicht zurückgeben". Justinian belehrte ihn: „Du wirst sie zurückgeben". Deshalb wurde an dem Ort, wo sich dies ereignet hatte, auf Befehl Justinians die Stadt Daras[5] gegründet, die bis heute diesen Namen trägt. Erst als Justinian seine Provinzen und viele Städte durch eine derartige Vorgangsweise vom Perserkönig zurückerhalten und seiner Herrschaft einverleibt hatte und all dies bestätigt worden war[6], erlaubte er ihm, die Herrschaft

[5] Daras, strategisch wichtige Stadt im Norden Mesopotamiens, gegenüber der alten Handelsstadt Nisibis. Heute abgekommen, südlich Mardin, Pr.-Hst. in Südostanatolien, Türkei. Daras war schon 507 von Ks. Anastasius und später von Justinus stark befestigt worden. Nach *Euagrius Scholasticus III 37* (um 600) erhielt Daras seinen Namen nach der vollständigen Besiegung des Dareius durch Alexander den Großen.

[6] Der „ewige Friede" von 532 mit dem neuen Perserkönig Chosroes I. (531—579).

num recipere. Revertens Iustinianus cum magno triumpho Constantinopole, sedem tenens imperiae, Antunia, sumtis secum quinque aureis, duos dedit hostiariis, permissa est introire palatio; tres dedit ad tenentis velum[7], ut sua causa permitteretur suggerere, dicens ad Iustinianum: 'Clementissime imperator, iuvenis aliqui in hanc civitatem dedit mihi anolum in sponsaliae arras et meum sibi accepit, promittens et sacramento firmans, aliam non nuerit[e], sed me haberit uxorem. Dilatatur haec causa. Quod iobis, piissime imperator, ut fiat?' Dixitque Iustinianus: 'Non liceat hanc promissionem, si facta est, mutare'. Tunc illa porrigens anolum: 'Dominus cognuscat, cuius fuisset anolus isti, et quis eum mihi dedit, tibi latere non potest'. Cumque cognuscens Iustinianus anolum quem dederat, recordatus suae promissione, iobit eam cobicolum intromitti, vestisque induae splendedis; suo aestratu in nomini agusti sociavit[8]. Quod cum perlatum fuisset in populo, factione senatus vulgo clamitat: 'Domine emperator, redde muliere nostra'[9]. Quod Iustinianus audiens, diligenter inquirens inicium factionis huius, duos ob hoc verbo iubet senatores interfeci. Omnes quiaeverunt in posterum, ne quisquam audebat exinde verbo proferre. Accipit et Bellesarius Antoninam uxorem. Cum unico amore Iustinianus diligerit Bellesarium et eum patricium partibus Africae, quod a Wandalis non fuerat occupatum, instituisset eumque multis opibus adsiduae ditaret, quaerebat senatus ob invidia, quo pacto eum perdere potuessent, dicentes Iustinianum unianimiter, ingredientes segillate ad eum: 'Si Bellesarii consilium voluissemus subcumbere, iam olim ab imperio fueras degradatus. Ipse disponit, ut tibi succedat in regnum'. Quod ille audiens, tacite adversus Bellesarium zelum ducens, cum consilio senatu iobet[10] eum ab Africa Wandalus expugnare. Ibi viri fortissimi et multi legionis militum a Wandalis saepe fuerant trucidati. Bellesarius habens pueros proprios 12 milia, quos propriis stipendiis alebat, viros fortis ad prilio, et de patriciatum 18 milia priliatores veros, qui procedebant

[e] 1; *noverit* 2a, 3, 4a*. sc. *nuberet*.

[7] Die *velarii* hielten den Vorhang, der das Konsistorium abschloß.

über die Perser wieder zu übernehmen. Als Justinian in einem großartigen Triumphzug nach Konstantinopel zurückgekehrt war und den Kaiserthron eingenommen hatte, ergriff Antonia fünf Goldstücke und gab zwei davon den Wächtern am Tor und erlangte so die Erlaubnis, den Palast zu betreten; drei gab sie denen, die den Vorhang hielten[7], damit ihr gestattet werde, ihre Angelegenheit vorzutragen; dann sprach sie zu Justinian: „Großmütiger Kaiser, ein junger Mann gab mir hier, in dieser Stadt, seinen Ring als Unterpfand der Verlobung und nahm den meinen für sich mit dem Versprechen, das er noch mit einem Schwur bekräftigte, keine andere zu heiraten, sondern mich zur Gemahlin zu nehmen; doch läßt die Erfüllung dieses Versprechens auf sich warten. Was, mein pflichtbewußter Kaiser, befiehlst du, soll geschehen?" Justinian gab ihr den Bescheid: „Wenn dieses Versprechen geleistet wurde, so ist es wohl nicht erlaubt, es zu brechen". Daraufhin reichte sie ihm den Ring: „Mein Herr erkennt wohl, wem dieser Ring gehörte, und es kann dir nicht verborgen bleiben, wer es war, der ihn mir gab". Als Justinian den Ring erkannte, den er ihr übergeben hatte, erinnerte er sich an sein Versprechen und befahl, sie in sein Schlafgemach zu führen und mit herrlichen Gewändern auszustatten; so nahm er sie unter dem Titel einer Kaiserin in seine Schlafstatt auf[8]. Als dies dem Volk bekannt wurde, verlangte es, vom Senat aufgehetzt, laut: „Herr und Kaiser, gib uns unser Weib zurück"[9]. Als Justinian dies vernahm, ließ er nachdrücklich nach den Unruhestiftern forschen und befahl, zwei Senatoren wegen dieser Andeutung zu töten. Daraufhin verstummten alle und niemand wagte seither, diese Worte auszusprechen. Auch Belisar nahm Antonia zur Frau. Da Justinian aber in einzigartiger Liebe Belisar zugetan blieb und ihn zum Patricius jener Gebiete Afrikas machte, die von den Vandalen nicht besetzt waren, und ihn immer wieder reich beschenkte, suchten die Senatoren neiderfüllt nach einer Möglichkeit, wie sie ihn ins Verderben stürzen könnten; so sprachen sie im Einverständnis miteinander einzeln bei Justinian vor und redeten ihm ein: „Wenn wir die Absicht gehabt hätten, dem Plan Belisars beizutreten, dann wärest du schon lange von deinem Kaiserthron gestürzt worden. Er zielt nämlich darauf ab, dir als Herrscher zu folgen". Als Justinian dies vernahm, zürnte er Belisar insgeheim und befahl ihm[10] auf Veranlassung des Senats, die Vandalen aus Afrika zu vertreiben. Dort waren schon oft heldenhafte Männer und viele Legionen von Soldaten von den Vandalen vernichtet worden. Belisar standen 12 000 im Kampf bewährte Gefolgsleute, die er mit eigenem Sold bezahlte, und in seiner Eigenschaft als Patricius 18 000 kriegstüchtige Soldaten,

[8] Justinian hatte Theodora gegen den Widerstand des Volkes schon 527 geheiratet.

[9] Vgl. *Procopius, Historia arcana 9.*

[10] 532/33.

ad bellum. His auditis, Bellesarius, cum arbitraret inpossebile Wandalos superare, grave merore perterritus, ad propriam remeavit. Cumque eum Antunina adflictum et merentem vidisset, et non potebat cognuscere, quae haec esset adflictio, sollicita per pueris, nec quisquam ei hanc rem indicare potebat, dum omnibus illis esset incognetum, revertens ad ipsum, dixit: 'Domeni mi, quare merore depraemeris et more solito veniens de imperio non laeteris? Ne forte aliquid sit offendiculum. Indica mihi huius causae eventum. Forsitam ancilla tua inibit tibi consilium oportunum, ut revertatur maeror in laeticia'. Dixitque Bellesarius ad eam: 'Haec causa consiliare mulieribus non expedit, nec quicquam est tecum in hanc rem utile'. Illa vero cum esset christiana, narrans virum: / 'Scriptum est: [11]Salvabitur vir infidelis per mulierem fidelem[11]. Indeca mihi, quae sit ista condicio. Credo de omnipotentis Dei virtute, ut detur tibi consilius divina inspiratione, ut possis dies malos evadere'. Bellesarius haec audiens, narrat uxori decreto imperatoris, contra Wandalis iret ad bellum. Dixitque Antunina ad eum: 'Vovi, tae deinceps baptizatum Christum dominum, Trinitatem inseparabilem credi fideliter[12], scias: illius virtutem et solatium Wandalus superabis, et eris ob hoc gloriosior, quam fuisses'. Quod Bellesarius devotissime se impleturum promittens, dixit ad eum Antonina: 'Duodece milia pueros, quos proprios habemus[13], adhibe tecum 4 milia; et decem et octo patriciatus tui pugnatores, adhibe tecum 12 milia. Ibis cum eis terrenum exercitum, et ego de pueris 8 milia et ex militibus 6 milia vadam evicto navale. Statuta diae pariter undique circumdemus castra Wandalorum; divino protecti auxilio, superavimus eos. Domine mi, si huius fueris usus consilium ancillae tuae, providentia Dei optata perficies. Qui nobiscum in domo sunt, non te cognuscant merentem; quid corde reteneas, hilari vulto significa. Cum tu terreno et ego mare iter arripemus, signum daturi invicem, noctis tempore focos tui in litore faciant, et nos lucernas in naves erigemus ut aeque sit eventus noster[14].

[11–11] Vgl. *1. Cor. 7, 14.*

[12] Belisar war Christ.

[13] Buccellarier, durch einen Treueeid an den Herrn gebundene Privatsoldaten seit dem 5. und 6. Jahrhundert.

die schon oft in den Kampf gezogen waren, zur Verfügung. Als Belisar diesen Befehl empfangen hatte, ergriff ihn tiefe Niedergeschlagenheit, da er es für unmöglich hielt, die Vandalen zu besiegen, und er kehrte an seinen Wohnsitz zurück. Als Antonia bemerkte, daß er bekümmert und traurig war, und sie nichts über den Grund seiner Niedergeschlagenheit in Erfahrung bringen konnte, versuchte sie es zuerst aufgeregt bei den Dienstleuten, doch vermochte ihr keiner von ihnen den Grund anzugeben, da er ihnen allen unbekannt war; da kehrte sie zu ihm zurück und fragte ihn: „Mein Herr, warum bist du so traurig und bedrückt und nicht froh und glücklich wie sonst, wenn du vom Kaiser zurückkommst? Lege mir doch die Sachlage klar, es wird doch keinen Verdruß geben? Vielleicht kann dir deine Dienerin einen guten Rat geben, so daß die Trauer in Freude übergeht." Doch Belisar gab ihr zur Antwort: „Es nützt nichts, diese Angelegenheit mit Weibern zu beraten, und du kannst mir in dieser Sache von keinem Nutzen sein". Da sie aber Christin war, sprach sie zu ihrem Mann: „Es steht geschrieben: [11]Der ungläubige Mann wird durch die gläubige Frau gerettet werden[11]. Erkläre mir also die Umstände. Ich glaube an die heilsame Kraft des allmächtigen Gottes und daran, daß dir durch göttliche Eingebung ein Rat gegeben werde, so daß du diese Tage der Bedrängnis überstehen kannst". Durch diese Worte bewegt berichtete Belisar seiner Gemahlin von dem Befehl des Kaisers, gegen die Vandalen in den Krieg zu ziehen. Da gab ihm Antonia den Rat: „Gelobe, daß du dich demnächst im Namen Christi, unseres Herrn, taufen läßt, und glaube vertrauensvoll an die unteilbare Dreifaltigkeit[12]; nun wisse, daß du durch seine Kraft und Hilfe die Vandalen überwinden und dadurch berühmter werden wirst, als du sonst wärest". Da Belisar versprach, dies in höchster Demut zu erfüllen, legte Antonia dar: „Von den 12 000 Soldaten, die uns als Gefolgsleute zur Verfügung stehen[13], nimm dir 4000; und von den 18 000 Soldaten, die dir als Patricius unterstehen, behalte 12 000 bei dir. Du wirst mit ihnen als Landheer marschieren, während ich mit 8000 Gefolgsleuten und 6000 Soldaten zu Schiff hinfahren werde. Am festgesetzten Tag schließen wir dann gleichzeitig von allen Seiten das Lager der Vandalen ein; unter dem Schutz von Gottes Hilfe werden wir sie besiegen. Mein Herr, wenn du dich des Planes deiner Dienerin bedienst, dann wirst du durch göttliche Vorsehung das erhoffte Ziel erreichen. Die aber, die bei uns im Hause leben, sollen nichts von deiner Trauer bemerken; überspiele also mit froher Miene, was du im Herzen verbirgst. Wenn wir vorrücken, du zu Lande und ich zur See, werden wir uns gegenseitig Zeichen geben, damit wir gleichzeitig ans Ziel kommen[14], und zwar sollen deine Leute nachts am Strand Lagerfeuer entzünden, während wir auf den Schiffen Öllampen

[14] Belisar zog mit seinem Heere zu Lande nordwärts gegen Karthago, während seine Flotte, nachts mit Laternen kenntlich gemacht, nahe der Küste folgte.

Nec oportet quemquam urguere, sed pariter phalangis uterque circumdemus inimicis'. Cum fuisset consilius huius rei Antuninae utelis, uterque sic properant. Wandali cum Ghyldemere eorum principe, cumperto exercito terreno, navali prilio paenitus ignorantis, castra metantes super litore maris, congregatis liberis et mulieribus, contra Bellesario procedunt ad bellum. Cum iam prope conflictum adessent certamine, Antunina cum suis exivit in litore, omnesque liberos et mulieres Wandalorum delivit, nec animal quicquam ex illis vivere permisit[15]. Nuncius velocissime ad Ghyldemere pervenit, uxores et liberos Wandalorum fuisse delitis. Ghyldemer et Wandali, destructa phalanga priliae, retrorsum curso veloci pergunt ad castris[16]. Tunc Bellesarius et Antunina undique circumdatis Wandalis trucedant, et usque ad internitionem deliti sunt. Ghyldemer rex cum paucis duodecem tantum Wandalis in quodam castro tutissimo fugiens, nec tamen liberatos. Coartatus angustians Ghyldemer petebat Bellesario, tantummodo non legato eum imper. praesentaret[17]. Bellesarius promittens, nec ferri nec ligni neque corridiae nec aeris legamini non constringeretur, Ghyldemer credens, a Bellesario captus est, regale tamen legamen catena argentea eum constrigit, sociusque suos interfecit, illum tantum singulum Iustiniano praesentavit; quem Iustinianus in palatio habitare iussit suo. Sed a suis exputus[f], a diversis opprobriis oppraemebatur graviter, petensque imperatore: 'Non possum tantis oppropriis sustenire; exputum me et repinctum[g] habitatores palatii tui oppraemunt. Melius mihi est mori quam vivere. Si iubebas, qui me expuunt et oppraemunt, duodecim ex his et ego singulos cum aequum quem habui ante conspectum gloriae tuae armati accederemus ad prilium; cognuscebas, cui ex nobis sit utelitas an ignavia'. Quod Iustinianus pro / spectaculum 12 iuvenis huius prilii Ghyldemer cum aequites iussit confligi. Ghyldemer vero cum contra eos adgreditur, fuga fingens, hos 12 singillatim totus interfecit. Post haec

[f] sc. *sputus*.
[g] sc. *repunctum*.

[15] Das Lager der Vandalen fiel mit Frauen, Kindern und reichen Schätzen Belisar nach der zweiten Schlacht in die Hände.

aufstellen werden. Aber keiner darf den anderen drängen, sondern wir wollen beide gleichzeitig die Feinde mit unseren Heeren umzingeln". Da der Vorschlag der Antonia für diesen Krieg sehr geeignet schien, rückten sie beide in dieser Art und Weise schnell vor. Sobald die Vandalen von dem Landheer Kenntnis erhielten, steckten sie mit ihrem Fürsten Gelimer am Meeresstrand ein Lager ab, in das sie ihre Frauen und Kinder brachten, da sie in keiner Weise mit einer Seeschlacht rechneten; dann zogen sie gegen Belisar in den Krieg. Kurz vor Beginn der Schlacht ging Antonia mit den Ihren an Land, tötete alle Frauen und Kinder der Vandalen und ließ nicht ein einziges Geschöpf unter ihnen am Leben[15]. Schnell gelangte die Meldung zu Gelimer, daß die Frauen und Kinder der Vandalen getötet worden seien. Da löste sich ihre Schlachtordnung auf, und Gelimer und die Vandalen kehrten in schnellem Lauf zu ihrem Lager zurück[16]. Daraufhin schlossen Belisar und Antonia die Vandalen von allen Seiten ein, metzelten sie nieder und vernichteten sie vollständig. König Gelimer entkam mit wenigen Vandalen, nur zwölf an der Zahl, in eine sehr starke Festung, doch bedeutete dies dennoch nicht seine Rettung. Da Gelimer durch die Belagerung an argem Mangel litt, flehte er Belisar an, er möge ihn bloß nicht gefesselt dem Kaiser vorführen[17]. Belisar versprach ihm, er werde weder mit eisernen, noch mit hölzernen, noch ledernen, noch erzenen Fesseln gebunden werden; da Gelimer ihm Glauben schenkte, wurde er von Belisar gefangengenommen und trotzdem in silberne Ketten, die Fessel der Könige, gelegt; Belisar tötete dessen Gefährten und führte ihn ganz alleine vor Justinian, der ihn anwies, in seinem Palaste zu wohnen. Da er aber von den Leuten Justinians angespien und durch verschiedene Schmach zutiefst verletzt wurde, richtete er folgende Bitte an den Kaiser: „Ich kann solche Beleidigungen nicht ertragen; die, die in deinem Palaste wohnen, quälen mich, indem sie mich anspucken und immer wieder beleidigen. Besser wäre es für mich zu sterben, als zu leben. Wenn du den Befehl gäbest, daß zwölf von denen, die mich anspeien und mir das Leben schwer machen, und ich alleine mit dem Pferd, das ich einst besessen habe, bewaffnet vor deiner Herrlichkeit zum Kampf antreten sollten, dann würdest du erkennen, wer von uns stark und wer feige ist". So befahl Justinian zwölf jungen Männern, zum Kampf mit Gelimer zu seiner Unterhaltung zu Pferde anzutreten. Als Gelimer nun gegen sie zum Kampfe antrat, tat er so, als wolle er fliehen, und tötete alle zwölf, Mann für Mann. Daraufhin wurde

[16] Gelimer hatte nach der ersten Schlacht seinen taktischen Erfolg nicht ausgenützt, da er seinen Bruder Ammatas im Kampfe fallen gesehen hatte; in der Entscheidungsschlacht floh er nach dem Schlachtentode seines zweiten Bruders Tzazo in das Gebirgsmassiv des Edough.

[17] Gelimer stellte nach dreimonatiger Belagerung die Bedingung, er solle zum Patrizius ernannt werden.

iusso Iustiniani Ghyldemer eunucus fietur et in provincias contra Persas vicinas patricius[18] ordenatur, et multa prilia et victurias contra Persos aegit. Senatus adversus Bellesarium dinuo invidia sectantis, cum Iustinianum eum faciunt odiosum, quod ille victuriam super Wandalis elatus, imperio vellet arrepere. De patriciati honorem degradatur, cum non potuissent perficere, ut interficeretur. Iustinianum ab honore imperiae dignitate conantis eiecere factionem, quadam die Iustinianum hortantes, ut circum expectaret[h] et consolatum populi daret[19]; electum quaedam nomen Florianum[20] volentes imperio sublimare. Iustinianum custudia singulum retenentes[21], eiusque coronam abstulta, Iustinianus mittens puerum ad Bellesarium, ut ei adiuvaret. Illi dicens: 'Sublimatus honoribus quod habui fuissem, poteram adiuvare; modo nihil ei posso praestare adiuturium'. Ordenans suis pueris circum adpraehendere, ubi cathedra imperiae Floriani parabatur, ipse illis partibus adoraturum se Florianum fingens, praecedit, dicensque pueris: 'Omnes inimicos meos circuęto cathedram imperatori video; quodcumque me inientem videritis, et vos sitis facturi'. Illi fingens se[i] Florianum adorare, gladium percussit[22], omnesque inimicos suos suae circumdantes pueri interficerunt. Coronam imperiae captam, ad Iustinianum veniens, dixit: 'Adulatores tui te ab honorem imperiae degradati sunt; ipsorum consilium usus, consensus es humilitatem meam. Ego vero tibi reddam bona pro malis, et non fidem tuam tractans, sed meam meminens promissionem, fidemque servans inlibatam'. Inposuit coronam capitis Iustiniani eumque in imperio constituit. Bellesarius multa prilia cum Persis agens[23], eos gloriosissime vicit.

[h] sc. *spectaret*.
[i] *se* fehlt 1, Krusch.

[18] Der Titel eines Patrizius wurde ihm vorenthalten, doch wurde er in Galatien mit Domänenbesitz ausgestattet. Vgl. die Erzählung über das Leben Vitigis in der *Vita Vigilii, Liber pontificalis 148, 8f.*

Gelimer auf Befehl Justinians zum Eunuchen gemacht und als Patricius[18] in die Provinzen gegen die nahen Perser befohlen, wo er viele Kämpfe und Siege gegen die Perser ausfocht. Von neuem verfolgte der Senat Belisar mit seinem Neid und schürte Justinians Haß mit der Beschuldigung, er sei durch seinen Sieg über die Vandalen überheblich geworden und wolle nun die Herrschaft an sich reißen. Wenn sie schon nicht erreichen könnten, daß er getötet werde, so solle er doch zumindest der Würde eines Patricius enthoben werden. Doch gab es auch eine Partei, die versuchte, Justinian von seinem Kaiserthron zu stürzen; eines Tages gaben sie Justinian den Rat, den nächsten Zirkusspielen beizuwohnen und an das Volk Geschenke zu verteilen[19]; sie hatten aber die Absicht, ihren Auserwählten namens Florianus[20] auf den Kaiserthron zu erheben. Als sie Justinian allein in Gewahrsam hielten[21] und ihm die Krone geraubt hatten, sandte Justinian einen Gefolgsmann zu Belisar mit der Bitte, ihm zu helfen. Er aber gab zur Antwort: „Wenn ich durch meine früheren Ämter Einfluß besäße, könnte ich ihm beistehen; so aber vermag ich ihm keine Hilfe zu leisten". Er befahl aber seinen Männern, den Zirkus zu besetzen, wo eben der Thronsessel für Florianus aufgebaut wurde; er selbst aber tat dieser Partei gegenüber so, als wolle er Florianus als Kaiser verehren, und ging voran, seinen Leuten aber trug er auf: „Ich sehe alle meine Feinde rings um den Kaiserthron stehen; macht mir alles nach, was ihr mich tun seht". Er tat so, als wolle er Florianus als Kaiser verehren, durchbohrte ihn aber mit seinem Schwert[22], und seine Gefolgsleute gingen von allen Seiten auf seine Feinde los und töteten sie. Als er die Kaiserkrone in seine Gewalt gebracht hatte, ging er zu Justinian und sprach: „Deine Speichellecker haben dich deiner Würde als Kaiser enthoben; ihrem Rat vertrauend hast du meiner Absetzung zugestimmt. Ich aber will dir Böses mit Gutem vergelten und frage dich nicht danach, ob du dein Treueversprechen gehalten hast, sondern erinnere mich an mein Versprechen und bewahre dir die Treue ungeschmälert". Er setzte Justinian die Krone wieder aufs Haupt und stellte seine Herrschaft wieder her. Belisar focht noch viele Kämpfe mit den Persern[23] aus und brachte glorreiche Siege heim. Er wurde aber von einem Franken namens Bucce-

[19] Justinian erließ ein Gesetz, daß das Ausstreuen von Goldmünzen dem Kaiser vorbehalten bleiben, die Spende von Silbermünzen dagegen weiterhin den antretenden Konsuln gestattet werden solle, vgl. *Novellae 105, 2, 1* vom Jahre 536.

[20] Gemeint ist Hypatius, ein Neffe des Ks. Anastasius. Es handelt sich um den Nikaaufstand 532.

[21] Justinian wurde in seinem Palast nur belagert.

[22] Hypatius wurde nach der Niederschlagung des Nikaaufstandes auf Befehl Justinians hingerichtet. Das Gemetzel im Zirkus fand tatsächlich statt.

[23] Weitere Perserkämpfe 542.

A Buccelenum quidam Franco in Aetalia superatus[24] est: tantae victuriae nomenis gloriosus a Bucceleno victus, nomen vitamque admisit[k.25]. /

[k] *Explicit liber tertius* add. 2a; *Explicit liber Chronice. III.* 3; weitere Explicitvermerke bei Krusch.

linus in Italien besiegt[24]. Er, der solcher Siege sich rühmen (konnte), verlor durch die Niederlage, die er durch Buccelinus erlitt, Ruhm und Leben[25].

24 Der alemannische *dux Butilin* war von 539–554 in Italien. Belisar hatte jedoch keine Möglichkeiten, außer den Goten auch die Franken unter Butilin zu bekämpfen. Diese Erzählung fußt auf *Gregor III 32, IV 9*. Vgl. unten *III 44, 50.*

25 Es folgt eine unveränderte Abschrift der Vorrede *Gregors*, hier nicht abgedruckt.

(LIBER III)*

1. Cumque[1] Wandali praeterissent a Galliis[2], nec multo post tempore Chuni Gallias ingredi disponebant[3]. Quod cum beatus Arvatius[4] episcopus Thungrorum[5] civetatis audisset, Romam pergit ad limina sancti Petri apostoli; ibique cottidianum ieiunium et vigilias adsiduae faciens, in visione somnii ab apostulo responsum accipiens, decretum ab Altissimo, Chunus ingredi Gallias; protenus ad civitatem suam rediret: precidens[a] eius oboetus, hoc malum non videret. [6]Aecium patricium huius chronici gesta laudatur[6]. Virilis habitu formatus, animo alacer, membris vegitus, aequis prumptissimus, sagittarum peritus, conti impiger, bellis aptissimus, pacis aptatur caelebris, nullius avariciae sectatur, bonis animae praeditus, iniuriarum pacientissimus, labores adpetens, inpavidus pericolorum, famis, sitis, vigiliarum tolorantissimus. Cui ineunte aetate praedictum liquet, quanti potentiae fatis destinarentur, temporibus suis lucisque caelebrandus. Haec superdictus storiographus[7] de Aiecio narrat. [8]Cum inisset certamen cum Chunis, que gessit, Ydatius suae storiae huius volumine narrat[8]. Nam[9] his diebus orationem uxoris suae, ad limina beatissimorum apostulorum Petri et Pauli ieiuniis et vigiliis discurrentem, intercedentibus apostulis, Aiecius a periculis liberatur. Revelatum cuiusdam pauperi, nuntiantem, uxoris

* Titel sinngemäß ergänzt.

[a] 1,2a; *praedicens* 3,4b[2*]. c[2].

[1] *Fredegar* folgt hier *Gregor II 2;* ab *nec multo post tempore Gregor II 5.*

[2] Ende 409.

[3] Seit etwa 448.

[4] = Servatius, B. v. Tongern, um 346—359. Nicht sein Tod, aber die Verlegung des Bischofssitzes von Tongern nach Maastricht steht mit dem Einfall Attilas in Zusammenhang.

(DRITTES BUCH)*

1. Nicht[1] lange nach dem Abzug der Vandalen aus Gallien[2] planten die Hunnen, in Gallien einzufallen[3]. Als der heilige Arvatius[4], der Bischof der Stadt Tongern[5], davon erfuhr, machte er sich nach Rom zur Stätte des heiligen Apostels Petrus auf; dort fastete er tagelang und durchwachte die Nächte; schließlich erhielt er von dem Apostel in einem Traumgesicht den Hinweis, der Allerhöchste habe beschlossen, daß die Hunnen in Gallien einfallen sollten; er selbst aber solle sofort in seine Stadt zurückkehren, denn sein Tod werde sofort erfolgen, damit er dieses Übel nicht mitansehen müsse. [6]In dieser Chronik wird der Patricius Aetius solchermaßen gelobt[6]: Er war von männlicher Gestalt, besaß einen wendigen Geist und Körper, er war ein sehr kühner Reiter, verstand sich auf den Umgang mit Pfeilen, war flink mit der Lanze und bestens geeignet für den Kampf, er galt als bewährter Friedensstifter, nichts konnte seine Habsucht erregen, und überreich verfügte er über die inneren Werte der Seele; Unrecht ertrug er mit äußerstem Gleichmut, Mühen nahm er gerne auf sich und ließ sich von keiner Gefahr abschrecken, und nur er konnte so leicht Hunger, Durst und Schlaflosigkeit ertragen. Es schien ihm von frühester Jugend an vorhergesagt, zu welcher Machtstellung ihn das Schicksal bestimmt habe; es wird aber von ihm zu seiner Zeit und an seinem Ort weiter die Rede sein. Das erzählt der obgenannte Geschichtsschreiber[7] über Aetius. [8]Über seine Taten im Kampf gegen die Hunnen erzählt Hydatius in seinem Geschichtswerk, das in dieser Handschrift enthalten ist[8]: In[9] diesen Tagen also wurde Aetius durch die Fürsprache der allerheiligsten Apostel Petrus und Paulus aus der Gefahr errettet; dies auf die Gebete seiner Frau hin, die zu deren Stätte geeilt war und sich dort Fasten und Wachen hingegeben hatte. Daß Aetius aber durch die Gebete seiner Gattin

[5] Pr. Limburg, Ar. Tongern, Belgien.

[6–6] Überschrift zu wörtlicher Übernahme aus *Gregor II 8*. Vgl. oben *II 53*.

[7] *Renatus Profuturus Frigiredus*, die Quelle *Gregors* für diese Passage.

[8–8] Vgl. oben *II 53*, eine Geschichte, die *Fredegar* in Wahrheit selbst eingeschoben hatte.

[9] Vgl. *Gregor II 7*.

Aieciae orationibus fuisse salvatum. Quod cum a pauperi proditum fuisset, pauper caecitate percutitur. /

2. De Francorum vero regibus [10]beatus Hieronimus, qui iam olym fuerant, scripsit, quod prius Virgilii poetae[10] narrat storia: Priamum[11] primum habuisse regi; cum Troia fraude Olexe caperetur, exinde fuissent egressi; postea Frigam habuissent regem; befaria divisione partem eorum Macedonia[12] fuisse adgressa; alii cum Friga [13]vocati Frigiis[13], Asiam pervacantes, litoris Danuvii fluminis et mare Ocianum consedisse; dinuo byfaria devisione Eurupam media ex ipsis pars cum Francionem eorum rege ingressa fuisse. Eurupam pervagantis cum uxoris et liberis Reni ripam occupant, [13]nec procul a Reno civitatem ad instar Trogiae[14] nominis aedificare conati sunt. Ceptum quidem, sed inperfectum opus remansit[13]. Residua eorum pars, que super litore Danuvii remanserat, elictum a se Torcoth[15] nomen regem, per quem ibique vocati sunt Turchi; et per Francionem hii alii vocati sunt Franci[16]. Multis post temporibus cum ducibus externas dominationis semper negantes

3. Francos[17] transegisse conperimus usque ad Marcomere, Sonnoni et Genebaudum ducibus[18]. Cum quibus [19]temporibus imperatoris Theodosiae[19] in Germania prorumpentes, pagus depopulantes, etiam Coloniae metum incusserunt. Quod cum Treverus perlatum fuisset, Nanninus et Quintinus magisteri militum[20], collecto exercito, Francos de Germania eiecerunt. Apud Carbonariam[21] de Francis stragies fietur. Post Eraclio et Ioviano[22] cum

[10–10] Verweis auf *II 4–6, 8,* die er in die Exzerpte aus *Hieronymus* eingeschoben hatte. Mit *Vergilius poeta* werden die *Historiarum Libri* von *II 4* konkretisiert.

[11] Vgl. *II 4–6.* Zur antiken Herkunft der fränkischen Trojanersage zuletzt E. Zöllner, Geschichte der Franken (1970) 259. Entstand *Priamum primum habuisse regi* aus *Gregor II 9 regem primum eorum ullatinus nominat?* Entstanden aus *Frigi* die *Franci,* wie bei Cassiodor und Jordanes aus den *Geten* die *Goten?*

[12] Römer und Mazedonen galten als die beiden letzten großen Herrschaftsvölker der Geschichte, seit *Hieronymus* die Weissagung *Daniels 7* auf Babylonier, Meder, Perser, Mazedonen und Römer gedeutet hatte.

[13–13] Einschübe

[14] Xanten, Kr. Moers, Nordrhein-Westfalen, Bundesrepublik Deutschland, war eine *Colonia Traiana* (bzw. *Troiana*). Von Odysseus erzählt *Tacitus, Germania 3,* er habe *Asciburgium* (Asberg) gegründet. Oder geht *Troja* auf das *Gregor II 9* genannte *Thoringia* zurück?

gerettet worden sei, wurde durch den Bericht eines einfachen Mannes bekannt. Kaum hatte der Mann dies verraten, wurde er mit Blindheit geschlagen.

2. Über die ältesten Frankenkönige schrieb der [10]heilige Hieronymus, was schon vorher die Geschichte des Dichters Vergil[10] berichtet: Ihr[11] erster König sei Priamus gewesen; als Troja durch die List des Odysseus erobert wurde, seien sie von dort fortgezogen und hätten dann Friga als ihren König gehabt; sie hätten sich geteilt, und der eine Volksteil wäre nach Mazedonien[12] gezogen, der andere hätte unter Friga — [13]sie wurden als Frigier bezeichnet[13] — Asien durchzogen und sich am Ufer der Donau und am Ozean niedergelassen; dann hätten sie sich nochmals geteilt, und die Hälfte von ihnen sei mit ihrem König Francio nach Europa gezogen. Sie durchwanderten Europa und besetzten mit ihren Frauen und Kindern das Ufer des Rheins; [13]nicht weit vom Rhein versuchten sie, eine Stadt zu erbauen, die sie nach Troja[14] benannten. Dieses Werk wurde zwar begonnen, aber nicht vollendet[13]. Der andere Teil, der am Ufer der Donau zurückgeblieben war, erwählte sich Torcoth[15] zum König, nach dem sie in diesem Lande Türken genannt wurden; und die anderen wurden nach Francio als Franken bezeichnet[16]. Wir erfahren weiter, daß die Franken lange Zeit mit ihren duces jegliche Fremdherrschaft abwehrten und so

3. bis[17] zu den Zeiten der duces Markomer, Sunno und Genobaudus lebten[18]. [19]Zur Zeit des Kaisers Theodosius[19] brachen sie unter deren Führung in die Germania ein, verwüsteten die Landstriche und versetzten selbst die Stadt Köln in Furcht und Angst. Als dies in Trier bekannt wurde, sammelten die Heermeister Nanninus und Quintinus[20] das Heer und verjagten die Franken aus der Germania. Im Kohlenwald[21] wurde damals unter den Franken ein großes Blutbad angerichtet. Als später Heraklius und Jovianus[22] mit einem Heer den Rhein überschritten, um

[15] Mit dem römischen Feldherrn *Torquatus*, oben *II 28*, zu identifizieren.

[16] Vgl. *Isidor, Etymologiae II 101.*

[17] Vgl. *Gregor II 9.*

[18] Nicht weiter bekannt. In der Vorlage hatte *ducibus* „unter der Führung von" bedeutet, was *Fredegar* als „unter den duces" auffaßte.

[19–19] Allgemeiner als *Gregor*, der von dem Italienzug des Usurpators Magnus Maximus im Jahre 388 berichtete.

[20] *Quintinus, magister equitum per Gallias? Nanninus, magister militaris* unter *Magnus Maximus.*

[21] Teil des Ardennerwaldes, der sich von der Sambre in der Gegend von Thuin nordwestlich bis gegen die Schelde erstreckt. In der Folgezeit war hier die Grenze der salischen gegen die ripuarischen Franken.

[22] *Heraclius* war *tribunus legionis Iovianorum. Fredegar* mißverstand dies und bildete einen zweiten Eigennamen.

exercito ultra Renum transeuntis, disponentis Francos ad internicionem perducere, tantae stragies ex militibus a Francis factae / sunt, ut Aeraclius et Iovianus cum paucis [23]de eodem prilio[24] potuissent evadere, nec ulterius adversus Francos praesumpserunt arma adrepere. Post paucum temporis Arbogastis[25] superbiae aelatus adversus Francos arma commovit; cum eos demigans, victus effugit[23].

4. Franci[26] Treverus hiemando [26]resedere praesumunt[26]. Valentiniano[27] imperatore [28]infra privato modum redactum[28], militaris rei cura Francis satillitibus tradita, cyvilia quoque officia transgressa in coniuratione Arbogastis, sacramentis obstricti sunt[29]. Arbogastis Marcomerem et Sonnonem ducibus[30] odiis insectans, [31]exercito fraude Francos deceptus[31] urendusque, cum decursis foliis nudi atque arentes silvae insidiantes adgredere[32], transgressum Renum, paum[b] que Amai[33] incolunt depopulatus est.

5. Dehinc, extinctis[34] ducibus, [35]in Francis dinuo regis creantur ex eadem stirpe, qua prius fuerant[35].

6. Eodem tempore Iovianus[36] ornatus regius adsumpsit. Constantinus[37] fugam vertens, Aetaliam dirigit; missis a Ioviano[38] principe obviam percussoribus, super Mentia[39] flumene capite truncatur. Multi nobilium [40]iusso Ioviani[40] apud Arvernis[41] capti et a docibus Honoriae crudeliter interempti sunt.

7. Treverorum civitas [42]factione uni ex senatoribus nomen Luci

[b] sc. *pagum*.

[23–23] Einschub

[24] Niederlage der Römer bei Neuß 387. Nach *Gregor* wurde Heraclius im Kampf getötet.

[25] Franke in röm. Diensten, der bis 394 die Politik des Westreichs leitete. In Wahrheit wagten die Franken nicht, sich ihm zum Kampfe zu stellen, obwohl er die Gebiete der Brukterer und Chamaver verwüstet hatte.

[26, 26–26] Einschub. Tatsächlich überwinterte Ks. Valentinian II. in Trier.

[27] Vgl. *Gregor II 9*. Valentinianus II., weström. Ks. 375–392.

[28–28] Bei *Gregor* heißt es: *paene infra privati modum redacto.*

[29] Mißverständnis oder Interpretation?

[30] Fredegar ersetzt *subregolus Gregors*.

[31–31] Einschub

die Franken vollständig zu vernichten, töteten die Franken so viele ihrer Soldaten, daß Heraklius und Jovianus nur mit wenigen Leuten [23]aus diesem Kampfe[24] entkommen konnten und nie mehr wieder wagten, die Waffen gegen die Franken zu erheben. Bald darauf führte Arbogast[25] aus Hochmut Krieg gegen die Franken; in der Schlacht mit den Franken besiegt, flüchtete er[23].

4. [26]Die Franken erkühnten sich[26], in Trier ihr Winterquartier aufzuschlagen[26]. Als Kaiser Valentinian[27] bereits auf einen [28](noch) geringeren als einen privaten Lebensraum eingeengt war[28], befand sich das Heerwesen in den Händen der fränkischen Söldlinge, und auch die nichtmilitärischen Ämter waren auf die Anhänger Arbogasts übergegangen, die ihm durch einen Schwur verpflichtet waren[29]. Arbogast empfand tiefen Haß gegen die duces[30] Markomer und Sunno; so überschritt er den Rhein in der Absicht, [31]mit einem Heer die Franken zu überlisten[31], alles niederzubrennen und die Franken anzugreifen, die ihm in den vom herabgefallenen Laub entblößten und trocken daliegenden Wäldern auflauern würden[32]; schließlich verwüstete er den Gau der Chamaver[33].

5. Nachdem die Franken ihre duces getötet hatten[34], [35]wählten sie neuerlich Könige aus demselben Geschlecht, aus dem die früheren gestammt hatten[35].

6. Zur selben Zeit nahm Jovianus[36] die königlichen Abzeichen an. Konstantin[37] floh in Richtung Italien, doch wurde er von den Mördern, die ihm der Kaiser Jovianus[38] entgegengesandt hatte, am Mincio[39] enthauptet. [40]Auf Befehl Jovians[40] wurden viele Vornehme in Clermont[41] gefangengenommen und von den Offizieren des Honorius grausam getötet.

7. Die Stadt Trier wurde [42]auf Anstiften eines Senators namens Lucius

[32] *Fredegar* ersetzt *Gregors occulere non possent.*

[33] Nordwestlich von Ruhr und Lippe in Richtung zur Yssel.

[34] Mißverständnis; *Gregor* bietet: *relictis tam ducibus quam regalibus aperte Francos regem habere.*

[35–35] Einschub

[36] Jovinus, gallischer Usurpator 411–413. Zur Schreibweise vgl. oben *c. 3* Anm. 22.

[37] Constantinus III., gallischer Usurpator 407–411.

[38] Die Mörder waren von Ks. Honorius ausgeschickt worden.

[39] Oberitalienischer Seitenfluß des Po.

[40–40] *Gregor* hatte von einem *notarius Iovini* gesprochen, daraus wird bei *Fredegar Jovi(a)nus* zum Auftraggeber.

[41] Hst. Dép. Puy-de-Dôme, Frankreich.

[42–42] Einschub. Legendenhafte Erklärung der Zerstörung Triers. Die Eroberung fiel in das Jahr 456, doch ist noch 457 Aegidius in Köln nachweisbar, und Köln wurde gemeinsam mit Trier erobert; vgl. E. Ewig, Trier im Merowingerreich (1954) 56 mit Anm. 221.

a Francis capta et incinsa est. Cum Avitus[43] imperator esset luxoriae deditus, et iste Lucius habens mulierem pulcherrimam cunctorum fingens Avitus ob infirmitatem corporis lectum depraemere, iussit ad omnis sinatricis, eum requererint. Cumque uxor venisset Lucio, vim ab Avito opprȩssa fuisset, in crastino surgens de stratu Avitus dixit ad Lucio: 'Pulcras termas habes, nam[c] frigido labas'. Haec indignante Lucio, suae factione[42] derepta est civetas et incensa a Francis.

8. Castinus[44] domesticorum comex expedicionem accepit contra Francos, eosque[45] proterit, Renum transit, Gallias pervagatur, usque ad Paerineos montis pervenit.

9. Franci[46] electum a se regi, sicut prius fuerat, crinitum, inquirentes diligenter, ex genere Priami, Frigi et Francionis super se creant nomen Theudȩmarem[47], filium / Richemeris[48], qui in hoc prilio, co[d] supra memini[49], a Romanis interfectus est[50]. Substituetur filius eius[51] Chlodeo[52] in regno, utilissimus vir in gente sua, qui apud Esbargium[e.53] castrum resedebat, quod est in termino Thoringorum[54]. Burgundionis quoque Arrianorum secta utebant, sedentes in Cysalpinis[55]. Chlodeo, missis exploratoribus ad urbem Camaracum[56], perlustrans omnia, ipse sequitur, Romanus proterit, civitatem capit, usque Suminam fluvium occupavit. [57]Haec generacio fanaticis usibus culta est[57]. [58]Fertur, super litore maris aestatis tempore Chlodeo cum uxore resedens, meridiae uxor ad mare labandum vadens, bistea Neptuni Quinotauri[59]

[c] sc. *sed*. Oder soll hier *nunc* stehen?

[d] daraus corr. *quod* 1; *quo* 2a, 4b2*. c1.2.

[e] *Dispargum* Gregor.

[43] Flavius Eparchus Avitus, weström. Ks. 455–456.

[44] *Comes domesticorum* des Honorius, 422 zum *magister equitum* befördert.

[45] Die folgenden Worte bezogen sich bei *Gregor* auf einen Feldzug Stilichos.

[46] Frei nach *Gregor II 9*, bietet dieses Kapitel die erste Erwähnung der Herkunft der Merowinger von einem Meerungeheuer.

[47] Theudomer, K. d. Rheinfranken 413? oder 428? Von den Römern hingerichtet.

[48] Richimer, K. d. Rheinfranken Anfang 5. Jahrhundert.

[49] *Fredegar* meinte die Expedition des Castinus bzw. Stilicho, doch wurde Theudomer wohl im Anschluß an die Niederwerfung des Jovi(a)nus hingerichtet.

[50] Der Schlachtentod bzw. eher die Exekution könnte sich sowohl auf Theudomer als auch auf Richimer beziehen; bei *Gregor* auf Theudomer bezogen.

von den Franken erobert und in Brand gesteckt. Dieser Lucius hatte eine Frau, die schöner war als alle anderen; deshalb tat der Kaiser Avitus[43], der ein ausschweifendes Leben führte, als wäre er wegen einer Körperschwäche ans Bett gefesselt, und gab den Befehl, alle Senatorengattinnen sollten ihn besuchen. Als die Gemahlin des Lucius herbeikam, wurde sie von Avitus vergewaltigt; am nächsten Morgen aber erhob sich Avitus von seinem Lager und sprach zu Lucius: „Du hast ein schönes Bad, aber du wäschst dich kalt". Darüber erbittert veranlaßte Lucius[42] die Franken, die Stadt zu plündern und in Brand zu stecken.

8. Der Comes Domesticorum Castinus[44] übernahm einen Feldzug gegen die Franken, besiegte[45] sie, ging über den Rhein, durchzog Gallien und drang bis zu den Pyrenäen vor.

9. Die[46] Franken wählten nach sorgfältigen Überlegungen einen König, der sich wie früher durch langes Haar auszeichnete, aus dem Geschlecht des Priamus, Friga und Francio; sein Name war Theudomer[47], Sohn des Richimer[48], der in dem Kampf, von dem ich eben gesprochen habe[49], von den Römern getötet[50] wurde. Ihm folgte in die Herrschaft sein Sohn[51] Chlodio[52], der stärkste Mann seines Volkes, der in der Feste Esbargium[53] im Gebiet der Thoringer[54] residierte.

Auch die Burgunder, die die Cisalpina[55] bewohnten, hingen der Irrlehre des Arius an. Chlodio sandte Späher nach Cambrai[56], die alles auskundschafteten, dann folgte er selbst, überwand die Römer, nahm die Stadt ein und besetzte das Land bis zur Somme. [57]Dieses Geschlecht wurde in heidnischen Festen gefeiert[57]: [58]Man erzählt, Chlodio habe sich einmal im Sommer mit seiner Gattin an den Meeresstrand begeben; als seine Gemahlin mittags zum Baden ins Meer hinauswatete, habe sie ein Meerungeheuer mit Stierkopf[59] angefallen. Ob sie nun daraufhin

[51] *Gregor* weiß von einer Verwandtschaft Theudomers mit Chlodeo noch nichts.

[52] Chlodio (Chlojo), K. d. salischen Franken c. 425–c. 455.

[53] Duisburg, Pr. Brabant, Ar. und Ct. Louvain (Löwen), Belgien. Oder Asberg bei Moers, Nordrhein-Westfalen, Bundesrepublik Deutschland?

[54] Es gab linksrheinische Thüringer. Oder Verwechslung von Thüringen mit Tongern?

[55] Vgl. *Gregor II 9: habitabant trans Rhodanum. Fredegar* bezeichnete die römische Provinz *Transalpina* als *Cisalpina*, vgl. *II 36* (nicht in diesem Band).

[56] Dép. Nord, Ar. Cambrai, Frankreich.

[57–57] Vgl. *Gregor II 10.*

[58–58] Einschub. Zur Verknüpfung der merowingischen Dynastie mit einem mythischen Meerungeheuer vgl. zuletzt Zöllner, Geschichte der Franken 178f.

[59] Die Formulierung *bistea neptuni Quinotauri (sc. Minotauri) similis* legt römisch-antike Herkunft oder zumindest Beeinflussung nahe.

similis eam adpetisset. Cumque in continuo aut[60] a bistea aut[60] a viro fuisset concepta, peperit filium nomen Meroveum[61], per quo[f] regis Francorum post vocantur Merohingii[58].

10. Avitus[62] imperator luxoriose[63], apud Placenciam[64] urbem episcopus ordenatur, et postea[g] ad basileca sancti Iuliani[65] fugiens, vitam amisit.

11. Childericus[66] viro, filius Meroheo, cum successissit patri in regno, nimia luxoria dissolutus, filias Francorum stubro tradit. Illi vero ob hoc indignantes, eum de regno eieceunt. [67]Wiomadus Francus[68] fidelissimus ceteris Childerico, qui eum, cum a Chunis cum matre captivus duceretur[69], fugaciter liberaverat, haec eventum[67] aureum cum Childerico dividens[70], dum cerneret, eum Franci interficere conarentur, dixitque ei: [67]'Fugi in Toringia, latita aliquantulum ibi. Si tibi potuero Francos placare, istum aureum medium tibi ad signa dirigo; et si non potuero, ubicumque adgressus fueris, mihi notam facias viam tuam[67]. Quandoquidem potuero et istam partem tibi direxero, partisque coniuncti unum efficerint solidum, tunc securus patriam repedabis'. Childericus habitans in Thoringia apud regi Bisin.[h] uxoremque eius Bisinam[i.71], latuit. Franci tunc Eieio[k.72] unianimiter regem adsciscunt. Wiomadum[73] amicus Childerici subregulus[74] ab Eieio Francis instituetur, eiusque consilio omnes Francos singulos aureos

[f] 2a, 3; *co* 1, Krusch; *quem* corr. 1.
[g] *post* 1, Krusch; *postea* rell.
[h] 2a; *Bysino* 1, Krusch; *Basin.* 4b2*. c1.2.
[i] 2a; *Bysinam* 1, Krusch; *Basina* 4b2*. c 1.2; *Basinam* Gregor.
[k] *Egidium* Gregor.

[60–60] K. Hauck, Lebensnormen und Kultmythen in germanischen Stammes- und Herrschergenealogien. Saeculum 6 (1955) 196ff., übersetzt "*sowohl — als auch*".
[61] Meroveus, K. d. salischen Franken c. 455.
[62] Vgl. *Gregor II 11.*
[63] *Gregor* setzte hinzu: *agere volens.*
[64] Piacenza, Pr.-Hst. in Emilia-Romagna, Italien.
[65] In Clermont-Ferrand, Hst. Dép. Puy-de-Dôme, Frankreich.
[66] Vgl. *Gregor II 12.* Childerich, K. d. salischen Franken c. 460–482.
[67–67] Zusätze

von[60] dem Untier oder [60]von ihrem Manne empfing – sie gebar jedenfalls einen Sohn mit dem Namen Meroveus[61], nach dem später die Könige der Franken Merowinger genannt wurden[58].

10. Der[62] Kaiser Avitus, der in Üppigkeit schwelgte[63], wurde zum Bischof von Piacenza[64] geweiht, doch starb er daraufhin auf der Flucht zur Basilika des heiligen Julianus[65].

11. Als[66] aber Childerich, der Sohn Merowechs, seinem Vater in der Herrschaft folgte, mißbrauchte er in hemmungsloser Willkür die Töchter der Franken. Diese vertrieben ihn aus Erbitterung darüber aus seinem Reich. [67]Der Franke[68] Wiomad, der treuer als alle anderen zu Childerich stand und ihn befreit hatte, als er mit seiner Mutter von den Hunnen als Gefangener weggeschleppt wurde[69], und mit ihm geflohen war, teilte[70] (in der Absicht[67], wie folgt,) mit Childerich ein Goldstück, als er erkannte, daß die Franken es wagen würden, Childerich zu töten und gab ihm den Rat: „[67]Fliehe nach Thüringen und verstecke dich dort eine Zeitlang. Wenn es mir gelingt, die Franken mit dir auszusöhnen, dann werde ich dir als Zeichen dafür diese Hälfte des Goldstückes schicken; solange mir dies nicht gelingt, laß mich über jeden deiner Schritte benachrichtigen[67]. Sobald ich aber (die Versöhnung) zustande gebracht habe und ich dir diese Hälfte schicke und die beiden Teile zusammengefügt einen ganzen Solidus ergeben, kannst du sicher in deine Heimat zurückkehren". Childerich verbarg sich in Thüringen beim König Bisin und seiner Gemahlin Basina[71] und wohnte bei ihnen. In dieser Zeit nahmen die Franken Aegidius[72] einmütig als ihren König an. Aegidius[73] setzte Wiomad, den Freund Childerichs, als Unterkönig[74] über die Franken, auf dessen Rat

[68] Erst *Fredegar* nennt seinen Namen. B. S. Bachrach, Merovingian Military Organization 481–751 (1972) 4, hält ihn für einen Hunnen (?) Weomad heißt auch ein B. v. Trier.

[69] Erinnerung an den Hunneneinfall um 451?

[70] Vgl. die Sitte der Verwendung des Chirographs.

[71] Bisin, K. d. Thüringer, vgl. *Venantius Fortunatus, Vita sanctae Radegundis II 3;* zu einem Löffel mit der Inschrift *"Basenae"* vgl. A. Götze, Die altthüringischen Funde von Weimar (1912) 26. Chilperich, der einen Sohn auch Merovech genannt hatte, gab einer Tochter den Namen Basina, vgl. *Gregor IX 39*. Basina war also wohl die Gemahlin Childerichs, möglicherweise aus königlichem thüringischen Geschlecht.

[72] Von Maiorian (457–461) zum comes et magister utriusque militiae in Gallien ernannt. Die Franken unterwarfen sich ihm also vielleicht als dem vom Kaiser eingesetzten Befehlshaber. Inwieweit, bleibt fraglich.

[73] Ab hier eigene Nachrichten *Fredegars*. Vgl. oben *II* Anm. 14; unten *Liber Hist. Franc. 7.*

[74] Diese Bezeichnung fand *Fredegar* bei *Gregor II 9.* Vgl. I. Heidrich, Titulatur und Urkunde der arnulfingischen Hausmeier. Archiv für Diplomatik 11/12 (1965/66) 99f.

tributavit. Adquiescentes inpleverunt. Dicens iterum ad Eiegio Wiomadus: / 'Gens haec durissima, que mihi agendum iussisti, parum adtributati sunt, superbiam saeviunt; iubae, ut ternos soledus tributentur'. Quod cum factum fuisset, adquiescentes Franci dixerunt: 'Melius nobis est ternos soledus tributa dissolvere, quam cum Childerico gravissimam vitam ducere'. Wiomadus iterum ad Egegio dicens: 'Revellis existunt tibi Franci; nisi preciperis ex eis plurimus iugulari, eorum superbia non mitigas'. Electis a Wiomado 100 inutiles et in necessitatibus incongruos ad Eiegio direxit, quos Eiegius, consilio Wiomadi usus, interficere iussit. Wiomadus secrecius dicens ad Francos: 'Non suffecit tributa quas solvetis? Quamdio hoc malum sustenere volestis, ut parentes vestri sicut pecora iugulentur?'. Tunc Franci unianimiter dicentes: 'Si Childerico ubicumque potuissemus conperire, libenter eum super nos recipebamus ad regem; forsitam per ipsum de his adflictionibus eripiebamur'. Tunc Wiomadus protinus ad Eiegium vadens, dixit: 'Modo est gens Francorum tuae disciplinae perdomita'. Dans idemque consilio, laegatus ad Mauricio[75] imperatore dirigi, gentes que vicinas erant possi adtrahi, ut vel quiquaginta milia soledorum ab imp. dirigerentur, quo pocius gentes accepto in munere se imperio subiecerint. Addens dixitque ad eum: 'Aliquantulum solidos tuae instantiae locum accipiens militavi; parum servus tuus argentum[76] habeo. Vellebam cum tuis legatis puerum dirigere, ut melius Constantinopole mihi argentum mercaret'. Tunc acceptis ab Eiegio quingentos in munere aureos, quos ad hoc opus emendum transmitteret, misit puerum creditarium sibi cum mediam partem aureae, quem cum Childerico deviserat, saccellum plenum plumbeis, quod puer pro solidos secum portaret. Conperto iam Childerico Constantinopole esse, cum legatis Eiegii puer adgreditur his verbis instructis, ut legatis precederit et Childerico protinus nunciaret, priusquam legati conspectum imperatoris venirent, quod Eiegius, qui tributa publecis aerariis solvi debebat, tributa imperatori sol-

[75] Maurikios, oström. Ks. 582–602. Erinnerung an eine mögliche Hilfe Byzanz' gegen Aegidius? Erinnerung an den Aufenthalt des merowingischen Prätendenten Gundovald beim Ks. Maurikios (fälschlich anstelle von Tiberius II., vgl. unten *c. 89*)? Oder ist *"Marcianus"* zu emendieren?

hin jeder Franke ein Goldstück Tribut zahlen mußte. Sie nahmen es ruhig hin und zahlten. So sprach Wiomad ein zweites Mal zu Aegidius: „Dieses trotzige Volk, das zu beherrschen du mir befohlen hast, hat zu wenig Tribut bezahlt und begehrt übermütig auf; befiehl deshalb, sie sollen je drei Solidi Tribut bezahlen". Als dies geschehen war, nahmen die Franken es immer noch ruhig hin und trösteten sich mit den Worten: „Es ist besser für uns, drei Solidi als Tribut zu zahlen, als unter Childerich ein so schweres Leben zu führen". Da sprach Wiomad nochmals zu Aegidius: „Die Franken haben sich gegen dich erhoben; wenn du nicht den Befehl gibst, eine große Zahl von ihnen zu erdrosseln, vermagst du ihren Übermut nicht zu zügeln". Wiomad wählte hundert Männer aus, die schwach und zu Krieg und Arbeit untauglich waren, und schickte sie zu Aegidius, der sie, dem Rat Wiomads gehorchend, töten ließ. Wiomad aber sprach heimlich zu den Franken: „Genügt euch der Tribut, den ihr bezahlt, noch immer nicht? Wie lange wollt ihr dieses Übel ertragen, daß eure Verwandten wie das Vieh umgebracht werden?" Daraufhin antworteten die Franken einstimmig: „Wenn wir nur Childerich irgendwo finden könnten, würden wir ihn gern als König über uns annehmen; vielleicht könnten wir durch ihn aus dieser Bedrängnis errettet werden". Daraufhin eilte Wiomad sofort zu Aegidius und berichtete: „Jetzt steht das Volk der Franken endlich ganz zu deinem Gebote". Sogleich riet er ihm, eine Gesandtschaft an den Kaiser Maurikios[75] zu schicken, die berichten sollte, die Nachbarvölker könnten (möglicherweise gerade in diesem Augenblick) bewogen werden, sich an den Kaiser anzuschließen; deshalb solle er fünfzigtausend Solidi schicken, damit diese Völker nach einem solchen Geschenk noch geneigter wären, sich seiner Herrschaft zu unterwerfen. Dann fügte er hinzu: „Für meine Kriegsdienste habe ich von dir nur wenig Geld erhalten, deswegen habe ich, dein Diener, zuwenig Silber[76]. Ich würde also gerne einen meiner Leute mit deinen Gesandten ausschicken, damit er mir in Konstantinopel mehr Silber besorgt"; daraufhin schenkte ihm Aegidius fünfhundert Goldstücke, die er seinem Gefolgsmann mitgeben sollte, um diese Ware einzukaufen; Wiomad stattete nun einen seiner Männer, dem er sehr viel Vertrauen schenkte, mit der Hälfte des Goldstückes, das er mit Childerich geteilt hatte, und einem Sack voll Bleistücken aus, die der Gefolgsmann anstelle der Goldstücke bei sich tragen sollte. Da er bereits erfahren hatte, daß Childerich sich in Konstantinopel aufhielt, wies er seinen Gefolgsmann, der sich mit den Gesandten des Aegidius auf die Reise machte, an, er solle den Gesandten vorauseilen und, bevor noch die Gesandten beim Kaiser vorgelassen würden, Childerich eilends mitteilen, daß Aegidius, der ja eigentlich dem Staatsschatz Tribut schuldete, vom Kaiser Tribut-

[76] Silber wurde zur Prägung der Siliquen und deren Hälblinge (1/24 bzw. 1/48 des Solidus) gebraucht.

vendum quereret. Quod cum Childericus Mauricio imperatori nunciasset, repletus forore et indignationem, cum legati Eiegio ei presentati fuissent, his verbis suggerentes, iobit eos retrudi in carcerem. Dixitque Childericus ad Mauricium imperatorem: 'Iobe me servo tuo ire in Galleis; ego fororem indignationis tuae super Eiegio ulciscor'. Multis munerebus a Mauricio Childericus ditathus, evicto navale revertit in Galliis. Quem cum Wiomadus, nunciante puero, conperisset, castro Barro[77] ad ipsum venit et a / Barrentibus receptus est, eorumque omnes redditus publecus pro inicium receptionis consilio Wiomadi benigne concessit. Deinde ab omnes Francos resublimatur in regno, multaque prilia cum Eiegio egit; plures strages ab ipso facti sunt in Romanis.

12. Basina[79], qui Bysinum regem in Thoringia iugalem habebat, [79]cum audisset Childericum a Francis in regno sublimato, curso veloci[79], relinquens Bisinum, ad Childericum transit. Qui cum eam sollicite interrogaret, qua de causa ad eum de tam longe venisset, respondisse fertur: 'Novi', inquid, 'utilitatem tuam, quod sis valde strenuus, ideoque veni, ut habitem tecum. Si uteliorem sub caelo scissem, ad eodem expetissem'. Quem Childericus gaudens, et [79]diligens eiusdem pulchritudinem[79], in coniugio copolavit. [80]Cum prima nocte iugiter stratu iuncxissent, dicit ad eum mulier: 'Ac[l] nocte a coitu virile abstenebimus. Surge secrecius, et quod videris ante aulas palaciae dicis ancillae tuae'. Cumque surrexisset, vidit similitudinem bisteis leonis, unicornis et leupardi ambolantibus. Reversusque, dixit muliere que viderat. Dicit ad eum mulier: 'Domini mi, vade dinuo, et quod videris narra ancillae tuae'. Ille vero cum foris adisset, vidit bysteas similitudinem ursis et lupis deambulantibus. Narrans et haec mulieri, conpellit eum tercio, ut iret et quod videbat nunciaret. Cumque tercio exisset, vidit bisteas minores similitudinem canis et[m] minoribus bistiis ab invicem detrahentes et volutantes. Cumque

[l] sc. *hac*.
[m] ergänze *pluretas*, wie unten Anm. p.

[77] Bar-le-Duc, Hst. Dép. Meuse? Oder Bar-sur-Aube, Dép. Aube? oder Bar-sur-Seine, Dép. Aube, Ar. Troyes, Frankreich?
[78] Vgl. *Gregor II 12.* Vgl. auch die Legende von Christophorus, der sich entschloß, dem jeweils Stärkeren zu dienen.

zahlung verlangen würde. Als Childerich dies dem Kaiser Maurikios erzählte, befahl dieser aus Zorn und Entrüstung darüber, die Gesandten des Aegidius in den Kerker zu werfen, als sie ihm vorgeführt wurden, um diese Worte vorzubringen. Dann sprach Childerich zum Kaiser Maurikios: „Befiehl mir, deinem Diener, nach Gallien zu gehen, und ich werde Aegidius deinen Zorn und deine Entrüstung spüren lassen". Childerich wurde von Maurikios reich beschenkt und kehrte zu Schiff nach Gallien zurück. Wiomad aber wurde durch seinen Gefolgsmann über seine Rückkehr unterrichtet; Childerich traf in der Festung Bar-le-Duc[77] mit Wiomad zusammen und wurde von den Leuten von Bar (als König) wieder angenommen; weil sie ihn als erste wieder anerkannt hatten, erließ ihnen Childerich auf Anraten Wiomads alle öffentlichen Abgaben. Daraufhin wurde er von allen Franken wieder in sein Reich eingesetzt und er bestritt viele Kämpfe mit Aegidius; vielfaches Morden wurde von ihm unter den Romanen angestellt.

12. Als[78] Basina, die in Thüringen König Bisin zum Gemahl hatte, [79]erfuhr, daß Childerich von den Franken wieder in sein Reich eingesetzt worden war[79], verließ sie Bisin und kam schnell zu Childerich. Als dieser sie verwundert fragte, weshalb sie von so weit her zu ihm gekommen sei, soll sie geantwortet haben: „Ich kenne deine Kraft, ich weiß, daß du sehr stark bist, und deshalb bin ich gekommen, um bei dir zu wohnen. Würde ich einen Mann auf dieser Welt kennen, der stärker wäre, so hätte ich diesen aufgesucht". Da Childerich sich an ihr erfreute [79]und ihm ihre schöne Gestalt sehr gefiel[79], nahm er sie zur Frau. [80]Als sie sich in der ersten Nacht zusammenlagerten, sprach die Frau zu ihm: „Enthalten wir uns diese Nacht des Beischlafs. Du aber stehe heimlich auf und berichte deiner Dienerin alles, was du vor der Palasthalle wahrnehmen wirst". Als er sich erhob, sah er Tiere herumschleichen, die aussahen wie Löwen, Einhörner und Leoparden. Wieder bei seiner Gattin erzählte er ihr, was er gesehen hatte. Da trug ihm seine Gemahlin auf: „Mein Herr, gehe noch einmal und berichte deiner Dienerin, was du wahrnehmen wirst". Als er aber hinaustrat, sah er Tiere herumgehen, die Bären und Wölfen ähnelten. Als er auch dies seiner Gattin berichtete, forderte sie ihn ein drittes Mal auf, zu gehen und ihr zu schildern, was er sehen würde. Als er nun zum dritten Mal hinausging, sah er, wie kleinere Tiere, die Hunden ähnlich waren, und eine Anzahl noch geringerer Tiere einander in den Staub traten und sich herumwälzten. Nachdem er all

[79–79] Einschübe

[80–80] Einschub. *Fredegar* gibt hier, an den Traum Daniels *(Daniel 7)* von den vier Weltreichen angelehnt, ein sehr kritisches Gleichnis für die Herrschaft der Merowinger. Während *Daniel* die vier Weltreiche immer kraftvoller zeichnet und das vierte schließlich mit einem zehnhörnigen Ungeheuer vergleicht, nimmt das Geschlecht für *Fredegar* an Stärke enorm ab. Vgl. auch unten *IV 60*.

Basinae haec universa narrasset, abstinentes se caste usque in crastinum, surgentes de stratu, dixit Basina ad Childericum: 'Que visibiliter [n]vidisti viritate subsistunt. Haec[n] interpretationem habent: Nascitur nobis filius fortitudinem leonis signum et instar tenens; filii viro eius leupardis et unicornis fortitudine signum tenent. Deinde generantur ex illis qui ursis et lupis fortitudinem et voracitatem eorum similabunt. Tercio que vidisti ad discessum columpna[o] regni huius erunt, que regnaverint ad instar canibus et minoribus bisteis; eorum consimilis erit fortitudo. Pluretas[p] autem minoribus bisteis, que ab invicem detrahentes volutabant, populos sine timore principum ab invicem vastantur[80]'. Concepit[81] Basina et peperit filium nomen Chlodoveum[82]. Haec fuit magnus et pugnator egregius, [83]ad instar leoni fortissemus cyteris regibus[83]. Childericus[84] cum Odovacrum[85] regi Saxonorum Aurilianis pugnans, Andegabo[86] [87]victor perrexit[87]. Mortuo Egegio, reliquid filium Syagrium[88] nomen. Eodem tempore Brittonis[89] de Betoricas[90] / ad Gothis expulsi, multi apud Dolensem[91] perempti. Paulus[92] comex cum Romanis et Francis bellum Gothis intulit et predas egit. Childericus, [93]Odovacro superato[93], Paulo cometae interfecit[94], Andegavo obtenuit. His[95] actis, inter Saxones et Romanos bellum gestum. Saxones terga vertentes, multis ex eis extinctis, insulae eorum cum multo populo interempto Francis capte adque subversi sunt.

n–n 1, Krusch; fehlen rell.

o sc. *columna Maenia*, der „Schandpfahl" Roms.

p Vgl. oben Anm. m.

81 Vgl. *Gregor II 12.*

82 Chlodovech, K. d. Franken 482–511, vgl. oben 62 Anm. 63.

83–83 Einschub

84 Vgl. *Gregor II 18.*

85 Anführer sächsischer Seekrieger auf der Loireinsel bei Angers/Saumur. Während ihm *Gregor* keinen Titel beifügt, nennt ihn *Fredegar* hier *rex*, der *Liber Hist. Franc. 7* nennt ihn *dux*.

86 Hst. Dép. Maine-et-Loire, Frankreich.

87–87 Mißverständnis. *Gregor* berichtet, Childerich hätte bei Orléans 463? gegen die Westgoten? gekämpft, *Adovacrius* aber habe zur selben Zeit Angers und

dies Basina berichtet hatte, lagen sie keusch bis zum nächsten Morgen nebeneinander; als sie sich dann vom Lager erhoben, erklärte ihm Basina: „Das, was du als Trugbild gesehen hast, gibt es in Wirklichkeit. Es bedeutet folgendes: Es wird uns ein Sohn geboren, für dessen Tapferkeit das Zeichen des Löwen steht; die Tapferkeit von dessen Söhnen aber wird durch die Erscheinungen des Leoparden und des Einhorns angedeutet. Diese werden dann Söhne zeugen, die an Tapferkeit und Unersättlichkeit Bären und Wölfen gleichkommen. Die aber, die du beim dritten Mal gesehen hast, werden schließlich diesem Reiche zur Schande gereichen, denn sie werden ganz wie Hunde und noch niedrigeres Getier regieren; ihre Tapferkeit wird der dieser Tiere gleichkommen. Die Menge der verachtenswerten Tiere, die einander zu Boden warfen und sich herumwälzten, (zeigt an), daß sich (unter ihrer Herrschaft) die Völker gegenseitig ohne Furcht vor den Herrschern zugrunde richten werden"[80]. Basina[81] empfing und gebar einen Sohn namens Chlodovech[82]. Dieser war ein großer und vortrefflicher Kämpfer, [83]dem Löwen ähnlich und tapferer als die anderen Könige[83]. Childerich[84] kämpfte mit Adovacrius[85], dem König der Sachsen, bei Orléans und [87]zog als Sieger[87] vor Angers[86]. Bei seinem Tode hinterließ Aegidius einen Sohn namens Syagrius[88]. Zur selben Zeit wurden die Bretonen[89] von den Goten aus Bourges[90] vertrieben, und es kamen viele bei Déols[91] um. Der comes Paulus[92] griff mit den Romanen und Franken die Goten an und machte reiche Beute. Childerich tötete [93]nach dem Sieg über Adovacrius[93] den comes Paulus[94] und nahm die Stadt Angers ein. Hierauf[95] wurde zwischen den Sachsen und Romanen Krieg geführt. Dabei ergriffen die Sachsen die Flucht, wobei viele von ihnen getötet wurden; ihre Inseln aber wurden unter großem Blutvergießen von den Franken erobert und verheert.

die Loireinseln bei Angers/Saumur in Besitz genommen; Childerich habe jedoch gleich nach der Besetzung Angers' durch Adovacrius Angers genommen.

88 Herrscher des römischen Rückzugsgebietes um Soissons 476–486.

89 Diese Bretonen kämpften in römischem Sold.

90 Hst. Dép. Cher, Frankreich.

91 Déols, Dép. Indre, Ar. Châteauroux. Oder Dollon, Dép. Sarthe? Dolus-le-Sec, Dép. Indre-et-Loire? Dol-de-Bretagne, Dép. Ille-et-Vilaine, Frankreich? Diese und die folgenden Nachrichten beziehen sich auf die Kämpfe 469, als der Westgotenkönig Eurich eine Koalition von Römern, Bretonen und Franken angriff.

92 Röm. Befehlshaber um 469.

93–93 Einschub

94 *Fredegar* mißverstand *Gregor: Childericus ... interemtoque Paulo comite civitatem obtinuit.*

95 Vgl. *Gregor II 19.* In diesen Kämpfen ging es um den Besitz der Loireinseln bei Angers/Saumur.

13. Ipso anno terre motus fuit. Eoricos[96] Gothorum rex 14. sui regni anno baseleca sancti Iuliani Brivate[97] columnis [98]ornatam mirificae construxit[98]. Regnans Eoricus an. 20[99]. In[100] Burgundia nimia famis oppressio advenit. Cumque populus [98]a fame[98] diversis regionibus dispergeretur, nec esset qui alimunia preberit,

14. Aedicius[1] quidam ex senatoribus magnam tunc rem in Deo fecisse perhibetur. Misit pueros suos cum aequitibus et plaustris per vicinas sibi civitatis, ut eos qui inopia vexabantur sibi adducerint. Cunctus pauperis, quos invenire potuerunt, adduxerunt ad domum eius; ibique eos tempore sterelitatis pascens, a fame liberavit. Fuerunt plus quam 4 milia, quos aluit usque tempore ubertatis. Post quorum discesso vox e celis lapsa pervenit, dicens Aedicio: 'Quia fecisti rem hanc, tibi et semine tuo panes non indiget in sempiternum'. Aedicius mirae velocitatis fuit; [2]pluris vicibus multitudinem Gothorum cum paucis[2] in fugam convertit. Aevatrix[q,3] rex Gothorum excidens Spanum limitem, gravem in Gallies intulit persecutionem.

15. Defuncto[4] Childerico, Chlodoveus, eiusdem filius, regnat pro eo. An. autem quinto[5] regni eius Syagrius Romanorum patricius[6] apud civitatem Sexonas[7], quam quondam pater suos tenuerat, sedem habebat. Quem Chlodoveus cum Ragnachario[8] inruens, Syagrius inlisum cernens exercitum, terga vertit et ad Alaricum regem Tolosa curso veloce perrexit. Glodoveus legatus ad Alaricum mittens, ut eum redderit; alioquin noverit, sibi bellum inferre. Ad ille metuens, ut Gothorum pavere mus est, Siagrium vinctum legatis tradit. Quem Ghlodoveus custodiae mancipavit, regnumque eius acceptum, cum gladium truncare precipit. Chlodoveus, eo quod esset fanatecus, ecclesias depretare permisit.

[q] *Evatrix* codd. B Gregor.

[96] Eurich, K. d. Westgoten 466–484. Vgl. *Gregor II 20.*

[97] Einschub. Brioude, Dép. Haute-Loire, Ar. Brioude, Frankreich. Der Erbauer der Kirche war aber der *dux Victorius*, den Eurich im vierzehnten Jahre seiner Herrschaft dort eingesetzt hatte. Mißverständnis *Fredegars.*

[98–98] Einschübe

[99] Eurich regierte tatsächlich 18 Jahre, nach *Gregor* fälschlich 27 Jahre; mit Hilfe welcher Quellen Fredegar seine Regierungszeit auf 20 Jahre verkürzte, ist nicht klar.

[100] Vgl. *Gregor II 24.*

13. In diesem Jahr gab es ein Erdbeben. Der Gotenkönig Eurich[96] [98]erbaute in aller Pracht[98] im vierzehnten Jahre seiner Herrschaft die Kirche des heiligen Julianus in Brioude[97] und schmückte[98] sie mit Säulen aus. Eurich regierte zwanzig Jahre[99]. In[100] Burgund trat eine schwere Hungersnot ein. Als nun das Volk [98]aus Hunger[98] in alle Richtungen davonlief und ihm niemand zu essen gab, da

14. soll einer von den Senatoren, Ecdicius[1], in Gott eine große Tat vollbracht haben: Er schickte seine Leute mit Pferden und Wagen in die umliegenden Städte mit dem Auftrag, diejenigen, die an schwerem Mangel litten, zu ihm zu bringen. Sie brachten alle Bedürftigen, die sie finden konnten, in sein Haus; dort gab er ihnen während der Hungerszeit zu essen und bewahrte sie so vor dem Hunger. Es waren mehr als viertausend Menschen, die er bis zum Beginn der Zeit der Fülle versorgte. Als sie wieder gegangen waren, drang eine Stimme vom Himmel, die Ecdicius verkündete: „Dafür, daß du dies getan hast, wirst du und deine Nachkommen niemals Mangel an Brot leiden". Ecdicius war von bewunderungswürdiger Waffengewandtheit; so schlug er [2]mehrmals mit wenigen[2] Männern eine Menge Goten in die Flucht. Der[3] Gotenkönig Eurich überschritt die Grenze Spaniens und führte in Gallien schwere Verfolgungen durch.

15. Nach[4] dem Tode Childerichs herrschte an seiner Stelle sein Sohn Chlodovech. Im fünften[5] Jahre seiner Herrschaft residierte Syagrius, der Patricius[6] der Römer, in der Stadt Soissons[7], die einst schon sein Vater beherrscht hatte. Als ihn nun Chlodovech gemeinsam mit Ragnachar[8] überfiel und Syagrius erkannte, daß sein Heer ins Wanken geriet, floh er eiligst zum König Alarich nach Toulouse. Chlodovech schickte Gesandte zu Alarich mit der Aufforderung, er solle ihn ausliefern; ansonsten — solle er wissen — werde er ihn mit bewaffneter Hand angreifen. Da ergriff ihn große Furcht, wie es bei den Goten üblich ist, und er übergab Syagrius gefesselt den Gesandten. Chlodovech setzte ihn gefangen, nahm sein Reich in Besitz und ließ ihn schließlich mit dem Schwerte töten. Da Chlodovech selbst Heide war, erlaubte er, auch Kirchen zu plündern.

[1] Th. Mommsen, MGH AA 8 (1887) 424 identifiziert ihn mit dem Sohne des Ks. Avitus. K. F. Stroheker, Der senatorische Adel im spätantiken Gallien (1948) Nr. 110, läßt die Möglichkeit, daß er ein Nachkomme dieses Ecdicius war, offen.

[2–2] *Gregor: ... quadam vice ... cum decim viris ...*

[3] Vgl. *Gregor II 25.* Obwohl Eurich ein fanatischer Anhänger des arianischen Bekenntnisses war, ging er nicht aktiv gegen die Katholiken vor.

[4] Vgl. *Gregor II 27.*

[5] Eher 486 als 487.

[6] *Gregor* bezeichnete ihn als *rex.*

[7] Dép. Aisne, Ar. Soissons, Frankreich.

[8] Ragnachar von Cambrai, Teilk. d. salischen Franken vor 486—c. 508. Vgl. unten 112 Anm. 83.

16. Igitur de eclesia [9]Remiciani urbis[9] orcium magnum hostis abstulerat cum reliqua menisteria. [10]Sanctus ac apostolicus Remedius[10] pontifex eiusdem urbis ad / Glodoveo veniens, postolans, si aliut de sacris vasis recipere non mereretur, saltim vel orcium illum reciperit. Audiens rex, dixit: 'Mitte nuncium usque Suissionas; ibi que adquisita sunt devidenda erunt. Si mihi illud sors dediret, peticionem tuam implebo'. Cum preda in medio devidenda puneretur, ait rex: 'Rogo, ut saltim mihi vas istud extra partem concedatis'. Haec regem dicenti, respondent Franci: 'Gloriosi rex, que cernimus tua sunt, sed et nos tui sumus; domini, quod tibi placet, fac'. Tunc unus levis, invidus et facilis voce magna orceum inpulit, dicens: 'Nihil hinc accipies, nisi quod tibi sors vera largitur'. [11]Rex iniuriam hanc patientiae lenuit[11]. Sortem positam, acceptum orceum [12]beati Remedii[12] transmisit, servans abditum sub pectore vulnus. [13]Kalendas Marcias[13] iussit omnes armorum phalangiae ostensurus. Ubi cunctis circuebat, venit ad orciae percussorem, dicens ad eum: 'Inculta est arma tua, neque securis est utiles'. Adprehensam securae eius terrae deiecit. Et ille cum paulolum inclinatus fuisset, rex elevatis manibus securae capud eius defixit: 'Sic', inquid, 'et tu Suisionas orceo fecisti'; magnam sibi per hanc causam timorem statuens.

17. Fuit[14] igitur Gundiochus[15] rex Burgundionum ex genere Athanarici regis persecutoris[16]. Huic fuerunt quattuor fili, Gundobadus, Godegyselus, Chilpericus et Gudemarus[17]. Gundobadus Chilpericum, fratrem suum, interfecit gladium; uxorem eius, legato ad collo lapide, aquis inmersit; [18]duos filius eorum gladio trucidavit[18]; duas filias exilio condemnavit, quarum senior

[9–9] Einschub *Fredegars. Gregor* berichtet nur von *quadam eclesia.*

[10–10, 10] Einschub *Fredegars; Gregor* hatte den Namen nicht genannt. Remigius, B. v. Reims 475–533.

[11–11] *Gregors* Formulierung war an *Vergil, Äneis I 36* wörtlich angelehnt; *Fredegar* verstand diese Anspielung nicht und verkürzte den Satz sinngemäß.

[12–12] Einschub

[13–13] *Fredegar* setzte hier den genauen Termin anstelle *Gregors in campo Marcio.*

[14] Vgl. *Gregor II 28.*

16. So hatte ein Feind aus der Kirche [9]der Stadt Reims[9] einen großen Krug und die übrigen Meßgeräte geraubt. Da ging [10]der heilige und apostolische[10] Bischof dieser Stadt, Remigius[10], zu Chlodovech und bat ihn, er möge wenigstens diesen Krug wieder zurückerhalten, wenn er schon nicht würdig sei, andere Stücke von dem heiligen Gerät wiederzuerlangen. Als der König dies vernahm, gab er zur Antwort: „Schicke einen Boten nach Soissons; dort muß das erworbene Gut verteilt werden. Sollte mir das Los jenes Stück zuteil werden lassen, werde ich deine Bitte erfüllen". Als die Beute in der Mitte (der Männer) zur Verteilung aufgestellt war, sprach der König: „Ich bitte euch, daß ihr mir außer dem mir gebührenden Teil diese Vase da zugesteht". Auf diese Bitte des Königs antworteten die Franken: „Ruhmvoller König, alles, was wir hier sehen, gehört dir, sogar wir sind deiner Herrschaft unterworfen; Herr, tu also, was dir gefällt". Daraufhin zerschlug ein leichtsinniger, neidischer und unbedachtsamer Mensch unter lautem Geschrei den Krug und rief: „Nichts sollst du von dem hier haben, außer dem, was dir das Los ehrlich zufallen läßt". [11]Der König nahm diese Beleidigung mit großer Beherrschung hin[11]. Das Los wurde geworfen und, da der König den Krug [12]des heiligen Remigius[12] gewann, schickte er ihn zurück, den Schimpf aber bewahrte er heimlich in seiner Brust. Seiner ganzen Streitmacht befahl er, [13]am 1. März[13] die Waffen vorzuzeigen. Wie er nun einen nach dem anderen musterte, kam er auch zu dem, der den Krug zerschlagen hatte, und fuhr ihn an: „Deine Bewaffnung ist ungepflegt und auch deine Streitaxt ist zu nichts nütze". Dann ergriff er seine Axt und schleuderte sie zu Boden. Als aber jener sich ein wenig danach bückte, holte der König weit aus, hieb ihm die Axt in den Kopf und sprach: „So hast es du in Soissons mit dem Krug auch gemacht"; durch diese Tat erwarb er sich großen Respekt.

17. Damals[14] lebte Gundevech[15], der König der Burgunder, der aus dem Geschlechte des Königs Athanarich, des Christenverfolgers[16], stammte. Dieser hatte vier Söhne, Gundobad, Godegisil, Chilperich und Godomar[17]. Gundobad tötete seinen Bruder Chilperich mit dem Schwerte; dessen Gattin aber warf er mit einem Stein um den Hals ins Wasser; [18]ihre beiden Söhne ließ er erschlagen[18], während er die beiden Töchter

[15] Gundevech, K. d. Burgunder 456—um 470.

[16] Um 365—381. Galt als Richter der Tervingen. Christenverfolgung 369—372. Der Grad der Verwandtschaft ist unbekannt. Vgl. H. Wolfram, Geschichte der Goten (^{2}1980) 28 Anm. 23.

[17] Gundobad, K. d. Burgunder um 470—516. Godegisil, K. d. Burgunder um 470—500. Chilperich, K. d. Burgunder um 470—vor 493. Godomar, möglicherweise schon vor dem Vater gestorben.

[18—18] Einschub, der die Motivation für die Einmischung, wie *Gregor* sie bietet, noch verstärkt.

[19]nomen Saedeleuba[19] mutata veste [20]se Deo devovit[20], iunior Chrothechildis[21] vocabatur.

18. Porro Chlodoveus legationem in Burgundia saepius mittens, conperentes[22] Chrothechilde, et[r] cum non esset licetum eam videre, Chlodovius Aurilianum[23] quendam ex Romanis ingenio quo potebat Chrotechildem praevidendam direxit. Ad ille nisi singulos, ad instar mendico peram ad dorso ferens, veste deforme, illis perrexit partibus, anolum Chlodovei, quo pocius crederetur, secum portans. Cumque ad Ianuam[24] civitatem, ubi Chrotechildis cum germana Saedeleuba sedebat, venisset, et illas hospitalitate peregrinis sectantes, eum causae mercides suscepissent, et pedis eius Chrotechildis lavaret, Aurilianum verbo secreto, inclinans ad eam, dixit: 'Domina mi, grande verbo tibi nunciaturus sum, si loco dare dignas, ubi secrecius suggeram'. Illa annuens, verbo secreto audiens, dixitque Aurilianus: 'Chlodoveus rex Francorum me direxit; si voluntas Dei fuerit, te vult culminis sui sociare coniugium. Ut certe ficeris, hoc anulum tibi direxit'. Quem illa accipiens, gaviso gaudio magno, dixitque ad eum: 'Accipe centum soledus pro laboris tui munere et anolum hoc meum. Festinans reverte ad dominum tuum et dic ei: "Si me vult matrimunium sociari, protenus per legatus patruo meo Gundebado postoletur. Legati qui veniunt obtenta ad presens firment, placitum[25] sub / caeleritate instituant. Nisi ad perficiendum festinent, Aridii[26] cuiusdam sapientis de Constantinopole adventum vereor, cuius consilio, si prius venerit, haec omnia dissipantur"'. Aurilianus eodem habito quo venerat redit ad propriam. Cum iam prope Aurilianensim territorium nec procul a domo prope accesset, quedam pauperi mendico in via secum ite-

[r] *Chrothechilde. Et* Krusch.

[19–19] Woher *Fredegar* den Namen *Sideleuba* kannte, ist unklar. Bei *Gregor* hieß sie *Chrona.*

[20–20] Dieser Einschub erklärt die beiden vorhergehenden Worte, die zwar das Gelübde, ein keusches Leben zu führen und Nonnenkleidung zu tragen, jedoch nicht den endgültigen Rückzug in ein Kloster umschreiben.

[21] Chrodechilde, die Tochter Chilperichs, lebte in vollen Ehren am Hofe Gundobads.

[22] Diese auf *Gregor II 28* fußende Brautfahrt wurde im *Liber Hist. Franc. 11–13* weiter ausgestaltet. Zum Typus der Geschichte vgl. oben *II 57* Anm. 57.

vom Hofe verbannte; die ältere Schwester, [19]Sideleuba mit Namen[19], nahm Nonnenkleidung an [20]und weihte sich Gott[20], die jüngere wurde Chrodechilde[21] genannt.

18. Also, die Gesandtschaften, die Chlodovech zu dieser Zeit häufig nach Burgund schickte, erfuhren[22] von Chrodechilde; da es aber nicht erlaubt war, sie aufzusuchen, sandte Chlodovech einen Romanen namens Aurelianus[23] mit dem Auftrag aus, Chrodechilde auf irgendeine Art zu Gesicht zu bekommen. Dieser wanderte ganz allein, wie ein Bettler mit seinem Bündel am Rücken und in schmutzigem Gewande, in jene Gegend; damit sie ihm mehr Vertrauen schenke, trug er den Ring Chlodovechs bei sich. Als er in die Stadt Genf[24] gelangte, nahmen ihn Chrodechilde und ihre Schwester Sideleuba, die dort lebten und den Wanderern freundliche Aufnahme und Hilfe gewährten, um himmlischen Lohnes willen auf; als nun Chrodechilde seine Füße wusch, beugte sich Aurelianus zu ihr und sprach verstohlen: „Meine Herrin, ich werde dir eine wichtige Nachricht überbringen, wenn du geneigt bist, mir einen Ort zu zeigen, wo ich sie ganz geheim vorbringen kann". Sie stimmte zu und vernahm dann die geheime Botschaft; Aurelianus sprach: „Chlodovech, der König der Franken, hat mich geschickt; so Gott will, begehrt er, dich zu seiner Königin zu machen. Damit du meinen Worten Glauben schenkst, hat er dir diesen Ring geschickt". Sie nahm den Ring an sich und verkündete ihm voll Freude: „Hier hast du 100 Solidi als Dank für deine Mühe und hier meinen Ring. Kehre schnell zu deinem Herrn zurück und richte ihm aus: ‚Wenn er sich mit mir vermählen will, soll er schnell durch Gesandte bei meinem Onkel Gundobad um meine Hand anhalten. Wenn die Legaten hierher kommen, sollen sie schnell alles, was sie erreicht haben, bestätigen und in aller Schnelligkeit ein Placitum[25] veranlassen. Wenn sie nicht auf eine schnelle Erledigung drängen, dann fürchte ich, daß Aridius[26], der kluge Ratgeber (Gundobads), aus Konstantinopel zurückkehren könnte; wenn er aber zu früh zurückkommt, dann wird durch sein Eingreifen unser Vorhaben vereitelt werden' ". Aurelianus kehrte in derselben Verkleidung, in der er gekommen war, in seine Heimat zurück. Als er sich nun dem Gebiete von Orléans näherte und sich nicht mehr fern von seinem eigenen Hause befand, hatte er als Weg-

Zu den Übereinstimmungen mit der Hugdietrichsage vgl. K. Voretzsch, Epische Studien I (1900) 292ff.

[23] Wohl unhistorisch, doch ist die romanische Herkunft beachtenswert.

[24] Hst. Ct. Genf, Schweiz. Genf war der Sitz Godegisils, während Gundobad in Lyon residierte, andererseits soll Sideleuba in Genf eine Kirche errichten haben lassen (vgl. unten *IV 22*).

[25] Hier ist wohl an eine Entscheidung des Königs, über die eine Urkunde *(placitum)* ausgefertigt wurde, zu denken.

[26] Den Namen konnte *Fredegar* bei *Gregor II 32* lesen. Vgl. auch unten *c. 23*.

neris socium habebat. Iam securus Aurilianus sopore depressus, a collegam suam pera cum soledus eiusdem furatur. Cumque a somno expertus fuisset, maerore plenus curso veloci perrexit ad propria; dirigensque pueros inquirendum mendicum, qui peram eius portabat. Quem adprehensum Aurilianum presentant, eumque fortiter triduo caeso permisit ire mendicum. Protenus Aurilianus Chlodoveo regi per singula narrans, Soissionas nunciat. Quod cum Clodoveo utilitas et consilius Chlotechilde placuisset, [27]legatus ad Gundobadum dirigit, petens, ut Chrotechildem[27], neptem suam, [27]ei coniugium sociandam traderit. Quod ille denegare metuens[27] et sperans amiciciam cum Chlodoveo inire, eam daturus spondet. Legati offerentes solido et dinario[28], ut mos erat Francorum, eam partibus Chlodovei sponsant, placitum ad presens petentes, ut ipsam ad coniugium traderit Glodoveo. Nulla stante mora inito placito, Cabylonno[29] nupcii preparantur. Venientes cum caeleritate Franci, Chrotechildem a Gundebado acceptam levantes in basternam, cum multis thensauris ad Chlodoveo diregunt. Chlotechildis cum iam conperisset adventum Aridio, revertentem ab imperio, dixit ad seniores Francis: 'Si volestis me domino vestro presentare, removite me de basternam, supra aequum levate et quantum protenus potueritis illis partibus caeleratae. In hanc basternam ad suam non posso venire presenciam'. Franci, levata Chrotechilde super aequum, festini ad Chlodoveo pergunt.

19. Cumque Aridius a Massilia velocissimo curso, haec audiens, ad Gundobado venisset, dixitque ei Gundobadus: 'Audisti, quod amiciciam cum Francis inivemus[s], neptemque meam Chlodoveo tradedi uxorem?' Respondensque Aridius, dixit: 'Non est haec amiciciae cultus, sed inicium discordiae perpetuae. Remeniscere debueras, domini mi, quod genitorem Chlotechilde, germano tuo, Chilperico gladium trucidasti, matrem eius, lapidem ad collo legata, negare[t] iussisti, duos eiusdem germanos, capite truncato, in puteum fecisti proiecere[30]. Si prevaluerit, iniuria parentum vindecavit. Dirige protinus exercitum post eam, ut

[s] sc. *iniimus*.
[t] sc. *necare*, frz. noyer.

begleiter einen armen Bettler bei sich. Während Aurelianus, der sich sicher wähnte, schlief, stahl ihm sein Begleiter seinen Ranzen mit den Solidi. Wieder aus dem Schlaf erwacht, kehrte er voll Traurigkeit auf dem schnellsten Weg in sein Haus zurück und schickte seine Gefolgsleute aus, um den Bettler zu suchen, der seinen Ranzen bei sich trug. Als sie ihn ergriffen hatten, führten sie ihn zu Aurelianus, der ihn drei Tage lang kräftig prügeln und dann frei gehen ließ. Sogleich machte sich Aurelianus nach Soissons auf, um König Chlodovech einen genauen Bericht zu erstatten. Da Chlodovech die Art und die Fähigkeit Chrodechildes (‚das Richtige zu tun,) gefielen, [27]schickte er Gesandte zu Gundobad mit der Bitte, ihm Chrodechilde[27], seine Nichte, [27]zur Frau zu geben. Da jener nicht wagte, dies abzulehnen[27], und sich davon Freundschaft mit Chlodovech erhoffte, gelobte er, sie ihm zu geben. Indem die Gesandten nach alter fränkischer Sitte einen Solidus und einen Denar darboten[28], verlobten sie Chrodechilde mit Chlodovech und baten ihn, er möge sofort urkundlich bestätigen, daß er sie Chlodovech in die Ehe gebe. Ohne Verzögerung wurde diese Vereinbarung getroffen und die Hochzeit in Chalon-sur-Saône[29] vorbereitet. Schnell kamen die Franken herbei, übernahmen Chrodechilde von Gundobad, setzten sie in eine Sänfte und zogen mit vielen Schätzen zu Chlodovech. Da Chrodechilde schon in Erfahrung gebracht hatte, daß Aridius vom kaiserlichen Hof zurückgekehrt war, riet sie den Führern der Franken: „Wenn ihr mich zu eurem Herrn führen wollt, dann nehmt mich aus der Sänfte, setzt mich auf ein Pferd und eilt, so schnell ihr könnt, zu ihm, denn in dieser Sänfte kann ich niemals zu ihm gelangen“. Die Franken erhoben also Chrodechilde auf ein Pferd und eilten schnell zu Chlodovech.

19. Als Aridius, der von dieser Angelegenheit erfahren hatte, auf schnellstem Wege aus Marseille zu Gundobad geeilt war, sprach jener zu ihm: „Hast du schon gehört, daß wir mit den Franken Freundschaft geschlossen haben und ich meine Nichte Chlodovech zur Gattin gegeben habe?“ Aridius aber gab ihm zur Antwort: „So pflegt man keine Freundschaft, das ist der Anfang unaufhörlicher Feindschaft. Mein Herr, du solltest dich nur erinnern, daß du den Vater Chrodechildes, deinen Bruder Chilperich, mit dem Schwert getötet hast, daß du befohlen hast, am Hals ihrer Mutter einen Stein zu befestigen und sie so zu ertränken, und daß du ihre beiden Brüder enthaupten und dann in einen Brunnen hast werfen lassen[30]. Sobald sie dazu imstande ist, wird sie die Greueltat an ihren Verwandten rächen. Schicke ihr also schnell ein Heer nach, um

[27–27] Vgl. *Gregor II 28.*

[28] Vgl. *Formulae Salicae Bignonianae 6; Formulae Salicae Lindenbrogianae 7.* Bei mittelalterlichen Bußen wurde ein Pfennig oder Heller zugegeben.

[29] Dép. Saône-et-Loire, Ar. Chalon-sur-Saône, Frankreich.

[30] Vgl. oben *c. 17.*

revertatur. Facilius unus feris iurgium, quam omni tempore tu et tui scandalizeris a Francis'. Haec audiens Gundobadus, exercitum postergum Chrotechildis retentandum dirigit; qui consequentes, thensarus et basternam, cuncta retentant. Chrotechildis vero cum propinquasset Vilariaco[31], in qua Chlodoveus resedebat, in territorio Trecassino, aduc antequam terminus Burgundiae / Chrotechildis preteriret, rogans eis aulebus ducebatur, duodicem leuvas[32] in utrasque partis de Burgundia predarint et incenderint. Quod cum, permittente Chlodoveo, fuisset impletum, dixit Chrotechildis: 'Gratias tibi ago, Deus omnipotens, quod inicium vindicte de genitoribus et fratribus meis video'.

20. Tunc[33] ad presens Glodoveo perducetur, ipsamque in matrimonium Chlodoveus accepit, [34]quam culto regale perfecto dilixit amore[34]. Habebat iam tunc Chlodoveus filium de concubina nomen Theudericum[35]. Chrotechildis[36] cum primogenitum filium habuisset, quem baptismum consecrare vellit, verum adsiduae suadens, christianus efficere, nullatenus ad conciliandum regis animus movebatur, dicens: 'Deorum nostrorum iussione cuncta creantur; Deus vester nihil posse manifestatur'. Regina filium ad baptismum exibet. Baptizatus autem puer, quem Ingomerem vocitabant, in albis[37] obiit. Qua de causa permutus felle rex, increpabat regina, dicens: 'In nomine deorum meorum puer fuisset, vixerat'. Regina Deo omnipotenti gratias agens, ut de utero suo genitum in regno suo acceperit. Post hunc genuit filium, quem Chlodomere[38] vocavit. Cum baptizatus aegrotare coepisset, dicebat rex: 'Et isti, sicut frater, moritur'. Orante matre, Domino adiuvante, convaluit. Regina[39] tamen adsiduae regi [40]verbis blandiciis[40] ad Christi cultum suadebat.

21. Cumque bellum contra Alamannus Glodoveus rex moverit, [41]suadente regina[41], vovit, si victuriam obtenebat, effecerit christianus. Cumque uterque phalangiae certamine iungentes, dixitque Chlodoveus: 'Deum invoco, quem Chrotechildis regina colit;

[31] Dép. Aube, Ar. Troyes, Ct. Bouilly, Frankreich. Vgl. unten *c. 71.*

[32] Leuga, gallisches Längenmaß = 1500 passus, also etwa 2,2 km.

[33] Vgl. *Gregor II 28.*

[34–34] Einschub

[35] Theuderich I., K. d. Franken 511–534.

ihre Rückkehr zu erzwingen; denn leichter ist es, diesen einen Kampf zu bestehen, als daß du und die Deinen allezeit von den Franken bedrängt werden". Als Gundobad dies hörte, sandte er Chrodechilde ein Heer nach, um sie mit Gewalt zurückzuhalten; bei der Verfolgung brachten sie alles, die Schätze und die Sänfte, in ihre Gewalt. Als aber Chrodechilde in die Nähe von Villery[31] kam, wo sich Chlodovech eben aufhielt – es liegt im Bezirk von Troyes –, stellte sie, noch bevor sie die Grenzen Burgunds überschritt, an die, die sie zum Sitze des Königs brachten, das Ansinnen, zwölf Leugen[32] burgundischen Bodens nach beiden Richtungen zu plündern und durch Brand zu verheeren. Als dies mit Erlaubnis Chlodovechs geschehen war, sprach Chrodechilde: „Allmächtiger Gott, ich danke dir, daß ich jetzt den Beginn meiner Rache für meine Eltern und Brüder sehen (darf)".

20. Daraufhin[33] wurde sie sogleich zu Chlodovech geführt, der mit ihr die Ehe schloß [34]und sie in königlicher Art in vollkommener Liebe verehrte[34]. Damals hatte Chlodovech aber schon einen Sohn namens Theuderich[35] von einer Nebenfrau. Als[36] Chrodechilde der erste Sohn geboren wurde und sie ihn taufen lassen wollte, bestürmte sie ihren Gatten unablässig mit der Bitte, er möge ihn christlich taufen lassen; doch das Herz des Königs ließ sich nicht zum Einlenken bewegen, sondern er antwortete ihr: „Auf unserer Götter Geheiß wird alles geschaffen; euer Gott aber vermag offensichtlich nichts". Die Königin brachte ihren Sohn aber zur Taufe. Doch kaum war der Knabe, den sie Ingomer nannten, getauft, so starb er – noch in seinem weißen[37] Taufkleide. Darüber schwoll dem König die Galle und er fuhr die Königin mit folgenden Worten an: „Wäre der Knabe dem Namen meiner Götter geweiht, so würde er noch leben". Die Königin aber sagte dem allmächtigen Gott Dank dafür, daß er einen Sohn, der aus ihrem Schoße geboren war, in sein Reich aufgenommen hatte. Nach diesem gebar sie ihm einen Sohn, den sie Chlodomer[38] nannte. Als er nach der Taufe zu kränkeln begann, sprach der König: „Auch dieser stirbt so wie sein Bruder". Doch wurde er durch die Gebete seiner Mutter mit Gottes Hilfe gesund. Die[39] Königin aber legte dem König den christlichen Glauben dennoch unablässig [40]mit schönen Worten[40] ans Herz.

21. Als König Chlodovech Krieg gegen die Alemannen begann, gelobte er [41]auf Anraten der Königin[41], im Falle eines Sieges Christ zu werden. Als nun beide Heere im Kampf zusammenstießen, sprach Chlodovech: „Ich rufe den Gott herbei, den die Königin Chrodechilde verehrt; wenn

[36] Vgl. *Gregor II 29.*

[37] Weiße Taufkleider, die das Kind in der Taufwoche noch behielt.

[38] Chlodomer, K. d. Franken 511–524.

[39] Vgl. *Gregor II 30.*

[40–40] Einschub

[41–41] Durch diesen Einschub wird der Anteil Chrodechildes an der Bekehrung Chlodovechs weiter gesteigert.

si me iobaret in hoc prilium, ut vincam hos adversarius, eroque illi fidelis'; Alamanni terga vertentes, in fugam lapsi. Cumque regem suum cernerint interemptum, [42]novem[u] ann. exolis a sedibus eorum nec ullam potuerunt gentem conperire, qui eis[v] contra Francos auxiliaret; tandem[42] se dicionem Chlodoviae subdunt. [43]Nam cum de prilio memorato superius Chlodoveus Remus[44] fuisset reversus[43], clam[45] a sancto Remedio Remensis urbis episcopum, adtrahentem etiam Chrotechilde regina, [46]baptismi gratiam cum sex[47] milia Francis in pascha[48] Domini consecratus. Cum a sanctum Remedium in albis euangelio lectio Clodoveo adnunciaretur, qualiter dominus noster Iesus Christus ad passionem venerat, dixitque Chlodoveus: 'Si ego ibidem cum Francis meis fuissem, eius iniuriam vindicassim'. Iam fidem his verbis ostendens, christianum se verum esse adfirmat[46]. /

22. Gudegiselus[49], frater Gundobadi, solatium per laegatis Chlodoveo postulans, cum eum conperisset fortissimo in prilies, promittens, si eiecerit Gundobadum cum suo solatio a regno, tributum partibus Clodoviae dissolverit. Gundobadus ignorans dolum fratris Godegiselus, ad eum misit, dicens: 'Veni, ut resistamus Francis unianimiter, ut quod aliae gentes passi sunt non perferamus'. Ad ille: 'Vadam', inquid, 'et prebeam tibi auxilium'. Chlodoveus [50]cum Francis[50] adversus hos duos regis castra Divionense campania[51] dirixit ad prilium. Godegyselus Chlodoveo coniungetur, ac uterque exercitus Gundobado populo adterit. Ad ille dolo fratris cognuscens, terga vertit; Rodani ripam percurrens, Avenionem urbem ingreditur. Godegisilus, obtenta victuria, promissa Chlodovio ex parte emplens, Viennamque[52] triumphans. Chlodoveus rex post Gundobadum dirigit, eumque de civitate extragi vellit.

[u] 1, 3, 4b[2*]. c[1.2]; *octo* 2a.
[v] *ei* 1, Krusch; *eis* rell.

[42–42] Einschub *Fredegars* aus unbekannter Quelle. Zwischen der ersten Alemannenschlacht (Zülpich) wohl 497 und der angenommenen zweiten um 506 liegen genau neun Jahre. In dieser Zeit begab sich ein Teil der Alemannen in den Schutz Theoderichs. Der Hauptteil des Volkes unterwarf sich jedoch wohl sofort.

[43–43] Einschub. Die Formulierung könnte ebenso wie das *tandem* weiter oben auf die Kenntnis von zwei Alemannenschlachten deuten.

er mir in diesem Kampfe beisteht, so daß ich diese Gegner besiege, werde ich sein treuer Gefolgsmann sein"; da kehrten ihnen die Alemannen den Rücken zu und flüchteten. Als sie ihren König tot daliegen sahen, [42]verließen sie für neun Jahre ihr Land, konnten aber kein Volk finden, das ihnen gegen die Franken zu Hilfe gekommen wäre; schließlich[42] unterwarfen sie sich der Herrschaft Chlodovechs. [43]Als aber Chlodovech von dem oben erwähnten Kampfe nach Reims[44] zurückgekehrt war[43], empfing er heimlich[45], da die Königin Chrodechilde darauf drängte, vom heiligen Bischof der Stadt Reims, Remigius, [46]mit 6000[47] Franken zu Ostern[48] die Gnade der Taufe. Als der heilige Remigius Chlodovech, der in die weißen Taufgewänder gekleidet war, aus dem Evangelium vorlas, wie unser Herr Jesus Christus seinen Leidensweg ging, sprach Chlodovech: „Wenn ich mit meinen Franken dort gewesen wäre, hätte ich das Unrecht an ihm gerächt". Schon mit diesen Worten zeigte er seinen Glauben und bekundete, daß er ein echter Christ sei[46].

22. Als Godegisil[49], der Bruder Gundobads, von Chlodovechs Tapferkeit im Kampfe erfuhr, bat er ihn durch Gesandte um Hilfe, wofür er ihm Tribut zu zahlen versprach, falls er Gundobad mit seiner Hilfe aus seinem Reich vertreiben sollte. Gundobad, der nichts von der Tücke seines Bruders Godegisil wußte, schickte Gesandte zu ihm, die ihn aufforderten: „Komm, damit wir den Franken wie ein Mann Widerstand leisten, damit wir nicht erdulden müssen, was andere Völker erlitten haben". Jener gab zur Antwort: „Ich werde kommen und dir Hilfe gewähren". Chlodovech zog [50]mit den Franken[50] zu der Ebene[51] bei der Feste Dijon in den Kampf gegen diese beiden Könige. Godegisil ging zu Chlodovech über, und beide Heere rieben die Leute Gundobads auf. Als dieser die List seines Bruders erkannte, wandte er sich zur Flucht, eilte das Ufer der Rhône entlang und warf sich in die Stadt Avignon. Als Godegisil den Sieg errungen hatte, erfüllte er zum Teil sein Versprechen an Chlodovech und zog triumphierend in Vienne[52] ein. Der König Chlodovech setzte Gundobad nach und wollte ihn aus der Stadt locken.

[44] Die Taufe in Reims bestätigt *Jonas von Susa, Vita Vedastis 3.*

[45] Vgl. *Gregor II 31.*

[46–46] Einschub

[47] *Gregor II 31: amplius tria milia.*

[48] Chlodovech wurde wahrscheinlich zu Weihnachten 498 getauft. Hier wohl Erinnerung an die altchristliche Taufsitte.

[49] Vgl. *Gregor II 32.* Die folgenden Ereignisse spielen im Jahre 500.

[50–50] Einschub

[51] Einschub. Muß hier Gelände bedeuten, da die Bedeutung „Gelände, auf dem sich militärische Operationen abspielen" erst seit dem 16. Jahrhundert, die Bedeutung „Feldzug" erst seit dem 17. Jahrhundert belegt sind.

[52] Dép. Isère, Ar. Vienne, Frankreich.

23. Aridius prudentissimus vir cum [53]Gundobado intra castra sedens[53], ad Gundobado agit[w]: 'Oportet te liniri huius homines feritatem. Ego simulor a te fugire, ad eum transibo, ut faciam, neque te neque hanc noceat regionem. Quodcumque tibi per meo iniungit consilio, faciendum promitte, donec causam tuam Dominus prosperat'. Aridius vale dicens, ad Chlodoveum perrexit, dicens: 'Illum perfidum Gundobadum relinquens, tuae gloriae expeti'; ac benigniter a Clodoveo recipetur. Eratque iogundus in fabulis, strenuus in consiliis, iustus in iudicio et[x] conmisso fidelis. Dixit ad Chlodovio: '[54]Tua est haec regio, quare eam vastare permittis[54]? Iube Gundebadum tibi tributa solvendum, et ipsum et regione dominabis. Quod si noluerit, perfice quod cepisti'. Haec iniuncta a Chlodoveo Gundobadus implere promittens, Chlodoveus rediit in Francia[55], [54]relictis cum Godegyselo quinque milia Francis. Exiens Gundobadus de Avinione[54], resumptis[56] viribus, Gudegyselus Vienna circumdat; per aquedoctu in civitate ingrediens, Godegiselum interfecit. Francis adgregatis in unam turrem [57]ferro trucidavit, nihilque postea Chlodoveo reddere disponens[57].

24. Igitur[58] Alaricus rex Gothorum cum amicicias fraudulenter[59] cum Chlodoveo inisset, [60]quod Clodoveus, discurrente Paterno legato suo, cernens[60], adversum[61] Alarico arma commovit et in campania Voglavensim[62] decimo ab urbe Pectava miliario Alarico interfecit; [63]et plura manu Gothorum trucidata, regnum eius a mare Terreno per Ligere fluvio et montes Pereneos usque Ocianum mare a Chlodoveo occupatum est[63]. Thensaurus Alarici

[w] sc. *ait.*
[x] *et in conmisso* Gregor.

[53–53] Einschub. Bei *Gregor* argumentierte Aridius damit, daß Chlodwig zwar das umliegende Land verwüsten, seinem Feind jedoch in dessen Festung nichts anhaben könne. Es handelt sich dabei um eine antike Kriegslist, vgl. *Zopyros* in Babylon und *Sextus Tarquinius* bei der Eroberung von Gabii; diese Geschichte verdeckt die Scheu der Franken vor längeren Belagerungen.
[54–54] Einschübe
[55] *Francia* bedeutet bei *Fredegar* den Herrschaftsbereich Chlodwigs (ausgenommen die Eroberungen im Gotenkrieg). Vgl. unten *Fredegar Cont. passim.*

23. Es befand sich aber der kluge Aridius mit [53]Gundobad in der fest ummauerten Stadt[53]; dieser eröffnete Gundobad: „Du mußt die Angriffslust dieses Menschen lindern. Ich werde also tun, als wolle ich vor dir fliehen, und werde zu ihm übergehen, um zu erreichen, daß er weder dir noch diesem Land Schaden zufügt. Versprich aber, solange alles zu tun, was er dir auf meinen Rat hin auftragen wird, bis der Herr deine Sache zu einem glücklichen Ende führt". Aridius verabschiedete sich, schlug sich zu Chlodovech durch und sprach zu ihm: „Ich habe diesen treulosen Gundobad verlassen und bin zu dir, du Ruhmvoller, gekommen"; er wurde huldvoll von Chlodovech aufgenommen, denn er war ein trefflicher Geschichtenerzähler, ein vortrefflicher Berater, er beurteilte gerecht und er war in Aufträgen zuverlässig. Er sprach zu Chlodovech: „[54]Dieses Gebiet gehört doch dir, warum erlaubst du dann, es zu verwüsten[54]? Befiehl doch Gundobad, dir Tribut zu zahlen, und du wirst ihn selbst und das Land beherrschen. Lehnt er dies ab, dann beende, was du begonnen hast". Nachdem Gundobad versprochen hatte, das, was ihm von Chlodovech aufgetragen worden war, zu erfüllen, kehrte Chlodovech in die Francia[55] zurück, [54]wobei er 5000 Franken bei Godegisil zurückließ. Gundobad verließ Avignon[54], verschaffte[56] sich neue Truppen und schloß Godegisil in Vienne ein; er drang durch die Wasserleitung in die Stadt ein und tötete Godegisil. Die Franken aber drängte er in einem Turm zusammen, dann [57]tötete er sie mit dem Schwert und beschloß, Chlodovech keine Tribute mehr zu bezahlen[57].

24. Nachdem[58] der Gotenkönig Alarich in betrügerischer[59] Absicht Freundschaft mit Chlodovech geschlossen hatte, [60]und Chlodovech dies (durch die Erlebnisse) seines Gesandten Paternus auf seiner Reise erkannt hatte[60], erhob[61] er gegen Alarich die Waffen und tötete ihn im Gebiet von Vouillé[62], zehn Meilen von der Stadt Poitiers entfernt; [63]nachdem Chlodovech viele Goten getötet hatte, nahm er das Reich Alarichs vom Tyrrhenischen Meer, der Loire und den Pyrenäen bis zum Ozean in Besitz[63]. Den Schatz des Alarich schleppte er aus Toulouse weg

[56] Vgl. *Gregor II 33.*

[57–57] Einschub, um die späteren Burgunderfeldzüge zu motivieren. *Gregor II 33* berichtete lediglich davon, daß die fränkischen Hilfstruppen Godegisils nach Toulouse zum König Alarich ins Exil geschickt wurden.

[58] Vgl. *Gregor II 35.*

[59] Einschub

[60–60] Einschub, der im Gegensatz zu *Gregor* den Westgotenkrieg als von der Rache für den Treuebruch Alarichs motiviert erscheinen läßt. Vgl. oben *II 58.*

[61] Vgl. *Gregor II 37.*

[62] Dép. Vienne, Ar. Poitiers, Frankreich. 507. Vgl. oben 64 Anm. 69.

[63–63] Einschub. Vgl. die letzten Worte von *II 58.*

a Tholosa auferens, [64]secum Parisius duxit[64]. Multis muneribus ecclesia sancti Marthini[65] [66]et sancti Helariae[66] ditavit, [67]quorum fultus auxilio haec / cernitur implisse[67]. Cumque[68] Parius perrexisset, ibique cathedram regni constituit[69], Theudericus[70], eiusdem filius, civitatebus captis circa maretima[71], a patris iusso Parius[72] filius ad eum revertitur.

25. Filium[73] Sygiberti[74] regis nomen Chloderico[75], [76]quem cum exercito in eius solatio contra Gotus Chlodoveus habuerat, linicies[y] verbis[77], dum per Scalde navigarent[77] adtractum, ipsi[z] vero patrem suum Sygibertum in Bochonia[78] interfecit dolose[79]; ipse a percussoribus Chlodoviae interfectus est. Regnum Sigyberti [80]absque ullo prilii[80] cum thinsauris Clodovius adsumpsit.

26. Charirico[81] rege, [82]parentem suum[82], Chlodoveus interfecit et regnum suum sibi subdedit.

27. Ragnacharium[83] regem [84]adque suum parentem[84] Chlodoveus dolis interfecit manu propria et fratrem suum Richarium[85] similiter manu propria iugulavit. Regnum Ragnachariae, qui apud Camaracum sedem habebat, sui dicione subgicit. Regnus Clodoviae maxime[86] per totas Gallias dilatatur. [87]Studiose tractavit, ut nullus de suis parentibus superesset, nisi de suo simeni, qui regnarit[87].

[y] sc. *blandiciis*.

[z] *adtractum. Ipsi* Krusch.

[64–64] Einschub entsprechend dem Interesse für den Königsschatz. *Gregor* berichtete bloß unbestimmt, Chlodwig habe die Schätze Alarichs von Toulouse fortschaffen lassen.

[65] St. Martin de Tours.

[66–66] Zusatz. St. Hilaire de Poitiers war eine der Lieblingskirchen Chlodwigs, vgl. *Gregor II 37*.

[67–67] Einschub

[68] Vgl. *Gregor II 38*.

[69] Abzulehnen ist die Übersetzung von E. Tièche, Fredegars Notiz über die Schlacht bei Wangen. Museum Helveticum 6 (1949) 13 Anm. 42: „Er errichtete dort den Bischofssitz des Reiches".

[70] Vgl. *Gregor II 37*.

[71] Die Vorlage bei *Gregor* lautet *urbes illas a finibus Gothorum usque Burgundionum terminum*.

und [64]führte ihn mit sich nach Paris[64]. Mit vielen Geschenken begabte er die Kirchen des heiligen Martin[65] [66]und des heiligen Hilarius[66], [67]mit deren Hilfe er all dies offenbar vollbracht hatte[67]. Als[68] er nach Paris kam, richtete er dort den Sitz seines Reiches ein[69]. Sein[70] Sohn Theuderich eroberte die Städte am Meer[71] und kehrte auf seines Vaters Befehl zu ihm nach Paris[72] zurück.

25. Chlodovech[73] brachte Chloderich[75], den Sohn des Königs Sigibert[74], [76]der ihm mit seinem Heer gegen die Goten beigestanden hatte[76], während der Fahrt[77] auf der Schelde [76]durch schöne Versprechungen[76] auf seine Seite; Chloderich tötete seinen Vater Sigibert heimtückisch[79] im Buchonischen Walde[78]; er selbst aber wurde von gedungenen Mördern Chlodovechs getötet. So übernahm Chlodovech das Reich Sigiberts mitsamt seinen Schätzen [80]ohne jeden Kampf[80].

26. Chlodovech[81] tötete [82]seinen Verwandten[82], den König Chararich, und unterwand sich dessen Reiches.

27. Chlodovech[83] tötete mit List den König Ragnachar, [84]der mit ihm verwandt war[84], eigenhändig und ermordete ebenso mit eigener Hand dessen Bruder Richar[85]. Das Reich Ragnachars, der in Cambrai seinen Sitz gehabt hatte, unterwarf er seiner eigenen Herrschaft. So wurde das Reich Chlodovechs geradezu[86] über ganz Gallien ausgebreitet. [87]Mit großer Entschlossenheit setzte er alles daran, daß außer seinen eigenen Nachkommen keiner von seinen Verwandten übrig bleibe, um zu regieren[87].

[72] Vgl. *Gregor II 38.*

[73] Vgl. *Gregor II 40.*

[74] Sigibert, K. d. Rheinfranken um 470 – um 508.

[75] Chloderich, K. d. Rheinfranken um 507.

[76–76] Einschub, vgl. *Gregor II 37.*

[77] Nach *Gregor* fuhr Chlodovech alleine auf der Schelde, während Chloderich seinen Vater töten ließ.

[78] Der Wald um Fulda. In der antiken Terminologie wurde der gesamte Waldgürtel vom Mittelrhein zum Böhmerwald (Sudeten) als *Hercynius mons* (später *Buchonia*) bezeichnet.

[79] Zusatz

[80–80] Einschub

[81] Vgl. *Gregor II 41.* Chararich, K. d. salischen Franken vor 486 – um 508.

[82–82] Einschub

[83] Vgl. *Gregor II 42.* Ragnachar, K. d. salischen Franken in Cambrai vor 486 – um 508. Vgl. oben 98 Anm. 8.

[84–84] Einschub

[85] Richar, K. d. salischen Franken um 508.

[86] Einschub. Verstärkt die Worte *Gregors.*

[87–87] Einschub

28. Mortuo[88] Chlodoveo, sepultus est in ecclesia sancti Petri apostoli[89], quem suo opere construxerat. Obiit post Voglensim bellum anno 5. Regnum tenuit ann. 30. A transito sancti Martini[90] usque ad transitum Glodoviae fiunt ann. 112. Chrotechildis regina ad limina sancti Martini Toronus orationibus et vigiliis pervagabat.

29. Quattuor[91] filii Clodoveo, id est Theudericus, Chlodomeres, Childebertus et Chlotarius[92], regnum eius aequo ordine inter se deviderunt. [93]Sortitus est sedem Theudericus Mettis[94], Chlodomeres Aurilianes, Childebertus Parisius et Chlotharius Suessionas[93]. Theudericus habebat iam filium nomen Theudebertum[95] utilem et strenuum.

30. Amalricus[96], filius Alarici, sororem eorum in matrimonium accipit, [97]per quam Barcenona a Childerico[98] et Francis occisus est[97]. Dani[99] aevicto navale Galleas appetunt, in regno Theuderici

31. inrunt, a Theudoberto, filio Theuderici, superantur, omnemque predam et vetam amiserunt.

32. Thoringorum[100] tres fratres regnabant, Badericus, Ermenfridus et Bertharius. Ermenfridus Bertharium interfecit[1]. Instigante uxore Ermenfridi nequissima nomen Amalberga[2], et Baderici, germanum suum, cum solatio Theuderici interfecit. / [3]Ipsi vero a Theudoberto, filium Theuderici, interfectus est. Regnum Toringorum Francorum dicione subactum est[3].

[88] Vgl. *Gregor II 43.* 511, nach dem 28. Oktober (27. November?).

[89] Heute Ste. Geneviève in Paris.

[90] 8. November 397. Die Berechnungen *Gregors* stimmen nicht.

[91] Vgl. *Gregor III 1.*

[92] Childebert I., K. d. Franken 511–558; Chlotachar I., K. d. Franken 511–561.

[93–93] Zusatz *Fredegars*, an *Gregor IV 22* angelehnt, wobei jedoch Theuderich von der vierten Stelle an die erste Stelle vorgezogen und Childebert von der ersten Stelle an die dritte Stelle zurückversetzt wurde. Vgl. unten *c. 55.*

[94] Theuderich nahm Reims zu seiner Hauptstadt, Fredegar nannte Metz angesichts der späteren Entwicklung dieser Stadt und seiner Vorliebe für sie.

28. Als[88] Chlodovech gestorben war, wurde er in der Kirche des heiligen Apostels Petrus[89] begraben, die er aus eigenen Mitteln hatte errichten lassen. Er starb im fünften Jahre nach der Schlacht bei Vouillé. Er hatte die Herrschaft dreißig Jahre lang inne. Vom Heimgange des heiligen Martin[90] bis zum Ableben Chlodovechs werden 112 Jahre errechnet. Die Königin Chrodechilde verbrachte ihr Leben mit Gebet und Nachtwachen am Grabe des heiligen Martin in Tours.

29. Die[91] vier Söhne Chlodovechs, Theuderich, Chlodomer, Childebert und Chlotachar[92], teilten sein Reich untereinander zu gleichen Teilen auf. [93]Theuderich erloste als Sitz seiner Herrschaft Metz[94], Chlodomer Orléans, Childebert Paris und Chlotachar Soissons[93]. Theuderich hatte damals schon einen sehr tüchtigen und starken Sohn namens Theudebert[95].

30. Amalarich[96], der Sohn Alarichs, nahm deren Schwester zur Frau; [97]auf ihr Betreiben hin wurde er in Barcelona von Childerich[98] und den Franken getötet[97]. Die[99] Dänen fuhren zu Schiff nach Gallien und fielen in das Reich Theuderichs

31. ein, worauf sie von Theudebert, dem Sohn Theuderichs, besiegt wurden und all ihre Beute und ihr Leben verloren.

32. Über[100] die Thüringer herrschten drei Brüder, Baderich, Herminefred und Berthachar. Herminefred tötete Berthachar[1]. Auf Betreiben seines bösen Weibes, der Amalberga[2], tötete Herminefred mit Hilfe Theuderichs auch Baderich, seinen Bruder. [3]Er selbst aber wurde von Theudebert, dem Sohne Theuderichs, getötet. Das Reich der Thüringer wurde der Herrschaft der Franken unterworfen[3].

[95] Theudebert I., K. d. Franken 534–548.

[96] Amalarich, Sohn K. Alarichs II. und Enkel Theoderichs d. Gr., K. d. Westgoten 526–531.

[97–97] Zusatz, der unten *c. 41* wieder aufgenommen wird. Unten *IV 33* wird die Eroberung Kantabriens wohl mit diesem Feldzug in Verbindung gebracht. Der Tod Hermenegilds wird sogar dreimal erzählt: vgl. unten *cc. 83, 87, 92.*

[98] Der Feldzug 531 wurde von Childebert geleitet, vgl. unten *c. 41,* wo die Ermordung Amalarichs zu dem falschen Feldzug berichtet wird. Amalarich wurde jedenfalls durch einen Franken *Besso* (aus der Umgebung der Königin?) getötet, vgl. *Chronicon Caesaraugustanum a. 531.*

[99] Vgl. *Gregor III 3.* Gegen Ende der zwanziger Jahre. Dagegen B. Krusch, MGH SS rer. Mer. 1 (^{2}1951) 99 Anm. 5: um das Jahr 515.

[100] Vgl. *Gregor III 4.*

[1] Berthachar fand um 529 in einer Schlacht gegen die Franken den Tod.

[2] Nichte Theoderichs d. Gr.

[3–3] Zusatz. Doch wurde Herminefred wohl auf Veranlassung Theuderichs selbst getötet. Vgl. *Gregor III 8.* An diese Geschehnisse knüpft auch die Iring-Sage an.

33. [4]Gundebadi filius Sigymundus apud Genavensim urbem villa Quatruvio[5] iusso patris sublimatur in regnum[4], habens[6] uxorem filiam Theuderici regis Aetaliae, unde habebat filium nomen Sigyrico[7]. Eadem mortua, aliam duxit uxorem. Filium suum Sigyricum noverci insidias iussit interfici. Unde fortem postea paenitenciam agens, monastirium sanctorum Agauninsium[8] miri operis construxit [9]et alia plures monasteria aedifecavit[9]. Chrotechildis[10] adsiduae[11] filius admonebat mortem patris matrisque [11]vel germanis[11] suis ulcisci. Quam ob causam illi Burgundias adpetunt, Sigymundo et Gudomare[12] in prilium vincunt.

34. Clodomeris Sigymundo, dum ad monasterium sanctorum Agauninsium fugiret, captum cum uxore et liberis Aurilianes adducit. Gudemaris terga vertens latuit. Godemaris, resumptis viribus, regnum Burgundiae tenit. Chlodomeres iterum adversus Godemarem exercitum movit, interfecto Sigymundo et uxore cum liberis. Praedictum est

35. Chlodomere ab Avito abbati[13], quod fecerat Sigymundo, ipso itere passurum. Cumque Veseroncia[14] Franci cum Burgundionibus bellum inissent, Chlodomeres capite truncatur, deceptus ab auxiliis Theuderici[15], qui filiam Sigymundi[16] habebat uxorem.

36. Franci vero in ipso prilio, resumptis virebus, Burgundiones Veseroncia superatis et ad internitionem perductis, patriam eorum dicione subiciunt. Chlotarius uxorem Chlodemeris nomen Guntiucham uxorem duxit; filiusque eius tres nominibus Theudoaldo, Guntacharium et Chlodoaldo Chlotechildis alebat[17]. Childebertus[18] dolose Arvernus contra Teuderico invasit. Chlotarius[19] et Hildebertus Burgundias adpetunt; sed Teudericus cum eis adgredi noluit. Childebertus et Chlotarius, fugato Godomaro,

[4–4] Einzige Überlieferung über den Ort der Thronerhebung Sigismunds. Bei *Gregor III 5* lesen wir *mortuo Gundobado.*

[5] Le Carré bei Genf.

[6] Vgl. *Gregor III 5.*

[7] Sigirich, Sohn K. Sigismunds und der Ariagne/Ostrogotho, der Tochter Theoderichs d. Gr., gest. 522.

[8] St. Maurice d'Agaune, Ct. Wallis, Schweiz. Sigismund ließ das Kloster nur erneuern.

[9–9] Zusatz

33. [4]Sigismund, der Sohn Gundobads, wurde in der Villa Le Carré[5] in der Nähe der Stadt Genf auf Befehl seines Vaters in die Herrschaft eingesetzt[4]; zur[6] Gemahlin hatte er eine Tochter Theoderichs, des Königs von Italien, von der er einen Sohn namens Sigirich[7] hatte. Nach ihrem Tode nahm er sich eine andere Frau. Durch die Verleumdungen der Stiefmutter veranlaßt, ließ Sigismund seinen Sohn Sigirich töten. Da er dies daraufhin von Herzen bereute, ließ er das Kloster Saint Agaune[8] in großer Pracht errichten; [9]er erbaute auch viele andere Klöster[9]. Chrodechilde[10] ermahnte unablässig[11] ihre Söhne, den Tod ihres Vaters, ihrer Mutter [11]und ihrer Brüder[11] zu rächen. Deshalb zogen jene nach Burgund und besiegten Sigismund und Godomar[12] im Kampfe.

34. Chlodomer nahm Sigismund auf der Flucht ins Kloster Saint Agaune mit seiner Gemahlin und seinen Kindern gefangen und brachte sie nach Orléans. Godomar wandte den Rücken und hielt sich verborgen. Als er wieder Kräfte geschöpft hatte, behauptete er die Herrschaft über Burgund. Chlodomer führte sein Heer ein zweites Mal gegen Godomar, nachdem er Sigismund, dessen Gattin und dessen Kinder getötet hatte. Vorausgesagt wurde

35. Chlodomer von dem Abte Avitus[13], daß er dasselbe erleiden werde, was er Sigismund angetan hatte. Nachdem die Franken bei Vézeronce[14] mit den Burgundern zu kämpfen begonnen hatten, wurde Chlodomer das Haupt abgeschlagen (; dies konnte geschehen), weil er von den Hilfstruppen Theuderichs[15], der die Tochter Sigismunds[16] zur Gattin hatte, getäuscht worden war.

36. Nachdem aber die Franken in dieser Schlacht neue Kräfte gesammelt und die Burgunder bei Vézeronce besiegt und vernichtet hatten, unterwarfen sie deren Land ihrer Herrschaft. Chlotachar nahm die Gemahlin Chlodomers, Guntheuka mit Namen, zu seiner Frau; dessen drei Söhne, Theudovald, Gunthar und Chlodovald, zog Chrodechilde auf[17]. Childebert[18] nahm mit List Theuderich das arvernische Clermont ab. Chlotachar[19] und Childebert zogen gegen Burgund; Theuderich wollte aber nicht mit ihnen ziehen. Childebert und Chlotachar verjagten Godo-

[10] Vgl. *Gregor III 6.*

[11, 11–11] Zusätze, vgl. oben *c. 17* und Anm. [18–18].

[12] Godomar, K. d. Burgunder 524–532.

[13] Abt Avitus von St. Mesmin, früher Micy, Dép. Loiret, Ar. Orléans, Frankreich.

[14] Dép. Isère, Ar. Latour-le-Pin, Ct. Morestel, Frankreich. 21. Juni 524.

[15] Nach *Gregor* wurde er von den Burgundern getäuscht und getötet.

[16] *Suavegotho,* vgl. *Flodoard, Historia Remensis ecclesiae II 1.*

[17] Vgl. unten *c. 38.*

[18] Vgl. *Gregor III 9.*

[19] Vgl. *Gregor III 11.*

Burgundias occupant[20]. Theudericus cum exercito / Arvernus vastat. Mundericum[21], qui se parentem regi adsereret, renumque deberi dixerit, a satilletibus Theuderici occiditur, fraude deceptus. Res eius fisco subieciuntur.

37. Inita[22] pace inter Childeberto et Theuderico, cum sacramento datis obsedibus, sed caelerius rumpetur. Multi fili senatorum ob hoc servitio subieciuntur. Nepus beati Gregoriae[23] Lingonici urbis episcopi Treverus cuidam barbaro[24] serviens, ingenio Leones[25] quidam ex cocis ipsius episcopi liberatur et reducitur. Chrotechildis[26] regina cum filios Chlodemere, quos alebat,

38. Parisius resedens, eos unico amore diligerit, Childebertus invidiam de eis ductus, Chlotarium suadet, ut interfecerentur. Ex quibus duo, Theudoaldus et Guntharius, Chlothariae manu propria interficiuntur. Chlodoaldus ad clerecatum tundetur, dignamque vitam gerens; [27]ad cuius sepulcrum Dominus virtutes dignatur ostendere[27]. Theudericus[28] filium suum Theudebertum ubi[a] Wisigardem[29], cuiusdam regis filiam, disponsavit. Theudebertus[30] [31]relinquens Wisicardem[31], Deotheriam [31]genere Romanam[31] duxit uxorem.

39. Theudericus 23. regni sui anno moritur[32], regnumque eius Theudebertus adsumpsit. Magnum[33] se atque in omni bonitate praecipuum ostendedit. Deotheria[34] zelans[b] a Theudoberto, filiam suam dolo interfecit. Theudebertus[35], relecta Deotheria, Wisigardem duxit uxorem.

40. Childebertus[36] et Teudebertus, [37]foedus initum inter se[37], contra Chlotharium movent exercitum; sed oracionibus Chrotechilde ad limina sancti Martini et divino noto grandinem et infe-

[a] wohl doppelte Schreibung des *wi* von *Wisigarde*.

[b] vgl. *II 58, IV 87* und die Formulierung Gregors.

[20] Nach der Schlacht bei Autun 532 dauerte es noch zwei Jahre, bis ganz Burgund erobert war.

[21] Vgl. *Gregor III 14*. Munderich, angeblicher Merowinger.

[22] Vgl. *Gregor III 15*.

[23] Attalus Gregorius, B. v. Langres, Gregor von Tours' Urgroßvater mütterlicherseits. Langres, Dép. Haute-Marne, Ar. Langres, Frankreich.

[24] Barbarus wird u.a. in der *Lex Salica* ohne abschätzenden Nebensinn technisch für den Nicht-Römer verwendet.

mar und nahmen Burgund in Besitz[20]. Theuderich verwüstete mit seinem Heer Clermont. Munderich[21], der sich als Verwandter des Königs ausgab und seinen Anspruch auf das Reich verkündete, wurde von den Gefolgsleuten Theuderichs getötet, nachdem man ihn mit List getäuscht hatte. Sein Besitz wurde dem Fiskus angegliedert.

37. Childebert[22] und Theuderich schlossen miteinander Frieden, bekräftigten ihn mit einem Schwur und stellten auch Geiseln dafür; trotzdem wurde er schnell gebrochen. Deshalb verfielen viele Söhne von Senatoren der Knechtschaft. Der Neffe des heiligen Bischofs von Langres, Gregorius[23], der in Trier einem Barbaren[24] Knechtsdienste leisten mußte, wurde durch die List des Leo[25], eines der Köche des Bischofs, befreit und zurückgeführt. Die[26] Königin Chrodechilde lebte mit ihren Ziehsöhnen, den Söhnen Chlodomers,

38. in Paris; da sie ihnen in einzigartiger Liebe zugetan war, schärfte Childebert aus Neid gegen sie Chlotachar ein, daß sie getötet werden sollten. Zwei von ihnen, Theudovald und Gunthar, wurden von Chlotachar eigenhändig getötet. Chlodovald wurde für den kirchlichen Dienst geschoren und führte ein würdiges Leben; [27]an seinem Grabe geruht der Herr Wunder geschehen zu lassen[27]. Theuderich[28] verlobte seinen Sohn Theudebert mit Wisigarde[29], einer Königstochter. Theudebert[30] [31]verstieß Wisigarde[31] und nahm Deoteria, [31]eine Romanin[31], zur Frau.

39. Theuderich starb im dreiundzwanzigsten Jahre seiner Herrschaft[32], sein Reich übernahm Theudebert. Er[33] zeigte sich als großer und mit aller Güte ausgezeichneter Fürst. Deoteria[34] tötete aus Eifersucht auf Theudebert mit List ihre eigene Tochter. Theudebert[35] verließ Deoteria und nahm Wisigarde zu seiner Frau.

40. Childebert[36] und Theudebert [37]schlossen miteinander ein Bündnis[37] und führten ihre Heere gegen Chlotachar; da aber Chrodechilde am Grabe des heiligen Martin inständig betete, wurden sie auf göttlichen Befehl

[25] Diese Geschichte gab den Stoff zu Grillparzers Lustspiel ›Weh dem, der lügt‹.

[26] Vgl. *Gregor III 18.*

[27–27] Zusatz. Chlodovald, Begründer des Klosters St. Cloud, starb um 560.

[28] Vgl. *Gregor III 20.*

[29] Wisigarde, T. d. Langobardenkönigs Wacho.

[30] Vgl. *Gregor III 22.*

[31–31] Einschübe

[32] Vor Ende 533.

[33] Vgl. *Gregor III 25.*

[34] Vgl. *Gregor III 26.*

[35] Vgl. *Gregor III 27.*

[36] Vgl. *Gregor III 28.* Um 534.

[37–37] Zusatz, vgl. *Gregor III 24.*

stationem tonitrui et fulgora venientem, separati sunt. Pacem inientes, ad propria sunt sidibus reversi.

41. Post[38] haec Childebertus et Chlotacharius Spanias adpetunt easque partem maxima depopulati sunt. [39]Amalricum regem Barcenona interficiunt[40]. Caesaragusta[40] civetas orationibus et ieiuniis liberatur.

42. Post[41] Amalricum Theoda[42] regnat Spaniis; quo interfecto, Teudegyselus[43] regnum adsumit, qui, dum ad caenam letus sederit, extinctis caereis, a suis[44] occidetur. Cui Aggyla[45] succedit in regnum. Gothi vero iam olim habent vicium, cum rex eis non placeat, ab ipsis interficetur.

43. Et[46] quia Theudericus Aetaliae rex sororem Chlodoviae[47] in matrimonium habuit, ex qua parvola filia[48] cum uxorem reliquit; cum mater ei regis filium sociandum providerit, a servo nomen Traquilani accipetur. Traquila cum exercito a matre puellae / capetur et capite truncatur. [49]Accepta filiam mater disciplinam ingerens secum duxit[49]. Filia matre vinino interfecit. Theothatus[50] regnum Teuderici ambivit et filia, qui matri extetirat parricida, balneo vehementer succenso, iussit includi ibique conburetur[51]. Unde causam conposiciones quinquagena milia soledorum[52] Childeberto, Chlothario et Teudeberto transmissi sunt. Quod Childebertus et Teudebertus inter se devidentes, nihil exinde Chlothario dederunt. [53]Theuthado defuncto Tutila[54] successit in regnum, quem Narsis[55] patricius interfecit, regnumque Gotorum[56] in Aetalia distructum est[53].

[38] Vgl. *Gregor III 29.* 5411

[39—39] Vgl. oben *c. 30.* Dieser Feldzug fand jedoch zehn Jahre nach dem Tode Amalarichs statt.

[40] Zaragoza, Pr.-Hst. in Aragonien, Spanien. Beschönigung eines Mißerfolgs der Franken.

[41] Vgl. *Gregor III 30.*

[42] Theudis, K. d. Westgoten 531—548.

[43] Theudegisel, K. d. Westgoten 548—549.

[44] *Gregor* berichtete, der König sei *ab inimicis* getötet worden. *Fredegar* hatte auch hier den *morbus Gothorum* vor Augen. Vgl. unten *IV 82.*

[45] Agila I., K. d. Westgoten 549—555.

[46] Vgl. *Gregor III 31.*

hin durch Hagelschlag, drohenden Donner und zuckende Blitze voneinander abgehalten. So schlossen sie Frieden und kehrten nach Hause zurück.

41. Daraufhin[38] zogen Childebert und Chlotachar nach Spanien und verheerten es zu einem großen Teil. [39]In Barcelona töteten sie den König Amalarich[39]. Die Stadt Zaragoza[40] wurde durch Gebete und Fasten befreit.

42. Nach[41] Amalarich regierte Theudis[42] in Spanien; nach seiner Ermordung übernahm Theudegisel[43] die Herrschaft; als er einmal froh beim Mahle saß, wurden die Kerzen ausgeblasen, und dann wurde Theudegisel von seinen Leuten[44] umgebracht. Ihm folgte Agila[45] in der Herrschaft. Schon damals hatten die Goten die verderbliche Sitte, daß der König von ihnen getötet wurde, wenn er ihnen nicht genehm war.

43. Theoderich[46], der König von Italien, hatte die Schwester Chlodovechs[47] zur Gemahlin, von der er eine kleine Tochter[48] hatte; er hinterließ diese mit seiner Gattin; obwohl ihre Mutter ihr einen Königssohn zum Gatten geben wollte, wurde sie von einem Knechte namens Traguila zur Frau genommen. Traguila wurde durch einen Heerhaufen, der von der Mutter des Mädchens gesandt worden war, gefangengenommen und enthauptet. [49]Die Mutter nahm die Tochter in Empfang, bestrafte sie und führte sie mit sich[49]. Die Tochter tötete die Mutter durch Gift. Theodahad[50] setzte sich in den Besitz des Reiches Theoderichs und befahl, die Tochter, die zur Mörderin ihrer Mutter geworden war, in einer Badestube, unter der ein heftiges Feuer entfacht wurde, einzusperren; dort wurde sie auch verbrannt[51]. Deshalb übersandte er 50 000 Solidi[52] an Childebert, Chlotachar und Theudebert als Buße. Childebert und Theudebert teilten dies untereinander und gaben nichts davon Chlotachar. [53]Nach dem Tode Theodahads folgte Totila[54] in die Herrschaft; ihn tötete der Patricius Narses[55]; dadurch wurde das Reich der Goten[56] in Italien zerstört[53].

[47] Theoderich d. Gr. war seit 493 mit Chlodovechs Schwester Audefleda vermählt.

[48] Amalasvintha. Die folgende Geschichte ist rein sagenhaft.

[49–49] Einschub

[50] Theodahad, K. d. Ostgoten 534–536.

[51] Nach *Jordanes, Getica c. 59,* wurde sie erwürgt.

[52] *Gregor* schrieb *aureorum*.

[53–53] Zusatz; *Gregor* erwähnt den Namen Totila niemals.

[54] Totila, K. d. Ostgoten 541–552. *Fredegar* läßt ihn unmittelbar auf Theodahad folgen.

[55] Feldherr Justinians I., gest. 574.

[56] Das Gotenreich endete erst mit König Teja.

44. Post[57] Theodebertus cum exercito Aetaliam ingreditur, eamque [58]per maritimis termenibus[58] cuncta depopulatus, Narsidem patricium[59] fuga versum. Postea Buccelenus[60] [61]dux iusso Teudeberti[61] Siciliam occupat, totamque Italiam dominans, magna ei felicitas in his condicionibus fuit.

45. Peticione[62] Desiderati[63] Verdonensis urbis episcopi Theudebertus clementer [64]octo milia soledos[64] civebus Virdoninsis ad recuberandum dedit. Theudebertus[65], [66]vexatus a febre[66], moritur[67] 14. regni sui anno.

46. Chrotechildis[68] regina plena dierum et bonis operibus moritur et in sacrario baselice sancti Petri[69] sepelitur. Chlotharius[70] iobet ad omnes ecclesias, terciam partem fructum fisco dissolverint; sed, resistente Iniurioso[71] pontefice, hoc malum distruetur. Chlotharius[72] de Ingundem Gunthaharium, Childericum, Airibertum, Gunthramnum, Sigybertum et Chlodesindam filiam habuit; de Aregundem, sororem Ingundis, Chilpericum[73] et de Unsinam habuit Chramnum.

47. Agylanem[74] in Spanias regnantem, cum esset iniquos suis, exercitus imperiae Spanias ingreditur. Aggyla interfecitur.

48. Atthanaghildus[75] succedit in regnum, qui ab Spanias exercitum emperii expulit.

49. Theudebaldus[76], [77]filius Theudeberti[77], Valdetradam[78] duxit uxorem. Erat valde iniquos suis. Cuius tempore uvas in cauco[79] nate sunt; stellam ex adverso veniens in lunam ingressa est.

[57] Vgl. *Gregor III 32.* 539.

[58–58] Einschub

[59] Zusatz

[60] Vgl. oben *II 62* Ende; unten *c. 50.*

[61–61,61] Zusatz. Die neue Invasion unter Butilin fand 553 statt. Da Theudebert aber schon 547/48 gestorben war, muß hier sein Sohn Theudebald, K. d. Franken 548–555, gemeint sein.

[62] Vgl. *Gregor III 34.*

[63] Desideratus, B. v. Verdun unter Theuderich I. u.a., 511– zumindest 549. Verdun, Dép. Meuse, Frankreich.

[64–64] *Gregor septim ... milia aureorum.*

[65] Vgl. *Gregor III 36.*

[66–66] *Gregor* schrieb: *aegrotare coepit.*

44. Daraufhin[57] fiel Theudebert mit einem Heer in Italien ein und verheerte das ganze Land [58]an den Meeresküsten[58], nachdem er den Patricius[59] Narses in die Flucht gejagt hatte. Daraufhin besetzte der dux[61] Buccelinus[60] [61]auf Theudeberts Befehl[61] Sizilien und beherrschte ganz Italien; bei all diesen Unternehmungen war ihm das Glück sehr gewogen.

45. Auf[62] die Bitten des Bischofs der Stadt Verdun, Desideratus[63], gab Theudebert gütig den Bürgern von Verdun [64]8000 Solidi[64], um die Wirtschaft zu beleben. Theudebert[65] [66]wurde vom Fieber befallen[66] und starb[67] im vierzehnten Jahre seiner Herrschaft.

46. Die[68] Königin Chrodechilde starb hochbetagt und reich an guten Werken und wurde am Hochaltar der Kirche des heiligen Petrus[69] begraben. Chlotachar[70] erteilte allen Kirchen den Befehl, den dritten Teil ihrer Einkünfte an den Fiskus abzuliefern; da aber der Bischof Iniuriosus[71] Widerstand leistete, wurde dieses Übel abgewendet. Chlotachar[72] hatte von der Ingunde Gunthar, Childerich, Charibert, Guntchramn, Sigibert und die Tochter Chlodoswintha, von Arigunde, der Schwester Ingundes, Chilperich[73] und von der Chunsina den Chramn.

47. Als[74] Agila Spanien beherrschte und sich ungerecht gegen die Seinen zeigte, fiel ein Heer des Kaisers in Spanien ein. Agila wurde getötet.

48. In der Herrschaft folgte ihm Athanagild[75], der das Heer des Kaisers aus Spanien vertrieb.

49. Theudebald[76], [77]der Sohn Theudeberts[77], führte Waldarada[78] als Gattin heim. Gegen die Seinen war er sehr ungerecht. Unter seiner Herrschaft wuchsen Weinbeeren an einem Holunderbaum[79] und ein Stern schob sich von der entgegengesetzten Seite kommend vor den Mond.

[67] Vgl. *Gregor III 37*. 547/48.

[68] Vgl. *Gregor IV 1*. 544.

[69] Ste. Geneviève in Paris. Vgl. oben *c. 28*.

[70] Vgl. *Gregor IV 2*.

[71] Iniuriosus, B. v. Tours, nachweisbar 533–541.

[72] Vgl. *Gregor IV 3*.

[73] Charibert I., K. d. Franken 561–567. Guntchramn, K. d. Franken 561–592. Sigibert I., K. d. Franken 561–575. Chlodoswintha, G. Alboins, K. d. Langobarden. Chilperich I., K. d. Franken 561–584.

[74] Vgl. *Gregor IV 8*.

[75] Athanagild, K. d. Westgoten (551) 555–567.

[76] Vgl. *Gregor IV 9*. Theudebald, K. d. Franken 548–555.

[77–77] Einschub

[78] Waldarada, G. Theudebalds, nach dessen Tod G. Chlotachars, schließlich G. Garibalds, des Herzogs der Baiuwaren.

[79] *Gregor* schrieb *in arbore quam saucum (= sa[m]bucus) vocamus.*

50. [80]Buccelenus in Aetalia aput Bellesarium et Narsidem patricius saepius fortiter demigans, eosque in fugam vertit eorumque exercito proterit. Tandem infirmatus a profluvium ventris et exercitos suos ea infirmitate adtritus, Bellesario[81] iam interfecto[80], a Narsidem superatur[82] et interfecetur. Ipsoque anno Theodebaldus obiit[83], regnumque eius Chlotharius accepit, copulans Waldetradam sibi uxorem. /

51. Eo[84] anno, revellantibus Saxonibus, Chlotharius, commoto exercito, maximam eorum partem delivit, Thoringiam vastans, qui eorum[85] auxiliare presumpserant. Nec[86] multo post tempore dinuo Saxones revellantes, Chlotharius movit adversus eos exercitum. Saxones offerentes cuncta emendare que male gesserant, et dimedia partem omnibus rebus eorum, exceptis uxoribus et liberis, in conposicionem offerrent. Quod Franci accipere dispicientes, eos interficere conarint, Chlothario dicentes: 'Non pacificabis cum eis, sed surge, priliemus et ulciscamur in illis'. Cum ille nolerit, Franci Chlotharium volentis occidere, invitus perrexit ad prilium; ibique tanta estrages a Saxonibus de Francis facta est, ut mirum fuisset.

52. Childebertus[87] cum Chramno insidias Chlothario parat. Airibertus et Guntramnus iusso patris cum exercito contra Chramnum dirigunt; sed [88]divino noto[88] temperatae cum gravi coruscatione exorta a prilio separantur. Chramnus ad Childebertum pertendit. Saxones factione Childeberti in Francia venientes, usque Diviciam[89] civitatem predas egerunt. Chramnus[90] cum Childebertum se fortiter constringit. Childebertus Reminsem campaniam depopulatus est. Austrapius[91] dux in baselica sancti Martini Chramnum metuens fugit.

53. Childebertus[92] rex apud Parisius obiit; baselica sancti Vincenti[93], quam ipse construxerat, sepultus est. Cuius thinsauris et regnum Chlotharius adsumpsit.

[80–80] Zusatz, vgl. *II 62;* oben *c. 44.*

[81] Belisar starb in allen Ehren 565 in Konstantinopel.

[82] Zusatz. Auch Narses wurde im Frankenreich hoch geschätzt, vgl. *Marius, Chronica a. 568.*

[83] 555

50. [80]Buccelinus focht oft in Italien mit großer Tapferkeit gegen Belisar und den Patricius Narses, schlug sie in die Flucht und rieb ihr Heer auf. Als er aber schließlich an Magenfluß erkrankte und sein Heer von derselben Krankheit übel zugerichtet worden war, wurde er, nachdem er schon Belisar[81] getötet hatte[80], von Narses besiegt[82] und erschlagen. Im selben Jahre starb Theudebald[83]; sein Reich übernahm Chlotachar, der sich Waldarada zur Gattin nahm.

51. Als[84] sich in diesem Jahre die Sachsen erhoben, bot Chlotachar sein Heer auf und vernichtete einen großen Teil von ihnen; er verwüstete auch das Land der Thüringer, da sie sich erdreistet hatten, ihnen[85] Hilfe zu leisten. Als[86] sich die Sachsen nicht viel später erneut erhoben, führte Chlotachar sein Heer gegen sie. Die Sachsen machten sich erbötig, jegliches Unheil, das sie angerichtet hatten, ungeschehen zu machen und die Hälfte aller ihrer Güter, ausgenommen ihre Frauen und Kinder, als Buße darzubringen. Die Franken aber verschmähten es, dies anzunehmen, und wollten sie töten; so sprachen sie zu Chlotachar: „Schließe keinen Frieden mit ihnen, sondern erhebe dich; laßt uns also kämpfen und uns an ihnen rächen". Da Chlotachar damit nicht einverstanden war, wollten ihn die Franken töten; so zog er also gegen seinen Willen in die Schlacht, in der von den Sachsen unter den Franken ein solches Blutbad angerichtet wurde, daß es schier unglaublich war.

52. Childebert[87] stellte gemeinsam mit Chramn Chlotachar nach. Charibert und Guntchramn zogen auf Geheiß ihres Vaters mit Heeresmacht gegen Chramn, doch wurden sie [88]nach Gottes Willen[88] durch den Ausbruch eines Unwetters mit schwerem Blitzschlag vom Kampf abgehalten. Chramn zog zu Childebert. Die Sachsen brachen, von Childebert aufgewiegelt, in das Frankenland ein und machten bis zur Stadt Deutz[89] hin Beute. Chramn[90] verband sich eng mit Childebert. Childebert verwüstete das Land von Reims. Der[91] dux Austrapius floh aus Angst vor Chramn in die Kirche des heiligen Martin.

53. Der[92] König Childebert starb in Paris und wurde in der Kirche des heiligen Vincentius[93], die er selbst erbaut hatte, begraben. Seine Schätze und sein Reich nahm Chlotachar an sich.

[84] Vgl. *Gregor IV 10.*
[85] Gemeint sind die Sachsen.
[86] Vgl. *Gregor IV 14.* Winter 555/56.
[87] Vgl. *Gregor IV 16.*
[88–88] Einschub
[89] Jetzt Stadtteil von Köln.
[90] Vgl. *Gregor IV 17.*
[91] Vgl. *Gregor IV 18.*
[92] Vgl. *Gregor IV 20.* 23. Dezember 558.
[93] Heute St. Germain-des-Prés in Paris.

54. Waldetradam[94] et filias eius duas in exilio posuit. Chramnus in Brittaniam fugit ad Conobro[95] comete Brittanorum. Quillacharius[96], socer eius, ad baselica sancti Martini confugit. Per ipsum haec baselica incendio concrematur. Postea[97] a Chlothario condigna recuberatur et stagno coperitur. Chramnus a Chlothario, patri suo, captus, cum uxore et liberis in Brittania igne concrematur, Conober comex Brittanorum interfecto[98].

55. Chlotharius[99] pro suis peccatis, que gesserat aut negligenter egerat, exorandum ad limina beati Martini confessores properat. Exinde Conpendio[100] villa veniens, 51. regni sui anno vexatus a febre obiit[1]. Chilpericus[2], occupatis thinsauris Chlotharii in villa Brinnaco[3], sedem Childeberti Parisuus occubat; sed mox exinde repellitur. Chairibertus[4], Guntramnus, Chilpericus et Sigybertus regnum patris devidunt. Dedit sors Gairiberto regnum Childeberti, Parisuos sedem habens; Guntramnus vero regnum Chlodemeris, sedem habens Aurilianis; Chilperico regnum Chlotharii, patris eius, / cathedram Soissiones; Sigybertum quoque regnum Theuderici, sedem Mittens[5]. Eodem[6] tempore Chuni[7] Gallias adpetunt, contra quos Sigybertus movit exercitum, eosque vicit atque[c] fugavit. Postea cum eis pacem inivit. Chilpericus Remus invadit et alias civitatis, que ad Sigybertum pertenebant, abstulit. Unde inter ipsis bellum civile surrexit. Sigybertus Suissionas occupat; Theodebertum[8], filium Chilperici, adpraehensum exilium transmittit. Chilpericum victum atque fugatum, civitates in sua dominatione revocat. Post annum Theudebertum, filium Chilperici, reddedit, datis in invicem de pacem sacramentis. Guntramnus[9] [10]in Burgundia regnans[10], in

[c] so corr. sec. m. 1, Gregor. *eosque a vicinitate effugavit* 2a; *eosque civitate fugavit* Monod, Delisle, Krusch.

[94] *Fredegar* verwechselt Ultrogotho, die Gattin Childeberts, mit Waldarada, der Gattin Theudebalds und Chlotachars, die schon mehrfach genannt wurde.

[95] Chonoober, Fürst der Bretonen.

[96] Schwiegervater Chonoobers.

[97] *Gregor: Protinus.*

[98] 560

[99] Vgl. *Gregor IV 21.*

54. Er schickte Waldarada[94] und ihre beiden Töchter in die Verbannung. Chramn floh in die Bretagne zu dem comes der Bretonen Chonoober[95]. Sein Schwiegervater Wiliachar[96] floh in die Kirche des heiligen Martin. Durch seine Schuld wurde diese Kirche durch einen Brand eingeäschert. Daraufhin[97] wurde sie von Chlotachar in würdiger Weise wiederaufgebaut und mit Zinn gedeckt. Chramn wurde von Chlotachar, seinem Vater, gefangengenommen und mit seiner Frau und seinen Kindern in der Bretagne verbrannt, nachdem der comes der Bretonen, Chonoober, getötet worden war.[98]

55. Chlotachar[99] begab sich zu der Schwelle des heiligen Bekenners Martin, um für seine Sünden und Nachlässigkeiten Vergebung zu erbitten. Als er von dort in die villa Compiègne[100] kam, starb er in seinem einundfünfzigsten Regierungsjahre, vom Fieber ergriffen[1]. Chilperich[2] setzte sich in den Besitz der Schätze Chlotachars in der villa Berny-Rivière[3] und besetzte den Regierungssitz Childeberts in Paris, von wo er aber bald vertrieben wurde. Charibert[4], Guntchramn, Chilperich und Sigibert teilten das Reich ihres Vaters. Das Los teilte Charibert das Reich Childeberts mit dem Sitz in Paris zu, Guntchramn aber erhielt das Reich Chlodomers mit dem Sitz Orléans, Chilperich das Reich Chlotachars, seines Vaters, mit dem Sitz in Soissons und Sigibert das Reich Theuderichs mit dem Sitz in Metz[5]. Zur[6] selben Zeit brachen die Hunnen[7] in Gallien ein; Sigibert führte ein Heer gegen sie und besiegte und verjagte sie. Später schloß er mit ihnen Frieden. Chilperich fiel in Reims ein und riß auch andere Städte, die zum Reiche Sigiberts gehörten, an sich, weshalb zwischen ihnen ein Bruderkrieg entbrannte. Sigibert besetzte Soissons und nahm Theudebert[8], den Sohn Chilperichs, gefangen und schickte ihn in die Verbannung. Nachdem er Chilperich besiegt und in die Flucht geschlagen hatte, brachte er die Städte wieder unter seine Botmäßigkeit. Nach einem Jahr gab er Theudebert, den Sohn Chilperichs, frei, nachdem sie einander Frieden geschworen hatten. Guntchramn[9], [10]der Burgund beherrschte[10], setzte anstelle des Patricius

[100] Dép. Oise, Frankreich.

[1] Dezember 561.

[2] Vgl. *Gregor IV 22.*

[3] Dép. Aisne, Ar. Soissons, Ct. Vic-sur-Aisne, Frankreich.

[4] Vgl. oben *c. 29* mit Anm. [93–93].

[5] Sitz des Ostreiches wurde damals Reims, vgl. *Gregor.*

[6] Vgl. *Gregor IV 23.*

[7] Gemeint sind hier die Avaren, vgl. oben *II 57* mit Anm. 53; vgl. auch *Paulus Diaconus, Historia Langobardorum II 10: comperta Hunni, qui et Awares.*

[8] Sohn K. Chilperichs I.

[9] Vgl. *Gregor IV 24.*

[10–10] Einschub

locum Agricolanis[11] patriciae Celsum[12] instituit, verum in verbis paratum[13] et in cupiditate prumtissimus.

56. Guntramnus[14] fuit rex bonus, [15]timens Deum[15]. Accepit primum concupinam nomen Venerandam, de qua habuit filium nomen Gundobadum. Post accepit Marcytrudem, filiam Magnicharii[16]. Postquam de Gunthramno habuisset filium, venino Gundobadum dolis interfecit. Ipsa iudicio Dei filium quem habebat perdedit et odium regis [17]pre saginam[17] incurrit. Eadem demissa, Austrechilde[18] [19]eiusdem ancilla[19] cognomento Bobylanem Gunthramnus accepit uxorem, de qua duos filius habuit nominibus Chlotarium et Chlodomerem[20]. [21]Ut Marcitrudis demitteretur, haec fuit occansio. Mater eius post mortem Magnachari di vilis hominibus unum ex nutritis Magnicharii acceperat marito, qui, instigantibus Ciuccione et Wiolico[22] filiis, ab eodem mater iusso Guntramni separatur, et ipse puer occiditur; clamantes filii negligenter materem herbariam et meretricem. Haec occansio filiam eiecit de regnum[21]. Chairibertus[23] rex Ingobergam accepit uxorem. Qua relicta, Merofledem, lanariae filiam, accepit et aliam, pastoris ovium filiam, nomen Theotechilde duxit uxorem, ex qua habuit[24] filium, sed protinus moritur.

57. Porro[25] Sigybertus cum viderit fratres suos uxoris viles accipere, Gogonem[26] causam legationis ad Anagyldum regem direxit, petens, ut ei filiam suam [27]Brunam nomen[27] coniugio tradiret. Quam Anagyldus cum multis thinsauris Sigyberto ad matrimoni-

[11] Burgundischer Zentralpatrizius bis 561.

[12] Burgundischer Zentralpatrizius 561 – vor 569.

[13] *Fredegar* schwächte das *tumidum Gregors* ab.

[14] Vgl. *Gregor IV 25*.

[15–15] Zusatz

[16] Alle nicht näher bekannt.

[17–17] Zusatz. *Fredegar* unterscheidet zwischen Grund und Gelegenheit zur Verstoßung. Vgl. unten Anm. [21–21]. Vgl. auch *c. 83* mit Anm. 90 und *IV c. 27* Anm. 35.

[18] Austrechilde oder auch Bobila, G. Guntchramns.

[19–19] Zusatz; daß sie die Magd der Markatrude war, geht erst aus *Gregor V 20* hervor.

Agricola[11] den Celsus[12] ein, einen Mann, der sehr schlagfertig[13] und äußerst habgierig war.

56. Guntchramn[14] war ein guter [15]und gottesfürchtiger[15] König. Zuerst nahm er sich als Konkubine Veneranda, von der er einen Sohn namens Gundobad bekam. Danach heiratete er Markatrude, die Tochter des Magnachar[16]. Nachdem sie von Guntchramn einen Sohn geboren hatte, tötete sie Gundobad heimtückisch mit Gift. Durch Gottes Ratschluß verlor sie selbst ihren eigenen Sohn und erregte das Mißfallen des Königs [17]durch ihre Fettleibigkeit[17]. Guntchramn verstieß sie und nahm sich Austrechilde[18], [19]ihre Magd[19], die auch Bobila genannt wurde, zur Gemahlin, die ihm zwei Söhne gebar, die Chlothar und Chlodomer[20] genannt wurden. [21]Die Gelegenheit, Markatrude zu entlassen, war folgende: Ihre Mutter hatte sich nach dem Tode des Magnachar einen Mann niedriger Herkunft, der im Hause des Magnachar aufgewachsen war, zum Gemahl genommen; auf Betreiben ihrer Söhne Ciuccio und Wiolicus[22] wurde die Mutter auf Befehl Guntchramns von ihm getrennt und der Unfreie selbst getötet; die Söhne aber nannten ihre Mutter unüberlegterweise eine Kräutermischerin und Buhlerin. Bei dieser Gelegenheit verjagte er die Tochter (von ihrem Rang als Königin[21]). Der[23] König Charibert nahm die Ingoberga zu seiner Frau. Nachdem er sie verstoßen hatte, nahm er sich die Meroflede, die Tochter eines Wollarbeiters, und eine andere, die Tochter eines Schafhirten namens Theudechilde, zur Frau; von Theudechilde hatte[24] er einen Sohn, der aber gleich (nach der Geburt) starb.

57. Als[25] Sigibert sah, daß seine Brüder niedriggeborene Weiber nahmen, schickte er den Gogo[26] als Gesandten zu König Athanagild mit der Bitte, er möge ihm seine Tochter, [27]die Bruna genannt wurde[27], zur Frau geben. Athanagild schickte sie mit vielen Schätzen Sigibert zur Vermäh-

[20] Beide ohne überlieferte politische Bedeutung.

[21–21] Zusatz; *Gregor V 17* berichtete, die beiden Söhne des verstorbenen Magnachar seien von Guntchramn hingerichtet worden, weil sie über Königin Austrechilde unehrenhafte Reden führten. Vgl. unten *c.* 77.

[22] Söhne Magnachars und Brüder der Markatrude. *Gregor V 18* berichtet, daß ein Ciucilo, ein früherer Pfalzgraf König Sigiberts, als Begleiter Merovechs getötet wurde. Vgl. aber unten *c. 78* mit Anm. 88.

[23] Vgl. *Gregor IV 26.*

[24] *Gregor: fertur habuisse.*

[25] Vgl. *Gregor IV 27.*

[26] Zusatz. Gogo war der Leiter der Palastschule Sigiberts I. und lebte in der Sage weiter. Daß Gogo Brunhilde aus Spanien herbeiholte, bezeugt auch eine Glosse im Codex G zu *Venantius Fortunatus, Carmina VII 1 vv. 41, 42.*

[27–27] Brunhilde, T. K. Athanagilds, G. K. Sigiberts I., gest. 613. Zur Namensform vgl. nächste Anm. und *c. 59.*

um transmisit. [28]Ad nomen eius ornandum est auctum, ut vocaretur Brunechildis[28]. Quam cum multa[29] laeticia atque iocunditate Sigybertus accepit uxorem. /

58. Ante[30] haec in infancia Sigyberti[31] omnes Austrasii cum elegerint Chrodinum maiorem domus, eo quod esset in cunctis strenuus et timens Deum, paciencia inbutus, nec quisquam aliud, nisi que Deo et hominibus placerit, in eum inveneretur; illi hoc honorem respuens, dicebat: 'Pacem ego in Auster facere non valeo, maxime[d] omnes primati cum liberis in totum Auster mihi consanguinei sunt; non posso ex eis facere disciplinam nec quemquam interfecere. Ipse vero per me insurgunt, ut agant supersticiose. Eorum acta non permittat Deus, ut me inferni claustra tradant. Elegite alium quem vultis ex vobis'. At illi cum non invenerint,

59. tunc Chrodini consilio nutritum suum[32], memorato superius Gogonem maiorem domus elegunt. In crastino primus ad eius mansionem perrexit Chrodinus ad menisterium, bracile[33] Gogone in collum tenens. Quod reliqui cernentes, eiusdem secuntur exemplum. Prosperum haec Gogonem ad gubernandum fuit, quoadusque Brunechildem de Spania adduxit. Quem Brunechildis continuo apud Sigybertum fecit odiosum, ipsumque, suo instigante consilio, Sigybertus interfecit[34]. Tanta mala et effusione sanguinum a Brunechildis consilium in Francia factae sunt, ut prophetia Saeville[35] impleretur, dicens: 'Veniens Bruna de partibus Spaniae, ante cuius conspectum multae gentes peribunt'. Haec vero aequitum calcibus disrumpetur[36].

60. Chilpericus[37] Gachylisindam[38], sororem eius, habuit uxorem, relinquens[39] Fredegundem[40] et alias quas habebat uxores. Postea transcendens sacramentum, quem Gothorum legatis

[d] *maxime cum omnes primati liberis* 2a.

[28–28] Zusatz. Vgl. oben.

[29] Der brunhildefeindliche *Fredegar* änderte *Gregors inminsa* in *multa*.

[30] Beide folgenden Kapitel sind Zusätze.

[31] Gemeint ist wohl Childebert, der Sohn Sigiberts, da Chrodinus 582 als Siebzigjähriger starb und er unter Sigibert I. das Amt eines Herzogs innehatte.

[32] Verwechslung mit *nutricius*, denn nach *Gregor V 46* war Gogo damals der Erzieher K. Childeberts II.

[33] Zeichen der Unterwerfung, vgl. auch *Formulae Salicae Bignonianae 27*.

lung. [28]Um ihren Namen klingender zu gestalten, wurde er in der Art verlängert, daß sie nun Brunhilde genannt wurde[28]. Sigibert nahm sie unter viel[29] Jubel und großen Lustbarkeiten zu seiner Frau.

58. Bevor[30] dies geschah, zur Zeit also, als Sigibert[31] noch jung war, wählten alle Austrasier Chrodinus zum Hausmeier, da er in allen Belangen tatkräftig, gottesfürchtig und geduldig war und man an ihm nichts finden konnte, was Gott und den Menschen nicht gefallen hätte; er aber lehnte diese Ehre ab, indem er sagte: „Ich bin nicht in der Lage, in Austrasien Frieden zu schaffen; ich bin ja mit nahezu allen Vornehmen und deren Kindern in ganz Austrasien blutsverwandt; so kann ich unter ihnen keine Ordnung herstellen oder einen von ihnen töten. Sie aber werden sich (durch ihre Verwandtschaft) mit mir erlauben, Gewalttaten zu vollbringen. Gott soll nicht zulassen, daß ich wegen ihrer bösen Taten in die Hölle komme. So wählt irgendeinen anderen von euch, wen ihr auch wollt". Da sie aber keinen fanden,

59. erwählten sie schließlich auf Rat des Chrodinus seinen Zögling[32], den oben erwähnten Gogo, zum Hausmeier. Am nächsten Morgen ging Chrodinus als erster zur Wohnstätte Gogos, um ihm seine Unterwürfigkeit zu zeigen, indem er Gogos Wehrgehänge[33] um den Hals nahm. Als die anderen dies sahen, folgten sie seinem Beispiel. Dies war Gogo bei der Ausübung seiner Amtsgewalt sehr von Nutzen, bis er Brunhilde aus Spanien herbeiführte; denn sofort erregte sie den Haß Sigiberts gegen ihn, und so tötete Sigibert ihn auf ihren Rat[34]. Auf Brunhildes Rat hin wurden solche Untaten und solches Blutvergießen im Frankenreich angerichtet, daß sich die Prophezeiung der Sibylle[35] erfüllte, die sagte: „Da kommt Bruna aus Spanien; vor ihrem Anblick werden viele Völker zugrunde gehen." Sie aber wurde von Pferdehufen zu Tode getrampelt[36].

60. Chilperich[37] nahm Galsvintha[38], ihre Schwester, zur Gattin, indem er Fredegunde[40] und seine anderen Frauen verstieß[39]. Später aber brach er das Versprechen, das er den Gesandten der Goten gegeben hatte, daß

[34] Gogo starb erst fünfzehn Jahre später, 581, eines natürlichen Todes. Ist diese Geschichte in Anlehnung an die Sagen über Siegfrieds Tod geschrieben? Vgl. G. Baesecke, Vorgeschichte des deutschen Schrifttums (Vor- und Frühgeschichte des deutschen Schrifttums I, 1940) 249, 288.

[35] Vgl. *Libri Sibyllini VIII 218f.* und die Übersetzung dieser Verse bei *Augustinus, De civitate Dei XVIII 23: E caelo rex adveniet per saecla futurus, scilicet ut carnem praesens, ut iudicet orbem.*

[36] Vgl. unten *IV 42.*

[37] Vgl. *Gregor IV 28.*

[38] T. K. Athanagilds, dritte G. K. Chilperichs I., Schwester Brunhildes.

[39] *promittens se alias relicturum Gregor.*

[40] Zweite G. Chilperichs I., gest. 596/97.

dederat, ne umquam Gachyloisindam de culmine regni degradarit, ipsamque suggelare fecit[41]. Post cuius transitu Fridegundem dinuo accepit uxorem. Reputantes ei fratres, quod suo ingenio[42] Gachylosoinda fuerat interempta, eum de regno eieciunt. Habebat Chilpericus de priore regina Audovera tres filios, Theudebertum, Maeroeum et Chlodoveum[43].

61. Chuni[44] in Galliis venere conantur, adversus quos Sigybertus cum magnum adgreditur exercito. Chuni magecis artibus instructi, multis fantasiis ostensis, [45]exercitum Sigyberti metum concutunt[45], terga vertunt. Sigybertus a Chunis circumdatur, sed suae prudenciae donis offerens liberatur, nec ei quicquam haec condicio / fecit opprobrium. Pacem sempiternam cum Chunis firmavit[46] et a rege Chunorum condignis muneribus honoratur.

62. Sigibertus[47] praecepit Arvernis civebus Arelate occupare. Iobente Guntramno, a Celso patricio Arverni Arelato trucidati sunt.

63. Athanagildo[48] regem Spaniae defunctum, Leuva cum Leuvildo fratri[49] regnum adsumit. Moritur Leuva. Leuvildus integrum Spaniae regnum tenet, habens Gadsuindam[50], matrem Brunichildis, uxorem.

64. Eodem[51] tempore, defuncto Constantinopole Iustiniano imperatore, Iustinus[52] ambivit imperium, vir iniquos et cubidus. Ad quem Sigybertus legatus Warmecharium Francum et Firminum[53] com.[54] direxit, qui, pacem cum imperatore firmata, secundo anno sunt reversi.

65. [55]Langobardorum gens, priusquam hoc nomen adsumerit, exientes de Scathanavia[56], que est inter Danuvium et mare Ocia-

[41] 569 oder 570.

[42] *Gregor: sua emissione.*

[43] Außer den drei Söhnen hatte Chilperich von Audovera, seiner ersten G., noch eine Tochter Basina, vgl. oben *c. 11.*

[44] Vgl. *Gregor IV 29.* Avareneinfall im Sommer 565.

[45–45] Einschub. Gemeint ist auch hier wohl die gefürchtete Scheinflucht.

[46] Vgl. auch *Menander, Excerpta de legationibus 454.*

[47] Vgl. *Gregor IV 30.* Um 566 bis 568.

[48] Vgl. *Gregor IV 38.*

er Galsvintha niemals von ihrer Würde als Königin herabstoßen würde, und ließ sie erdrosseln[41]. Nach ihrem Ableben nahm er neuerlich Fredegunde zu seiner Gemahlin. Indem ihm seine Brüder zur Last legten, daß Galsvintha auf sein Geheiß[42] getötet worden war, vertrieben sie ihn aus seinem Reich. Chilperich hatte von seiner früheren Gemahlin Audovera drei Söhne, Theudebert, Merovech und Chlodovech[43].

61. Die[44] Hunnen versuchten, in Gallien einzufallen; gegen sie zog Sigibert mit einem großen Heer. Die Hunnen, die in Zauberkünsten wohl bewandert sind, [45]jagten dem Heere Sigiberts durch allerlei Spuk Furcht ein[45]; so wandte es sich zur Flucht. Sigibert wurde von den Hunnen umzingelt, erlangte aber die Freiheit, indem er ihnen, schlau wie er war, Geschenke darbot; dieses Zugeständnis aber fügte seinem Rufe keinen Schaden zu. Er schloß mit den Hunnen einen ewigen Frieden[46] und wurde von dem König der Hunnen mit würdigen Geschenken geehrt.

62. Sigibert[47] befahl den Leuten aus Clermont, Arles zu besetzen. Sie wurden auf Befehl Guntchramns vom Patricius Celsus in Arles getötet.

63. Nachdem[48] der König Spaniens, Athanagild, gestorben war, übernahm Liuva mit seinem Bruder Leovigild[49] die Herrschaft. Liuva starb. Leovigild hatte die alleinige Herrschaft über Spanien inne; er war vermählt mit Gosvintha[50], der Mutter Brunhildes.

64. Zu[51] dieser Zeit gelangte Justinus[52], da der Kaiser Justinian in Konstantinopel verstorben war, zur Herrschaft, ein ungerechter und den Leidenschaften ergebener Mann. An ihn schickte Sigibert als Gesandte den Franken Warmar und den comes[54] Firminus[53], die im zweiten Jahre darauf zurückkehrten, nachdem der Friede mit dem Kaiser bestätigt worden war.

65. [55]Bevor das Volk der Langobarden noch diesen Namen angenommen hatte, zogen sie aus Skandinavien[56], das zwischen der Donau und

[49] Liuva I., K. d. Westgoten 567—571/72. Leovigild, K. d. Westgoten 568—586.

[50] G. K. Leovigilds, fanatische Arianerin. Sie muß nach dem Zusammenhang vorher die G. K. Athanagilds gewesen sein.

[51] Vgl. *Gregor IV 40.*

[52] Justinus II., oström. Ks. 565—578.

[53] Die Gesandtschaft des sonst unbekannten Warmar und des Firminus, comes der Auvergne, fand zwischen 565 und 573 statt.

[54] Zusatz *Fredegars*, der *Gregor IV 30* lesen konnte, daß Firminus comes war; *Gregor* bietet an dieser Stelle *Firminum Arvernum.*

[55—55] Zusatz. Diese Etymologie des Volksnamens der Langobarden ist angelehnt an die *Origo gentis Langobardorum c. 1;* vgl. *Paulus Diaconus, Historia Langobardorum I 1; 14. Fredegar* ersetzte allerdings die Vandalen des *Paulus* und der *Origo* durch die Hunnen/Avaren.

[56] Die *Origo gentis Langobardorum c. 1* bietet *Scadanan, Paulus Diaconus I 1; 14 Scadinavia.*

num, cum uxores et liberis Danuvium transmeant. Cum a Chunis[57] Danuvium transeuntes fussent conperti, eis bellum conarint inferre, interrogati a Chuni, que gens eorum terminos introire praesumerit. At ille mulieris eorum praecipunt comam capitis ad maxellas et mentum legarint, quo pocius virorum habitum simulantes plurima multitudine hostium ostenderint, eo quod erant mulierum coma circa maxellas et mentum ad instar barbae valde longa. Fertur desuper uterque falangiae vox[58] dixisse: 'Haec[e] sunt Langobardi'[59]; quod ab his gentibus fertur eorum deo fuisse locutum, quem fanatice nominant Wodano. Tunc Langobardi[60] clamassent: 'Qui instituerat nomen, concidere victoriam!' Hoc prilio Chunus superant, partem Pannoniae[61] invadunt. Nec multo post tempore[55] [62]Narsis patricius minas[62] [63]Iustini impr. eiusque[63] [62]agustae Sopiae[64] perterritus[62], [65]eo quod agusta ei adparatum ex auro facto muliebri, eo quod eonucus erat, cum quo filaret, direxit; et pensilariis regerit non populo. At ille respondens: 'Filo filabo, de quem Iustinus imperator nec agusta ad caput venire non possit'. Tunc[65] [66]Langobardus a Pannoniis invitans[66], [67]cum Albueno regi[67] [66]Aetaliam introduxit[66]. Albuenus[68] Chlodesindam[69], Chlotharii regis filiam, habuit uxorem; qua defuncta, aliam duxit coniugem[70], cuius patrem interfecerat. /

66. Ipse vero eiusdem mulieris fraude venino perit. [71]Ipsaque postea cum aliquo Langobardo[72], apud quem Ravennam fugaciter de civitatem Verona, ubi viro occiderat, adgrediebat[71], pariter in itenere adprehensi et interfecti sunt.

[e] sc. *hi*.

[57] Gemeint sind wiederum die Avaren.

[58] Verchristlichte Version, vgl. *Mt. 3, 17 et ecce vox de caelis dicens: "Hic est filius meus"*. In der *Origo* finden wir *Godan ait*, bei *Paulus Godan dixit*.

[59] Vgl. auch *Isidor von Sevilla, Etymologiae IX 2; 95 Langobardos vulgo fertur nominatos prolixa barba et numquam tonsa.*

[60] Auch hier übergeht *Fredegar* die heidnische Göttin *Frea*, vgl. *Origo c. 1: Et dixit Frea ad Godan: Sicut dedisti nomen, da illis et victoriam.*

[61] Nach der *Origo c. 5* fielen die Langobarden erst unter K. Alboin um 546 in Pannonien ein.

[62–62] Zusätze aus *Isidor von Sevilla, Chronica 476, 402.* Zur Entwicklung und Ausbreitung der Geschichte von Narses vgl. L. Schmidt, Die Ostgermanen ([3]1941) 589 Anm. 2.

dem Ozean liegt, aus und überschritten mit ihren Frauen und Kindern die Donau. Als die Hunnen[57] bemerkten, daß sie die Donau überschritten und es wagten, mit ihnen Krieg zu führen, fragten sie, welches Volk es sei, das sich erdreiste, in ihr Land einzubrechen. Die Langobarden aber geboten ihren Weibern, ihr Haupthaar um Backe und Kinn zu binden, um durch den Anschein von Männertracht – das Haar der Frauen um Backe und Kinn gelegt sieht nämlich wie ein sehr langer Bart aus – eine große Feindesmacht vorzutäuschen. Da soll eine Stimme[58] über beiden Heeren gesagt haben: „Dies sind die Langbärte[59]"; diese Völkerschaften behaupten, dies hätte ihr Gott gesagt, den sie als Heiden Wodan nannten. Daraufhin sollen die Langobarden[60] gerufen haben: „Wer auch immer uns den Namen gegeben hat – schenke uns auch den Sieg". In dieser Schlacht besiegten sie die Hunnen und fielen in einen Teil von Pannonien[61] ein. Nicht viel später[55] [62]wurde der Patricius Narses durch die Drohungen[62] [63]des Kaisers Justinus und seiner[63] [62]Gemahlin Sophia[64] in großen Schrekken versetzt[62]: [65]Die Kaiserin schickte ihm nämlich deshalb, weil er ein Eunuch war, ein sonst für Frauen bestimmtes aus Gold verfertigtes Gerät, mit dem er Spinnfäden drehen sollte (und fügte hinzu), er solle eher über die Spinnerinnen herrschen als über ein Volk. Er aber gab zur Antwort: „Ich werde einen Faden spinnen, durch den der Kaiser Justinus und die Kaiserin (gehindert werden), an meinen Kopf heranzukommen". Daraufhin[65] [66]rief er die Langobarden aus Pannonien herbei und führte sie[66] [67]mit ihrem König Alboin[67] [66]nach Italien[66]. Alboin[68] hatte Chlodoswintha[69], die Tochter des Königs Chlotachar, zur Gattin; nach ihrem Ableben nahm er sich eine andere Gemahlin[70], deren Vater er getötet hatte.

66. Er selbst aber ging an Gift zugrunde, das ihm seine Frau heimtückisch verabreicht hatte. [71]Sie flüchtete daraufhin mit einem Langobarden[72] aus der Stadt Verona, wo sie ihren Gemahl getötet hatte, nach Ravenna[71]; sie wurden beide auf dem Weg ergriffen und getötet.

[63–63] *Isidor* hatte die Schuld nur Sophia zugeschoben. Mißverständnis der Formulierung *Isidors Sufiae augustae, Iustini coniugis, minis perterritus?*

[64] G. des Ks. Justinus II.

[65–65] Zusatz, vgl. *Paulus Diaconus, Historia Langobardorum II 5.*

[66–66] Vgl. *Isidor von Sevilla, Chronica 476, 402.*

[67–67] Zusatz. Alboin, K. d. Langobarden um 552–572.

[68] Vgl. *Gregor IV 41.*

[69] Chlodoswintha, T. K. Chlotachars, erste G. K. Alboins.

[70] Gemeint ist Rosamunde, T. des Gepidenk. Kunimund, der 567 von Alboin in der Schlacht getötet worden war.

[71–71] Zusatz, vgl. *Origo gentis Langobardorum c. 5* und die nächste Anm.

[72] In der *Origo* hätte *Fredegar* den Namen *Hilmegis* lesen können. Nach der *Origo* flüchtete Rosamunde mit Hilmegis nach der Ermordung Alboins aus Verona nach Ravenna, wo sie sich gegenseitig vergifteten.

67. Langobardi regem [73]nomen Clip[73] super se eligunt[73]. Prorumpentibus[74] Langobardis in Gallias, Amatus[75] patricius ab ipsis interfecetur, et a Burgundionibus multae ibidem estrages factae sunt. Post Amatum Mummolus[75] patriciatum adsumit.

68. Inruentebus[76] iterum Langobardis in Galliis, cum quibus Mummolus fortiter demigavit, et usque ad internicionem oppressit, pauci ex eisdem Aetaliam repedantur. Saxones, [77]quos Theudebertus in Aetalia miserat[77], in Gallies prorumpunt, apud Stuplonem[78] castra ponentes, multae estrages per vicina loca ab ipsis perpetrantur. Qui a Mummolo superantur et in Aetalia fugaciter revertuntur[79], amissis omnibus que pretaverant. Saxones iterum[80] cum uxores et liberis in Gallies destinant, ut a Sigyberto regi recepti, in loco unde exierunt redirint. Venientes in terreturio Avennico, Mummolus protinus obviam veniens eis, Rodanum transire non permittebat. Postea, acceptis muneribus, transire eos permisit. Ad Sigybertum pergentes in locum unde prius egressi fuerant sunt stabiliti. [81]Postea, defuncto Clip[81], Langobardorum[82] duces Chamo, Zaban et Rodanus Gallias inruperunt. Quorum obviam Mummolus cum exercito venit et hos tres duces cum eorum exercito usque ad internicionem delivit. In[83] alio anno Mummolus cum exercito Toronus ac Pectavis, iubente Guntramno, de potestate Chilperici abstulit et ad parte Sigyberti restituit. Multi ibidem de exercito Chilperici et ipse Pectavensis sunt gladio trucidati. [84]Taloardus et Nuccio duces Langobardorum per oscula[85] in Sidonense[86] territurio cum exercito sunt ingressi, ad monasterium sanctorum Agauninsium nimia facientes strage. Baccis[87] villa nec procul ab ipso monasterio et duces et

[73–73, 73] Zusätze zu *Gregor IV 41*, der den Namen Clephs, K. d. Langobarden 572–574, nicht nennt. Zu den Nachfolgern Clephs vgl. unten *IV 45*.

[74] Vgl. *Gregor IV 42*. 570/71.

[75] Amatus und Eunius Mummolus, Nachfolger des Celsus als burgundische Zentralpatrizier.

[76] 571?

[77–77] Nach *Gregor* waren die Sachsen mit den Langobarden nach Italien gekommen. Obwohl Theudebert Suprematie über die Sachsen beanspruchte, ist an dieser Stelle wohl Sigibert zu lesen, vgl. Zöllner, Geschichte der Franken 92 Anm. 5. Vgl. jedoch *Gregor V 15*.

67. Die Langobarden [73]wählten den Cleph[73] als König über sich. Als[74] die Langobarden in Gallien einbrachen, töteten sie den Patricius Amatus[75] und richteten dort großes Blutvergießen unter den Burgundern an. Nach Amatus übernahm Mummolus[75] das Amt des Patricius.

68. Als[76] die Langobarden ein zweites Mal in Gallien einbrachen, kämpfte Mummolus tapfer gegen sie und vernichtete sie vollständig; nur wenige von ihnen kehrten nach Italien zurück. Die Sachsen, [77]die Theudebert nach Italien geschickt hatte[77], fielen in Gallien ein; nachdem sie ihr Lager in Estoublon[78] errichtet hatten, brachten sie viel Verderben über die umliegenden Orte. Sie wurden von Mummolus überwältigt und flüchteten nach Italien[79], wobei sie alles zurückließen, was sie erbeutet hatten. Die Sachsen zogen ein zweites Mal[80] mit ihren Frauen und Kindern in Richtung Gallien, um von König Sigibert aufgenommen zu werden und dorthin zurückzukehren, von wo sie ausgezogen waren. Als sie in das Stadtgebiet von Avignon kamen, trat ihnen plötzlich Mummolus entgegen und erlaubte ihnen nicht, die Rhône zu überschreiten. Später aber, als er Geschenke erhalten hatte, erlaubte er ihnen den Übergang. Sie zogen zu Sigibert und wurden an dem Orte angesiedelt, von dem sie früher ausgezogen waren. [81]Später, als Cleph schon gestorben war[81], brachen[82] die duces der Langobarden Amo, Zaban und Rhodan in Gallien ein. Ihnen zog Mummolus mit Heeresmacht entgegen und vernichtete diese drei duces samt ihrem Heere. In einem anderen Jahre[83] entriß Mummolus auf Befehl Guntchramns mit einem Heere Tours und Poitiers der Macht Chilperichs und stellte sie an Sigibert zurück. Dabei kamen viele aus dem Heere Chilperichs und auch Leute aus Poitiers durch das Schwert um. [84]Die langobardischen duces Taloardus und Nuccio drangen mit ihrem Heerhaufen durch die Talenge[85] in das Gebiet von Sitten[86] ein und richteten bei dem Kloster Saint Agaune ein großes Blutbad an. In der villa Bex[87], nicht weit von diesem Kloster, wurden die duces

[78] Dép. Basses-Alpes, Ar. Digne, Ct. Mézel, Frankreich.

[79] Stark verkürzt.

[80] 573?

[81–81] Zusatz. Cleph war im Frühjahr 574 ermordet worden.

[82] Vgl. *Gregor IV 44.*

[83] Vgl. *Gregor IV 45.* Bereits Ende 567 oder 568.

[84–84] Zusatz aus unbekannter Quelle. *Marius von Avenches, Chronica a. 574,* kennt weder die Namen der Herzöge der Langobarden noch die ihrer Besieger.

[85] *Marius* nennt sie *Clusae,* Befestigungen am Taleingang, vgl. P.-E. Martin, Études critiques sur la Suisse à l'époque mérovingienne 534–715 (1910) 156 Anm. 5.

[86] Sitten (Sion) Hst. Ct. Wallis, Schweiz.

[87] Bez. Aigle, Ct. Waadt, Schweiz.

eorum exercitus a Wiolico et Teudofredo[88] ducibus Gunthramni sunt interfecti. 40 tantum ex illis fugaciter Aetaliam remeantur[84].

69. Chlodoveus[89], filius Chilperici, Burdegalem pervadit[90]. A Sigulfo[91] duci superatus, fugaciter ad patrem redit.

70. Chilpericus[92] Pectavos et Thoronos de regno Sigyberti pervasit et Sigulfo[93] duci fuga vertit suoque exercito prostravit. Chilpericus[94] civitates eas que per/vaserat Sigyberto reddit. Post[95] anno Chilpericus exercito cum multo regno Sigyberti ingreditur, [96]sed, intercurrentes legatus, pacifecati sunt[96].

71. [97]Postea uno inientes consilio amboque moventes exercito, volentes Gunthramnum interficere regnumque eius adsumere, Sigybertus cum exercitu Arciaca[98] resedens, Chilpericus Duodecepontis[99], audiens haec Gunthramnus, exercitum velociter movit, veniensque villa Veriaco[100], intercurrentes legatus, hii tres germani Sigybertus, Gunthramnus et Chilpericus Trecas iuncxerunt et in ecclesia sancti Lupi[1] sacramento contra Gunthramnum, ut pacem servarint, dederunt. Gunthramnus idemque cum eis pacem sacramentis firmavit. Redientes ad castra Austrasiae, adversus Sigybertum rumorem levant, dicentes: 'Sicut promisisti, da nobis, ubi rebus ditemur aut preliemur, alioquin ad patriam non revertimur'[2]. Illi volens, conpulsus a suis, super Gunthramno ire, Austrasiae valde consiliosae dicent ad eum: 'Sacramentis pacem cum Gunthramno firmasti; quo pacto possumus super eum inruere?' Unianimiter exclamantis, se super Chilpericum velle ire, protinus moventis, inruunt super Chilpericum. Iam eius exercitus ad propria festinans longe aberat[97]. Cum[3]

[88] Wiolicus, S. Magnachars, vgl. oben *c. 56*. Theudefredus, Herzog des *pagus Ultraiuranus* (Westschweiz)? Agilolfinger? Vgl. E. Zöllner, Die Herkunft der Agilolfinger. MIÖG 59 (1951) 251 und unten *IV 13* Anm. 58.

[89] Vgl. *Gregor IV 47.*

[90] *Pervadere* bedeutet bei *Fredegar* sonst immer plündernd durchziehen. Vgl. jedoch *Gregor IV 47.*

[91] Großer im Reiche K. Sigiberts, wohl nicht identisch mit Sigulf, dem dux Guntchramns, der nach *Gregor VIII 18* 585 in Angers amtierte. *Duci* ist jedenfalls Zusatz.

[92] Nicht Chilperich selbst, sondern sein S. Theudebert führte den Verwüstungszug durch.

[93] *Gundovaldum Gregor.*

[94] Vgl. *Gregor IV 49.*

und ihr Heerhaufen von den duces Guntchramns Wiolico und Theudefredus[88] getötet. Nur 40 von ihnen kehrten flüchtend nach Italien zurück[84].

69. Chlodovech[89], der Sohn Chilperichs, verheerte Bordeaux[90]. Nachdem er von dem dux Sigulf[91] besiegt worden war, floh er zu seinem Vater.

70. Chilperich[92] durchzog plündernd Poitiers und Tours, die zum Reich Sigiberts gehörten, schlug den dux Sigulf[93] in die Flucht und warf sein Heer nieder. Chilperich[94] gab die Städte, die er heimgesucht hatte, Sigibert zurück. Nach[95] einem Jahr fiel Chilperich mit einem großen Heere in das Reich Sigiberts ein, [96]doch wurde der Friede durch die Vermittlung von Gesandten wiederhergestellt[96].

71. [97]Daraufhin faßten sie einen gemeinsamen Plan und boten beide ihr Heer auf in der Absicht, Guntchramn zu töten und sein Reich zu übernehmen. Sigibert lagerte sich mit seinem Heer in Arcis-sur-Aube[98], Chilperich aber in Pont-sur-Seine[99]. Als Guntchramn dies erfuhr, bot er schnell sein Heer auf; nachdem er in die villa Virey-sous-Bar[100] gelangt war, trafen einander die drei Brüder Sigibert, Guntchramn und Chilperich nach Vermittlung durch Gesandte in Troyes und schworen Guntchramn in der Kirche des heiligen Lupus[1], Frieden zu bewahren. Auch Guntchramn bestätigte den Frieden, den er mit ihnen geschlossen hatte, durch Schwüre. Als die Austrasier in ihr Lager zurückkehrten, erhoben sie lautes Murren gegen Sigibert, indem sie sagten: „Gib uns so, wie du uns versprochen hast, eine Gelegenheit, uns zu bereichern und zu kämpfen; sonst kehren wir nicht in die Heimat zurück[2]". Als er unter dem Zwang seiner Leute bereit war, Guntchramn zu überfallen, sprachen die Austrasier wohlweislich zu ihm: „Du hast den Frieden mit Guntchramn beschworen; wie können wir ihn dann überfallen?" Als sie aber einstimmig riefen, sie wollten Chilperich überfallen, brachen sie sofort auf und drangen auf Chilperich ein. Sein Heer aber, das sich auf dem Heimweg befand, war schon weit weg[97]. Als[3] Chilperich davon erfuhr, wandte er

[95] Vgl. *Gregor IV 50.* 575.

[96–96] Zusatz. Zu einer Aussöhnung kam es jedoch nach *Gregor* nur zwischen Sigibert und Guntchramn.

[97–97] Dieser lange Einschub ist trotz seines Detailreichtumes unglaubwürdig.

[98] Dép. Aube, Ar. Troyes, Frankreich.

[99] Dép. Aube, Ar. Nogent-sur-Seine, Frankreich.

[100] Dép. Aube, Ar. Troyes, Ct. Bar-sur-Seine, Frankreich.

[1] St. Loup in Troyes. Troyes gehörte damals zum Reiche Guntchramns. Vgl. auch die Geschichte von Villery, oben *c. 19*.

[2] Vgl. oben *c. 51* und *Gregor IV 14*. Vgl. auch *Gregor V 15* und die Friedensangebote der Sueben.

[3] Von hier an folgt Fredegar wieder *Gregor IV 50.* Chilperich flüchtete jedoch auf die Nachricht von der Versöhnung zwischen Guntchramn und Sigibert nach Tournai. Vgl. auch oben *c. 70* Anm. [96–96].

haec cognovisset Chilpericus, terga vertens Thornoa[4] pervenit Sigybertus[5] [6]post tergum eius[6] Parisius venit; ibique sanctum [6]ac beatissimum[6] Germanum[7] [6]Parisiorum urbis[6] episcopo Sigybertus vidisset, haec ab eodem verbo prophetiae audivit: 'Si germanum tuum ita persequere cogitas, ut eum interficere disponas et regnum suum auferre[f], scriptum est: "[8]Foveam que fratri tuo parabis, in eam cadebis[8]"'. Cuius castigationem nolens annuere, cogetabat optata perficere. Cumque Victuriaco[9] accessisset, omnes Neptrasiae[g,10] ad eum venientes, se suae dicione subiecerunt. [11]Ansoaldus tantum cum Chilperico remansit[11]. Fredegundis duobus pueris dolo transmissis, Sigybertum interficiunt[12], [13]et ipsi interfecti sunt. Resumptis viribus, Chilpericus suumque regnum recepit[13].

72. [14]Brunechildis cum filio suo Childeberto[15] Parisius sub custodia[16] tenebatur; sed factione Gundoaldo duce Childebertus in paera positus, per fenistram a puerum aceptus est, et ipse puer singulus eum Mittes[17] exhibuit; ibique a Gundoaldo vel Austrasiis in regno patri sublimatur. Brunechildis iusso Chilperici exilio Rothomo[18] retrudetur[14]. In[19] eo anno fulgor[20] per caelo discurrisse visus est. Sigybertus in eclesia sancti Medardi[21] sepultus est, aetate quatragenaria, 14. regni sui anno.

73. A transito Theudeberti seniores usque ad exitum Sigyberti anni 29[22].

A principio usque ad diluvium anni 2242.

A deluvio usque ad Abracham anni 942. /

Ab Abracham usque ad egressum filiorum Israhel ex Aegypto anni 462.

[f] *morieris* fehlt Fredegar.

[g] 1; *Neustrasii* 2a; *Neostrasi(a)e* 3. 4b2*.

[4] Pr. Hainaut (Hennegau), Belgien.

[5] Vgl. *Gregor IV 51.*

[6–6] Einschübe

[7] B. v. Paris um 552/558–576.

[8–8] Vgl. *Spr 26, 27,* doch wich schon *Gregor* vom Wortlaut ab.

[9] Dép. Pas-de-Calais, Ar. Arras, Frankreich.

[10] *Gregor: exercitus.*

sich zur Flucht und warf sich nach Tournai[4]. Sigibert[5] [6]verfolgte ihn bis[6] Paris; als er dort den heiligen [6]und allerseligsten[6] Bischof [6]der Stadt der Pariser[6], Germanus[7], traf, vernahm er aus dessen Munde das Wort der Prophezeiung: „Wenn du deinen Bruder so zu verfolgen gedenkst, daß du ihn töten und sein Reich an dich nehmen willst (, dann denke an die Worte der Schrift): '[8]In die Grube, die du deinem Bruder bereitest, wirst du selbst fallen[8]' ". Sigibert aber hatte nicht die Absicht, sich dessen mahnende Worte zu Herzen zu nehmen, und überlegte, sein Vorhaben zu vollenden. Als er in Vitry[9] anlangte, kamen alle Neustrier[10] zu ihm und unterwarfen sich seiner Herrschaft. [11]Nur Ansoaldus bewahrte Chilperich die Treue[11]. Zwei Gefolgsleute, die Fredegunde hinterhältig gesandt hatte, töteten Sigibert[12] [13]und wurden selbst getötet. Als Chilperich neue Kräfte gesammelt hatte, gewann er sein Reich wieder[13].

72. [14]Brunhilde wurde mit ihrem Sohn Childebert[15] in Paris gefangengehalten[16]; nach dem Plane des dux Gundovald wurde Childebert in einen Sack gelegt und durch das Fenster einem Gefolgsmann gereicht, der ihn ganz alleine nach Metz[17] brachte; dort wurde er von Gundovald und den Austrasiern in das Reich seines Vaters eingesetzt. Brunhilde aber wurde auf Befehl Chilperichs nach Rouen[18] in die Verbannung geschickt[14]. In diesem Jahre sah man einen (hellen) Schein[20] über den Himmel laufen. Sigibert wurde in seinem vierzigsten Lebensjahre, das das 14. Jahr seiner Herrschaft war, in der Kirche des heiligen Medardus[21] begraben.

73. Vom Ableben des älteren Theudebert bis zum Tode Sigiberts waren es 29[22] Jahre.

Vom Anfang der Welt bis zur Sintflut waren es 2 242 Jahre.

Von der Sintflut bis zu Abraham waren es 942 Jahre.

Von Abraham bis zum Auszug der Kinder Israel aus Ägypten 462 Jahre.

[11]–[11] Zusatz. Ansoaldus wird von *Gregor* mehrfach als treuer Anhänger Chilperichs genannt.

[12] Vor dem 8. Dezember 575.

[13]–[13] Zusatz

[14]–[14] Einschub, angelehnt an *Gregor V 1.*

[15] Childebert II., K. d. Franken 575–595.

[16] Unrichtig

[17] Vgl. oben *c. 29* mit Anm. 94.

[18] Hst. Dép. Seine-Maritime, Frankreich.

[19] Vgl. *Gregor IV 51.*

[20] Oder doch ein Blitz? Vgl. unten *c. 82* mit Anm. 81.

[21] St. Médard in Soissons.

[22] Richtig: 27 Jahre.

Ab egresso filiorum[h] ex Aegypto usque ad aedeficationem templi Salomonis anni 480.

Ab aedificacionem vero templi usque ad dissolationem eius et transmigrationem Babylloniae anni 390.

A transmigrationem Babylloniae usque ad passionem Domini anni 648[23].

A passionem Domini usque a transito sancti Martini anni 412.

A transito sancti Martini usque a transito Chlodoveae regis anni 112.

A transito Chlodovei regis usque transitum Teudeberti anni 37.

A transito Teudeberti usque ad exitum Sigyberti anni 29[22].

Quod sunt semul anni 5774[24].

74. Chilpericus[25] filium suum Maeroveum Pectavis cum exercitum direxit. Exinde revertens, Rothomao accessit et Brunechildem in coniugium[i] accepit. Protinus Chilpericus ipsum de ea separavit. Campaninses[26] Sexsionas pervaserunt. Chilpericus cum exercitu contra eos invaluit, Sexsionas recepit. Filium[27] suum Meroveum honus[k] clericati tonsorare fecit, et prbt. ordenatur. Roccolenum[28] ducem[29] Gunthramnum [30]idemque ducem[30] persequendum Thoronos transmisit. Roccolenus ab infirmitate vexatus, nihil ibidem praevaluit.

75. Eo[31] tempore sanctus Germanus Parisiorum episcopus transiit. Chilpericus[32] filium suum Chlodoveum Toronus transmisit, qui [33]et ultra Legere civitates Childeberti[33] prevaderit. Mummolus patricius Gunthramni [34]contra Chlodoveum[34] et Desiderium duci Chilperici bellum gessit eosque superavit. Caesi a Mummoli exercito quinque milia, a Desiderio vero 20[35] milia.

76. Inter[36] Suaevos et Saxones bellum surrexit. Caesi sunt a Saxonibus 20 milia; sex milia tantum ex eis remanserunt. Suae-

[h] *Israel* später add. 1; überschrieben 3; im Text 4b2*.

[i] *in* fehlt 1, Krusch.

[k] *honus tonsorare* 1, 3, Krusch.

23 *668 Gregor;* nur die Handschrift B1 hat *648*.

24 Vgl. oben Anm. 22, 23.

25 Vgl. *Gregor V 2.* 576. Die folgende Erzählung über Merovech und Brunhilde ist stark verkürzt.

26 Vgl. *Gregor V 3.*

Vom Auszug der Kinder (Israel) aus Ägypten bis zur Erbauung des Tempels Salomons 480 Jahre.

Vom Bau des Tempels aber bis zu seiner Zerstörung und der Auswanderung nach Babylon 390 Jahre.

Von der babylonischen Gefangenschaft bis zum Leiden des Herrn 648 Jahre[23].

Vom Leiden des Herrn bis zum Ableben des heiligen Martin 412 Jahre.

Vom Heimgange des heiligen Martin bis zum Ableben des Königs Chlodovech 112 Jahre.

Vom Ableben des Königs Chlodovech bis zum Ableben Theudeberts 37 Jahre.

Vom Ableben Theudeberts bis zum Ende Sigiberts 29[22] Jahre. Das sind zusammen 5 774[24] Jahre.

74. Chilperich[25] sandte seinen Sohn Merovech mit einem Heer nach Poitiers. Als er von dort zurückkehrte, begab er sich nach Rouen und nahm Brunhilde zu seiner Frau. Daraufhin trennte ihn Chilperich sofort von ihr. Leute[26] aus der Champagne überfielen Soissons. Chilperich gewann mit seinem Heere die Oberhand über sie und gewann Soissons zurück. Seinem[27] Sohn Merovech ließ er für das Priesteramt die Haare schneiden; er wurde zum Priester geweiht. Er[28] schickte den dux[29] Roccolenus nach Tours, um Guntchramn, [30]ebenfalls einen dux[30], zu verfolgen. Roccolenus, der von einer Krankheit ergriffen wurde, vermochte dort nichts auszurichten.

75. Zu[31] dieser Zeit ging der heilige Bischof von Paris, Germanus, heim. Chilperich[32] sandte seinen Sohn Chlodovech nach Tours, um [33]auch die Städte Childeberts jenseits der Loire[33] heimzusuchen. Mummolus, der Patricius Guntchramns, bekriegte Chlodovech[34] und Desiderius, den dux Chilperichs, und besiegte sie. Aus dem Heere des Mummolus wurden 5000, aus dem des Desiderius aber 20 000[35] Mann erschlagen.

76. Zwischen[36] Sueben und Sachsen entbrannte ein Krieg. Auf der Seite der Sachsen fielen 20 000 Männer; nur 6000 von ihnen überlebten. Die

[27] Vgl. *Gregor V 14.*

[28] Vgl. *Gregor V 4.*

[29] Zusatz

[30–30] Zusatz. Guntchramn Boso, Herzog unter Sigibert I. und Childebert II.

[31] Vgl. *Gregor V 8.* 28. Mai 576.

[32] Vgl. *Gregor V 13.*

[33–33] Zusatz. Jedenfalls gehörte das Gebiet von Tours, Angers und Saintes 592 nach dem Tode Guntchramns zum Reiche Childeberts II.

[34–34] Zusatz. Mummolus bekämpfte damals nicht Chlodovech, sondern nur Desiderius.

[35] *24000* (*20000* nur Codex B2) *Gregor.*

[36] Vgl. *Gregor V 15;* oben *c. 68.* 577.

vorum quoque 6 milia: 488 prostrati sunt; reliqui vero victuriam obtenuerunt. Saxones devoverunt, ut nec pilum[l] nec barbam inciderint, prius quam hanc iniuriam ulciscerint; sed mentita est eorum iragundia.

77. Brittanis[37] Magliavos et Bodecus illo tempore comitis erant, amiciciam cum sacramentis in invicem inientis. Mortuo Bodico, Magliavos filium eius nomen Theuderico de regno expulit. Sed tandem resumptis virebus, Theudericus / Magliavum cum filium Iacob interfecit regnumque[38] patris recepit. Warogus, Magliavi filius, in patris loco comex effecetur. Gunthramnus[39] rex duos Magnachari filius gladio interemit, instigante Austrechilde regina; facultatis eorum fisco redegit. Fili Gunthramno[40] duo continuo mortui sunt.

78. Gunthramnus Childebertum adoptavit in filium. Chilpericus[41] Praetextatum[42] Rothomensem episcopum exilium trudit, repotans ei, quod consilium Brunechilde husus, contra Chilpericum tractarit, [43]quod veritate subsistebat[43]. [44]Merveus iterum laicus efficetur; de Thoronus fugiens, per Authiciodero Devione[45] venit[44], in[41] Remensem campaniam peraccessit, a Tharawanninsibus[46] circumventus est et in quadam villa concludetur. A Gaileno familiare suo, ipsoque[m] rogante, Meroeus cultro interfectus est. Gailenus manebus et pedibus, nares et aurebus trunccatus, turpiter vitam finivit.

79. [47]Eodem tempore[47] Iustinus[48] imperator amens effectus est. Sopia, eiusdem agusta, cum Tiberio[49] caesare regebat imperio. Tiberius largissimus in aelymosinis fuit. Sed cum a Sopia argueretur, ut thinsaurum non vastarit, in medio palatiae crucem in lapidem reperta, iobet Tiberius ipsum lapidem levare. Desup-

[l] *capillum* Gregor.
[m] *concludetur a Gaileno familiare suo. Ipsoque* Krusch.

[37] Vgl. *Gregor V 16*. Macliav war auch B. v. Vannes.
[38] *Gregor: partem regni.*
[39] Vgl. *Gregor V 17;* oben *c. 56*.
[40] Chlothar und Chlodomer, vgl. oben *c. 56*.
[41] Vgl. *Gregor V 18*.

Sueben waren 6000 Männer: Davon wurden 488 getötet; die übrigen aber behaupteten den Sieg. Die Sachsen gelobten, sich nicht eher Haar und Bart zu schneiden, als sie diese Schmach getilgt hätten; aber sie verrechneten sich hier in ihrem Wüten.

77. Macliav[37] und Bodich, die zu jener Zeit die comites der Bretonen waren, beschworen gegenseitig ihre Freundschaft. Als aber Bodich gestorben war, vertrieb Macliav dessen Sohn Theuderich aus dessen Herrschaft. Als Theuderich schließlich wieder Leute um sich versammelt hatte, tötete er Macliav und dessen Sohn Jacob und gewann wieder das Reich[38] seines Vaters. Waroch, der Sohn des Macliav, wurde anstelle seines Vaters comes. König[39] Guntchramn tötete auf Betreiben der Königin Austrechilde die beiden Söhne des Magnachar mit dem Schwert; ihr Vermögen zog er für den Fiskus ein. Gleich darauf starben die beiden Söhne Guntchramns[40].

78. Guntchramn nahm Childebert an Sohnes Statt an. Chilperich[41] schickte den Bischof von Rouen, Praetextatus[42], unter der Beschuldigung in die Verbannung, daß er im Einvernehmen mit Brunhilde gegen ihn gehetzt habe, [43]was der Wahrheit entsprach[43]. [44]Merovech wurde wieder Laie; nach seiner Flucht aus Tours begab er sich über Auxerre nach Dijon[44.45] und[41] gelangte schließlich bis in die Champagne von Reims; er wurde von den Leuten aus Thérouanne[46] in eine Falle gelockt und in einer villa umstellt. Merovech wurde auf seine eigene Bitte von Gailenus, seinem Gefolgsmann, mit dem Schwert getötet. Gailen wurde an Händen, Füßen, Nasen und Ohren verstümmelt und beschloß in dieser gräßlichen Weise sein Leben.

79. [47]Zu dieser Zeit[47] verlor[48] der Kaiser Justinus den Verstand. Sophia, seine Gemahlin, regierte mit dem Caesar Tiberius[49] das Reich. Tiberius verteilte sehr viele Almosen. Als ihm aber Sophia vorhielt, er dürfe den Staatsschatz nicht zugrunde richten, da wurde mitten im Palaste ein Kreuz auf einem Stein gefunden; Tiberius befahl, diesen Stein auszuheben, und es wurden genau darunter auf einem anderen Steine

[42] Praetextatus, B. v. Rouen um 567–586.

[43–43] Ein brunhildefeindlicher Einschub, während *Gregor* vehement für die Unschuld des Praetextatus eintritt.

[44–44] Vgl. *Gregor V 14.*

[45] Hst. Dép. Côte-d'Or, Frankreich. Von diesem Aufenthalt in Dijon weiß *Gregor* allerdings nichts.

[46] Dép. Pas-de-Calais, Ar. St. Omer, Ct. Aire, Frankreich.

[47–47] Zusatz. Justinus verfiel allerdings schon 573 dem Wahnsinn.

[48] Vgl. *Gregor V 19.*

[49] Tiberius II. Constantinus, oström. Ks. 578–582 (nach oström. Zählung gilt er als Tiberios I.). Er begann jedoch schon am 7. Dezember 574 zu regieren, als ihn Justinus zum Caesar erhob. Seine Freigebigkeit war weithin bekannt.

ter in alio lapide [50]duo crucis[50] reperti sunt; levatumque et ipsum, inventa sunt supter ipsum milli centenaria auri, quod largiter divino amore Tiberius pauperibus erogavit.

80. Defuncto Narside[51], prodenti aliquo senece[n], cui Narsis credederat, thinsaurum eius Tiberius abscondito sub terra invenit, nimia multitudine ponderum auri et argenti, [52]seo et lapides preciosis[52]. Quod idemque largiter Tiberius in alimuniis destribuit pauperum. Samson[53], filius Chilperici, moritur, [54]quem Chilpericus nimium luxit[54]. Eo[55] anno stella in medio lunae fulgens visa est. Guntramnus[56] Boso, relictis filiabus suis in eclesia sancti Helariae[57], ad Childebertum transiit. An.[58] quoque tercio Childeberti regis, qui erat Chilperici et Gunthramni septemus decemus, Guntramnus Boso filias suas a Pectavo auferre vellens, Dracolenus[59] super eum inruit. Multis muneribus a Gunthramno Dracoleno offeruntur, sed Dracolenus, ut erat elatus, dicens: 'Funiculum, unde alios legare soleo, paratum habeo, ubi et Gunthramnus odie laegatur'. Cumque fuisset prilium ceptum, Gunthramnus, invocato nomen Domini et virtutis sancti Martini, levato conto, Dracoleno mactat[o] in faucebus, suspensumque de aequm, mortuum[60] in terra proiecit. Feliciter postea quod coepit explevit. Post[61] haec Pectavi, Bagassini[62], Teromanni[63] et Ande/gavi cum aliis multis in Brittania contra Waroco exercitum movunt; super quos Warocus per nocte ruens, nimia estragie de Saxonis Baigassinus fecit. Anno[64] 4. Childeberto, qui fuit octavus decimus Gunthramni et Chilperici, Salonius et Saggitarius[65] episcopi Cabylonno in sinodo ab episcopato degradantur. Chilpericus[66] discripciones gravissemas[67] in omni populo regni sui fieri

[n] sc. *sene*.

[o] *artat* Gregor.

[50–50] Verkürzt. Nach *Gregor* fand man nacheinander drei Steine mit je einem Kreuz.

[51] Wahrscheinlich 574.

[52–52] Zusatz

[53] Vgl. *Gregor V 22*.

[54–54] Zusatz

[55] Vgl. *Gregor V 23*. 1. November 577.

[50]zwei Kreuze[50] gefunden; als man auch diesen Stein gehoben hatte, fand man unter diesem 1000 Zentner Gold, die Tiberius aus Liebe zu Gott freigebig an die Armen verteilte.

80. Nach dem Tode des Narses[51] fand Tiberius dessen Schatz, der unter der Erde vergraben war, durch den Verrat eines alten Mannes, dem Narses sein Vertrauen geschenkt hatte; er bestand aus sehr vielen Pfund Gold und Silber [52]sowie Edelsteinen[52]. Auch diesen verteilte Tiberius mit großer Freigebigkeit als Almosen an die Armen. Samson[53], der Sohn Chilperichs, starb; [54]Chilperich betrauerte ihn von Herzen[54]. In[55] diesem Jahre erschien mitten im Monde ein glänzender Stern. Guntchramn[56] Boso ließ seine Töchter in der Kirche des heiligen Hilarius[57] zurück und begab sich zu Childebert. Als[58] im dritten Jahre Childeberts, das das siebzehnte Chilperichs und Guntchramns war, Guntchramn Boso seine Töchter aber aus Poitiers wegführen wollte, überfiel ihn Dracolenus[59]. Guntchramn bot Dracolenus viele Geschenke an, aber Dracolenus sprach, überheblich wie er war: „Der Strick, mit dem ich andere zu binden gewohnt bin, ist dazu bereit, daß heute damit auch Guntchramn gefesselt wird". Als sie aber zu kämpfen begannen, rief Guntchramn den Namen Gottes und die Wunderkraft des heiligen Martin an, erhob seinen Speer, traf Dracolenus in die Kehle, hob ihn vom Pferde und warf ihn tot[60] zur Erde. Mit dem ihm eigenen Glück vollendete er dann, was er begonnen hatte. Daraufhin[61] brachen die Leute aus Poitiers, Bayeux[62], Le Mans[63] und Angers mit vielen anderen in die Bretagne gegen Waroch auf; dieser aber überfiel sie in der Nacht und richtete unter den Sachsen aus Bayeux ein großes Morden an. Im[64] vierten Jahre Childeberts, das das achtzehnte Jahr Guntchramns und Chilperichs war, wurden die Bischöfe Salonius und Sagittarius[65] in Chalon-sur-Saône von einer Synode ihrer Bischofswürde enthoben. Chilperich[66] gab den Befehl, von allem Volke seines Reiches äußerst drückende[67] Steuern

[56] Vgl. *Gregor V 24.*

[57] In Poitiers.

[58] Vgl. *Gregor V 25.* 578.

[59] Herzog Chilperichs I. in Poitiers.

[60] Bei *Gregor* wurde Dracolen von einem der Gefährten Guntchramns getötet.

[61] Vgl. *Gregor V 26.*

[62] Dép. Calvados, Ar. Bayeux, Frankreich.

[63] Hst. Dép. Sarthe, Frankreich.

[64] Vgl. *Gregor V 27.* 579.

[65] Salonius, B. v. Embrun, Dép. Hautes-Alpes, Ar. Gap, Frankreich, nachweisbar 570–579. Sagittarius, B. v. Gap, nachweisbar 570–579.

[66] Vgl. *Gregor V 28.*

[67] *Gregor: gravies.*

iussit. Marcus[68] refrendarius, qui hanc discriptionem faciebat, [69]secum omnes polepticus ferens[69], Kalendis Marciis[70] a Limodecinis[71] interfectus est, et [72]omnes poleptici[72] incendium sunt concrematae. Dum[73] haec ageretur, Iustinus imperator octavo decimo an. regni sui cum amenciam quem incurrit vitam finivit.

81. Tiberius adripuit imperio. Sopia agusta inmemor promissionis suae adversus Tiberium insidias muliebatur; Iustinianum[74], nepotem Iustini, imperium voluit sublimare. Quod Tiberius cernens, adprehensam Sopiam, expuliatam thinsauris, secregatis ab ea pueris, custodiam iussit retrudi. Iustinianum obiurgatum tantum in posterum amore delexit, ut filium eius filiam suam promitteret eiusque[p] filium suum filiam suam expetirit; sed non est res sortita effecto[75]. Exercitus eius Persas devallavit[q], victorque regressus, tanta mole praede detulit, ut creditur cupiditate humani posse sufficere. 20 alevanti exinde adducti[76] sunt.

82. [77]Eodem tempore[77], an[78]. quinto Childeberti regis tante[79] lois[r] per universam regionem factae sunt, ut nimium mirum fuisset. Universa[80] flumina termenis, quos umquam excesserant, praeterirunt. De pecoribus excidio, grande aedeficiis naufragium. Quod cessantis pluviis, arboris dinuo floruerunt. Erat mensis Septembris. Fulgor[81] per caelo currise visus est. Sonus quasi deruentes arbores in totam terram auditus est. Orbis Burdegalensis terre moto concussa est. De Pereneis montibus inmense lapides sunt evolsi, qui pecora et homines prostraverunt. Vicus Burdigalensis incendio divinitus ortum multus exhusit, subito conprehendens. Domus et ariis cum annonis incendio concreman-

[p] *rursumque* Gregor.
[q] *debellavit* 2a, Gregor.
[r] sc. *lues*.

[68] Referendar Chilperichs I. um 579/80, gest. 583.
[69–69] Einschub. *Fredegar* setzt den Terminus technicus anstelle der *libri discriptionum Gregors;* vgl. *II 37 polepticis poblicis incensis* anstelle von *chartis publice incensis Hieronymus, Chronicon 197.*
[70] Die Steuerausschreibungen wurden an diesem Tag bekanntgemacht.
[71] Hst. Dép. Haute-Vienne, Frankreich. Nach *Gregor* führten die Leute aus Limoges die Absicht, Marcus zu töten, nicht durch.

einzutreiben. Der Referendarius Marcus[68], der diese Steuereinhebung durchführte, wurde von den Leuten aus Limoges[71] an den Kalenden des März[70] getötet, [69]als er alle Steuertafeln bei sich hatte[69]; [72]alle Steuertafeln[72] wurden verbrannt. Während[73] dieser Ereignisse beschloß der Kaiser Justinus im achtzehnten Regierungsjahre im Wahnsinn, dem er verfallen war, sein Leben.

81. Tiberius riß die Herrschaft an sich. Die Kaiserin Sophia schmiedete unter Mißachtung ihres Versprechens Ränke gegen Tiberius; sie wollte Justinianus[74], den Neffen des Justinus, auf den Thron erheben. Als Tiberius dies bemerkte, ließ er Sophia ergreifen, ihrer Schätze berauben, ihre Vertrauten von ihr entfernen und befahl, sie unter Bewachung zu stellen. Den Justinianus ließ er zuerst seine Ungnade spüren, dann aber schloß er ihn so sehr ins Herz, daß er dessen Sohn seine eigene Tochter versprach und für seinen eigenen Sohn die Tochter Justinians erbat; aber dieser Plan kam nicht zur Ausführung[75]. Sein Heer bezwang die Perser völlig und brachte bei der siegreichen Rückkehr eine solche Menge von Beute, daß man glaubte, dies würde der menschlichen Habsucht genügen. Zwanzig Elefanten wurden von dort herbeigeführt[76].

82. [77]Zur selben Zeit[77], im[78] fünften Regierungsjahr Childeberts, gab[79] es in der ganzen Landschaft eine so schwere Seuche, daß es schier unglaublich war. Alle[80] Flüsse traten weiter über ihre Ufer als jemals zuvor. Viel Vieh ging dabei verloren und schwere Wasserschäden entstanden an den Gebäuden. Als die Regengüsse aufhörten, blühten die Bäume von neuem; dies geschah im September. Man sah einen (feurigen) Schein[81] über den Himmel laufen. Im ganzen Lande vernahm man ein Geräusch, als ob Bäume zu Boden stürzten. Die Stadt Bordeaux wurde von einem Erdbeben erschüttert. Von den Pyrenäen wurden riesige Felsblöcke losgerissen, die Tiere und Menschen erschlugen. Ein durch göttliche Fügung entfachter Brand äscherte viele Dörfer bei Bordeaux ein, indem er sie ganz unvorhergesehen ergriff. Häuser und Scheunen

[72–72] *Gregor: Libri discriptionum;* vgl. oben Anm. [69–69].

[73] Vgl. *Gregor V 30.* Justinus starb nach dreizehn Regierungsjahren am 4./5. Oktober 578.

[74] Justinianus, Großneffe Justinians I., Neffe Justinus' II.

[75] Tiberius hatte keinen Sohn; allerdings wurde ein Germanus, der ein Sohn des Justinianus gewesen sein dürfte, mit der Tochter Tiberius', Charito, vermählt.

[76] *Gregor: ad imperatorem deducti.*

[77–77] Einschub. 580.

[78] Vgl. *Gregor V 33.*

[79] Vgl. *Gregor V 34.*

[80] Vgl. *Gregor V 33.*

[81] Oder ein Blitz, vgl. oben *c. 72* mit Anm. 20.

tur, nullo incitamento habens ignis, forsitam iussionem divina. Auriliana civitas ob hoc incendio vastata est. Apud terminum Carnotenum[82] ide efracto panem sanguis fluxit. Sed[83] hoc prodigia gravissima lois est subsecuta. Et discordia regis iterum bellum civile parantibus, besenterecos[s] morbos totas Gallias praeoccupavit. His[84] diebus Austrechildis, Guntechramno principis regina, ab hoc morbo consummata est, medicos ad Gunthramno acusans. Iusso Gunthramni medici diversis poenis adfecti migrant a saeculo. Eo[85] anno magna in Spaniis christianorum persecutio fuit, instigante Goaesinda[86], / quam post Anaghildo regi rex Leubildus acceperat, de aliam uxorem duo filius habens. Ex huius unus [87]Chermengildus nomen[87] filiam Sigyberti[t] nomen Sedegundem[88].

83. Que cum magnis [89]thinsauris et[89] apparatis in Spania est directa et ab ava Goaesinda benigniter recepta, quem postea Goaesinda adfecetur. Sed cum nullatenus aviae iniquo consilio consentisset, in una civitatum cum viro habitandum constituetur. Protinus maritum predicans, ad Christi cultum baptizatus, effectus est christianus. Quem pater Leubildus insequens et vellens occidere [90]tandem eius insecutionem filius est interfectus, per quem data est occansio[90]. [91]Post mortem Mirionis[92] regis Galliciae, filium eius Eurico[93] et genero nomen Audecane[94] de regno certantibus, a Leubildo[95] Soaevi et omnes Galliciae potestatem Gothorum subgiciuntur[91].

[s] *desentericus* Gregor.

[t] *disponsaverat* fehlt. Die Worte Fredegars sind wohl so zu verstehen, als hätte Hermenegild Ingunde bereits geehelicht.

[82] Chartres, Hst. Dép. Eure-et-Loir, Frankreich.

[83] Vgl. *Gregor V 34*. Vgl. oben Anm. 79.

[84] Vgl. *Gregor V 35*. September 580.

[85] Vgl. *Gregor V 38*.

[86] Gosvintha war zwar fanatische Arianerin, aber Leovigild führte eine sehr behutsame Religionspolitik.

[87–87] Zusatz. Bruder Reccareds I.

[88] Ingunde wurde 579 mit Hermenegild vermählt. Die Namensform *Sedegunde* beruht auf einem Mißverständnis der Variante *sed Ingunde* bei *Gregor* (nur Codices B 1,2).

verbrannten mit der Ernte, ohne daß das Feuer irgendwie angefacht wurde, vielleicht auf Gottes Geheiß. Die Stadt Orléans wurde von dieser Feuersbrunst eingeäschert. Im Gebiet von Chartres[82] floß aus einem gebrochenen Brote Blut. Aber[83] auf diese Wunderzeichen folgte eine sehr schwere Seuche. Als die Könige in ihrer Zwietracht sich wieder zum Bruderkriege rüsteten, breitete sich eine ansteckende Ruhr über ganz Gallien aus. In[84] diesen Tagen wurde auch Austrechilde, die Gemahlin König Guntchramns, von dieser Krankheit dahingerafft, wobei sie vor Guntchramn den Ärzten die Schuld daran gab. Auf Befehl Guntchramns wurden die Ärzte mannigfachen Foltern unterzogen und schieden aus dieser Welt. In[85] diesem Jahre gab es in Spanien eine schwere Christenverfolgung auf Betreiben der Gosvintha[86], die nach dem Tode des Königs Athanagild der König Leovigild, dem schon von einer anderen Gattin zwei Söhne geschenkt worden waren, zur Frau genommen hatte. Einer von diesen, Hermenegild[87], nahm die Tochter Sigiberts, Sedegunde[88], zur Gemahlin.

83. Sie wurde mit vielen [89]Schätzen und[89] großem Gefolge nach Spanien geschickt und von ihrer Großmutter Gosvintha huldvoll aufgenommen, doch später wurde sie von Gosvintha arg bedrängt. Da sie aber den verführerischen Reden ihrer Großmutter nicht nachgab, wurde sie mit ihrem Gatten in eine Stadt verbannt, um dort zu leben. Da sie sofort ihrem Gemahl zu predigen begann, wurde er auf den Glauben Christi getauft und dadurch zu einem (echten) Christen. Sein Vater Leovigild folgte ihm in der Absicht, ihn zu töten; [90]schließlich wurde der Sohn im Zuge der (Christen)verfolgung seines Vaters getötet, durch die eine Gelegenheit geboten war[90]. [91]Als nach dem Tode Miros[92], des Königs von Galicien, sein Sohn Eborich[93] und dessen Schwager Audeca[94] um die Herrschaft stritten, wurden die Sueben und ganz Galicien von Leovigild[95] der Herrschaft der Goten unterworfen[91].

[89–89] Einschub

[90–90] Zusatz. Leovigild hatte Hermenegild ein selbständiges Herrschaftsgebiet um Sevilla zugewiesen, um den Religionskonflikt gütlich beizulegen. Die Hintergründe der Ermordung Hermenegilds 585 sind ungeklärt. *Fredegar* berichtet dreimal die Ermordung Hermenegilds, vgl. unten *cc. 87, 92.* Der Tod Amalarichs wird zweimal erzählt, vgl. oben *cc. 30, 41.* Vgl. auch oben *c. 56* Anm. 17.

[91–91] Diese Darstellung ist unabhängig von *Gregor VI 43* zum Jahre 584.

[92] Miro, K. d. Sueben 570 – 584.

[93] Eborich, K. d. Sueben 584.

[94] Audeca, K. d. Sueben 584 – 585. Er war der Verlobte der Schwester Eborichs, nahm dann aber die Gattin Eborichs zur Frau.

[95] Gregor erwähnt nichts von der Unterwerfung der Sueben nach einer letzten Erhebung 585 durch Leovigild.

84. Igitur[96] Chilpericus tres filios suos iam adultus[97] ab infirmitate besenteriae uno anno perdedit, quos de Fredegundae habebat[98]. Restiterat[99] adhuc Chlodoveus[100], filius eius, quem postea, instigante Fredegundae, vinctum custodia retrusit, ibique factione Fredegunde cultro percussus obiit.

85. Post[1] haec Mummolus patricius[2] regno Gunthramni fuga delatabetur; Avennionem castrum suae defensionem expetiit. Legati[3] Chilperici, qui ad Tiberium imperatorem accesserant, ab[u] eodem illud tempore revertuntur continuo.

86. Childebertus[4], relicta[v] Gunthramni pacem, se cum Chilperico, [5]ut regno eius pariter auferrent[5], coniuncxit, promittens[6] Chilpericus, dum sine filiis erat, ut Childebertum regni sui relinquerit heredem; [7]sed more solito mendax apparuit[7]. Lopus[8] dux Campanensis ab Orsione et Bertefredo[9] ab exercito internicione persequitur; sed, Brunechilde intercedente, liberatur, presidiumque[w] eius a suprascriptis talatus[x] est.

87. Fuit[10] illo tempore reclausus Hospicius apud Necinsem urbem, qui constrictis catenis a purum corpus ferreis[y], desuper cilicio, nihil aliud quam purum panem et paucis dactalus comedebat, in quadragensima radices herbarum. [11]Qui dum conversaretur in cor/pore[11], multae virtutes, pristante Domino, per eodem hostinsi sunt. Chilpericus[12] Desiderium ducem ad praevadendum Petrocorego[13] et Agennum[14] cum exercitum diriget; qui, fugato Ranoaldo[15] duci, has civitates pervasit eiusque uxorem cunctis

[u] 1, 4b[2*], Krusch; *ad* 2a, 3, 4c[1.2]: Dadurch ergibt sich die zweite Übersetzungsmöglichkeit: "Die Gesandten ... kehrten zu diesem (= Chilperich) zurück".

[v] *reiectam* Gregor.

[w] sc. *supellex; res peculium*.

[x] *talare* = rauben: romanisches Wort germanischen Ursprungs.

[y] *induto* fehlt Fredegar.

96 Vgl. *Gregor V 34*.

97 Unrichtig. *Gregor* nennt eines der Kinder *infantulus*.

98 Dagobert, Chlodobert. Samson war schon 577 am Fieber gestorben, vgl. *Gregor V 22* und oben *c. 80*.

99 Vgl. *Gregor V 39*.

100 S. K. Chilperichs I. und der Audovera.

1 Vgl. *Gregor VI 1*. 581.

84. Nun[96] verlor Chilperich seine drei Söhne, die schon erwachsen[97] waren und die er von der Fredegunde hatte[98], innerhalb eines Jahres infolge der Entkräftung, die der Ruhr folgte. So[99] war nur noch sein Sohn Chlodovech[100] übriggeblieben, den er aber daraufhin auf Betreiben der Fredegunde binden und in Haft nehmen ließ; dort wurde er auf Geheiß der Fredegunde mit einem Dolch durchbohrt und starb.

85. Nach[1] diesen Ereignissen entfloh der Patricius[2] Mummolus aus dem Reiche Guntchramns und warf sich in das stark befestigte Avignon, um sich dort zu verteidigen. Kurz[3] darauf kehrten die Gesandten Chilperichs, die zum Kaiser Tiberius abgegangen waren, von diesem zurück.

86. Childebert[4] brach den Frieden mit Guntchramn und verbündete sich mit Chilperich, [5]um gemeinsam mit ihm Guntchramns Reich zu nehmen[5]; da[6] Chilperich keine Söhne hatte, versprach er, Childebert zum Erben seines Reiches einzusetzen; [7]aber er führte, nach seiner Gewohnheit, Betrug im Schilde[7]. Ursio[8] und Bertefred[9] stellten mit ihrem Heere dem dux der Champagne Lupus nach, um ihn zu vernichten; er wurde durch das Eingreifen der Brunhilde gerettet, doch wurde sein Gut von jenen geraubt.

87. Zu[10] jener Zeit lebte in der Nähe der Stadt Nizza ein Klausner namens Hospitius, der rund um seinen nackten Körper eiserne Ketten und darüber ein härenes Kleid trug und sich von nichts anderem nährte als von trockenem Brot, wenigen Datteln und in der Fastenzeit gar nur von Kräuterwurzeln. [11]Solange er lebte[11], vollbrachte er mit dem Beistand des Herrn viele Wunder. Chilperich[12] sandte den dux Desiderius mit einem Heere aus, um Périgueux[13] und Agen[14] zu verwüsten; dieser schlug den dux Ragnovald[15] in die Flucht, verheerte diese Städte und beraubte

[2] Einschub. Seit seiner aus unbekannten Gründen erfolgten Flucht aus dem Reiche Guntchramns wird Mummolus von *Gregor* nur mehr *dux* genannt, *Fredegar* bezeichnet ihn weiterhin als *patricius.*

[3] Vgl. *Gregor VI 2.*

[4] Vgl. *Gregor VI 1.*

[5–5] Einschub

[6] Vgl. *Gregor VI 3.*

[7–7] Einschub

[8] Vgl. *Gregor VI 4.*

[9] Beide Große Childeberts II.

[10] Vgl. *Gregor VI 6.*

[11–11] Einschub

[12] Vgl. *Gregor VI 12.*

[13] Hst. Dép. Dordogne, Frankreich.

[14] Hst. Dép. Lot-et-Garonne, Frankreich.

[15] Herzog Guntchramns.

rebus expoliavit. Baudastis[16] dux in Vasconia obiit[17], maximam partem exercitus sui amisit. Anno[18] igitur 7. Childeberti regis, qui erat Chilperici et Gunthramni 21, stilla comitis apparuit. In diae sanctum paschae apud Sexsionas civetate caelum ardere visum est. In Parisiaco vero sanguis dinuo[19] fluxit et super vestimenta multorum hominum cecidit. Valetudinis variae et mortaletas[z] magna eo anno in populo fuit. Igitur[20] legati Chilperici Ansoaldus et Domegyselus, qui ad conspiciendam dotem[21] in Spania fuerant missi, sunt regressi. His diebus Leubildus rex contra Ermenghyldum, filium suum, in exercito resedebat. [22]Tunc filium suum interfecit eiusque mulierem a Grecis liberare non potuit[23], sed usque in mortem illuc[24] permansit[22].

88. Eo[25] anno Rodinus dux[26] moritur, verum aelimosinarius et bonitate plenissimus, [27]iustus in cunctis[27], piissemus in pauperibus[28]. [29]Qui dum quadam vicem, ut consuaeverat, mortuum sepelire preciperat, ad quadam monimento cum cultris pueri fossam facerint, levata lapide, invinit mirum magnitudinis thinsaurum et soledorum multitudinem. Hoc sibi proprium verum censuit, quem sine intermissione fideliter pauperibus erogavit. Aequaniminiter eum fide reddedit hoc thinsaurum, a quem acciperat[29]. Multa[30] signa et prodigia eo anno in caelo sunt visa. Chilperico[31] filius dinuo nascitur[32]. Iobet omnes carcerentes[a] laxare.

89. Gundoaldus[33], qui se filium Chlotarii esse dicebat[34], de Con-

[z] *lues* Gregor.
[a] *custodias* Gregor.

16 Herzog Guntchramns.

17 *Abiit Gregor (Habiit* Codex B 2 *Gregor)*; da Bladast im sechsten Buche *Gregors* noch mehrfach genannt wird und *Fredegar* diese Stellen sicher kannte, ist hier nach der Vorlage zu übersetzen.

18 Vgl. *Gregor VI 14.* 582.

19 Einschub, entstanden aus *Gregors* Worten *ex nube defluxit.* Vgl. aber oben *c. 82* mit Anm. 82.

20 Vgl. *Gregor VI 18.*

21 Gemeint ist der Brautschatz für Rigunthe, die mit Reccared I., S. K. Leovigilds, verlobt werden sollte. Vgl. unten *c. 93* mit Anm. 62–62.

22–22 Einschub, vgl. oben *c. 83.* Hermenegild wurde erst 585 in Tarragona getötet.

23 Vgl. *Gregor VI 43.* Ingunde, T. Sigiberts I., befand sich in der Obhut der oströmischen Truppen. Krusch zur Stelle bestreitet jedoch Abhängigkeit von *Gregor.*

des Ragnovald Gemahlin all ihrer Güter. Der dux Bladast[16] zog[17] ins Baskenland und verlor den größten Teil seines Heeres. Im[18] siebenten Regierungsjahre Childeberts, das das 21. Chilperichs und Guntchramns war, erschien ein Komet. Am heiligen Ostertage schien bei der Stadt Soissons der Himmel zu brennen. In Paris aber floß neuerlich[19] Blut und tropfte auf die Gewänder vieler Leute. In diesem Jahre wüteten verschiedene Krankheiten und eine schwere Seuche im Volke. Damals[20] kehrten auch die Gesandten Chilperichs, Ansoaldus und Domegisil, zurück, die nach Spanien geschickt worden waren, um den Brautschatz[21] in Augenschein zu nehmen. In diesen Tagen lag der König Leovigild gegen seinen Sohn Hermenegild im Feld. [22]Dann tötete er seinen Sohn, dessen Gemahlin aber vermochte er nicht aus den Händen der Griechen zu befreien[23]: (im Gegenteil,) sie blieb bis zu ihrem Tode[24] dort[22].

88. In[25] diesem Jahre starb der dux[26] Chrodinus, ein wahrhaft freigebiger Mann, voll Güte, [27]gerecht in allem[27] und voll Wohlwollen gegenüber den Armen[28]. [29]Als er wieder einmal nach seiner Gewohnheit das Begräbnis für einen Verstorbenen angeordnet hatte und seine Gefolgsleute mit ihren Schwertern eine Grube für die Grabstätte aushoben, fand er unter einem Steinbrocken, den sie weggehoben hatten, einen Schatz von unglaublicher Größe und eine große Menge Solidi. Diesen hielt er für sein rechtes Eigentum und verteilte ihn ohne Unterlaß, wie er es für seine Pflicht hielt, an die Armen. So gab er gerechten Sinnes dem den Schatz pflichtbewußt zurück, von dem er ihn erhalten hatte[29]. In[30] diesem Jahre erschienen viele Zeichen und Vorzeichen am Himmel. Chilperich[31] wurde von neuem ein Sohn geboren[32]. So befahl er, alle, die sich in Haft befanden, freizulassen.

89. Gundovald[33], der von sich behauptete, ein Sohn Chlotachars zu sein[34], kehrte aus Konstantinopel zurück und wurde von seinem Oheim

[24] Ingunde starb auf der Reise nach Konstantinopel 585.

[25] Vgl. *Gregor VI 20.*

[26] Einschub. Vgl. oben *cc. 58, 59,* ebenfalls legendäre Erzählungen. Als *dux* wird Chrodinus nur im Kapitelverzeichnis zum sechsten Buch *Gregors* bezeichnet.

[27–27] Einschub

[28] Vgl. auch *Venantius Fortunatus, Carmina IX 16.*

[29–29] Legendärer Einschub, vgl. oben *c. 79.*

[30] Vgl. *Gregor VI 21.*

[31] Vgl. *Gregor VI 23.*

[32] Theuderich, gest. 584.

[33] Vgl. *Gregor VI 24.* Zum Folgenden vgl. W. Goffart, Byzantine Policy in the West under Tiberius the Second and Maurice. The Pretenders Hermenegild and Gundovald (579–585). Traditio 13 (1957) 73ff.

[34] Er war der Sohn Chlotachars oder der eines Müllers.

stantinopole revertitur et Chlothario[35] a Childebertum patruo derictus est. Qeum Chlotharius videns, comam capitis tundere iussit. Quem Sigibertus arcessitum, misit eum in Agrepennensim civitatem, que nunc Colonia dicetur. Exinde lapsus ad Narsidem dirigit[36]. [37]Narsis eum Mauricio[38] imperatore direxit[39]. Cum exinde fuisset reversus, a Mummolo patricio[40] fuit susceptus factione Siagriae et Flavi[41] episcopis, ut Gunthramnum degradarint a regnum et sublimarint Gundoaldo. Ob hoc causam Mummolus interfectus est[42]. Gundoaldus a Bosone[43] duce factione[44] Conbeninsim[45] urbem de cacumine rupis inpingetur, / ibique deruptus moritur. Cariatto[46] spatarius Gunthramni, qui hanc rem prodedit, huius vecissitudinem repensionis episcopatum Genavensum adsumsit[37].

90. Illud[47] tempore Chilpericus Parisius contra pactum, quam cum Francis inierat[48], ingreditur, [49]ob quam rem porcionem suam exinde iusti admisit[49]. Gunthramnus[50] partem Childeberti de Massilia reddit. Mummolus[51] factione Fredegunde, cui repotabant filium suum per incantatione interfecisse, iussit suggellare, multasque mulieres per ipso mendatio a Fredegundae sunt interfectas.

91. Chilpericus[52] timens Gunthramnum et Childebertum, in Camaracinsim cum thinsauris omnique presidium est adgressus. Per ipsa timore saepe exercitum movebat et resedere faciebat.

92. Childebertus[53] in Aetalia habiit, et Langobardi se suae dicione commendant[54]. Gloriose[55] exinde Childebertus revertitur.

[35] Stark verkürzt. Gundovald wurde vor 558 zu Childebert I. gebracht; dieser wiederum schickte ihn zu Chlothachar I., seinem angeblichen Vater, weiter, der ihn jedoch gefangensetzen ließ. Aus der Haft entfloh er nach Konstantinopel, von wo er 582 zurückkehrte.

[36] Spätestens 568.

[37–37] Zusatz

[38] Unrichtig. Tiberius II. regierte bis 582, Maurikios erst von 582 bis 602. Vgl. auch die falsche Zuordnung zu Maurikios unten *IV 49.*

[39] Nach *Gregor VI 24* ging Gundovald freiwillig nach Konstantinopel.

[40] Vgl. oben *c. 85* und Anm. 2.

[41] Syagrius, B. v. Autun, nachweisbar 561– um 600. Flavius, B. v. Chalon-sur-Saône, nachweisbar 581–591. Die Beteiligung der beiden Bischöfe bezeugt nur *Fredegar.*

Childebert zu Chlotachar[35] gesandt. Als Chlotachar ihn zu Gesicht bekam, befahl er, ihm das Haupthaar zu scheren. Dann rief ihn Sigibert zu sich und (verbannte) ihn in die Stadt der Agrippina, die jetzt Köln genannt wird. Von dort entkommen, begab er sich zu Narses[36]. [37]Narses aber schickte[39] ihn zum Kaiser Maurikios[38]. Als er von dort zurückkehrte, wurde er vom Patricius[40] Mummolus auf Betreiben der Bischöfe Syagrius und Flavius[41] aufgenommen, (die die Absicht hatten,) Guntchramn vom Throne zu stürzen und Gundovald zu erheben. Deshalb wurde Mummolus getötet[42]. Gundovald wurde von dem dux Boso[43], der den Befehl dazu erhalten hatte[44], bei der Stadt St. Bertrand-de-Comminges[45] von einer Felsspitze gestoßen und starb an den Folgen des Sturzes. Der Schwertträger Guntchramns, Cariatto[46], der diese Sache gefördert hatte, erhielt zur Belohnung dafür den Bischofsstuhl von Genf[37].

90. Zu[47] jener Zeit zog Chilperich gegen die Vereinbarung, die er mit den Franken geschlossen hatte[48], in Paris ein; [49]deshalb verlor er daraufhin gerechterweise seinen Anteil[49]. Guntchramn[50] gab Childeberts Anteil an Massilia zurück. Fredegunde[51] befahl, den Mummolus, dem man zur Last legte, er habe ihren Sohn durch Zauberei getötet, zu erdrosseln; aufgrund derselben falschen Behauptung wurden viele Frauen von Fredegunde getötet.

91. Chilperich[52] zog sich aus Furcht vor Guntchramn und Childebert mit seinen Schätzen und all seiner Habe nach Cambrai zurück. Aus dem gleichen Grunde brach er mehrfach mit dem Heere auf und befahl wieder, haltzumachen.

92. Childebert[53] zog nach Italien, und die Langobarden vertrauten sich seiner Herrschaft an[54]. So kehrte Childebert [55]mit Ruhm bedeckt[55] von

[42] 585. Vgl. unten *IV 4; Gregor VII 39.*

[43] Boso, Anführer K. Guntchramns, jedoch kaum Guntchramn Boso.

[44] Der Name des Anstifters ist — nur graphisch? — ausgefallen; gemeint war vielleicht Mummolus. Nach *Gregor* wurde dieser erst nach Gundovald getötet.

[45] Dép. Haute-Garonne, Ar. St. Gaudens, Ct. Barbazan, Frankreich. Vgl. unten *IV 2.*

[46] Cariatto, B. v. Genf, nachweisbar 584 und 585. Diese Erzählung ist wohl unrichtig, da Cariatto schon 584 am Konzil von Valence teilnahm.

[47] Vgl. *Gregor VI 27.* 583.

[48] Nach dem Tod Chariberts 567/68.

[49–49] Zusatz

[50] Vgl. *Gregor VI 33.* 584.

[51] 584. Vgl. *Gregor VI 35. Gregor* hatte den *praefectus Mummolus* gemeint, nicht den *patricius/dux.*

[52] Vgl. *Gregor VI 41.*

[53] Vgl. *Gregor VI 42.*

[54] Zumindest übertrieben.

[55] Einschub

Acciperat prius[56] a Mauricio imperatore quinquagenta milia auri[57], ut Langobardus de Aetalia expugnaret. [58]Sed non solum eis non nocuit[58], amicicias cum ipsos inivit. [59]Leubildus, ut supra fecimus mencionem, filium suum Ermenghildum interfecit[59].

93. Chilpericus[60] et Fredegundis filiam[61] eorum cum magnis thinsauris et multitudinem familiae in eius menisterium direxit; [62]quam filius Leubildo uxorem accipit[62]. Nec[63] post mora extante Chilpericus Calam[64] villam nec procul a Parisius [65]ab homine nomen Falcone[66], qui missus a Brunechilde fuerat, est interfectus: crudelissimam vitam digna morte finivit[65. 67]./

56 *Gregor: Ante hos annos.*

57 *Gregor: soledorum.* Vgl. oben *cc. 43, 45* mit Anm. [52], [64].

58–58 Einschub

59–59 Zusatz, vgl. oben *cc. 83, 87.* Anlaß war die bei *Gregor VI 43* folgende Erzählung der Ereignisse in Spanien.

60 Vgl. *Gregor VI 45.*

61 Rigunthe

62–62 Zusatz. Die Ehe kam niemals zustande. Vgl. oben *c. 87* und Anm. [21].

dort zurück. Vorher[56] hatte er vom Kaiser Maurikios 50 000 Goldstücke[57] erhalten, damit er die Langobarden aus Italien vertreibe. [58]Aber er fügte ihnen nicht nur keinen Schaden zu[58], sondern er schloß mit ihnen sogar ein Freundschaftsbündnis. [59]Leovigild tötete, wie wir schon oben erwähnten, seinen Sohn Hermenegild[59].

93. Chilperich[60] und Fredegunde sandten ihre Tochter[61] mit vielen Schätzen und einer großen Dienerschaft ab; [62]der Sohn Leovigilds nahm sie zu seiner Gemahlin[62]. Nicht[63] viel später wurde Chilperich in der villa Chelles[64], die sich nicht weit von Paris befindet, [65]von einem gemeinen Manne namens Falko[66], der von Brunhilde diesen Auftrag erhalten hatte, getötet. So beendete er ein sehr grausames Leben mit einem dementsprechenden Tod[65.67].

[63] Vgl. *Gregor VI 46.*

[64] Dép. Seine-et-Marne, Ar. Meaux, Ct. Lagny, Frankreich.

[65–65] Zusatz. Ende September/Anfang Oktober 584.

[66] Seinen Namen kennt nur *Fredegar*, vgl. die verschiedenen Beschuldigungen *Gregor VII 7. 21; X 19.* An keiner dieser Stellen wird Brunhilde beschuldigt.

[67] Es folgt die Kapiteleinteilung zum 4. Buch und zu den *Continuationes*, hier nicht abgedruckt.

(LIBER IV)*

Incipit Prologus[a]

Cum [1]aliquid unius verbi proprietate non habeo quod proferam[1], nisi prestitum ab Altissimo fuerit, [1]et dum quero implere sentenciam, longo ambiatu vix brevis viae spatium consummo. Vernaculum linguae[1] huius [1]verbi interpretatur, absorde resonat; si ob necessitate aliquid in ordine sermone mutavero, ab interpretis videor officio recessisse. Itaque[1] beati Hieronimi, Ydacii[2] et cuiusdam sapientis[3] seo Hysidori[4], immoque et Gregorii[5] chronicis a mundi originem dilientissime percurrens usque decedentem regnum Gunthramni[6], his quinque chronicis huius libelli nec plurima pretermissa siggyllatem congruentia stilo inserui, quod illi sollertissime absque reprehensionem condederunt. [7]Cum haec ita se habebant, necessarium duxi viretatem diligencius insequi, et ob id in priores[7] [b]his chronicis[b] [7]quasi quandam[c] futuro opere omnium mihi regum[d.7] et [7]tempora prenotavi, in praesenti autem stilo ea tempora ponens, et singularum gentium curiosissimo ordine[7] que gesserant coaptavi[7], quo prudentissime viri, quos supra memeni, cuius chronicis — verbo huius nomenis Grego[e], quod Latini interpretatur 'Gesta temporum'[8] —

* Titel sinngemäß ergänzt.

[a] 2a, 3, 4a. $b^{1.2.2*}$. c^{1} , Wallace-Hadrill; *Incipit prologus cuiusdam sapientis* 1, Krusch.

[b–b] *libello* Hieronymus.

[c] *materiam* fehlt Fredegar.

[d] *regnum* 1.

[e] sc. *Graece*.

[1–1] Vgl. die *Chronik des Hieronymus, Einleitung des Hieronymus* (ed. R. Helm, 1956) 2.

(VIERTES BUCH)*

Hier beginnt der Prolog

Da [1]mir das Wort, mit dem ich etwas ganz Bestimmtes ausdrücken will[1] – außer es ist mir vom Allerhöchsten eingegeben worden –, [1]fehlt und da es mir schwerfällt, den Satz zu bauen, gehe ich wegen meiner schwerfälligen Ausdrucksweise keine geringen Umwege. Wird[1] dieses [1]Wort in meine Muttersprache übersetzt, so klingt es unsinnig, ändere ich irgend etwas gezwungenermaßen an der Stellung der Worte, so scheine ich die Aufgabe eines Übersetzers verfehlt zu haben. Also[1] bin ich die Chroniken des heiligen Hieronymus, Hydatius[2], eines unbekannten weisen Mannes[3], Isidors[4] und vor allem die Gregors[5] vom Anfang der Welt bis zum Ausklingen des Reiches Guntchramns[6] sorgfältig durchgegangen und habe aus diesen fünf Chroniken heraus, ohne viel wegzulassen, das, was jene so sprachgewandt ohne Tadel niedergeschrieben hatten, bis ins einzelne übereinstimmend in dieses Büchlein eingetragen. [7]Dabei habe ich es für nötig erachtet, unermüdlich nach der Wahrheit zu suchen, und deshalb habe ich mir in den obigen[7] Chroniken [7]sozusagen (als Stoff) für ein zukünftiges Werk[7] auch [7]die Regierungszeiten aller Könige angemerkt; in der vorliegenden Schrift habe ich diese Zeiten verzeichnet und, so genau ich konnte, über[7] die Taten [7]der einzelnen Völker das zusammengestellt[7], was die eben genannten gelehrten Männer in den Chroniken – dieses Wort ist ein griechisches und wird ins Lateinische übersetzt als „Ereignisse in den Zeiten“[8] – mit bedeutsamen

[2] Die Exzerpte aus ihren Werken bilden das zweite Buch der Sammlung.

[3] Gemeint ist der Autor des *Liber generationis*, der Vorlage des ersten Buches *Fredegars*, der Bischof *Hippolyt von Porto*.

[4] Vorlage für *I 26* und einige Einschübe.

[5] Die Exzerpte aus *Gregor* sind hauptsächlich im Buch *III* verarbeitet.

[6] *Fredegar* benutzte eine Handschrift der Gruppe B, die bis zum Tode K. Chilperichs I. 584 reicht. Guntchramn lebte noch bis 593.

[7–7, 7] Vgl. die *Chronik des Hieronymus, Eusebii interpretata praefatio 8.*

[8] Vgl. dagegen *Isidor von Sevilla, Etymologiae* V 28.

sevirissimi dictantes condiderunt, velut [9]purissimus fons largiter fluenta manantes[9]. Optaveram et ego, ut mihi subcumberit talia dicendi fagundia, ut vel paululum esset ad instar; sed carius auritur, ubi non est certa perennitas aque. Mundus iam seniscit[10], ideoque prudenciae agumen in nobis tepiscit, ne quisquam potest huius tempore nec presumit oratoribus precedentes esse consimilis. Ego tamen, ut rusticitas et stremitas[f] sensus mei valuit, studiosissime de hisdem libris breviatem, quantum plus potui, aptare presumsi. Nec quisquam legens hic quicquam dubitet, per uniuscuiusque libri nomen redeat ad auctorem: cuncta reperiat subsistere viretatem. Trasactis namque Gregorii libri volumine, temporum gesta, que undique scripta potui repperire, et mihi postea fuerunt cognita, acta regum et bella gentium quae gesserunt, legendo simul et audiendo, etiam et videndo cuncta que certeficatus cognovi huius libelli volumine scribere non silui[g], sed curiosissime, quantum potui, inseri studui, de eodem incipiens tempore scribendum, quo Gregori fines gesta cessavit et tacuit, cum Chilperici vitam finisse[11] scripsit. Explicit prologus. /

In nomen domini nostri Iesu Christi incipit chronica sexta[a]

1. Gunthramnus rex Francorum cum iam anno 23. Burgundiae regnum bonitate plenus feliciter regebat, cum sacerdotibus utique sacerdus ad instar se ostendebat et cum leudis[1] erat aptissimus, aelymosinam pauperibus large tribuens, tante prosperetatis regnum tenuit, ut omnes etiam vicinas gentes ad plinitudinem de ipso laudis canerent. Anno 24.[2] regni sui devino amore eclesiam beati Marcelli[3], ubi ipsi[4] praeciosus requiescit in corpore, suborbanum[5] Cabilonninsim, sed quidem tamen Sequanum

[f] *extremitas* 2a. b, 3; *strenuitas* 4b2*. c1.2.
[g] *solvi* 1, Krusch; *silui* rell., Wallace-Hadrill.
[a] 1; Überschrift fehlt 2a. b, 4b2*, 5a; *Incipit liber chronice* rell.

9–9 Vgl. die *Vita des Caesarius von Arles, Prolog 2.*
10 Wörtlich bei *Sidonius Apollinaris, Epistulae VIII 6;* sehr ähnlich *Columban, Epistula V 4,* inhaltlich *Gregor, Historiae, Praefatio 1.* Vgl. E. R. Curtius, Europäisches Mittelalter (21954) 38.

Worten niederschreiben ließen, wie [9]eine glasklare Quelle, die in breitem Schwalle ihre Wasser ergießt[9]. Auch ich hatte gehofft, daß mir ein bißchen Beredsamkeit zuteil würde, wenn sie auch vergleichsweise sehr gering erschiene; aber man geht seltener dorthin Wasser schöpfen, wo es nicht ständig fließt. Die Welt wird schon alt[10] und deshalb läßt die Schärfe des Geistes in uns nach, so daß kein Zeitgenosse den Rednern vergangener Zeiten gleichkommen kann und auch keinen Anspruch darauf erhebt. Dennoch habe ich mich erdreistet, nach Kräften meines bäurischen und schwachen Geistes mit größter Beharrlichkeit möglichst kurze Auszüge aus diesen Büchern anzufertigen. Damit aber kein Leser in meinen Aufzeichnungen etwas bezweifelt, mag er sich über den Titel eines jeden Buches zu seinem Autor führen lassen und wird finden, daß alles der Wahrheit entspricht. Als ich aber die Bücher Gregors in dieser Handschrift verarbeitet hatte, habe ich freilich nicht aufgehört, die Gesta temporum, über die ich irgendwo Aufzeichnungen auffinden konnte und von denen ich späterhin Kenntnis erhielt, also die Taten der Könige und die Kriege, die die Völker führten, in der Handschrift, die mein kleines Werk enthält, alles, was ich durch Lesen, Hören, aber auch durch eigenen Augenschein als wahr erkannt habe, aufzuzeichnen; im Gegenteil, ich habe mich mit größtmöglicher Sorgfalt bemüht, all das von dem Zeitpunkt an eintragen zu lassen, mit dem die Erzählung Gregors abbrach und versiegte, indem er von dem Lebensende Chilperichs berichtet[11]. Ende des Prologs.

Im Namen unseres Herrn Jesus Christus beginnt die sechste Chronik

1. Guntchramn, der König der Franken, regierte schon das 23. Jahr das Reich von Burgund voll Güte und Glück, und da er sich der Geistlichkeit gegenüber wie einer von ihnen benahm, seiner Gefolgschaft[1] aber ein äußerst angenehmer Herr war und den Armen reichlich Almosen gab, regierte er so segensreich, daß selbst alle Nachbarvölker über alle Maßen sein Lob sangen. In seinem 24.[2] Regierungsjahre ließ er aus Liebe zu Gott die Kirche des heiligen Marcellus[3], in der nächsten Umgebung[5] von Chalon – aber dennoch handelt es sich um sequanisches

[11] Ende September/Anfang Oktober 584.

[1] Gefolgsleute von Herren verschiedenster sozialer Schichten.

[2] 584

[3] Märtyrer in Chalon-sur-Saône im 2. Jahrhundert.

[4] *Ipsi* bezieht sich nach dem hier urkundenhaften Stil sicher auf Marcellus; aber auch der Bezug auf Guntchramn wäre möglich, da dieser in der genannten Kirche begraben wurde, vgl. unten *c. 14*.

[5] Geographisch unpräziser Terminus für Vorgelände, Vorstadt. Oder ist auch dies ein rechtlicher Begriff?

est territurium[6], merefice et sollerter aedificare[7] iussit, ibique monachis congregatis, monasterium condedit ipsamque ecclesiam rebus pluremis ditavit. Senodum 40 episcoporum fieri precepit[8] et ad instar institucionis monasterii sanctorum Agauninsium, que temporibus Sigysmundi regis ab Avito[9] et citeris episcopis, ipso iobente princepi, fuerat firmatum[10], idemque et huius senodi coniunctionem monasterium sancti Marcelli Gunthramnus institucionem firmandam curavit.

2. Hoc anno Gundoaldus cum solatio Mummolo et Desiderio mense Novembre[11] partem regni Gunthramni presumsit invadere et civitates evertere. Gunthramnus Leudisclum comestaboli[12] et Aeghylanem patricium cum exercito contra ipsum direxit. Gundoaldus terga vertens, Conbanem[13] civitatem latebram dedit; exinde de rupe a Bosone duci praecipetatus interiit.

3. Cumque Guntramno perlatum fuisset, eo quod frater suos Chilpericus esset interfectus, festinans perrexit Parisius[14], ibique Fredegundem cum filio Chilperici Clothario[15] ad se venire precipit. Quem Rioilo[16] villa baptizare iobet, et eum de sancto lavacro excipiens, in regnum patris firmavit. /

4. Anno 25.[17] regnum Gontramni Mummolus Senuvia[18] iusso Gunthramni interfecetur. Uxorem eius Sidoniam[19] una cum om-

[6] 3 Kilometer östlich von Chalon, jenseits der Saône. Chalon selbst gehörte im 5. Jahrhundert noch zur *civitas Aeduorum*, und die Diözese von Chalon (seit der Zeit des *Sidonius Apollinaris*) dehnte sich nur langsam über das *Sequanum territorium* aus.

[7] Unrichtig; *Gregor V 27* erwähnt die Kirche schon zum Jahre 579. Durch die Gründung des Klosters wurde sicherlich eine Vergrößerung der bereits vorhandenen Kirche notwendig. Andrerseits könnte *Fredegar* eine Schenkungsurkunde aus dem Jahre 584 in Händen gehabt, sie aber auf die Gründung der Kirche und des Klosters bezogen haben; vgl. K. Jordan, Zu den älteren Kaiser- und Papsturkunden von St. Marcel-lès-Chalon-sur-Saône. Studien und Mitteilungen zur Geschichte des Benediktinerordens und seiner Zweige 54 (1936) 224.

[8] Auf der Synode von Valence 585 wurden die Schenkungen an St. Marcel behandelt, doch waren nur siebzehn Bischöfe anwesend. Am Konzil von Maçon 585 waren mehr als 40 Bischöfe beteiligt.

[9] Avitus, B. v. Vienne, vor 494–518.

Gebiet[6] –, wo der ehrwürdige Körper des Heiligen[4] nun ruht, in höchster Vollendung erbauen[7]; er brachte auch Mönche dorthin, gründete ein Kloster und beschenkte die Kirche mit vielen Gütern. Dann gebot[8] er 40 Bischöfen, zu einer Synode zusammenzutreten, und ließ nach dem Beispiel der Einrichtung des Klosters Saint Agaune, die zur Zeit des Königs Sigismund von Avitus[9] und anderen Bischöfen auf des Königs Geheiß hin bestätigt worden war[10], diese Kirchenversammlung die Gründung des Klosters Saint Marcel bestätigen.

2. Im November[11] dieses Jahres wagte Gundovald, unterstützt von Mummolus und Desiderius, einen Teil des Reiches Guntchramns anzugreifen und die ⟨darin liegenden⟩ Städte zu zerstören. Guntchramn schickte den Stallmeister[12] Leudegisil und den Patricius Aegyla mit einem Heere gegen ihn aus. Gundovald wandte sich zur Flucht und suchte in der Stadt St. Bertrand-de-Comminges[13] Schutz, doch wurde er bald darauf von dem dux Boso über einen Felsen gestürzt und starb.

3. Als Guntchramn die Nachricht erhielt, daß sein Bruder Chilperich getötet worden sei, eilte er auf schnellstem Wege nach Paris[14]; dort befahl er Fredegunde, sich mit Chilperichs Sohn Chlothar zu ihm zu begeben. Diesen ließ er in der villa Rueil[16] taufen und, indem er ihn selbst aus dem heiligen Taufbecken hob, bestätigte er ihn in der Herrschaft seines Vaters.

4. Im 25.[17] Regierungsjahr Guntchramns wurde Mummolus in Chenove[18] auf Befehl Guntchramns getötet. Seine Gattin Sidonia[19] brachten

[10] Vgl. oben *III 33* und *Gregor III 5*, wo jedoch die Bestätigung durch die Bischöfe nicht erwähnt wird. Vgl. zu den östlichen Einflüssen im Ritus J. M. Theurillat, L'abbaye de St.-Maurice-d'Agaune. Vallesia (1954).

[11] Nach *Gregor VII 10, 11* wurde Gundovald erst im Dezember 584 zum König erhoben.

[12] Nach *Gregor VII 40* war Leudegisil dux.

[13] Vgl. oben *III 89; Gregor VII 34, 38.*

[14] Vgl. *Gregor VII 5; VIII 1.*

[15] Chlothar II., K. d. Franken 584–629. Chlothars Taufe erfolgte nicht 584, sondern erst 591 in einer momentanen Annäherung zwischen Guntchramn und Chlothars Mutter Fredegunde. Nach den Ereignissen von 613 sollte Chlothar offensichtlich von Anfang an als Liebling Guntchramns erscheinen.

[16] Rueil-Malmaison, Dép. Seine-et-Oise, Ar. Versailles, Ct. Marly-le-Roy, Frankreich. Die Taufe selbst fand in Nanterre nahe Rueil statt, vgl. *Gregor X 28.*

[17] 585. Von hier an setzt *Fredegar* die Ereignisse nachweisbar ein Jahr zu hoch an, vgl. B. Krusch, Zur Chronologie der merowingischen Könige. Forschungen zur deutschen Geschichte 22 (1882) 456f.

[18] Dép. Côte-d'Or, Ar. Dijon, Frankreich (?). Nach *Gregor VII 39* wurde Mummolus noch im Lager vor St. Bertrand getötet.

[19] Vgl. *Gregor VII 40,* doch nennt erst *Fredegar* ihren Namen.

nes thinsauris eius Domnolus domesticus et Wandalmarus camararius[20] Gundramno presentant.

5. Anno 25.[21] regni sui exercitus Gunthramni Espanias ingreditur; sed loci infirmitatis gravatus, protenus ad propria revertur. Anno 27.[22] eiusdem regno Leudisclus a Guntramno patricius partibus Provenciae ordenatur. Filius Childeberti regis Theodebertus[23] natus fuisse nunciatur. Eo [b]anno nimia inundatio fluminum in Burgundias fuit, ut eorum terminus nimium transcenderint. Ipsoque anno Syagrius[24] comex Constantinopole iusso Gunthramni in legatione pergit; ibique fraude patricius ordenatur. Ceptum quidem, sed ad perfectione haec fraos non peraccessit. Eo[25] anno signum apparuit in caelum, globus igneos decedens in terram cum scintellis et rugeto.

6. Ipsoque anno Leubildus rex Spaniae moritur[26], et obtenuit regnum Richarid[27], filius eius. Anno[c] 28.[28] regni domni Gunthramni alius filius Childeberti nomen Teudericus[29] natus nunciatur.

7. Gunthramnus se cum Childeberto pacem firmandum Andelao[30] coniuncxit. Inibi mater et soror et coniux Childeberti regis pariterque fuerunt; ibique speciale convenencia inter domno Guntramno et Childeberto fuit conventum, ut regnum Gunthramni post eius discessum Childebertus adsumerit.

8. Ipsoque tempore Rauchingus[31] et Boso Gunthramnus[32], Ursio et Bertefredus, optematis Childeberti regis, eo quod eum tractaverant interficere, ipso regi ordenante, interfecti sunt. Sed et Leudefredus Alammannorum dux in offensam ante dicti regis incidit, etiam et latebram dedit. Ordenatus est loco ipsius Uncelenus dux. Eo anno Richarid rex Gotorum divino amplectens amore, prius secrecius baptizatur. Post haec omnes Gothus,

[b] 1, 4c^2; *c. 6* rell., Wallace-Hadrill.
[c] *c. 7* 2a, Wallace-Hadrill.

[20] Das Amt des *domesticus* war eine wichtige Stelle im Königsdienst, bes. in der Domänenverwaltung. Wandalmar, dux östlich des Jura. Der *camararius* war für den Schatz zuständig.

[21] 585. Vgl. *Gregor VIII 30.*

[22] 585. Vgl. *Gregor VIII 30 Ende* und oben *c. 2* mit Anm. 12.

[23] Theudebert II., K. d. Franken 596–612 (Austrasien). Vgl. *Gregor VIII 37.*

der Haushofmeister Domnolus und der Kämmerer Wandalmar[20] mit allen Schätzen zu Guntchramn.

5. Im 26.[21] Regierungsjahre Guntchramns fiel sein Heer in Spanien ein; doch kehrte es, von dem ungesunden Klima arg mitgenommen, sofort in seine Heimat zurück. Im 27.[22] Jahre seiner Herrschaft wurde Leudegisil von Guntchramn als Patricius der Provence eingesetzt. Es kam die Nachricht, daß König Childebert ein Sohn Theudebert[23] geboren worden sei. In diesem Jahre führten die Flüsse in Burgund so viel Hochwasser, daß sie weit über ihre Ufer traten. In demselben Jahre begab sich auch der comes Syagrius[24] im Auftrag Guntchramns als Gesandter auf die Reise nach Konstantinopel, wo er aufgrund einer Intrige zum Patricius ernannt wurde. Dieses Ränkespiel wurde zwar begonnen, erreichte aber das gesteckte Ziel nicht. In diesem[25] Jahre erschien ein Zeichen am Himmel: ein feuriger Ball, der unter großem Getöse funkensprühend zur Erde fiel.

6. In demselben Jahre starb Leovigild[26], der König Spaniens, die Herrschaft erhielt sein Sohn Reccared[27]. Im 28.[28] Jahre der Herrschaft des Herrn Guntchramn wurde die Geburt eines zweiten Sohnes König Childeberts namens Theuderich[29] gemeldet.

7. Guntchramn traf mit Childebert in Andelot[30] zusammen, um den Frieden zu bestätigen. Dabei waren auch die Mutter, die Schwester und die Gemahlin des Königs Childebert anwesend; dort kam man dann zu der besonderen Übereinkunft zwischen dem Herrn Guntchramn und Childebert, daß Childebert das Reich Guntchramns nach dessen Ableben erhalten solle.

8. Zur selben Zeit wurden Rauching[31], Guntchramn Boso[32], Ursio und Bertefred, sehr vornehme Leute im Reiche König Childeberts, auf dessen eigenen Befehl hin getötet, weil sie versucht hatten, ihn zu ermorden. Aber auch Leudefred, der dux der Alemannen, fiel in die Ungnade jenes Königs, doch vermochte er, sich in ein Versteck zu retten. An seiner Stelle wurde Uncelenus als dux eingesetzt. In diesem Jahre wandte sich Reccared, der König der Goten, der Liebe zu Gott zu und ließ sich

[24] Vgl. P. Goubert, Byzance avant l'Islam II (1956) 74ff.

[25] 586. Vgl. *Gregor VIII 42.*

[26] April/Mai 586.

[27] Reccared I., K. d. Westgoten 586–601.

[28] 587

[29] Theuderich II., K. d. Franken 596–613 (Burgund).

[30] Dép. Haute-Marne, Ar. Chaumont, Frankreich. Vgl. A.-M. Drabek, Der Merowingervertrag von Andelot aus dem Jahr 587. MIÖG 78 (1970) 34ff. *Gregor IX 20* nennt nur die Anwesenheit Brunhildes.

[31] Vgl. *Gregor IX 9.*

[32] Guntchramn Boso war damals bereits ausgeschaltet, vgl. *Gregor IX 8.*

dum Arrianam sectam tenebant, Toletum[33] adhunare precepit, et omnes libros Arrianos precepit ut presententur; quos in una domo conlocatis incendio concremare iussit[34], et omnes Gothos ad christianam legem baptizare fecit.

9. Eo anno[35] uxor Anaulfi[36] imperatores Persarum nomen Caesara[37] virum relinquens, cum quattuor pueris[38], totidem puellis ad beatum Iohannem[39] episcopum Con-/stantinopule veniens, se unam esse de populo[40] dixit et baptismi gratiam ad antedictum beatum Iohannem expetit. Cumque ab ipso pontifice fuisset baptizatus, agusta Maurici imperatores ea de sancto suscepit lavacro. Quam cum vir suos imperatur Persarum per legationis sepius repetiret, et Mauricius emperatur uxorem ipsius esse nesciret, tunc agusta videns eam pulcerrimam, suspicans, ne ipsa esset, quam legati quaerebant, dicensque eis: 'Mulier quedam de Persas hic venit; dixit, se unam esse de populo. Videte eam; forsitam ipsa est quam queretis'. Quam legati videntis, proni in terram adoraverunt, dicentes ipsam esse eorum domina quam querebant. Dicit ad eam agusta: 'Reddi illis responsum.' Tunc illa respondit: 'Ego cum istos non loquor; vitam illorum[d] instar ad canis est[41]. Si conversi christiani, sicut et ego sum, efficiuntur, tunc eis respondebo'. Legati vero animo libenti baptismi gratiam accipiunt. Postea dicens ad eos Caesara: 'Se vir meus voluerit fieri christianus et baptismi gratiam accipere, libenter ad eum revertam; nam paenitus aliter ad ipso non repedabo'. Legati imperatore Persarum nunciantes, statim ille legationem ad Mauricio imperatore misit, ut sanctus Iohannis venerit Anciociam[42], ipso tradente, baptismum vellet accipere. Tunc Mauricius imperator infinitissimum adparatum Anciociam fieri iussit, ubi imperator

[d] Hier enden die Handschriften 2a. b.

[33] Pr.-Hst. in Neukastilien, Spanien.

[34] Vgl. *Concilium Caesaraugustinense II Canon 2.*

[35] Vgl. *Paulus Diaconus, Historia Langobardorum IV 50,* der diese Geschichte in die Regierungszeit Constantins IV. (668–685) setzt. Vgl. auch *Johannes Biclarensis, Chronica a. 590, 2 imperator Persarum Christi suscepit fidem et pacem cum Mauricio imperatore firmavit.*

[36] Gemeint ist wohl Chosroes I., K. d. Perser, 531–579, der von seinem Volk Anōsharvān genannt wurde. Er war als christenfreundlich bekannt.

heimlich taufen. Dann aber befahl er allen Goten, die noch an der arianischen Sekte festhielten, sich in Toledo[33] zu versammeln und alle arianischen Bücher zu übergeben; als diese in ein Haus zusammengetragen waren, ließ er sie verbrennen[34] und gab den Befehl, alle Goten auf das christliche Gesetz zu taufen.

9. In[35] diesem Jahre verließ die Gemahlin des Anaulf[36], des Kaisers der Perser, namens Caesara[37] ihren Mann und begab sich mit vier männlichen[38] und ebenso vielen weiblichen Dienstleuten zu dem seligen Bischof Johannes[39] nach Konstantinopel; sie erklärte, eine Frau aus dem Volke[40] zu sein, und bat den seligen Johannes um die Gnade der Taufe. Als sie nun von diesem Bischof selbst die Taufe empfing, nahm sie die Gemahlin des Kaisers Maurikios aus dem heiligen Taufbecken auf. Als ihr Mann, der Kaiser der Perser, seine Gattin immer wieder durch Gesandtschaften suchen ließ, der Kaiser Maurikios aber nicht wußte, daß sie dessen Gemahlin war, da zog die Kaiserin ihre außergewöhnliche Schönheit in Betracht und sprach in der Vermutung, daß sie gerade die Frau sei, die die Gesandten suchten, zu diesen: „Es ist eine Frau von den Persern hierher gekommen, doch sie sagte, sie sei eine Frau aus dem Volke. Betrachtet sie, vielleicht ist sie die, die ihr sucht". Als die Gesandten sie zu Gesicht bekamen, warfen sie sich zu Boden und erwiesen ihr unter Beteuerungen, sie sei ihre Herrin, die sie suchten, die Ehrenbezeugungen. Da sprach die Kaiserin zu ihr: „Antworte ihnen". Daraufhin versetzte sie: „Ich rede mit solchen Leuten nicht, denn ihr Leben gilt soviel wie das eines Hundes[41]. Erst, wenn sie so wie ich zum Christentum bekehrt werden, werde ich ihnen antworten". Die Gesandten aber empfingen freudig die Gnade der Taufe. Daraufhin erklärte ihnen Caesara: „Wenn mein Mann gewillt ist, Christ zu werden und die Gnade der Taufe zu empfangen, werde ich gerne zu ihm zurückkehren; sonst aber werde ich unter keinen Umständen zu ihm heimkehren". Als die Gesandten dies dem Kaiser der Perser berichteten, schickte er sofort eine Gesandtschaft an den Kaiser Maurikios (mit der Bitte), der heilige Johannes möge nach Antiochia[42] kommen; falls dieser die Taufe spendete, würde er sie gerne nehmen. Daraufhin ließ der Kaiser Maurikios die großartig-

[37] Chosroes Lieblingsfrau hieß Shīrīn/Sira und war Christin. Goubert, Byzance avant l'Islam I, 174.

[38] Obwohl *pueri* bei *Fredegar* zumeist Gefolgsleute bedeutet, wird es hier wohl eher mit Dienstleute zu übersetzen sein.

[39] Johannes IV. Nesteutes (= der Faster), Patriarch von Konstantinopel, 582–595? Er schrieb ein Werk über die Taufe an Leander von Sevilla.

[40] *Paulus Diaconus: privato habitu.*

[41] Vgl. *Mt. 15, 21ff.; Mk. 7, 24ff. Conversio Bagoariorum et Carantanorum c. 7* und unten *c. 68* mit Anm. 95.

[42] Antiochien (Antakya), Hst. Pr. Hatay, Türkei.

Persarum cum sexaginta milia Persus baptizatus est, et per duabus ebdomadis a Iohanne et reliquis episcopis Persas ad plenitudinem supra scripto numero baptizantur. Emperatorem illum Gregorius[43] episcopus Anciociam suscepit de lavacrum. Anaulfus imperator Mauricio imperatore petens, ut episcopus cum clero sufficiente eidem darit, quos in Persas estabelirit, ut universa Perseda baptismi gratiam adhiberint. Quod Mauricius libenti prestetit animo, summaque celeritate omnes Perseda ad Christi cultum baptizantur.

10. Anno 29.[44] Gunthramni exercitus in Spaniam eiusdem iusso diregitur, sed negligenciam Bosone, qui capud exercitus fuit, graviter a Gotis exercitus ille trucidatur.

11. Anno 30.[45] regni supra scripti principis tonica domini nostri Iesu Christi, qui eidem in passionem sublata est et a militibus, qui eum custodebant, est sortita, de qua David propheta dixit: [46]'Et super vestimenta mea posuerunt sortem'[46], profetenti Symoni, filio Zacob[47], discooperitur[e]. Per duabus ebdomadis multis cruciatibus adfectus, tandem profetetur, ipsam tonicam in civitatem Zafad[48] procul a Hyerusolima in arca marmorea[49] posetam / esse. Quam Gregorius Anthiocenus et Thomas[50] Hyerusolimarum, Iohannis Constantinopolitanus episcopi cum aliis multis episcopis, triduanum facientes ieiunium, exinde condigni cum arca marmorea, leve effecta, quasi ex ligno[51] fuisset, ordine pedestro Hyerusolima cum devocione sanctissema perduxerunt et eam in loco ubi crux Domini adoratur cum triumpho posuerunt. Eo anno luna obscurata est[52]. Eo anno inter Francos et Brittanis super fluvio Vicinonia[53] bellum est ortum.

[e] Wallace-Hadrill nach Kruschs Konjektur; *dis.* 1, 3b.

[43] Gregor, Patriarch von Antiochia, 569–584 (nach Ruinart 571–592)? Übertritte persischer Vasallenfürsten mit der Bevölkerung (z.B. Chazaren) sind aus dieser Zeit bekannt.

[44] 589. Vgl. *Gregor IX 31; Johannes Biclarensis, Chronica a. 589.*

[45] 590. Vgl. *Gregor von Tours, Liber in gloria martyrum 7,* doch ist *Fredegar* unabhängig.

[46–46] *Ps. 21, 19.*

[47] Der Patriarch Simeon war der zweite Sohn Jakobs, vgl. *Gn. 29, 33.* Vermischung mit Simeon *Lk. 2, 25ff.*, der solange leben sollte, bis er Jesus im Tempel im Arm hielt? Geht diese Nachricht auf eine apokryphe Schrift über Simeon zurück? Oder einfach „Simon, ein Jude"?

sten Vorbereitungen in Antiochia treffen, wo der Kaiser der Perser mit sechzigtausend Persern getauft wurde; zwei Wochen lang wurden von Johannes und den übrigen Bischöfen die genannte Zahl Perser bis auf den letzten Mann getauft. Diesen Kaiser aber hob Gregor[43], der Bischof von Antiochia, aus der Taufe. Dann bat der Kaiser Anaulf den Kaiser Maurikios, er möge ihm Bischöfe und eine ausreichende Anzahl von Geistlichen mitgeben, die er im Perserland einsetzen wollte, damit sie ganz Persien die Gnade der Taufe bringen könnten. Dies gewährte Maurikios gerne, und so wurde auf schnellstem Wege ganz Persien zum Glauben an Christus bekehrt.

10. Im 29.[44] Regierungsjahre Guntchramns wurde auf dessen Befehl ein Heer nach Spanien geführt, doch wurde es durch die Unvorsichtigkeit seines Anführers Boso von den Goten schwer geschlagen.

11. Im 30.[45] Regierungsjahre jenes Königs wurde die Tunika unseres Herrn Jesus Christus, die ihm während seiner Passion ausgezogen und von den Soldaten, die ihn bewachten, verlost wurde und über die der Prophet David sagte: „[46]Und über meine Gewänder haben sie das Los geworfen[46]", — diese Tunika also wurde durch das Geständnis Simeons, des Sohnes Jakobs[47], gefunden. Nach zwei Wochen verschiedenster Martern bekannte er schließlich, daß sich diese Tunika in der Stadt Jaffa[48], (un)weit von Jerusalem, in einem Marmorbehälter[49] befinde. Drei Tage lang fasteten die Bischöfe Gregor von Antiochia, Thomas[50] von Jerusalem und Johannes von Konstantinopel gemeinsam mit vielen anderen Bischöfen, dann trugen sie das Gewand in seinem marmornen Behälter, der so leicht geworden war, als wäre er aus Holz[51], feierlich und in tiefster Andacht zu Fuß nach Jerusalem und legten ihn dort, wo das Kreuz des Herrn verehrt wird, unter Jubelgesängen nieder. In diesem Jahre verfinsterte sich der Mond[52]. In demselben Jahre kam es zwischen den Franken und Bretonen an den Ufern der Vilaine[53] zu einem Krieg.

[48] Safed/Zefat, Obergaliläa, Israel, oder Jaffa/Joppe, Stadtteil von Tel Aviv-Jafo, Israel? Nach *Gregor, Liber in gloria martyrum 7* wurde die Tunika Christi jedoch *in civitatem Galateae* (mit Galatz a. d. Donau, Moldau, Rumänien? identifiziert) aufbewahrt. Nach *Gregor*, der wohl *Galateae* aus *Galilaeae* verlas, müßte Zafad in Galiläa liegen. Die Entfernung Safed/Zefat-Jerusalem beträgt etwa 150 km, die Entfernung Tel Aviv (das in der Küstenebene, nicht in Galiläa liegt) — Jerusalem etwa 40 km.

[49] *In arca lignea Gregor, Liber in gloria martyrum 7.*

[50] Es gab keinen B. Thomas von Jerusalem, doch könnte B. Amos, 594—601, gemeint sein.

[51] Vgl. oben Anm. 49.

[52] 18. Oktober 590.

[53] Fluß in Westfrankreich, mündet im Dép. Morbihan in den Atlantik. Vgl. *Gregor X 9.*

12. Beppelenus[54] dux Francorum factione Hebracharii[55] idemque ducis a Brittanis interficetur. Unde post Hebracharius ad plenitudinem paupertatis de rebus suis expoliatus pervenit[56].

13. Anno 31.[57] regni Guntramni Teudefredus[58] dux Ultraioranus[59] moritur, cui successit Wandalmarus in honorem ducati. Ipsoque anno Ago[60] dux in Aetalia super Langobardus in regno sublimatur. Anno 32.[61] regni Gunthramni ita a mane usque media diae sol minoratus est, ut tercia pras[f] ex ipso vix adpareret.[62]

14. Anno 33.[63] regni Gunthramni. Eo anno quinto Kal. Aprilis ipse rex moritur; sepultus est in ecclesia sancti Marcelli, in monasterio quem ipsi construxerat. Regnum eiusdem Childebertus adsumsit. Eodem anno Quintrio[64] dux Campanensim cum exercito in regno Clothariae ingreditur. Clotharius cum suis obviam pergens, hostiliter Quintrione in fugam vertit, sed utrasque exercitus nimium trucidatus est[65].

15. Anno secundo[66], cum Childebertus regnum accepisset Burgundiae, exercitus Francorum et Brittanorum in invicem proeliantes, uterque nimium gladio trucidantur. Anno 3.[67], Childeberto in Burgundia regnante, multa signa in caelo ostinsa sunt; apparuit stilla comitis[68]. Eo anno exercitus Childeberti cum Varnis[69], qui revellare conaverant, fortiter demicavit; et ita Warni trucidati victi sunt, ut parum ex ipis remansisset.

16. Quarto[70] anno, post quod Childebertus regnum Guntramni acciperat, defunctus est; regnumque eius filii sui Teudebertus et Teudericus adsumunt. Teudebertus sortitus est Auster, sedem

[f] sc. *pars*, vgl. *prevaderit*, oben *III 75*.

[54] Zuerst im Dienste Fredegundes, dann dux Guntchramns.

[55] Dux Guntchramns.

[56] Nach *Gregor X 9 Ende* wurde er nur leicht bestraft.

[57] Nach der Erhebung Agilulfs, K. d. Langobarden 590/91–616, müßte es sich um das Jahr 591 handeln.

[58] Vgl. oben *III 68* und Anm. 88. Er war nach *Marius, Chronica a. 573, dux Francorum.*

[59] Zum Umfang dieses Dukats östlich des Jura vgl. P. E. Martin, Études critiques sur la Suisse à l'époque mérovingienne (1910) 371ff. Zum Zusammenhang mit der Burgundia Transiurensis, einem Dukat des 9. Jahrhunderts, vgl. R. Poupardin, Le royaume de Bourgogne (1907) 4ff.

12. Beppolenus[54], der dux der Franken, wurde durch die Machenschaften des dux Hebrachar[55] von den Bretonen getötet. Deshalb geriet aber Hebrachar später, all seiner Güter beraubt, in bitterste Armut[56].

13. Im 31.[57] Regierungsjahre Guntchramns starb Theudefredus[58], der dux des Gebietes jenseits des Jura[59]; sein Nachfolger in der Würde eines dux war Wandalmar. In demselben Jahre wurde in Italien der dux Agilulf[60] zum König über die Langobarden erhoben. Im 32.[61] Jahre der Herrschaft Guntchramns wurde die Sonne vom Morgen bis zum Mittag so klein, daß sie kaum zu einem Drittel sichtbar war[62].

14. Das 33.[63] Regierungsjahr Guntchramns. In diesem Jahre starb der König am 28. März; er wurde in der Kirche Saint Marcel in dem Kloster, das er selbst erbaut hatte, begraben. Sein Reich übernahm Childebert. In diesem Jahre fiel Wintrio[64], der dux der Champagne, mit Heeresmacht in das Reich Chlothars ein, doch dieser zog ihm mit seinen Leuten entgegen und schlug ihn in die Flucht, wobei jedoch auf beiden Seiten das Heer arg zusammengehauen wurde[65].

15. Im zweiten[66] Jahre, seit Childebert das Reich Burgund übernommen hatte, kämpften die Heere der Franken und Bretonen gegeneinander; dabei wurden auf beiden Seiten viele niedergemetzelt. Im dritten[67] Jahre der Herrschaft Childeberts in Burgund erschienen viele Zeichen am Himmel, und ein Komet[68] war zu sehen. In diesem Jahre kämpfte das Heer Childeberts tapfer mit den Warnen[69], die eine Rebellion gewagt hatten; die Warnen wurden so besiegt und zusammengehauen, daß nur ganz wenig von ihnen übrigblieb.

16. Im vierten[70] Jahre nach der Übernahme des Reiches Guntchramns starb Childebert; seine Königsherrschaft erlangten seine Söhne Theudebert und Theuderich. Theudebert erwarb durch das Los Austrasien mit

[60] 591. Auffällig ist, daß *Fredegar* wie *Paulus Diaconus, Historia Langobardorum IV 1,* Agilulf (vgl. Anm. 57) mit seinem Kosenamen bezeichnet.

[61] 592

[62] 19. März 592. Die Sonnenfinsternis vom 23. September 591, an die Krusch dachte, wies nicht die genannte Besonderheit auf.

[63] 593

[64] Dux Childeberts in der Champagne. Vgl. *Gregor VIII 18; X 3.*

[65] Vgl. unten *Liber Historiae Francorum c. 36.*

[66] 594

[67] 595

[68] Jänner 595, vgl. *Paulus Diaconus, Historia Langobardorum IV 10.* Krusch dachte an den Kometen vom 10. November 594, der jedoch nur in China sichtbar war.

[69] Thüringer

[70] 596

habens Mittensem[71]; Teudericus accipit regnum Gunthramni in Burgudia, sedem habens Aurilianes[72].

17. Eo anno Fredegundis cum filio Clothario regi Parisius vel reliquas civitates[73] rito barbaro[74] occupavit et contra filius Childeberti regis Teudeberto et Teuderico movit / exercitum loco nominante Latofao[75]. Castra uterque ex adverso ponentes, Chlotharius cum suis super Theudebertum et Teudericum inruens, eorumque exercito graviter trucidavit. Anno secundo[76] regni Teuderici Fredegundis moritur.

18. Anno tercio[77] regni Teudeberti[78] Wintrio dux, instigante Brunechilde, interficetur[79]. Anno 4.[80] regni Theuderici Quolenus[81] genere Francus patricius ordenatur. Eo anno cladis glandolaria[82] Marsilia et reliquas Provinciae civitates graviter vastavit. Eo anno aqua caledissima in laco Duninse[83], quem Arola flumenis influit, sic validae aebullivit, ut multitudinem pissium coxisset. Eo anno Warnecharius[84] maior domi Teuderici transiit, qui omnem facultatem suam in alimuniis pauperum distribuit.

19. Eo anno Brunechildis ab Austrasies eiecta est[85] et in Arciacinsem campaniam a quidam homini paupero singula reperitur. Secundum eius peticionem ipsam ad Teuderico perduxit. Teudericus aviam suam Brunechildem libenter recipiens, gloriose honorat. Huius vicissitudine meretum episcopatum Audicioderinsem, faciente Brunechilde, adsumpsit[86]. Anno[g] 5.[87] regni Teuderici iterum signa, que anno superiore visa fuerant, globae igneae per caelum currentes et ad instar multitudinem astarum[88] igneum ad occidentem apparuerunt.

[g] *c. 29* 3, Wallace-Hadrill.

[71] Metz trat seit der Zeit Childeberts II. immer mehr in den Vordergrund.

[72] Schon unter Guntchramn hatte Chalon-sur-Saône den Rang einer Hauptstadt, und Theuderich II. hielt sich ebenfalls zumeist in Chalon auf. Die Nennung von Orléans dürfte also nur mechanisch übernommen sein aus dem Bericht über die Teilung des Jahres 561 in *III 55.*

[73] Wahrscheinlich Sens, Chartres, Senlis und Cambrai.

[74] Ist wohl pejorativ aufzufassen, vgl. unten *c. 37.*

[75] Dép. Aisne, Ar. Soissons, Ct. Vailly-sur-Aisne, Frankreich.

[76] 596/97

[77] 597/98

dem Regierungssitz in Metz[71], Theuderich erhielt das Reich Guntchramns in Burgund und nahm seinen Sitz in Orléans[72].

17. In diesem Jahre besetzte Fredegunde mit ihrem Sohne, dem König Chlothar, als wären sie Barbaren[74], Paris und die übrigen Städte[73] und führte ein Heer gegen die Söhne des Königs Childebert, Theudebert und Theuderich, nach Laffaux[75]. Sie lagerten einander gegenüber, dann stürzte sich Chlothar mit seinen Leuten auf Theudebert und Theuderich und brachte ihrem Heere eine schwere Niederlage bei. Im zweiten[76] Regierungsjahre Theuderichs starb Fredegunde.

18. Im dritten[77] Jahre der Herrschaft Theudeberts[78] wurde der dux Wintrio auf Betreiben Brunhildes getötet[79]. Im vierten[80] Jahre der Herrschaft Theuderichs wurde Quolenus[81], ein gebürtiger Franke, zum Patricius erhoben. In diesem Jahre suchte die Seuche, die Glandularia[82] genannt wird, Marseille und andere Städte der Provence schwer heim. Im selben Jahre wallte heißes Wasser im Thunersee[83], in den die Aare mündet, so stark auf, daß es eine Menge Fische gar kochte. In diesem Jahre ging Warnachar[84] heim, der Hausmeier Theuderichs, der all sein Gut als Almosen an die Armen verteilte.

19. In diesem Jahre wurde Brunhilde von den Austrasiern verjagt[85] und ganz allein auf den Feldern bei Arcis-sur-Aube von einem armen Manne angetroffen. Er führte sie auf ihre Bitte zu Theuderich, der seine Großmutter Brunhilde gerne aufnahm und in hohen Ehren hielt. Als Dank für seine verdienstvolle Tat erhielt (der einfache Mann) auf Betreiben Brunhildes den Bischofssitz Auxerre[86]. Im fünften[87] Regierungsjahre Theuderichs erschienen wieder dieselben Zeichen, die schon im Vorjahr zu sehen gewesen waren, nämlich feurige Kugeln, die schnell über den Himmel zogen und, gegen Westen, Dinge, die wie eine große Menge von glühenden Lanzen[88] aussahen.

[78] *Theuderici?* Ab dem nächsten Jahr wird immer nach Theuderich datiert.

[79] Vgl. abweichend unten *Liber Historiae Francorum c. 36.*

[80] 598/99

[81] Burgundischer Provinzialpatrizius.

[82] Beulenpest

[83] Bei Bern, Schweiz, von der Aare durchflossen.

[84] Warnachar I., Hausmeier Theuderichs in Burgund.

[85] Die Vertreibung Brunhildes 599 selbst ist historisch.

[86] Desiderius, B. v. Auxerre 2. 10. 603–27. 10. 623. Sein Vorgänger, Aunuarius, war erst am 25. 9. 603 gestorben. Außerdem stammte Desiderius nach den *Gesta pontificum Autissiodorensium* aus königlichem Geschlechte. Diese Geschichte wendet sich gegen Brunhilde und ihren Vertrauten, vgl. G. Kurth, Études Franques I (1919) 308.

[87] 599/600

[88] Vgl. *Paulus Diaconus, Historia Langobardorum IV 15.*

20. Ipsoque anno Teudebertus et Teudericos reges contra Clotharium regem movint exercitum et super fluvio Aroanna[89] nec procul a Doromello[90] vico prilium confligentes iuncxerunt; ibique exercitus Clothario gravissime trucidatus est. Ipsoque cum his qui remanserunt in fuga verso, pagus et civitates ripa Sigona, qui se ad Clothario tradedirant, depopulant et vastant; civitates ruptas, nimis[h] pluritas captivorum ab exercito Theuderici et Theudeberti exinde ducetur. Chlotharius oppressus, vellit nollit, per pactiones vinculum firmavit, ut inter Segona et Legere usque mare Ocianum et Brittanorum limite pras Teuderici haberit, et per Secona et Esera[91] docatum integrum Denteleno[92] usque Ocianum mare Theudebertus reciperit. Duodicem tantum pagi inter Esara et Secona et mare litores Ociani Chlothario remanserunt[93]. Anno sexto[94] regni Theuderici Cautinus dux Teudeberti interficetur. /

21. Anno 7.[95] regni Theuderici de concubina filius nascitur nomen Sigybertus[96], et Aegyla patricius, nullis culpis extantibus, instigante Brunechilde, legatus interficetur, nisi tantum cupiditatis instincto, ut facultatem eius fiscus adsumerit. Eo anno Teudebertus et Teudericus exercitum contra Wasconis dirigunt ipsosque, Deo auxiliante, deiectus suae dominatione redegiunt et tributarius faciunt. Ducem super ipsos nomen Geniale instituunt, qui eos feliciter dominavit.

22. Eo anno corpus sancti Victoris[97], qui Salodero[98] cum sancto Ursio[97] passus fuerat, a beato Aeconio[99] pontifice Mauriennense[100] invenitur. Quadam nocte in suam civitatem ei revelatur in sompnium, ut surgens protinus iret ad eclesiam, quam Sideleuba[1]

[h] *nemi* 1, Krusch; *nimis* rell., Wallace-Hadrill.

[89] Fluß im Dép. Seine-et-Marne, Frankreich.

[90] Dép. Seine-et-Marne, Ar. Melun, Ct. Moret-sur-Loing, Frankreich.

[91] Rechter Nebenfluß der Seine, mündet westlich von Paris.

[92] Er umfaßte die civitates von Boulogne, Thérouanne, Arras, Tournai, Cambrai, Vermand und wahrscheinlich auch Noyon und St. Quentin, vgl. A. Longnon, Géographie de le Gaule au VIe siècle (1878) 145 Anm. 2. Vgl. unten *c. 76.*

[93] Die civitates Beauvais, Amiens und Rouen umfaßten insgesamt elf (zwölf) Pagi. Vgl. Longnon, Géographie de la Gaule 145 Anm. 2.

[94] 600/601

20. Im selben Jahre rückten die Könige Theudebert und Theuderich gegen den König Chlothar ins Feld und gerieten auf dem Ufer der Orvanne[89], unweit von dem Dorfe Dormelles[90], im Kampf aneinander, wobei das Heer Chlothars sehr schwer geschlagen wurde. Sie schlugen ihn selbst mit denen, die übrig blieben, in die Flucht und dann plünderten und verwüsteten sie die pagi und Städte an der Seine, die sich Chlothar unterworfen hatten; das Heer Theuderichs und Theudeberts eroberte die Städte und führte von dort eine große Anzahl Gefangener weg. Ob Chlothar nun wollte oder nicht, er bestätigte gezwungenermaßen durch einen Vertrag, daß Theuderich das Gebiet zwischen Seine und Loire bis zum Meer und der Grenze der Bretonen besitzen und daß Theudebert den Dukat des Dentelenus[92] von Seine und Oise[91] bis zum ozeanischen Meer ungeschmälert empfangen sollte. Zwischen Oise, Seine und den Ufern des Ozeans verblieben Chlothar somit nur zwölf pagi[93]. Im sechsten[94] Regierungsjahre Theuderichs wurde Cautinus, ein dux Theudeberts, getötet.

21. Im siebenten[95] Regierungsjahre Theuderichs wurde ihm von einer Konkubine ein Sohn namens Sigibert[96] geboren; der Patricius Aegyla wurde ohne jede Schuld auf Betreiben Brunhildes gebunden und getötet, (und das nur,) weil sie heiß danach begehrte, seinen Besitz dem Fiskus einzuverleiben. In diesem Jahre sandten Theudebert und Theuderich ein Heer gegen die Basken, warfen sie mit Gottes Hilfe nieder, brachten sie unter ihre Herrschaft und machten sie tributpflichtig. Als dux setzten sie über die Basken Genialis, der sie glücklich (und erfolgreich) beherrschte.

22. In diesem Jahre wurde der Körper des heiligen Viktor[97], der in Solothurn[98] gemeinsam mit dem heiligen Ursus[97] den Märtyrertod erlitten hatte, von dem heiligen Hiconius[99], dem Bischof von St. Jean-de-Maurienne[100], aufgefunden. Eines Nachts wurde ihm in seiner Stadt im Traume offenbart, er solle sich sofort erheben und zu der Kirche begeben, die die Königin Sideleuba[1] vor der Stadt Genf erbaut

[95] 601/602

[96] Sigibert II., K. d. Franken 613. Theuderich selbst war erst 587 geboren worden.

[97] Die Heiligen Viktor und Ursus gehörten zu der Thebäischen Legion, die kurz nach 302 in Agaunum und benachbarten Orten das Martyrium erlitten haben soll.

[98] Hst. Ct. Solothurn, Schweiz.

[99] Hiconius, B. v. St. Jean-de-Maurienne, nachweisbar 581–602.

[100] Dép. Savoie, Frankreich.

[1] Vgl. oben *III 17*, doch war die dort genannte *Sideleuba* die Schwester der Gemahlin Chlodwigs I. Nach M. Chaume, Recherches d'Histoire 156, war sie vielleicht die Schwester Guntheucas, der Tochter oder Enkelin von Godegisil und Theudesinde, und somit die Erbin der arianischen Kirchen ihrer Eltern in diesem Gebiet. Nach der *Passio SS. Victoris et Ursi (AA SS September 30) 292*, wurde diese Kirche von Theudesinde, der Gattin des Burgunderkönigs Godegisil, errichtet.

regina suburbanum Genavinse construxerat[2]; in medium eclesia designatum locum illum sanctum corpus adesset. Cumque Genava festinus perrexisset cum beatis Rusticio et Patricio episcopis[3], triduanum faciens ieiunium, lumen per noctem, ubi illum gloriosum et splendidum corpus erat, apparuit. Quem cum selencio hii tres pontifecis, cum lacrimis et orationibus, elevato lapide, in arcam argentiam invenerunt sepultum, cuius faciem robentem quasi vivum repperunt. Ibique princeps Theudericus presens aderat, multisque rebus huius eclesiae tribuens, maxemam partem facultates Warnacharii ibidem confirmavit[4]. Ad sepulchrum illum sanctum mirae virtutes ex ipsa diae, quo repertum est, prestante Domino, integra adsiduaetate ostenduntur. Eo anno Aetherius[5] episcopus Lugdunensis obiit; ordenatur loco ipsius Secundinus[6] episcopus.

23. Eo anno Fogas[7] dux et patricius[8] rei publicae[9] victur a Persas rediens, Mauricio emperatore interfecit; in loco ipsius imperium adsumsit[10]. /

24. Anno 8.[11], regni Teuderici de concubina nascitur ei filius nomen Childebertus[12], et senodus Cabillonno collegitur[13]. Desiderium[14] Viennensem episcopum deieciunt, instigante Aridio[15] Lugdunensi episcopo et Brunechilde, et subrogatus est loco ipsius sacerdotale officio Domnolus[16]; Desiderius vero in insula quedam exilio retrudetur. Eo anno sol obscuratus est[17]. Eo quoque tempore Bertoaldus genere Francos maior domus palacii Teuderici erat, morebus mensuratus, sapiens et cautus, in prilio fortis, fidem cum omnibus servans. Anno 9.[18] regni Teuderici nascitur ei de concubina filius nomen Corbus[19]. Cum iam Protadius[20] genere

[2] St. Viktor in Genf.

[3] Nach der *Passio SS. Victoris et Ursi* war Rusticus B. v. Martigny, Ct. Wallis, Schweiz, und Patricius B. v. Tarentaise, heute Moutiers, Dép. Savoie, Ar. Albertville, Frankreich, doch sind diese Angaben sehr unzuverlässig, vgl. L. Duchesne, Fastes épiscopaux de l'ancienne Gaule I (1894) 237 Anm. 5.

[4] Vgl. oben *c. 18*, wonach Warnachar selbst seine Güter als Almosen verteilt hatte.

[5] Aetherius, B. v. Lyon nachweisbar 589–602.

[6] Secundinus, B. v. Lyon 602. Ihm folgte 603 bereits Arigius, vgl. unten *c. 24*.

[7] Phokas, oström. Ks. 602–610.

[8] Er war früher nur centurio.

hatte[2]; mitten in der Kirche befinde sich dort an einem genau bezeichneten Ort jener verehrungswürdige Körper. Als er nun mit den heiligen Bischöfen Rusticus und Patricius[3] auf schnellstem Wege nach Genf geeilt war und dort drei Tage gefastet hatte, erschien nachts ein Lichtzeichen genau dort, wo sich dieser glorreiche und prächtige Körper befand. In aller Stille hoben die drei Bischöfe unter Tränen und Gebeten den Stein weg und fanden den Heiligen mit rosigem Antlitz, als ob er noch lebte, in einem silbernen Schrein begraben. König Theuderich war bei der Auffindung anwesend, und neben vielen Geschenken, die er dieser Kirche machte, bestätigte er ihr den Besitz des größten Teiles der Güter Warnachars[4]. Seit dem Tag, an dem es aufgefunden wurde, werden an diesem verehrungswürdigen Grab durch Gottes Gnade unablässig aufsehenerregende Wunder gewährt. In diesem Jahre starb Aetherius[5], der Bischof von Lyon, an dessen Stelle Secundinus[6] zum Bischof geweiht wurde.

23. Als in diesem Jahre Phokas[7], der dux und Patricius[8] des Imperiums[9], siegbeladen aus dem Perserland zurückkehrte, tötete er den Kaiser Maurikios und übernahm an dessen Stelle die Herrschaft[10].

24. Im achten[11] Regierungsjahre Theuderichs wurde ihm von einer Konkubine ein Sohn namens Childebert[12] geboren; in Chalon versammelte sich eine Synode[13], die auf Betreiben des Arigius[15], des Bischofs von Lyon, und Brunhildes den Bischof Desiderius[14] von Vienne absetzte und zur Ausführung seiner bischöflichen Aufgaben Domnolus[16] bestellte; Desiderius aber wurde auf eine Insel verbannt. Im selben Jahre gab es eine Sonnenfinsternis[17]. Ebenfalls zu dieser Zeit war Bertoald, ein gebürtiger Franke, Hausmeier im Palaste Theuderichs, ein Mann von besonnener Art, vernünftig und umsichtig, tapfer im Krieg und zuverlässig gegenüber jedermann. Im neunten[18] Jahre der Herrschaft Theuderichs wurde ihm von einer Konkubine ein Sohn namens Corbus[19] geboren. Nach dem Tode des dux Wandalmar wurde Protadius[20], ein Mann von gallo-

[9] Auch *Gregor II 3* bezeichnet das Römische Reich als *res publica*. Vgl. auch unten *c. 33* mit Anm. 51 und *c. 58* mit Anm. 40.

[10] 23. Dezember 602.

[11] 602/603

[12] S. K. Theuderichs II. Vgl. unten *c. 42*.

[13] Vgl. *Sisebut, Vita Desiderii 4;* unten *c. 32; Jonas von Susa, Vita Columbani I 27*. Vgl. Kurth, Études Franques 323ff.

[14] Desiderius, B. v. Vienne, nachweisbar 596—611.

[15] Arigius, B. v. Lyon nachweisbar 603—614.

[16] Domnolus, B. v. Vienne 603—c. 614.

[17] 12. August 603.

[18] 603/604

[19] S. K. Theuderichs II.: sein Ende unten *c. 42*.

[20] Hausmeier Theuderichs II.

Romanus vehementer in palacium ab omnibus veneraretur, et Brunechildis stubre gratiam eum vellit honoribus exaltare, defuncto Wandalmaro duci, in pago Ultraiorano et Scotingorum[21] Protadius patricius[22] ordenatur instigatione Brunechilde. Ut Bertoaldus pocius interiret, eum ripa Segona usque Ocianum mare per pagus et civitates fiscum inquerendum dirigunt.

25. Bertoaldus[23] a Teuderico directus, cum trecentus tantum viros illis partibus properavit. Cumque Arelao[i.24] villa venisset et venationem inibi exercerit, haec conperiens Clotharius, filium suum Maeroeum[25] et Landericum maioris domus cum exercitum Bertoaldum opprimendum direxit et maximam partem inter Segona et Legere pagus et civitates de regno Theuderici presumpsit contra pactum pervadere. Bertoaldus haec audiens, cum sustenere non prevalebat, terga vertens, Aurilianes ingreditur, ibique a vero beatissimo Austreno[26] episcopo suscepetur. Landericus cum exercito Aurilianes circumdans, vocabat Bertoaldum, ut exiret ad prilium. Bertoaldus de muro respondens: 'Nos duo singulare certamen, si me expectare deliberas, reliqua multetudine procul suspinsa, iungamus ad prilium; a Domino iudecemur'. Sed haec Landericus facere distulit. Addens Bertoaldus dixit: 'Dum facere non audes, proximum temporis domini nostri pro ea que facetis iungent ad prilio. Induamur uterque, ego et tu, vestibus vermiclis, / precedamus chetheris; ubi congressus erit certamenis, ibique tua et mea utilitas adparebit; promittentes ante Deum ab invicem, promissionis huius[k] veritatem subsistere'.

26. Cumque haec in diem festi sancti Martini antestites[27] actum fuisset, Theudericus cum haec conperisset, quod a Clothario pars regni sui contra pactum fuerat pervasum, nativitate Domini[28] protinus cum exercitum Stampas[29] super fluvio Loa[30] pervenit; ibique obviam Meroeus, filius Clotharii regis, cum Lan-

[i] 1, Krusch, Wallace-Hadrill; *Arelauno* rell.
[k] *rei* add. 3, 4b[2*]. c[1.2], 5a.

[21] Die Umgebung von Salins-les-Bains, Dép. Jura, Ar. Lons-le-Saunier, Frankreich. Die Scotingi waren Alemannen, die dort im vierten Jahrhundert zwangsweise angesiedelt wurden.

[22] Zu seinem Patriziat vgl. R. Buchner, Die Provence in merowingischer Zeit (Arbeiten zur deutschen Rechts- und Verfassungsgeschichte 9, 1933) 103.

romanischer Abstammung, der ja im Palaste bei allen in hohem Ansehen stand und den Brunhilde zum Dank für die Unzucht (, die er mit ihr trieb,) durch Ämter hervorheben wollte, auf ihr Betreiben zum Patricius[22] im pagus jenseits des Jura und in dem der Scotinger[21] erhoben. In der Absicht, Bertoald einen baldigen Tod zu bereiten, schickten sie ihn mit dem Auftrag, Steuern einzutreiben, das Ufer der Seine entlang bis zum Ozean in die pagi und Städte.

25. Bertoald[23] zog nun im Auftrage Theuderichs mit nur dreihundert Männern schnell in jene Gebiete. Als er aber in die villa Arèle[24] kam und dort auf die Jagd ging, erfuhr Chlothar davon und sandte seinen Sohn Merovech[25] und den Hausmeier Landerich mit einem Heerhaufen aus, um Bertoald niederzumetzeln; er erdreistete sich auch, gegen den Vertrag den größten Teil der pagi und Städte, die zwischen Seine und Loire lagen und zum Reiche Theuderichs gehörten, zu verheeren. Bertoald wandte sich bei dieser Nachricht zur Flucht, da er zu schwach war, um Widerstand zu leisten, und warf sich nach Orléans, wo er von dem Bischof Austrinus[26], einem sehr heiligmäßigen Manne, aufgenommen wurde. Landerich umschloß mit seinem Heere Orléans und rief Bertoald zu, er möge sich vor der Stadt zum Kampfe stellen. Bertoald aber antwortete von der Mauer aus: „(Wenn du einverstanden bist,) dort auf mich zu warten und dein Heer in einiger Entfernung aufzustellen, so treten wir doch beide zu einem Zweikampf an, und der Herr soll entscheiden". Aber das schob Landerich hinaus. Da fügte Bertoald hinzu: „Da du dir das nicht zutraust, werden unsere Herren wegen eurer Taten demnächst in den Kampf ziehen. Dann aber kleiden wir uns beide, ich und du, in rote Gewänder und treten vor unsere Heere; und schon beim ersten Zusammentreffen wird sich deine und meine Tapferkeit erweisen; geloben wir also einander vor Gott, dieses Versprechen in die Tat umzusetzen".

26. Dies war aber am Festtag des heiligen Bischofs Martin[27] geschehen; als nun Theuderich davon erfuhr, daß ein Teil seines Reiches gegen die Übereinkunft von Chlothar heimgesucht worden war, zog er am Christtage[28] unverzüglich mit einem Heere nach Étampes[29] an den Ufern der Louet[30], wo ihm Merovech, der Sohn des Königs Chlothar, mit Lan-

[23] F. Lot, Moyen Âge 6 (1893) 141f., vergleicht *cc. 25, 26* mit *Liber Historiae Francorum c. 41.*

[24] Wahrscheinlich ein Jagdsitz im Forêt de Brotonne (Dép. Seine-Maritime) am linken Ufer der Seine, südlich Caudebec-en-Caux, westlich Jumièges.

[25] Merovech, S. K. Chlothars II.

[26] Austrinus, B. v. Orléans 588– zumindest 604.

[27] 11. November 604.

[28] 25. Dezember 604.

[29] Dép. Essonne, Ar. Ramboillet, Frankreich.

[30] La Louet, mündet unterhalb Étampes in die Juine, linker Nebenfluß der Seine.

derico et magno exercito venit. Cum esset artus pervius ille, ubi Loa fluvius transmeatur, vix tercia pars exercitus Teuderici transiverat, initum est prilium. Ubique Bertoaldus secundum placetum adgreditur, vocetans Landericum; sed Landericus non est ausus, ut promiserat, tantum[l] huius certaminis congressionem adire. Ibique Bertoaldus cum nimis citeris precessisset, ab exercito Clothariae cum suis interficetur, nec vellens exinde evadere, dum senserat se de sui gradus honorem a Protadio degradandum. Ibique Meroeus, filius Clothariae, capetur; Landericus in fuga versus est; nimia multitudo exercitus Clothariae in eo prilio gladio trucidatus est. Teudericus victur Parisius ingreditur. Teudebertus pacem cum Clothario Conpendio villa inivit, et uterque exercitus eorum inlesus redit ad propriam. Anno[m] 10.[31] regni Theuderici Protadius, instigante Brunechilde, Teuderico iobente, maior domi substituetur,

27. cum esset nimium argutissimus et strenuus in cunctis, sed saeva illi fuit contra personas iniquitas; fiscum nimium stringens, de rebus personarum ingeniose fisco vellens implere et se ipsum ditare. Quoscumque de gentem nobilem repperiret, totusque humiliare conabat, ut nullus repperiretur, qui gratum quem adriperat potuisset adsumere. Haec his et alies nimia sagatitate vexatus, maximae[32] cunctos in regno Burgundiae locratus est inimicus. Cum Brunechildis nepotem suum Teudericum integra adsiduetate monerit, ut contra Teudebertum moverit exercitum, dicens, quasi Theudebertus non esset filius Childeberti[33], nisi cuiusdam ortolanum, et Protadius ipsoque consilio adsistens, tandem iusso Teuderici movetur exercitus. Quod cum loco nomen Caratiaco[34] Teudericus cum exercito castra metasset, ortabatur a leudibus suis, ut cum Theudeberto pacem iniret. Protadius singulos ortabatur, ut prilium committeretur. Teudebertus nec procul exinde cum exercito resedebat. Tunc omnes exercitus Teuderici, inventa occasione, supra Protagio inruunt, dicentes,

[l] sc. *ita*.
[m] *c. 27* Wallace-Hadrill.

derich und einem großen Heerhaufen entgegentrat. Da aber die Stelle, wo man die Louet überqueren konnte, sehr schmal war, war noch kaum ein Drittel des Heeres Theuderichs hinübergegangen, da wurde der Kampf begonnen. Dabei trat Bertoald nach ihrer Übereinkunft hervor und rief Landerich, doch dieser wagte nicht, so, wie er versprochen hatte, zu diesem Kampfe anzutreten. Da Bertoald sich dabei zu weit vor die übrigen vorgewagt hatte und die Gelegenheit zur Flucht nicht mehr wahrnehmen wollte, seitdem er bemerkt hatte, daß er von Protadius von seiner hohen Würde verdrängt werden sollte, wurde er gemeinsam mit seinem Gefolge vom Heere Chlothars getötet. In diesem Kampfe wurde Merovech, der Sohn Chlothars, gefangengenommen, Landerich aber in die Flucht geschlagen; eine große Anzahl Männer aus dem Heere Chlothars wurde in diesem Kampfe niedergemetzelt. Theuderich aber zog siegreich in Paris ein. Theudebert schloß mit Chlothar in der villa Compiègne Frieden und beider Heere kehrten ohne Verluste in ihre Heimat zurück. Im zehnten[31] Regierungsjahre Theuderichs wurde Protadius nach dem Willen Brunhildes auf Befehl Theuderichs als Hausmeier eingesetzt;

27. er war ein sehr schlauer und in allen Angelegenheiten sehr tüchtiger Mann, aber seine Ungerechtigkeit gegenüber den anderen war hemmungslos; den Steuerdruck verstärkte er noch ungemein in der hinterlistigen Absicht, den Staatsschatz aus Privatvermögen anzufüllen und sich selbst zu bereichern. Er versuchte, gegen alle vornehmen Leute mit harter Hand durchzugreifen, damit sich keiner finden ließe, der das Amt, das er an sich gerissen hatte, einnehmen könnte. Dieser, der von solchen und anderen (Trieben), (also) von übermäßiger Gier, geplagt wurde, machte sich vor allem[32] im Reiche Burgund jedermann zum Feinde. Da Brunhilde ihrem Enkel Theuderich ständig mit dem Hinweis, Theudebert sei kein Sohn Childeberts[33], sondern der eines Gärtners, in den Ohren lag, er möge gegen Theudebert ein Heer aussenden, und Protadius ihre Meinung unterstützte, ließ Theuderich schließlich doch ein Heer aufbieten. Als Theuderich aber bei Quiérzy-sur-Oise[34] sein Lager aufgeschlagen hatte, wurde er von seinen Gefolgsleuten aufgefordert, mit Theudebert Frieden zu schließen. Als einziger riet Protadius zur Schlacht. Theudebert aber lagerte nicht weit von dort mit seinem Heere. Bei dieser Gelegenheit fiel nun das ganze Heer Theuderichs über

[31] 604/605. Die folgende Geschichte ist zumindest unglaubwürdig. Vgl. schon die Erhebung des Protadius *c. 24*.

[32] *Maximae* könnte hier auch heißen: *„er machte sich fast jeden ... zum Feind"*. Vgl. oben *III 27* Anm. 86.

[33] Sowohl Theudebert als auch Theuderich waren Söhne Childeberts, vgl. *Gregor VIII 37; IX 4*.

[34] Dép. Aisne, Ar. Laon, Ct. Coucy-le-Château-Auffrique, Frankreich.

[35]melius esse uno hominem moriturum, quam totum exercitum in periculum missum[35]. Protadius in tenturio Teuderici regis cum Petro archyatro[36] tabulam ludens sedebat. Cum eum undique iam exercitus circumdasset, et Teudericum leudis suae tenebant, ne illuc adgrederit, misit / Uncelenum, ut suae iussionis verbum nunciaret exercitum, ut se de insidias Protadiae removerint. Uncilenus protinus ad exercitum nuncians dixit: 'Sic iobet domnus Theudericus, ut interficiatur Protadius'. Inruentes super eum, tenturium regis gladio undique incidentis, Protadium interficiunt. Teudericus confusus et coactus cum fratri Teudeberto pacem inivit, et inlesus uterque exercitus revertit ad propriis sedibus. Post[n] discessum Protadiae

28. anno 11.[37] regni Teuderici subrogatur maior domus Claudius genere Romanus, homo prudens, iocundus in fabolis, strenuus in cunctis, pacienciae deditus, plenitudinem consiliae habundans, litterum eruditus, fide plenus, amiciciam cum omnibus sectans. Priorum exempla metuens, lenem se et pacientem huius gradi ascensus ostendit; sed hoc tantum inpedimentum habebat, quod saginam esset corpore adgravatus. Anno 12.[38] regni Teuderici Uncelenus, qui ad mortem Protadiae insidiose fuerat locutus, instigante Brunechilde, pede truncatum, de rebus expoliatus ad revillitatem[o] perductus est.

29. Vulfos patricius[39], idemque Brunechilde instigante consilio, qui mortem Protadiae consenserat, Fauriniaco[40] villa, iobente Teuderico, occidetur, et in patriciatum eius Ricomeris Romano generis subrogatur. Eodem anno natus est de concupina Teuderici filius nomen Meroeus, quem Clotharius de sancto lavacro suscepit.

30. Eodem anno Teudericus Aridium episcopum Lugduninsem, Rocconem et Aeborinum comestaboli ad Bettericum[41] regem Spaniae direxit, qui exinde Ermenberta, filia eius, Teuderico matrimonio sociandam adducerint. Ibique datis sacramentis, ut a Teudericum ne umquam a regno degradaretur[p], ipsamque

[n] *c. 28* Wallace-Hadrill.

[o] sc. *vilitatem*.

[p] *degradatur* 1, Krusch; *degradaretur* rell., Wallace-Hadrill.

Protadius her unter dem Vorwand, [35]es sei besser, daß ein Mensch sterbe, als daß ein ganzes Heer gefährdet werde[35]. Protadius saß im Zelte des Königs Theuderich mit dem Leibarzt[36] Petrus beim Brettspiel. Während ihn das Heer schon von allen Seiten umringte, wurde Theuderich von seinen eigenen Gefolgsleuten gehindert, sich dorthin zu begeben; so schickte er Uncelenus ab, er solle dem Heer seinen Befehl überbringen, von den Nachstellungen gegenüber Protadius Abstand zu nehmen. Darauf meldete Uncelenus unverzüglich dem Heer: „So befiehlt der Herr Theuderich: Tötet Protadius". Da stürzten sie sich auf ihn, hieben von allen Seiten auf das Zelt des Königs ein und töteten Protadius. In seiner Verwirrung schloß Theuderich gezwungenermaßen mit seinem Bruder Theudebert Frieden, und beide Heere kehrten unversehrt in ihre Heimat zurück. Nach dem Tode des Protadius

28. wurde im 11.[37] Regierungsjahre Theuderichs Claudius, ein Romane, zum Hausmeier bestellt; er war ein sehr kluger Mann, der es verstand, mit Geschichten zu unterhalten, er war in allen Angelegenheiten sehr tatkräftig, von großer Geduld, er wußte immer Rat, war in den Wissenschaften bewandert, von unverbrüchlicher Treue und er suchte mit jedermann in Freundschaft zu leben. Gewarnt durch das Beispiel seiner Vorgänger zeigte er sich mild und gütig, als er dieses Amt bekleidete; ihm war nur dieses eine hinderlich: Er war nämlich durch Fettleibigkeit schwerfällig. Im 12.[38] Regierungsjahre Theuderichs wurde Uncelenus, der hinterlistig für die Tötung des Protadius gesprochen hatte, auf Veranlassung der Brunhilde ein Fuß abgeschlagen, und dadurch, daß man ihn dann noch seiner Güter beraubte, geriet er in die bedauernswertesten Verhältnisse.

29. Der Patricius[39] Wulfus, der an der Ermordung des Protadius beteiligt gewesen war, wurde auf Befehl Theuderichs — wiederum stachelte Brunhilde mit ihrem Rat dazu an — in der villa Faverney[40] getötet, und an seiner Stelle wurde Ricomer, ein Mann von romanischer Herkunft, zum Patricius erhoben. Im selben Jahre wurde Theuderich von einer Konkubine ein Sohn namens Merovech geboren, den Chlothar aus der Taufe hob.

30. In diesem Jahre schickte Theuderich Arigius, den Bischof von Lyon, Rocco und den Stallmeister Eborin zu Witterich[41], dem König Spaniens, die von dort dessen Tochter Ermenberga als Braut Theuderich zuführen sollten. Als sie dort unter Eid versprochen hatten, Theuderich

[35–35] Vgl. *Jo. 11, 50; 18, 14.* Vgl. auch *III c. 56* Anm. 17.

[36] Zu seiner Funktion vgl. M. Heyne, Fünf Bücher deutscher Hausaltertümer III (1899) 177f.

[37] 605/606

[38] 606/607

[39] Patricius im Amtsbereich des Protadius?

[40] Dép. Haute-Saône, Ar. Vesoul, Ct. Amance, Frankreich.

[41] Witterich, K. d. Westgoten 603—610.

accipiunt et Teuderico Cabillonno presentant; quem ille gaudens diligenter suscepit. Eadem factionem aviae suae Brunechilde virile coitum non cognovit[42]; instigantibus verbis Brunechilde ava et Teudilane[43] germana, efficetur odiosa. Post anni circulum[44] Theudericus Ermenbergam expoliatam a thinsauris Spaniam retransmisit.

31. Bettericus haec indignans, legationem ad Clothario direxit. Legatus Clothario cum Betterici legato[q] ad Teudebertum perrexit. Iterum Teudeberti legati cum Clothario et Betterico legataries ad Agonem regem Aetaliae accesserunt, ut[r] unianimiter hii quattuor regis cum exercitum undique super Theudericum inruerint[s], regnum eius auferrint et eum morte damnarint, eo quod tantam de ipso reverentiam ducebant. Legatus vero Gothorum, evicto navale, de Aetaliam per mare Spaniam revertitur; sed haec consilius divino noto non sortitur effectum[45]. Quod cum Theuderico conpertum fuisset, fortissime ab eodem dispicetur. /

32. Eo anno Teudericus consilio Aridio episcopo Lugduninse perfedum utens et per suasum avae suae Brunechilde sanctum Desiderium de exilium egressum lapidare praecipit[46]. Ad cuius sepulcrum mirae virtutes a diae transitus sui Dominus integra adsiduaetate ostendere dignatur[47]; per quod credendum est, pro hoc malum gestum regnum Theuderici et filiis suis fuisse distructum[48].

33. Eo anno, mortuo Betterico[49], Sisebodus[50] Spaniae successit in regno, vir sapiens et in totam Spaniam laudabelis valde, pietate plenissemus. Nam et adversus manum publecam[51] fortiter demicavit; provinciam Cantabriam Gothorum regno subaegit, quam aliquando Franci possederant[52]. Dux Francio[53] nomen, qui

[q] *legato* fehlt 1, 3, Krusch.

[r] Wallace-Hadrill; *et* Handschriften, Krusch.

[s] 1, Krusch, Wallace-Hadrill; *ut* add. rell.

[42] Ein Motiv ist nicht erkennbar. Vgl. auch *Jonas, Vita Columbani I 18.* Da Arigius, der Günstling Brunhildes, die Gesandtschaft anführte, war diese Verbindung wohl im Sinne Brunhildes, vgl. G. Kurth, La Reine Brunehaut. Revue des questions historiques 50 (1891) 5–79.

[43] Theudila, T. K. Childeberts II., Schwester K. Theuderichs II.

[44] 607/608. Diese Nachricht nur bei *Fredegar*.

[45] Auch diese Nachricht nur bei *Fredegar*, vgl. jedoch z. B. Witterichs schwache Stellung im eigenen Land.

werde sie niemals verstoßen, nahmen sie Ermenberga in Empfang und stellten sie in Chalon Theuderich vor, der sie mit großer Freude und vielen Aufmerksamkeiten bei sich aufnahm. Aber seine Großmutter Brunhilde hintertrieb den Vollzug der Ehe[42] und machte sie gemeinsam mit der Schwester Theudila[43] durch aufreizende Reden (bei Theuderich) verhaßt. Nach dem Verlauf eines Jahres[44] sandte Theuderich Ermenberga, ihrer Mitgift beraubt, nach Spanien zurück.

31. Witterich schickte aus Zorn darüber eine Gesandtschaft an Chlothar. Ein Gesandter Chlothars reiste dann mit dem Gesandten Witterichs zu Theudebert weiter. Daraufhin zogen Gesandte Theudeberts mit den Gesandten Chlothars und Witterichs zu Agilulf, dem König von Italien, damit diese vier Könige übereinkämen, von allen Seiten mit Heeresmacht über Theuderich herzufallen, ihm sein Reich zu nehmen und ihn selbst zum Tode zu verurteilen, weil sie ihn so sehr fürchteten. Der Gesandte der Goten aber kehrte zu Schiff von Italien über das Meer nach Spanien zurück; aber nach dem Willen Gottes wurde dieser Plan niemals ausgeführt[45]. Als Theuderich davon erfuhr, lachte er jedoch nur geringschätzig darüber.

32. In diesem Jahre ließ Theuderich unter dem unheilvollen Einfluß des Bischofs Arigius von Lyon und seiner Großmutter Brunhilde den heiligen Desiderius bei seiner Rückkehr aus der Verbannung steinigen[46]. An seinem Grabe geruht der Herr seit dem Tage seines Heimganges unablässig Wunder zu wirken[47]; deshalb muß man annehmen, daß wegen dieser bösen Tat das Reich Theuderichs und seiner Söhne zerstört worden ist[48].

33. In diesem Jahre folgte nach dem Tode Witterichs[49] Sisebut[50] in der Herrschaft über Spanien, ein weiser und sehr frommer Mann, der in ganz Spanien sehr gelobt wurde, denn er kämpfte auch tapfer gegen das Römische Reich[51] und unterwarf die Provinz Kantabrien der Herrschaft der Goten; diese hatten früher die Franken besessen[52]. Ein dux namens Francio[53],

46 Vgl. *Jonas, Vita Columbani I 27; Sisebut, Vita Desiderii 18.*

47 Vgl. *Sisebut, Vita Desiderii 22.*

48 Vgl. oben *III 59* und unten *c. 42.*

49 Tatsächlich erst drei Jahre später, denn Witterich starb erst 610. Bei *Fredegar* folgt sofort Sisebut, während tatsächlich Gundemar von 610—612 regierte.

50 Sisebut, K. d. Westgoten 612—621.

51 Vgl. oben *c. 23* Anm. 9.

52 Übertreibung des Erfolgs des Feldzuges Childeberts I. 531, vgl. oben *III 30.* Nach dem *Liber Historiae Francorum c. 23* wurde sogar Toledo erobert.

53 Während Krusch zur Stelle eine Verbindung mit dem eponymen Heros *Francio II 5; III 2,* herstellt, möchte ihn G. P. Bognetti, Rapporti etico-politici fra oriente e occidente dal sec. 5 al sec. 8. Relazioni X. Congresso Italiano di Scienca Storica III (1955) 41 Anm. 1, mit einem byzantinischen magister militum um 588 identifizieren. Vgl. *Paulus Diaconus, Historia Langobardorum III 27.*

Cantabriam in tempore Francorum egerat, tributa Francorum regibus multo tempore impleverat; sed cum parte imperiae fuerat Cantabria revocata, a Gothis, ut super legetur, preoccupatur, et plures civitates[54] ab imperio Romano Sisebodus litore maris abstulit et usque fundamentum destruxit. Cumque Romani ab exercito Sisebodi trucidarentur, Sisebotus dicebat pietate plenus: 'Eu me misero, cuius tempore tante sanguis humanae effusio fietur!'[55] Cuiuscumque potebat occurrere, de morte liberabat. Confirmatum est regnum Gothorum in Spaniam per mare litora usque Paereneos montes[56].

34. Ago rex Langobardorum accepit uxorem Grimoaldi et Gundoaldi germanam nomen Teudelendae[57] ex genere Francorum[58], quem Childebertus habuerat disponsata[59]. Cum eam consilium Brunechilde postposuisset, Gundoaldus cum omnibus rebus se cum germanam Teudelende in Aetaliam transtulit et Teudelindae matrimonium Agonem / tradedit[60]. Gundoaldus de gente nobile Langobardorum accepit uxorem, de qua duos filius habuit his nominibus: Gundeberto et Chairiberto[61]. Ago rex, filius[62] Authario rege, de Theudelindem habuit filium nomen Adoaldo[63] et filiam nomen Gundoberga[64]. Dum[t] Gundoald a Langobardis nimium dilegeretur, factione Agone regi et Teudelindae, cum ipsum iam zelum tenerint, ubi ad ventrem purgandum in faldaone sedebat, saggitta saucius moritur[65].

35. Anno 13.[66] regni Teuderici, cum Theudebertus Bilichildem[67] habebat uxorem, quam Brunechildis a neguciatoribus mercaverat, et esset Bilichildis utilis et a cunctis Austransiis vehementer diligeretur, simplicitatem[68] Teudeberti honeste conportans,

[t] sc. *cum*.

[54] Im Frieden von 615 büßten die Oströmer zumindest Malaga ein.

[55] Vgl. *Epistula Sisebuti, Epistulae Visigothicae 4* und *Isidor von Sevilla, Historia Gothorum 61.*

[56] Ks. Heraklius bestätigte 615/16 den Frieden mit Sisebut.

[57] Theudelinde, die Schwester Grimoalds und Gundovalds und T. des Baiuwarenherzogs Garibald, heiratete 590 Agilulf.

[58] Vgl. K. Reindel, Das Zeitalter der Agilolfinger. Handbuch der bayerischen Geschichte I (Hrsg. v. M. Spindler, 1967) 102f.

der Kantabrien zur Zeit der Frankenherrschaft regiert hatte, hatte den Königen der Franken lange Zeit Tribute gezahlt; als aber das Imperium wieder seine Ansprüche auf Kantabrien geltend machte, kamen ihm die Goten, wie oben erwähnt, zuvor, besetzten es, und Sisebut entriß dem Römischen Reiche viele Städte[54] am Meeresstrand und zerstörte sie von Grund auf. Als aber die Römer vom Heere Sisebuts hingeschlachtet wurden, klagte dieser voll Inbrunst: „O ich Unglücklicher, zu dessen Zeit soviel menschliches Blut vergossen wird!“[55] Er errettete jeden, dem er zu Hilfe kommen konnte, vor dem Tode. So wurde die Herrschaft der Goten in Spanien vom Meeresstrand bis zu den Pyrenäen behauptet[56].

34. Der Langobardenkönig Agilulf heiratete Theudelinde[57], die Schwester Grimoalds und Gundovalds, die aus dem Volke der Franken stammte[58] und die mit Childebert verlobt gewesen war[59]. Als dieser jedoch auf Rat Brunhildes die Verlobung löste, zog Gundovald mit seinem ganzen Vermögen und mit seiner Schwester Theudelinde nach Italien und gab sie Agilulf zur Frau[60]. Gundovald selbst nahm sich aus einem vornehmen langobardischen Geschlechte eine Frau, von der er zwei Söhne hatte, Gundebert und Aripert[61] geheißen. König Agilulf, der Sohn[62] König Autharis, hatte von Theudelinde einen Sohn, Adaloald[63], und eine Tochter, Gundeberga[64]. Da Gundovald bei den Langobarden sich größter Beliebtheit erfreute, verfolgten ihn König Agilulf und Theudelinde mit Eifersucht, und er wurde, als er einmal auf einem Leibstuhl saß, um sich zu erleichtern, auf deren Geheiß durch einen Pfeilschuß verwundet und starb[65].

35. Das 13.[66] Regierungsjahr Theuderichs; Theudebert hatte Bilichilde[67] zur Gemahlin, die Brunhilde einst von Händlern gekauft hatte; diese Bilichilde war sehr tüchtig und wurde von allen Austrasiern sehr verehrt, weil sie die Erfolglosigkeit[68] Theudeberts mit Würde ertrug; sie

[59] Verwechslung mit Chlodoswintha, T. K. Chlotachars I., G. K. Alboins, K. d. Langobarden? Andrerseits hatte Childebert II. seine Schwester Chlodosvintha dem Gotenkönig Reccared zur Frau gegeben, nachdem sie vorher Authari, K. d. Langobarden, versprochen worden war. Vgl. auch die Ehen Waldaradas *Gregor IV 9.*

[60] Theudelinde und Gundovald waren 589 vor einem fränkischen Vorstoß zu den Langobarden geflohen. Theudelinde wurde noch 589 zuerst die Gattin Autharis.

[61] Aripert, K. d. Langobarden 653–661.

[62] Hier und unten *c. 45* wird Ago (Agilulf) unrichtig als Sohn Autharis bezeichnet.

[63] Adaloald, K. d. Langobarden 616–626.

[64] Schwester Adaloalds. Vgl. unten *cc. 50, 51, 70, 71.*

[65] Nach *Paulus Diaconus, Historia Langobardorum IV 40* wurde er von einem unbekannten Mörder durch einen Pfeilschuß getötet.

[66] 607/608

[67] Bilichilde, 1. G. K. Theudeberts II. Zu ihrem Tode vgl. unten *c. 37.*

[68] Oder doch nur „einfache Art Theudeberts“?

nihil se menorem a Brunechilde esse censirit, sed sepius per legatus Brunechilde dispicirit, dum ab ipsa increpabatur, quod ancilla Brunechilde fuisset, tandem his et aliis verbis, legatis discurrentibus, ab invicem vexarentur: placetus inter Colerinse[69] et Sointense[70] fiaetur, ut has duas reginas pro pacem inter Teudericum et Teudebertum coniungerint conloquendum; sed Bilichildis consilio Austrasiis inibi venire distulit.

36. Anno 14.[71] regni Teuderici beatus Columbanus[72] creverat[73] iam passim fama [74]is civitatis suae[74] in universas Gallias vel Germaniae provincias[75] [...] / Sicque[76] a regno Theuderici expulsus, iterum Hiberniam insulam repedare disposuit[77]. Sed ut nulli paenitus iter gradiendum fit pontificius[78], nisi permissum Altissimi, ipsi vero sanctus Italiam expetens, monasterium in loco nomen Bobio[79] illuc construens, sancte conversationis, plenus dierum[80] migrat ad Christum.

37. Anno 15.[81] regni Theuderici, cum Alesaciones, ubi fuerat enutritus, preceptum patris sui Childeberti tenebat, a Theudeberto rito barbaro pervadetur. Unde placetus inter his duos regis, ut Francorum iudicio finiretur[82], Saloissa[83] castro instituunt. Ibique Theudericus cum escaritus[84] utrumque decem milia accessit; Theudebertus vero cum magno exercito Austrasiorum inibi prilium vellens committendum adgreditur. Quod cum undique Theudericus ab[u] exercitum Theudeberti circumdaretur, quoactus atque conpulsus Theudericus[u], timore perterritus, per pac-

[u–u] nur 1, Krusch, Wallace-Hadrill.

[69] Colroy-la-Grande, Dép. Vosges, Ar. St. Dié, Ct. Provenchères-sur-Favre, Frankreich.

[70] Das Gebiet südöstlich von Toul, Dép. Meurthe-et-Moselle, Frankreich. Vgl. unten *cc. 37, 87.*

[71] 608/609

[72] Columban, Abt von Luxeuil und Bobbio, gest. 615.

[73] Von hier an folgt *Fredegar* mit ganz unbedeutenden Änderungen der um 640 verfaßten *Vita Columbani* des *Jonas I 18, 19, 20.*

[74–74] Einschub an Stelle von *Sancti viri* bei *Jonas.*

[75] *Fredegar* setzt fort mit *eratque omnium rumore laudabilis* bis zum Ende des *c. 18. C. 19* wird ganz ausgeschrieben bis *regali sentencia quod voluisset decerneret.* Die Abschrift des *c. 20* reicht zuerst bis *irae aculeis stimulantur iubentque* und wird dann fortgesetzt ab *Berthecharium comitem* bis *Nametis usque perduxit.*

fühlte sich Brunhilde keineswegs unterlegen und zeigte Brunhilde im Gegenteil bei ihren Gesandtschaften immer wieder ihre Verachtung, während ihr von dieser (hingegen) vorgehalten wurde, daß sie einst ihre Magd gewesen war; als sie nun Gesandtschaften mit diesen und anderen Schmähungen austauschten und einander zu erniedrigen suchten, wurde schließlich vereinbart, die beiden Königinnen sollten zwischen dem Gebiet von Colroy[69] und dem Saintois[70] zusammentreffen, um einen Frieden zwischen Theuderich und Theudebert auszuhandeln; aber auf den Rat der Austrasier vermied Bilichilde, dorthin zu kommen.

36. Im 14.[71] Regierungsjahre Theuderichs war[73] der Ruhm des heiligen Columban[72] schon ringsum [74]in die Städte[74] und in alle Provinzen Galliens und Germaniens gedrungen[75] [...] Auf[76] diese Weise aus dem Reiche Theuderichs vertrieben, faßte er[77] den Plan, auf die Insel Irland zurückzukehren. Wie aber überhaupt niemand berechtigt[78] ist, ohne die Zustimmung des Allerhöchsten irgendeinen Weg zu beschreiten, so wandte sich der Heilige tatsächlich nach Italien und errichtete dort an einem Ort namens Bobbio[79] ein Kloster und ging nach einem heiligmäßigen Leben hochbetagt[80] zu Christus heim.

37. Im 15.[81] Regierungsjahre Theuderichs wurde das Elsaß, wo er aufgewachsen war, von Theudebert mit barbarischer Härte heimgesucht, obwohl Theuderich die Elsässer aufgrund eines (Befehls) seines Vaters Childebert regierte. Deshalb beschlossen die beiden Könige, in der Festung Seltz[83] zusammenzutreffen, um die Franken über ihren Streit entscheiden zu lassen[82]. Theuderich begab sich mit zwei Abteilungen[84] von je 10 000 Mann dorthin, während Theudebert mit einem großen Heere der Austrasier dorthin zog, in der Absicht, eine Schlacht zu liefern. Als sich aber Theuderich auf allen Seiten vom Heere Theudeberts umringt sah, bestätigte er gezwungenermaßen und aus Furcht Theudebert durch

[76] Von hier an faßt *Fredegar* die Schicksale Columbans mit eigenen Worten kurz zusammen.

[77] Sc. *Columban.*

[78] Vgl. E. Löfstedt, Some Changes of Sense in Late and Medieval Latin. Eranos 44 (1946) 344.

[79] Pr. Piacenza (Aemilia Romagna), Italien.

[80] Biblischer Ausdruck: Vgl. zum Beispiel *Gn. 25, 8;* doch auch mehrfach bei *Gregor*. Vgl. auch oben *III 46* und unten *c. 82.*

[81] 609/610

[82] Vgl. F. Kern, Gottesgnadentum und Widerstandsrecht (ed. R. Buchner 1973) 194.

[83] Festung und Ct. im Dép. Bas-Rhin, Ar. Wissembourg, Frankreich, gegenüber Rastatt.

[84] Gegenüber *exercitus* im allgemeinen nur eine kleinere Abteilung, vgl. unten *c. 74 scaram.*

tionis vinculum Alsatius ad parte Theudeberti firmavit; etiam et Suggentensis et Turensis et Campanensis[85], quos saepius repetibat, idemque amisisse visus est. Regressi uterque ad sidebus propriis. His diebus et Alamanni in pago Aventicense[86] Ultraiorano hostiliter ingressi sunt; ipsoque pago predantes, Abbelenus et Herpinus comitis cum citeris de ipso pago comitebus cum exercito pergunt obviam Alamannis. Uterque falange Wangas[87] iungunt ad prelium. Alamanni Transioranus[88] superant, pluretate eorum gladio trucedant et prosternunt, maximam partem territurio Aventicense incendio concremant, plurum nomirum[v] hominum exinde in captivitate duxerunt; reversique cum predam, pergunt ad propriam. Theudericus has iniurias deinceps integra adsiduetate consilium iniebat, quo pacto Theudebertum potuisset oppremere. Eo anno Belechildis a Teudeberto interfecitur. Theudebertus puella nomen Teudechilde[89] accepit uxorem. Anno 16.[90] Theuderici legationem ad Chlothario diregit, indecans se contra Theudebertum, eo quod suos frater non esset[91], hostiliter velle adgredere; Chlotharius in solatium Theudeberti / non esset. Docatum Denteleni, quem contra Theudeberto cassaverat, si Theudericus Theudebertum superabat, Chlotarius super memorato Denteleno docato suae diciones receperit. Hanc convenenciam a Theudericum et Chlotharium, legatus intercurrentes, firmatam, Theudericus movit exercitum.

38. Anno 17.[92] regni sui Lingonas de universas regni sui provincias mense Madio exercitus adunatur; dirigensque per Andelaum, Nasio[93] castra ceptum, Tollo[94] civitate perrexit [w]et cepit[w]. Ibique Theudebertus cum Austrasiorum exercitum obviam pergens, Tollensem campaniam confligunt certamine. Theudericus

[v] *plurum nominum* 1; so Krusch, Wallace-Hadrill; sc. *numerum*.
[w]–[w] 1, Krusch, Wallace-Hadrill.

[85] Gemeint sind der Thurgau zwischen Reuss und Bodensee und die Champagne südlich von Troyes, vgl. Martin, Études critiques sur la Suisse 186–195. Dennoch hält sich die Meinung Kruschs zur Stelle, daß *Campanensis* den Kembsgau (um Chambiz, südlich von Straßburg) bezeichne, noch bei E. Ewig, Die fränkischen Teilungen und Teilreiche (511–613) (Akademie der Wissenschaften und der Literatur Mainz. Abh. d. geistes- und sozialwiss. Kl. 9, 1952) 690. Nach Krusch zur Stelle würde *Turensis* einem sonst unbekannten Gau an der Thur, einem Fluß im südlichen Elsaß, entsprechen.

einen festen Vertrag den Besitz des Elsaß; damals verlor er auch die Leute aus dem Saintois, dem Thurgau und der Campania[85], auf die er immer wieder Ansprüche erhob. Hierauf kehrten beide nach Hause zurück. Zu dieser Zeit brachen auch die Alemannen mit Heeresmacht in den Gau von Avenches[86] jenseits des Jura ein; als sie diesen Gau plünderten, zogen ihnen die comites Abbelen und Herpinus mit den übrigen comites dieses Gaues und einem Heer entgegen. Beide Heere prallten bei Wangen[87] zur Schlacht aufeinander. Die Alemannen besiegten die Leute aus dem Transjuranus[88], erschlugen eine große Zahl von ihnen und warfen sie nieder, dann brannten sie das Gebiet von Avenches zum größten Teile nieder, führten viele Menschen von dort in die Gefangenschaft und kehrten mit Beute beladen in ihre Heimat zurück. Nach diesen Niederlagen überlegte Theuderich unablässig, wie er Theudebert vernichten könne. In diesem Jahre wurde Bilichilde von Theudebert ermordet. Er nahm sich eine Magd namens Theudichilde[89] zur Frau. In seinem 16.[90] Regierungsjahre schickte Theuderich eine Gesandtschaft zu Chlothar, durch die er ihn wissen ließ, daß er gegen Theudebert zu Felde ziehen wolle, weil dieser nicht (wirklich) sein Bruder sei[91]; (zugleich bat er,) Chlothar solle Theudebert keine Hilfe gewähren. Im Falle eines Sieges über Theudebert würde Chlothar den oben erwähnten Dukat des Dentelenus, auf den er zugunsten Theudeberts verzichtet hatte, wieder unter seine Herrschaft zurückbekommen. Als diese Übereinkunft zwischen Theuderich und Chlothar durch Gesandte geschlossen war, bot Theuderich sein Heer auf.

38. Im Mai seines 17.[92] Regierungsjahres kam sein Heer aus allen Provinzen seines Reiches in Langres zusammen; dann zog es über Andelot und gelangte nach der Eroberung der Festung von Naix[93] zu der Stadt Toul[94] und nahm sie. Als ihm dort Theudebert mit dem Heere der Austrasier entgegentrat, prallten sie zum Kampf in der Ebene vor Toul

86 Avenches (Wifflisburg), Ct. Waadt, Schweiz. Vgl. W. Gisi, Pagus Aventicensis. Anzeiger für schweizerische Geschichte (1884) 235ff.

87 Ct. Bern, Schweiz. Vgl. E. Tièche, Fredegars Notiz über die Schlacht bei Wangen. Museum Helveticum 6 (1949) 1ff.; zum Schlachtort bes. 12 mit Anm. 39.

88 Sc. *Ultraiuranos*.

89 Zweite G. K. Theudeberts II.

90 610/11

91 Vgl. oben *c. 27*.

92 611/12

93 Naix-sur-Ornain, Dép. Meuse, Ar. Bar-le-Duc, Ct. Ligny-en-Barrois, Frankreich.

94 Dép. Meurthe-et-Moselle, Frankreich. Nordöstlich und südlich von Toul gibt es größere Ebenen.

superat Teudebertum eiusque exercitum prostravit. Caesa sunt exercitus eodem prilio nimia multitudo virorum fortium. Theudebertus terga vertens, per territurio Mittensem veniens, transito Vosago, Colonia fugaciter pervenit. Theudericus post tergum cum exercitum insequens, beatos et apostolicos vir Lesio[95] Mogancensis urbis episcopus diligens utiletatem Theuderici et odens stulticiam Theudeberti, ad Theuderico veniens, dixit: "Quod coepisti perfice[96], satis te uteliter oportet huius rei causam expetire. Rustica fabula[97] dicetur, lopus ascendisset in montem, et cum filiae suae iam venare coepissent, eos ad se in monte vocat, dicens: 'Quam longe ocolus vester in unamquemque parte videre prevalet, non habetis amicus, nisi paucus qui vestro genere sunt. Perfecite quod coepistis'[98]". Theudericus cum exercitum Ardinnam transiens, Tholbeaco[99] pervenit. Theudebertus cum Saxonis, Thoringus vel ceteras gentes, que de ultra Renum vel undique potuerat adunare, contra Theudericum Tholbiaco perrexit; ibique dinuo commissum est prilium. Fertur, a Francorum ceterasque gentes ab antiquito sic forte nec aliquando fuisse prilium conceptum. Ibique tantae estrages ab uterque exercitus facta est, ubi falange ingresso[x] certamenis contra se priliabant, cadavera occisorum undique non haberint, ubi inclinis iacerint, sed stabant mortui inter citerorum cadavera stricti, quasi viventes. Sed, Domino precedente, iterum Teudericus Theudebertum superat, et a Tolbiaco usque Colonia exercitus Theudeberti gladio trucedatus, per loca oram terre coperuit. Ipsoque die Colonia perrexit, omnes thynsaurus Theudeberti inibi recepit. Dirigensque Theudericus ultra Renum post tergum Theudeberti Bertharium cobicularium[100], qui diligenter Theudebertum insequens, cum iam cum paucis fugiret, Theudebertum captum Bertharius Coloniam conspectum Theuderici presentat exhibetum. Vestis regalibus Theudebertus expoliatus[1], equosque eius cum estratura

[x] *congresso* coni. Hellmann, Wallace-Hadrill.

[95] Leudegas(r)ius, B. v. Mainz nachweisbar kurz vor 612 und 612.

[96] Vgl. *Gregor III 18.*

[97] Zu dieser Fabel unbekannter Herkunft vgl. G. Kurth, Histoire poétique des Mérovingiens (1893) 413ff. Gegenüber Kurth und Wallace-Hadrill zur Stelle, die

zusammen. Theuderich besiegte Theudebert und warf sein Heer nieder. Im Heer wurde in diesem Kampfe eine sehr große Anzahl tapferer Männer erschlagen. Theudebert selbst floh durch das Gebiet von Metz, überschritt die Vogesen und erreichte schließlich in wilder Flucht Köln. Als ihm aber Theuderich mit seinem Heere dicht auf den Fersen blieb, trat der heilige und apostolische Herr Leudegasius[95], der Bischof der Stadt Mainz, der die Tüchtigkeit Theuderichs ebensosehr herbeiwünschte, wie er die Unfähigkeit Theudeberts ablehnte, zu Theuderich und sprach: „Führe zu Ende, was du begonnen hast[96]; du mußt diese Angelegenheit mit aller Kraft zu Ende bringen. Es gibt doch die Bauernfabel[97], ein Wolf sei auf einen Berg gestiegen und habe seine Jungen, da sie schon zu jagen begonnen hatten, zu sich auf den Berg gerufen und ihnen mitgegeben: ‚Soweit euer Blick in alle Richtungen reicht, habt ihr keine Freunde, außer den wenigen, die eures Geschlechtes sind. (Daher) führet zu Ende, was ihr begonnen habt‘[98]." Theuderich überquerte mit seinem Heer die Ardennen und drang bis Zülpich[99] vor, wohin ihm Theudebert mit den Sachsen, Thüringern und anderen Volksstämmen entgegenzog, die er jenseits des Rheins oder sonstwo aufbieten konnte; dort entbrannte neuerlich der Kampf. Man sagt, daß seit Menschengedenken die Franken und anderen Völker niemals einen Kampf so erbittert begonnen hätten. Dabei wurde unter beiden Heeren ein solches Morden angerichtet, daß dort, wo die beiden Haufen die Schlacht eröffneten, die Körper der Toten keinen Platz fanden, wo sie hätten hinfallen können, sondern daß die Toten zwischen den übrigen Körpern so eingezwängt standen, als lebten sie noch. Theuderich aber besiegte unter Gottes Führung Theudebert nochmals, und Theudeberts Mannen wurden auf der Flucht von Zülpich bis Köln niedergemetzelt und bedeckten stellenweise die Erdoberfläche. Noch am selben Tage kam Theuderich nach Köln und empfing dort alle Schätze Theudeberts. Zur Verfolgung Theudeberts jenseits des Rheins schickte er den Kämmerer[100] Bertharius los, der Theudebert gekonnt verfolgte und ihn, da er sich nur mehr mit wenigen Begleitern auf der Flucht befand, gefangennahm und dann nach Köln brachte, wo er ihn Theuderich vorführte. Theudebert wurde seiner königlichen Gewänder beraubt[1], sein Pferd mit dem königlichen Sattel-

einen inneren Widerspruch zwischen Fabel und Situation erkennen, muß betont werden, daß Theuderich Theudebert nicht als seinen Bruder ansah, vgl. oben *cc. 27, 37.* Demnach übernahm Leudegasius diese Argumentation.

98 Wallace-Hadrill bezieht die Moral (satztechnisch) irrtümlich auf Theuderich.

99 Kr. Euskirchen, Nordrhein-Westfalen, Deutschland.

100 *Cubicularius* bzw. *Thesaurarius* war vermutlich der Titel des Schatzmeisters.

1 Schon die Wegnahme gewöhnlicher Kleidung galt als große Schmach, vgl. u.a. *Gregor V 14.* Wallace-Hadrill vermutet hier wohl zu Unrecht eine Tonsur.

regia, haec totumque Bertharium a Theuderico concedetur. Theudebertus vinctus Cabylonno distinatur. Filius eius nomen Merovius[2] parvolus iusso Theuderici adprehensus, a quidam / per pede ad petram percutitur[3]; caelebrum eius capite aeruptum, amisit spiritum. Chlotharius docatum Denteleno secundum convenentiam Theuderici integro suae dicione redegit. Ob quam rem Theudericus, cum iam totum Auster dominarit, nimia indignatione commotus, contra Chlotharium exercitum anno 18.[4] regni sui de Auster et Burdias movere precepit, legationem prius dirigens, ut se Chlotharius de iam dicto docato Dentelenoe omnimodis removerit; alioquin noverit se exercitum Theuderici undique regnum Chlotharium impleturum. Quo verbo, quem legati nunciant, probavit eventus.

39. Ipso quoque anno iam exercitus contra Chlotharium adgredebat, Theudericus Mettis profluvium ventris[5] moritur. Exercitus protinus redit ad propriis sedebus. Brunechildis[y] cum filius Teuderici quattuor, Sigybertum, Childebertum, Corbum et Meroeum, Mettis resedens, Sigybertum[6] in regnum patris instituere nitens,

40. Chlotharius factione Arnulfo et Pippino[7] vel citeris procerebus Auster ingreditur. Cumque Antonnaco[8] ascessisset, et Brunechildis cum filiis Theuderici Vurmacia resederet, legatos nomenibus Chadoindo et Herpone[9] ad Chlotharium direxit, contestans ei, ut se de regno Theuderici, quem filiis reliquerat, removerit. Chlotharius respondebat et per suos legatus Brunechilde mandabat, iudicio Francorum[10] electorum quicquid, precedente Domino, a Francis inter eosdem iudicabatur, pollicetur esset implere[z]. Brunechildis Sigybertum, seniorem filium Theuderici, in Thoringia diriget, a[a] quem Warnarium[11] maiorem domus et Alboenum cum citeris procerebus destinavit, gentes que ultra Renum adtraherint, qualiter Chlothario potuissent resistere. Post

[y] *c. 40.* Wallace-Hadrill.
[z] sc. *pollicetur se esse impleturum.*
[a] 1, Krusch; *apud* (sc. *cum*) 4a, Wallace-Hadrill.

[2] Merovech, S. K. Theudeberts II.
[3] Vgl. *Additamentum ad Chronica maiora I 7.*
[4] 612/13
[5] Vgl. *Sisebut, Vita Desiderii c. 19.*

zeug und allem (, was dazu gehörte,) schenkte Theuderich Bertharius. Theudebert aber wurde in Fesseln nach Chalon geschickt. Sein noch ganz kleiner Sohn Merovech[2] wurde auf Befehl Theuderichs von einem (seiner Leute) am Fuß ergriffen und gegen einen Felsen geschleudert[3]; das Hirn trat ihm aus dem Kopfe, und er hauchte sein Leben aus. Chlothar aber brachte den Dukat des Dentelenus gemäß seiner Vereinbarung mit Theuderich ungeschmälert unter seine Herrschaft. Darüber empörte sich aber Theuderich, der ja nun schon ganz Austrasien beherrschte, sehr und ließ in seinem 18.[4] Regierungsjahre in Austrasien und Burgund ein Heer gegen Chlothar aufbieten; vorher sandte er (jedoch noch eine Gesandtschaft mit der Aufforderung), Chlothar solle sich unter allen Umständen aus dem eben genannten Dukat des Dentelenus zurückziehen; ansonsten — solle er wissen — würden er und sein Heer das Reich Chlothars von allen Seiten besetzen. Diesen Spruch, den die Gesandten übermittelten, bestätigten die folgenden Ereignisse.

39. Noch im selben Jahre zog sein Heer gegen Chlothar, doch starb Theuderich in Metz an der Ruhr[5]. Sein Heer kehrte unverzüglich nach Hause zurück. Während Brunhilde, die mit den vier Söhnen Theuderichs, Sigibert, Childebert, Corbus und Merovech, in Metz residierte, sich bemühte, Sigibert[6] in das Reich seines Vaters einzusetzen,

40. fiel Chlothar auf Anraten Arnulfs, Pippins[7] und seiner übrigen Großen in Austrasien ein. Als er schon bis Andernach[8] vorgedrungen war, schickte Brunhilde, die sich damals mit den Söhnen Theuderichs in Worms befand, die Gesandten Chadoindus und Herpo[9] zu Chlothar und beschwor ihn, sich aus dem Reiche Theuderichs, das dieser seinen Söhnen hinterlassen hatte, zurückzuziehen. Chlothar aber antwortete — und dies ließ er auch durch seine eigenen Gesandten Brunhilde mitteilen — mit dem Versprechen, er werde jedem Schiedsspruch nachkommen, der nach einer Gerichtsversammlung auserwählter Franken[10] unter Gottes Führung über ihren Streit gefällt werde. Brunhilde aber sandte Sigibert, den ältesten Sohn Theuderichs, dem sie den Hausmeier Warnachar[11], Alboin und andere Große mitschickte, nach Thüringen (mit dem Auftrage), die Stämme jenseits des Rheins herbeizuholen, damit sie Chlothar Widerstand leisten könnten. Sie schickte ihnen aber die

[6] Sigibert II., K. d. Franken 613. Bis zu seinem ersten (und zugleich letzten) Jahr reicht die *Supputatio Eusebii Hieronymi* in *I 24*, vgl. Einleitung S. 9f.

[7] Arnulf, B. v. Metz 611/12—641, und Pippin I. (von Landen), gest. 640, Ahnherren der Arnulfinger/Karolinger.

[8] Kr. Mayen, Rheinland-Pfalz, Deutschland.

[9] Chadoindus, später Referendar Dagoberts I. Herpo, Stallmeister, später dux des *Ultraiuranus*.

[10] Vgl. oben *c. 37*.

[11] Warnachar II., Hausmeier Sigiberts II., Chlothars II.

tergum indiculum direxit, ut Alboenus cum citeris Warnacharium interfecerit, eo quod se in regno Chlothariae vellet transferre. Quod indiculo relecto Albuenus deruptum proiecit in terra. Inventus est a puero Warnachariae, super tabulam caeram linitam dinuo ipsi soledatur. Quo indicolo relecto, Warnacharius cernens se vitae pericolum habere, deinceps vehementer cogitare coepit, quo pacto filii Theuderici / opprimerentur, et regnum Chlothariae aelegerit. Gentes, que illic[b] adtractae fuerant, consilio secreto de solatio Brunechilde et filiorum Theuderici procul fecit adesse[c]. Exinde regressi, cum Brunechilde et filius Teuderici Burgundias adpetunt, missos per universo Auster discurrentes, exercitum movere nitebantur.

41. Burgundaefaronis[12] vero tam episcopi quam citeri leudis timentis Brunechildem et odium in eam habentes, Warnachario consilium inientes, tractabant, ut neque unus ex filiis Theuderici evaderet, sed, eos totus oppressus, Brunechilde delirent et regnum Chlothariae expetirent; quod probavit eventus. Cumque[d] iusso Brunechilde et Sigyberto, filio Theuderici, exercitus de Burgundia et Auster contra Chlothario adgrederetur,

42. veniensque Sigybertus in campania territuriae Catalauninsis[13] super fluvium Axsoma[14], ibique Chlotharius obviam cum exercito venit, multus iam de Austrasius secum habens factione Warnachariae maiorem domus. Sic iam olim tractaverat, consencientibus Aletheo[15] patricio, Roccone, Sigoaldo et Eudilanae[16] ducibus. Cumque in congresso certamine debuissent cum exercitum confligere, priusquam priliare cepissent, signa dantis, exercitus Sigyberti terga vertens, redit ad propriis sedibus. Chlotharius paulatim, ut convinerat, post tergum cum exercitum sequens, usque Ararem Sauconnam[17] fluvium pervenit. Captis filiis Theuderici tres, Sigiberto, Corbo et Meroeo, quem ipse de fontes excipit, Childebertus fugaciter ascendens[e], nec umquam postea

[b] *illis* 1; *illic* rell., Krusch, Wallace-Hadrill.

[c] 1, 3, 4a, 5a. b, Krusch; *abesse* rell., Wallace-Hadrill.

[d] *c. 42* Wallace-Hadrill.

[e] sc. *ascendens equum evasit.*

[12] Offenbar die politisch wirksame Schicht bei den Burgundern, die auch nach der Eroberung Burgunds 534 ihren großen Einfluß behielt, vgl. E. Zöllner, Die Herkunft der Agilolfinger. MIÖG 59 (1951) 247; kaum nur die königlichen Amts-

schriftliche Anweisung nach, Alboin solle mit den anderen Warnachar töten, weil dieser zum Reich Chlothars übergehen wolle. Als diese Anweisung Alboin vorgelesen worden war, zerriß er sie und warf sie zu Boden. Aber sie wurde von einem Gefolgsmann Warnachars gefunden und auf einer mit Wachs bestrichenen Tafel wieder zusammengesetzt. Als dieser Befehl vorgelesen wurde, erkannte Warnachar, daß sein Leben in Gefahr schwebe, und begann von da an unablässig zu überlegen, auf welche Weise die Söhne Theuderichs ins Verderben gestürzt werden könnten und er die Herrschaft Chlothars herbeiführen könne. Die Völker, die dort zur Hilfe verpflichtet worden waren, brachte er in einer geheimen Absprache dazu, von der Hilfestellung an Brunhilde und die Söhne Theuderichs Abstand zu nehmen. Als die Gesandten von dort zurückgekehrt waren, zogen sie mit Brunhilde und den Söhnen Theuderichs nach Burgund und bemühten sich, ein Heer aufzustellen; inzwischen durchzogen Boten ganz Austrasien.

41. Da die burgundische Adelsschicht[12], und zwar die Bischöfe ebenso wie die übrigen weltlichen Großen, Brunhilde fürchteten und haßten, schlossen sie sich dem Plane Warnachars an, mit dem Ziele, nicht einen einzigen von Theuderichs Söhnen entkommen zu lassen, sondern sie alle zu töten und dann Brunhilde zu vernichten und die Herrschaft Chlothars anzustreben; und so geschah es tatsächlich. Als das burgundische und austrasische Heer auf Befehl Brunhildes und Sigiberts, des Sohnes Theuderichs, gegen Chlothar marschierte

42. und als Sigibert im Gebiet von Châlon-sur-Marne[13] zu dem flachen Gelände an der Aisne[14] gelangte, kam ihm dort Chlothar mit seinem Heere entgegen, in dem sich durch die Bemühungen des Hausmeiers Warnachar schon viele Austrasier befanden. Denn so hatte er es schon lange mit Zustimmung des Patricius Aletheus[15] und der duces Rocco, Sigoald und Eudila[16] verabredet. In dem Moment aber, in dem sie mit dem (gegnerischen) Heer die Schlacht hätten eröffnen sollen, also noch bevor sie zu kämpfen begannen, gaben sie sich ein Zeichen, und das Heer Sigiberts wandte sich zur Flucht und kehrte nach Hause zurück. Chlothar folgte mit seinem Heere, wie vereinbart, nur langsam nach und kam bis zur Arar, die jetzt Saône[17] genannt wird. Während drei Söhne Theuderichs, Sigibert, Corbus und Merovech, den Chlothar selbst aus der Taufe gehoben hatte, gefangengenommen wurden, entfloh Childebert (zu Pferde)

und Würdenträger in Burgund, wie N. D. Fustel de Coulanges, La monarchie Franque (1888) 633, betonte.

[13] Hst. Dép. Marne, Frankreich. Es dürfte sich demnach um das Gebiet von Ste. Menehould, Dép. Marne, handeln.

[14] Linker Nebenfluß der Oise, mündet bei Compiègne.

[15] Burgundischer Provinzialpatrizius; seine Herkunft(?) und sein Ende unten *c. 44*.

[16] Sigoald, dux in Burgund. Eudila, dux des *pagus Ultraiuranus*.

[17] *Arar* war der lateinische Name der Saône; vgl. unten *c. 90 Ende*.

fuit reversus. Austrasiorum exercitus inlesus revertit ad propriis sedibus. Factionem Warnachariae maioris domus cum reliquis maxime tutis procerebus de regnum Burgundiae Brunechildis ab Erpone comestaboli de pago Ultraiorano[17a] ex villa Orba[18] una cum Theudilanae, germana Theuderici, producitur et Chlothario Rionava[19] vico super Vincenna[20] fluvio presentatur. Sigybertus et Corbus, filius Theuderici, iusso Clothariae interfecti sunt[21]. Meroeus secrecius iusso Chlothariae in Neptrico perducetur; eodem amplectens amore, quod ipso de sancto excepisset lavacrum, Ingobode graffione[22] commendatur, ubi plures post annos vixit[23]. Clotharius, cum Brunechildis suum presentatur conspectum, et odium contra ipsam nimium haberit, repotans ei, eo quod dece reges Francorum per ipsam interfecti fuissent — id est Sigybertus et Meroeus et genitor suos / Chilpericus, Theudebertus et filius suos Chlotharius, item Meroeus, filius Chlothariae, Theudericus et eiusdem filiae tres, qui ad presens estincti fuerant[24] —, per triduo eam diversis tormentis adfectam[f], iobetque eam prius camillum[25] per omne exercito sedentem perducere, post haec comam capitis, unum pedem et brachium ad veciosissemum aequum caudam legare; ibique calcibus et velocitate cursus membratim disrumpetur[26]. Warnacharius in regnum Burgundiae substituetur maior domi, sacramentum a Chlotharium acceptum, ne umquam vitae suae temporebus degradaretur. In Auster Rado[27] idemque hoc gradum honoris adsumpsit. Firmatum est omnem regnum Francorum, sicut a priorem Chlotharium[28]

[f] 1, Krusch, Wallace-Hadrill; *adflictam* 3, 5.

[17a] Wohl nicht, wie Wallace-Hadrill übersetzt: „schleppte sie aus dem *pagus Ultraiuranus*, aus der *villa* Orbe herbei".Vgl. *c. 43.*

[18] Ct. Waadt, Schweiz.

[19] Dép. Côte-d'Or, Ar. Dijon, Ct. Mirebeaux-sur-Bèze, Frankreich.

[20] Rechter Nebenfluß der Saône, mündet bei Pontailler-sur-Saône, wie vorige Anm.

[21] Vgl. *Jonas, Vita Columbani I 29.*

[22] Im allgemeinen als Beisitzer in königlichen Gerichtsurkunden genannt; bis zum Ende des siebenten Jahrhunderts einen Rang unter dem *comes*.

[23] Nach *Jonas, Vita Columbani II 25,* lebte unter Abt Attala (615—626) in Bobbio ein Mönch namens *Merovech.*

und kehrte nie mehr wieder zurück. Das Heer der Austrasier kehrte ohne Verluste in seine Heimat zurück. Auf Befehl des Hausmeiers Warnachar und fast aller anderen großen Herren des Reiches Burgund wurde Brunhilde von dem Stallmeister Herpo, der aus dem pagus Ultraiuranus stammte[17a], gemeinsam mit Theudila, der Schwester Theuderichs, aus der villa Orbe[18] herbeigeschleppt und Chlothar in dem Dorfe Renève[19] an der Vingeanne[20] vorgeführt. Sigibert und Corbus, die Söhne Theuderichs, wurden auf Befehl Chlothars umgebracht[21]. Merovech aber ließ er heimlich nach Neustrien bringen, denn er hatte ihn sehr ins Herz geschlossen, weil er ihn aus dem heiligen Taufbecken gehoben hatte; Merovech wurde unter die Aufsicht des grafio[22] Ingobad gestellt, bei dem er noch mehrere Jahre lebte[23]. Als Brunhilde Chlothar vorgeführt wurde, machte er sie, da er sie zutiefst haßte, dafür verantwortlich, daß zehn Könige der Franken durch ihre Schuld umgebracht worden seien, und zwar Sigibert, Merovech, sein eigener Vater Chilperich, Theudebert und dessen Sohn Chlothar, ein weiterer Merovech, der Sohn Chlothars, Theuderich und dessen drei Söhne, die eben getötet worden waren[24]; er ließ sie drei Tage lang verschiedenen Foltern aussetzen, dann gab er den Befehl, sie zuerst auf ein Kamel[25] zu setzen und im ganzen Heer herumzuführen und sie dann mit dem Haupthaare, einem Fuße und einem Arm an den Schwanz eines über alle Maßen bösartigen Pferdes zu binden; dabei wurde sie (dann) durch die Hufe und den rasenden Lauf in Stücke gerissen[26]. Warnachar wurde als Hausmeier im Reiche Burgund eingesetzt, nachdem ihm Chlothar geschworen hatte, daß er zu seinen Lebzeiten niemals abgesetzt werden würde. In Austrasien erhielt Rado[27] dasselbe Amt. Das gesamte Reich der Franken wurde so, wie es von dem vorigen Chlothar[28] beherrscht worden war, gefestigt, alle Schätze wur-

[24] Sigibert I. wurde nach *III 71* auf Befehl Fredegundes getötet; Merovech, S. K. Chilperichs I., wurde wegen seiner Ehe mit Brunhilde nach *III 78* in den Tod getrieben; Chilperich I. wurde nach *III 93* auf Befehl Brunhildes getötet; Theudebert II. wurde nach *c. 38* nur gefangengenommen; Chlothar, S. K. Theudeberts II., sonst nicht genannt (dafür wird die Ermordung seines Bruders Merovech, die nach *c. 38* auf Befehl Theuderichs durchgeführt wurde, nicht erwähnt); Merovech, S. K. Chlothars II., wurde nach *c. 26* nur gefangengenommen; Theuderich II. starb nach *c. 39* an der Ruhr; von den vier Söhnen Theuderichs II. wurden zwei, Sigibert II. und Corbus, auf Befehl Chlothars getötet, Childebert entkam und Merovech wurde auf Befehl Chlothars nach Neustrien gebracht.

[25] Vgl. *Jonas, Vita Columbani I 29; Liber Historiae Francorum c. 40; Sisebut, Vita Desiderii c. 21.* Die Byzantiner führten ebenfalls Verbrecher auf Kamelen vor; vgl. *Historia Wambae c. 30.*

[26] Vgl. oben *III 59.*

[27] Hausmeier in Austrasien. Also nicht Pippin, wie man nach *c. 40* erwarten müßte.

[28] Chlotachar I. hatte von 558 bis 561 die Reichseinheit wiederhergestellt.

fuerat dominatum, cunctis thinsauris dicione Chlothariae iunioris subiecitur, quod feliciter post sedecem[g] annis[29] tenuit, pacem habens[30] cum universas gentes vicinas. Iste Chlotharius fuit patienciae deditus, litterum eruditus, timens Deum, ecclesiarum et sacerdotum magnus muneratur, pauperibus aelimosinam tribuens, benignum se omnibus et pietatem plenum ostendens, venacionem ferarum nimium assiduae utens et posttremum mulierum et puellarum suggestionibus nimium annuens. Ob hoc quidem blasphematur a leudibus.

43. Cum anno 30.[31] regni sui in Burgundia et Auster regnum arepuisset, Herpone duci genere Franco locum Eudilanae in pago Ultraiorano instituit. Qui dum pacem in ipso pago vehementer arripuisset sectari, malorum nugacitate reprimens, ab ipsis pagensibus[32], instigante parte adversa, consilio Aletheo patricio et Leudemundo[33] episcopo et Herpino comite per rebellionis audatiam Herpo dux interficetur. Chlotharius com in Alesacius villa Marolegia[34] cuinomento cum Bertethrudae[35] regina accesserat, pacem insectans, multus iniqui agentes gladio trucidarit,

44. Leudemundus quidem episcopus Seduninsis ad Bertetrudem reginam veniens, sigricius consilio Aletheo patricio verba ignominiosa dixit[36], quod Chlotharius eodem anno omnimodis migraret de seculo, ut thinsauris, quantum potebat, secretisseme ad Sidonis suam civitatem transferrit, eo quod esset locum tutissimum[37]; Aletheos esset paratus, suam relinquens uxorem, Bettethrudem reginam acceperit; eo quod esset regio genere de Burgundionibus[38], ipse post Chlotharium possit regnum adsumere. Regina Bertetrudis cum haec audisset, verens, ne veritatem subsisterit, lacrimas prorumpens, abiit in cobiculum. Leudemundus cernens se huiuscemodi verbis habere periculum, fugaciter per nocte Sedunis perrexit. Exinde latante fuga

[g] 1, Krusch, Wallace-Hadrill; *post 15 annos* 3; *per 16 annos* 4c¹; *per 16^cim annis* 4c²; *post 16 annus* 5a.

[29] Vgl. unten *c. 56.*

[30] Unrichtig, Chlothar unternahm zumindest noch einen Zug gegen die Sachsen.

[31] 613/14

[32] Zum Zusammengehörigkeitsgefühl im pagus vgl. E. Ewig, Volkstum und Volksbewußtsein im Frankenreich des siebenten Jahrhunderts. Settimane 5 (1958) 645.

den der Verfügungsgewalt des jüngeren Chlothar unterworfen, und er regierte es daraufhin in Frieden[30] mit allen Nachbarvölkern 16 Jahre[29] lang erfolgreich. Dieser Chlothar war von großer Geduld, in den Wissenschaften bewandert, gottesfürchtig, beschenkte die Kirchen und Geistlichkeit reich, gab den Armen Almosen und zeigte sich im Verkehr mit allen gütig und voll Ehrerbietung; er gab sich jedoch allzu häufig der Jagd auf wilde Tiere hin und lieh schließlich den Einflüsterungen seiner Frauen und Konkubinen zu leicht sein Ohr. Deshalb wurde er freilich von seinen Gefolgsleuten geschmäht.

43. Nachdem er in seinem 30.[31] Regierungsjahre die Herrschaft in Burgund und Austrasien an sich gerissen hatte, setzte er im pagus Ultraiuranus den dux Herpo, der von fränkischer Herkunft war, an die Stelle Eudilas. Da der dux Herpo sich vorgenommen hatte, in diesem pagus mit allen Mitteln Frieden zu schaffen und er nun die Streitigkeiten der Unruhestifter zu unterdrücken suchte, wurde er von den Leuten aus diesem pagus[32] in einem frechen Aufstand getötet, den seine Widersacher unter dem Einfluß des Patricius Aletheus, des Bischofs Leudemund[33] und des comes Herpinus angezettelt hatten. Als Chlothar mit der Königin Bertetrude[35] in das Elsaß in die villa Marlenheim[34] kam und, um den Frieden zu wahren, viele Übeltäter mit dem Schwerte hinrichten ließ,

44. ging jedoch Leudemund, der Bischof von Sitten, zur Königin Bertetrude und machte ihr in einer geheimen Unterredung auf Anraten des Patricius Aletheus folgende niederträchtige Angaben[36]: Chlothar werde auf jeden Fall noch in diesem Jahre aus dem Leben scheiden; sie solle also so viele Schätze wie möglich in aller Stille in seine Stadt Sitten bringen lassen, weil diese der sicherste Ort sei[37]; Aletheus sei bereit, seine Gemahlin zu verstoßen und die Königin Bertetrude zu heiraten und, weil er aus der königlichen Sippe der Burgunder stamme[38], könne er nach Chlothars Tod selbst die Herrschaft übernehmen. Als die Königin Bertetrude dies vernahm, brach sie aus Furcht, (seine Worte) könnten der Wahrheit entsprechen, in Tränen aus und eilte in ihr Schlafgemach. Als Leudemund erkannte, daß er durch solche Worte in große Gefahr geraten sei, floh er des Nachts nach Sitten. Von dort floh er heimlich nach

[33] Leudemund, B. v. Sitten, Hst. Ct. Wallis, Schweiz, nachweisbar 613–614.

[34] Dép. Bas-Rhin, Ar. Molsheim, Ct. Wasselonne, Frankreich.

[35] Bertetrude, zweite G. K. Chlothars II.

[36] Vgl. die ähnlich geartete Geschichte von der Königin Gundeberga unten *c. 51.*

[37] Wallace-Hadrills Erwägung, Sitten sei eher für Bertetrude als für den Schatz der sicherste Ort, ist abzulehnen.

[38] Der Kausalsatz könnte sich auch auf Bertetrude beziehen, vgl. Buchner, Die Provence 90 Anm. 21.

Lussovio[39] ad domno Austasio[40] / abbate pervenit. Post haec ab ipso abbati cum domno Chlothario his culpis excusatur; ad suam reversus est civitatem. Chlotharius Masolaco[41] villa cum procerebus resedens, Aletheum ad se venire precepit. Huius consilium iniquissimum conpertum est; gladium trucidare iussit.

Anno 33.[42] regni Chlothariae Warnacharium maioris domus cum universis pontificibus Burgundiae seo et Burgundaefaronis Bonogillo[43] villa ad se venire precepit; ibique cunctis illorum iustis peticionibus annuens, preceptionebus roboravit[44].

45. Langobardorum gens quemadmodum tributa duodece milia soledorum dicione Francorum annis singulis dissolvebant, referam; vel quo ordine duas civitates Agusta[45] et Siusio[46] cum territuriis ad parte Francorum cassaverant, non abscondam. Defuncto Clep eorum principe, duodecim ducis Langobardorum 12 annis[47] sine regibus transegerunt. Ipsoque tempore, sicut super scriptum legitur[48], per loca in regno Francorum proruperunt; ea presumptione in conposicione Agusta et Siusio civitates cum integro illorum territurio et populo partibus Gunthramni tradiderunt[49]. Post haec legationem ad Mauricio imperatore dirigunt; hii duodice ducis singulis legatariis destinant, pacem et patrocinium imperiae petentes. Itemque et alius legatarius duodicem ad Gunthramnum et Childebertum destinant, ut patrocinium Francorum et defensionem habentes, duodece milia soledus annis singulis his duobus regibus in tributa implerint, vallem cuinomento Ametegis[50] partebus idemque[h] Gunthramni cassantis; his legatis, ubi plus congruebat, patrocinium sibi firmarint. Post haec integra devocione patrocinium elegunt Francorum[51]. Nec

[h] 1; fehlt rell.

[39] Luxeuil-les-Bains, Dép. Haute-Saône, Ar. Lure, Frankreich.

[40] Eustasius, Abt von Luxeuil 615–629?

[41] Mâlay-le-Grand, Dép. Yonne, Ar. und Ct. Sens, Frankreich.

[42] 616/17

[43] Bonneuil-sur-Marne, Dép. Val-de-Marne, Ar. Créteil, Ct. St. Maur-des-Fossés, Frankreich.

[44] Wurde damals auch die *Praeceptio Chlothars II.* erlassen? Vgl. F. Beyerle, Die Lex Ribuaria. Zeitschrift der Savigny-Stiftung GA 48 (1928) 311.

Luxeuil[39] zu dem Herrn Abt Eustasius[40]. Als ihm später durch die Fürsprache dieses Abtes bei dem Herrn Chlothar Vergebung dieser Schuld gewährt wurde, kehrte er in seine Stadt zurück. Chlothar, der sich mit seinen Großen in der villa Mâlay[41] befand, gab Aletheus den Befehl, vor ihm zu erscheinen. Sein verbrecherisches Vorhaben wurde aufgedeckt, und so ließ ihn Chlothar mit dem Schwerte hinrichten.

In seinem 33.[42] Regierungsjahre beschied Chlothar den Hausmeier Warnachar und alle Bischöfe Burgunds und auch die burgundischen Großen in die villa Bonneuil[43] zu sich, wo er allen ihren gerechten Bitten nachkam und sie durch Urkunden bestätigte[44].

45. Ich werde nun berichten, wie das Volk der Langobarden (dazu kam), jährlich 12 000 Solidi den Franken als Tribut für ihre Oberherrschaft zu bezahlen, und ich werde auch nicht verheimlichen, wie sie zugunsten der Franken auf die beiden Städte Aosta[45] und Susa[46] mit ihren Stadtbezirken verzichteten. Nach dem Tode ihres Königs Cleph herrschten die zwölf duces der Langobarden 12 Jahre[47] lang ohne Könige. Während eben dieser Zeit machten sie, wie man oben nachlesen kann[48], einen Einfall in einige Landstriche im Frankenreich und übergaben als Sühne für ihr freches Vorgehen die Städte Aosta und Susa mit ihrem gesamten Stadtbezirk und den Bewohnern an Guntchramn[49]. Daraufhin schickten sie eine Gesandtschaft, zu der diese zwölf duces je einen Beauftragten entsandten, an den Kaiser Maurikios, um Frieden und die Schutzherrschaft des römischen Reiches zu erbitten. In gleicher Weise schickten sie auch zwölf andere Gesandte zu Guntchramn und Childebert, um sich der Schutzherrschaft der Franken und eines Verteidigungsbündnisses mit ihnen zu versichern, wofür sie diesen beiden Königen jährlich 12 000 Solidi als Tribut abliefern und das Tal Lanzo[50] unter denselben Bedingungen an Guntchramn abtreten wollten; diese Gesandten sollten dort, wo es von größerem Vorteil war, ein Schutzbündnis schließen. Daraufhin erwählten sie unterwürfigst die Schutzherrschaft der Franken[51].

[45] Hst. Reg. Aostatal, Italien.

[46] Pr. Turin, Italien.

[47] Nach *Paulus Diaconus, Historia Langobardorum II 32* waren es *35 duces*, die zehn Jahre lang regierten. Nach der *Origo 6* regierten sie zwölf Jahre. Cleph war 574 gestorben.

[48] Vgl. oben *III 68.*

[49] Da sich zumindest Susa in kaiserlichem Besitz befand, heißt dies wohl nur, daß die Langobarden dem Übergang dieser Gebiete in fränkischen Besitz zustimmten. Vgl. G. Löhlein, Die Alpen- und Italienpolitik der Merowinger im sechsten Jahrhundert (1932) 56.

[50] Nordwestlich Turin.

[51] Als Childebert II. 584 nach Italien zog, boten die langobardischen duces ihre Unterwerfung an.

mora, post permissum Gunthramni et Childeberti Autharium ducem super se Langobardi sublimant in regnum[52]. Alius Autharius[53] idemque dux cum integro suo docato se dicione imperiae tradedit, ibique permansit. Et Autharius rex tributa, quod Langobardi ad parte Francorum spondederant, annis singulis reddedit. Post eius discessum filius eius Ago[54] in regno sublimatur; similiter implisse denuscetur[55]. /

Anno 34.[56] regni Chlothariae legatus tres nobilis ex gente Langobardorum Aghyulfus, Pompegius et Gauto ab Agone[57] regi ad Clothario destinantur, petentes, ut illa duodece milia soledorum, quas annis singulis Francorum aerariis dissolvebant, debuissent cassare; exhibentes ingeniose secrecius trea milia soledos, quos Warnacharius millae, Gundelandus[58] millae et Chucus[59] millae acciperunt; Chlothario vero 36 milia soledorum insemul exhibebant. Quod consilio supra scriptis, qui occulti exseniati[i] fuerant, Chlotharius ipsa tributa ad parte Langobardorum cassavit et amiciciam perpetuam cum Langobardis sacramentis et pactis firmavit[60].

46. Anno 35.[61] regni Chlothariae Bertetrudis regina moritur, quam unico amore Chlotharius dilexerat[k] et omnes leudis bonitate eius cernentes, vehementer amaverant.

47. Anno 39.[62] regni Chlothariae Dagobertum, filium suum, consortem regni facit eumque super Austrasius regem instituit, retinens sibi, quod Ardinna et Vosacos versus Neuster[l] et Burgundia excludebant[63].

48. Anno 40.[64] regni Chlothariae homo nomen Samo natione

[i] sc. *xeniis donati* Krusch.

[k] *direxerat* 1.

[l] *Neauster* und weiterhin *Neaustrasia, Neaustrasii* 3.

[52] Die Erhebung Autharis zum K. d. Langobarden 584–590 richtete sich natürlich gegen Byzanz und die Franken.

[53] Nach *Gregor I., Registrum II 45,* war ein *dux Auctarit* zum Kaiser übergegangen; *Paulus Diaconus, Historia Langobardorum III 18* berichtet vom Übergang eins *dux Droctulft.*

[54] Agilulf, K. d. Langobarden 590/91–616; nach *Paulus Diaconus, Historia Langobardorum III 35 cognatus regis Authari,* doch ist dies wohl unrichtig. Zur Namensform Ago vgl. *Paulus Diaconus, Historia Langobardorum IV 41.*

Bald darauf erhoben die Langobarden mit Erlaubnis Guntchramns und Childeberts den dux Authari zu ihrem König[52]. Ein anderer dux Authari[53] unterwarf sich mit seinem ganzen Dukat der Oberherrschaft des Römischen Reiches, auf dessen Seite er (in der Folge) blieb. Der König Authari aber zahlte jährlich die Tribute, die die Langobarden den Franken versprochen hatten. Nach seinem Tode wurde sein Sohn Agilulf[54] in die Herrschaft eingesetzt, und man weiß, daß auch er den Tribut ungeschmälert geleistet hat[55].

Im 34.[56] Regierungsjahre Chlothars schickte der König Agilulf[57] drei vornehme Männer aus dem Volke der Langobarden, nämlich Agilulf, Pompeius und Gauto, als Gesandte zu Chlothar mit der Bitte, jene 12 000 Solidi, die sie jährlich an die Schatzkammern der Franken entrichteten, streichen zu dürfen; berechnend brachten sie dabei in aller Stille 3000 Solidi zur Verteilung, von denen Warnachar, Gundeland[58] und Chugus[59] je 1000 empfingen; Chlothar aber boten sie zur gleichen Zeit 36 000 Solidi dar. Und so erließ Chlothar auf Anraten jener Männer, die im geheimen bestochen worden waren, diese Tribute den Langobarden und besiegelte die immerwährende Freundschaft mit den Langobarden durch Schwüre und Bündnisse[60].

46. Im 35.[61] Regierungsjahre Chlothars starb die Königin Bertetrude, die Chlothar auf einzigartige Weise geliebt hatte und die auch alle seine Gefolgsleute, die ja ihre Herzensgüte sahen, sehr verehrt hatten.

47. In seinem 39.[62] Regierungsjahre machte Chlothar seinen Sohn Dagobert zum Mitherrscher und setzte ihn als König über die Austrasier, wobei er für sich das (Gebiet Austrasiens) zurückbehielt, das zwischen Ardennen und Vogesen einerseits und den Grenzen von Neustrien und Burgund andererseits liegt[63].

48. Im 40.[64] Regierungsjahre Chlothars scharte ein gewisser Samo, ein

[55] Das formelle Abhängigkeitsverhältnis zu den Franken bestand weiterhin, vgl. L. M. Hartmann, Geschichte Italiens im Mittelalter II 1 (1900) 78.

[56] 617/18

[57] Agilulf war bereits 616 gestorben.

[58] Gundeland, Hausmeier in Neustrien 613–639.

[59] Chugus, Hausmeier in Austrasien?

[60] Vgl. R. Holtzmann, Die Italienpolitik der Merowinger und des Königs Pippin. Das Reich. Festschrift Johannes Haller (1940) 122.

[61] 618/19

[62] 622/23. Dagobert I., K. d. Franken 623/629–639.

[63] Nach E. Ewig, Die fränkischen Teilreiche im siebenten Jahrhundert. Trierer Zeitschrift 22 (1953) 108f., gehörten auch Trier, Metz und wahrscheinlich der Gau Scarponne zu Dagoberts Unterkönigtum.

[64] 623/24; doch ist dieses Datum unzuverlässig, vgl. schon B. Krusch, Die Chronicae des sogenannten Fredegar. Neues Archiv 7 (1882) 433ff.

Francos[65] de pago Senonago[66] plures secum negutiantes[67] adcivit[m], exercendum negucium in Sclavos coinomento Winedos[68] perrexit. Sclavi iam contra Avaris coinomento Chunis[69] et regem eorum gagano[70] ceperant revellare. Winidi befulci[71] Chunis fuerant iam ab antiquito, ut, cum Chuni in exercitu contra gentem qualibet adgrediebant, Chuni pro castra adunatum illorum stabant exercitum, Winidi vero pugnabant: si ad vincendum prevalebant, tunc[n] Chuni predas capiendum adgrediebant[n]; sin autem Winidi superabantur, Chunorum auxilio fulti virebus resumebant. Ideo befulci[o] vocabantur a Chunis, [72]eo quod dublicem in congressione certamine [n]vestila[p] priliae facientes[72], ante Chunis precederint[n]. Chuni aemandum annis singulis in Esclavos veniebant, uxores Sclavorum et filias eorum strato sumebant; tributa super alias oppressiones Sclavi Chunis solvebant. Filii Chunorum, quos in uxores Winodorum et filias generaverant, tandem non subferentes maliciam ferre et oppressione, Chunorum dominatione negantes, ut supra memine, ceperant revellare[73]. Cum in exercito Winidi contra Chunus fuissent adgressi, Samo negucians, quo memoravi superius, cum ipsos in exercito perrexit;

[m] 1; *adduxit* rell.

[n]–[n] 1; fehlt rell.

[o] *prefulci*, von derselben Hand corr. *bifulci* 3.

[p] *vestila* (sc. *vexilla*?) 1, Krusch.

[65] Nach der *Conversio Bagoariorum et Carantanorum c. 4* war *Samo* ein Slawe. Nach H. Kunstmann in: Die Welt der Slaven 24 (1979) 1ff. und 25 (1980) 171f. ist *Samo* im Sinne von *ipse* ein Herrschertitel, vgl. 238 Anm. 99 und 243 Anm. 17.

[66] Soignies (Zinnik), Pr. Hainaut (Hennegau), Belgien? Sens, Dép. Yonne, Frankreich (Krusch zur Stelle, Labuda)? Saalegau in Unterfranken (Kunstmann)? Zu *cc. 68, 75* vgl. das Resumee von Labudas Buch von V. Chaloupecky, Considerations sur Samon, le premier roi des Slaves. Byzantinoslavica 11 (1950) 223ff. Danach war Samo nicht fränkischer, sondern keltischer Herkunft.

[67] Nach Labuda war Samo politischer Unterhändler. Um 650 wurde auch in Grobin in Lettland von ebenfalls kriegerischen Fernhändlern eine stadtartige Handelsniederlassung angelegt.

[68] *Fredegar* faßt hier einige slawische Stämme als *Winedi* zusammen, vgl. A. Kollautz – H. Miyakawa, Geschichte und Kultur eines völkerwanderungszeitlichen Nomadenvolkes (Aus Forschung und Kunst 10, 1970) 228.

[69] Zur Gleichsetzung von Avaren und Hunnen vgl. oben *II 57* mit Anm. 53. Vgl. *Paulus Diaconus, Historia Langobardorum IV 11.*

Franke[65] aus dem pagus von Soignies[66], einige Männer, die mit ihm gemeinsam (schon lange) Handel trieben[67], um sich und zog zu den Slawen, die auch als Wenden[68] bezeichnet werden, um (mit ihnen) Handelsgeschäfte abzuwickeln. Die Slawen hatten aber schon (damals) begonnen, sich gegen die Avaren, die auch Hunnen[69] genannt werden, und ihren König Chagan[70] zu erheben. Die Wenden hatten den Hunnen schon von alters her als befulci[71] so gedient, daß die Hunnen, wenn sie mit Heeresmacht gegen irgendein Volk in den Krieg zogen, ihr Heer in voller Schlachtordnung vor ihrem Lager aufstellten, die Wenden aber kämpften: Wenn sich ihnen der Sieg zuneigte, dann rückten die Hunnen vor, um Beute zu machen; wurden die Wenden aber geworfen, dann sammelten sie unter dem Schutz der Hunnen neue Kräfte. Von den Hunnen wurden sie nun deshalb befulci genannt, [72]weil sie bei Schlachtbeginn eine zweite Schlachtreihe bildeten[72] und vor den Hunnen (in den Kampf) zogen. Jedes Jahr kamen die Hunnen zu den Slawen, um bei ihnen zu überwintern, und schliefen mit den Frauen und Töchtern der Slawen; die Slawen erduldeten auch andere Niederträchtigkeiten und leisteten den Hunnen obendrein Tribute. Die Söhne aber, die die Hunnen mit den Frauen und Töchtern der Wenden gezeugt hatten, vermochten schließlich diese grausame Unterdrückung nicht mehr zu ertragen, verweigerten den Hunnen den Gehorsam und hatten so, wie oben erwähnt, einen Aufstand begonnen[73]. Als nun aber die Wenden mit Heeresmacht die Hunnen angriffen, zog der Kaufmann Samo, den ich weiter oben erwähnt

[70] *Khagan* war der Titel der Avarenfürsten und nicht, wie *Fredegar* glaubte, der Name des Avarenkönigs. Vgl. *Wallucum* unten *c. 72* mit Anm. 17.

[71] Nach Kollautz-Miyakawa 229 handelt es sich hier um ein „*Beivolk*“ und somit um eine Übersetzung eines avarischen Wortes dieser Bedeutung; dieser Ausdruck könnte Fredegar von einem Gewährsmann, der das entsprechende avarische Wort kannte, zugetragen worden sein. Th. Mayer, Zu Fredegars Bericht über die Slawen. MIÖG Erg.-Bd. 11 (1929) 114ff., nimmt an, daß das slawische *byvolci* = *Büffelführer, Troßmannschaft,* von *Fredegar* mißverstanden und als *bufulti* = *im Kampf doppelt gestützt* (vgl. seine Erklärung des Wortes) aufgefaßt wurde. Noch unwahrscheinlicher sind die Herleitung von *bubulcus (italienisch bifolco)* = *Viehhirt* oder die Annahme einer hybriden Bildung *bis volc* = *doppeltes Kriegsvolk.* Für die erste These sprechen die Berichte über die avarische Taktik, zusammengestellt bei Kollautz-Miyakawa 230. Möglicherweise gehört hierher auch das allerdings erst seit 1900 belegte ungarische *mufurc,* das soviel wie *Rekrut, Grünschnabel, unbedeutender oder ungeschickter Mensch* bedeutet; der Ursprung dieses Wortes ist jedenfalls unbekannt.

[72—72] Eine zweite Übersetzungsmöglichkeit wäre: „... *weil sie sich während des Kampfes zweimal zur Schlacht formierten* ...“.

[73] Die avarischen Heere standen zumindest 618 und 626 in Thrakien. Ks. Heraklius, im Osten von den Persern arg bedrängt, unterstützte wohl den Aufstand der Slawen, um die Bedrohung durch die Avaren möglichst auszugleichen.

ibique / tanta ei fuit utiletas de Chunis facta, ut mirum fuisset, et nimia multitudo ex eis gladio Winidorum trucidata fuisset. Winidi cernentes utilitatem Samones, eum super se eligunt regem, ubi 30 et 5 annos regnavit feliciter. Plures prilia contra Chunis suo regimini Winidi iniaerunt; suo consilio et utilitate Winidi semper Chunus superant. Samo 12 uxores ex genere Winodorum habebat, de quibus 22 filius et quindecem filias habuit.

49. Ipsoque anno 40. Chlothariae Adloaldus[74] rex Langobardorum, filius Agone regi, cum patri suo successisset in regno, legato Mauricio[75] imperatoris nomen Eusebio[76] ingeniose ad se venientem benigne suscepit. Inunctus in balneo nescio quibus ungentes, ab ipsi Eusebio persuadetur et post inuncionem nec quicquam aliud, nisi quod ab Eusebio hortabatur, facere non potebat. Persuasos ab ipso, primatis et nobiliores cunctis in regno Langobardorum interficere ordinarit; eiusdem[q] stinctis, se cum omni gente Langobardorum imperio traderit. Quod cum iam vel duodecem ex eis, nullis culpis extantibus, gladio trucedasset, reliqui cernentes eorum esse vitae periculum,

50. Charoaldum[77] ducem Taurinensem, qui germanam Adloaldo regi habebat uxorem nomen Gundebergam, omnes seniores et nobilissimi Langobardorum gentes, uno[r] conspirante consilio, in regnum elegunt sublimandum. Adloaldus[s] rex venino auctus interiit. Charoaldus statim regnum adripuit[78]. Taso[t,79] unus ex ducebus Langobardorum, cum agerit Tuscana[80] provincia, superbia elatus, adversus Charoaldo regi coeperat rebellare[81].

51. Gundeberga[82] regina, cum esset pulchra aspecto, benigna

[q] sc. *eisdem*.
[r] 1; fehlt rell.
[s] *c. 50* Wallace-Hadrill.
[t] *Taro* 1; *Taso* rell.

[74] Adaloald, K. d. Langobarden 616–626. Vgl. oben *c. 34* mit Anm. 63.
[75] Ks. Maurikios war bereits 602 gestorben. Adaloalds Zeitgenosse war Ks. Heraklius.
[76] Nicht näher identifizierbar. Diese Geschichte spiegelt die Hinwendung der langobardischen Königsfamilie zur römischen Kultur wider. Vgl. *Paulus Diaconus, Historia Langobardorum IV 41*, der nur berichtet, Adaloald sei dem Wahnsinn verfallen und deshalb abgesetzt worden.

habe, an ihrer Seite im Heere mit; in diesem Kampfe gegen die Hunnen bewährte sich seine Umsicht und Tapferkeit so sehr, daß es ans Wunderbare grenzte und eine ungeheure Menge Hunnen durch das Schwert der Wenden fiel. Die Wenden, die die Tüchtigkeit Samos erkannten, wählten ihn zu ihrem König, und er regierte sie 35 Jahre lang erfolgreich. Unter seiner Führung eröffneten die Wenden viele Kämpfe gegen die Hunnen und besiegten sie immer durch seinen Rat und seine Tüchtigkeit. Samo hatte zwölf wendische Frauen, mit denen er 22 Söhne und 15 Töchter zeugte.

49. Im selben 40. Regierungsjahre Chlothars empfing Adaloald[74], der König der Langobarden, der Sohn des Königs Agilulf, der seinem Vater als Herrscher gefolgt war, gnädig den Gesandten des Kaisers Maurikios[75], Eusebius[76], der in listiger Absicht zu ihm kam. Dadurch, daß er im Bade mit irgendwelchen unbekannten Salben eingerieben wurde, geriet er in den Bann Eusebius' und konnte nach dieser Salbung überhaupt nichts (tun), als die Befehle des Eusebius ausführen. Dieser gab ihm aber ein, alle Großen und Vornehmen im Reiche der Langobarden töten zu lassen und sich nach deren Beseitigung mit dem gesamten langobardischen Volke dem Imperium zu unterwerfen. Als er aber schon etwa zwölf von ihnen ohne jede Schuld mit dem Schwerte hatte niedermachen lassen, erkannten die übrigen, daß sich ihr Leben in Gefahr befand,

50. und so erwählten alle hohen Herren und vornehmsten Männer des langobardischen Volkes einmütig Arioald[77] zu ihrem Königskandidaten, den dux von Turin, der die Schwester des Königs Adaloald namens Gundeberga zur Gemahlin hatte. König Adaloald ging an Gift zugrunde, (und) Arioald riß sofort die Herrschaft an sich[78]. Einer der duces der Langobarden, Taso[79], begann in seinem Hochmut — er verwaltete ja die Provinz Toscana[80] — einen Aufstand gegen den König Arioald[81].

51. Weil[82] die Königin Gundeberga von schönem Äußeren war, sich in

[77] Arioald, K. d. Langobarden 626—636. Vor seiner Wahl war er dux von Turin. *Paulus Diaconus, Historia Langobardorum IV 47,* berichtet fälschlich, daß Gundeberga mit K. Rodoald verheiratet war.

[78] 626

[79] Taso und sein Bruder Cacco waren Herzöge von Friaul. Vgl. auch unten *c. 69* mit Anm. 1.

[80] Unrichtig, vgl. vorige Anm.

[81] Vgl. unten *c. 69.*

[82] Parallelen zum Motiv der unschuldig verdächtigten Königin bietet F. Graus, Volk, Herrscher und Heiliger im Reich der Merowinger (1965) 131 Anm. 470. Vgl. noch die Geschichte der Königin Bertetrude oben *c. 44.* Die folgende Geschichte wird verkürzt von *Paulus Diaconus, Historia Langobardorum IV 47* zum Jahr 652 berichtet; dort wird Gundeberga jedoch fälschlich Gattin Rodoalds, K. d. Langobarden 652, genannt. Der Bericht *Fredegars c. 70* über eine zweite Gefangenschaft Gundebergas unter ihrem zweiten Gatten Rothari, dem Vater Rodoalds,

in cunctis et piaetate plenissema christiana, aelimosinis larga, praecellenti bonitatem eius, diligebatur a cunctis. Homo quidam nomen Adalulfus ex genere Langobardorum, cum in aula palatiae adsiduae obsequium regis conversaretur, quadam vicae ad reginam veniens, cum in eius staret conspectum, Gundeberga regina eum sicut et citeris diligens, dixit, honeste staturae Adalulfo fuisse formatum. Ille haec audiens, ad Gundebergam secrecius ait, dicens: 'Furmam status meae laudare dignasti, stratus tui iobe subiungere'. Illa fortiter denegans eumque dispiciens, in faciem expuit. Adalulfus cernens se vitae periculum habere, ad Charoaldo regem protinus cocurrit, petens, ut sigrecius quod ad suggerendum habebat exponeret. Locum acceptum, dixit ad regem: 'Domina mea, regina tua Gundebarga apud Tasonem ducem secrecius tribus diebus locuta est, ut te venino interficerit, ipsum coniugatum sublimarit in regnum'. Charoaldus rex, his mendatiis auditis, credens, Gundobergam in Caumello[83] castro in unam turrem exilio trudit. / Chlotharius legatus diriens ad Charoaldum regem, inquirens, qua de re Gundebergam reginam, parentem Francorum[84], humiliasset, ut exilio retrudisset, Charoaldus his verbis mendaciis, quasi viretatem subsisterint, respondebat. Tunc unus ex legataries nomen Ansoaldus, non quasi iniunctum habuisset, sed ex se ad Charoaldo dixit: 'Liberare potebas de blasphemeo causam hanc. Iube illum hominem, qui huiuscemodi verba tibi nunciavit, armare, et procedat alius de parte reginae Gundebergae, quique armatus ad singulare certamine. Iudicium Dei, his duobus confligentibus, cognuscatur, utrum huius culpae repotationes Gundeberga sit innoxia, an fortasse culpabelis'. Cumque haec Charoaldo regi et omnibus primatis palatiae suae placuisset, iobet Adalulfum armatum conflictum adire certamine, ut de partae Gundebergae, procurrentibus[u] consubrinis Gundebergam[v] et Aripertum, homo nomen Pitto[85] contra Adalulfu

[u] sc. *procurantibus*, vgl. unten *c. 55.*

[v] sc. *Gundebergae Gundebertum et Aripertum*, vgl. oben *c. 34.*

könnte eine unklare Reminiszenz an die Thronbesteigung Rotharis darstellen und somit keine einfache Doublette unserer Erzählung sein, vgl. Hartmann, Geschichte Italiens 274 Anm. 2.

allen Angelegenheiten gnädig erwies und, von christlicher Frömmigkeit erfüllt, reichlich Almosen spendete, wurde sie wegen ihrer außerordentlichen Güte von allen verehrt. Ein einfacher Mann aus dem Volk der Langobarden namens Adalulf, der sich im Dienste des Königs ständig in der Palasthalle aufhielt, kam einmal zur Königin und, als er so vor ihr stand, sagte die Königin Gundeberga, die ihm so wie allen anderen gewogen war, er, Adalulf, sei von stattlichem Wuchs. Als dieser das vernahm, sagte er unter vier Augen zu Gundeberga: „Du hast mein Aussehen des Lobes für würdig befunden, so laß mich auch dein Bett teilen“. Sie aber verwahrte sich dagegen ganz entschieden und spie ihm voll Verachtung ins Gesicht. Adalulf erkannte nun, daß sein Leben in Gefahr schwebte; darum eilte er sofort zu dem König Arioald mit der Bitte, in einer geheimen Unterredung darlegen zu dürfen, was er vorzubringen habe. Als ihm eine solche Gelegenheit gewährt wurde, sprach er zu dem König: „Meine Herrin, deine Königin Gundeberga, hat mit dem dux Taso drei Tage lang geheim verhandelt; er soll dich vergiften, dann will sie ihn zu ihrem Gemahl nehmen und auf den Thron heben“. Als König Arioald diese Lügen vernahm, schenkte er ihnen Glauben und verbannte Gundeberga in einen Turm der Festung Lomello[83]. Chlothar schickte eine Gesandtschaft an den König Arioald mit der Anfrage, warum er die Königin Gundeberga, die ja mit den Franken verwandt war[84], durch ihre Verbannung so sehr gedemütigt habe; Arioald antwortete ihnen mit den genannten falschen Beschuldigungen, ganz als entsprächen sie der Wahrheit. Daraufhin sprach Ansoald, einer der Gesandten, derart zu Arioald, daß es den Anschein hatte, es sei ihm nicht aufgetragen worden, sondern er rede aus eigenem Antrieb: „Du könntest (dich) von jeder Schuld in dieser Angelegenheit reinwaschen. Befiehl dem Mann, der dir eine solche Nachricht überbrachte, sich zu bewaffnen, und es soll von der Seite Königin Gundebergas ein anderer Mann ebenfalls bewaffnet zu einem Zweikampf antreten. In diesem Zweikampf soll durch das Urteil Gottes offenbart werden, ob Gundeberga unschuldig zu dem Vorwurf dieser Schuld kam oder ob sie vielleicht doch schuldig ist“. Da dieser Vorschlag dem König Arioald und all den Großen seines Palastes gefiel, befahl er Adalulf, sich zu rüsten und zum Kampfe anzutreten, während auf der Seite Gundebergas ihre Vettern Gundebert und Aripert dafür sorgten, daß ein einfacher Mann namens Pitto[85] sich bewaffnet Adalulf zum

[83] Pr. Pavia (Lombardia), Italien.

[84] Gundeberga war nach *c. 34* und *Paulus Diaconus, Historia Langobardorum IV 47*, die Tochter Agilulfs und der Theudelinde, die wiederum die Tochter des Bayernherzogs Garibald und der Waldarada, der Witwe des K. Theudebald, war.

[85] Nach *Paulus Diaconus, Historia Langobardorum IV 47*, kämpfte Gundebergas *servus Carellus* aus eigenem Antrieb für seine Herrin, doch bezieht *Paulus* dies auf die zweite Gefangenschaft Gundebergas um 652.

armatus adgreditur. Cumque confligissent certamine, Adalulfus a Pittone interficetur. Gundeberga statim de exilio post anno tercio[86] regressa, sublimatur in regno.

52. Anno 41.[87] Chlothariae regis, cum Dagobertus iam utiliter regnarit in Auster, quidam ex procerebus de gente nobile Ayglolfingam[88] nomen Chrodoaldus[89] in offensam Dagoberti cadens, instigantibus beatissimo vero Arnulfo pontifice et Pippino maiores domus seu et citeris prioribus sublimatis in Auster, eo quod esset ipse Chrodoaldus rebus pluremis ditatos, ceterorum facultatibus cupiditatis[w] pervasor, superbiae deditus, elatione plenus, nec quicquam boni in ipso repperiebatur. Cumque Dagobertus ipsum iam vellet pro suis facinoribus interficere, Chrodoaldus ad Chlotharium terga vertit, ut suam cum filio vitam obtenere dignarit. Chlotharius cum Dagobertum vidisset, inter citeris conlocutionibus Chrodoaldi vitam praecatur. Dagobertus promittens, si id quod male gesserat emendabat, Chrodoaldus vitae periculum non haberit. Sed nulla extante mora, cum Chrodoaldus cum Dagoberto Treverus accessisset, iusso Dagoberti interfectus est; quem Bertharius homo Scarponinsis[90] aevaginato gladio ad ostium cubiculi capo truncavit.

53. Anno 42.[91] regni Chlothariae Dagobertus cultu regio et iusso patris honeste / cum leudibus Clippiaco[x.92] nec procul Parisius venit, ibique germanam Sichieldae[93] regini nomen Gomatrudae[94] in coniugium accepit. Transactis nupciis, diae tercio inter Chlotharium et filium suum Dagobertum gravis horta fuit intencio: petensquae Dagobertus cuncta que ad regnum Austrasiorum pertinebant suae dicione vellere recipere; quod Chlotharium vehementer denegabat, eidem ex hoc nihil velle concedere. Elictis ab his duobus regibus duodicem[95] Francis, ut eorum disceptatione haec finirit intentio[96] – inter quos et domnus Arnulfus ponti-

[w] sc. *cupiditatis instincto* Krusch.

[x] *nec:::clippi*[aco] *procul* 1; *Neglippiago procul* 3; *Hinclippiaco p.* 4b[2*]; *Heclippiaco p.* 4c[1.2]; *Clipiato p.* 5a.

[86] Die zweite Gefangenschaft Gundebergas unten *c. 71* dauerte fünf Jahre.

[87] 624/25

[88] Vgl. dazu zuletzt Reindel, Das Zeitalter der Agilolfinger 102f.

Kampfe stellte. Als sie aber zu kämpfen begannen, wurde Adalulf von Pitto getötet. Sofort verließ Gundeberga nach drei[86] Jahren ihr Exil und wurde auf den Thron erhoben.

52. Im 41.[87] Regierungsjahre des Königs Chlothar – damals regierte schon Dagobert voll Kraft und Glück in Austrasien – fiel ein vornehmer Mann aus dem edlen Geschlechte der Agilolfinger[88] namens Chrodoald[89] in die Ungnade Dagoberts – auf Betreiben des überaus heiligmäßigen Herrn Bischof Arnulf, des Hausmeiers Pippin und anderer austrasischer Großer –, weil Chrodoald mit reichen Gütern ausgestattet war, sich aus Habgier an fremden Gütern vergriff, stolz und überheblich war und weil man an ihm überhaupt nichts Gutes finden konnte. Als ihn jetzt Dagobert wegen seiner Taten töten wollte, flüchtete Chrodoald zu Chlothar (mit der Bitte), er möge bei seinem Sohn für sein (Chrodoalds) Leben eintreten. Als Chlothar mit Dagobert zusammentraf, bat er neben der Besprechung anderer wichtiger Fragen um das Leben Chrodoalds. Dagobert versprach, Chrodoald brauche nicht um sein Leben zu fürchten, wenn er seine Untaten wiedergutmache. Aber als sich Chrodoald bald darauf mit Dagobert nach Trier begab, wurde er auf Befehl Dagoberts getötet; und zwar riß ein gewisser Bertharius aus Scarponne[90] sein Schwert aus der Scheide und hieb ihm an der Tür zu seinem Schlafgemach den Kopf ab.

53. Im 42.[91] Regierungsjahre Chlothars zog Dagobert nach königlicher Art und auf Befehl seines Vaters mit seinem Gefolge feierlich nach Clichy[92], nicht weit von Paris, und nahm dort die Schwester der Königin Sichilde[93], Gomatrude[94], zu seiner Frau. Aber drei Tage nach der Hochzeit kam es zwischen Chlothar und seinem Sohne Dagobert zu einem heftigen Streit: Dagobert trug nämlich die Bitte vor, er wolle alles, was zum Reiche der Austrasier gehöre, seiner Herrschaft einverleiben; Chlothar aber lehnte dieses Ansinnen entschieden ab und wollte ihm nichts davon abtreten. Als die beiden Könige (schließlich) 12[95] Franken auswählten, um durch deren Entscheidung diesen Streit beizulegen[96] – unter ihnen

[89] Chrodoald war vielleicht der Mann der Schwester Childeberts II., vgl. *Jonas, Vita Columbani I 22.* Sein Sohn Fara wurde 641 als Rebell getötet, vgl. unten *c. 87.*

[90] Die Ruinen von Scarponne sind noch heute zu sehen in Dieulouard, Dép. Meurthe-et-Moselle, Ar. Nancy, Ct. Pont-à-Mousson, Frankreich.

[91] 625/26

[92] Jetzt St. Ouen-sur-Seine, Dép. Seine-St. Denis, Ar. St. Denis, Frankreich. Die Stelle dürfte verderbt sein (doch ist in allen Handschriften *Clippiacum* zu lesen), denn unten *c. 58* wird sicher richtig berichtet, Dagobert habe Gomatrude in *Romiliacum* (Reuilly, Paris) geheiratet.

[93] Sichilde, dritte G. K. Chlothars II.

[94] Gomatrude, erste G. K. Dagoberts I.

[95] Vgl. G. Waitz, Deutsche Verfassungsgeschichte I (^{3}1879) 497 ff.

[96] Vgl. oben *c. 37.*

fex Mettensis cum reliquis episcopis elegitur et benignissime, ut sua erat sanctitas, inter patrem et filium pro pacis loquebatur concordia –, tandem a pontificebus vel sapientissimis viris procerebus pater paceficatur cum filio. Reddensque ei soledatum quod aspexerat ad regnum Austrasiorum, hoc tantum exinde, quod citra[97] Legere vel Provinciae partibus situm erat, suae dicione retenuit[98].

54. Anno 43.[99] regni Chlothariae Warnacharius maior domi moritur. Filius eius Godinus animum levetates inbutus, novercam suam Bertane[100] eo anno accepit uxorem. Unde Chlotharius rex adversus eum nimia furore permutus, iobet Arneberto[1] duci, qui Godini germanam uxorem habebat, eum cum exercito interficeret. Godinus cernens suae vitae periculum habere, terga vertens, cum uxorem ad Dagoberto regi perrexit in Auster et in eclesia sancti Apri[2], regio timore perterritus, fecit confugium[y]. Dagobertus per legatus pro eius vita saepius Chlothario regi depraecabat. Tandem a Chlothario promittitur Godino vita concessa, tamen ut Bertanem, quam contra canonum[3] instituta uxorem acciperat, relinquerit. Quod cum ipsa reliquisset et reversus est in regnum Burgundiae, Berta continuo ad Chlotharium perrexit, dicens, si Godinus conspecto Chlothariae presentatur, ipsum regem vellet interficere. Godinus iusso Chlothariae per precipua loca sanctorum, domni Medardi Soissionas et domni Dionisis[4] Parisius, ea preventione sacramenta daturus adducitur, ut semper Chlothariae deberit esse fidelis, ut congruae locus esset repertus, quo pacto separatus[z] a suis interficeretur. Chramnulfus unus ex procerebus et Valdebertus[5] domesticus dicentes ad Godino, ut Aurilianis in ecclesia sancti Aniani[6] et Thoronos ad limina sancti Martini ipsoque sacramento adhuc impleturus adiret.

[y] *coniugium* 1.
[z] 1; fehlt rell.

[97] Vgl. *citra Legere IV 57*. Die Schlußfolgerungen von M. Baudot, La question du Pseudo-Frédégaire. Moyen Âge 29 (1928) 165 Anm. 2, sind abzulehnen; *Fredegar* übernahm die Formulierung eher wörtlich aus einer Urkunde.

[98] Vgl. oben c. *47*. Gemeint sind die austrasischen Enklaven in diesen Gebieten. Chlothar behielt außerdem noch Soissons, Meaux und den Dukat des Dentelenus, vgl. Ewig, Die fränkischen Teilreiche 110 Anm. 101.

befand sich auch Herr Arnulf, der Bischof von Metz, mit den übrigen Bischöfen, und er sprach voll Güte in seiner heiligmäßigen Art für die friedliche Eintracht zwischen Vater und Sohn –, wurde der Vater endlich von den Bischöfen und den weisesten vornehmen Männern mit dem Sohne ausgesöhnt. Indem er ihm das ungeschmälert zurückgab, was zum Reiche der Austrasier gehört hatte, behielt er von da an nur mehr das Gebiet, das diesseits[97] der Loire und in der Provence gelegen war, unter seiner Herrschaft[98].

54. Im 43.[99] Regierungsjahre Chlothars starb der Hausmeier Warnachar, und im selben Jahre noch heiratete dessen leichtsinniger Sohn Godinus seine Stiefmutter Berta[100]. Darüber entbrannte der König Chlothar in höchstem Zorne gegen ihn und befahl dem dux Arnebert[1], der die Schwester des Godinus zur Gemahlin hatte, ihn mit einem Heerhaufen zu töten. Als Godinus erkannte, daß sein Leben in Gefahr schwebe, wandte er sich zur Flucht, eilte mit seiner Gemahlin nach Austrasien zu König Dagobert und suchte schließlich aus Furcht vor dem König in der Kirche des heiligen Aper[2] Zuflucht. Dagobert bat mehrmals durch Gesandtschaften den König Chlothar um dessen Leben. Schließlich versprach Chlothar Godinus, ihm das Leben zu schenken; er solle aber trotzdem Berta verstoßen, die er gegen die Bestimmungen der canones[3] zur Frau genommen hatte. Kaum aber hatte er sie verlassen und war er in das Reich Burgund zurückgekehrt, da eilte Berta sofort zu Chlothar und behauptete, Godinus wolle den König töten, wenn er ihm vorgeführt werde. Godinus aber wurde auf Befehl Chlothars zu den ehrwürdigsten Stätten heiliger Männer, (zu den Kirchen) des Herrn Medardus in Soissons und des Herrn Dionysius[4] in Paris, unter dem Vorwande geführt, er solle dort überall schwören, Chlothar alle Zeit treu zu bleiben, (in Wahrheit aber,) um einen geeigneten Ort zu finden, an dem er, derart von den Seinen getrennt, getötet werde. Chramnulf, einer der Großen, und der Haushofmeister Waldebert[5] wiesen daraufhin Godinus an, (auch noch) die Kirchen des heiligen Anianus[6] in Orléans und des heiligen Martin in Tours aufzusuchen, um auch dort denselben Schwur zu leisten. Als er

[99] 626/27

[100] Berta, wohl zweite G. Warnachars. Zu Warnachars Machtstellung, die auf seinen Sohn übergegangen wäre, vgl. H. Ebling, Prosopographie der Amtsträger des Merowingerreiches. Francia, Beiheft 2 (1974) 235ff.

[1] Dux Chlothars II. und Dagoberts I., nachweisbar 626–636/37.

[2] St. Epvre-lès-Toul, Dép. Meurthe-et-Moselle, Frankreich.

[3] Allgemeine Anspielung auf das gültige kirchliche Eherecht.

[4] St. Denis-en-France, Dép. Seine-St. Denis, Ar. St. Denis, Frankreich.

[5] Chramnulf, Großer Chlothars II., wahrscheinlich um Orléans begütert. Waldebert, Haushofmeister Chlothars II., wohl aus dem neustrischen Kronland um Paris.

[6] St. Aignan in Orléans, Dép. Loiret, Frankreich.

Quod cum in suburbano Carnotis, Chramnulfo indecante et transmittente, ora prandiae in quedam villola venisset, ibique Ramnulfus et / Waldebertus super ipsum cum exercito inruunt eumque interficiunt et eos, qui cum ipso adhunc resteterant, quosdam interficiunt aliusque expoliatus in fuga vertentes relinquunt.

Eo anno Palladius eiusque filius Sidocus[7] episcopi Aelosani[8], incusante Aighynane[9] duci, quod rebellione Wasconorum fuissent consciae, exilio retruduntur. Boso, filius Audoleno, de pago Stampinse[10] iusso Chlothario ab Arneberto duci interficetur, repotans ei estobrum cum regina Sighilde. Eo anno Chlotharius cum procerebus et leudibus Burgundiae Trecassis coniungetur, cum eorum esset sollicitus, si vellint, decesso iam Warnachario, alium eius honores gradum sublimare; sed omnes unianimiter deligantes[a] si, nequicquam si velle maiorem domus elegere, regis graciam obnexe petentes cum rege transagere[11].

55. Anno 44.[12] regni Chlothariae cum pontificis et universi proceres regni sui tam de Neuster quam de Burgundia Clippiaco ad Clotharium pro utilitate regia et salute patriae coniuncxissent, ibique homo nomen Ermarius, qui gubernatur palatiae[13] Gairiberto[14], filio Chlothario, erat, a pueris Aeghynanae genere Saxonorum[15] optimate interficetur. Paene fuerat exinde nimia multorum estragiis, nisi, pacientia Chlothariae interveniente semul et haec currente[b], fuisset repraesum. Aeghyna, iobente Chlothario,

[a] *denegantes* corr. aus *delgantes* 1; *deligantes* Krusch; *denegantes nequaquam se* rell.

[b] sc. *curante*, vgl. oben *c. 51.*

[7] Palladius und Senotius (Sidocus) werden nur hier als Kobischöfe bezeichnet. Palladius wird sonst nie als Bischof genannt; Sidocus nahm sowohl 625 als auch 627 an Konzilien teil. Da es nach dem hierarchischen Aufbau der Kirche nur einen Bischof geben konnte, muß man annehmen, daß *Fredegar* hier die Doppelfunktion des Bischofs als geistlicher und weltlicher Herr, wie sie besonders in dem stark romanisch besiedelten Aquitanien üblich war, vor Augen schwebte, so daß er auch einen Mann, der die weiteren bischöflichen Aufgaben wahrnahm, als Bischof bezeichnete.

aber zur Essenszeit zu einem kleinen Hofe vor der Stadt Chartres kam – Chramnulf hatte ihn (auf diesen Hof) hingewiesen und hingeführt –, fielen Chramnulf und Waldebert mit ihrem Heerhaufen über ihn her und töteten ihn und einige von denen, die bis dahin bei ihm ausgeharrt hatten, die übrigen ließen sie entkommen, nachdem sie sie ausgeplündert hatten.

In diesem Jahre wurden Palladius und dessen Sohn Senotius[7], die Bischöfe von Eauze[8], vom dux Aeghyna[9] beschuldigt, daß sie von dem Aufstand der Basken gewußt hätten; sie wurden beide in die Verbannung geschickt. Boso aus dem pagus von Étampes[10], der Sohn des Audolenus, wurde auf Befehl Chlothars, der ihm Unzucht mit der Königin Sichilde vorwarf, von dem dux Arnebert umgebracht. In diesem Jahre traf Chlothar mit den Großen und Gefolgsleuten (aus dem Reiche) Burgund in Troyes zusammen, da er darauf Rücksicht nehmen wollte, ob sie nach dem Tode Warnachars einen anderen in seine Würde einsetzen wollten; aber alle erklärten sich einstimmig dafür, keineswegs einen Hausmeier wählen zu wollen, und baten den König inständig um die Gnade, (von nun an) mit ihm (direkt) verhandeln zu dürfen[11].

55. Im 44.[12] Regierungsjahre Chlothars versammelten sich bei ihm in Clichy die Bischöfe und alle Großen seines Reiches sowohl aus Neustrien als auch aus Burgund zum Nutzen des Königs und zum Wohl ihres Landes; dabei wurde ein gewöhnlicher Mann namens Ermarius, der den Palast Chariberts[14], des Sohnes Chlothars, verwaltete[13], von Gefolgsleuten Aeghynas, eines vornehmen Sachsen[15], getötet. Es wäre daraufhin beinahe zu einem furchtbaren Blutvergießen gekommen, wenn nicht dadurch, daß Chlothar in seiner besonnenen Art vermittelnd dazwischentrat, die Ruhe wiederhergestellt worden wäre. Aeghyna ließ sich nämlich auf Befehl Chlothars mit einer großen Zahl Bewaffneter auf dem

[8] Dép. Gers, Ar. Condome, Frankreich. Vgl. E. Ewig, Milo et eiusmodi similes. St. Bonifatius. Gedenkgabe zum 1200. Todestag (1954) 436.

[9] Dux Chlothars II. und Dagoberts I., in Aquitanien 626/27–637/38 nachweisbar.

[10] Dép. Essonne, Ar. Rambouillet, Frankreich.

[11] Zur Erneuerung des burgundischen Hausmeieramtes vgl. unten *cc. 89, 90.*

[12] 627/28

[13] Dieser Titel dürfte auch Adalgisel als Regenten für den noch unmündigen Sigibert III. zugekommen sein, vgl. unten *c. 75.* Daraus könnte abzuleiten sein, daß Charibert schon 627 eine quasi-königliche Stellung in Aquitanien innehatte. Die Ermordung des Ermarius durch Leute des dem König Dagobert nahestehenden dux Aeghyna sollte wohl Charibert treffen.

[14] Charibert II., K. d. Franken 630–632.

[15] Gemeint sind wohl die Garonne-Sachsen, vgl. Ewig, Volkstum und Volksbewußtsein 599 Anm. 37.

in Monte Mercore[16] resedit, plura secum habens multitudine pugnatorum. Produlfus[17], avunculus Airiberti, exercitum undique colliens, super ipsum cum Chairiberto volebat inruere. Chlotharius ad Burgundefaronis specialius iobet, ut, cuius pars suum volebat devertere[c] iudicium, eorum instantia et utilitate oppremiretur. Ea pavore[d] uterque iussione regio pacantur.

56. Anno 46.[e.18] regni sui Chlotharius moritur[19] et suburbano Parisius in ecclesia sancti Vincenti[20] sepellitur. Dagobertus cernens genitorem suum fuisse defunctum, universis leudibus, quos regebat in Auster, iobet in exercito promovere. Missus in Burgundia et Neuster direxit, ut suum deberint regimen eligere. Cumque Remus venisset, Soissionas peraccedens, omnes pontefecis et leudis de regnum Burgundiae inibi se tradedisse nuscuntur; sed et Neustrasiae pontefecis et proceres plurima pars regnum / Dagoberti visi sunt expetisse. Airibertus frater suos nitibatur, si potuisset, regnum adsumere[f]; sed eius voluntas pro simplicitate[21] parum sortitur effectum. Brodulfus vellens nepotem estabilire in regnum, adversus Dagoberto muscipulare coeperat; sed huius rei vicissitudinem probavit aeventus.

57. Cumque regnum Chlothariae tam Neptreco quam Burgundias ad Dagobertum fuisset preoccupatum, captis thinsauris et suae dicione redactis, tandem miserecordia mutus, consilio sapientibus usus, citra[g] Legere et limitem Spaniae quod ponitur, partibus Wasconiae seu et montis Parenei pagus et civitates, quod fratri suo Cairiberto ad transagendum ad instar privato habeto cum vivendum potuisset sufficere, nuscetur[h] concessisse: pagum Tholosanum, Cathorcinum[22], Agenninsem, Petrocorecum et Santonecum[23], vel quod[i] ab his versus montis Pereneos

[c] *deverte* 1, wie unten *c. 64 conflige; devertere* rell.
[d] 1; *pac(t)ione* rell.
[e] 1, Krusch; *45* rell., Wallace-Hadrill.
[f] *adsumeret* 1, Krusch; *adsumere* rell., Wallace-Hadrill.
[g] *cetera* 3, 4b2*; sc. *inter* Krusch; *intra* Halphen.
[h] 1; fehlt rell.
[i] 1; *quos* rell.

Montmartre[16] nieder. (Andererseits) rief Brodulf[17], der Onkel Chariberts, sein Heer von überallher zusammen und wollte ihn gemeinsam mit Charibert überfallen. (Doch) Chlothar erteilte den vornehmen Burgundern den Sonderauftrag, jede der beiden Parteien, die sich seiner Entscheidung widersetzen wolle, entschlossen und tapfer niederzuwerfen. Aus Furcht davor wurden schließlich beide Seiten auf Befehl des Königs zum Frieden bewogen.

56. Chlothar starb[19] in seinem 46.[18] Regierungsjahre und wurde in der Kirche des heiligen Vinzenz[20] vor der Stadt Paris begraben. Als Dagobert vom Tode seines Vaters erfuhr, befahl er allen seinen Gefolgsleuten in Austrasien, sich zu einem Heer zu formieren, und schickte Boten nach Burgund und Neustrien, (um zu erreichen,) daß sie seine Herrschaft wählten. Als er nach Reims gekommen war und sich auf dem Wege nach Soissons befand, unterwarfen sich ihm dort bekanntlich alle Bischöfe und Gefolgsleute aus dem Reiche Burgund; offensichtlich strebten aber auch die neustrischen Bischöfe und Großen zum größten Teil die Herrschaft Dagoberts an. (Auch) sein Bruder Charibert bemühte sich, womöglich die Herrschaft zu erlangen, aber sein Wille hatte wegen seiner mangelnden Geschicklichkeit[21] wenig Erfolg. Brodulf hatte zwar in der Absicht, seinen Neffen in die Herrschaft einzusetzen, Dagobert entgegenzuarbeiten begonnen, aber doch, wie sich am Ende zeigte, ohne Erfolg.

57. Dagobert setzte sich aber durch und nahm das Reich Chlothars, und zwar Neustrien ebenso wie Burgund, und seine Schätze in Besitz und verleibte sie seiner Herrschaft ein. Dann aber trat er bekanntlich aus Mitleid und mit Hilfe des Rates weiser Männer die pagi und civitates zwischen der Loire und der Grenze Spaniens, also dem Baskenland und den Pyrenäen, seinem Bruder Charibert ab, da dieses Gebiet wohl für den Unterhalt seines Haushaltes, der dem eines Privatmannes gleichkam, ausreichen mochte: (Es handelte sich dabei um) die pagi von Toulouse, Cahors[22], Agen, Périgueux und Saintes[23] und (um das Gebiet) zwi-

[16] Der *Mons Mercurii*, früher auch *Mons Martis* genannt, wird heute nach dem Martyrium der Heiligen Dionysius, Rusticus und Eleutherius, das dort stattgefunden haben soll, als Montmartre bezeichnet.

[17] Berater Chariberts, Bruder Sichildes?

[18] 629/30. Da uns die Thesen von Courtois, L'avènement 159, zu wenig begründet erscheinen, bleiben wir im Gegensatz zu Wallace-Hadrill 47 ff. bei der althergebrachten Chronologie Bruno Kruschs.

[19] Nach dem 18. Oktober 629.

[20] Jetzt St. Germain-des-Prés, vgl. oben *III 53*.

[21] In *Fredegars* Terminologie das Gegenteil von *utilitas*, vgl. oben *c. 38 diligens utiletatem ... et odens stultitiam ...*

[22] Hst. Dép. Lot, Frankreich.

[23] Dép. Charente-Maritime, Frankreich.

excludetur[24]. Hoc tantum Chairiberto regendum concessit, quod et per pactiones vinculum estrinxit, ut amplius Airibertus nullo tempore adversus Dagobertum de regno patris repetire presumerit. Airibertus sedem Tholosa aeliens, regnat in partem provinciae Aquetaniae. Post anno tercio[25], quod regnare coepisset, tota Wasconia cum exercito superans, suae dicione redegit; alequantulum largiorem fecit regni sui spacium[26].

58. Dagobertus cum iam anno septimo[27] regnans maxemam partem patris regnum, ut super memini[28], adsumpsit, Burgundias ingreditur. Tanta timore ponteficibus et procerebus in regnum Burgundiae consistentibus seo et citeris leudibus adventus Dagoberti concusserat, ut a cunctis esset mirandum; pauperibus iustitiam habentibus gaudium vehementer inrogaverat. Cumque Lingonas civitatem venisset, tanta inter universis leudibus suis tam sublimis quam pauperibus iudecabat[k] iusticiam, ut, creditur, omnino fuisset Deo placebile; ubi nullus intercedebat premius [29]nec personarum accepcio[29], nisi sola dominabatur iusticia, quem diligebat Altissimus. Deinde adgressus Divione, immoque Latona[30] resedens aliquantis diebus, tanta intentionem ad universi regni sui populo iusticia iudicandi posuerat[30a]. Huius benignitatis desiderio plenus nec / somnum capiebat oculis[31] nec cibum saciabatur, intentissime cogitans, ut omnes cum iustitia recepta de conspectu suo remearint. Eodem die, quo de Latona ad Cabillonno deliberare properabat[l], priusquam lucisceret, balneo ingrediens, Brodulfo, avunculo fratri suo Chairiberto, interficere iussit; qui ab Amalgario[32] et Arneberto ducibus et Willibado[33] patricio interfectus est. Cumque[m] Cabillonno, ubi iusticiae amorem qua coeperat perficienda Dagobertus intentionem dirigit, post

[k] *indicabat* 1; *iudecabat* rell.
[l] sc. *properare deliberabat* (?) Krusch.
[m] sc. *Tumque* Krusch.

[24] Chariberts Reich war tatsächlich etwas größer, vgl. Ewig, Die fränkischen Teilreiche 111.
[25] 631/32
[26] Vgl. C. Perroud, Des origines du premier duché d'Aquitaine (Paris 1881) 35ff.

schen ihnen und den Pyrenäen[24]. Die Herrschaft über dieses Gebiet übertrug er Charibert unter der Bedingung – und das machte er auch durch einen Vertrag bindend –, daß Charibert nie mehr weitergehende Ansprüche auf das Reich seines Vaters gegen Dagobert geltend machen dürfe. Charibert wählte Toulouse zu seinem Sitz und regierte über einen Teil der Provinz Aquitanien. Drei Jahre[25] nach seinem Regierungsantritt unterwarf er mit seinem Heer das ganze Baskenland und brachte es unter seine Herrschaft; damit erweiterte er seinen Herrschaftsbereich ein wenig[26].

58. Als Dagobert, der schon das siebente[27] Jahr regierte, den größten Teil des Reiches seines Vaters, wie ich oben erwähnt habe[28], an sich gebracht hatte, zog er nach Burgund. Seine Ankunft hatte die Bischöfe, die Großen, die im Reiche Burgund lebten, und die anderen Gefolgsleute in solche Furcht versetzt, daß sich jedermann wundern mußte; die Armen aber, die nun zu ihrem Rechte kamen, hatte sie mit großer Freude erfüllt. Als er nun in die Stadt Langres kam, richtete er mit solcher Gerechtigkeit über alle seine Gefolgsleute, die Großen wie die Leute niederen Standes, daß er – so glaubt man – Gott über alle Maßen gefällig war; dort nützte kein Geschenk [29]und kein Ansehen der Person[29], nur die Gerechtigkeit, die der Allerhöchste liebt, gab den Ausschlag. Von dort zog er nach Dijon und blieb sogar in St. Jean-de-Losne[30] einige Tage lang; so großen Wert hatte er (damals) darauf gelegt, allem Volk in seinem ganzen Reich Gerechtigkeit widerfahren zu lassen[30a]. Erfüllt von dem rastlosen Streben, ein guter Herrscher zu sein, gönnte er seinen Augen keinen Schlaf[31] und stillte seinen Hunger mit keiner Speise, nur darauf bedacht, daß keiner von ihm wegginge, der nicht vorher zu seinem Recht gekommen wäre. An dem Tag aber, an dem er von St. Jean nach Chalon aufzubrechen gedachte, gab er noch vor dem Morgengrauen beim Betreten des Bades den Befehl, Brodulf, den Onkel seines Bruders Charibert, zu töten; und dieser wurde (tatsächlich) von den duces Amalgar[32] und Arnebert und dem Patricius Willebad[33] getötet. Daraufhin aber reiste Dagobert nach Chalon, um dort seine begonnene Arbeit für die Gerech-

[27] 629/30

[28] Vgl. oben *cc. 56, 57.* Krusch, Wallace-Hadrill bezogen dies auf oben *c. 47.*

[29–29] Vgl. *2. Chr. 19, 7.*

[30] Dép. Côte-d'Or, Ar. Beaune, Frankreich.

[30a] Vgl. die entgegengesetzte Charakterschilderung unten *c. 60.*

[31] Beachtenswert der arengenhafte Klang. Gerade von Dagobert I. ist eine Urkunde erhalten, in der auf die aus dem hellenistischen Bereich stammende *cura pervigil* Bezug genommen wird, vgl. MGH SS rer. Mer. 4 571.

[32] Dux des *pagus Attoariensis* (um Dijon), nachweisbar 629/30–642.

[33] Burgundischer Provinzialpatrizius in der Gegend von Lyon, Vienne und Valence, nachweisbar 629/30–642.

per Agustedunum[34] Auteciodero pergens, per civitatem Senonas[35] Parisius venit; ibique Gomatrudem reginam Romiliaco[36] villa, ubi ipsa matrimunium acceperat, relinquens[37], Nantechildem[38] unam ex puellis de menisterio matrimonium accipiens, reginam sublimavit. Usque eodem tempore ab inicio quo regnare ciperat consilio primetus beatissime Arnulfi Mettensis urbis pontefice et Pippino maiorem domus usus, tante prosperetatis regale regimen in Auster regebat, ut a cunctis gentibus inmenso ordine laudem haberit. Timorem vero sic forte sua concusserat utelitas, ut iam devotione adreperint suae se tradere dicionem; ut etiam gente, que circa limite Avarorum et Sclavorum consistent, ei prumptae expetirint, ut ille post tergum eorum iret feliciter, et Avaros et Sclavos citerasque gentium[39] nationes usque manum publicam[40] suae dicione subiciendum fiducialiter spondebant[n]. Post discessum[41] beati Arnulfi adhuc consilius Peppino maiorem domus et Chunibertum[42] ponteficem urbis Coloniae utens et ab ipsis fortiter admonetus, tantae prosperitatis et iustitiae amore conplexus universas sibi subditas gentes, usque dum ad Parisius, ut supra memini, pervenit, regebatur, ut nullus de Francorum regibus precedentibus suae laudis fuisset precellentior.

59. Anno 8.[43] regni sui, cum Auster regio cultu circuerit, quadam puella nomen Ragnetrudae[44] aestrati suae adscivit, de qua eo anno habuit filium nomen Sigybertum[45].

60. Revertens in Neptreco, sedem patris suae Chlothariae diligens, adsiduae resedire disponens, cum omnem iustitiam quem prius dilixerat fuisset oblitus, cupidi/tates instincto super rebus ecclesiarum et leudibus sagace desiderio vellit omnibus undique expoliis novos implere thinsauros, luxoriam super modum dedi-

[n] *spondebat* 5a.

[34] Dép. Saône-et-Loire, Frankreich.

[35] Dép. Yonne, Frankreich.

[36] Teil des XII. Ar., Paris, Frankreich. Vgl. oben *c. 53*, wo *Clippiaco* von einem Abschreiber wohl nur emendiert wurde.

[37] Nach den *Gesta Dagoberti c. 22* war der Grund ihre Sterilität.

[38] Nanthilde, zweite G. K. Dagoberts I.

tigkeit zu vollenden, dann zog er über Autun[34] nach Auxerre und gelangte (schließlich) über die Stadt Sens[35] nach Paris; dort aber verstieß[37] er die Königin Gomatrude in der villa Reuilly[36], in der er sie zur Frau genommen hatte, und machte Nanthilde[38], eine der Mägde aus seiner persönlichen Dienerschaft, zur Königin, indem er sich mit ihr vermählte. Von seinem Regierungsantritt an bis zu dieser Zeit hörte er vor allem auf den Rat des heiligen Arnulf, des Bischofs der Stadt Metz, und seines Hausmeiers Pippin und führte deshalb seine königliche Herrschaft in Austrasien so segensreich, daß er von allen Völkern unablässiges Lob erntete. Seine Entschlossenheit hatte aber solchen Schrecken verbreitet, daß sie sich schon in aller Demut danach drängten, sich ihm zu unterwerfen, ja, daß selbst die Völker, die an der Grenze zu den Avaren und Slawen leben, ihn freiwillig ersuchten, er solle ihnen mit seinem Glück den Rücken stärken; und diese behaupteten ihm gegenüber voll Zuversicht, daß er auch die Avaren, Slawen und anderen Völkerschaften[39] bis zu den Grenzen des Römischen Reiches[40] seiner Herrschaft unterwerfen würde. Nachdem sich der heilige Arnulf zurückgezogen hatte[41], hörte er weiterhin auf die Ratschläge seines Hausmeiers Pippin und Kuniberts[42], des Bischofs von Köln; unter dem Einfluß ihrer eindringlichen Ermahnungen regierte er bis zu dem Zeitpunkt, als er, wie ich oben erwähnte, nach Paris kam, alle ihm unterworfenen Völker mit so großem Erfolg und mit solcher Liebe zur Gerechtigkeit, daß keiner der früheren Könige der Franken ihn an Lobpreisungen übertraf.

59. Als er im achten[43] Jahre seiner Herrschaft Austrasien nach königlicher Art durchzog, nahm er ein Mädchen namens Ragnetrude[44] in sein Bett auf, von der er noch im selben Jahre einen Sohn namens Sigibert[45] erhielt.

60. Bei seiner Rückkehr nach Neustrien fand er an dem Regierungssitz seines Vaters Chlothar Gefallen und beschloß, dort ständig zu leben. Er wandte sich nun von jeglicher Gerechtigkeit, die er früher so sehr geliebt hatte, ab und wollte in seiner Gier nach den Gütern der Kirchen und seiner Gefolgsleute mit erfinderischer Habsucht jedermann an allen Orten berauben und damit neue Schatzkammern füllen; er gab sich über

[39] *Fredegars* Sprachgebrauch ist hier kaum pleonastisch, sondern von seinem Begriff des Volkes als agnatischer Abstammungsgemeinschaft her durch die Trennung von *gens* und *natio* sehr konkret; vgl. dazu W. Fritze, Untersuchungen zur frühslawischen und frühfränkischen Geschichte bis ins 7. Jahrhundert (Masch. Diss. Marburg/Lahn 1952) 150f. Oder an die Bibel angelehnt „heidnische Völker"?

[40] Vgl. oben *c. 23* mit Anm. 9.

[41] Arnulf zog sich 629 in das Kloster Habendum (Remiremont) zurück.

[42] Kunibert, B. v. Köln um 623 – um 663.

[43] 630/31

[44] Ragnetrude, Konkubine(?) K. Dagoberts I.

[45] Sigibert III., K. d. Franken 633/34 – 656.

tus, tres habebat maxime ad instar[46] reginas et pluremas concupinas. Reginae vero haec fuerunt: Nantechildis, Vulfegundis et Berchildis[47]. Nomina concubinarum, eo quod plures fuissent, increvit huius chronice inseri. [48]Quod cum versum fuisset cor eius[48], sicut super meminemus, et ad Deum eius cogitatio recessisset, tamen postea – atque utinam illi ad mercedem veram lucre fuisset, nam aelymosinam pauperibus super modum largiter aerogabat –, si huius rei sagacitas cupiditates instincto non[o] prepedisset, regnum, creditur, meruisset aeternum.

61. Cum leudis suae eiusque nequicie gemerint, haec cernens Peppinus, cum esset cautior cunctis et consiliosus valde, plenissemus fide, ab omnibus delictus pro iustitiae amorem, quam Dagoberti consiliose instruxerat, dum suo husus fuerat consilio, sibi tamen nec quicquam oblitus iustitiam neque recedens a viam bonitates, cum ad Dagoberto accederit, prudenter agebat in cunctis et cautum se in omnibus ostendebat. Zelus Austrasiorum[49] adversus eodem vehementer surgebat[p], ut etiam ipsum conarint cum Dagobertum facere odiosum, ut pocius interficeretur; sed iustitiae amor et Dei timor, quam diligenter amplexerat, [50]ipsum liberavit a malis[50]. Ipse vero eo anno cum Sigybertum, filium Dagoberti, ad Chairibertum regem accessit.

62. Chairibertus Aurilianis veniens, Sigybertum de sancto lavacro excipit[51]. Aega[52] vero a citeris Neptrasiis consilio Dagoberti erat adsiduos. Eo anno legati Dagoberti, quos ad Aeraclio[53] imperatore direxerat, nomenibus Servatus et Paternus ad

[o] *non* ist zu tilgen. Ansonsten müßten *sagacitas* als Akkusativobjekt und *instincto* als Subjekt aufgefaßt werden. Der Sinn bleibt in beiden Fällen gleich.

[p] 1; *su(g)gerebat* rell.

[46] Oder impliziert die Formulierung *Fredegars* doch das zeitliche Nebeneinander mehrerer Ehefrauen? Beachte dafür vor allem, daß in der folgenden Aufzählung Gomatrude nicht mitgezählt ist. Vgl. aber E. Ewig, Studien zur merowingischen Dynastie. Frühmittelalterliche Studien 8 (1974) 42 Anm. 150.

[47] Sonst nicht belegte G. Dagoberts I.

[48–48] Vgl. *2. Kg. 14, 1.*

alle Maßen der Ausschweifung hin und hatte fast zur gleichen Zeit[46] drei Königinnen und mehrere Konkubinen. Die Königinnen aber waren diese: Nanthilde, Wulfegunde und Berchilde[47]. Es würde zu weit führen, die Namen der Konkubinen in dieser Chronik anzuführen, weil sie so viele waren. [48]Obwohl sich nun sein Herz gewandelt hatte[48], wie wir oben erwähnten, — hätte sich sein Sinnen (und Trachten) wieder auf Gott gerichtet, er hätte dann doch noch — ach, hätte es ihm doch zum Gewinn des wahren Lohnes verholfen, denn er verteilte ja über alle Maßen reiche Almosen an die Armen — das Ewige Königreich verdient, so glaubt man, wenn (bloß) seine Gebefreude seine Habsucht überwogen hätte.

61. Dagoberts Gefolgsleute klagten also über seinen (unköniglichen Lebenswandel); Pippin jedoch, der dies erkannte, selbst aber besonnener war als alle anderen und immer Rat wußte, unverbrüchlich seine Treue hielt und von allen wegen seiner Liebe zur Gerechtigkeit, die er Dagobert geschickt eingeflößt hatte, solange dieser auf seinen Rat gehört hatte, sehr verehrt wurde, vergaß für seinen Teil trotzdem nicht im geringsten die Gerechtigkeit und wich um keinen Schritt von dem Pfade der Tugend ab, verhielt sich aber, wenn er sich in Dagoberts Umgebung befand, in allen Dingen sehr überlegt und zeigte sich bei allen Handlungen von großer Umsicht. Die Eifersucht der Austrasier[49] gegen ihn schwoll so sehr an, daß sie sogar darangingen, ihn bei Dagobert anzuschwärzen, damit er bald getötet würde; aber seine Liebe zur Gerechtigkeit und seine Gottesfurcht, die er aus ganzem Herzen hegte, [50]bewahrten ihn vor dem Übel[50]. Er selbst aber reiste in diesem Jahre mit Sigibert, dem Sohne Dagoberts, zum König Charibert.

62. Charibert kam nach Orléans und hob Sigibert aus dem heiligen Taufbecken[51]. Aega[52] aber war von allen Neustriern der ständige Berater Dagoberts. In diesem Jahre kehrten Servatus und Paternus, die Gesandten, die Dagobert an den Kaiser Heraklius[53] abgeschickt hatte, zu

[49] Schon die Tatsache, daß Pippin, der ja damals Hausmeier Austrasiens war, Dagobert nach Neustrien folgte, läßt vermuten, daß er sich ohne den Rückhalt Dagoberts gegen die in Austrasien bestehende antipippinidische Opposition nicht halten konnte. *Fredegars* Bericht kommt demnach einer sorgfältigen Verbrämung der politischen Kaltstellung Pippins gleich. Daß die Austrasier Pippin wegen seiner Unfähigkeit, Dagobert weiterhin zu kontrollieren, so sehr gehaßt hätten, daß sie ihm deshalb den Tod wünschten, wie Wallace-Hadrill und Krusch zur Stelle glauben, ist an sich unwahrscheinlich. Zu weiteren Deutungen vgl. Wallace-Hadrill zur Stelle.

[50–50] Vgl. *Credo.*

[51] Nach der *Vita Sancti Amandi episcopi I 17* wurde Sigibert von Amandus in Clichy getauft, doch sind diese Angaben weniger glaubhaft.

[52] Neustrischer Hausmeier wahrscheinlich 639/40—641.

[53] Heraklius, oström. Ks. 610—641.

eodem revertuntur, nunciantes pacem perpetuam cum Aeraclio firmasse[54]. Acta vero miraculi, quae ab Aeraclio factae sunt, non praetermittam.

63. Aeraclius cum esset patricius universas Africae provincias[55], et Fogas, / qui tiranneco ordine Mauricio imperatore interficerat[56], imperium adreptus nequissime regerit et modum amentiae thinsaurus in mare proiecerit, dicensque Neptuno munera daret[q], senatores cernentes, quod vellet imperium per stulticiam destruere, factionem Aeracliae Fogatim adprehensum senatus, manibus et pedibus truncatis, lapidem ad collum legatum, in mare proiciunt[57]. Aeraclius consensu senatu imperio sublimatur[58]. Cum[r] infestatione Persarum imperium temporebus Maurici et Fogatis imperatorum multae provinciae fuissent vastate,

64. more solito dinuo contra Aeraclio imperator Persarum[59] cum exercitum surgens, Calcedona civitate nec procul a Constantinopoli Persi, vastantes provinciae rei publicae, pervenissent, eumque rumpentes incendio concremaverunt. Post haec Constantinopole sedem imperiae propinquantis destruere conabantur[60]. Egrediens[61] cum exercito Aeraclius obviam, legatis discurrentibus, Aeraclius imperatorem Persarum nomine Cosdroe petit, ut hii duo imperatores singulare certamine coniungerent, suspensa procul uterque exercitus multitudinem[s.62], et cuius victuria prestabatur ab Altissimo, imperium huius qui vincebatur et populum inlesum receperit[63]. Emperatur Persarum huius conveneutiae se egressurum ad prilio singulare certamen spondedit. Aeraclius imperatur arma sumens, telam priliae et falange a suis postergum preparatam relinquens, singolare certamen, ut

[q] *daret;* Krusch, Wallace-Hadrill.
[r] *c. 64* Wallace-Hadrill.
[s] *multitudinem; et* Krusch, Wallace-Hadrill.

[54] Sie dürften auch die Bitte des Heraklius um Zwangstaufe der Juden überbracht haben, vgl. unten *c. 65.*

[55] Der gleichnamige Vater des Ks. Heraklius war von etwa 602 bis um 610 Exarch von Karthago.

[56] Vgl. oben *c. 23.*

ihm zurück und meldeten, sie hätten einen ewigen Frieden mit Heraklius abgeschlossen[54]. Die staunenswerten Taten, die von Heraklius verrichtet wurden, möchte ich aber nicht übergehen.

63. Zu der Zeit, als Heraklius Patricius der gesamten afrikanischen Provinz[55] war und Phokas, der unerbittlich wie ein Tyrann den Kaiser Maurikios hingemordet hatte[56], die Herrschaft, die er an sich gerissen hatte, aufs erbärmlichste führte und wie ein Wahnsinniger den (kaiserlichen) Schatz mit den Worten, er mache ihn Neptun zum Geschenk, ins Meer warf, sahen die Senatoren ein, daß er in seiner Unfähigkeit das Reich zugrunde richten würde; die Senatoren ergriffen ihn auf Betreiben des Heraklius, schlugen ihm Hände und Füße ab und warfen ihn mit einem Stein um den Hals ins Meer[57]. Heraklius aber wurde nach dem Willen des Senates zum Kaiser erhoben[58]. Zu den Zeiten der Kaiser Maurikios und Phokas waren viele Provinzen des Römischen Reiches durch die Einfälle der Perser verwüstet worden;

64. jetzt aber zog der Kaiser der Perser[59] mit einem Heer erneut in gewohnter Weise gegen Heraklius; die Perser verwüsteten die Provinzen des Römischen Reiches und nahmen schließlich auch die Stadt Chalcedon, nicht weit von Konstantinopel, bis zu der sie vorgedrungen waren, im Sturm und brannten sie nieder. Daraufhin zogen sie vor Konstantinopel, die Hauptstadt des Kaiserreiches, und versuchten, auch diese zu zerstören[60]. Heraklius aber zog ihnen mit seinem Heere entgegen[61] und forderte durch Unterhändler den Kaiser der Perser namens Chosroes zum Zweikampf mit ihm auf; die Massen beider Heere sollten in einiger Entfernung haltmachen[62], und derjenige, dem vom Allerhöchsten der Sieg verliehen würde, sollte das gesamte Reich und Reichsvolk des Besiegten erhalten[63]. Der Kaiser der Perser gelobte, unter dieser Bedingung zum Zweikampf anzutreten. Der Kaiser Heraklius legte seine Waffen an, verließ die Schlachtordnung, zu der sich sein Heer in seinem

[57] Phokas wurde hingerichtet, seine Statue im Hippodrom jedoch gestürzt und öffentlich verbrannt.

[58] 5. Oktober 610.

[59] Chosroes II., K. d. Perser 590–628. Aus *Fredegars* antibyzantinischer Haltung heraus ist die Bezeichnung Chosroes als *imperator* zu erklären. Vgl. die Einleitung S. 5.

[60] Ende Juli, Anfang August 626.

[61] Heraklius hatte die Gegenoffensive bereits 622 begonnen, zur Zeit der Belagerung Konstantinopels befand er sich im Kaukasus.

[62] Eine ähnliche Erzählung oben *c. 25.* Vgl. *Nicephori Breviarium* (ed. C. D. de Boor, 1880) 19 (kurz vor 830 verfaßt), wo allerdings berichtet wird, daß der persische Patricius *Rizates* Heraklius zum Zweikampf herausgefordert habe.

[63] Reminiszenz daran, daß der Nachfolger Chosroes, Kawadh II., den byzantinischen Kaiser zum Vormund seines Sohnes bestimmte.

novos Davit[64], procedit ad bellum. Emperator Persarum Cosdroes patricium quidam ex suis, quem fortissemum in prelio cernere potuerat, uius convenenciae ad instar pro se contra Aeraglio priliandum direxit. Cumque uterque cum aequetis hy duo congressione priliae in invicem propinquarint, Aeraglius ait ad patricium, quem emperatore Persarum Cosdroae stemabat[t], dixit: 'Sic convenerat, ut singulare certamen priliandum debuissimus conflige; quare postergum tuom alii secuntur?' Patricius ille girans capud conspecere, qui postergum eius venerit, Aeraglius aecum calcaneum vehementer urguens, extrahens uxum[65], capud patriciae Persarum truncavit. Cosdroes emperatur cum Persis devectus et confusus, terga vertens, a suis propries tiranneco ordene Cosdroes interfecetur[66]. Persi terga vertentes, ad sedebus remeant propries. Aeraglius aevecto navale cum exercito Persas ingredetur totamque Persedam / suae dicione redigit[67], captis exinde multis thinsauris et septem aeltiarnitis[68]. Tribus annis cerceter Perseda vastata eius dicione subgecetur. Post haec dinuo Persae[u] emperatorem super se creant[69].

65. Aeraglius emperatur erat speciosus conspecto, pulcra faciae, status formam digne minsure, fortissemus citiris, pugnatur aegregius, nam et sepe leones in arenas et in aerimis plures singulos[v] interfecit. Cum esset litteris nimius aeruditus, astralocus effecetur; per quod cernens, a circumcisis gentibus divino noto emperium esse vastandum, legationem[w] ad Dagobertum regem Francorum dirigens[70], petens, ut omnes Iudeos regni sui ad fidem catolecam baptizandum preciperit. Quod protenus Dagobertus emplevit[71].

[t] sc. *aestimabat.*

[u] *Persas* 1, Krusch; corr. *Persae* 1.

[v] 1; *singulis* 4b²; *singulares* coni. Mynors bei Wallace-Hadrill.

[w] 1; fehlt rell.

[64] Obwohl *Gregor IV 20* Chlotachar I. in einer ähnlichen Situation als *novus David* bezeichnet hatte, könnte diese Stelle mit der byzantinischen Kaiserakklamation als *novus David*, wie sie seit der Wende zum fünften Jahrhundert gebräuchlich war, in Beziehung gebracht werden; schließlich legte gerade Heraklius, der auch seinen jüngsten, 638 zum Caesar erhobenen Sohn David nannte, auf diese Akklamation besonderen Wert, vgl. E. Ewig, Das Bild Constantins des Großen im abendländischen Mittelalter, Historisches Jahrbuch 75 (1956) 5ff.

Rücken formiert hatte, und trat wie ein neuer David[64] zum Zweikampf vor. Der Kaiser der Perser Chosroes aber schickte einen seiner Patricii, von dessen überragender Tapferkeit im Kampf er sich selbst hatte überzeugen können — als wäre dies abgemacht —, an seiner Stelle in den Kampf gegen Heraklius. Als sich nun beide bei Beginn des Kampfes auf ihren Pferden einander näherten, rief Heraklius dem Patricius, den er für den Kaiser der Perser Chosroes hielt, zu: „Es war doch ausgemacht, daß wir zum Zweikampf antreten sollten; warum folgen hinter dir andere (bewaffnete) Männer?" Während der Patricius seinen Kopf wandte, um zu sehen, wer hinter ihm nachkäme, spornte Heraklius sein Pferd mit aller Kraft mit der Ferse an, zückte sein Schwert[65] und schlug dem Patricius der Perser das Haupt ab. Der Kaiser Chosroes wandte sich mit den Persern nach dieser Niederlage fassungslos zur Flucht, wurde aber von seinen eigenen Leuten (, wie es einem Tyrannen gebührt,) ermordet[66]. Die Perser aber kehrten flüchtend in ihre Heimat zurück. Heraklius stach mit seinem Heer in See, ging in Persien an Land und unterwarf ganz Persien seiner Herrschaft[67], woraufhin er viele Schätze und sieben Harnische[68] erbeutete. Etwa drei Jahre blieb das verwüstete Persien seiner Herrschaft unterworfen. Daraufhin erwählten sich die Perser erneut einen Kaiser.[69]

65. Der Kaiser Heraklius war herrlich anzusehen, von schönem Antlitz und von stattlicher Größe; er war tapferer als alle anderen und ein vorzüglicher Kämpfer, denn er tötete auch oft ganz alleine mehrere Löwen auf den Kampfplätzen und in freier Wildbahn. Neben seinen großen Kenntnissen in den Wissenschaften wurde er (auch) Astrologe; als er dabei erkannte, daß es Gottes Wille sei, daß das Römische Reich von beschnittenen Völkern verwüstet werden solle, schickte er eine Gesandtschaft an den Frankenkönig Dagobert[70] mit der Bitte, er möge Befehl geben, alle Juden, die in seinem Reiche lebten, auf den katholischen Glauben zu taufen. Diese Bitte erfüllte Dagobert sofort[71].

[65] Vgl. *II 58*. Vgl. auch Wallace-Hadrill zur Stelle.

[66] 25. oder 29. Februar 628.

[67] Alle Gebiete, die früher dem byzantinischen Reich gehört hatten, wurden restituiert.

[68] Harnische von Menschen, Pferden oder Wagen? Oder kriegsmäßig ausgerüstete Adelige?

[69] Als Könige der Perser folgten Kawadh II. 628, Ardashir III. 628—630 und bis 632 einige ephemere Regenten. Eine stabile Herrschaft richtete erst Yazdigird III. 632—651 auf. Zum Einfluß Heraklius' auf Kawadh II. vgl. oben Anm. 63.

[70] Vgl. oben *c. 62* mit Anm. 54.

[71] B. Blumenkranz, Juifs et chrétiens dans le monde occidental (Paris 1960) 99f. Mit „Judenverfolgung" dürfte die Verweigerung der Aufenthaltserlaubnis gemeint sein, vgl. *Vita Sulpicii Biturigi c. 4*.

Aeraglius per omnes provincias emperiae talem idemque facere decrevit[72]. Ignorabat, unde haec calametas contra emperium surgerit.

66. Agarrini[73], qui et Saracini, sicut Orosiae liber[74] testatur, gens circumcisa[75] ad latere montes Caucasi super mare Cypium[x] terram Ercoliae[76] coinomento iam olem consedentes, in nimia multetudine crevissent, tandem arma sumentis, provincias Aeragliae emperatores vastandum inruunt[77], contra quos Aeraglius milites ad resistendum direxit. Cumque priliare cepissint, Saracini milites superant eosque gladio graveter trucedant. Fertur, in eo prilio cento quinquagenta milia militum a Saracinis fuisse interfecta; espolia eorum Saracini per legatus Aeraglio recipiendum offerunt. Aeraglius cupiens super Saracinus vindictam, nihil ab his spolies recepere voluit. Congregatis undique de universas provincias emperiae nimia multetudinem militum, transmittens Aeraglius legationem ad portas Cypias[78], quas Alexander Magnos Macedus super mare Cespium aereas fiere et serrare iusserat propter inundacione gentium sevissemorum, que ultra montem Caucasi culmenis habetabant[79], easdem portas Aeraglius aperire precipit; indique cento quinquagenta milia pugnatorum auroque locatus auxiliae suae contra Saracinus priliandum aemittetur[y,80]. Saracini duos habentes princepis[81], ducenta fere milia erant[82]. Cumque castra nec procul inter[z] se exercitus uter-

[x] 1; Krusch; *Caspium, Cyspium* rell., Wallace-Hadrill.

[y] 1, Krusch, Wallace-Hadrill; *demittetur* Monod; *mittetur* rell.

[z] sc. *a.*

[72] 632. Oder schon 623?

[73] Vgl. *II 2*, das wiederum auf *Hieronymus, Chronicon* (ed. R. Helm 1956) 24a, zurückgeht. Hagar war die Leibmagd Saras, Konkubine Abrahams und Mutter Ismaels.

[74] Davon steht bei *Orosius* nichts, doch ist Benützung seiner *Historiarum adversus paganos libri septem* für *II 39, 46, 57, 62* anzunehmen. Hier liegt jedoch wohl Verwechslung mit *Hieronymus* vor, vgl. *II 2.*

[75] Abgesehen von der Richtigkeit dieser Behauptung schon deshalb, weil sie nach *Fredegars* Vorstellung von Hagar und damit von Abraham abstammten.

[76] Kolchis, Landschaft am östlichen Südufer des Schwarzen Meeres? Die namengebenden Sarazenen bewohnten natürlich den Nordwesten Arabiens und den Süden der Halbinsel Sinai. Verwandt mit den Chalisiern? Vgl. K. Schünemann,

Heraklius aber befahl, in allen Provinzen des Römischen Reiches dasselbe zu tun.[72] Aber er wußte nicht, von wo aus diese Bedrängnis über sein Reich kommen würde.

66. Die Leute von Hagar[73], die auch Sarazenen genannt werden, wie das Buch des Orosius bezeugt[74], sind ein beschnittenes Volk[75], das schon von alters her an den Abhängen des Kaukasusberges am Kaspischen Meere in einem Lande lebte, das Ercolia[76] genannt wurde; als ihre Bevölkerung zu dicht geworden war, griffen sie schließlich zu den Waffen und fielen in die Provinzen des Kaisers Heraklius ein, um sie zu plündern[77]; Heraklius sandte ihnen Soldaten entgegen, um ihnen Widerstand zu leisten. Als es aber zum Kampfe kam, besiegten die Sarazenen die römischen Soldaten und fügten ihnen eine schwere Niederlage zu. In dieser Schlacht sollen 150 000 römische Soldaten von den Sarazenen getötet worden sein; die Ausrüstungsgegenstände aber (, die sie ihnen abgenommen hatten,) boten die Sarazenen durch Unterhändler Heraklius zum Rückkauf an. Heraklius, der aber an den Sarazenen Rache zu nehmen begehrte, wollte nichts von diesen geraubten Gütern zurückkaufen. Heraklius versammelte also von allen Provinzen seines Reiches eine unüberschaubare Zahl Soldaten, dann schickte er eine Gesandtschaft zu der Kaspischen Pforte[78], die der Mazedone Alexander der Große am Kaspischen Meere aus Erz erbauen und fest hatte verriegeln lassen, weil (ständig) äußerst wilde Völker eindrangen, die jenseits der Höhe des Kaukasus wohnten[79]; eben diese Tore ließ Heraklius nun öffnen und durch sie strömten 150 000 Streiter und um Gold gekaufte Hilfstruppen, um gegen die Sarazenen zu kämpfen[80]. Die Sarazenen, die unter zwei Anführern standen[81], waren etwa 200 000 Mann stark[82]. Als aber beide

Ungarische Hilfsvölker in der Literatur des deutschen Mittelalters. Ungarische Jahrbücher 4 (1924) 108.

77 Seit 634.

78 Hier liegt wohl, wie so oft, eine Verwechslung mit den *Portae Caucasiae*, dem heutigen Kreuzpaß der Grusinischen Heerstraße, vor, die durch Tore mit eisenbeschlagenen Balken geschlossen waren. Oder doch Firuskuh im nordwestlichen Iran?

79 Nach dem weitverbreiteten *Alexanderroman* soll Alexander der Große hinter den Kaspischen Pforten zweiundzwanzig Völker, darunter Gog und Magog, eingesperrt haben, vgl. E. Sackur, Sibyllinische Texte und Forschungen (1898) 47, 186, Anm. 2; vgl. auch *Jordanes, Getica c. 50.*

80 Seit 626 kämpften die Chazaren in den kaukasischen und armenischen Gegenden mit den kaiserlichen Truppen gegen die Perser.

81 Das Folgende bezieht sich auf die Schlacht am Jarmuk 636. Dabei kämpften zwei byzantinische Armeen gegen die arabische Hauptmacht, die kurz vor der Schlacht Verstärkung erhalten hatte.

82 Tatsächlich etwa 25 000 Mann.

que posuissit, ita / ut in crastena bellum inirent confligentes, eadem nocte gladio Dei Aeragliae exercitus percotitur; in castris quinquaginta et duo milia ex militibus Aeragliae in stratum mortui sunt. Cumque in crasteno ad prilium debebant adgredere, cernentes eorum exercitum milites partem maxema devino iudicio interfectam, adversus Saracinus nec ausi sunt inire prilium. Regressus omnes exercitus Aeragliae ad propries sedebus, Saracini more quo ceperant provincias Aeragliae emperatores adsiduae vastandum pergebant. Cum iam Hierusolemam[83] propinquassint, Eraglius vedens, quod eorum violenciae non potuissit resistere, nimia amaretudines merorem adreptus, infelex Euticiana[84] aerese iam sectans, Christi cultum relinquens, habens uxorem filiam sorores suae[85], a febre vexatus, crudeleter vitam finivit[86]. Cui successit emperiae gradum Constantinus[87], filius eius, cuius tempore pars publeca a Saracines nimium vastatur[88].

67. Anno nono[89] regni Dagoberti Charibertus rex moretur[90], relinquens filium parvolum nomini Chilpericum, qui nec post mora defunctus est. Fertur, facione Dagoberti fuisset interfectus. Omnem regnum Chariberti unam cum Wasconiam Dagobertus protenus suae dicione redigit; tinsaurus quoque Chariberti Baronto[91] duci adducendum et sibi presentandom direxit. Unde Barontus grave dispendio fecisse dinuscetur; una cum tinsauraries faciens, nimium exinde fraudolenter subtracsit[92].

68. Eo anno Sclavi coinomento Winidi in regno Samone neguciantes Francorum cum plure multetudine interfecissent et rebus expoliassint, haec fuit inicium scandali inter Dagobertum et Samonem regem Sclavinorum. Dirigensque Dagobertus Sycharium legatarium ad Samonem, paetens, ut neguciantes, quos sui interfecerant aut res inlecete usorpaverant, cum iusticia faceret

[83] Nach viermonatiger Belagerung ergab sich Jerusalem 637. Vgl. auch unten *c. 81*.

[84] Der Kaiser begünstigte den Monotheletismus, um einen Ausgleich mit den Monophysiten herbeizuführen. Einer der Ahnherren dieser Häresien war Eutyches (um 450).

[85] Heraklius war seit 613 in zweiter Ehe mit seiner Nichte Martina vermählt.

[86] Er starb nach schwerem Leiden am 11. Februar 641.

Heere nicht weit voneinander ihre Lager aufgeschlagen hatten, um am nächsten Tag die Schlacht mit einem Sturmlauf beginnen zu können, da wurde in derselben Nacht das Heer des Heraklius vom Schwerte Gottes zerschmettert; im Lager starben 52 000 von den Soldaten des Heraklius auf ihren Lagerstätten. Als die Soldaten am nächsten Tag zur Schlacht antreten sollten, sahen sie, daß der größte Teil ihres Heeres durch göttlichen Richtspruch getötet worden war, und wagten nicht, die Sarazenen anzugreifen. So zog das ganze Heer des Heraklius in seine Heimat zurück; die Sarazenen aber fuhren fort, so, wie sie begonnen hatten, die Provinzen des Kaisers Heraklius unaufhörlich heimzusuchen. Als sie schon in die Nähe von Jerusalem[83] vorgedrungen waren und Heraklius einsah, daß er ihrer Gewalt keinen Widerstand entgegensetzen konnte, gab er, der Unglückliche, der schon der Irrlehre des Eutyches[84] anhing und die Tochter seiner Schwester[85] zu seiner Gemahlin hatte, zutiefst verbittert, den Glauben an Christus auf und beschloß, vom Fieber geplagt, auf erbärmliche Weise sein Leben[86]. Ihm folgte in der Kaiserwürde sein Sohn Konstantin[87], zu dessen Zeiten das Römische Reich von den Sarazenen entsetzlich verwüstet wurde[88].

67. Im neunten[89] Regierungsjahre Dagoberts starb der König Charibert[90]; er hinterließ einen kleinen Sohn namens Chilperich, der jedoch nicht viel später verstarb. Man sagt, er sei auf Betreiben Dagoberts getötet worden. Dagobert nahm sofort den gesamten Herrschaftsbereich Chariberts zusammen mit dem Baskenland unter seine Herrschaft und schickte den dux Barontus[91] aus, auch die Schätze Chariberts herbeizuschaffen und vor ihm auszubreiten. Daß Barontus dem Schatz schwere Einbußen zufügte, ist bekannt: Im Einverständnis mit den Schatzmeistern entwendete er listig einen großen Teil davon[92].

68. In diesem Jahre töteten die Slawen, die auch Wenden genannt werden, Franken, die im Reiche Samos Handel trieben, zusammen mit einer großen Schar und beraubten sie ihrer Güter; dies war der Anlaß zu einem Streit zwischen Dagobert und dem König der Slawen, Samo. Dagobert schickte nämlich Sycharius als Gesandten zu Samo mit dem Verlangen, er solle den Befehl erteilen, für die Kaufleute, die Samos Leute getötet hatten, und deren Güter, die sie gegen jedes Recht an sich

[87] Konstantinos III., oström. Ks. 641. Heraklius hatte jedoch mit ihm gemeinsam den Sohn Martinas, Heraklonas, oström. Ks. 641, erhoben.

[88] Vgl. unten *c. 81*, wo die Verwüstungen aber richtig in die Regierungsjahre Konstans II. gesetzt werden.

[89] 631/32

[90] Vor 8. April 632.

[91] Dux in Toulouse, nachweisbar 626–637.

[92] Zu der schnellen Anhäufung eines Schatzes durch Charibert vgl. C. Perroud, Des origines 38f.

emendare. Samo nolens Sicharium vedere, nec ad se eum venire permitteret, Sicharius vestem indutus ad instar Sclavinorum, cum suis ad conspectum pervenit Samonem; universa quod iniunctum habuerat eidem nunciavit. Sed, ut habit gentiletas et superbia pravorum, nihil a Samone, que sui admiserant, est emendatum, nisi tantum placeta vellens instetuere, de hys et alies intencionibus, que inter partes orte fuerant, iustitia redderetur in invicem. Sicharius, sicut stultus legatus, verba inproperiae, quas iniunctas non habuerat[93], et menas adversus Samonem loquitur, eo quod Samo et populus regni sui Dagobertum diberint servicium[94]. Samo respondens, iam saucius[a] dixit: 'Et terra quam habemus Dagoberto est, et nos sui sumus, si tamen nobiscum disposuaerit amicicias conservare'. Sicharius dicens: 'Non est possebelem, ut christiani et[b] Dei servi cum canebus amicicias conlocare possint'[95]. Samo ae contrario dixit: 'Si vos estis Dei servi, et nos Dei canes, dum vos adsiduae contra ipsum agetis, nos permissum accepimus vos morsebus lacerare'. / Aegectus est Sicharius de conspectum Samones. Cum haec Dagoberto nunciassit, Dagobertus superveter iubet de universum regnum Austrasiorum contra Samonem et Winidis movere exercitum; ubi trebus turmis falange super Wenedus exercitus ingreditur, etiam et Langobardi[96] solucione[c] Dagoberti idemque osteleter in Sclavos perrixerunt. Sclavi his et alies locis e contrario preparantes, Alamannorum exercitus cum Crodoberto[97] duci in parte qua ingressus est victuriam optenuit. Langobardi idemque victuriam optenuerunt, et pluremum nummerum captivorum de Sclavos Alamanni et Langobardi secum duxerunt. Aostrasiae vero cum ad castro Wogastisburc[98], ubi plurima manus forcium Venedorum inmuraverant, circumdantes, triduo priliantes, pluris ibidem de exercito Dagoberti gladio trucidantur et exinde fogaceter, omnes tinturius et res quas habuerunt relinquentes, ad propries

[a] *cautius* 1.
[b] 1; fehlt rell.
[c] sc. *solatio*.

[93] Vgl. oben *c. 51*.
[94] Vgl. W. Fritze, Die fränkische Schwurfreundschaft der Merowingerzeit. ZRG GA 71 (1954) 113ff.

gebracht hatten, eine gerechte Entschädigung zu leisten. Da Samo Sycharius nicht sehen wollte und ihm nicht die Erlaubnis gab, sich zu ihm zu begeben, bekleidete sich Sycharius wie ein Slawe und erschien so mit seinem Gefolge vor Samo und trug ihm alles vor, was ihm aufgetragen war. Wie es nun aber die heidnische Art und der Stolz böser Menschen mit sich bringt, leistete Samo keine Entschädigung für das, was seine Leute angestellt hatten, er zeigte sich lediglich bereit, über diese und andere Streitpunkte, die zwischen den (beiden) Parteien aufgebrochen waren, Gerichtsverhandlungen anzusetzen, damit beiden Seiten ihr Recht zuteil würde. Sycharius aber stieß in der Art von törichten und unvorsichtigen Gesandten Schmähungen, die ihm nicht aufgetragen waren[93], und Drohungen gegen Samo aus, so etwa, daß Samo und das Volk in seinem Reiche Dagobert Dienstbarkeit[94] schuldeten. Samo antwortete, nun schon tief verletzt: „Sowohl das Land, das wir bewohnen, gehört Dagobert als auch wir gehören ihm, wenn er sich nur dazu versteht, das freundschaftliche Verhältnis mit uns einzuhalten“. Da versetzte Sycharius: „Es ist unmöglich, daß Christen und Diener Gottes mit Hunden ein Bündnis schließen können[95]“. Da hielt ihm Samo entgegen: „Wenn ihr die Diener Gottes seid und wir seine Hunde sind, dann ist uns, solange sich euer Handeln unablässig gegen ihn richtet, erlaubt, euch mit unseren Zähnen zu zerfleischen“. Dann wurde Sycharius aus der Audienz bei Samo hinausgeworfen. Als er Dagobert darüber unterrichtete, ließ dieser stolz und überheblich aus dem gesamten Reich der Austrasier ein Heer gegen Samo und die Wenden aufbieten; während das Heer in drei Heersäulen über die Wenden herfiel, zogen auch Langobarden[96] als Hilfstruppen Dagoberts ebenso feindlich gegen die Slawen. Während die Slawen sich dagegen an verschiedenen Orten (zum Widerstand) vorbereiteten, errang das Heer der Alemannen unter dem dux Chrodobert[97] dort, wo es einfiel, einen Sieg. Auch die Langobarden siegten, und so schleppten die Alemannen und Langobarden eine riesige Menge gefangener Slawen mit sich. Als aber die Austrasier die Festung Wogastisburg[98], in der sich eine sehr große Zahl tapferer Wenden verschanzt hatte, belagerten und drei Tage lang bestürmten, wurden dort viele aus dem Heere Dagoberts mit dem Schwert niedergemacht; dar-

95 Vgl. *Mt. 15, 21ff.; Mk. 7, 24ff.;* wohl von *Fredegar* abhängig *Conversio Bagoariorum et Carantanorum c. 7.* Vgl. auch oben *c. 9* mit Anm. 41.

96 Vgl. *Paulus Diaconus, Historia Langobardorum IV 38* und Reindel, Das Zeitalter der Agilolfinger 116. Oder bedeutet *solucione* doch „auf Bezahlung“?

97 Wohl ein Austrasier, der als dux an die Spitze der Alemannen gestellt worden war.

98 Purberg bei Uhoštany bei Kaaden, Kr. Nordböhmen, Tschechoslowakei? Kaum Wugastisrude bei Staffelstein, Kr. Lichtenfels, Bayern, BRD. Oder Burk bei Forchheim, Kreisstadt in Oberfranken, Bayern, vgl. Kunstmann passim, der in: Die Welt der Slaven 24 (1979) 246 auch auf das Verkleidungsmotiv eingeht.

sedebus revertuntur. Multis post haec vecebus Winidi in Toringia et relequos vastandum pagus in Francorum regnum inruunt; etiam et Dervanus dux gente Surbiorum[99], que ex genere Sclavinorum erant et ad regnum Francorum iam olem aspecserant, se ad regnum Samonem cum suis tradedit. Estaque victuria, qua Winidi contra Francos meruerunt, non tantum Sclavinorum fortitudo optenuit, quantum dementacio Austrasiorum, dum se cernebant cum Dagoberto odium incurrisse et adsiduae expoliarintur.

69. Eo anno Charoaldus rex Langobardorum legatus ad Isacium[100] patricium sigricius mittens, rogans, ut Tasonem docem provinciae Toscane[1] quo putebat[d] ingenio interfecerit. Huius beneficiae vecessitudinem tributa, quas Langobardi de manu publeca recibebant, trea centenaria auri annis singolis[2], unde unum centenarium auri Charoaldus rex partebus emperiae de praesente cassarit. Hysacius patricius haec audiens, tractabat, quebus ingenies haec potuissit emplere, Tasonem ingeniose mandans, dum in offinsa Charoaldi regis erat, cum ipsum amicicias oblegarit; ipse vero contra Charoaldo rigi ei auxiliaretur. Tale preventus est fraude, Ravenna[3] pergit; Hysacius ei obviam, mandans: pre timore emperatoris Tasonem cum suis infra[e] murus Ravenne urbis armatum non audebat recipere. Cumque Taso credens, armam suorum foris urbem relinquens, in Ravennam fuissit ingressus, statem que fuerant preparati super Tasonem inruunt et ipsum et suos totus qui cum eo venerant interficiunt. Garoaldus rex unum centenarium auri, sicut promiserat, partebus Isaciae et emperiae cassavit. Dua tantum centenaria deinceps ad parte Langobardorum a patricio Roma-/norum annis singolis emplentur; unus centenarius cento libras auri capit. Post haec continuo Charoaldus rex moretur[4].

70. Gundeberga regina, eo quod omnes Langobardi eidem fidem cum sacramentis firmaverant, Chrothacharium[5] quidam

[d] 1, Krusch; *potebat* 4b[2], Wallace-Hadrill.

[e] sc. *intra.*

[99] Westslawisches Volk in Ober- und Niederlausitz. Nach Kunstmann in: Die Welt der Slaven 24 (1979) 6f. und 25 (1980) 172f. bedeutet *Dervanus dux* soviel wie *senior dux,* vgl. 208 Anm. 65.

[100] Exarch von Ravenna 625–643. Vgl. auch *Paulus Diaconus, Historia Langobardorum IV 38,* der den Patricius jedoch *Gregorius* nennt.

aufhin ließen die Austrasier alle Zelte und all ihren Besitz zurück und kehrten in überstürzter Flucht heim. Seither fielen die Wenden zu wiederholten Malen in Thüringen und anderen pagi des Frankenreiches ein, um sie auszuplündern; ja sogar Dervanus, der dux des Volkes der Sorben[99], die von slawischer Herkunft waren und schon seit jeher zum Reiche der Franken gehört hatten, unterstellte sich mit seinem Volk dem Reiche Samos. Diesen Sieg, den die Wenden gegen die Franken errangen, verdankten die Slawen nicht sosehr ihrer Tapferkeit als der (Kampfmoral) der Austrasier, (die sehr gering war,) seit sie erkannten, daß sie Dagobert verhaßt waren und von ihm unaufhörlich ausgeplündert wurden.

69. In diesem Jahre schickte Arioald, der König der Langobarden, heimlich Gesandte zum Patricius Isaak[100] mit der Bitte, er möge Taso, den dux der Provinz Toscana[1], auf irgendeine erdenkliche Art töten. Als Belohnung für diesen guten Dienst würde er, König Arioald, dem Römischen Reich von den Tributen, die die Langobarden vom Römischen Reich erhielten, nämlich jährlich drei Zentner Gold[2], sofort einen Zentner Gold erlassen. Als der Patricius Isaak dies hörte, überlegte er, auf welche Art er diesen Auftrag erfüllen könnte, dann riet er Taso verräterisch, er möge mit ihm selbst (Isaak) ein Treuebündnis eingehen, da er ja in der Ungnade König Arioalds lebte; er selbst werde ihm gegen den König Arioald Hilfe leisten. Solcherart überlistet, machte er sich nach Ravenna[3] auf; Isaak aber schickte ihm Boten entgegen und ließ ihm mitteilen, er wage aus Furcht vor dem Kaiser nicht, Taso mit seinen Leuten innerhalb der Mauern der Stadt Ravenna bewaffnet zu empfangen. Da ihm Taso volles Vertrauen schenkte, ließ er die Waffen seiner Leute vor der Stadt zurück; als er aber in Ravenna einzog, fielen sofort Männer, die dazu bereitgehalten waren, über Taso her und machten ihn und sein gesamtes Gefolge nieder. König Arioald leistete, wie er versprochen hatte, zugunsten Isaaks und des Römischen Reiches Verzicht auf einen Zentner Gold. Seither werden vom Patricius der Römer jährlich nur zwei Zentner an die Langobarden abgeliefert; ein Zentner umfaßt einhundert Pfund Gold. Gleich darauf starb König Arioald[4].

70. Königin Gundeberga berief (in Anbetracht der Tatsache), daß ihr alle Langobarden Treue geschworen hatten, einen gewissen Rothari[5],

[1] Vgl. oben *c. 50* mit Anm. 79.

[2] Nach Hartmann, Geschichte Italiens 202, waren es 500 Pfund Gold.

[3] Nach *Paulus Diaconus, Historia Langobardorum IV 38* wurde *Taso* nach *Oderzo* gelockt.

[4] 636

[5] Rothari, K. d. Langobarden 636–652; er war vorher dux von Brescia, Pr.-Hst. in Lombardia, Italien.

unum ex ducibus de terreturio Brissia ad se venire precepit, eum conpellins, uxorem quam habebat relinquerit et eam matremunium acciperit; per ipsam omnes Langobardi eum sublimavant in regno[6]. Quod Chrotharius lebenter consenciens, sacramentis per loca sanctorum firmans, ne umquam Gundeberga postponerit nec de honorem gradis aliquid menuarit, ipsamque uneco amore diligens, in omnebus honorem pristarit condigne. Gundoberga adtragente, omnes Langobardorum primati Crotharium sublimant in regno. Chrotharius cum regnare cepissit, multus nubilium Langobardorum, quos sibi sinserat contomacis, interfecit. Chrotharius fortissemam disciplinam et timorem in omnem regnum Langobardorum pacem sectans fecit. Chrotharius[7] oblitus sacramenta, qua Gundeberge dederat, eamque in unum cubicoli Ticinum in aula palaciae retrudit eamque ad privato habeto vivere fecit. Quinque annus sub ea retrusione tenetur. Chrotharius per concubinas baccatur adsiduae. Gundoberga vero, eo quod esset cristiana, in hanc tribulationem benedicebat Deum omnipotentem, ieiunies et oracionebus adseduae pervacabat. Quando[f] Deo conplacuit,

71. Aubedo[8] legatarius directus a Chlodoveo[9] regi causam legationes usque ad Chrotharium regem Langobardorum, Papia coinomento Ticino civitatem Aetaliae pervenisset, cernens regina, quam sepius in legationem veniens viderat, et ab ipsa benigne semper susceptus fuerat, fuisse retrusam, quasi iniunctum habens, exinde inter citera Chrothario regi sugessit, quod illam parentem Francorum, quam reginam habuerat, per quem etiam regnum adsumserat, non dibuissit umiliare; multum exinde regis Francorum et Franci essint ingrati. Quam Chrotharius de presenti, reverenciam Francorum habens, iubit egredi foris; et post quinque circeter annis per totam civitatem et foris Gundoberga regili ordine per loca sanctorum ad oracionem adgreditur. De villas et opebus fisci quod habuerat Chrotharius ei restaurare praecipit, quod usque diem obetus sui et gradum dignetatis et opes

[f] *c. 71* 3, 4b[2*], 5a, Wallace-Hadrill.

[6] Eine ähnliche Geschichte erzählt *Paulus Diaconus, Historia Langobardorum III 35* über den Herrschaftsantritt Agilulfs 590, während *Fredegar* oben *c. 13* die Erhebung Agilulfs nur ganz kurz notiert. Den Herrschaftsantritt Rotharis berich-

einen der duces aus dem Gebiet von Brescia, zu sich und drängte ihn, seine Gattin zu verstoßen und sie zu seiner Frau zu nehmen; durch ihre (Fürsprache) würden ihn alle Langobarden auf den Thron erheben[6]. Rothari willigte gerne ein und schwor an heiligen Stätten, er werde Gundeberga niemals verlassen und ihre Ehrenstellung um nichts schmälern, sie aber als einzige lieben und in allen Dingen mit der ihr zukommenden Hochachtung behandeln. Von Gundeberga veranlaßt, erhoben alle langobardischen Großen Rothari auf den Thron. Nach seinem Regierungsantritt tötete Rothari viele vornehme Langobarden, von denen er wußte, daß sie ihm trotzig Widerstand leisteten. Da er den Frieden suchte, schuf er strengste Ordnung und Furcht im ganzen Langobardenreiche. Schließlich vergaß Rothari[7] die Schwüre, die er Gundeberga geleistet hatte, sperrte sie in ein Schlafgemach in seinem Palaste in Pavia und ließ sie ein nichtkönigliches Leben führen. Fünf Jahre lang wurde sie in dieser Gefangenschaft gehalten. Rothari aber führte die ganze Zeit hindurch mit seinen Konkubinen ein ausschweifendes Leben. Weil Gundeberga aber Christin war, pries sie in dieser Bedrängnis den allmächtigen Gott und gab sich unablässigem Fasten und Beten hin. Als es Gott gefiel,

71. kam der Unterhändler Aubedo[8] im Auftrag König Chlodovechs[9] in einer Gesandtschaftssache zu Rothari, dem König der Langobarden, in die italienische Stadt Pavia, die auch Ticinum genannt wird; als er erfuhr, daß die Königin, die er schon mehrmals während seiner Gesandtschaftsreisen gesehen hatte und von der er immer gnädig empfangen worden war, eingekerkert worden war, da trug er dem König Rothari unter den anderen Aufträgen so, als ob er auch damit betraut worden wäre, vor, er dürfe jene Verwandte der Franken, die er zu seiner königlichen Gemahlin gehabt hatte und durch die er auch die Herrschaft erworben hatte, nicht so erniedrigen; die Könige der Franken und die Franken (selbst) würden ihm das in Zukunft sehr übel nehmen. Aus Furcht vor den Franken gab Rothari daraufhin sofort den Befehl, sie solle ihr Gefängnis verlassen; und so zog Gundeberga nach etwa fünfjähriger Verbannung in königlichem Prunke durch die ganze Stadt und ihre Umgebung von Kirche zu Kirche, um dort zu beten. Rothari gab Befehl, ihr das, was sie an Landgütern und Anteilen am Fiskus besessen hatte, zurückzuerstatten, und sie behielt (all) dies bis zum Tage ihres Ablebens und (lebte) von da an in ihre Ehrenstellung (wieder eingesetzt) und mit

tet *Paulus Diaconus IV 42* jedoch nur ganz kurz; vgl. zuletzt R. Schneider, Königswahl und Königserhebung im Frühmittelalter (1972) 31f., 39f.

[7] Vgl. oben *c. 51*. Beachtenswert ist jedoch, daß Rothari eine arianische Reaktion einleitete, während Gundeberga eine eifrige Förderin des Katholizismus war.

[8] Identisch mit dem unten *c. 90* genannten *Chaubedo?*

[9] Chlodovech II., K. d. Franken 639–657. Sein Regierungsantritt wird erst unten *c. 80* berichtet.

plurebus ditata rigio culto post feliceter tenuit. Aubedo vero a Gundeberga regina furteter muneratur. Chrotharius cum exercito Genava maretema, Albingano, Varicotti, Saona, Ubitergio et Lune[10] / civitates litore mares de imperio auferens, vastat, rumpit, incendio concremans; populum derepit, spoliat et captivitate condemnat. Murus civitatebus supscriptis usque ad fundamento distruens, vicus has civitates nomenare praecepit[11].

72. Eo anno[12] in Abarorum cuinomento Chunorum regnum in Pannia surrexit viaemens intentio, eo quod de regnum certarint, cui deberetur ad sucedendum: unus ex Abares et alius ex Bulgaris[13], collicta multetudinem, uterque in invicem inpugnarint. Tandem Abaris Burgarus superant. Burgaris superatis, nove milia verorum cum uxoris et liberis de Pannonias expulsi, ad Dagoberto expetint, petentes, ut eos in terra Francorum manendum receperit[14]. Dagobertus iobit eos iaemandum Badowarius recipere, dummodo pertractabat cum Francis, quid exinde fierit. Cumque dispersi per domus Baioariorum ad hyemandum fuissent, consilium Francorum Dagobertus Baioariis iobet, ut Bulgarus illus cum uxoris et liberis unusquisque in domum suam una nocte Baiuariae interficerint[15]. Quod protinus a Baiovaries est impletum; nec quisquam ex illis remansit Bulgaris, nisi tantum Alciocus cum septinientis viris et uxoris cum liberis, qui in marca Vinedorum[16] salvatus est. Post haec cum Wallucum[g.17] ducem Winedorum annis plurimis vixit cum suis.

73. Eo anno[18] quod partebus Spaniae vel eorum regibus contigerit, non pretermittam. Defuncto Sisebodo rige climentissemo[19],

[g] 1; *Walluco* 3; *Valduco, Walduco* rell.

[10] Genua, Pr.-Hst. in Liguria, Italien. Im Gegensatz zu Genf von *Fredegar* singulär als *maritima* bezeichnet. Albenga, Pr. Savona (Liguria). Varigotti, Pr. Savona (Liguria). Savona, Pr.-Hst. Liguria. Oderzo, Pr. Treviso (Veneto). *Fredegar* rechnete Oderzo offensichtlich zu den ligurischen Küstenstädten; vgl. aber die weniger ausführliche Schilderung in der *Origo gentis Langobardorum c. 6.* Auch ausführlicher als *Paulus Diaconus, Historia Langobardorum IV 45.* Luni, abgekommen bei Sarzana, Pr. La Spezia (Liguria).

[11] Rotharis Tod 652 wird nicht mehr berichtet.

[12] Wohl nicht 631/32, sondern erst 636, vgl. Kollautz-Miyakawa, Geschichte und Kultur eines völkerwanderungszeitlichen Nomadenvolkes 160.

vielen Schätzen überhäuft voll Glück und Zufriedenheit in königlicher Pracht. Aubedo aber wurde von der Königin Gundeberga aufs reichste beschenkt. Rothari entriß mit seinem Heere dem Römischen Reich an der Meeresküste die Städte Genua, Albenga, Varigotti, Savona, Oderzo und Luni[10]; er verwüstete sie, brach sie und brannte sie nieder, die Einwohnerschaft holte er aus (ihren Häusern), dann beraubte er sie und bestimmte sie zur Gefangenschaft. Indem er die Mauern der eben genannten Städte bis zu den Grundfesten niederreißen ließ, veranlaßte er, diese Städte (hinfort nur mehr) als Dörfer zu bezeichnen[11].

72. In diesem Jahre[12] kam es im Reiche der Avaren, die auch Hunnen genannt werden, in Pannonien zu einem heftigen Kampf, weil nämlich ein Avare und ein Bulgare[13] darum stritten, wem die Nachfolge in der Herrschaft gebühre, und sie einander mit gesammelter Streitmacht bekriegten. Schließlich besiegten die Avaren die Bulgaren. Nach ihrer Niederlage wurden die Bulgaren, 9000 Männer mit Frauen und Kindern, aus Pannonien vertrieben, woraufhin sie sich an Dagobert wandten und ihn baten, er möge sie in fränkischem Gebiete zu dauernder Siedlung aufnehmen[14]. Dagobert gab den Bayern den Befehl, sie den Winter über bei sich aufzunehmen, während er inzwischen mit den Franken beraten wollte, was weiter geschehen solle. Als sie nun zum Überwintern auf die einzelnen Häuser der Bayern verteilt waren, befahl Dagobert nach dem Rat der Franken den Bayern, jeder von ihnen solle in einer bestimmten Nacht in seinem Haus die Bulgaren mit Frauen und Kindern töten[15]. Dies wurde von den Bayern alsbald ausgeführt, und außer Alzeco, der mit siebenhundert Männern, Frauen und Kindern in der Wendenmark[16] Rettung fand, überlebte kein einziger von den Bulgaren. Alzeco verlebte daraufhin mit seinen Leuten viele Jahre bei Walluch[17], dem dux der Wenden.

73. Was in diesem Jahre[18] Spanien und dessen Königen geschah, will ich nicht übergehen. Nach dem Tode des so milden Königs Sisebut[19] war

[13] Bulgaren, hunno-türkisches Volk.

[14] Zur Zeit des Ks. Konstans II., oström. Ks. 641—668, sollen die fünf Söhne des bulgarischen Chan Kovrat ihre Volksteile in verschiedenste Länder geführt haben, vgl. *Nicephori Breviarium* (ed. C. de Boor, 1880) 33f. Einer der Söhne wanderte nach Pannonien, ein anderer, nach *Paulus Diaconus, Historia Langobardorum V 29, Alzeco* genannt, wurde von dem Langobardenk. Grimoald (662—672) in Benevent (nach den Ortsnamen aber wohl eher in Oberitalien) angesiedelt.

[15] Vgl. die Danaidensage.

[16] Zur Wendenmark gehörte damals sicher auch das obere Drautal.

[17] Das slawische Wort *vladyka* (= *valdyka*) bedeutet soviel wie *dux. Wallucum* wird von Kunstmann in: Die Welt der Slaven 25 (1980) 174ff. als *maior dux* gedeutet, vgl. *gagano* 208 mit Anm. 70.

[18] Die folgenden Berichte schließen an *c. 33* an.

[19] 621

cui Sintela ante annum circiter[20] successerat in regnum, cum essit Sintela nimium in suis inicus et cum omnibus regni suae primatibus odium incurrerit[21], cum consilium cytiris Sisenandus[22] quidam ex proceribus ad Dagobertum expetit, ut ei cum exercito auxiliaretur, qualiter Sintilianem degradaret ad regnum. Huius beneficiae repensionem missurium aureum nobelissemum ex tinsauris Gothorum, quem Tursemodus rex ab Agecio patricio acceperat[23], Dagobertum dare promisit, pensantem auri pondus quinnentus. Quo audito, / Dagobertus, ut erat cupedus, exercitum in ausilium Sisenandi de totum regnum Burgundiae[24] bannire precepit. Cumque in Espania devolgatum fuissit, exercitum Francorum ausiliandum Sisenando adgredere, omnis Gotorum exercitus se dicione Sisenando subaegit. Abundancius et Venerandus[25] cum exercito Tolosano tanto usque Cesaragustam civitatem cum Sisenando acesserunt; ibique omnes Goti de regnum Spaniae Sisenandum sublimant in regnum. Abundancius et Venerandus cum exercito Tolosano munerebus onorati revertunt ad propries sedibus. Dagobertus legacionem ad Sisenando rigi Amalgario duce et Venerando dirigit, ut missurium illum quem promiserat eidem dirigerit. Cumque ad Sisenando regi missurius ille legatarius fuissit tradetus, a Gotis per vim[h] tolletur, nec eum exinde excobere permiserunt. Postea, discurrentes legatus, ducenta milia soledus missuriae huius praecium Dagobertus a Sisenandum accipiens, ipsumque pensavit.

74. Anno decemo[26] regni Dagoberti, cum ei nunciatum fuissit, exercitum Winitorum Toringia fuisse ingressum, cum exercito de regnum Austrasiorum de Mettis urbem promovens, transita Ardinna[27], Magancia[i] cum exercito adgreditur, disponens Renum transire, scaram de electis viris fortis de Neuster et Burgundia cum ducebus et grafionebus secum habens. Saxones missus ad Dagobertum dirigunt, petentes, ut eis tributa, quas fisci dicione-

[h] 1; *viam* rell.
[i] 1; *magna*, *magno* add. rell.

Suinthila ungefähr noch vor Jahresfrist[20] in der Herrschaft gefolgt; als dieser sich aber seinen Leuten gegenüber sehr ungerecht zeigte und sich den Haß aller Großen seines Reiches zuzog[21], richtete Sisenand[22], einer von den Großen, auf Anraten der anderen an Dagobert die Bitte, ihm mit einem Heere beizustehen, um Suinthila so von der Herrschaft zu vertreiben. Für diese Hilfeleistung versprach er, Dagobert aus dem Schatz der Goten das weit gerühmte, fünfhundert Pfund Gold schwere Becken zu schenken, das der König Thorismud vom Patricius Aetius erhalten hatte[23]. Als Dagobert dies hörte, gab er, habgierig wie er war, den Befehl, aus dem gesamten Reich Burgund[24] ein Heer zur Unterstützung Sisenands aufzubieten. Sobald in Spanien bekannt wurde, daß ein Heer der Franken Sisenand zu Hilfe eile, unterwarf sich das gesamte Heer der Goten der Herrschaft Sisenands. Abundantius und Venerandus[25] marschierten mit dem Heere (, das sie in) Toulouse (gesammelt hatten,) und mit Sisenand nur bis Zaragoza; dort erhoben alle Goten aus dem Reiche Spanien Sisenand auf den Thron. Abundantius und Venerandus kehrten mit dem tolosanischen Heere reichlich geehrt in ihre Heimat zurück. Dagobert schickte den dux Amalgar und Venerandus als Gesandtschaft an den König Sisenand mit dem Auftrag, er solle ihm das versprochene Becken übersenden. Als aber dieses Becken vom König Sisenand den Gesandten ausgehändigt worden war, raubten die Goten es unter Gewaltanwendung und verhinderten, es von dort wegzuführen. Nach einigen Unterhandlungen aber hielt sich Dagobert an dem Becken schadlos, indem er als Entschädigung für dieses Becken 200 000 Solidi von Sisenand erhielt.

74. Als Dagobert in seinem 10.[26] Regierungsjahre die Nachricht erhielt, daß ein Heer der Wenden in Thüringen eingefallen sei, brach er mit einem austrasischen Heer von der Stadt Metz auf und zog mit diesem über die Ardennen[27] nach Mainz in der Absicht, den Rhein zu überschreiten; er hatte auch eine Schar auserlesener tapferer Krieger aus Neustrien und Burgund mit ihren duces und grafiones bei sich. Die Sachsen schickten nun Gesandte zu Dagobert mit der Bitte, er möge ihnen

[20] Suinthila, K. d. Westgoten 621–631, folgte auf ein in seiner Dauer schwer bestimmbares Interregnum unter Reccared II., K. d. Westgoten 621, vgl. D. Claude, Adel, Kirche und Königtum im Westgotenreich (1971) 92 Anm. 7–9.

[21] Dies ist die Version des *4. Konzils von Toledo* (633). *Isidor, Historia Gothorum 62,* rühmte noch seine Freigebigkeit.

[22] Sisenand, K. d. Westgoten 631–636.

[23] Vgl. oben *II 53.*

[24] Das *regnum Burgundiae* umfaßte auch einen Großteil Aquitaniens.

[25] Abundantius, dux in Toulouse. Venerandus, dux in Bordeaux.

[26] 632/33

[27] *Fredegar* rechnet den Hunsrück, möglicherweise auch die Eifel, zu den Ardennen: Vgl. *Caesar, Bellum Gallicum V 3; VI 29.*

bus dissolvebant, indulgerit; ipse vero eorum studio et utiletate Winidis resistendum spondent et Francorum limete de illis partebus custodire promittent. Quod Dagobertus consilio Neustrasiorum adeptus prestetit; Saxones, qui uius peticionebus suggerendum venerant, sacramentis, ut eorum mus erat, super arma placata[k] pro universis Saxonebus firmant[l]. Sed parum haec promissio sortitur aefectum; tamen tributo Saxones, quem reddere consuaeverant, per preceptionem Dagoberti habent indultum. Quinnentas vaccas inferendalis[28] annis singolis a Chlothario seniore censiti reddebant, quod a Dagoberto cassatum est.

75. Anno undecimo[29] regni Dagoberti, cum Winidi iusso Samone forteter severint et sepius, transcesso eorum limite, regnum Francorum vastandum Toringia et relequos pagus ingrederint, Dagobertus Mettis orbem veniens, cum consilio pontevecum seo et procerum, omnesque primatis regni sui consencientebus, Sigybertum, filium suum, in Auster regem[m] sublimavit sedemque ei Mettis civitatem habere permisit. Chunibertum / Coloniae urbis pontevecem et Adalgyselum[30] ducem palacium et regnum gobernandum[31] instetuit. Tinsaurum quod suffecerit filium tradens, condigne, ut decuit, eum uius culmine sublimavit, seo[n] quodcumque eidem largitus fuerat, sigillatem praeceptionebus roborandum decrevit. Deinceps Austrasiae eorum studio limetem et regnum Francorum contra Winedus utiliter definsasse nuscuntur.

76. Cumque anno duodecemo[32] regni Dagoberti eidem filius nomen Chlodoveos[33] de Nanthilde regina natus fuissit, consilio Neustrasiorum eorumque admonicione per pactiones vincolum cum Sigybertum, filium suum, firmasse dinuscetur, et Austrasiorum omnes primati, pontevecis citirique leudis Sigyberti manus eorum ponentes insuper, sacramentis firmaverunt, ut[34] Neptreco[35]

[k] sc. *plagata.*

[l] *firmat* 1.

[m] 1; *regnum* rell.

[n] *sublimavit; eo* 1, 3, 4b[2*]. c[1.2], Krusch; *sublimavit et* 5a; *sublimavit; seo* coni. Krusch, Wallace-Hadrill.

die Tribute erlassen, die sie an seinen Schatz entrichteten; sie versprachen aber, dafür die Wenden selbst unermüdlich und tapfer abzuwehren und in diesem Gebiet die Grenze der Franken zu bewachen. Dies gewährte Dagobert, auf den Rat der Neustrier gestützt; diejenigen Sachsen, die gekommen waren, um diese Bitten vorzutragen, bekräftigten dies nun für alle Sachsen durch Schwüre, indem sie nach ihrer (alten) Sitte an ihre Waffen schlugen. Aber dieses Versprechen hatte tatsächlich nur geringe Wirkung; dennoch ist den Sachsen der Tribut, den sie zu zahlen gewohnt waren, durch das Gebot Dagoberts immer noch erlassen. Seit der Festsetzung durch den älteren Chlotachar trieben sie (nämlich) jährlich fünfhundert Kühe herbei[28] und lieferten sie ab; diese Steuer wurde von Dagobert aufgehoben.

75. Als im 11.[29] Regierungsjahre Dagoberts die Wenden auf Befehl Samos sich wie wild gebärdeten und immer wieder ihre Grenze überschritten und in Thüringen und anderen pagi einfielen, um das Reich der Franken zu verwüsten, kam Dagobert in die Stadt Metz und erhob auf Anraten der Bischöfe und vornehmen Leute und unter Zustimmung aller Großen seines Reiches seinen Sohn Sigibert zum König in Austrasien und überließ ihm die Stadt Metz als Herrschaftssitz. Zur Regierung von Palast und Reich[31] setzte er Kunibert, den Bischof der Stadt Köln, und den dux Adalgisel[30] ein. Dadurch, daß er seinem Sohn einen ausreichenden Schatz zur Verfügung stellte, erhob er ihn würdig, wie es sich geziemte, in diese erhabene Stellung und ließ alles, was er ihm geschenkt hatte, einzeln durch Urkunden bestätigen. Bekanntlich haben die Austrasier in der Folge die Grenze und das Reich der Franken gewissenhaft und tapfer gegen die Wenden verteidigt.

76. Da Dagobert in seinem 12.[32] Regierungsjahre von der Königin Nanthilde ein Sohn namens Chlodovech[33] geboren wurde, bestätigte er bekanntlich auf Anraten und Mahnen der Neustrier durch das (sichernde) Band einer rechtskräftigen Abmachung mit seinem Sohne Sigibert – auch alle Großen der Austrasier, die Bischöfe und übrigen Gefolgsleute Sigiberts beschworen dies durch Handauflegung –, daß[34] nach dem Tode Dagoberts Neustrien[35] und Burgund in voller

[28] Dies bedeutet wohl, daß der Viehtrieb bis ins Frankenreich in dieser Steuer eingeschlossen war. Vgl. auch Lauer-Samaran, Les diplômes originaux des Mérovingiens Nr. 37 (Paris 1908) 26. Vgl. auch *Gregor IV 14* und unten *Fredegar Cont. c. 31.*

[29] 633/34

[30] Dux in Austrasien, nachweisbar 633–670. Er stand den Arnulfingern nahe.

[31] Vgl. unten *c. 80.*

[32] 634/35

[33] Chlodovech II., K. d. Franken 639–657.

[34] Vgl. Ewig, Die fränkischen Teilreiche 114ff.

[35] Zu einem wohl erst dem 15. Jahrhundert angehörenden Zusatz der *Wolfenbütteler Exzerptenhandschrift 139* vgl. Krusch zur Stelle.

et Burgundia soledato ordene[36] ad regnum Chlodoviae post Dagoberti discessum aspecerit; Aoster vero idemque ordine soledato, eo quod et de populo et de spacium terre esset quoaequans, ad regnum Sigyberti idemque in integretate deberit aspecere; et quicquid ad regnum Aostrasiorum iam olem pertenerat[37], hoc Sigybertus rex suae dicione rigendum reciperet[o] et perpetuo dominandum haberit, excepto docato Dentilini, quod ab Austrasius iniquiter abstultus[p] fuerat, iterum ad Neustrasius subiungeretur et Chlodoveo regimene subgiceretur. Sed has pacciones Austrasiae, terrorem Dagoberti quoacti, vellint nonlint, firmasse visi sunt. Quod postea temporebus Sigyberti et Chlodoviae regibus conservatum fuisse constat[38].

77. Radulfus[39] dux, filius Chamaro, quem Dagobertus Toringia docem instetuit, pluris vecibus cum exercito Winedorum demicans, eosque victus vertit in fogam. Uius superbiae aelatus et contra Adalgyselum ducem diversis occansionebus inimicicias tendens, paulatem contra Sigybertum iam tunc ciperat revellare[40]. Sed, ut dictum est, sic agebat: 'Qui diligit rixas, meditatur discordias'[41].

78. Anno quarto decimo[42] rigni Dagoberti, cum Wascones forteter revellarent et multas predas in regno Francorum, quod Charibertus tenuerat, facerint, Dagobertus de universum regnum Burgundiae exercitum promovere iobet, statuens eis capud exercitus nomeni Chadoindum referendarium[43], qui temporebus Theuderici quondam[q] regis[44] / multis prilies probatur strenuos. Quod cum decem[45] docis cum exercetebus, id est Arinbertus, Amalgarius, Leudebertus, Wandalmarus, Waldericus, Ermeno, Barontus, Chairaardus ex genere Francorum, Chramnelenus ex genere Romano, Willibadus patricius genere Burgundionum,

[o] 3, 4b[2*]. c[1.2], 5a, Wallace-Hadrill; *recipere* 1, Krusch.
[p] 3, 4c[1.2], Wallace-Hadrill; *abtultus* 1, Krusch; *ablatus* 4b[2*].
[q] 1; *regis quondam* rell.

[36] Wallace-Hadrill übersetzt „*vereinigt*"; möglich wäre auch die Übersetzung „*unter Garantie*" oder „*nach dem Erbvertrag, nach der Teilungsordnung*", vgl. Schneider, Königswahl 148.

Ausdehnung[36] zum Reiche Chlodovechs gehören sollten; Austrasien aber sollte ebenfalls in seiner ganzen Ausdehnung, weil es an Volk und Flächenausdehnung gleich groß war, genauso ungeschmälert zum Reiche Sigiberts gehören; und alles, was schon von alters her zum Reiche der Austrasier gehört hatte[37], sollte der Herrschaft König Sigiberts zufallen, und er sollte es für alle Zeiten regieren, ausgenommen den Dukat des Dentelenus, den die Austrasier widerrechtlich an sich gerissen hatten; dieser sollte wiederum den Neustriern angegliedert und der Herrschaft Chlodovechs unterworfen werden. Die Austrasier aber bestätigten diese Abmachungen offensichtlich gegen ihren Willen aus Furcht vor Dagobert. Dieser Vertrag wurde in der Folge zu den Zeiten der Könige Sigibert und Chlodovech tatsächlich eingehalten[38].

77. Der dux Radulf[39], der Sohn Chamars, den Dagobert als dux in Thüringen eingesetzt hatte, kämpfte mehrmals mit dem Heere der Wenden, besiegte und verjagte sie. Stolz auf diese (Erfolge) wurde er anmaßend; indem er sich gegenüber dem dux Adalgisel bei verschiedenen Gelegenheiten feindselig benahm, begann er sich schon damals allmählich gegen Sigibert aufzulehnen[40]. Er handelte also nach dem Spruch: „Wer Streit liebt, der sinnt auf Zwietracht[41]".

78. Weil die Basken im 14.[42] Regierungsjahre Dagoberts einen wilden Aufstand begannen und in das Frankenreich, das Charibert beherrscht hatte, viele Raubzüge unternahmen, ließ Dagobert aus dem gesamten Reich Burgund ein Heer aufbieten, an dessen Spitze er den Referendar[43] Chadoindus stellte, der sich einst, zu den Zeiten des Königs Theuderich[44], in vielen Kämpfen als mannhafter Streiter erwiesen hatte. Als nun aber zehn[45] duces mit ihren Heerhaufen, nämlich die Franken Arnebert, Amalgar, Leudebert, Wandalmar, Walderich, Ermeno, Barontus und Chairaardus, der Romane Chramnelenus, der Patricius Willebad aus dem

[37] Vor allem die provençalisch-aquitanischen Enklaven.

[38] Also zumindest bis 656 bzw. 657.

[39] Zu Radulf vgl. zuletzt W. Schlesinger, Das Frühmittelalter. Geschichte Thüringens I (Hrsg. v. H. Patze und W. Schlesinger, 1968) 337 f.

[40] Vgl. unten *c. 87*.

[41] Vgl. A. Otto, Die Sprichwörter und sprichwörtlichen Redensarten der Römer (Neudruck 1962) 118.

[42] 636/37

[43] Als Heerführer wird ein Referendar nur hier genannt.

[44] Bedeutet dies eher *„des verstorbenen Königs"*? Vgl. engl. *"the late king"*. Gemeint ist Theuderich II.

[45] *Gregor X 3* berichtet von einem Heer unter 20 (= 21) Herzögen. In der Folge werden 11 Herzöge angeführt, doch befindet sich darunter auch der Patricius Willebad.

Aigyna genere Saxsonum[46], exceptis comitebus plurimis, qui docem super se non habebant, in Wasconia cum exercito perrixsissent, et totam Wasconiae patriam ab exercito Burgundiae fuissit repleta, Wascones deinter moncium rupes aegressi, ad bellum properant. Cumque priliare cepissint, ut eorum mus est, terga vertentes, dum cernerent se esse superandus, in faucis vallium montebus Perenees latebram dantes, se locis tutissemis per rupis eiusdem moncium conlocantes latetarint, exercitus postergum eorum cum ducibus insequens, pluremo nummero captivorum Wascones superatus, seo et ex his multetudinem interfectis, omnes domus eorum incinsis, paeculies et rebus expoliant. Tandem Wascones oppressi seo perdomiti, veniam et pacem subscriptis ducibus petentes, promittent se gluriae et conspectum Dagoberti regi presentaturus et, suae dicione traditi, cumta ab eodem iniuncta empleturus. Feliciter haec exercitus absque ulla lesionem ad patriam fuerunt repedati, si Arnebertum docem maxime cum seniores et nobiliores exercitus sui per negliencia a Wasconebus in valle Subola[47] non fuissit interfectus[48]. Exercitus vero Francorum, qui de Burgundia in Wasconia accesserat, patrata victuria, redit ad propries sedebus. Dagobertus ad Clippiaco resedens, mittit nuncius in Brittania, que Brittanes male admiserant, veluciter emendarint et dicione suae se traderint; alioquin exercitus Burgundiae, qui in Vasconiam fuerat, de presenti Brittanias debuissint inruere. Quod audiens Iudacaile[49] rex Brittanorum, corso veluci Clippiaco cum multis munerebus ad Dagobertum perrexit, ibique veniam petens, cumta, que sui regnum Brittaniae pertenentes leudebus Francorum inlecete perpetraverant, emendandum spondedit et semper se et regnum quem regibat Brittaniae subiectum dicione Dagoberti et Francorum regibus esse promisit. Sed tamen cum Dagobertum ad minsam nec[r] ad prandium discumbere noluit, eo quod esset Iudechaile relegiosus et temens Deum valde. Cumque Dagobertus resedissit ad prandium, Iudacaile aegrediens de palacium ad mansionem

[r] 1; *vel* rell.

Volke der Burgunder und der Sachse Aeghyna[46] und außerdem noch eine große Anzahl comites, die keinen dux über sich hatten, im Baskenland angekommen waren und das ganze Land der Basken vom burgundischen Heere erfüllt war, brachen die Basken zwischen den Felsbergen hervor und eilten in den Kampf. Hatten sie aber zu kämpfen begonnen, dann flohen sie, sobald sie erkannten, daß sie unterliegen würden, nach (alter) Gewohnheit in die engen Talschluchten der Pyrenäen und versteckten sich zwischen den Felsen dieser Berge an den unzugänglichsten Orten; doch das Heer folgte mit seinen duces den Basken nach, überwältigte sie, nahm eine beträchtliche Anzahl von ihnen gefangen, tötete jedoch auch viele von ihnen; dann steckte es all ihre Häuser in Brand und raubte ihnen Hab und Gut. So wurden die Basken endlich gebeugt und unterworfen: Sie baten die oben genannten duces um Gnade und um Frieden und versprachen, vor dem ruhmvollen Antlitz König Dagoberts zu erscheinen, sich seiner Herrschaft zu unterwerfen und alles auszuführen, was er ihnen auftragen würde. Dieses Heer wäre glücklich und ohne jeglichen Verlust in seine Heimat zurückgekehrt, wenn nicht vor allem der dux Arnebert mit den Großen und Edlen seines Heerhaufens im Tal La Soule[47] infolge seiner eigenen Unachtsamkeit von den Basken getötet worden wäre[48]. Aber das Heer der Franken, das von Burgund ins Baskenland gezogen war, kehrte nach diesem Sieg in seine Heimat zurück. Dagobert, der damals in Clichy residierte, sandte Boten in die Bretagne (mit der Aufforderung), die Bretonen sollten ihre Untaten schnell wiedergutmachen und sich seiner Herrschaft unterwerfen; anderenfalls werde das burgundische Heer, das im Baskenland gewesen war, sofort in der Bretagne einfallen. Als Judicaël[49], der König der Bretonen, dies vernahm, eilte er schnell mit vielen Geschenken zu Dagobert nach Clichy, bat dort um Gnade und gelobte, alles gutzumachen, was seine Leute, die zum Reiche der Bretagne gehörten, den Leuten, die dem Frankenreich angehörten, widerrechtlich angetan hatten, und versprach, daß er und das Reich der Bretagne, das er beherrschte, für alle Zeiten der Herrschaft Dagoberts und den Frankenkönigen unterworfen sein werde. Weil Judicaël aber fromm und sehr gottesfürchtig war, lehnte er dennoch ab, sich mit Dagobert zum Tische (zu setzen) und sich zum Essen niederzulassen. Während sich also Dagobert zum Mahl niederließ, ging Judicaël aus dem Palast und begab sich zur Behausung des Referendars

[46] Die Aufzählung folgt möglicherweise der Nähe zum neustrischen K.: Zuerst kommen Amtsträger aus Neustrien, dann die aus Burgund und zuletzt die aus Aquitanien, wobei die gebürtigen Franken den Vorrang genießen.

[47] La Soule, Fluß im Dép. Basses-Pyrénées, Frankreich.

[48] Beachtenswert die Anklänge an das *Rolandslied*.

[49] Judicaël, heiliger Fürst der Bretonen, gestorben 647/58.

Dadone[50] referendario, quem cognoverat sanctam relegionem sectantem, accessit ad prandium. Indique in crasteno Iudacaile rex Brittanorum Dagobertum vale dicens, in Brittaniam repedavit; condigne tamen a Dagoberto munerebus honoratur.

Anno / quinto decimo[51] regno Dagoberti Wascones omnes seniores terre illius cum Aiginane[52] duci ad Dagobertum Clipiaco venerunt; ibique in eclesia domni Dioninsis rigio temore perterriti confugium fecerunt. Clemenciam Dagoberti vitam habent indultam. Ibique sacramentis Wascones firmantes, semul et promittentes, se omni tempore Dagoberto eiusque filies regnumque Francorum esse fedilis; quod more soleto, sicut sepe fecirant, post hac probavit aeventus. Permissum Dagoberti Wascones regressi sunt in terra Wasconiae.

79. Anno sexto decemo[53] regni sui Dagobertus profluvium ventris Spinogelo[54] villa super Secona fluvio nec procul a Parisius aegrotare cepit. Exinde ad baseleca sancti Dionensis a suis defertur. Post paucos dies, cum suae vitae sentirit pericolum, Aeganem sub celeretate ad se venire praecipit, reginam Nantildem et filium suum Chlodoveum eidem in mano conmendans, se iam discessurum senciens, consilium Aegane peragratum habens, quod cum eius instancia regnus strenuae gubernari possit. Hys gestis, post paucus dies Dagobertus amisit spiritum[55]; sepultusque est in ecclesia sancti Dionensis, quam ipse prius condigne ex auro et gemmis et multis preciosissemis espetebus ornaverat et condigne in circoito fabrecare preceperat, patrocinium ipsius precioso expetens[56]. Tante opes ab eodem et villas et possessiones multas per plurema loca ibique sunt conlate, ut miraretur a plurimis. Sallencium ibidem ad instar monastiriae sanctorum Agauninsium[57] instetuere iusserat; sed facilletas abbatis Aigulfi[58] eadem instetucionem nuscetur refragasse. Post Dagoberti discessum filius suos Chlodoveos sub tenera aetate regnum patris

[50] Audoenus, B. v. Rouen 641–684. Von 632 bis 638 ist er als Referendar Dagoberts I. nachweisbar. Zu seiner bzw. seines Freundes Eligius' Verbindung zu Judicaël vgl. *Vita Eligii I 13*.

[51] 637/38

[52] Ist wohl gegen Krusch, Wallace-Hadrill doch mit dem sächsischen dux identisch, vgl. *c. 54* mit Anm. 9.

Dado[50], von dessen frommem Lebenswandel er wußte, um dort zu speisen. Am folgenden Tage verabschiedete sich Judicaël, der König der Bretonen, von Dagobert und kehrte in die Bretagne zurück; von Dagobert wurde er aber trotz allem mit Geschenken geziemend geehrt.

Im 15.[51] Regierungsjahre Dagoberts kamen sämtliche Großen des Baskenlandes mit ihrem dux Aeghyna[52] zu Dagobert nach Clichy; aus Furcht vor dem König suchten sie aber dort in der Kirche des heiligen Dionysius Zuflucht. In seiner Milde schenkte ihnen Dagobert aber ihr Leben. Dort versprachen die Basken auch unter eidlicher Bekräftigung, alle Zeit Dagobert, seinen Söhnen und dem Reich der Franken die Treue zu bewahren; daß sie diesen Schwur, wie schon so oft, nach alter Gewohnheit (leisteten), bestätigten die folgenden Ereignisse. Mit Erlaubnis Dagoberts kehrten die Basken in das Baskenland zurück.

79. In seinem 16.[53] Regierungsjahre erkrankte Dagobert in der villa Épinay[54] an der Seine, nicht weit von Paris, an der Ruhr. Daraufhin wurde er von seinen Leuten in die Basilika des heiligen Dionysius gebracht. Als er wenige Tage darauf fühlte, daß er in Lebensgefahr schwebe, ließ er Aega schnellstens zu sich kommen; als er sein Lebensende herannahen fühlte, vertraute er die Königin Nanthilde und seinen Sohn Chlodovech seiner Obhut an, nachdem er Aegas Besonnenheit erwogen hatte (und glaubte), daß mit seinem Beistand das Reich kraftvoll regiert werden könne. Wenige Tage nach diesen Geschehnissen gab Dagobert seinen Geist auf[55]; er wurde in der Kirche des heiligen Dionysius beigesetzt, die er früher selbst mit Gold, Edelsteinen und vielen überaus wertvollen Geräten prächtig ausgestattet und rundum würdig hatte verzieren lassen, um sich des wertvollen Beistandes des Heiligen zu versichern[56]. Er übertrug dieser Kirche so große Schätze und viele villae und Besitzungen an verschiedenen Orten, daß es bei den meisten Menschen großes Staunen erregte. Er hatte auch angeordnet, dort Psalmengesang in der Art des Klosters Saint Agaune[57] einzurichten; aber bekanntlich verfiel diese Einrichtung wieder durch die Nachlässigkeit des Abtes Aigulf[58]. Nach dem Ableben Dagoberts übernahm sein Sohn Chlodovech noch in

[53] 638/39

[54] Épinay-sur-Seine, Dép. Seine-St. Denis, Ar. St. Denis, Ct. St. Ouen, Frankreich.

[55] 19. Jänner 639. Vgl. zur Chronologie die Einleitung, oben *c. 56* mit Anm. 18 und Ewig, Studien zur merowingischen Dynastie 50 Anm. 194.

[56] Vgl. L. Levillain, Études sur l'abbaye de St. Denis à l'époque mérovingienne II (Bibliothèque de l'école des Chartes 86, 1925) 22.

[57] Vgl. oben *c. 1.*

[58] Aigulf, Abt v. St. Denis, bis 652 nachweisbar. Er dürfte ein Gegner Luxeuils gewesen sein, wodurch Fredegars Wertung verständlich wird. Chlodovech II. erneuerte 654 die *laus perennis*, vgl. Lauer-Samaran, Les diplômes originaux Nr. 6.

adscivit; omnes leudis de Neuster et Burgundia eumque Masolaco villa sublimant in regno. Aega[s] vero cum rigina Nantilde, quem Dagobertus reliquerat,

80. anno primo regni Chlodoviae, secundo et inmenente tercio[t.59] eiusdem regni anno condigne palacium gobernat et regnum. Aega vero inter citiris primatebus Neustreci prudencius agens et plenitudenem pacienciae inbutus, cumtis erat precellentior. Eratquae genere nobele, opes habundans, iusticiam sectans, aeruditus in verbis, paratus in rispunsis; tantummodo a plurimis blasphemabatur, eo quod esset avariciae deditus. / Facultatis pluremorum, que iusso Dagoberti in regnum Burgundiae et Neptreco inlecete fuerant usurpate et fisci dicionebus contra modum iusticiae redacte, consilio Aegane omnibus restaurantur.

81. Eo anno[60] Constantinus emperatur moretur. Constans[61], filius eius, sub tenera aetate consilio senato emperio sublimatur. Idem eius tempore gravissime a Sarracinis vastatur imperiom. Hierusolema[62] a Saracinis capta, ceterasque civitates aeversae. Aegyptus superiur et inferior a Saracines pervadetur; Alexandria capetur et praedatur[63]. Afreca tota vastatur et a Saracines possedetur paulolum[64]; ibique Gregorius[65] patricius a Saracinis est interfectus. Constantinopolis tantum cum Traciana provincia et paucis insolis, etiam et Romana provincia emperiae dicione remanserat; nam[u] maxeme totum emperium a Saracines graveter fuit adtritum. Etiam[v] et in postremum emperatur Constans constrictus adque conpulsus, effectus est Saracinorum tributarius[66], ut vel Constantinopoles cum paucis provincies et insolis suae dicione reservaretur. Trebus annis circeter et, fertur, adhuc amplius per unumquemque diem mille soledus auri aeraries Saracinorum Constans emplebat[67]. Tandem, resumtis viribus, Con-

[s] *c. 80* Wallace-Hadrill.
[t] 1; fehlt rell.
[u] *remanserat. Nam* Krusch; *remanserat, nam* Wallace-Hadrill.
[v] *adtritum; etiam* Krusch, Wallace-Hadrill.

59 639–641, vgl. Ewig, Studien zur merowingischen Dynastie 21.
60 641. Vgl. oben *c. 66.*

zartem Kindesalter die Herrschaft seines Vaters; alle Gefolgsleute aus Neustrien und Burgund setzten ihn in der villa Mâlay-le-Grand in das Reich ein. Aega aber regierte mit Königin Nanthilde, der Witwe Dagoberts,

80. im ersten, zweiten und anbrechenden dritten[59] Regierungsjahre des Chlodovech Palast und Reich in trefflicher Weise. Weil Aega aber mit größerer Besonnenheit als die anderen Großen Neustriens handelte und voll Güte war, übertraf er alle anderen. Er stammte aus einem vornehmen Geschlechte und verfügte über reiche Schätze, er strebte nach Gerechtigkeit, sprach wohlgesetzt und war schlagfertig bei seinen Antworten; er wurde nur insofern von den meisten Leuten geschmäht, als er sehr habsüchtig war. Auf Anraten Aegas wurden den zahlreichen Leuten die Güter rückerstattet, die in den Königreichen Burgund und Neustrien auf Befehl Dagoberts ungerechtfertigt eingefordert und gegen jegliches Recht zum Fiskus geschlagen worden waren.

81. In diesem Jahre[60] starb der Kaiser Konstantin. Auf den Rat des Senates wurde sein Sohn Konstans[61] noch als Kind auf den Kaiserthron gehoben. Auch zu seiner Zeit wurde das Imperium von den Sarazenen auf das schrecklichste verwüstet. Jerusalem[62] wurde von den Sarazenen erobert und andere Städte dem Boden gleichgemacht. Ober- und Unterägypten wurden von den Sarazenen heimgesucht, Alexandria erobert und ausgeplündert[63]. Ganz Afrika wurde verwüstet und von den Sarazenen in kurzer Zeit in Besitz genommen[64]; dort wurde auch der Patricius Gregorius[65] von den Sarazenen getötet. Der Herrschaft des Kaisers waren nur Konstantinopel mit der Provinz Thrakien und einigen wenigen Inseln und auch die römische Provinz verblieben; fast das gesamte Reichsgebiet war nämlich von den Sarazenen schon arg mitgenommen worden. Schließlich wurde der Kaiser Konstans in seiner schweren Bedrängnis den Sarazenen tributpflichtig[66], damit seiner Herrschaft wenigstens Konstantinopel mit einigen wenigen Provinzen und Inseln erhalten blieben. Etwa drei Jahre lang und, so sagt man, sogar noch länger bezahlte Konstans jeden einzelnen Tag eintausend Goldsolidi an den Schatz der Sarazenen[67]. Schließlich aber sammelte Konstans neue Kräfte,

[61] Konstans II., oström. Ks. 641—668, wurde erst nach der halbjährigen Regierung seines Halbbruders Heraklonas zum Ks. erhoben.

[62] 638

[63] Nach dem Friedensvertrag von 641 wurde Ägypten 642 von den Byzantinern geräumt.

[64] Der arabische Feldherr Amr griff bis 644 westwärts aus.

[65] Exarch von Karthago, gestorben Juli 645.

[66] 649 erkauften die Byzantiner einen dreijährigen Waffenstillstand; andererseits erlitt Konstans II. 655 eine vernichtende Niederlage zur See.

[67] Nach dem Vertrag von 659 zahlten die Araber täglich 1000 Solidi und ein Pferd und einen Sklaven an die Byzantiner; vgl. nächste Anm.

stans emperium aliquantisper recoperans, tributa Saracines emplendum refutat[68]. Quemadmodum haec factum fuisset aeventum, anno in quo expletum est in ordene debeto referam et scribere non selebo, donec de his et alies optata, si permiserit Deus, perficiam, uius libelli cumta mihi ex veretate cogneta inseram[69].

82. Eo anno Sintela[70] rex Espaniae, qui Sisenando in regno successerat, defunctus est. Uius filius nomini Tulga[71] sub tenera aetate Spanies peticionem patris sublimatur in regno. Gotorum gens inpaciens est, quando super se fortem iogum non habuerit[72]. Uius Tulganes aduliscenciam omnes Spania more soleto viciatur, diversa / conmittentes insolencia. Tandem unus ex primatis nomini Chyntasindus[73], collictis plurimis senatorebus Gotorum citerumque populum, regnum Spaniae sublimatur. Tulganem degradatum et ad onos clerecati tunsorare fecit. Cumque omnem regnum[w] Spaniae suae dicione firmassit, cognetus morbum Gotorum, quem de regebus degradandum habebant, unde sepius cum ipsis in consilio fuerat, quoscumque ex eis uius viciae prumtum contra regibus, qui a regno expulsi fuerant, cognoverat fuesse noxius, totus sigillatem iubit interfici aliusque exilio condemnare; eorumque uxoris et filias suis fedelebus cum facultatebus tradit. Fertur, de primatis Gotorum hoc vicio repremendo ducentis fuisse interfectis; de mediogrebus quingentis interfecere iussit[74]. Quoadusque hoc morbum Gotorum Chyntasindus cognovissit perdometum, non cessavit quos in suspicionem habebat gladio trucidare. Goti vero a[x] Chyntasindo perdomiti, nihil adversus eodem ausi sunt, ut de regebus consuaeverant inire consilium. Chyntasindus cum esset plenus diaerum, filium suum nomine Richysindum[75] in omnem regnum Spaniae regem stabilivit. Chyntasindus paenetentiam agens, aelymosinam multa de rebus propries faciens, plenus senectutae[76], fertur nonagenarius, moretur[77].

[w] 1; fehlt rell.
[x] 4b2*. c1.2, 5a, Wallace-Hadrill; *a vero, viro* 1, 3, Krusch.

[68] 659 verpflichtete sich Moawija sogar zu Zahlungen an das Imperium; vgl. vorige Anm.
[69] Diese Ankündigung wurde nicht mehr ausgeführt.
[70] Chintila, K. d. Westgoten 636–639.

setzte sich Stück für Stück wieder in den Besitz des Imperiums und verweigerte die Zahlung des Tributes an die Sarazenen[68]. Wie diese Sache aber ausgegangen ist, werde ich ordnungsgemäß zu dem Jahre, in dem es sich ereignet hat, berichten und ich werde es nicht verschweigen, sobald ich mit Gottes Erlaubnis mit diesem und anderen Anliegen zu dem erhofften Ende komme, und ich werde alles, von dem ich weiß, daß es der Wahrheit (entspricht), in dieses Buch eintragen[69].

82. In diesem Jahre starb Chintila, der König Spaniens, der Sisenand in der Herrschaft gefolgt war. Gemäß seinem Wunsche wurde sein Sohn Tulga[71] noch als Kind in Spanien zum König erhoben. Das Volk der Goten ist aber aufsässig, sobald es kein schweres Joch auf sich lasten fühlt[72]. So verübte während Tulgas Jugend ganz Spanien wie gewöhnlich mancherlei Übergriffe aus reiner Willkür. Schließlich aber wurde von einer Versammlung der meisten gotischen Senatoren und des übrigen Volkes einer von den Großen namens Chindasvinth[73] zum König von Spanien erhoben. Er setzte Tulga ab und ließ ihm für ein geistliches Amt das Haupthaar scheren. Als er nun das gesamte spanische Reich fest unter seine Herrschaft gebracht hatte, ließ er — denn ihm war die üble Sitte der Goten, ihre Könige abzusetzen, wohlbekannt, da er ja oftmals mit ihnen darüber beraten hatte — alle jene Goten, die nachweislich an diesem Laster litten und deren Schuld an der Vertreibung von Königen er genau kannte, Mann für Mann töten, andere wieder ließ er mit Verbannung bestrafen; ihre Frauen und Töchter übergab er mit all ihrem Besitz seinen Gefolgsleuten. Wie es heißt, wurden von den Goten vornehmsten Standes zweihundert getötet, um dieses Übel auszurotten, von denen mittleren Standes aber ließ er fünfhundert umbringen[74]. Chindasvinth hörte nicht eher auf, diejenigen, die er in Verdacht hatte, mit dem Schwerte umzubringen, als bis er sich überzeugt hatte, daß dieses Übel der Goten gänzlich ausgerottet sei. Von Chindasvinth aber (dermaßen) im Zaum gehalten, wagten die Goten nicht, (so) gegen ihn vorzugehen, wie sie es von (früheren) Königen her gewohnt waren. Als Chindasvinths Tage sich erfüllten, machte er seinen Sohn Reccesvinth[75] zum König über das gesamte spanische Reich. Er selbst aber tat Buße, gab viel Almosen aus seinem eigenen Vermögen und starb in hohem Alter[76], angeblich als Neunzigjähriger[77].

[71] Tulga, K. d. Westgoten 639–642.

[72] Vgl. oben *III 42, 43.*

[73] Chindasvinth, K. d. Westgoten 642–653.

[74] Vgl. *Continuatio Hispana 26* (ed. Th. Mommsen, MGH AA 11, 1894).

[75] Reccesvinth, K. d. Westgoten (649) 653–672.

[76] Vgl. *1. Chr. 23, 1 plenus dierum* und mehrfach bei *Gregor.* Vgl. *III 46* und *c. 37* sowie *c. 82.*

[77] 30. September 653.

83. Anno tercio[78] regni Chlodoviae Aega Clipiaco villa vixatus a febre moretur. Ante paucis diaebus Ermenfredus, qui filiam Aegane uxorem acceperat, Chainulfo[79] comiti in Albiodero[80] vico in mallo interfecit. Ob hanc rem gravissema stragis de suis rebus iussionem et permissum Nantilde a parentebus Ainulfi et populum pluremum fiaetur. Ermenfredus in Auster Remus ad baseleca sancte Remediae fecit confugium; ibique[y] diebus plurimis hanc infestacionem devitando et rigio temore residit.

84. Post discessum Aegane Erchynoaldus[81] maior domus, qui consanguaeneus fuerat de genetrici Dagoberto, maior domi palacium Chlodoviae effecetur. Eratque[82] homo paciens, bonetate plenus, cum esset paciens et cautus, humiletatem et benignam voluntatem circa sacerdotibus omnebusque pacienter et benigne respondens nullamque tumens superbiam, neque cupeditatem saeviaebat; tanta in suo tempore[82] pacem sectans fuit, ut Deum esset placebelem. Erat sapiens, sed in primum maxeme[z] cum simplecetate, rebus minsuratem ditatus, ab omnibus erat dilectus[83]. Igitur post discessum Dagoberti regi quo ordine eiusdem tinsauri inter filius devisi fuerant, nun obmittam, sed delucedato ordene uius volumine inseri procurabo.

85. Cum Pippinus maior domi post Dagoberti obetum et citiri ducis Austrasiorum, / qui usque in transito Dagoberti suae fuerant dicione retenti[84], Sigybertum unanemem conspiracionem expetissint, Pippinus cum Chuniberto, sicut et prius amiciciae cultum in invicem conlocati fuerant, et nuper, sicut et prius, amiciciam vehementer se firmeter perpetuo conservandum oblegant, omnesque leudis Austrasiorum secum uterque prudenter et cum dulcedene adtragentes, eos benigne gobernantes, eorum amiciciam constringent semperque servandum. Aegetur, discurrentebus legatis, partem Sigiberti debetam de tinsauris Dagoberti Nantilde regine et Chlodoveo rigi a Sigyberto requiretur, quod reddendum placitus instetuaetur. Chunibertus pontefex

[y] 1; *ibidem* rell.
[z] 1; fehlt rell.

83. Im dritten[78] Regierungsjahre Chlodovechs starb Aega in der villa Clichy an heftigem Fieber. Einige Tage vorher tötete Ermenfred, der die Tochter Aegas zur Gemahlin hatte, den comes Chainulf[79] bei einer Gerichtsversammlung im Dorfe Augers[80]. Deswegen wurden seine Güter auf Befehl und mit Erlaubnis Nanthildes von den Verwandten Chainulfs und einer großen Volksmenge aufs schrecklichste heimgesucht. Ermenfred flüchtete nach Austrasien, nach Reims, in die Kirche des heiligen Remigius; dort blieb er viele Tage, um dieser Verfolgung zu entgehen, und aus Furcht vor dem König.

84. Nach dem Tode Aegas wurde der Hausmeier Erchinoald[81], der von der Mutter Dagoberts her ein Blutsverwandter war, Hausmeier im Palaste des Chlodovech. Er war[82] von großer Geduld, voller Güte, in seiner Langmut und Besonnenheit (voll) Demut und Wohlwollen gegenüber den Geistlichen, er antwortete jedermann beherrscht und freundlich, er spielte sich nicht vor Stolz auf und gebärdete sich nicht wie von Sinnen vor Habsucht; solange er lebte[82], trachtete er nach solchem Frieden, daß es gottgefällig war. Er war weise, aber vor allem von fast schlichtem Gemüt, nicht übermäßig reich und von jedermann gern gemocht[83]. Wie jedoch nach dem Ableben des Königs Dagobert seine Schätze zwischen seine Söhne aufgeteilt worden waren, werde ich nicht übergehen, im Gegenteil, ich werde dafür sorgen, daß es unmißverständlich in dieser Handschrift verzeichnet werde.

85. Nachdem der Hausmeier Pippin und die übrigen duces der Austrasier, die bis zum Ableben Dagoberts dessen Herrschaft unterworfen waren[84], nach dessen Tod in einmütigem Trachten Sigibert zu ihrem (neuen König) erbeten hatten, beschlossen Pippin und Kunibert auch jetzt wieder so, wie sie schon früher einander durch freundschaftliche Bande verbunden gewesen waren, ihr Freundschaftsbündnis für alle Zeit fest zu erhalten, und vereinbarten, die Freundschaft aller austrasischen Gefolgsleute für alle Zeit zu bewahren, indem sie sie beide durch geschicktes und leutseliges Verhalten auf ihre Seite zogen und sie milde regierten. Hierauf wurde der fällige Anteil Sigiberts an den Schätzen Dagoberts von Sigibert durch Gesandte von der Königin Nanthilde und dem König Chlodovech eingefordert und zur Rückgabe ein Gerichtstag

[78] 641

[79] Comes in Meaux, Dép. Seine-et-Marne, Frankreich, nachweisbar 635—641.

[80] Augers-en-Brie, Dép. Seine-et-Marne, Ar. Provins, Ct. Villiers-St. Georges, Frankreich.

[81] Neustrischer Hausmeier 641—657.

[82] Hier ergibt sich als Terminus post quem 657, das Todesjahr Erchinoalds, vgl. unten *Liber Historiae Francorum c. 45.*

[83] Vgl. dagegen die *Vita Eligii II 27.*

[84] Vgl. Ewig, Die fränkischen Teilreiche 112 Anm. 112.

urbis Coloniae et Pippinus maior domi cum aliquibus primatebus Austri a Sigyberto dericti, villa Conpendio usque perveniunt, ibique tinsaurum Dagoberti, iubente Nantilde et Chlodoveo, instancia[85] Aegane maiorem domus presentatur et aequa lanciae devidetur; terciam tamen partem de quod Dagobertus adquisiverat Nantildis regina percepit[86]. Chunibertus et Pippinus hoc tinsaurum, quod pars fuit Sigyberti, Mettis facint perducere; Sigyberto praesentatur et discribetur. Post, fertur, anni circolo Pippinus moretur[87], nec parva dolore eiusdem transitus cumtis generavit in Auster, eo quod ab ipsis pro iusticiae cultum et bonetatem eiusdem delictus fuissit. Grimoaldus[a.88], filius eius, cum essit strinuos, ad instar patris diligeretur

86. a plurimis, Otto[89] quidam, filius Urones domestici, qui baiolos Sigyberto ab adoliscenciam fuerat, contra Grimoaldo superbiam tomens et zelum ducens, eumque dispecere conaretur, Grimoaldus cum Chuniberto pontefice se in amiciciam constringens, ceperat cogitare, quo ordine Otto de palacio aegiceretur, et gradum patris Grimoaldus adsumeret.

87. Cumque anno octavo[90] Sigybertus regnarit, Radulfus dux Toringiae vehementer contra Sigybertum revellandum disposuissit[91], iusso Sigyberti omnes leudis Austrasiorum in exercitum gradiendum banniti sunt. Sigybertus Renum cum exercito transiens, gentes undique de universis regni sui pagus ultra Renum cum ipsum adunati sunt. Primo in loco Faram[92], filio Chrodoaldo, nomini, qui cum Radulfo unitum habebat consilium, exercitus Sigyberti trucedans rupit ipsoque interfecit. Omnem populum uius Fare, qui gladium aevasit, captivetate depotant. Omnes primati et exercitus dextras in invicem dantes, ut nullus Radulfo vitam concederet; sed haec promissio non sortitur effectum. Sigybertus deinde Buchoniam cum exercito transiens, Toringiam properans: Radulfus haec cernens, castrum lignis monitum in quodam montem super Unestrude[93] fluvio in Toringia construens, exercitum undique, quantum plus potuit, collegens, cum uxorem et liberis in hunc castrum ad se definsandum stabilibit. Ibique Sigy-

[a] *c. 86* Wallace-Hadrill.

[85] Oder „*unter der Aufsicht Aegas*"?

festgesetzt. Im Auftrage Sigiberts kamen nun Kunibert, der Bischof der Stadt Köln, und der Hausmeier Pippin in Begleitung von einigen vornehmen Austrasiern in die villa Compiègne, wo auf Befehl Nanthildes und Chlodovechs und auf Veranlassung[85] des Hausmeiers Aega der Schatz Dagoberts vorgewiesen und zu gleichen Teilen geteilt wurde; die Königin Nanthilde erhielt jedoch ein Drittel dessen, was Dagobert erworben hatte[86]. Kunibert und Pippin ließen den Schatz, der den Teil Sigiberts ausmachte, nach Metz überführen; er wurde Sigibert vorgeführt und verzeichnet. Pippin starb angeblich ein Jahr darauf[87]; sein Hinscheiden bereitete jedenfalls allen Austrasiern keinen geringen Schmerz, weil er von ihnen wegen seiner Liebe zur Gerechtigkeit und Güte sehr verehrt wurde. Weil Grimoald[88], sein Sohn, wegen seiner Tatkraft wie sein Vater

86. von den meisten verehrt wurde, bemühte sich ein gewisser Otto[89], der Sohn des Haushofmeisters Uro, der der Erzieher Sigiberts von Jugend an gewesen war, voll Stolz und Eifersucht gegen Grimoald, diesen auszustechen; deshalb schloß Grimoald mit dem Bischof Kunibert ein enges Freundschaftsbündnis und begann, Überlegungen anzustellen, wie er Otto aus dem Palast entfernen und die Würde seines Vaters übernehmen könne.

87. Als sich im achten[90] Regierungsjahre Sigiberts Radulf, der dux von Thüringen, entschlossen hatte, sich mit aller Kraft gegen Sigibert zu erheben[91], wurden auf Befehl Sigiberts alle austrasischen Großen aufgeboten, ins Feld zu ziehen. Sigibert überschritt mit dem Heer den Rhein, dann versammelten sich bei ihm die Völkerschaften von überall her, aus allen pagi, die jenseits des Rheins zu seinem Reiche gehörten. Zuerst überwand das Heer Sigiberts in wilder Schlacht Fara[92], den Sohn Chrodoalds, der mit Radulf gemeinsame Sache machte, und tötete ihn. Das gesamte Kriegsvolk Faras aber, das dem Schwerte entkam, schickten sie in die Gefangenschaft. Zwar reichten alle Großen und das Kriegsvolk einander die Rechte (zu dem Gelöbnis), daß keiner Radulf das Leben schenke, doch dieses Versprechen hatte keine Wirkung. Sigibert durchquerte daraufhin mit seinem Heer den Buchenwald und zog eiligst nach Thüringen: Als Radulf davon erfuhr, errichtete er in Thüringen auf einem Hügel an der Unstrut[93] eine Festung aus Holz, zog von überall so viele Krieger als möglich zusammen und verschanzte sich in dieser Festung zu seiner Verteidigung mit seiner Frau und seinen Kindern. Als

[86] Vgl. *Gesta Dagoberti I. regis Francorum c. 46* und Schneider, Königswahl 150.
[87] 640
[88] Austrasischer Hausmeier 643–656/57 (661).
[89] Vgl. Ewig, Die fränkischen Teilreiche 113 Anm. 116.
[90] 641
[91] Vgl. oben *c. 77.*
[92] Agilolfinger, vgl. Zöllner, Die Herkunft der Agilolfinger 248.
[93] Unstrut, linker Nebenfluß der sächsischen Saale, Deutschland.

bertus cum exercitum regni sui veniens, castrum undique circumdat exercitus; / Radulfus vero intrinsecus ad prilio forteter praeparatus sedebat. Sed hoc prilio sine consilio initum est. Haec adoliscencia[94] Sigyberti regis patravit, cum aliae eodem diae vellint procedere ad bellum et aliae in crasteno, nec unitum habentes consilio. Grimoaldus et Adalgyselus ducis haec cernentes, Sigyberti pericolum zelantes, eum undique sine intermissione custudiunt. Bobo[95] dux Arvernus cum parte exercitus Adalgyseli et Aenovales comex Sogiontinsis cum paginsebus suis et citeri exercitus manus plura contra Radulfum ad portam castri protenus pugnandum perrexerunt. Radulfus cum aliquibus ducebus exercitus Sigyberti fiduciam haberit, quod super ipsum nun voluissent viribus inruere, de castrum per porta prorumpens, super exercitum Sigyberti cum suis inruens, tanta stragis a Radulfo cum suis de exercito Sigyberti fiaetur, ut mirum fuissit. Macancinsis hoc prilio non fuerunt fedelis. Fertur, ibique plurima milia homenum fuisse gladio trucidati. Radulfus, patrata victuria, in castrum ingredetur. Sigybertus cum suis fedelebus grave amaretudines merorem adreptus, super aequum sedens, lacremas oculis prorumpens, plangebat quos perdederat. Nam et Bobo dux et Innowales comex, citiri novilium fortissemi pugnatoris seo et plura manus exercitus Sigiberti regi, qui cum ipsus in congressione certamenes sunt adgressi, conspiciente Sigyberto, hoc prilio fuerunt trucidati. Nam et Fredulfus domestecus, qui amicus Radulfo fuisse dicibatur, hoc prilio occupuit. Sigybertus eadem nocte nec procul ab ipso castro in tenturies cum suos mansit exercito. In crasteno vedentes, quod Radulfo nihil prevaluissint, missus discurrentebus, ut paceveci Renum aeterum transmearint, cum Radulfo convenenciam Sigybertus et eiusdem exercitus ad propries sedebus remeantur. Radulfus superbia aelatus admodum, regem se[b] in Toringia esse cinsebat; amicicias cum Winidis firmans, ceterasque gentes, quas vicinas habebat, cultum amiciciae oblegabat. In verbis tamen Sigiberto regimini non denegans, nam in factis forteter eiusdem resistebat dominacionem[96].

[b] 1; *in Toringia se* rell.

[94] Er war etwa 11 Jahre alt, vgl. oben *c. 59.*

Sigibert mit dem Aufgebot seines Reiches dorthin kam, schloß sein Heer diese Festung von allen Seiten ein; drinnen aber saß Radulf, vortrefflich zum Kampf gerüstet. Dieser Kampf wurde jedoch planlos begonnen. Schuld daran trug die Jugend[94] des Königs Sigibert, da nämlich die einen noch am selben Tage, die anderen aber erst am nächsten Tage angreifen wollten, und sich auf kein gemeinsames Vorgehen einigten. Als die duces Grimoald und Adalgisel dies erkannten, fürchteten sie für das Leben Sigiberts und bewachten ihn deshalb unablässig von allen Seiten. So rückten Bobo[95], der dux der Auvergne, mit einem Teil des Heeres Adalgisels, Aenovales, der comes des Saintois, mit dem Aufgebot seines Gaues und eine große Schar aus dem Rest des Heeres sofort an das Tor der Festung heran, um gegen Radulf zu kämpfen. Da Radulf aber von einigen duces aus dem Heere Sigiberts die sichere Zusage erhalten hatte, daß sie ihn mit ihren Streitkräften nicht angreifen würden, brach er durch das Tor aus dem Lager hervor und stürzte sich mit seinen Leuten auf das Heer Sigiberts, wobei er dessen Heer eine so schwere Niederlage beibrachte, daß man staunte. Die Leute aus Mainz hielten in diesem Kampf nicht die Treue. Man sagt, es seien dort viele tausend Männer durch das Schwert gefallen. Radulf aber zog sich nach diesem Sieg in seine Festung zurück. Sigibert aber, der mit seinen Getreuen von bitterer Trauer ergriffen wurde, saß auf seinem Pferde und beklagte tränenüberströmt diejenigen, die er verloren hatte: Denn auch der dux Bobo, der comes Aenovales, die übrigen tapfersten Kriegsmänner (aus den Reihen) seiner Vornehmen und ein großer Teil des Heeres des Königs Sigibert, der mit diesen in die Schlacht gezogen war, waren in diesem Kampf unter den Augen Sigiberts hingemetzelt worden. Aber es fiel auch der Haushofmeister Fredulf, der als Freund Radulfs galt, in diesem Kampfe. Die folgende Nacht verbrachte Sigibert mit seinem Heer nicht weit von der Festung in ihren Zelten. Da sie einsahen, daß sie gegen Radulf nichts ausrichten konnten, wurden am nächsten Tag Unterhändler ausgeschickt, um eine friedliche Rückkehr über den Rhein zu erreichen; dann kehrten Sigibert und sein Heer gemäß der Übereinkunft mit Radulf in ihre Heimat zurück. Radulf aber ging in seinem Übermut und Stolz so weit, daß er sich für den König in Thüringen hielt; er schloß mit den Wenden ein Freundschaftsbündnis und verpflichtete sich auch die übrigen benachbarten Völker durch ein freundschaftliches Verhältnis. Seinen Worten nach wies er dennoch die Oberherrlichkeit Sigiberts nicht zurück, in seinen Taten aber widerstrebte er dessen Herrschaft mit allen Kräften[96].

[95] Dux der Auvergne? 634—641. Mit den Arnulfingern verwandt? Vgl. W. Levison, Das Testament des Diakons Adalgisel-Grimo vom Jahre 634. Aus rheinischer und fränkischer Frühzeit (1948) 131f.

[96] Vgl. H. Wolfram. Intitulatio I. MIÖG Erg.-Bd. 21 (1967) 113, 142 Anm. 11.

88. Anno decimo[97] regno Sigyberti Otto, qui adversus Grimoaldo inimicicias per superbia tomebat, faccionem Grimoaldo a Leuthario duci Alamannorum interfecetur. Gradus honoris maiorem domi in palacio Sigyberto et omnem regnum Austrasiorum in mano Grimoaldo confirmatum est vehementer[98].

89. Anno quarto[99] regni Chlodoviae, cumque Nantildis regina cum filio suo Chlodovio regi post discessum Aeganem Aurilianes in Burdiae regnum venissit, ibique omnes seniores, ponteveces, ducebus et primatis de regnum Burgundiae ad se vinire precepit. Ibique cumtus Nantildis sigillatem adtragens, Flaogatum[100] genere Franco maiorem domus in regnum Burgundiae aelectionem pontevecum et cumtis docebus / a Nantilde regina hoc gradum honores stabilitur, neptemque suam nomini Ragnoberta Flaochadum disponsavit. Espunsalias has, nessio qua factione fiuntur; nam alium consilium secrete Flaochatus et Nantildis regina macenavant, quem credetur non fuisse Deo placebelem, ideoque non mancepavit effectum. Cumque Erchynoaldus et Flaochadus maiores domi inter se quasi unum inissint consilium, consencientes ab invicem, hunc gradus honorem, alterutrum solatium prebentes, disponent habere feliceter. Flaochadus cumtis ducibus de regnum Burgundiae seo et pontefecis per epistolas[1], etiam et sacramentis firmavit, unicuique gradum honoris et dignetatem seo[c] amiciciam perpetuo conservarit[2]. Hanc dignetatem sublimatus Flaochadus regnum Burgundiae pervagatur, consilium adseduae iniens, priorem inimiciciam, qua cordis arcana dio celaverat, memorans, Villebadum patricium interfecere disponebat[3].

90. Willebadus cum esset opebus habundans, et pluremorum facultates ingenies diversis abstollens, ditatus inclete fuissit et inter patriciatum gradum et nimiae facultates aelacionem superbiae esset deditus, adversus Flaochadum tumebat, eumque dispicere quonaretur, Flaochadus, collictis secum pontefecis et ducibus de regnum Burgundiae, Cabilonno pro utiletate patriae

[c] 1; *seu et* rell.

[97] 643

[98] Über den „Staatsstreich Grimoalds" berichtet *Fredegar* nichts, vgl. zu diesem zuletzt Schneider, Königswahl 151 ff.

88. Im zehnten[97] Regierungsjahre Sigiberts wurde Otto, der in seiner Überheblichkeit Grimoald nachstellte, auf dessen Betreiben von Leutharius, dem dux der Alemannen, getötet. Somit bekam Grimoald das ehrenvolle Amt des Hausmeiers im Palaste Sigiberts und das gesamte Reich der Austrasier fest in seine Hand[98].

89. Als im vierten[99] Regierungsjahre des Chlodovech nach dem Ableben Aegas die Königin Nanthilde mit ihrem Sohne, dem König Chlodovech, nach Orléans im Reiche Burgund kam, rief sie dort alle Herren, Bischöfe, duces und Großen des Reiches Burgund zu sich. Dort gewann Nanthilde alle einzeln für sich, dann setzte sie nach der Wahl der Bischöfe und aller duces Flaochad[100], einen gebürtigen Franken, in die ehrenvolle Würde eines Hausmeiers im Reiche Burgund ein und verlobte ihm ihre Nichte Ragneberta. Aus welcher Veranlassung diese Verlobung betrieben wurde, weiß ich nicht zu sagen; allerdings heckten Flaochad und die Königin Nanthilde im geheimen einen anderen Plan aus, der glaubhaftig Gott nicht gefällig war und deshalb nicht zur Ausführung gelangte. Nachdem aber die Hausmeier Erchinoald und Flaochad untereinander gewissermaßen ein Einverständnis hergestellt hatten, indem sie sich gegenseitig (ihre Stellung) garantierten, trachteten sie danach, ihr ehrenvolles Amt durch gegenseitige Unterstützung unangefochten auszuüben. Flaochad bestätigte allen duces und Bischöfen des Reiches Burgund durch Urkunden[1], aber auch durch Schwüre, er werde jeden von ihnen in Amt und Würden (belassen) und ihnen für alle Zeiten die Freundschaft bewahren[2]. Nach seiner Einsetzung in diese hohe Würde durchzog Flaochad das Reich von Burgund und nahm sich vor, den Patricius Willebad zu töten; unablässig schmiedete er Pläne dafür, denn er erinnerte sich (sehr wohl) an die frühere Feindschaft, die er lange Zeit tief in seinem Herzen verborgen hatte[3].

90. Willebad verfügte über große Schätze und eignete sich den Besitz vieler Leute durch verschiedenste Mittel an; da er also wegen seines Reichtums gerühmt wurde und er wegen seiner Würde als Patricius und des Bewußtseins seines außerordentlichen Reichtums von größtem Stolz erfüllt war, spielte er sich Flaochad gegenüber auf und versuchte, sich über ihn hinwegzusetzen; Floachad aber versammelte um sich die Bischöfe und duces aus dem Reiche von Burgund und setzte für Mai eine

[99] 642. Wallace-Hadrill 75 nennt hier irrig das Jahr 643; nach der von ihm übernommenen These Courtois' wäre es das Jahr 641.

[100] Hausmeier in Burgund 642.

[1] Die Bezeichnung der Urkunde als *epistola* leitet sich schon vom römischen Gebrauch her.

[2] Vgl. oben *c. 54*.

[3] Es handelt sich wohl eher um eine Reaktion einer altburgundischen Partei unter Willebad gegen die Einsetzung des Franken Flaochad.

tractandum minse Madio placitum instituit; ibique et Willebadus multetudinem secum habens advenit. Flaochadus ibidem Willebado interfecere nitebatur. Haec cernens Willebadus, palacium noluit introire. Flaochadus foris contra Willebadum preliandum adgreditur. Amalbertus[4] vero, germanus Flaochado, ad pagandum intercurrens, ubi iam in congressione certamene conflige debuerant, Willebadus Amalberto secum retenens, de hoc aevasit pericolum. Intercurrentes et citiris persunis, separantur inlese. Flaochadus deinceps vehementem inibat consilium de interetum Villebadi.

Eo anno Nantildis regina moretur[5]. Ipsoque anno minse Septembre Flaochadus cum Chlodoveo regi et Erchynoaldo idemque maiorem domus et aliquibus primatebus Neustrasies de Parisiaco promovens, per Senonas et Auticiodero Agustedunum accesserunt; ibique Chlodoveus Willibadum patricium ad se venire precepit. Willibadus cernens inimicum[d] consilium Flaochado et germano suo Amalberto, Amalgario et Chramneleno ducebus de suo intereto fuisse initum, colligens secum plurema multetudinem de patriciatus sui termenum, etiam et pontevecis seo nobelis et fortis, quos congrecare potuerat, Agustedunum gradiendum iter adrepuit. Cui obviam a Chlodoveo regi, Erchynoaldo maiorem domus et Flaochado Ermenricus[6] domesticus dirigetur, eo quod Willebadus trepedabat, utrum peracederit, an suum devitandum periculo repedarit, ut ab Ermenrici promissionebus[e] preventus, usque adgrederit Agustedunum; quem ille credens condigne[f] munerebus honoravit. Postergum eius Agustedunum accessit; ibique tenturia cum suis nec procul ab urbe posuit. Eodemque diae / quo ibidem peraccesserat Ailulfo[7] Valenciae[8] urbis episcopo et Gysone comite ad prevedendum que agebantur Augustedunum dirixerat; qui a Flaochado in urbe retenti sunt.

In crasteno Flaochadus, Amalgarius et Chramnelenus, qui consilium de interetum Villebadi unianemeter conspiraverant, de urbem Agustedunum maturius promoventis, citirique[g] docis

[d] 1; *iniquum* rell.
[e] 1; *promissione* rell.
[f] 1; *condignis* rell.
[g] 1; *utrique* rell.

Versammlung in Chalon-sur-Saône fest, um zum Wohl des Landes Verhandlungen zu pflegen; dorthin kam auch Willebad mit großem Gefolge. Floachad traf Anstalten, Willebad dort zu töten. Als dieser dies erkannte, lehnte er es ab, den Palast zu betreten. Flaochad aber trat vor den Palast, um mit Willebad zu kämpfen. Als sie schon drauf und dran waren, aufeinander loszuschlagen, da warf sich aber Amalbert[4], der Bruder Flaochads, dazwischen, um Frieden zu stiften; da bemächtigte sich Willebad des Amalbert und entkam so aus dieser Gefahr. Da auch noch andere Leute vermittelten, trennten sie sich ohne Blutvergießen. Aber seitdem sann Flaochad heftig auf Willebads Verderben.

In diesem Jahre starb die Königin Nanthilde[5]. Im September desselben Jahres zog Flaochad mit dem König Chlodovech und dem anderen Hausmeier Erchinoald und einigen vornehmen Neustriern von Paris über Sens und Auxerre nach Autun; dort gebot Chlodovech den Patricius Willebad zu sich. Da Willebad wußte, daß Flaochad und dessen Bruder Amalbert und die duces Amalgar und Chramnelenus seinen Untergang beschlossen hatten, sammelte er eine große Schar aus dem Gebiete seines Patriciates, dazu noch Bischöfe, Vornehme und tapfere Männer, soviel er konnte, und machte sich auf den Weg nach Autun. Weil Willebad aber zögerte, ob er weiterziehen oder zurückkehren solle, um der Gefahr zu entgehen, schickten ihm König Chlodovech, der Hausmeier Erchinoald und Flaochad den Haushofmeister Ermenrich[6] entgegen, damit Willebad von den Versprechungen Ermenrichs (in falsche Sicherheit gewiegt) bis Autun weiterziehe; Willebad vertraute dem Ermenrich, beschenkte ihn in gebührender Weise und folgte ihm bis Autun, dort schlug er nicht weit vor der Stadt mit seinen Leuten die Zelte auf. Noch am Tage seiner Ankunft hatte er Ailulf[7], den Bischof der Stadt Valence[8], und den comes Gyso nach Autun geschickt, um die Lage zu erkunden; diese wurden aber von Flaochad in der Stadt zurückgehalten.

Als früh am nächsten Morgen Flaochad, Amalgar und Chramnelenus, die gemeinsam den Plan zur Vernichtung Willebads gefaßt hatten, aus der Stadt Autun hinauszogen, schlossen sich ihnen die übrigen duces aus

[4] Dux? In Neustrien? nachweisbar 642–675?

[5] 642. Sie wurde neben ihrem Gemahl Dagobert I. in St. Denis begraben.

[6] Ermenrich, Haushofmeister Chlodovech II., 632?–673.

[7] Ailulf, B. v. Valence um 642. Möglicherweise identisch mit dem Berater Dagoberts I. bei der Abfassung der *Lex Baiuwariorum* vgl. Zöllner, Die Herkunft der Agilolfinger 256.

[8] Hst. Dép. Drôme, Frankreich.

de regnum Burgundiae cum exerceto eis[h] subiunguntur. Erchynoaldus cum Neustrasius, quos secum habebat, idemque arma sumens, ad hoc bellum adgreditur. Willebadus ae contra tela priliae construens, quoscumque potuit adunare, falangis uterque in congressione certamenes iungent ad prilium. In ea pugna Flaochadus, Amalgarius et Chramnelenus, idemque Wandelbertus[9] ducis cum suis in congressione certamenis contra Willebado pugnandum confligunt; nam citiri ducis vel Neustrasiae, qui undique eodem debuerant circumdare, se retenentes, aspiciaebant, spectantes aeventum, super Willebadum noluerunt inruere. Ibique Willebadus interfecetur; plurimi cum ipso de suis gladio trucedantur. Eo certamine citiris primus Bertharius[10] comis palatiis[11], Francus de pago Ultraiorano, contra Willebado confligit. Adversus quem frendens Manaulfus Burgundio, exiens deinter citiris cum suis adversus Bertharium priliandum; Bertharius, eo quod prius illi amicus fuissit, dicens: 'Veni sub clepeum meum; de hoc periculo te liberabo'. Cumque ad eum liberandum clepeum aelevassit, Manaulfus cum conto Bertharium in pectore percuciens, citiri qui cum eum venerant ipsumque circumdantes, eo quod Bertharius nimium reliquis precessisset, volneratur graveter. Tunc Chaubedo[12], filius Berthario, cernens patrem in pericolum mortis, curso velucissemo patri auxiliandum perrexit. Manaulfo conto percusso in pectore terra prostravit; citiris qui patri percusserant totusque interfecit. Sic Bertharium suum genetorem, ut fedelis filius, prestante Domino, liberabit a morte. Hy vero docis, qui cum eorum exercito super Villebado inruere noluerant, tinturia Willebadi, episcoporum et citerorum qui cum eum venerant[i] depredandum. Pluretas inibi auri et argenti capetur, reliquisque rebus et aequetis ab hys qui priliare noluerunt percepti sunt[13].

His ita gestis, Flaochadus in crasteno de Agostedunum promovens, Cabilonno perrexit. Ingressus in urbe, in crastenum urbi, nessio quo caso, maxeme tota incendio concrematur. Flaochadus

[h] 1; *eius* rell.
[i] sc. *venerant, venerunt depredandum.*

dem Reiche Burgund mit dem Heere an. Auch Erchinoald griff mit den Neustriern, die er bei sich hatte, zu den Waffen und rückte zur Schlacht aus. Auf der anderen Seite baute Willebad seine Schlachtordnung aus allen verfügbaren Männern auf, dann verkrallten sich beide Haufen im Kampfgetümmel ineinander. Bei Beginn dieser Schlacht warfen sich Flaochad und die duces Amalgar, Chramnelen und Wandalbert[9] mit ihren Leuten zum Kampf auf Willebad; die übrigen duces und die Neustrier aber, die ihn von allen Seiten einschließen sollten, wollten Willebad nicht angreifen, sondern hielten sich zurück, sahen zu und warteten den Ausgang ab. In diesem Kampfe wurde Willebad getötet, und der Großteil seiner Leute kam mit ihm durch das Schwert um. In dieser Schlacht stürmte der comes palatii[11] Berthar[10], ein Franke aus dem pagus Ultraiuranus, weit vor den anderen auf Willebad los. Um mit ihm zu kämpfen, trat der Burgunder Manaulf, zähneknirschend vor Wut, mit seinen Leuten aus den Reihen seines Heeres hervor; da Berthar aber früher sein Freund gewesen war, bot er ihm an: „Komm unter meinen Schild; ich werde dich aus dieser Gefahr retten". Kaum hatte er aber den Schild gehoben, um Manaulf zu schützen, durchbohrte dieser seine Brust mit einer Lanze und Manaulfs Gefolgschaft umringte ihn; so wurde Berthar, weil er sich von seinem Heer allzu weit entfernt hatte, schwer verwundet. Da erkannte Chaubedo[12], der Sohn Berthars, daß sein Vater in Lebensgefahr schwebte, und eilte auf schnellstem Wege herbei, um seinem Vater beizustehen. Er stieß Manaulf seine Lanze in die Brust und warf ihn zu Boden und tötete auch alle anderen, die auf seinen Vater eingehauen hatten. So bewahrte er, wie es sich für einen treuen Sohn gehört, seinen Vater Berthar mit Gottes Hilfe vor dem Tode. Die duces aber, die nicht gewillt gewesen waren, mit ihrem Heer über Willebad herzufallen, (machten sich jetzt daran,) die Zelte Willebads, der Bischöfe und der anderen Leute, die mit ihm gekommen waren, auszuplündern. Dabei wurde eine große Menge Gold und Silber erbeutet, und auch die übrigen Güter und die Pferde wurden von denen genommen, die zum Kämpfen nicht bereit gewesen waren[13].

Am Tage nach diesen Ereignissen brach Flaochad von Autun auf und zog nach Chalon-sur-Saône. Am Tage nach seinem Einzug in der Stadt wurde beinahe die gesamte Stadt – ich weiß nicht, durch welchen Unglücksfall – eingeäschert. Flaochad aber wurde vom Urteil Gottes

[9] Neustrischer dux um 632–um 642.

[10] Comes palatii Chlodovechs II. um 642– um 654.

[11] Hofbeamter, der den K. in seiner richterlichen Tätigkeit unterstützte oder vertrat.

[12] Vgl. oben *c. 71* mit Anm. 8.

[13] P. Le Gentilhomme, Mélanges de Numismatique Mérovingienne (1940) 105, bringt den Fund von Buis, Dép. Saône-et-Loire, Frankreich, damit in Zusammenhang.

iudicio Dei percussus, vixatus a febre, conlocatur in scava; aevicto navale per Ararem fluvio quoinomento Saoconna Latona properans, in aetenere undecemo diae post Willibadi interetum amisit spiritum, sepultusque est in ecclesia sancti Benigni suburbano Divioninse. Credetur a plurimis, hy duo Flaochadus et Willebadus, eo quod multa in invicem per loca sanctorum de amicicias oblegandum sacramenta dedirant, et uterque in populis sibi subgectis copeditates instincto iniqui oppresserunt, semul et a rebus nudaverunt, quod iudicius Dei de / eorum oppressione plurema multetudine liberassit, et eorum perfedia et mendacia eos uterque interire fecissit[14].

getroffen: Vom Fieber geschüttelt, wurde er in einen Kahn gebracht; während er jedoch eilends zu Schiff auf der Arar, die auch Saône genannt wird, nach St. Jean-de-Losne fuhr, gab er noch auf der Reise, am elften Tage nach dem Tode Willebads, den Geist auf und wurde in der Kirche des heiligen Benignus vor der Stadt Dijon begraben. Die meisten Leute sind aber der Meinung, daß ein Urteil Gottes die Bevölkerung von der Willkürherrschaft beider, Flaochads und Willebads, befreit habe, und daß ihre Treulosigkeit und Doppelzüngigkeit ihrer beider Untergang verschuldet hätten: Denn sie hatten einander an heiligen Stätten viele Eide geschworen, ein Freundschaftsbündnis einzugehen, und hatten beide aus Habgier die ihnen unterworfenen Völker ungerecht (behandelt und) bedrückt und zugleich ihrer Güter beraubt[14].

[14] Vgl. die Wertungen in *Vita Eligii c. 28* und *Vita Sigiramni c. 12.* Dieser abrupte Schluß erweckt den Eindruck, daß *Fredegar* sein Werk nicht mehr vollenden konnte, vgl. *c. 81* und Anm. 69.

[CONTINUATIONES]

1.[1] Igitur Chlodoveus[2], filius Dagoberti[3], de genere alienigenarum[4] reginam accipiens nomine Baldethilde[a] prudentem atque eligantem, genuitque ex ea filios tres Chlothario, Childerico et Theuderico. Habebatque maiorum domo palatii virum strenuum atque sapientem nomine Erchonoaldo. Chlodoveus itaque in regno pacem habuit absque bella. In extremis vero vitae annis amens effectus, vitam caruit regnavitque annis 18. Franci quoque Clotharium[5], filium eius maiorem, in regno statuunt cum prefata regina matre.

2.[6] Eodem quoque tempore mortuus est Erchonoaldus maiorum domus palatii. Franci in incerto vacellantes, accepto consilio, Ebroino huius honoris cura ac dignitate statuunt. His diebus Chlotharius rex a valida febre correptus, obiit in iuventute[7] regnavitque annis 4. Theudericus vero, frater eius, in regno successit[8], Childericus enim frater in Auster a Francis in regno elevatus est aput Vulfoaldum ducem. Eo tempore Franci adversus Ebroinum insidias praeparant, contra Theudericum consurgunt eumque a regno deiciunt. Crines capitis eius abscidentes tutunderunt Ebroinumque et ipsum tutundent et in Burgundia Luxovio monasterio invitum dirigunt.[9] Propter Childericum in Auster legacionem mittunt. Una cum Vulfoaldo duce veniens, et eum super cuntum regnum suscipiunt.[10] Erat enim ipse Childericus rex levis atque citatus nimis, gentem invicem Francorum in sedicionem mittens, in scandalum ac derisum, donec / odium non

[a] *Belechilde* 4a.

[1] Das ganze Kapitel nach *Liber Hist. Franc. 42, 43* und *44*.
[2] Chlodovech II., K. d. Franken 640–657 (Neustrien).
[3] Dagobert I., K. d. Franken 623/9–638 (Neustrien).

[FORTSETZUNGEN]

1.[1] Damals nahm Chlodovech[2], der Sohn Dagoberts[3], Balthildis, eine kluge und schöne Frau aus einem fremden Volke[4], zur Königin und zeugte mit ihr drei Söhne, Chlothar, Childerich und Theuderich. Er hatte einen tatkräftigen und klugen Mann namens Erchonoald als Hausmeier seines Palastes. Deshalb hatte Chlodovech in seinem Reich Frieden und es gab keine Kriege. In seinen letzten Lebensjahren wurde er wahnsinnig und starb, nachdem der 18 Jahre lang regiert hatte. Die Franken aber setzten seinen älteren Sohn Chlothar[5] gemeinsam mit seiner obgenannten Mutter, der Königin, in die Herrschaft ein.

2.[6] Zur gleichen Zeit starb auch der Hausmeier des Hofes, Erchonoald. Die Franken schwankten unschlüssig und faßten schließlich den Entschluß, Ebroin mit der Besorgung und Würde dieser Stelle zu betrauen. In diesen Tagen starb Chlothar an heftigem Fieber in der Blüte seiner Jugend[7] nach einer Regierungszeit von vier Jahren. Ihm folgte sein Bruder Theuderich in der Herrschaft[8]; sein Bruder Childerich war nämlich von den Franken in Auster beim dux Wulfoald zum König erhoben worden. Zu dieser Zeit legten die Franken Ebroin einen Hinterhalt, erhoben sich gegen Theuderich und stürzten ihn. Sie schnitten ihm, wie auch Ebroin selbst, das Haupthaar ab, schoren sie und schickten ihn gegen seinen Willen in das Kloster Luxeuil in Burgund[9]. Dann schickten sie Childerichs wegen eine Gesandtschaft nach Auster. Als dieser gemeinsam mit dem dux Wulfoald herkam, nahmen sie ihn als König über das ganze Reich an[10]. Da König Childerich aber haltlos und sehr jähzornig war, brachte er das Volk der Franken dazu, daß es sich gegen ihn auflehnte, ihn verspottete und verachtete, bis nicht geringer Haß in ihnen

[4] Sie war angelsächsischer Herkunft.

[5] Chlothar III., K. d. Franken 657/8–673 (Neustrien), unter Ausschluß seiner Brüder. Balthilde wurde zwischen 664 und 667 vom neustrischen Adel (Ebroin?) zum Eintritt ins Kloster Chelles gezwungen.

[6] Das ganze Kapitel nach *Liber Hist. Franc. 45.*

[7] 673; Chlothar III., K. von Neustrien seit 657/8.

[8] Theuderich III., K. d. Franken 673–690/1.

[9] Theuderich III. war in St. Denis inhaftiert; vgl. *Liber Hist. Franc. 45.*

[10] 673

modicum inter ipsos crevit usque ad scandalum et ruinam[11]. Quo ingraviscente, uno Franco nobile nomine Bodilone ad stipidem tensum cedere contra legem praecepit. Videntes hec Franci, in ira magna commoti, Ingobertus videlicet et Amalbertus vel reliqui maiores natu Francorum, sedicionem contra ipsum Childericum concitaverunt. Memoratus Bodilo super eum cum reliquis quam plures surrexit, insidiaturos in regem; in Lauconis silvam una cum regina eius praegnante nomine Belichilde, quod dici dolus est, interfecit. Vulfoaldus quoque per fugam lapsus evasit; in Auster reversus est[12]. Franci vero Leudesio, filio Erchonoldo, nobile in maiorum domatum statuunt per consilium beati Leudegarii et consorciorum eius. Ebroinus hec audiens has dissensiones, consilio accepto, Francos invicem discordantes, convocatis in ausilium sociis, personis quam plurimis, cum multo comitatum exercituum a Luxovio caenubio egressus, in Francia regreditur.[13] Usque Isra fluvium veniens peraccessit, custodibus dormientibus interfecit ad Sanctam Maxenciam,[14] adque Isra fluvium transiens, quos ibi invenit de insidiatoribus suis occidit. Leudesius maiorem domus una cum thesauros regis per fugam dilapsus evasit. A Bacivo villa[15] evadens aufugit; ibique, adveniente Ebroino, thesaurus quos ibi repperit adpraehendit. Inde egressus, Crisceco villa veniens in Pontio[16], Leudesio sub dolo fidem promitti se simulans fefellit; facto placito, ut, coniuracione facta, cum pacae discederint. Sed Ebroinus fallaciter agens, ut solebat, conpatri suo insidias praeparans, ipsum Leudesium interficit; regem Theudericum in regno restituto, ipse suum principatum sagaciter restauravit. Sanctum Leudegarium episcopum crudelissimis tormentis caesum gladio peremi iussit[17]; Gaerenum, germanum eius, diversa tormenta trucidavit[18]. Reliqui vero Franci eorum socii per fugam lapsi, Ligere trans-/gressi, usque Vasconos[b] transfugerunt; quam plurimi vero in exilio damnati, ultra non conparuerunt.

3.[19] In Auster quoque, mortuo Vulfoaldo duce, Martinus dux et Pippinus, filius Anseghysilo quondam Franco nobile, dominaban-

[b] *Wascones* immer in 4c. 5a; *Guascones* meist in 4a[1.2].

[11] 675

[12] 675; vgl. *Liber Hist. Franc. 45.*

wuchs, der zum offenen Aufruhr und seinem Sturz führte[11]. Als der Haß immer stärker anschwoll, befahl er, einen vornehmen Franken namens Bodilo an einen Pfahl zu binden und gegen das Gesetz auszupeitschen. Als die Franken das sahen, gerieten sie in großen Zorn, und Ingobert, Amalbert und die übrigen vornehmen Franken zettelten einen Aufstand gegen Childerich an. Der eben erwähnte Bodilo erhob sich mit sehr vielen anderen gegen den König und legte ihm einen Hinterhalt: er tötete ihn im Wald von Livry gemeinsam mit seiner schwangeren Gattin namens Belechildis – allein die Erwähnung einer solchen Untat schmerzt mich. Wulfoald aber entkam durch die Flucht und kehrte nach Auster zurück[12]. Die Franken hingegen erhoben auf den Rat des heiligen Leudegar und seiner Anhänger den Vornehmen Leudesius, den Sohn Erchonoalds, zum Hausmeier. Als Ebroin vernahm, daß die Franken nach diesem Beschluß noch immer untereinander zerstritten und uneinig waren, rief er seine Gefährten, deren er eine sehr große Zahl hatte, zu Hilfe, verließ mit diesem großen Heer von Begleitern das Kloster Luxeuil und kehrte in das Frankenland zurück[13]. Er drang bis zur Oise vor, tötete bei Pont-Saint-Maxence[14] die schlafenden Wächter, überquerte den Fluß und tötete seine Feinde, die er dort im Hinterhalt antraf. Der Hausmeier Leudesius entkam mit dem Schatz des Königs durch die Flucht. Auch aus der villa von Baizieux[15] flüchtete er weiter; als Ebroin dorthin kam, nahm er die Schätze, die er dort vorfand, an sich. Auf dem Weitermarsch kam er in die villa von Crécy-en-Ponthieu[16], wo er Leudesius listig hinterging, indem er vorgab, einen Gerichtstag abhalten, mit ihm eine Schwurgemeinschaft eingehen und ihn entlassen zu wollen. Aber Ebroin, der treulos wie immer handelte, legte seinem Taufpaten einen Hinterhalt und tötete Leudesius. Er setzte Theuderich wieder als König ein und stellte ebenso eifrig seine eigene fürstliche Würde wieder her. Er befahl, den heilige Bischof Leudegar aufs grausamste zu foltern und dann mit dem Schwerte zu töten[17]; auch dessen Bruder Gaerin tötete er durch verschiedene Foltern[18]. Ihre übrigen fränkischen Freunde entkamen durch die Flucht und flohen über die Loire in die Gascogne; eine große Zahl zur Verbannung Verurteilter wurde nie mehr wiedergesehen.

3.[19] In Auster herrschten nach dem Tode des dux Wulfoald und da auch die Könige verstorben waren, der dux Martin und Pippin, der Sohn

[13] Es fehlt die im *Liber Hist. Franc. 45* berichtete Episode der Befragung des heiligen Bischofs Audoin.

[14] Dép. Oise, Ar. Senlis.

[15] Dép. Somme, Ar. Amiens, Ct. Corbie.

[16] Dép. Somme, Ar. Abbéville.

[17] 676; vgl. *Liber Hist. Franc. 45* und die *Passio Leudegarii I 24.*

[18] Er wurde gesteinigt.

[19] Das ganze Kapitel nach *Liber Hist. Franc. 46.*

tur, defunctis regibus. Conmissis invicem principibus Ebroino, Martino adque Pippino, adversus Theudericum regem excitantur ad bellum. Commoto exercitu ad locum cui vocabulum est Lucofao[c.20], interim commissi ad praelium iniunt; ibique magno certamine demicantes, plurima pars populi ex utrisque partibus corruit. Devicti cum sociis Martinus atque Pippinus, in fugam lapsi sunt[21]; persecutusque eos Ebroinus, maxima parte de illa regione vastavit. Martinus ideoque Lauduno Clavato ingressus, infra muros ipsius urbes munivit. Persecutusque eum Ebroinus, veniens Erchrego villa,[22] ad Laudunum Clavato nuntius dirigit Agliberturn ac Reolum[d.23] Remensis urbis episcopum, ut, fide promissa, in incertum super vacuas capsas sacramenta falsa dederunt. Qua in re illae credens eos, a Lauduno Clavato egressus cum sodalibus ac sociis, ad Erchreco veniens, illic cum suis omnibus interfectus est.

4.[24] Ebroinus quoque magis atque profusius crudeliter Francos obpremebat, donec tandem aliquando Ermfredo Franco minas parat, rebus propriis tollere disponit. Consilio cum suis patrato, nocte collecta manu sociorum, per noctem super eum consurgens, Ebroinum interfecit[25]; quo peremto, ad Pippinum ducem in Auster cum muneribus suis pervenit. Quo facto, Franci, accepto consilio, Waratonem inlustrum virum in loco eius honorem maiorem domatus constituerunt. Idcirco praefatus Warato obsedis a Pippino ducae accipiens, pace invicem patrata. Erat id temporis memorato Waratone filius valde efficax adque industrius, eruditus in consilio, qui vice patris cura palatii gerebat, nomine Ghislemarus, qui ob nimiam caliditatem ac sagacitatem / patrem ab honore proprio subplantavit[26]. Cui sanctus Audoenus episcopus increpabat sepius ac subinde, ut ad pacem vel patris indulgentiam remearet; qui audire rennuit et in duritiam cordis permansit[27]. Fuerunt igitur inter Pippino et praefato Ghislemaro discordie multae et bella civilia plurima. Nam ad castro Namuco contra hostem Pippini ducis Ghislemaris consurgens, fraudulen-

[c] *Latofato* 4c[1]; *Latofao* 4c[2]; *Locofico* 5a.
[d] *Regulum* 5a.

[20] Ein Buchenwald östlich von Laon; vielleicht das Dorf Laffaux im Dép. Aisne (Ile-de-France), Ar. Soissons, Ct. Vailly-sur-Aisne.

des verstorbenen edlen Franken Ansegisel. Als aber diese Fürsten mit Ebroin in Streit geraten waren, riefen Martin und Pippin zum Krieg gegen König Theuderich auf. Sie führten ihr Heer zu einem Ort, der Bois-du-Fays[20] genannt wird und begannen den Kampf gegeneinander; schwer rangen sie dort miteinander, und auf beiden Seiten ging ein großer Teil des Kriegsvolkes zugrunde. Besiegt flüchteten Martin und Pippin mit ihren Bundesgenossen[21]; Ebroin verfolgte sie und zerstörte einen Großteil dieser Gegend. Deshalb flüchtete Martin nach Laon und verschanzte sich hinter den Mauern dieser Stadt. Als Ebroin bei der Verfolgung in die villa Ecry[22] kam, sandte er Agilbert und Reolus[23], den Bischof der Stadt Reims, als Unterhändler nach Laon. Sie versprachen Frieden und legten auf Reliquiare, die ohne sein Wissen leer waren, falsche Schwüre ab. Da er ihnen deshalb Glauben schenkte, verließ er mit seinen Gefährten und Verbündeten Laon und kam nach Ecry, wo er mit all den Seinen getötet wurde.

4.[24] Ebroin aber unterdrückte die Franken immer härter und grausamer, bis er schließlich auch den Franken Ermenfred bedrohte, in der Absicht, ihm sein Eigentum zu nehmen. Dieser beriet sich jedoch mit den Seinen, sammelte nachts eine Schar von Freunden, fiel im Schutze der Dunkelheit über Ebroin her und tötete ihn[25]; nach dessen Ermordung zog er mit Geschenken zum dux Pippin nach Auster. Daraufhin berieten sich die Franken und übertrugen an seiner Stelle die Würde des Hausmeieramtes an Waratto, einen vornehmen Mann. Deshalb erhielt jener Waratto vom dux Pippin Geiseln, nachdem es zum Frieden zwischen ihnen gekommen war. Damals hatte aber jener Waratto einen Sohn namens Gislemar, der sehr energisch und ehrgeizig und in Beratungen sehr gewandt war; er verwaltete an Stelle seines Vaters den Palast und vertrieb durch seine große Schläue und Findigkeit den Vater aus seiner Würde[26]. Deshalb schalt ihn der heilige Bischof Audoin von da an häufig, er solle sich mit seinem Vater aussöhnen und sich mit ihm wieder vertragen. Er aber weigerte sich, darauf zu hören und blieb verstockten Herzens[27]. Es gab damals zwischen Pippin und jenem Gislemar viele Streitigkeiten und Bruderkriege. Als sich Gislemar schließlich bei der Festung von Namur gegen die Streitmacht des dux Pippin erhob, tötete er viele von deren vornehmen Gefolgsleuten, nachdem er ihnen in

[21] 680

[22] Dép. Aisne (Ile-de-France), Ar. Laon, Ct. La Fére.

[23] Zu seiner Person vgl. Flodoard, *Historia Remensis ecclesiae II 10;* der *Liber Hist. Franc.* erwähnt die Namen der beiden Unterhändler nicht.

[24] Das ganze Kapitel nach *Liber Hist. Franc. 47.*

[25] 680

[26] 683

[27] Vgl. *Mc. 10,5.*

ter falso iuramento dato, quam plures eorum nobilis viris occidit. Inde vero reversus, ob subplantationem patris vel alia malitia non modica, quam fallaciter perpetraverat, a Deo percussus praedictus Ghislemaris, ut dignus erat, iniquissimum fudit spiritum. Illoque mortuo, pater eius Warato honorem pristinum maiorum domatus sui recepit. Eo tempore beatus Audoenus episcopus plenus virtutibus migravit ad Dominum.[28]

5.[29] In illo itidem tempore Warato praefatus maiorum domus obiit.[30] Eratque ei matrona nobilis et strenua nomine Ansfledis, cuiusque gener nomine Bercharius[31] honorem maiorum domatus palatii suscepit. Eratque statura parvus, intellecto modicus, levis atque citatus, Francorum amicitia atque consilia sepe contempnens. Haec indignantes Franci Audoramnus, Reolus et alii multi, relinquentes Bercharium, ad Pippinum per obsides coniungunt, amicitias copulant, super Bercharium vel reliqua parte Francorum concitant. Pippinus, commoto exercito hostile, ab Auster consurgens, contra Theudericum regem et Bercharium properans ad bellum. Coniuncti in oppido Virmandense[32], in loco qui dicitur Textricio[33] bellum mutuo gesserunt. Praevalente Pippino cum Austrasiis, Theudericus rex cum Berchario fugam iniit; Pippinus victor extitit[34], persecutusque eos, ea regione subiugavit. Sequente tempore idem Bercharius ab adolatoribus falsis amicis interfectus est, instigante Ansflede matrona, socrui sua. Post haec autem Pippinus Theuderico rege accipiens cum thesauris et domum palatii omnia peragens, in Auster remeavit. Eratque ei uxor nobilis et prudentissima nomine Plectrudis[35]; genuitque ex ea filios duos, nomen senioris Drocus, nomen vero iunioris Grimoaldus. /

6.[36] Mortuus est autem Theudericus rex; regnavit autem ann. 17[37]. Chlodovecho, filio eius parvulo, elegerunt in regnum. Non post multos enim annos praedictus rex Chlodoveus egrotans mortuus est; regnavit autem ann. 4.[38] Childebertus, frater eius, in regnum resedit[39]. Drocus vero a Pippino genitore suo erudi-

[28] Nach Krusch am 24. August 685/6.

[29] Das ganze Kapitel nach *Liber Hist. Franc. 48.*

[30] 686

[31] Verheiratet mit Warattos Tochter Adaltrudis.

betrügerischer Absicht einen falschen Eid geschworen hatte. Von dort zurückgekehrt, wurde Gislemar wegen der Absetzung seines Vaters und seiner anderen nicht geringen Übeltaten, die er böse begangen hatte, von Gott geschlagen und hauchte seine teuflische Seele aus, so wie es sich für ihn gebührte. Nach seinem Tode erhielt sein Vater Waratto seine frühere Würde als Hausmeier wieder zurück. In dieser Zeit ging auch der heilige Bischof Audoin zum Herrn heim[28], nachdem er viele Wunder gewirkt hatte.

5.[29] In jener Zeit starb der vorhin genannte Hausmeier Waratto[30]. Er hatte die vornehme und tüchtige Ansefledis zur Gattin, deren Schwiegersohn Berchar[31] die Würde des Hausmeieramtes bei Hof übernahm. Er war von kleiner Gestalt, geringem Verstand, leichtsinnig und jähzornig und hielt nicht viel von der Freundschaft der Franken und mißachtete oft ihre Ratschläge. Darüber erzürnt, verließen ihn Audoramnus, Reolus und viele andere Franken; sie verbanden sich unter Geiselstellung mit Pippin, schlossen mit ihm Freundschaft und hetzten ihn gegen Berchar und die übrigen Franken auf. Pippin bot nun in kriegerischer Absicht sein Heer auf, verließ Auster und eilte gegen König Theuderich und Berchar zur Schlacht. Sie trafen im Gebiet von Saint-Quentin[32] zusammen und lieferten einander bei Tertry[33] eine Schlacht. Als Pippin mit den Austrasiern die Oberhand behielt, wandte sich König Theuderich mit Berchar zur Flucht; Pippin aber blieb Sieger[34], verfolgte sie und unterwarf diese Gegend. Bald darauf wurde Berchar auf Betreiben seiner Schwiegermutter, der Frau Ansefledis, von Kriechernaturen, die falsche Freunde waren, getötet. Danach nahm Pippin König Theuderich samt seinen Schätzen bei sich auf und kehrte nach Auster zurück und lenkte alles bei Hof. Er hatte eine vornehme und sehr kluge Frau namens Plektrudis[35], mit der er zwei Söhne zeugte, von denen der ältere den Namen Drogo hatte, der jüngere aber Grimoald hieß.

6.[36] König Theuderich aber starb nach siebzehnjähriger Regierung[37]. Daraufhin wählten sie seinen kleinen Sohn Chlodowech zum König. Wenige Jahre später wurde dieser König Chlodowech krank und starb nach vier Regierungsjahren[38]. Sein Bruder Childebert folgte ihm in der Herrschaft[39]. Drogo aber, der von seinem Vater Pippin aufgezogen wurde,

[32] Ort und Kloster im Dép. Aisne.

[33] Dép. Somme, Ar. Péronne, Ct. Ham.

[34] 687

[35] Die Vermählung zwischen 670/675.

[36] Das ganze Kapitel nach *Liber Hist. Franc. 48/49.*

[37] 691

[38] 695; im Gegensatz zum *Liber Hist. Franc.* hier die richtige Jahresangabe. Chlodovech III. regierte tatsächlich 691–695.

[39] Childebert III., K. d. Franken 695–711.

tus, ducatum Campaninse accepit. Grimoaldus iunior cum Childeberto rege maior domus palatii super Francos electus est[40]; fuitque vir mitissimus, omni bonitate et mansuetudine repletus, largus in elemosinis et in orationibus promptus. Pippinus contra Radbodem ducem gentilem Frigionum gentis adversus alterutrum bellum intulerunt castro Duristate[41], illinc belligerantes invicem. Pippinus victor extitit; fugatoque Radbode duce cum Frigiones qui evaserant, idem Pippinus cum multa spolia et praeda reversus est. Post haec Drocus, filius Pippino, a valida febre correptus, mortuus est[42] et in basilica beati Arnulfi confessoris Mettis urbe sepultus est. Grimoaldus quoque ex quadam concubina genuit filium nomine Theudoaldo. Igitur praefatus Pippinus aliam duxit uxorem nobilem et eligantem nomine Chalpaida, ex qua genuit filium; vocavitque nomen eius lingue proprietate Carlo, crevitque puer, eligans atque egregius effectus est.

7.[43] Mortuus est autem his diebus Childebertus rex[44] et sepultus Cauciaeco[45] in basilica sancti Stephani martyris; regnavit autem ann. 16. Dagobertus, filius eius, sedem regni patris sui accepit[46]. Igitur Grimoaldus filiam Radbodi ducem Frigionum / duxit uxorem. Egrotante quoque Pippino Iobvilla[47] super Mosam fluvium, cum ad eum visitandum idem Grimoaldus venisset, cum ad orationem in basilica sancti Landeberti martyris processisset, a crudelissimo viro impio Rantgario nomine interfectus est. Post haec Theudoaldo, filio eius parvulo, in loco ipsius cum praedicto rege Dagoberto maiorum domato palatii accepit.

8.[48] Insecuto quoque tempore idem Pippinus dux egrotans mortuus est[49]; rexitque populum Francorum ann. 27. Reliquit suprestitem Carlo filio suo. Post obitum quoque eius Plectrudis matrona praefata suo consilio atque regimine cuncta agebat. Demum Franci mutuo in sedicionem versi, consilio inutile accepto, commisso acie in Cocia silva[50], contra Theudoaldum et leudis Pippino quondam atque Grimoaldo inierunt certamen[51]; corruitque ibi non modicus exercitus. Theudoaldus itaque a sodalibus suis per fugam lapsus evasit. Magna et valida turbatio et perse-

[40] 701
[41] Wijk-bij-Duurstede, Pr. Utrecht.

erhielt den ducatus der Champagne. Der jüngere Grimoald wiederum wurde zum Hausmeier über die Franken an der Seite des Königs Childebert gewählt[40]; er war ein Mann von großer Milde, voll Güte und Freundlichkeit, freigebig mit seinen Almosen und eifrig im Gebet. Pippin kämpfte gegen Ratbod, den heidnischen dux des Friesenvolkes, bei der Festung Wyk-te-Duerstede[41], wo sie einander bekriegten. Dabei blieb Pippin Sieger und kehrte mit vieler und reicher Beute zurück, während der Herzog Ratbod mit den Friesen floh, die entkommen waren. Bald danach starb Drogo[42], der Sohn Pippins, an heftigem Fieber und wurde in der Kirche des heiligen Bekenners Arnulf in Metz begraben. Grimoald aber zeugte auch mit einer Konkubine einen Sohn namens Theudoald. So nahm sich der oben genannte Pippin die vornehme und anziehende Chalpaida zur zweiten Frau und zeugte ihr einen Sohn, den er in seiner Muttersprache Karl nannte; der Knabe wuchs heran und wurde schön und trefflich.

7.[43] In diesen Tagen starb auch König Childebert[44] und wurde in der Kirche des heiligen Märtyrers Stephanus in Choisy[45] beigesetzt; er hatte 16 Jahre regiert. Sein Sohn Dagobert empfing den Sitz der Herrschaft seines Vaters[46]. So nahm Grimoald die Tochter des Friesenherzogs Ratbod zu seiner Gemahlin. Als Pippin in Jupille[47] an der Maas krank darniederlag, besuchte ihn jener Grimoald und begab sich in die Kirche des heiligen Märtyrers Lambert zum Gebet; dabei wurde er von einem äußerst grausamen und ruchlosen Mann namens Rantgar getötet. Daraufhin erhielt sein kleiner Sohn Theudoald an seiner Stelle die Hausmeierwürde bei Hof an der Seite des erwähnten Königs Dagobert.

8.[48] Einige Zeit später starb der kranke dux Pippin[49], nachdem er das Volk der Franken 27 Jahre lang regiert hatte. Er hinterließ seinen Sohn Karl. Nach seinem Tode aber lenkte die vorhin genannte Frau Plektrudis alles durch ihren Rat und ihre Herrschaft. Schließlich wandten sich die Franken zum Aufstand gegeneinander und faßten einen törichten Beschluß: Sie stellten ihr Heer im Forst von Cuise[50] auf und griffen Theudoald und die Leute der verstorbenen Pippin und Grimoald an[51]; kein geringer Teil des Heeres ging dort zugrunde. Von seinen Gefährten entkam Theudoald damals durch die Flucht. Darauf herrschte große

[42] 708; er war mit der Witwe Berchars vermählt gewesen.
[43] Das ganze Kapitel nach *Liber Hist. Franc.* 50.
[44] 14. April 711.
[45] Dép. Oise, Ar. Compiègne.
[46] Dagobert III., K. d. Franken 711–715.
[47] Pr. und Ar. Liège, Ct. Grivegnée.
[48] Das ganze Kapitel nach *Liber Hist. Franc.* 51.
[49] Nach den *Annales S. Amandi* am 16. Dezember 714.
[50] Nahe Compiègne; vgl. *Liber Hist. Franc. 29.*
[51] 715

cutio extitit apud gentem Francorum. Eodem tempore tunc elegerunt in honorem maiorum domatum quodam Franco nomine Ragamfredo; commotoque exercitu hostile, usque Mosam fluvium properant, cuncta vastantes. Cum Radbode duce foedus inierunt. His diebus Carlus dux a praefata femine Plectrude sub custodia detentus, Dei auxilio liberatus est[52].

9.[53] Itidem tempore Dagobertus rex obiit; regnavit itaque an. 5[54]. Franci vero Chilpericum quendam regem constituunt. Iterato quidem tempore, commoto exercito, contra memoratum Carlum dirigunt; ex alia parte idem cum hoste Frigionum venturo Radbode duce invitant. Contra quem praedictus vir Carlus cum exercitu suo consurgens, certamen invicem inierunt, sed non modicum ibi perpessus est damnum de viris strenuis atque nobilibus; cernensque lesum exercitum, terga vertit. / Chilpericus post haec vel Raganfredus, adunata hostile plebe, Arduennam silvam transeunt, ab alia parte prestolante Radbodo duce cum exercitu suo; actenus ad Coloniam urbem super Renum fluvium pervenerunt, regiones illas pariter vastantes. Munera multa et thesauros a praefata Plectrude acceptum, reversus est; sed in via in loco qui dicitur Amblava[55] ab exercitu Carlo grande perpessus est dispendium.

10.[56] Succedente tempore Carlus, commoto exercito, contra Chilpericum et Ragamfredo direxit. Bellum inierunt die dominica in quadraginsimo, 12. Kl. Aprl. in loco nuncupante Vinceco[57] in pago Camaracense; nimia cede invicem conlesi sunt. Chilpericus vel Ragamfredus devicti, in fugam lapsi, terga vertentes, evaserunt[58]; quos Carlus persecutus, usque Parisius civitate properavit.[59] Deinde Colonia urbe reversus, ipsam civitatem coepit. Reserata praefata Plectrude thesauros patris sui reddidit et cuncta suo dominio restituit; regem sibi constituit nomine Chlotario[60]. Chilpericus itaque et Ragamfredus legationem ad Eodonem[61] dirigunt, eius auxilium postulantes rogant, regnum et munera tradunt. Ille quoque, hoste Vasconorum commota, ad eos veniens, pariter adversus Carlum perrexerunt. At ille constan-

[52] Im Sommer 715.

[53] Das ganze Kapitel nach *Liber Hist. Franc. 52.*

Verwirrung und schwere Verfolgung im Volke der Franken. Zu dieser Zeit erwählten sie dann einen Franken namens Reganfred für die Würde des Hausmeiers; sie boten in feindlicher Absicht das Heer auf und zogen eilig bis zur Maas, wobei sie alles verwüsteten. Dabei gingen sie mit dem Herzog Ratbod einen Vertrag ein. In diesen Tagen wurde der dux Karl, der von der vorhin genannten Frau Plektrudis in Gewahrsam gehalten wurde, mit Gottes Hilfe befreit[52].

9.[53] Zur selben Zeit starb König Dagobert nach 5 Regierungsjahren[54]. Die Franken aber machten einen gewissen Chilperich zum König. Zur selben Zeit boten sie ihr Heer auf und zogen gegen den erwähnten Karl; sie luden auch den Herzog Ratbod ein, mit einem Heer der Friesen von der anderen Seite heranzuziehen. Der oben genannte Karl zog mit seinem Heer gegen ihn und sie begannen gegeneinander zu kämpfen; dort verlor Karl viele tüchtige und vornehme Männer und wandte sich zur Flucht, als er die Niederlage seines Heeres erkannte. Chilperich und Raganfred sammelten darauf ihre Kriegsschar und zogen durch den Ardennenwald, während der Herzog Ratbod mit seinem Heer auf der anderen Seite wartete; so kamen sie bis nach Köln am Rhein und verwüsteten jene Gebiete in gleicher Weise. Nachdem er von der oben genannten Plektrudis viele Geschenke und Schätze erhalten hatte, kehrte er zurück; beim Rückmarsch erlitt er aber in dem Ort, der Amblève[55] genannt wird, durch das Heer Karls eine große Schlappe.

10.[56] In der Zeit danach bot Karl sein Heer auf und zog gegen Chilperich und Raganfred. An einem Sonntag in der Fastenzeit, am 21. März, schritten sie im Gau von Cambrai beim Ort, der Vincy[57] genannt wird, zur Schlacht; durch ein großes Gemetzel richteten sie sich dort gegenseitig zugrunde. Chilperich und Raganfred wurden besiegt, wandten sich zur Flucht und entkamen[58]; bei ihrer Verfolgung drang Karl schnell bis Paris vor[59]. Von dort kehrte er in die Stadt Köln zurück und nahm die Stadt in Besitz. Die genannte Plektrudis öffnete den Schatz seines Vaters, gab ihn zurück und stellte alles wieder unter seine Herrschaft; als König setzte er Chlothar ein[60]. So schickten Chilperich und Raganfred eine Gesandtschaft zu Eudo[61] und übergaben ihm die Königsherrschaft und Geschenke mit der Bitte um Hilfe. Darauf bot dieser ein Heer der Gascogner auf, kam zu ihnen und gemeinsam zogen sie dann gegen Karl.

[54] 716

[55] Pr. Liège, Ar. Verviers, Ct. St. Vith; im Jahre 716.

[56] Das ganze Kapitel nach *Liber Hist. Franc. 53.*

[57] Dép. Nord, Ar. Cambrai.

[58] Die Schlacht 717.

[59] Fehlt im *Liber Hist. Franc.*

[60] Chlothar IV., K. d. Franken 716–719 (Austrasien).

[61] Herzog von Aquitanien, gest. 735.

ter intrepidus eis occurrere properat. Eudo territus, quod resistere non valeret, aufugit. Carlus insecutus eum usque Parisius, Sequana fluvio transito, usque Aurilianinse urbe peraccessit, et vix evadens, terminos regionis sue penetravit; Chilperico rege secum cum thesauris sublatis evexit. Chlotarius itaque rex defunctus discessit.[63] Carlus per missos suos ab Eudone duce idemque praedicto Chilperico rege recepit. Veniensque urbe Noviomo[64], post non multum tempus cursum vite et regnum ammisit et mortuus est; regnavitque ann. 6[65]. Quo mortuo, Theuderico rege statuerunt in sedem regni, qui nunc locum solii regalis obtenit, annis vitae simul prestolatis.[66]

11. His ita evulsis, Carlus princeps insecutus idem Ragamfredo[67], Andegavis / civitatem obsedit[68]; vastata eadem regionem, cum plurima spolia remeavit[69]. Per idem tempus, rebellantibus Saxonis, eis Carlus princeps veniens praeoccupavit ac debellavit victorque revertetur[70].

12. Succiduis diebus, voluto anni circulo, coacto agmine multitudine, Renum fluvium transiit Alamannosque et Suavos lustrat, usque Danubium peraccessit, illoque transmeato, fines Baguarinsis[71] occupavit. Subacta regione illa, thesauris multis cum matrona quandam nomine Beletrude et nepta sua Sunnichilde regreditur.

13. Per idem tempus Eodone duce a iure foederis recedente. Quo conperto per internuntios, Carlus princeps, commoto exercito, Liger fluvium transiens[e], ipso duce Eodone fugato, praeda multa sublata, bis eo anno ab his hostibus populata, iterum remeatur ad propria. Eodo namque dux cernens se superatum atque derisum, gentem perfidam Saracinorum ad auxilium contra Carlum principem et gentem Francorum excitavit[72]. Egressique cum rege suo Abdirama[73] nomine, Geronna transeunt, Burdigalensem urbem pervenerunt; ecclesiis igne concrematis, populis

[e] *Transiit* 4a.

[62] In der Schlacht bei Soissons 719.

[63] 719

[64] Dép. Oise, Ar. Compiègne.

[65] 721

Jener aber eilte ihnen unerschüttert und furchtlos entgegen. Eudo ergriff die Flucht aus Angst, er könnte nicht widerstehen[62]. Karl verfolgte ihn bis Paris, überquerte die Seine und zog bis zur Stadt Orléans; Eudo entkam mit Mühe und gelangte zu den Grenzen seines Gebietes; König Chilperich führte er samt den Schätzen, die er in Besitz genommen hatte, mit sich. Und dann starb König Chlothar[63]. Karl erhielt nun durch seine Gesandten den eben erwähnten König Chilperich vom Herzog Eudo zurück. Er kam in die Stadt Noyon[64] und verlor nicht viel später sein Leben und seine Herrschaft und starb nach sechs Regierungsjahren[65]. Nach seinem Tode setzten sie den König Theuderich auf den Thron des Reiches, der auch jetzt noch diesen Thron behauptet und noch viele Jahre vor sich hat[66].

11. Nach diesen Geschehnissen verfolgte der princeps Karl eben jenen Raganfred[67] und belagerte die Stadt Angers[68]; er verwüstete diesen Landstrich und kehrte mit reicher Kriegsbeute heim[69]. Als sich zur selben Zeit auch die Sachsen auflehnten, zog der princeps Karl gegen sie, kam ihnen zuvor, bezwang sie und kehrte als Sieger heim[70].

12. In der Folgezeit, als der Kreis eines Jahres verstrichen war, bot er ein riesiges Heer auf, überquerte den Rhein und suchte die Alamannen und Sueben heim; er gelangte dabei bis an die Donau, überschritt sie und besetzte das Gebiet der Bajuwaren[71]. Als er jene Gegend unterworfen hatte, kehrte er mit vielen Schätzen und mit einer vornehmen Frau namens Beletrudis und ihrer Nichte Sunnichildis zurück.

13. In eben jener Zeit hielt der dux Eudo den rechtmäßigen Vertrag nicht mehr ein. Als der princeps Karl durch Boten davon erfuhr, setzte er das Heer in Bewegung, überschritt die Loire und schlug den dux Eudo in die Flucht; mit viel Beute, die er in diesem Jahre zweimal seinen Feinden geraubt hatte, kehrte er in seine Heimat zurück. Als der Herzog Eudo sah, daß er besiegt und dem Spott preisgegeben war, stachelte er das treulose Volk der Sarazenen auf, ihm gegen den princeps Karl und das fränkische Volk beizustehen[72]. Sie brachen mit ihrem König namens Abdirama-Abd-Ar-Rahman[73] auf, überschritten die Garonne und gelangten in die Stadt Bordeaux; nachdem sie die Kirchen niedergebrannt und

[66] Bis hierher reicht die Abhängigkeit des Textes vom *Liber Hist. Franc.*, der seinerseits 727 endet. Theuderich IV. regierte 721–737.

[67] Der letzte Aufstand der Neustrier gegen die neuen Machthaber.

[68] Hst. des Dép. Maine-et-Loire.

[69] 724

[70] Noch 724.

[71] 725; Bayern wurde damals wieder näher an den fränkischen Machtbereich gebracht, von einer Unterwerfung kann aber kaum gesprochen werden.

[72] 731

[73] Abd-Ar-Rahman, Statthalter des Kalifen von Spanien.

consumptis, usque Pectavis profecti sunt; basilica sancti Hilarii igne concremata, quod dici dolor est, ad domum beatissimi Martini evertendam destinant. Contra quos Carlus princeps audacter aciem instruit, super eosque belligerator inruit. Christo auxiliante, tentoria eorum subvertit, ad proelium stragem conterendam accurrit, interfectoque rege eorum Abdirama, prostravit, exercitum proterens, dimicavit atque devicit[74], sicque victor de hostibus triumphavit.

14. Praecedente alioquin anno[75] sequente, egregius bellator Carlus princeps regionem Burgundie sagaciter penetravit, fines regni illius leudibus suis probatissimis, viris industriis ad resistendas gentes rebelles et infideles statuit, pace patrata, Lugdono Gallia suis fidelibus tradidit. Firmata foedera iudiciaria, reversus est victor fiducialiter agens.

15. In illis quippe diebus Eodo dux mortuus est.[76] Haec audiens praefatus princeps Carlus, inito consilio procerum suorum, denuo Ligere fluvio transiit, usque Geronnam vel urbem Burdigalensem vel castro Blavia[77] veniens, occupavit illamque / regionem coepit hac subiugavit cum urbibus ac suburbana castrorum. Victor cum pace remeavit, opitulante Christo rege regum et domino dominorum. Amen.

16. Curricula annorum actenus repperiuntur: Ab Adam vel initio saeculi usque diluvio ann. 2242; a diluvio usque ad Abraham ann. 942; ab Abraham usque ad Moysen ann. 505; a Moysen usque ad Salomonem ann. 479; a Salomone usque ad reedificationem templi temporibus Darii regis Persarum ann. 512; a restaurationem templi usque ad adventum domini nostri Iesu Christi ann. [f]548. Certe ab initio mundi usque ad passionem domini nostri Iesu Christi sunt anni[f] 5228 et a passione Domini usque isto anno praesente, qui est in cyclo Victorii[78] ann. 177. Kl. Ian. die dominica, ann. 735; et ut istum miliarium impleatur, restant ann. 63[79].

[f–f] Fehlt in 4b.

das Volk niedergemetzelt hatten, zogen sie nach Poitiers weiter; sie zündeten die Kirche des heiligen Hilarius an – die bloße Erwähnung bereitet mir Schmerz – und beschlossen, auch die Kirche des hochheiligen Martinus zu zerstören. Gegen sie stellte der princeps Karl kühn eine Schlachtreihe auf und stürmte als großer Krieger gegen sie los. Mit Christi Beistand zerstörte er ihre Zelte und eilte in den Kampf, um ein großes Gemetzel anzurichten; er tötete ihren König Abdirama-abd Ar-Rahman, vernichtete ihn, rieb ihr Heer auf, kämpfte und siegte[74]; so triumphierte er als Sieger über die Feinde.

14. Als auf das vergangene Jahr wieder eines gefolgt war[75], drang der treffliche Krieger und princeps Karl schlau in das Gebiet von Burgund ein und gab das Gebiet dieses Königreiches seinen bewährtesten Getreuen, Männern, die tüchtig genug waren, um aufständische und ungläubige Völker abzuwehren. Nachdem der Friede hergestellt war, übergab er das gallische Lyon seinen Getreuen. Als diese Verträge öffentlich bekräftigt waren, kehrte er voll Zuversicht als Sieger heim.

15. In jenen Tagen starb der Herzog Eudo[76]. Als der vorher genannte princeps Karl das hörte, beriet er sich mit seinen Vornehmen, überquerte neuerlich die Loire, zog bis zur Garonne und kam zur Stadt Bordeaux und zur Festung Blaye[77]; er eroberte jene Gegend, nahm sie in Besitz und unterwarf sie mit ihren Städten und befestigten Vorstädten. Als Sieger kehrte er mit der Hilfe Christi, des Königs der Könige und des Herrn der Herrn in Frieden heim. Amen.

16. Der Lauf der Jahre bis heute setzt sich so zusammen: von Adam bzw. dem Beginn der Welt bis zur Sintflut 2242 Jahre; von der Sintflut bis Abraham 942 Jahre; von Abraham bis Moses 505 Jahre; von Moses bis Salomon 479 Jahre; von Salomon bis zur Wiedererrichtung des Tempels zur Zeit des Perserkönigs Darius 512 Jahre; von der Wiederherstellung des Tempels bis zur Ankunft unseres Herrn Jesus Christus 548 Jahre. So sind es sicher vom Beginn der Welt bis zum Leiden unseres Herrn Jesus Christus 5228 Jahre und vom Leiden unseres Herrn bis zu diesem Jahr, das im Zyklus des Victorius[78] am Sonntag, dem 1. Jänner, das 177. Jahr ist, sind es 735 Jahre; damit dieses Millenium erfüllt werde, fehlen noch 63 Jahre[79].

[74] Oktober 732; der Ort der Schlacht liegt nördlich von Poitiers. Vgl. L. Levillain und Chr. Samaran, Sur le lieu et la date de la bataille dite des Poitiers de 732. Bibliothèque de l'École des Chartes 99 (1938).

[75] 733

[76] 735

[77] Ein Teil von Blaye-et-St. Luce im Dép. Gironde.

[78] Victorius von Aquitanien verfaßte 457 eine Ostertabelle mit einem 532jährigen Zyklus, der in Gallien bis ins 7./8. Jahrhundert verbreitet war.

[79] Der Autor schrieb im 177. Jahre des *cyclus Victorianus*, das ist das Jahr 5937 von der Erschaffung der Welt.

17. Itemque, quod superius praetermissimus, gentem dirissimam maritima Frigionum nimis crudeliter rebellantem[80], praefatus princeps audacter navale evectione praeparat; certatim alto mare ingressus, navium copia adunata, Unistrachia et Austrachia insulas Frigionum penetravit, super Bordine fluvio castra ponens. Bubonem gentilem ducem illorum fraudolentum consiliarium interfecit, exercitum Frigionum prostravit, fana eorum idolatria contrivit atque conbussit igne; cum magna spolia et praeda victor reversus est in regnum Francorum.

18. Idcirco sagacissimus vir Carlus dux, commoto exercitu, partibus Burgundie dirigit, Lugdunum Gallie urbem, maiores natu atque praefectus eiusdem / provintie sua dicione rei publice subiugavit, usque Marsiliensem urbem vel Arlatum suis iudicibus constituit, cum magnis thesauris et muneribus in Francorum regnum remeavit, in sedem principatus sui.

19. Itemque rebellantibus[81] Saxonis paganissimos, qui ultra Renum fluvium consistunt, strenuus vir Carlus hoste commoto Francorum, in loco ubi Lippia fluvius Renum amnem ingreditur[82] sagace intentione transmeavit, maxima ex parte regione illa dirissima cede vastavit, gentemque illam sevissimam ex parte tributaria esse praecepit atque quam plures hospitibus[83] ab eis accepit; sicque, oppitulante Domino, victor remeavit ad propria.

20. Denuo rebellante gente valida Ismahelitarum, quos modo Sarracinos corrupto vocabulo nuncupant, inrumpentesque Rodanum fluvium, insidiantibus infideles hominibus sub dolo et fraude, Mauronto[84] quidem cum sociis suis, Avennionem urbem munitissimam ac montuosam ipsi Sarracini, collecto hostile agmine, ingrediuntur; illisque rebellantibus, ea regione vastata. Ad contra vir egregius Carlus dux germanum suum, virum industrium Childebrando[85] ducem cum reliquis ducibus et comitibus illis partibus cum apparatu hostile diriget. Quique praepropere ad eandem urbem pervenientes, tentoria instruunt, undique ipsud oppidum et suburbana praeoccupant, munitissimam civitatem obsedunt, aciem intruunt, donec insecutus vir belligerator Carlus praedictam urbem adgreditur, muros circumdat, castra ponit,

17. Ebenso hat – was wir oben übergangen haben – der genannte Princeps auch kühne Vorbereitungen für einen Seekrieg gegen das unbändige Seevolk der Friesen getroffen, das sich sehr grausam erhoben hatte[80]; als er viele Schiffe zusammengebracht hatte, fuhr er in kriegerischer Absicht auf das hohe Meer hinaus, drang bis zu den friesischen Inseln Westergo und Ostergo vor und schlug sein Lager am Flusse Boorn auf. Er tötete den heidnischen dux Bubo, ihren betrügerischen Ratgeber, warf das Heer der Friesen nieder, zerstörte ihre Haine und Heiligtümer und verbrannte sie; mit großer Kriegsbeute kehrte er als Sieger in das Reich der Franken zurück.

18. So bot der überaus umsichtige dux Karl ein Heer auf und führte es in die Gegend von Burgund, zur Stadt Lyon in Gallien; er unterwarf die vornehmen Leute und die Amtsträger dieser Provinz seinem öffentlichen Machtbereich, setzte bis zur Stadt Marseille und Arles seine Richter ein und kehrte mit großen Schätzen und Geschenken in das Reich der Franken zurück, den Sitz seiner Herrschaft.

19. Als sich die Sachsen, jene unverbesserlichen Heiden, die jenseits des Rheins lebten, wieder erhoben[81], bot der tatkräftige Herr Karl das Heer der Franken auf und setzte es in schlauer Absicht an jenem Ort über, wo die Lippe in den Rhein mündet[82]; er suchte mit schrecklichem Blutvergießen den größten Teil jener Gegend heim, befahl diesem ganz ungebärdigen Volke, teilweise Abgaben zu leisten, und nahm möglichst viele Geiseln[83] von ihnen. So kehrte er mit der Hilfe Gottes als Sieger nach Hause zurück.

20. Abermals erhob sich das mächtige Volk der Ismaeliten, die man jetzt mit einer falschen Bezeichnung Sarazenen nennt; sie drangen bis zur Rhône vor, wo Abtrünnige, nämlich Maurontus[84] mit seinen Gefährten, mit List und Betrug im Hinterhalt lagen; die Sarazenen sammelten ihr feindliches Heer und drangen in die stark befestigte und auf einem Berg liegende Stadt Avignon ein; bei diesem Aufstand verwüsteten sie die Gegend. Dagegen schickte der vortreffliche dux Karl seinen Bruder, den dux Childebrand[85], einen tüchtigen Mann mit anderen duces und comites mit einem Heeresaufgebot in jene Gegend. Sie gelangten sehr rasch zu dieser Stadt, schlugen Zeltlager auf und besetzten auf allen Seiten das Gebiet rund um die Stadt; sie belagerten die stark befestigte Stadt und stellten eine Schlachtreihe auf, bis der große Krieger Karl ihnen nachfolgte und die genannte Stadt angriff; er legte Mauern herum, schlug ein

[80] 734

[81] 738

[82] Nahe Wesel.

[83] Zur Gleichung *hospes – obses* vgl. die *Historia Frigii de Origine Francorum.*

[84] Vgl. *Fredegar Cont. 21,* wo Maurontus *dux* genannt wird.

[85] War in Burgund reich begütert; seine genealogische Zuordnung zu Karl Martell ist unsicher.

obsidionem coacervat. In modum Hiericho[86] cum strepitu hostium et sonitum tubarum, cum machinis et restium funibus super muros et edium moenia inruunt, urbem munitissimam ingredientes succendunt, hostes inimicos suorum capiunt, interficientes trucidant atque prosternent et in sua dicione efficaciter restituunt. Victor igitur atque bellator insignes Carlus intrepidus Rodanum fluvium cum exercitu suo transiit, Gotorum fines penetravit, usque Narbonensem Galliam peraccessit, ipsam urbem celeberrimam / atque metropolim[87] eorum obsedit, super Adice[88] fluvio munitionem in girum inmodum arietum instruxit, regem Sarracinorum nomine Athima[89] cum satellitibus suis ibidem reclusit castraque metatus est undique. Haec audientes maiores natu et principes Sarracinorum, qui commorabantur eo tempore in regionem Spaniarum, coadunato exercito hostium, cum alio rege Amormacha[90] nomine adversus Carlum viriliter armati consurgunt, praeparantur ad proelium. Contra quos praefatus vir Carlus dux triumphator occurrit, super fluvium Byrra[91] et valle Corbaria[92] palatio occurrit. Illisque mutuo confligentibus, Sarracini devicti atque prostrati, cernentes regem eorum interfectum, in fugam lapsi terga verterunt; qui evaserant cupientes navale evectione evadere, in stagnum maris natantes, namque sibimet mutuo conatu insiluunt. Mox Franci cum navibus et iaculis armaturiis super eos insiluunt, suffocantesque in aquis, interimunt. Sicque Franci triumphantes de hostibus, praeda magna et spolia capiunt; capta multitudine captivorum, cum duce victore regionem Goticam depopulant. Urbes famosissimas Nemausum[93], Agatem[94] hac Biterris[95], funditus muros et moenia destruens, igne subposito, concremavit; suburbana et castra illius regiones vastavit. Devicto adversariorum agmine, Christo in omnibus praesule et caput salutis victorie, salubriter remeavit in regionem suam, in terra Francorum, solium principatus sui.

[86] Vgl. *Jos. 6,20.*
[87] Hst. des Dép. Aude.
[88] Fluß im gleichnamigen Dép.
[89] Jussuf ibn-Abdéraman, Statthalter der Gallia Narbonensis.

Lager auf und verschärfte die Einschließung. Wie bei Jericho[86] griffen sie unter Kriegsgeheul und Tubenklängen mit Belagerungsgeräten und Strickleitern die Stadt- und Hausmauern an, drangen in diese wohlbefestigte Stadt ein und steckten sie in Brand; sie nahmen das Heer ihrer Feinde gefangen, metzelten und warfen sie nieder und brachten die Stadt mit Erfolg wieder in ihre Gewalt. Als Sieger überquerte so der ausgezeichnete Krieger Karl mit seinem Heere furchtlos die Rhône, drang in das Gebiet der Goten ein und gelangte nach Narbonne in Gallien; er belagerte jene hochberühmte Stadt, ihre Metropole[87], legte an der Aude[88] in der Art von Sturmböcken eine kreisförmige Befestigungsanlage an, schloß den König der Sarazenen namens Abdérman[89] mit dessen Begleitern dort ein und steckte rundherum ein Lager ab. Als die Vornehmen und die Fürsten der Sarazenen, die sich zu dieser Zeit in Spanien aufhielten, dies hörten, sammelten sie ein feindliches Heer und erhoben sich mannhaft unter einem anderen König namens Omar ibn-Chaled[90] in Waffen gegen Karl und trafen Vorbereitungen für eine Schlacht. Der genannte Herr Karl, der triumphierende Feldherr, brach gegen sie auf und eilte ihnen an der Berre[91] beim Palast im Tale der Corbières[92] entgegen. Dort stürmten sie nun gegenseitig aufeinander los und die Sarazenen wurden besiegt und niedergeworfen; als sie sahen, daß ihr König getötet war, wandten sie sich zur Flucht und entkamen; jene, die entkommen waren, versuchten zu Schiff zu entkommen; wie sie aber im seichten Meer schwammen, behinderten sie sich gegenseitig. Bald drangen die Franken mit Schiffen und Wurfspeeren auf sie ein, durchbohrten sie in den Fluten und töteten sie. So triumphierten schließlich die Franken über die Feinde und eroberten viel Kriegsbeute; als sie viele Gefangene gemacht hatten, verwüsteten die Franken mit ihrem siegreichen Feldherrn das Gotenland. Die hochberühmten Städte Nîmes[93], Agde[94], und Béziers[95] ließ er samt ihren Haus- und Stadtmauern bis zum Boden niederreißen, legte Feuer und steckte sie in Brand; er zerstörte auch die Vorstädte und Befestigungen dieses Gebietes. Als er, der bei allen Entscheidungen von Christus geleitet wurde, in dem allein das Heil des Sieges liegt, das Heer seiner Feinde besiegt hatte, kehrte er wohlbehalten in sein Gebiet zurück, ins Land der Franken, den Sitz seiner Herrschaft.

[90] Omar ibn-Chaled.

[91] Mündet bei Êtang de Bageset de Sigean im Dép. Aude in den gleichnamigen Fluß.

[92] Südlich von Narbonne; der Palast war einst vom Gotenkönig Athaulf erbaut worden.

[93] Hst. des Dép. Gard.

[94] Ct. im Dép. Hérault, Ar. Béziers.

[95] Ar. im Dép. Hérault.

21. Denuo curriculo anni illius mense secundo praedictum germanum suum[96] cum pluribus ducibus atque comitibus, commoto exercitu, partibus Provintie diriget. Avennionem urbem venientes, Carlus properans peraccessit cunctamque regionem usque litus maris magni sue dominationi[g] restituit[97], fugato duce Mauronto inpenetrabilibus, tutissimis rupibus, maritimis munitionibus. Praefatus princeps Carlus, cuncta sibimet adquisita regna, victor regressus est, nullo contra eum rebellante. Reversusque in regione Francorum, egrotare coepit in villa Vermbria[98] super Isra fluvium.

22. Eo etenim tempore bis a Roma sede sancti Petri apostoli beatus papa Gregorius[99] claves venerandi sepulchri cum vincula sancti Petri et muneribus / magnis et infinitis legationem, quod antea nullis auditis aut visis temporibus fuit, memorato principi destinavit, eo pacto patrato, ut a partibus imperatoris recederet et Romano consulto praefato principe Carlo sanciret[1]. Ipse itaque princeps mirifico atque magnifico honore ipsam legationem recepit, [h]munera praetiosa contulit atque cum magno praemio cum suis sodalibus missa, Grimone abbati Corbeinsis monasterio et Sigoberto recluso basilicae sancti Dionisii martyris, itemque Roma limina sancti Petri et sancti Pauli destinavit[h.2].

23. Igitur memoratus princeps, consilio obtimatum suorum expetito, filiis suis regna dividit[3]. Idcirco primogenito suo Carlomanno nomine Auster, Suavia, que nunc Alamannia dicetur, atque Toringia sublimavit; alterius vero secundo filio iuniore Pippino nomine Burgundiam, Neuster et Provintiam praemisit.

24. Eo anno Pippinus dux, commoto exercito, cum avunculo suo Childebrando duce et multitudine primatum et agminum satellitum plurimorum Burgundia dirigunt, fines regionum praeoccupant. Interim, quod dici dolor et meror est, sollicitatur ruina,

[g] *Dicioni* 4a.
[h–h] Fehlt in 4a.

[96] Der dux Childebrand.
[97] 738; zur Frühgeschichte der Provence vgl. R. Buchner, Die Provence in merowingischer Zeit (1933).

21. Abermals schickte er im Laufe dieses Jahres im 2. Monat seinen oben genannten Bruder[96] mit vielen duces und comites mit einem Heer ins Gebiet der Provence. Als sie zur Stadt Avignon kamen, kam Karl rasch zu ihnen und unterstellte das ganze Gebiet bis zur Meeresküste wieder seiner Herrschaft[97]; der dux Maurontus floh in die unzugänglichen, ganz sicheren, durchs Meer geschützten Felsenklippen. Der oben genannte princeps Karl kehrte als Sieger zurück, nachdem er alle Königreiche unterworfen hatte und sich niemand mehr gegen ihn erhob. Ins Frankenland zurückgekehrt, erkrankte er in der villa von Verberie[98] an der Oise.

22. In dieser Zeit schickte der heilige Papst Gregorius[99] dem erwähnten princeps von Rom aus, dem Sitze des heiligen Apostels Petrus, zweimal die Schlüssel zum verehrungswürdigen Grabe mit den Ketten des hl. Petrus und eine Gesandtschaft mit großen und unermeßlichen Geschenken, wie sie noch nie zuvor gehört und gesehen worden waren, in der erklärten Absicht, daß er die kaiserliche Partei verlassen und dem genannten princeps Karl feierlich den römischen Konsulat übertragen wolle[1]. Der princeps selbst empfing diese Gesandtschaft mit außer-gewöhnlicher und besonderer Ehre und übergab ihnen kostbare Geschenke, die er mit seinen Gefährten Grimo, dem Abt des Klosters Corbie, und Sigibert, einem Klausner an der Basilika des heiligen Märtyrers Dionysius, und große Geschenke nach Rom zu den Schwellen des heiligen Petrus und Paulus sandte[2].

23. So teilte der erwähnte princeps das Königreich[3] unter seinen Söhnen auf, nachdem er den Rat seiner Vornehmen eingeholt hatte. Also erhob er seinen Erstgeborenen namens Karlmann in Auster, Schwaben, das jetzt Alemannien heißt, und Thüringen zum Herrscher; seinen zweiten und jüngeren Sohn namens Pippin setzte er über Burgund, Neuster und die Provence ein.

24. In diesem Jahre bot der dux Pippin ein Heer auf und zog mit seinem Onkel, dem dux Childebrand, vielen Vornehmen und einer großen Schar von Begleitern nach Burgund und besetzte den Landstrich. Unterdessen, es ist traurig und schmerzvoll zu berichten, erschienen Boten

[98] Dép. Oise, Ar. Senlis, Ct. Ponte-St. Maxence.

[99] P. Gregor III., 731—741, unter dessen Pontifikat es wegen des Bilderstreites zum Bruch mit dem oströmischen Ks. Leon III. und der Ostkirche gekommen war. Vgl. zur Stelle die *Vita Gregorii III 14* und allgemein P. Classen, Rom und Byzanz.

[1] Zum ganzen Fragenkomplex E. Hlawitschka, Karl Martell, das römische Konsulat und der römische Staat. Die Stadt in der römischen Geschichte. Festschrift für E. Ennen (1972) und Classen, wie Anm. 99.

[2] 740

[3] Karl Martell herrschte seit dem Tode Theuderichs III. und der Adoption seines Sohnes Pippin durch den Langobardenkönig Luitprand ohne Merowinger königsgleich.

in sole et luna et stellis nova signa apparuerunt[4], seu et paschales ordo sacratissimus turbatus fuit[5]. Carlus nimpe princeps Parisius basilicam sancti Dionisii martyris multa munera ditavit, veniensque Cariciaco[6] villa palatii super Isra fluvium, valida febre correptus, obiit in pace, cuncta in giro regna adquisita. Rexit autem utrasque regna an. XXV. Transiit itaque 11. Kl. Novb.[7], sepultusque est Parisius basilica sancti Dionisii martyris[i.8]. /

25. Chiltrudis quoque, filia eius, faciente consilio nefario noverce sue[9], fraudulenter per manus sodalium suorum Renum transiit et ad Odilonem ducem Bagoariis pervenit; ille vero eam ad coniugium copulavit contra voluntatem vel consilium fratrum suorum. Interea rebellantibus Wascones in regione Aquitania cum Chunoaldo duce, filio Eudone[10] quondam, Carlomannus atque Pippinus germani principes, congregato exercito, Liger alveum Aurilianis urbem transeunt, Romanos proterunt, usque Beturgas[11] urbem accedunt, suburbana ipsius igne conburent, Chunoaldo duce persequentes fugant, cuncta vastantes, Lucca [12]castrum dirigunt atque funditus subvertunt, custodes illius castri capiunt; etenim victores existunt[13]. Praedam sibi dividentes, habitatores eiusdem loci secum captivos duxerunt. Inde reversi circa tempus autumni, eodem anno iterum exercitum admoverunt ultra Renum contra Alamannos; sederuntque castra metati super fluvium Danuvii in loco nuncupante[k], usquequo habitatores Alamanni se victos videntes, obsides donant, iura promittunt, munera offerunt, et pacem petentes, eorum se dicione submittunt.

26. Inde reversi, anno secundo regni eorum cognatus eorum Odilo dux Bagoariorum contra ipsos rebellionem excitat. Conpulsi sunt generalem cum Francis in Bagoaria admoveri exercito; venientesque super fluvium qui dicitur Lech[14], sederunt super

[i] *Explicit historia rerum gestarum Carli maioris domus. Qui, bello Vinciaco habito, Ragemfredum victum fugavit. Et alia quam plurima fortiter et utiliter gessit.* 5f.

[k] Lücke in der Überlieferung; *in loco qui nuncupatur* he. *usque quo* 4c[2].

[4] Luc. 21,25.

[5] Die genannten Ereignisse beziehen sich auf das Jahr 740.

[6] Dép. Aisne (Ile-de-France), Ar. Laon, Ct. Coucy-le-Château-Auffrique.

des Untergangs, an Sonne, Mond und Sternen zeigten sich neue Zeichen[4], und auch das allerheiligste Osterdatum war umstritten[5]. Der princeps Karl aber beschenkte die Basilika des heiligen Märtyrers Dionysius in Paris mit reichen Schätzen; als er in den Palast der villa von Quiérzy[6] an der Oise kam, ergriff ihn heftiges Fieber, und er starb in Frieden, nachdem er alle Königreiche ringsum an sich gebracht hatte. Er regierte in beiden Reichen 25 Jahre. Er starb am 22. Oktober[7] und wurde in Paris in der Basilika des heiligen Martyrers Dionysius begraben[8].

25. Seine Tochter Chiltrudis überquerte nun auf Anraten ihrer bösen Stiefmutter[9] mit Hilfe ihrer Freunde in betrügerischer Absicht den Rhein und gelangte zu Odilo, dem Herzog der Bajuwaren; jener machte sie gegen den Willen und die Absicht ihrer Brüder zu seiner Frau. Unterdessen erhoben sich die Gascogner in Aquitanien unter ihrem dux Chunoald, dem Sohne des verstorbenen Eudo[10], und die fürstlichen Brüder Karlmann und Pippin versammelten ein Heer, überschritten die Loire bei der Stadt Orléans, warfen die Romanen nieder, zogen bis zur Stadt Bourges[11], äscherten ihre Vorstädte ein, trieben bei ihrer Verfolgung den dux Chunoald in die Flucht, verwüsteten alles, zogen zur Burg von Loches[12], zerstörten sie bis zum Grund und nahmen die Besatzung dieser Festung gefangen; schließlich blieben sie siegreich[13]. Sie teilten die Beute untereinander und nahmen die Einwohner dieses Ortes als Gefangene mit sich. Als sie von dort etwa zur Zeit des Herbstes zurückgekehrt waren, führten sie ihr Heer in diesem Jahre noch ein zweitesmal gegen die Alamannen, diesmal über den Rhein. Sie ließen sich nieder und steckten ein Lager ab an der Donau beim Ort namens ...; als die dort wohnenden Alamannen ihre Unterlegenheit einsahen, stellten sie Geiseln und versprachen Genugtuung, boten Geschenke dar, baten um Frieden und unterwarfen sich ihrer Herrschaft.

26. Von dort heimgekehrt, zettelte in ihrem zweiten Regierungsjahre ihr Verwandter Odilo, der dux der Bajuwaren, einen Aufstand gegen sie an. So waren sie gezwungen, das gesamte Heer mit den Franken gegen die Bajuwaren zu führen; als sie an den Fluß kamen, der Lech[14] heißt,

[7] Nach W. Levison, A propos du calendrier de S. Willibrord. Revue Bénédictine 50 (1938) am 15. Oktober 741.

[8] Seit K. Dagobert I. Grabstätte der Merowingerkönige.

[9] Sunnichildis; vgl. *Fredegar Cont. 12.*

[10] Vgl. *Fredegar Cont. 13* und *15.*

[11] Hst. des Dép. Cher.

[12] Ar. im Dép. Indre-et-Loire.

[13] Mai 742

[14] Mündet östlich von Donauwörth (Bayern, RB. Schwaben) in die Donau.

ripam fluminis uterque exercitus, hinc inde se mutuo videntes, usque ad quindecim diebus[15]. Qui tantundem provocati inrisionibus gentes illius, indignatione commoti, periculo se dederunt per loca deserta et palustria, ubi mons transiunde nullatenus adherat. Nocteque inruentes, divisis exercitibus, eos inprovisos occupaverunt; commissoque proelio, praedictus dux Odilo, ceso exercitu suo[16], vix cum paucis turpiter ultra Igne fluvium fugiendo evasit. His triumphis peractis, non sine dispendio multorum, tamen feliciter victores ad propria remeaverunt.

27. Evoluto triennio, iterum Carlomannus confinium Saxanorum, ipsis rebellantibus, cum exercitu inrupit; ibique captis habitatoribus, qui suo regno adfinis esse videbantur, absque belli discrimini[17] feliciter adquisivit, et, plurimos eorum Christo duce baptizatis, sacramenta consecrati fuerunt. Per idem tempore, rebellante Theudobaldo[18], / filium Godafredo duce, Pippinus cum virtute exercitus sui ab obsidione Alpium turpiter expulit fugientem; revocatoque sibi eiusdem loci ducato, victor ad propria remeavit[19].

28. Inde reversi praecelsi germani, sequente anno[20] provocati coturno Wasconorum, iterum usque ad Ligerem fluvium pariter adunati venerunt. Quod videntes Vascones, praeoccupaverunt, pacem petentes et voluntatem Pippini in omnibus exequentes, muneratum eum, a finibus suis ut rideret, precibus obtinuerunt.

29. His ita transactis, sequente anno, dum Alamanni contra Carlomanno eorum fide fefellissent, ipse cum magno furore cum exercitu in eorum patria peraccessit et plurimos eorum, qui contra ipso rebelles existebant, gladio trucidavit[21].

30. His itaque gestis, sequente curriculo annorum, Carlomannus devotionis causa inextinctu succensus[22], regnum una cum filio suo Drohone manibus germano suo Pippino committens, ad limina beatorum apostolorum Petri et Pauli Romam ob monachyrio ordine[23] perseveraturus advenit. Qua successione Pippinus roboratur[l] in regno.

[l] *Roboratus* 4b. c[1].

[15] Während dieser Zeit schlug ein päpstlicher Vermittlungsversuch fehl.
[16] 743
[17] 744

ließen sich beide Heere am jeweiligen Flußufer nieder und blieben so 15 Tage in gegenseitiger Sichtweite[15]. Schließlich wurden sie aufgebracht durch die Schmähung dieses Volkes; erzürnt machten sie sich auf den gefahrvollen Weg durch wüstes Sumpfgebiet, wo es keine feste Erhöhung zum Überqueren gab. In der Nacht griffen sie mit geteilten Heerscharen an und trafen sie unvorbereitet; es kam zum Kampf und der vorhergenannte dux Odilo entkam nach der Niederlage seines Heeres[16] mit Mühe mit einigen wenigen schmachvoll durch die Flucht jenseits des Inns. Nach diesen Triumphen kehrten sie, nicht ohne den Verlust vieler Männer, aber dennoch glücklich als Sieger nach Hause zurück.

27. Als drei Jahre vergangen waren, drang Karlmann wieder mit einem Heer ins Gebiet der Sachsen ein, die sich erhoben hatten; als er dort die Einwohner gefangengenommen hatte, die an der Grenze zu seinem Reich lebten, gliederte er sie erfolgreich und ohne kriegerische Entscheidung ein[17], und nachdem die meisten von ihnen unter Christi Führung getauft worden waren, wurden sie durch das Sakrament geheiligt. Als zur selben Zeit Theudebald[18], der Sohn des dux Gottfried, einen Aufstand unternahm, vertrieb ihn Pippin mit Hilfe seines tüchtigen Heeres aus seiner Alpenfestung und zwang ihn zur schmählichen Flucht; nachdem er den Dukat dieser Gegend wiedergewonnen hatte, kehrte er als Sieger nach Hause zurück[19].

28. Von dort zurückgekehrt, kamen die erlauchten Brüder, gereizt durch den Übermut der Gascogner, im folgenden Jahre[20] gleichermaßen vereint zur Loire. Als die Gascogner das sahen, kamen sie ihnen zuvor, baten um Frieden und befolgten den Willen Pippins in allem; sie beschenkten ihn und erreichten durch Bitten, daß er aus ihrem Gebiet abzog.

29. Im Jahre, das auf diese Geschehnisse folgte, als die Alamannen ihr Treuegelöbnis Karlmann gegenüber gebrochen hatten, zog dieser wutentbrannt mit einem Heer in ihre Heimat und machte die meisten von ihnen, die sich gegen ihn erhoben hatten, mit dem Schwerte nieder[21].

30. Nachdem das geschehen war, übergab Karlmann im Laufe des folgenden Jahres, entbrannt von unauslöschlichem Verlangen[22] nach frommer Hingabe sein Reich und seinen Sohn Drogo in die Hände seines Bruders Pippin und zog zur Schwelle der heiligen Apostel Petrus und Paulus nach Rom, um im Mönchsleben zu verharren[23]. Durch diese Erbfolge wurde Pippin in seiner Herrschaft gestärkt.

[18] Dux der Alemannen, der an der Seite des Baiernherzogs Odilo gekämpft hatte.

[19] Damals war das alemannische Herzogtum endgültig beseitigt worden.

[20] 745

[21] Cannstatt 746.

[22] Vgl. Einhard, *Vita Caroli Magni 2.*

[23] 747; zunächst auf dem Berg Soracte, dann in Montecassino.

31. Eodem anno[24] Saxones more consueto fidem, quam germano suo promiserant, mentire conati sunt. Qua de causa, adento exercito, eos praevenire conpulsus est; cui etiam reges Winidorum seu Frigionum ad auxiliandum uno animo convenerunt. Quod videntes Saxones, consueto timore conpulsi, multi ex eis iam trucidati et in captivitate missi, regiones eorum igneque crematis, pacem petentes, iure Francorum sese, ut antiquitus mos fuerat, subdiderunt et ea tributa quae Chlotario quondam prestiterant[25] plenissima solutione ab eo tempore deinceps esse reddituros promiserunt. Ex quibus plurima multitudo videntes se contra impetum Francorum rebellare non posse, propriis viribus destituti, petierunt sibi christianitate sacramenta conferre.

32. Quo peracto tempore, Baioarii consilio nefandorum iterum eorum fide / fefellunt et contra praefato principe eorum fide mentiti sunt[26]. Qua de re, commoto exercito, cum magno agmine apparatu eorum patrias peraccessit. Ipsi vero terrore conpulsi, ultra fluvium Igni cum uxores ac liberis eorum fugientes, et memoratus princeps super ripam Igni castra metatus, navale proelium praeparavit, qualiter eos ad internitionem persequeret. Quod videntes Bagoarii, eorum viribus se auxiliare non posse, legatos cum munera multa transmittunt et in eius dicione se subdant[27] et sacramenta vel obsides donant, ut ne ulterius rebelles existant. Ipse vero duce Christo cum magno triumpho in Frantia ad propria sede feliciter remeavit; et quievit terra a proeliis annis duobus.

33. Quo tempore una cum consilio et consensu omnium Francorum missa relatione[28] ad sede apostolica[29], auctoritate praecepta, praecelsus Pippinus electione totius Francorum in sedem regni cum consecratione episcoporum et subiectione principum una cum regina Bertradane, ut antiquitus ordo deposcit, sublimatur in regno.[30]

[24] Die Ereignisse beziehen sich auf das Jahr 748.

[25] 400 Kühe, die bis zur Zeit K. Dagoberts I., auch tatsächlich bezahlt worden waren; vgl. *Fredegar IV 74*.

31. Im selben Jahre[24] versuchten die Sachsen in gewohnter Art die Treue zu brechen, die sie seinem Bruder versprochen hatten. Aus diesem Grunde mußte er ein Heer sammeln und gegen sie ausschicken; sogar die Könige der Wenden und Friesen kamen ihm einmütig zu Hilfe. Als die Sachsen das sahen, wurden sie — wie gewöhnlich — von Furcht ergriffen, viele von ihnen wurden getötet und gerieten in Gefangenschaft, und ihr Gebiet wurde niedergebrannt; da baten sie um Frieden, unterwarfen sich der fränkischen Herrschaft, so wie es von alters her Brauch gewesen war, versprachen, daß sie jene Abgaben, die sie einst Chlothar gezahlt hatten[25], von nun an vollständig und ganz genau leisten würden. Als der Großteil von ihnen erkannte, daß sie der Gewalt der Franken nicht widerstehen könnten, und da sie ihrer eigenen Macht beraubt waren, baten sie, ihnen die christlichen Sakramente zu bringen.

32. Nach einiger Zeit brachen die Bajuwaren auf den Rat böser Männer wiederum ihr Treueversprechen und zerrissen ihr Treueband gegenüber dem vorgenannten princeps[26]. Aus diesem Grund versammelte er das Heer und zog mit einer großen Heerschar in ihre Heimat. Sie aber flohen von Angst ergriffen mit ihren Frauen und Kindern jenseits des Inns; der erwähnte princeps steckte das Lager am Ufer des Inns ab und bereitete einen Kampf zu Schiff vor, um sie bis zu ihrer Vernichtung zu verfolgen. Als die Bajuwaren sahen, daß ihre Macht nicht ausreiche, schickten sie Gesandte mit vielen Geschenken hinüber, unterwarfen sich seiner Herrschaft[27] und schworen unter Geiselstellung, daß sie nie wieder aufständisch sein würden. Er aber zog unter der Führung Christi in einem großen Triumphzug siegreich in seine Heimat nach Franken zurück; und zwei Jahre lang war das Land von Kriegen frei.

33. Zu dieser Zeit wurde auf Rat und mit der Zustimmung aller Franken eine Gesandtschaft[28] an den apostolischen Sitz geschickt[29] und nachdem der päpstliche Wahrspruch bekanntgeworden war, wurde der erlauchte Pippin, so wie es von alters her die Ordnung verlangt, durch die Wahl aller Franken gemeinsam mit der Königin Bertrada auf den Thron des Reiches gesetzt[30], wobei ihn die Bischöfe weihten und die Ersten des Reiches sich ihm unterwarfen.

[26] Herzog Odilo war am 18. Jänner 748 gestorben. Grifo, der bei der Reichsteilung übergangene Sohn Karl Martells, hatte den unmündigen Sohn Odilos, Tassilo III., aus der Herrschaft verdrängt.

[27] 749

[28] Geleitet von Abt Fulrad von St. Denis und Bischof Burchard von Würzburg.

[29] P. Zacharias, 741—752.

[30] November 751, nachdem der letzte Merowingerkönig, Childerich III., ins Kloster geschickt worden war.

34.[m] Usque nunc inluster vir Childebrandus comes, avunculus praedicto rege Pippino, hanc historiam vel gesta Francorum diligentissime scribere procuravit. Abhinc ab inlustre viro Nibelungo, filium ipsius Childebrando, itemque comite, succedat auctoritas[m].

35. His transactis, sequente anno[31] iterum Saxones eorum fidem, quod praefato rege dudum promiserant, solito more iterum rebelles contra ipso existunt. Unde et Pippinus rex ira commotus, commoto omni exercitu Francorum, iterum Renum transacto, Saxonia cum magno apparatu veniens, ibique eorum patria maxime igne concremavit; et captivos tam viris quam feminis cum multa praeda ibidem fecisset et plurimos Saxones ibidem prostravisset. Convidentes Saxones, penitentia commoti, cum solito timore clementia regis petunt, ut pacem eis concederet, et sacramenta atque tributa multa maiora, quam antea promisserant, redderent et numquam ultra iam rebelles existerent. Rex Pippinus Christo propitio cum magno triumpho iterum ad / Reno ad castro cuius nomen est Bonna veniens. Dum haec ageretur, nuntius veniens ad praefato rege ex partibus Burgundie, quod germanus ipsius rege nomine Gripho, quod dudum in Vasconia ad Waiofario principe confugium fecerat, ad Theudoeno comite Viennense[32] seu et Frederico Ultraiurano comite, dum partibus Langobardie peteret et insidias contra ipso praedicto rege pararet, Maurienna[33] urbem super fluvium Arboris interfectus est. Nam et ipse superscripti comites in eo proelio pariter interfecti sunt[34].

36. Per Ardinna silva ipse rex veniens, et Theudone[35] villa publica super Mosella resedisset, nuntius ad eum veniens, quod Stephanus papa[36] partibus Rome cum magno apparatu et multa munera, iam monte Iove transmeato, ad eius properaret adventum. Haec audiens rex, cum gaudio et laetitia et ingente cura recipere eum praecepit et filio suo Carlo ei obvius ire praecepit, qui usque ad Ponteugone[37] villam publicam ad eius praesentiam adducere deberet. Ibique Stephanus papa Romensis ad praesentia regis veniens, et multis muneribus tam ipso rege quam et

m–m Nur in 4a.

34. Bis hierher ließ der vir inluster Graf Childebrand, der Onkel des genannten Königs Pippin, diese Geschichte oder die Taten der Franken sorgfältig aufzeichnen. Von hier an stand die Aufzeichnung unter der Aufsicht des vir inluster Nibelung, des Sohnes Childebrands, der ebenfalls ein Graf war.

35. Nachdem das geschehen war, brachen die Sachsen im folgenden Jahr[31] abermals ihr Treueversprechen, das sie dem vorher genannten König einst gegeben hatten, und erhoben sich in gewohnter Art abermals gegen ihn. Deshalb entbrannte König Pippin in Zorn, versammelte das ganze Heer der Franken, überquerte von neuem den Rhein, kam mit großem Aufgebot nach Sachsen und verbrannte ihr Land zum größten Teil, nahm dort viele Männer und Frauen gefangen, machte große Beute und tötete sehr viele Sachsen. Als die Sachsen das sahen, wurden sie von Reue ergriffen und baten den König in gewohnter Furcht um Gnade, daß er ihnen Frieden gewähre; sie würden Eide und noch viel größere Abgaben leisten, als sie schon früher versprochen hatten, und nie wieder einen Aufstand unternehmen. Der König Pippin zog mit der Gnade Christi in einem großen Triumphzug wieder zum Rhein in die Festung, die Bonn heißt. Unterdessen kam aus Burgund ein Bote zu dem genannten König: des Königs Bruder namens Grifo, der früher zum Fürsten Waifar ins Gascognerland geflohen war, sei bei dem Versuch, in das Gebiet der Langobarden zu ziehen und gegen den genannten König Ränke zu schmieden, von Theudoenus, dem Grafen von Vienne[32] und Fridericus, dem Grafen des Jura in der Stadt St. Jean-de-Maurienne[33] an der Arc getötet worden. Auch die oben genannten Grafen wurden in diesem Kampfe getötet[34].

36. Der König selbst kam durch den Ardennenwald und hielt sich eben in dem Königshof Diedenhofen[35] an der Mosel auf, als ein Bote zu ihm kam mit der Nachricht, daß der Papst Stephan[36] aus Rom mit großem Gefolge und vielen Geschenken den Großen St. Bernhard schon überschritten habe und sich beeile, ihn zu treffen. Als der König das hörte, befahl er, ihn mit Jubel, Freude und großer Sorgfalt aufzunehmen und trug seinem Sohne Karl auf, ihm entgegenzugehen und ihn bis zum Königshof Ponthion[37] vor ihn zu geleiten. Dort trat der römische Papst Stephan vor den König und beschenkte sowohl den König selbst als auch die

[31] 753

[32] Ar. im Dép. Isère.

[33] Ar. im Dép. Savoie.

[34] 753

[35] Thionville im Dép. Moselle.

[36] P. Stephan II., 752–757.

[37] Dép. Marne, Ar. Vitry-le-Francois, Ct. Thièblemont-Farémont; P. Stephan II. erschien dort am 6. Jänner 754.

Francis largitus est, auxilium petens contra gente Langobardorum et eorum rege Aistulfo, ut per eius adiutorium eorum obpressionibus vel fraudulentia de manibus eorum liberaret, et tributa vel munera, quod contra legis ordine ad Romanos requirebant, facere desisterent. Tunc Pippinus rex praefato Stephano papa apud Parisius civitate monasterio sancti Dionisii martyris cum ingenti cura et multa diligentia hiemare praecepit. Legationem ad Aistulfo rege Langobardorum mittens, petens ei, ut propter reverentia beatissimorum apostolorum Petri et Pauli partibus Romae hostiliter non ambularet, et superstitiosas hac impias vel contra legis ordine causas, quod antea Romani numquam fecerant, propter eius petitione facere non deberent.

37. Cumque praedictus rex Pippinus quod per legatos suos petierat non inpetrasset, et Aistulfus hoc facere contempsit, evoluto anno, praefatus rex ad Kal. Mar. omnes Francos, sicut mos Francorum est, Bernaco villa[38] publica ad se venire praecepit. Initoque consilio cum proceribus suis, eo tempore quo solent reges ad bella procedere[39] cum Stephano papa vel reliquas nationes, qui in suo regno commorabantur, et Francorum agmina partibus Langobardie cum omni multitudine per Lugdono Gallie et Vienna pergentes, usque Maurienna[40] pervenerunt. Aistulfus rex Langobar/dorum haec audiens, commoto omni exercitu Langobardorum, usque ad clusas qui cognominatur valle Seusana[41] veniens, ibi cum omni exercitu suo castra metatus est et cum telis et machinis et multo apparatu, quod nequiter contra rem publicam et sedem Romanam apostolicam admiserat, nefaria nitebatur defendere[42]. Et superscriptus rex Pippinus cum Maurienna cum exercitu suo resedisset, et propter angustia vallium montes rupesque exercitus praedicto rege minime transire potuisset, pauci tamen montibus angustisque locis exrumpentibus usque in valle Seusana pervenerunt. Haec cernens Aistulfus rex Langobardorum, omnes Langobardos armare praecepit et cum omni exercitu suo super eos audaciter venit. Haec cernentes Franci, non suis auxiliis nec suis viribus liberare se putabant, sed Deum invocant et beati Petri apostoli adiutorem rogant; commissoque proelio, fortiter inter se demicantes. Aistulfus rex Langobardo-

Franken mit vielen Gaben und bat ihn um Hilfe gegen das Volk der Langobarden und ihren König Aistulf, daß er sich mit seiner Unterstützung ihrer Unterdrückungen und Hinterlist entledigen und sich aus ihren Händen befreien könne und daß diese aufhörten, Abgaben und Geschenke zu fordern, die sie gegen die Ordnung des Gesetzes von den Römern verlangten. Hierauf gab König Pippin den Befehl, den genannten Papst Stephan im Kloster des heiligen Märtyrers Dionysius in der Stadt Paris mit höchster Sorgfalt und großer Aufmerksamkeit den Winter über zu beherbergen. Er schickte eine Gesandtschaft zum Langobardenkönig Aistulf und ersuchte ihn, aus Ehrfurcht vor den heiligsten Aposteln Petrus und Paulus nicht als Feind in Rom einzudringen und auf seine Bitten hin nicht mehr diese frevelhaften, gottlosen und gesetzeswidrigen Forderungen zu stellen, denen die Römer niemals zuvor nachgekommen wären.

37. Als aber der genannte König Pippin das, worum er durch Gesandte gebeten hatte, nicht erlangte und Aistulf es verschmähte, dem nachzukommen, befahl der eben genannte König im folgenden Jahr allen Franken, am 1. März, wie es bei den Franken Sitte ist, im Königshof Berny-Rivière[38] zu ihm zu kommen. Nachdem er sich mit seinen Vornehmen beraten hatte, zogen sie zu jener Zeit, in der die Könige zum Krieg aufzubrechen pflegen[39], gemeinsam mit Papst Stephan und den übrigen Völkerschaften, die in seinem Reiche lebten, sowie mit der ganzen Heerschar der Franken gegen das Langobardenland und kam mit der ganzen Menge über das gallische Lyon und Vienne bis St. Jean-de-Maurienne[40]. Als der Langobardenkönig Aistulf das hörte, sammelte er das gesamte Heer der Langobarden und kam zu den sogenannten Klausen im Tal der Susa[41]; dort steckte er mit seinem ganzen Heer das Lager ab und versuchte, sich mit Wurfgeschossen, Geschützen und großem Aufwand, den er in frevelhafter Weise gegen die res publica und den apostolischen Sitz in Rom eingesetzt hatte, ruchlos zu verteidigen[42]. Als der oben genannte König Pippin mit seinem Heere in Maurienne lagerte und das Heer des genannten Königs wegen der Talenge, Berghöhen und Felsen nicht hinübergehen konnte, gelangten einige wenige trotz der Berge und der Enge der Gegend bis in das Tal von Susa. Als der Langobardenkönig Aistulf das sah, ließ er alle Langobarden zu den Waffen greifen und rückte mit seinem ganzen Heer kühn auf sie zu. Als die Franken dies sahen, hielten sie eine Befreiung und Hilfe aus eigener Kraft für unmöglich und riefen deshalb Gott an und erflehten den Beistand des heiligen Apostels Petrus; als die Schlacht begann, kämpften sie tapfer gegeneinander. Als der

[38] Dép. Aisne (Ile-de-France), Ar. Soissons, Ct. Vic-sur-Aisne.

[39] Vgl. *2 Reg. 11,1.*

[40] 754

[41] Pr. Torino (Piemont).

[42] Vgl. die *Vita Stephani 35.*

rum lesum cernens exercitum suum, terga vertit et pene omnem exercitum suum quod secum adduxerat, tam ducibus, [n]comitibus vel omnes maiores natu gentis Langobardorum, in eo proelio omnes ammisit [o]et ipse quodam monte rupis vix lapsus evasit[o], Ticinum[43] urbem suam cum paucis venit. Igitur precelsus rex Pippinus, patrata, Deo adiuvante, victoria, cum omni exercitu vel multitudine agmina Francorum usque ad Ticinum accessit. Castra metatus est undique,[44] omnia quae in giro fuit vastans, partibus Italie maxime igne concremavit, totam regionem illam vastavit, castra Langobardorum omnia diripuit et multos thesauros tam auri quam argenti vel alia quam plura ornamenta et eorum tentoria omnia capuit et cepit. Hec cernens Aistulfus rex Langobardorum, quod nullatenus se evadere potuisset, pacem per sacerdotes et obtimates Francorum petens, dictiones superdicto rege Pippino faciens[45], et quicquid contra Romanam ecclesiam vel sedem apostolicam contra legis ordine fecerat, plenissima solutione emendaret; sacramenta et obsides ibidem donat, ut numquam a Francorum ditiones se abstraheret et ulterius ad sedem apostolicam Romanam et rem publicam hostiliter numquam accederet. Praefatus rex Pippinus clemens, ut erat, misericordia motus, vitam ei et regnum concessit, et multa munera Aistulfus rex partibus praedicto rege donat; nam et obtimates Francorum multa munera largitus est. His itaque gestis, Pippinus rex praedicto Stephano papa cum obtimatis suis et multa munera partibus Rome cum magno honore direxit et in sedem apostolicam incolomem, ubi prius fuerat, restituit. His transactis, Pippinus rex cum omni exercitu suo vel multis thesauris hac multa munera, Deo adiuvante, reversus est ad propria. /

38. Sequente anno[46] Aistulfus rex Langobardorum fidem suam, quod contra rege Pippino promiserat, peccatis facientibus, fefellit. Iterum ad Romam cum exercitu suo veniens, finibus Romanorum prevagans atque regionem illam vastans, ad ecclesiam sancti Petri veniens, et domos, quos ibidem repperit, maxime igne concremavit. Hec Pippinus rex cum per internuncios[47] hoc audisset, nimium furore et in ira motus, commoto iterum omni

[n] *Quam* eingefügt in 4c[1.2.].
[o-o] Fehlt in 4a. 4c[2].

Langobardenkönig Aistulf sah, daß sein Heer geschlagen war, wandte er sich zur Flucht und verlor in diesem Kampfe fast das ganze Heer, das er mit sich geführt hatte, die Herzöge, Grafen und alle Vornehmen des langobardischen Volkes, er selbst entkam mit Mühe über die Felsen eines Berges und gelangte mit wenigen in seine Stadt Pavia[43]. So zog der erlauchte König Pippin, nachdem er mit Gottes Hilfe den Sieg errungen hatte, mit seinem ganzen Heer und der großen Schar der Franken nach Pavia. Er schlug dort auf allen Seiten sein Lager auf[44] und verwüstete alles, was im Umkreis lag; dieses Gebiet Italiens brannte er großteils nieder, zerstörte die ganze Gegend, eroberte alle Festungen der Langobarden und brachte viele Schätze, Gold und Silber und noch viele andere Kostbarkeiten und all ihre Zelte in seine Gewalt. Als der Langobardenkönig Aistulf sah, daß er nicht entkommen könnte, bat er durch die Bischöfe und die fränkischen Vornehmen um Frieden und gab dem genannten König das Versprechen[45], daß er alles, was er der römischen Kirche und dem apostolischen Sitz gegen die Ordnung des Gesetzes angetan hätte, aufs peinlichste genau wiedergutmachen werde; er leistete auch Schwüre und stellte Geiseln, daß er sich niemals der Herrschaft der Franken entziehen würde und nie wieder gegen den apostolischen Sitz in Rom und die res publica zu Felde ziehen würde. Der genannte König Pippin schenkte ihm, gnädig wie er war, aus Mitleid Leben und Reich und König Aistulf seinerseits gab dem genannten König viele Geschenke und beschenkte auch die Vornehmen der Franken reich. Nach diesen Geschehnissen sandte der König Pippin den genannten Papst Stephan mit seinen Vornehmen und vielen Geschenken unter großen Ehrenbezeugungen nach Rom und setzte ihn mit denselben Rechten, die er früher gehabt hatte, wieder auf den apostolischen Stuhl. Nachdem das geschehen war, kehrte König Pippin mit seinem ganzen Heer und vielen Schätzen und Geschenken mit Gottes Hilfe in seine Heimat zurück.

38. Im folgenden Jahre[46] versündigte sich der Langobardenkönig Aistulf und brach sein Treuegelöbnis, das er dem König Pippin versprochen hatte. Er zog mit seinem Heere abermals nach Rom, streifte durch das Gebiet der Römer und verwüstete diese Gegend; dann kam er zur Kirche des heiligen Petrus und brannte die Häuser, die er dort vorfand, großteils nieder. Als der König Pippin das durch Boten[47] erfahren hatte, wurde er überaus zornig; er sammelte wiederum das ganze Heer der

[43] Provinzhauptstadt in Lombardia.

[44] Zum Wortlaut vgl. *Fredegar Cont. 43.*

[45] 754

[46] 756

[47] Bischof Georg von Ostia, Abt Wernher, Thomarich und Comita.

exercitu Francorum, per Burgundiam, per Cavalonnum[48] urbem et inde per Ianuam usque ad Maurienna[49] veniens. Rex Aistulfus cum hoc repperisset, iterum ad clusas exercitum Langobardorum mittens, qui rege Pippino et Francos resisterent et partibus Aetalie intrare non sinirent. Rex Pippinus cum exercitu suo, monte Ciniso[50] transacto, usque ad clusas, ubi Langobardi eum resistere nitebantur, perveniens: et statim Franci solito more, ut edocti erant, per montes et rupes erumpentibus in regno Aistulfo cum multa ira et furore intrant, Langobardos, quos ibi repperiunt, interficiunt[51], reliqui, qui remanserant, vix fuga lapsi evaserunt. Rex Pippinus cum nepotem suum Tascilone Baiovariorum duce partibus Italiae usque ad Ticinum iterum accessit, et totam regionem illam fortiter devastans, et circa muros Ticini utraque parte fixit tentoria, ita ut nullus exinde evadere potuisset. Haec Aistulfus rex Langobardorum cernens, et iam nullam spem se evadendi speraret, iterum per subplicationem sacerdotum et obtimates Francorum veniam et pacem praedicto rege subplicans[52], et sacramenta, quod contra praefato rege dudum dederat hac contra sedem apostolicam rem nefariam fecerat, omnia per iudicio Francorum vel sacerdotum plenissima solutione emendaret. Igitur rex Pippinus solito more iterum misericordia motus, ad petitionem obtimatibus suis vitam et regnum iterato concessit. Aistulfus rex per iudicio Francorum vel sacerdotum thesaurum, quo in Ticino erat, id est tertiam partem, praedicto rege tradidit et alia multa munera maiora, quam antea dederat, partibus rege Pippino dedit. Sacramenta iterum vel obsides donat, ut amplius numquam contra rege Pippino vel proceris Francorum rebellis et contumax esse non debeat; et tributa, quod Langobardi ad rege Francorum a longo tempore dederunt, annis singulis per missos suos desolvere deberent. Praecellus rex Pippinus victor cum magnis thesauris et multa munera absque bellis eventu cum omni exercitu suo inleso ad propriam sedem regni sui remeavit incolumis. Et quievit terra a proeliis annis duobus. /

39. Post haec Aistulfus rex Langobardorum, dum venationem in quodam silvam exerceret, divino iudicio de equo quo sedebat super quondam arborem proiectus, vitam et regnum[53] crudeliter

Franken und zog durch Burgund über die Stadt Chalon[48] und von dort über Genf nach Maurienne[49]. Als der König Aistulf davon Kenntnis bekommen hatte, schickte er das Heer der Langobarden wieder zu den Klausen, damit es dem König Pippin und den Franken Widerstand leiste und sie nicht in italienisches Gebiet eindringen lasse. König Pippin überschritt mit seinem Heer den Mont Cenis[50] und gelangte bis zu den Klausen, wo die Langobarden versuchten, ihm Widerstand zu leisten: und sofort stürmten die Franken wutentbrannt in gewohnter Art, wie sie es verstanden, über die Berge und die hochaufragenden Felsen in das Reich Aistulfs und töteten die Langobarden, die sie dort fanden[51]; die übrigen aber, die zurückgeblieben waren, entkamen mit Mühe durch die Flucht. König Pippin zog mit seinem Neffen, dem dux der Bajuwaren Tassilo, nochmals nach Italien bis nach Pavia, verwüstete die ganze Gegend schwer und schlug seine Zelte auf beiden Seiten um die Mauern von Pavia auf, so daß keiner von dort entkommen konnte. Als der Langobardenkönig Aistulf das sah und keine Hoffnung auf Entkommen mehr hegte, bat er den genannten König durch die Bischöfe und Vornehmen der Franken als Vermittler abermals um Gnade und Frieden[52]; er werde die Eide, die er dem genannten König früher abgelegt hatte und was er dem apostolischen Sitz Ruchloses angetan hatte, nach dem Urteil der Franken und der Bischöfe in allem vollkommen wiedergutmachen. So wurde König Pippin in gewohnter Weise abermals von Mitleid bewegt und gewährte ihm auf die Bitten seiner Vornehmen hin wiederum Leben und Reich. Nach dem Urteil der Franken und der Bischöfe übergab König Aistulf den Schatz, der in Pavia lag, das heißt ein Drittel, dem genannten König und gab den Anhängern König Pippins noch viele andere größere Geschenke als die, die er früher gegeben hatte. Er leistete abermals Schwüre und stellte Geiseln, daß er sich niemals mehr gegen König Pippin und die Vornehmen der Franken erheben und aufständisch sein werde; die Abgaben, die die Langobarden dem König der Franken schon seit langer Zeit leisteten, würden sie jedes Jahr durch die Gesandten zahlen. Der erlauchte König Pippin kehrte als Sieger mit großen Schätzen und vielen Geschenken ohne Mißgeschick im Krieg mit seinem ganzen Heere heil und wohlbehalten in die Heimat in sein Reich zurück. Und zwei Jahre lang war das Land von Kriegen frei.

39. Danach wurde der Langobardenkönig Aistulf, als er in einem Walde jagte, durch Gottes Urteil vom Pferd, auf dem er ritt, gegen einen Baum geschleudert und verlor Leben und Reich[53] in einem grausamen Tode,

[48] Dép. Saône-et-Loire.

[49] Landschaft im Dép. Savoie.

[50] Paß in den Grajischen Alpen an der italienisch-französischen Grenze.

[51] In den Piemonter Talengen.

[52] 754

[53] 756; vgl. die *Vita Stephani 48.*

dignam mortem ammisit. Langobardi una cum consensu praedicto rege Pippino et consilio procerum suorum Desiderio[54] in sedem regni instituunt.

40. Dum haec ageretur, rex Pippinus legationem Constantinopolim ad Constantino[55] imperatore pro amicitiis causa et salutem patrie sue mittens, similiter et Constantinus imperator legationem praefato rege cum multa munera mittens, et amicitias et fidem per legatos eorum vicinsim inter se promittunt[56]. Nescio, quo faciente, postea amicitias, quas inter se mutuo promisserant, nullatenus sortita est effectu.

41. His itaque gestis, et duobus annis cum terra cessasset a preliis, praedictus rex Pippinus legationem ad Waiofario Aquitanico principe mittens, petens ei per legatos suos, ut res ecclesiarum de regno ipsius, qui in Aquitania sitas erant, redderet, et sub immunitates nomine, sicut ab antea fuerant, conservatas esse deberent; et iudices hac exactores supra predictas res ecclesiarum, quod a longo tempore factum non fuerat, mittere non deberet et Gotos praedicto rege, quod dudum Waiofarius contra legis ordine occiserat, ei solvere deberet et homines suos, quod de regno Francorum ad ipso Waiofario principe confugium fecerant, reddere deberet. Haec omnia Waiofarius, quod praedictus rex per legatos suos ei mandaverat, hoc totum facere contempsit. Igitur Pippinus rex invitus coactatus, undique contraxit exercitum et partibus Aquitanie per pago Trecassino[57] usque Autisiodero urbem accessit. Inde ad Ligerem fluvium cum omni exercitu Francorum ad Masua[58] vico in pago Autisioderinse Ligerem fluvium transmeavit, per pago Bitorivo[59] usque Arvernico accessit; regionem illam pervagans, et maximam partem Aquitanie igne concremavit. Waiofarius princeps Aquitanie per legatos suos pacem supplicans[60], sacramenta vel obsides ibidem donat, et omnes iustitias, quos praefatus rex Pippinus per legatos suos ei mandaverat, in placito instituto facere deberet. Rex Pippinus cum omni exercitu suo inleso reversus est ad propria.

42. Evoluto anno, id est anno decimo regni ipsius[61] omnes obtimates Francorum ad Dura in pago Riguerinse ad campo Madio

[54] K. Desiderius, früher Herzog von Tuszien, 756–774.
[55] Ks. Konstantin V., 741–775.

wie er ihm gebührte. Die Langobarden setzten mit Zustimmung des genannten Königs Pippin und dem Rate seiner Vornehmen Desiderius[54] auf den Thron des Reiches.

40. Unterdessen schickte König Pippin aus Freundschaft und zum Heile seines Landes eine Gesandtschaft nach Konstantinopel zu Kaiser Konstantin[55], und auch Kaiser Konstantin schickte eine Gesandtschaft mit vielen Geschenken an den genannten König, und sie versprachen einander durch ihre Gesandten Freundschaft und Treue[56]. Wie es kam, daß später diese Freundschaft, die sie einander gegenseitig versprochen hatten, keinerlei Wirkung zeigte, weiß ich nicht.

41. Nach diesen Geschehnissen und nachdem das Land zwei Jahre lang ohne Kriege gewesen war, schickte der genannte König Pippin eine Gesandtschaft zum aquitanischen princeps Waifar und bat ihn durch seine Boten, daß er die Güter der Kirchen seines Reiches, die in Aquitanien gelegen waren, zurückgebe und sie wie es früher gewesen war, unter dem Rechtstitel der Immunität erhalte; er solle auch keine Richter und Steuereintreiber auf die genannten Kirchengüter schicken, was seit langer Zeit nicht geschehen war, ihm für die Goten, die Waifar einst gegen die Ordnung des Gesetzes getötet hatte, Sühne zahlen und die Männer, die aus dem Reiche der Franken zum princeps Waifar geflohen waren, ausliefern. Alles das, was der genannte König ihm durch seine Gesandten aufgetragen hatte, all dies zu tun, lehnte Waifar ab. Daher brachte König Pippin gegen seinen Willen gezwungenermaßen von überall her ein Heer zusammen und zog nach Aquitanien durch den Gau von Troyes[57] bis zur Stadt Auxerre. Von dort kam er mit dem ganzen Heere der Franken an die Loire, überquerte die Loire beim Dorfe Nièvre[58] im Gau von Auxerre und zog dann über den Gau der Berry[59] in die Auvergne; er marschierte durch das Gebiet und brannte den größten Teil Aquitaniens nieder. Waifar, der princeps von Aquitanien, bat durch seine Gesandten um Frieden[60], leistete Schwüre und stellte Geiseln; er wolle alle Rechtsforderungen, die der genannte König Pippin ihm durch seine Gesandten auferlegt hatte, bei einer einberufenen Gerichtsversammlung erfüllen. König Pippin kehrte mit seinem ganzen Heer wohlbehalten in seine Heimat zurück.

42. Ein Jahr später, also im zehnten Jahr seiner Herrschaft[61], befahl er allen Vornehmen der Franken, nach Düren im Gau der Ripuarier zum

[56] 757

[57] Hst. des Dép. Aube.

[58] Ar. Cosne, Ct. Pouilly-sur-Loire.

[59] Ehemaliges Herzogtum und Provinz, umfaßte Teile der Dèpp. Cher, Indre und Loire.

[60] 760

[61] 761

pro salutem patrie et utilitatem Francorum tractandum, placito instituto, ad se venire praecepit. Dum haec ageretur, Waio/farius, inito iniquo consilio, contra Pippino rege Francorum insidias parat; exercitum suum cum Uniberto comite Bitorivo et Bladino comite Arvernico, qui dudum ante anno superiore ad praedicto rege Pippino cum Bertelanno episcopo Bitorice civitatis missus fuerat et animum regis ad iracundiam nimium provocasset, cum reliquis comitibus clam hostiliter usque Cavallonnum[62] omnem exercitum suum transmisit et totam regionem illam, id est Agustidunensium[63] usque ad Cavallonnum, igne concremavit, et suburbana Cavallonnum urbis, quicquid ibidem repperierunt, omnia vastaverunt. Meltiaco[64] villam publicam incendio cremaverunt; cum multa spolia et praeda, nullo resistente, remeaverunt ad propria. Cum haec Pippino rege nuntiatum fuisset, quod Waiofarius maximam partem regni sui vastasset et sacramenta, quod ei dederat, fefellisset, nimium in ira commotus, iubet omnes Francos, ut hostiliter, placito instituto, ad Ligerem venissent. Commotoque exercito, cum omne multitudine iterum usque ad Trecas accessit; inde per Autisioderum ad Nevernum urbis veniens, Ligeris fluvium transmeato, ad castro cuius nomen est Burbone[65] in pago Bitorivo pervenit. Cumque in giro castra posuisset, subito a Francis captus atque succensus est; et homines Waiofario, quod ibidem invenit, secum duxit. Maximam partem Aquitanie vastans, usque urbem Arvernam[66] cum omni exercitu veniens, Claremonte[67] castro captum atque succensum bellando cepit, et multitudinem hominum, tam virorum quam feminarum vel infantum plurimi, in ipso incendio cremaverunt. Bladino comite ipsius urbis Arvernico captum atque ligatum ad praesentia regis adduxerunt, et multi Vascones in eo proelio capti atque interfecti sunt. Igitur rex Pippinus, urbem captam hac regionem illam totam vastatam, cum praeda vel spolia multa, Deo auxiliante, inlesum exercitum, iterum remeavit ad propria.

43. Factum est autem, ut, post quod[p] Pippinus rex urbem Arvernam cepit hac regionem illam totam vastavit, sequente anno, id est anno 11. regni ipsius[68], cum universa multitudine gentis

[p] *Postquam* 4c$^{1.2}$.

Maifelde zu erscheinen, um dort auf der einberufenen Gerichtsversammlung über das Wohl des Vaterlandes und den Nutzen der Franken zu beraten. Während dieser Verhandlungen faßte Waifar einen bösen Plan und bereitete dem Frankenkönig Pippin einen Hinterhalt; er schickte sein ganzes Heer mit Unibert, dem Grafen von Bourges, und Bladinus, dem Grafen der Auvergne, der im vergangenen Jahr mit Bertelandus, dem Bischof von Bourges, an den genannten König Pippin gesandt worden war und den König zu höchstem Zorne hingerissen hatte, und mit anderen Grafen heimlich in feindlicher Absicht nach Chalon-sur-Saône[62], brannte jene ganze Gegend, also das Land um Autun[63] bis nach Chalon, nieder und verwüstete die Vorstädte der Stadt Chalon und alles, was sie dort vorfanden. Sie brannten auch den Königshof Mailly[64] nieder; dann kehrten sie mit vielen geraubten Gütern und Beute ohne Widerstand nach Hause zurück. Als König Pippin berichtet worden war, daß Waifar den größten Teil seines Reiches verwüstet und die Eide, die er ihm abgelegt hatte, gebrochen hatte, wurde er sehr zornig und befahl allen Franken, voll bewaffnet vor der einberufenen Versammlung an der Loire zu erscheinen. Er sammelte sein Heer und zog mit der ganzen Menge abermals nach Troyes; von dort zog er über Auxerre zur Stadt Nevers, überquerte die Loire und gelangte zu einer Festung, die Bourbon[65] heißt, im Gau von Bourges. Als er ein Lager um sie herum gelegt hatte, wurde die Festung von den Franken rasch erobert und in Brand gesteckt; die Männer Waifars, die er dort antraf, führte er mit sich. Er verwüstete den größten Teil Aquitaniens und zog mit dem ganzen Heer bis zur Stadt Auvergne[66], eroberte die Festung von Clermont[67] im Sturm und steckte sie in Brand; in diesem Feuer verbrannte eine große Menge von Menschen, Männern, Frauen und Kindern. Sie nahmen Bladinus gefangen, den Grafen der Stadt, Auvergne, und führten ihn gefesselt vor den König, und viele Gascogner wurden in diesem Kampfe gefangengenommen und getötet. Als die Stadt erobert und die ganze Gegend verwüstet worden war, zog der König Pippin mit reichem Beutegut dank der Hilfe Gottes wohlbehalten mit seinem Heere wieder nach Hause zurück.

43. Es geschah aber, daß König Pippin, nachdem er die Stadt Auvergne erobert und jene ganze Gegend verwüstet hatte, im folgenden Jahre, also im 11. seiner Herrschaft[68], mit der gesamten Heerschar des Franken-

[62] Ar. im Dép. Saône-et-Loire.

[63] Ar. im Dép. Saône-et-Loire.

[64] Dèp. Saône-et-Loire.

[65] Teil von Bourbon-Lancy im Dép. Saône-et-Loire, Ar. Charolles.

[66] Umfaßt die Dépp. Cantal und Puy-de-Dôme sowie Teile der Dépp. Alliers, Creuse und Haute-Loire.

[67] Hst. des Dép. Puy-de-Dôme.

[68] 762

Francorum Bitoricas venit, castra metatusque est undique et omnia quae in giro fuit vastavit. Circumsepsit urbem munitionem fortissimam, ita ut nullus egredi ausus fuisset aut ingredi potuisse[69], cum machinis et omni genere armorum, circumdedit ea vallo. Multis vulneratis plurisque interfectis fractisque muris, cepit urbem et restituit eam dicioni sue iure proelii et homines illos, quos Waiofarius ad defendendam ipsam civitatem dimiserat, clementiam[q] sue pietatis absolvit; dimissisque reversi sunt ad propria. Uniberto comite vel reliquos Vascones, quos ibidem invenit, sacramentis / datis, secum adduxit, uxores eorum hac liberos in Frantia ambulare praecepit, muros ipsius Bitorice civitatis restaurare iubet, comites suos[r] in ipsa civitate ad custodiendum dimisit. Inde cum omni exercitu Francorum usque ad castro qui vocatur Toartius[70] veniens; cumque in giro castra posuisset, ipse castrus mira celeritate captus atque succensus est, et Vascones, quos ibidem invenit, una cum ipso comite secum duxit in Frantia. Pippinus rex Christo duce cum omni exercitu Francorum cum multa praeda et spolia iterum reversus est ad sedem propriam.

44. Facta est autem longa altercatio inter Pippino rege Francorum et Waiofario Aquitanico principe[r]: Pippinus rex, Deo auxiliante, magis ac magis crescens et semper in se ipso robustior, pars autem Waiofarii et eius tirannitas decrescens cotidie.[71] Waiofarius princeps semper contra praedicto rege Pippino insidias parare dissimulat, nam Mantione comite, consubrino suo, partibus Narbone[72] cum reliquis comitibus transmisit, ut custodias, quod praedictus rex Narbonam propter gentem Saracenorum ad custodiendum miserat, aut ad intrandum aut quando iterum in patria revertebant, capere aut interficere eos potuissent. Factum est, ut Australdus comis et Galemanius itemque comis cum pares eorum ad propria reverterent. Sic Mantio una cum multitudine gente Wasconorum super eos inruit. Fortiter inter se demicantes, praedictus Galemanius et Australdus ibidem Mantione cum universos pares suos, Deo adiuvante, interficiunt. Haec cernentes Wascones, terga verterunt, omnes equites, quod ibi-

[q] *Dementiae* 4b[1].
[r]–[r] Fehlt in 4c[2].

volkes nach Bourges zog, dort ein Lager absteckte und alles, was sich im Umkreis befand, verwüstete. Er zog um die Stadt eine starke Befestigungsanlage mit Geschützen und jeder Art von Kriegsgerät, so daß keiner es wagte, sie zu verlassen oder in sie eindringen konnte[69], und umgab sie mit einem Wall. Nachdem viele verwundet, noch mehr getötet und die Mauern gebrochen waren, eroberte er die Stadt und brachte sie nach dem Kriegsrecht wieder unter seine Herrschaft; jene Männer aber, die Waifar zur Verteidigung der Stadt abbeordert hatte, begnadigte er in seiner Güte und Frömmigkeit; nach ihrer Entlassung kehrten sie in ihre Heimat zurück. Als der comes Unibert und die übrigen Gascogner, die er dort vorfand, einen Treueid abgelegt hatten, nahm er sie mit sich; ihren Frauen und Kindern befahl er, nach Franzien zu kommen; die Mauern der Stadt Bourges selbst befahl er wiederherzustellen und ließ seine comites zur Bewachung in Bourges zurück. Von dort kam er mit dem ganzen Heer der Franken bis zur Festung, die Thouars[70] heißt; als er sein Lager im Kreis um sie aufgeschlagen hatte, wurde diese Festung unwahrscheinlich schnell erobert und in Brand gesteckt; die Gascogner aber, die er dort vorfand, führte er zusammen mit ihrem comes mit sich nach Franzien. Abermals kehrte König Pippin unter Christi Führung mit dem ganzen Heere der Franken mit reichem Beutegut in seine Heimat zurück.

44. Es entstand aber ein langwährender Streit zwischen dem Frankenkönig Pippin und Waifar, dem princeps von Aquitanien; während aber die Sache König Pippins mit Gottes Hilfe mehr und mehr zunahm und immer größere Kräfte in sich sammelte, ging es mit der Partei Waifars und seiner unrechtmäßigen Herrschaft von Tag zu Tag bergab[71]. Der princeps Waifar zettelte immer heimlich Verschwörungen gegen den genannten König Pippin an, indem er seinen Vetter, den comes Mantio, gemeinsam mit anderen comites in das Gebiet von Narbonne[72] schickte, damit sie dort die Wachen, die der genannte König wegen des Volks der Sarazenen zur Verteidigung nach Narbonne geschickt hatte, entweder bei deren Einzug oder wenn sie wieder in die Heimat zurückkehrten, gefangennähmen oder töteten. Es geschah also, daß der comes Australdus und ebenso der comes Galemanius mit ihresgleichen in die Heimat zurückkehrten. Da stürmte Mantio mit einer großen Menge aus dem Volke der Gascogner auf sie los. Sie kämpften tapfer gegeneinander, bis die genannten Galemanius und Australdus mit Gottes Hilfe Mantio mit all seinen Gefährten töteten. Als die Gascogner das sahen, wandten sie sich zur Flucht und verloren alle Reiter, die sie dorthin mit-

[69] Vgl. *Jos. 6,1.*

[70] Dép. Deux-Sèvres, Ar. Bressuire.

[71] 2 Reg. 3,1.

[72] Ar. im Dép. Aude.

dem adduxerant, ammiserunt; montes vallesque pervagantes, pauci tamen vix fugaciter evaserunt. Ipsi vero cum multa praeda vel equites et spolia cum gaudio reversi sunt ad propria.

45. Dum his et aliis modis Franci et Wascones semper inter se altercarent[73], Chilpingus comis Arvernorum, collecto undique exercitu, in pago Lugdunense, in regno Burgundie ad praedandum ambulare nitebatur. Contra quem Adalardus comis Cavalonensis et Australdus[74] itemque comis cum pares eorum contra eum venientes [s]et super fluvium Legeris fortiter inter se dimicantes[s], statim Chilpingus comis in eo proelio a superscriptis comitibus occisus est, et multi, qui cum eo venerant, ibidem interfecti sunt. Haec videntes Wascones, terga verterunt; vix paucis silvis et paludibus ingressi evaserunt. Ammanugus comis Pectavensis, dum Toronico infestando praedaret, / et ab homines Vulfardo abbate monasterio beati Martini interfectus est, et plures, qui apud eum ibidem venerant, cum ipso pariter ceciderunt; reliqui, qui remanserant, terga vertentes, pauci vix evaserunt. Dum haec ageretur, Remistanius[75] avuncolus Waiofario, ad praedictum regem veniens, sacramenta multa et fide praedicto rege Pippino promisit, ut semper fidelis tam praedicto rege quam et filios suos omni tempore esse deberet. Rex vero Pippinus in sua dictione eum recepit et multa munera auri et argenti et preciosa vestimenta, equites et arma eum ditavit.

46. Rex Pippinus castro cui nomen est Argentonus[76] in pago Bytorivo a fundamento miro opere in pristino statu reparare iussit; comites suos ibidem ad custodiendum mittens, ipso castro Remistanio ad Waiofario resistendum cum medietatem pago Bytorivo usque ad Care[77] concessit. Videns praedictus Waiofarius princeps Aquitanicus, quod castro Claremonte rex bellando ceperat et Bytoricas caput Aquitaniae munitissimam urbem cum machinis capuisset, et inpetum eius ferre non potuisset: omnes civitates, quas in Aquitania provintia dictioni sue erant, id est Pectavis, Lemodicas[78], Sanctonas[79], Petrecors[80], Equolisma[81] vel

s – s Fehlt in $4b^{2.2^x}$.

[73] Die Kämpfe flammten seit 760 bis zum Tode Waifars 768 jährlich auf, außer 764/5; zum Wortlaut vgl. *2 Reg. 3,1.*

geführt hatten. Über Berge und Täler streiften sie, aber dennoch entkamen nur wenige mit Mühe durch die Flucht. Sie selbst aber zogen mit viel Beutegut, Pferden und Trophäen voll Freude in ihre Heimat zurück.

45. Während nun die Franken und Gascogner in dieser und ähnlicher Art immer herumstritten[73], sammelte Chilpingus, der comes der Arverner, von überall her ein Heer und versuchte, in den Gau von Lyon im Königreich Burgund zu gelangen, um Beute zu machen. Gegen ihn zogen Adalardus, der comes von Chalon, und ebenso der comes Australdus[74] mit ihresgleichen und kämpften an der Loire tapfer gegeneinander; in diesem Kampf wurde der comes Chilpingus von den drei genannten comites sogleich getötet und viele, die mit ihm gekommen waren, kamen dort ebenfalls um. Als die Gascogner das sahen, wandten sie sich zur Flucht; doch nur wenige entkamen mit Mühe in den Wäldern und Sümpfen. Als Ammanugus, der comes von Poitiers, in Tours eindrang, um zu plündern, wurde er von den Gefolgsleuten Wulfards, des Abtes des Klosters des heiligen Martinus, getötet, und viele, die mit ihm dorthin gekommen waren, fielen gemeinsam mit ihm selbst; die übrigen, die zurückgeblieben waren, wandten sich zur Flucht, doch nur wenige entkamen mit Mühe. Unterdessen kam Remistanius[75], der Onkel Waifars, zum genannten König und versprach unter vielen Schwüren und Eidesleistungen dem genannten König Pippin, daß er sowohl ihm als auch seinen Söhnen allezeit treu sein werde. König Pippin nahm ihn in seiner Herrschaft auf und beschenkte ihn mit viel Gold und Silber und wertvollen Kleidungsstücken, Pferden und Waffen.

46. König Pippin befahl, die Festung, die Argenton[76] heißt, im Gau von Bourges mit großem Aufwand von Grund auf wieder in den alten Zustand zu versetzen; zur Bewachung schickte er seine comites dorthin, die Festung selbst gab er dem Remistanius mit der Hälfte des Gaues von Berry bis zur Cher[77] zum Widerstand gegen Waifar. Als der genannte aquitanische princeps Waifar sah, daß der König die Festung Clermont im Sturm erobert und Bourges, die Hauptstadt Aquitaniens, diese so überaus stark befestigte Stadt, mit Kriegsmaschinen genommen hatte und daß er seinem Ansturm nicht standhalten könnte, ließ er von allen Städten, die in der Provinz Aquitanien seiner Herrschaft unterstanden, nämlich Poitiers, Limoges[78], Saintes[79], Perigueux[80] und Angoulême[81] und

[74] Möglicherweise die gleiche Person wie *Fredegar Cont. 44.*

[75] Ein S. Herzog Eudos.

[76] Dép. Deux-Sèvres, Ar. Bressuire.

[77] Mündet östlich von Langeais im Dép. Indre-et-Loire in die Loire.

[78] Hst. des Dép. Haute-Vienne.

[79] Ar. im Dép. Charente-Maritime.

[80] Hst. des Dép. Dordogne.

[81] Hst. des Dép. Charente.

reliquis quam plures civitates et castella, omnes muros eorum in terra prostravit, quos postea praecellus rex Pippinus reparare iubet et homines suos ad ipsas civitates custodiendum dimisit. Iterum eo anno cum omni exercito suo predictus rex Pippinus ad sedem propriam reversus est.[82]

47. Iterum sequente anno[83], commoto omni exercito Francorum, per Trecas, inde ad Autysiodero usque ad Nevernum urbem con omni exercito veniens, ibique cum Francis et proceribus suis placitum suum campo Madio tenens. Postea, Ligere transacto, Aquitania pergens, usque ad Lemodicas accessit, totam regionem illam vastans, villas publicas, quae dictione Waiofario erant, totas igne cremare praecepit. Totam regionem illam pene vastatam, monasteria multa depopulata, usque Hisandonem[84] veniens, unde maxima parte Aquitaniae plurimum vinearum erat, coepit ac vastavit; unde pene omni Aquitania, tam ecclesias quam monasteria, divites et pauperes vina habere consuerunt, omnia vastavit et coepit. Dum haec ageretur, Waiofarius cum exercito magno et plurima Wasconorum qui ultra Geronna commorantur, quem antiquitus vocati sunt Vaceti, super praedicto rege veniens; set statim solito / more omnes Wascones terga verterunt, plurimi ibidem a Francis interfecti sunt. Hec cernens rex, persequi eum iubet, et usque ad noctem eum persequens, vix Waiofarius cum paucis qui remanserat fugiendo evasit. In eo proelio Bladinus comis Arvernorum, quem praedictus rex ceperat, postea ad Waiofarium confugium fecerat, in eo proelio interfectus est.[85] Rex Pippinus, obpitulante Deo, victor extitit. Patrata iterum victoria, cum magno triumpho iterum ad Degontio[86] cum omni exercito Francorum ad Ligere veniens, inde per pagum Agustudinense ad propriam sedem remeavit invictus. Waiofarius legacionem ad praedicto rege mittens, petens ei, quod Betoricas et reliquas civitates Aquitanie provincie, quod de manu eius predictus rex abstulerat, ei redderet, et postea ipse Waioforius dictiones sue faceret; tributa vel munera, quod antecessores suos reges Francorum de Aquitania provintia exire consueverant, annis singulis partibus praedicto rege Pippino solvere deberet. Sed hoc rex per consilio Francorum et procerum suorum facere contemsit.

von noch vielen anderen Städten und Festungen die Mauern schleifen und sie dem Erdboden gleichmachen; später befahl der erhabene König Pippin, diese wiederaufzubauen und schickte seine Gefolgsleute zur Bewachung in diese Städte. In diesem Jahre kehrte der genannte König Pippin mit seinem ganzen Heere abermals in seine Heimat zurück[82].

47. Im darauffolgenden Jahre[83] sammelte er wieder das ganze Heer der Franken, kam mit dem ganzen Heer über Troyes und Auxerres bis zur Stadt Nevers und hielt dort mit den Franken und seinen vornehmen Leuten die Versammlung des Maifeldes ab. Dann überquerte er die Loire, zog nach Aquitanien, drang bis Limoges vor, verwüstete jenes ganze Gebiet und befahl, alle Fürstenhöfe, die Waifar unterstanden, niederzubrennen. Nachdem er fast die ganze Gegend verwüstet und viele Klöster geplündert hatte, kam er nach Issoudun[84], wo der größte Teil der Weingärten Aquitaniens lag, eroberte und zerstörte sie; dabei vernichtete und eroberte er alles, woher fast ganz Aquitanien, die Klöster und Kirchen, Reiche und Arme, für gewöhnlich ihren Wein bezogen. Während das geschah, zog Waifar mit einem großen Heere und den meisten der Gascogner, die jenseits der Garonne lebten und die in alten Zeiten Vaceti genannt wurden, gegen den genannten König; die Gascogner aber wandten sich wie gewohnt sofort zur Flucht, die meisten aber wurden dort von den Franken getötet. Als der König das sah, befahl er, diesen zu verfolgen, doch Waifar entkam mit den wenigen, die zurückgeblieben waren, obwohl er (Pippin) ihn bis zur Nacht verfolgte. In diesem Kampf wurde Bladinus, der comes der Arverner, den der genannte König gefangengenommen hatte, der aber später zu Waifar geflohen war, getötet[85]. König Pippin blieb mit Gottes Hilfe Sieger. Nachdem er wieder einen Sieg errungen hatte, kam er mit großem Triumph mit dem ganzen Heere der Franken wieder nach Digois[86] an der Loire und von dort kehrte er durch den Gau von Autun unbesiegt in seine Heimat zurück. Waifar schickte eine Gesandtschaft an den genannten König mit der Bitte, daß dieser ihm Bourges und die übrigen Städte der Provinz Aquitanien, die ihm der genannte König aus der Hand genommen hatte, zurückgebe; dann werde er, Waifar, sich ihm unterwerfen; er werde die Abgaben und die Geschenke, die seine Vorgänger den Königen der Franken aus der Provinz Aquitanien abzuliefern gewohnt waren, jährlich dem genannten König Pippin entrichten. Diesen Vorschlag lehnte der König auf den Rat der Franken und seiner Vornehmen ab.

[82] 762

[83] 763

[84] Dép. Indre-et-Loire, Ar. Aubusson, Ct. Chénérailles.

[85] Vgl. *Fredegar Cont. 42.*

[86] Dép. Saône-et-Loire, Ar. Charolles.

48. Evoluto igitur anno[87], commoto omni exercito Francorum vel plurimum nationes, quod in regno suo commorabantur, usque ad Aurilianis veniens, ibi placitum suum campo Madio, quod ipse primus pro campo Martio pro utilitate Francorum instituit[88], tenens, multa munera a Francis vel proceris suis ditatus est. Iterum Ligere transacto, totam Aquitaniam pergens, usque ad Aginnum[89] veniens, totam regionem illam devastans. Videntes tam Wascones quam maiores natu Aquitanie, necessitate conpulsi, plurimi ad eum venerunt, sacramenta ad eum ibidem donant, dictionis sue faciunt. Ita omnem Aquitaniam provintiam nimiam vastatam, cum multa praeda hac spoliam per pago Petregorico et Equalismam, iam pene omni Aquitania adquesita, cum omni exercito Francorum iterum eo anno reversus est in Frantia cum suis omnibus.

49. Iterum denuo sequente anno[90], commoto omni exercito Francorum, per pago Trecasino, inde ad urbem Autisiodero veniens, ad castro qui vocatur Gordinis cum regina sua Betradane iam fiducialiter Ligere transito, ad Bitoricas accessit; palacium sibi edificare iubet. Iterum campo Madio, sicut mos erat, ibidem tenere iubet; initoque consilio cum proceris suis, prefata regina Bertradane cum reliquis Francis hac comitibus fidelibus suis in praedictas Betoricas dimisit. Ipse praedictus rex cum reliquis Francis et obtimatis suis persequendum Waiofarium perrexit. Cumque praedictus rex / ipsum Waiofarium persequente non repperiret, — iam tempus hiems erat, — cum omni exercito ad Betoricas, ubi praefata regina Bertradane dimiserat, reversus est.

50. Dum hec ageretur, Remistanius, filius Eudone quondam, fidem suam, quod praedicto rege Pippino promisserat, fefellit[91] et ad Waiofarium iterum veniens, dictionis sue faciens. Quod Waiofarius cum magno gaudio eum recepit et adiutorem sibi contra Francos vel praedicto rege eum instituit. Superscriptos Remistanius contra praedicto rege et Francos seu custodias, quas ipse rex in ipsis civitates dimiserat, nimium infestus accessit et Bitorivo seu et Limoticino, quod ipse rex adquisierat, praedando nimium vastavit, ita ut nullus colonus terre ad laborandum tam agris quam vineis scolere non audebant. Praedictus rex Pippinus in Betoricas per hiemen totum cum regina sua Bertradane in

48. Als ein Jahr vergangen war[87], versammelte er das gesamte Heer der Franken und viele Völkerschaften, die in seinem Reiche lebten, und kam nach Orléans, wo er am Maifeld, das er als erster statt dem Märzfeld zum Nutzen der Franken eingerichtet hatte[88], seine Versammlung abhielt und von den Franken und seinen Vornehmen mit vielen Gaben beschenkt wurde. Abermals überquerte er die Loire, marschierte durch ganz Aquitanien, kam bis Agen[89] und verwüstete das ganze Gebiet. Als die Gascogner und die Großen Aquitaniens dies sahen, kamen die meisten gezwungenermaßen zu ihm, schworen ihm dort den Treueschwur und unterstellten sich seiner Herrschaft. Als er so die ganze Provinz Aquitanien schwer verwüstet und fast ganz Aquitanien erobert hatte, kehrte er mit viel Beute und Raub durch den Gau von Périgueux und Angoulême mit dem ganzen Heer der Franken und mit all seinen Gefolgsleuten in diesem Jahre wieder nach Franzien zurück.

49. Im folgenden Jahre[90] brachte er abermals das ganze Heer der Franken zusammen, zog durch den Gau von Troyes und von dort zur Stadt Auxerre, überquerte bei der Festung, die Gordon genannt wird, mit seiner Gattin Bertrada nun schon gefahrlos die Loire und zog nach Bourges; er befahl, ihm einen Palast zu bauen. Weiter befahl er, daß, wie es Sitte war, das Maifeld dort abgehalten werde; nachdem er sich mit seinen Vornehmen beraten hatte, schickte er die vorhin genannte Königin Bertrada mit den übrigen Franken und seinen treuen comites nach Bourges. Der genannte König selbst zog mit den übrigen Franken und Vornehmen zur Verfolgung Waifars aus. Als der genannte König bei der Verfolgung Waifar nicht finden konnte, kehrte er, es war schon Winter, mit dem ganzen Heer nach Bourges zurück, wohin er die genannte Königin Bertrada geschickt hatte.

50. Während dieser Geschehnisse brach Remistanius, der Sohn des verstorbenen Eudo, seinen Eid, den er dem genannten König Pippin abgelegt hatte[91], kam wieder zu Waifar und unterwarf sich seiner Herrschaft. Waifar nahm ihn mit großer Freude auf und machte ihn zu seinem Helfer gegen die Franken und den genannten König. Der oben erwähnte Remistanius zog als Feind gegen den genannten König und die Franken beziehungsweise die Besatzungen, die der König selbst in jenen Städten zurückgelassen hatte, verwüstete Bourges und Limoges, die der König erobert hatte, und plünderte so sehr, daß kein Bauer des Landes mehr die Äcker oder Weinberge zu bebauen wagte. Der genannte König Pippin hielt sich den ganzen Winter mit seiner Königin Bertrada

[87] 766

[88] Nach den *Annales Mosellenses* und den *Annales Petaviani* 755.

[89] Hst. des Dép. Lot-et-Garonne.

[90] 767

[91] Vgl. *Fredegar Cont. 44.*

palatium resedit. Totum exercitum suum per Burgundias ad hyemando mittens, natale domini nostri Iesu Christi vel sanctam epiphania[92] ad Betoricas orbem per consilio epyscoporum vel sacerdotum venerabiliter celebravit.

51. Evoluto igitur eo anno, cum in Betoricas resederet, mediante Febroario, omnem exercitum suum, quem in Burgundia ad hyemandum miserat, ad se venire praecepit; initoque consilio, contra Remistagnum insidias parat. Hermenaldo, Beringario, Childerado et Uniberto[93] comite Bitorivo cum reliquis comitibus et leodibus suis ad ipsum Remistanium capiendum clam mittens, predictus rex Pippinus cum omni exercitu Francorum iterum ad persequendum Waiofarium ire distinavit. Bertrada regina Aurilianis veniens et inde navale evectione per Ligere fluvium usque ad Sellus castro[94] super fluvium ipsius Ligere perveniens. His itaque gestis, nunciatum est regi, quod myssos suos, quos dudum ad Amormuni regi Saracinorum misserat[95] post tres annos ad Marsiliam reversus fuisset; legationem predictus Amormuni rex Sarracinorum ad praefato rege cum multis muneribus secum adduxerat. Quod cum conpertum regi fuisset, myssos suos ad eum direxit, qui eum venerabiliter reciperent et usque ad Mettis civitatis ad hyemandum ducerent. Igitur suprascripti comites, qui ad Remistagnum capiendum missi fuerant, per divino iudicio et fidem regis capiunt et legatum ad praesentiam regis cum uxore sua adduxerunt. Quem statim rex Uniberto et Gislario comite Betoricas civitate ipso Remistagnum in patibulo eum suspendi iussit. Praedictus rex Pippinus usque ad Ieronnam accessit; ibi Vascones, qui ultra Garonna commorantur, ad eius presentia venerunt et sacramenta et obsides praedicto rege donant, ut semper fideles partibus regis hac filiis suis Carlo et Carlomanno omni tempore esse debeant. Et aliae multe quam plures ex parte Waiofarii ad eum venientes / et dictionis sue facientes; rex vero Pippinus benigniter eos in sua dictione recepit. Waiofarius cum paucis per silva qui vocatur Edobola in pago Petrocoreco latitans, huc illucque vacatur incertus. Prefatus rex Pippinus ad Waiofarium capiendum insidias iterum parat. Inde ad regina sua ad Sellus[96] veniens, legationem Sarracenorum, quod ad Mettis

im Palast in Bourges auf. Er schickte sein ganzes Heer zur Überwinterung nach Burgund und feierte auf den Rat seiner Bischöfe und Geistlichen den Geburtstag unseres Herrn Jesus Christus und den heiligen Tag der Erscheinung[92] ehrfurchtsvoll in der Stadt Bourges.

51. Als das Jahr vergangen war und er in Bourges weilte, befahl er Mitte Februar, daß das ganze Heer, das er nach Burgund ins Winterquartier geschickt hatte, zu ihm komme; nachdem er sich beraten hatte, stellte er Remistanius eine Falle. Er schickte Hermenald, Berengar, Childerad und Unibert[93], den comes der Berry, mit seinen anderen comites und Gefolgsleuten heimlich aus, um Remistanius gefangenzunehmen, während der genannte König Pippin beschloß, die Verfolgung Waifars mit dem gesamten Heer der Franken wiederaufzunehmen. Die Königin Bertrada kam nach Orléans und gelangte von dort mit dem Schiff zur Festung Champtoceaux[94] an der Loire. Daraufhin wurde dem König gemeldet, daß seine Gesandten, die er einst zum König der Sarazenen, Amormuni, geschickt hatte[95], nach drei Jahren endlich nach Marseille zurückgekommen seien; der vorhin genannte Sarazenenkönig Amormuni hatte ebenfalls eine Gesandtschaft mit vielen Geschenken mit sich geführt. Als der König davon Nachricht erhielt, schickte er Gesandte zu ihm, die sie ehrfurchtsvoll empfangen und in die Stadt Metz zum Überwintern führen sollten. So nahmen nun die oben genannten comites, die ausgeschickt worden waren, um den Remistanius zu fangen, diesen durch Gottes Ratschluß und in Treue zu ihrem König gefangen und brachten ihn gefesselt mit seiner Gattin vor den König. Diesen ließ der König auf der Stelle von Unibert und dem comes Gislar in der Stadt Bourges an einem Galgen aufhängen. Der genannte König Pippin zog bis zur Garonne; dort kamen die Gascogner, die jenseits der Garonne wohnten, vor ihn, schworen ihm Treue und stellten dem genannten König Geiseln; sie wollten dem König und seinen Söhnen Karl und Karlmann allzeit treu sein. Und noch sehr viele andere von der Partei Waifars kamen zu ihm und unterwarfen sich seiner Herrschaft; König Pippin aber nahm sie huldvoll in seiner Gewalt auf. Waifar versteckte sich mit wenigen Leuten im Wald von Ver im Gau von Périgueux und floh unsicher bald hierhin, bald dorthin. Wiederum stellte der genannte König Pippin eine Falle, um Waifar gefangenzunehmen. Dann kam er zu seiner Königin nach Champtoceaux, befahl, daß die Gesandtschaft der Sarazenen, die er nach Metz ins Winterquartier geschickt hatte, zu ihm in die Festung Champtoceaux[96] kämen,

[92] 6. Jänner 768.
[93] Vgl. *Fredegar Cont. 42.*
[94] Dép. Maine-et-Loire, Ar. Cholet.
[95] 765
[96] Dép. Maine-et-Loire, Ar. Cholet.

ad hyemandum miserat [u]ad Sellus castro ad se venire praecepit, et ipsi Saraceni munera, quod Amormuni transmiserat[u], ibidem presentant. Iterum rex ipsos Sarracinos, qui ad eum missi fuerant, munera dedit et usque ad Marsalia cum multo honore adducere praecepit. Sarracini vero navale evectione per mare redunt ad propria.

52. Precellus rex Pippinus iterum de Sellus castro cum paucis ad persequendum Waiofarium eo anno iterum perrexit et usque ad Sanctonis mira celeritate primus cum paucis venit. Cum hoc Waiofarius audisset, solito more terga vertit. Rex Pippinus in quattuor partes comites suos, scaritos et leudibus suis ad persequendum Waiofarium transmissit. Dum hec ageretur, – ut adserunt, consilia regis factum fuisset, – Waiofarius princeps Aquitanie a suis interfectus est[97]. Praefatus rex Pippinus, iam totam Aquitaniam adquesitam, – omnes ad eum venientes dictionis sue, sicut antiquitus fuerat, faciunt, – cum magno triumpho et victoria Sanctonis, ubi Bertrada regina resedebat, veniens.

53. Dum Sanctonis[98] praefatus rex venisset et causas pro salute patriae et utilitate Francorum tractaret, a quedam febre vexatus, egrotare cepit[99], comites suos ac iudices ibidem constituit. Inde per Pectavis usque ad Thoronis urbem ad monasterium beati Martini confessoris accessit; ibique multa elemosina tam ecclesiis quam monasteriis vel pauperum largitus est, et auxilium beati Martini petens, ut pro eius facinora Domini misericordia deprecare dignaretur. Inde promovens, cum praedicta regina Bertradane et filios suos Carlo et Carlomanno usque ad Parisius ad monasterio beati Dionisi martiris veniens; ibique moratus est aliquandiu. Cernensque, quod vite periculum evadere non potuisset, omnes proceres suos, ducibus vel comitibus Francorum, tam episcopis quam sacerdotibus ad se venire precepit. Ibique una cum consensu Francorum et procerum suorum seu et episcoporum regnum Francorum, quod ipse tenuerat, equali sorte inter predictis filiis suis Carlo et Carlomanno, dum adhuc ipse viveret, inter eos divisit: id est Austrasiorum regnum Carlo seniore filio regem instituit; Carlomanno vero iuniore filio regnum Burgundia, Provintia et Gotia, Alexacis / et Alamania tradidit; Aquitania provintia, quam ipse rex adquesierat, inter eos

u–u Fehlt in 4a.

und dort brachten ihm die Sarazenen die Geschenke dar, die Amormuni ihnen mitgegeben hatte. Abermals gab der König den zu ihm geschickten Sarazenen Geschenke und ließ sie unter großen Ehren bis nach Marseille geleiten. Die Sarazenen aber bestiegen ihr Schiff und kehrten über das Meer in ihre Heimat zurück.

52. Der erlauchte König Pippin brach in diesem Jahr noch einmal mit einigen wenigen zur Verfolgung Waifars von der Festung Champtoceaux auf und kam unglaublich schnell als erster mit seiner kleinen Gefolgschaft nach Saintes. Als Waifar das hörte, wandte er sich wie üblich zur Flucht. König Pippin schickte seine comites, Skariten und Gefolgsleute in vier Gruppen zur Verfolgung Waifars aus. Während das geschah, wurde Waifar, der princeps Aquitaniens – man behauptet, es sei auf Betreiben des Königs geschehen –, von den Seinen[97] getötet. Der genannte König Pippin zog ganz Aquitanien an sich, denn alle kamen zu ihm und unterwarfen sich seiner Herrschaft, wie es von alters her gewesen war, und er kam in einem großen Triumphzug siegreich nach Saintes, wo die Königin Bertrada weilte.

53. Als der genannte König nach Saintes[98] gekommen war und zum Wohle des Vaterlandes und zum Nutzen der Franken zu Gericht saß, erfaßte ihn Fieber und er wurde krank[99]; er bestellte seine comites und Richter dorthin. Von hier zog er über Poitiers zur Stadt Tours zum Kloster des heiligen Bekenners Martin; dort verteilte er viele Almosen an die Kirchen, Klöster und Armen und bat den heiligen Martin um Hilfe, auf daß er den Herrn für seine Taten um Gnade anflehe. Von dort zog er fort und kam mit der genannten Königin Bertrada und seinen Söhnen Karl und Karlmann nach Paris ins Kloster des heiligen Märtyrers Dionysius; dort blieb er einige Zeit. Als er sah, daß er dem Tode nicht entkommen konnte, befahl er, daß alle seine Vornehmen, die duces und comites der Franken sowie die Bischöfe und Priester zu ihm kämen. Dort teilte er noch zu Lebzeiten mit Zustimmung der Franken, all seiner Vornehmen und der Bischöfe das Reich der Franken, so wie er es innegehabt hatte, zu gleichen Teilen unter seine vorhin genannten Söhne Karl und Karlmann: er machte seinen älteren Sohn Karl zum König über das Reich von Austrasien; seinem jüngeren Sohn Karlmann aber übergab er das Reich von Burgund, die Provence, das Gotenland, Elsaß und Alemannien; die Provinz Aquitanien, die der König selbst erworben hatte, teilte er zwischen ihnen auf. Als das geschehen war – es schmerzt mich,

[97] 768

[98] Dép. Charente-Maritime.

[99] Nach den *Annales Laureshamenses maiores* 768.

divisit. His gestis, rex Pippinus post paucos dies, ut dolus est ad dicendum, ultimum diem et vitam simul caruit[1]; sepelieruntque eum praedicti reges Carlus et Carlomannus, filii ipsius reges, in monasterio Sancti Dionisi martiris, ut ipse voluit, cum magno honore. Regnavitque ann. 25.

54. His transactis, praedicti reges Carlus et Carlomannus unusquisque cum leodibus suis ad propriam sedem regni eorum venientes, instituto placito initoque consilio cum proceribus eorum, mense Septembrio die dominico 14. Kl. Octobris[2], – Carlus ad Novionem[3] urbem et Carlomannus ad Saxonis[4] civitate –, pariter uno die a proceribus eorum et consecrationem sacerdotum sublimati sunt in regno[v].

[v] *Expl. liber X hist. Franc.* 5e.

davon zu reden –, beendete König Pippin nach kurzer Zeit mit seinem letzten Tag auch sein Leben[1]; die genannten Könige Karl und Karlmann, die Söhne des Königs, bestatteten ihn nach seinem eigenen Wunsche mit großer Ehrerbietung im Kloster des heiligen Märtyrers Dionysius. Er hatte 25 Jahre geherrscht.

54. Nach diesen Geschehnissen kamen die genannten Könige Karl und Karlmann, jeder mit seinen Gefolgsleuten, zu ihren Regierungssitzen, beriefen eine Versammlung ein und wurden nach Beratung mit ihren Großen am Sonntag, dem 18. September[2], – Karl in Noyon[3], Karlmann in Soissons[4] – beide am gleichen Tage von ihren Vornehmen und durch die Weihe der Bischöfe an die Spitze ihres Reiches erhoben.

[1] 24. November 768.

[2] Die *Annales Laureshamenses maiores* zum Jahr 768 geben den 25. September an.

[3] Dép. Oise, Ar. Compiègne.

[4] Ar. im Dép. Aisne (Ile-de-France).

LIBER HISTORIAE FRANCORUM
(paucis locis abbreviatus)

DAS BUCH VON DER GESCHICHTE DER FRANKEN
(unwesentlich gekürzt)

EINLEITUNG

1. Der Verfasser und sein Werk

Der *Liber Historiae Francorum*, der bis zu seiner grundlegenden Neuedition in den *Monumenta* unter dem Namen *Gesta Francorum* bekannt war, ist das Werk eines Mannes, dessen Name anonym geblieben ist. Die mehrfach unternommenen Versuche, zumindest den Abfassungsort der Schrift zu fixieren, sind gescheitert. Die Vermutung, der Autor sei aufgrund seiner ausgeprägten Verehrung für den heiligen Bischof Audoin (641–684) im Bistum Rouen beheimatet gewesen, ist argumentativ nicht zu stützen. Andrerseits genügt aber die Beobachtung der engen Beziehungen des Autors des *Liber Historiae Francorum* zu Paris keineswegs zur Annahme, daß man in ihm einen Mönch des Klosters St. Denis zu sehen habe. Da auch die alte Ansicht, der Verfasser sei ein aus Spanien geflüchteter westgotischer Mönch gewesen, unhaltbar ist, kann im letzten doch nur der geographische Raum für die Abfassung des *Liber Historiae Francorum* angegeben werden, der in die Gegend von Laon anzusetzen ist. Es fällt auf, daß der Verfasser meist von Geschehnissen aus dem neustrischen Bereich berichtet und von Austrasien kaum etwas zu erzählen weiß. Ob die Erklärung einfach in seiner mangelnden Kenntnis von den dortigen Ereignissen oder tatsächlich darin zu suchen ist, „daß er das Land nicht liebte" (W. Wattenbach-W. Levison, Deutschlands Geschichtsquellen im Mittelalter. Heft 1: Die Vorzeit von den Anfängen bis zur Herrschaft der Karolinger. Bearb. von W. Levison [1952] 114f.), ist nicht zu entscheiden. Richtig ist aber die Beobachtung, daß für den Verfasser die Neustrier die Franken schlechthin sind und er es aus diesem Grunde unterläßt, sie so wie die Burgunder und Austrasier ausdrücklich als Franken zu bezeichnen. Daß diese Erscheinung ein Charakteristikum der neustrischen Schriftsteller ist, ist längst bekannt.

Der Autor berichtet also, soweit es sein Wissen zuläßt, von den Beziehungen der Franken zu den Austrasiern und Burgundern, die für ihn nur durch das merowingische Königtum untereinander verbunden sind. Der Text ist aus der Sicht eines Neustriers geschrieben, ohne daß man daraus aber zuviel folgern sollte. Immerhin war die Diktion des Textes für die Pippiniden als die neuen austrasischen Machthaber so wenig anstößig, daß sie den Text bei seiner Neubearbeitung bis auf wenige Ausnahmen inhaltlich unverändert übernahmen.

Anders als beim Abfassungsort kann der Abfassungszeitpunkt mit dem Jahr 727 als gesichert angesehen werden, da der Text mit der Bemerkung schließt, daß König Theuderich (IV.) *nunc* (d.i. zum Zeitpunkt der Abfassung) *anno sexto in regno subsistit*. Der Verfasser berichtet demnach die Ereignisse etwa seit der Wende vom siebten zum achten Jahrhundert als Augenzeuge, was durch die Genauigkeit in der Schilderung bestätigt wird. Das gilt besonders für die Geschehnisse aus der Zeit der Kämpfe Karl Martells mit seiner Stiefmutter Plektrud sowie der neustrischen Reaktion unter dem Hausmeier Raganfred. Für diesen Zeitraum ist der Quellenwert des *Liber Historiae Francorum* unbestritten. Seine Angaben werden durch die gleichzeitigen hagiographischen und urkundlichen Zeugnisse bestätigt und ergänzt. Je weiter sich der Verfasser freilich von seiner Zeit entfernt, um so mehr bedürfen seine Aussagen der Überprüfung, was durch die bekannt schlechte Quellenlage des siebten Jahrhunderts erschwert wird. Vergleiche mit dem vierten Buch des sogenannten *Fredegar* und mit zeitgenössischen Heiligenviten zeigen, daß sich die Informationen des Autors besonders für die erste Hälfte des siebten Jahrhunderts offenbar auf mündliche, vielleicht epische Traditionen stützen und dementsprechend zu bewerten sind. Für die Regentschaft König Chlodovechs II., 634–657, und seiner Gattin Balthilde (gest. 680) benutzte der Verfasser nach eigener Angabe verlorengegangene historiographische Texte, die möglicherweise ebenso wie die Königin selbst aus dem angelsächsischen Bereiche stammten. Bei der Darstellung der Ereignisse des siebten Jahrhunderts unterliefen dem Autor aufgrund seiner unzureichenden Information zahlreiche Irrtümer in der zeitlichen Abfolge der Geschehnisse. Für die Schilderung des sechsten Jahrhunderts standen dem Autor des *Liber Historiae Francorum* die ersten sechs Bücher der *Historiae* Gregors von Tours zur Verfügung. Die wenigen Stellen, an denen der Verfasser eigene Berichte einschiebt, tragen meist epischen Charakter. Die Exzerpte aus *Gregor* sind freilich nur selten wortgetreue Übernahmen. Oft werden die Formulierungen verändert, Wörter ausgetauscht oder ausgelassen, so daß sich die Übernahme nicht selten auf die bloßen Satzstrukturen, das grammatikalische Gerüst sozusagen, beschränken. Eine Untersuchung, ob diese Veränderungen nur Textvarianten oder der Ausdruck einer veränderten Begriffs- und daher auch Sprachwelt sind, steht noch aus.

Die Erzählung von der Herkunft der Franken ist als Meinung des frühen achten Jahrhunderts und als Versuch, die fränkische Stammessage mythologisch zu untermauern, ideengeschichtlich interessant, besonders wenn man bedenkt, daß dem Verfasser des *Liber Historiae Francorum* die sogenannte *Fredegarchronik* unbekannt war. Es muß demnach bei den Franken seiner Zeit zumindest zwei voneinander unabhängige und teilweise abweichende Varianten des Abstammungsmythos' gegeben haben.

Der kurz angedeutete Quellenwert der verschiedenen Abschnitte des *Liber Historiae Francorum* war auch das ausschlaggebende Kriterium für die Textauswahl. Es wurden die Kapitel 1–7 (Herkunftssage) und 35–53 (Vom Tode König Guntramns von Burgund bis 727) aufgenommen, während jene Kapitel, die inhaltlich auf *Gregor von Tours* fußen, ausgelassen wurden.

2. Die Sprache

Im Gefolge der fundamentalen Untersuchung M. Bonnets über die Sprache Gregors von Tours entstanden mehrere ähnlich geartete Arbeiten, die sich mit der Latinität historiographischer, urkundlicher und sporadisch auch hagiographischer Texte der Merowingerzeit beschäftigten. Parallel dazu liefen die besonders von der romanistischen Forschung betriebenen Untersuchungen zu dem Problem, wann die Absonderung der einzelnen romanischen Sprachräume aus dem „Vulgärlatein" anzusetzen sei. Vor diesem geistigen Hintergrund entstand die Untersuchung P. Taylors über das Latein des *Liber Historiae Francorum*. Es wird darin der Versuch unternommen, die phonetischen, morphologischen und syntaktischen Sonderheiten des Textes im Vergleich mit der Sprache der Fredegar-Fortsetzer und des Geschichtswerks Gregors von Tours herauszuarbeiten. Allerdings wirkt sich auch bei dieser Untersuchung, so wie bei fast allen Nachfolgearbeiten Bonnets, ihre allzu deskriptive Methode negativ aus, die aufgrund des weitgehend fehlenden Geschichtsbezuges Gefahr läuft, über eine, wenn auch noch so wertvolle, Materialsammlung nicht hinauszukommen. Daher ist es um so bedauerlicher, daß die von Taylor in Aussicht gestellte Untersuchung über den Stil und den Wortschatz des *Liber Historiae Francorum* nie zustande kam.

Wenn es auch nicht Aufgabe dieser Einleitung sein kann, diese Lücke zu schließen, soll im folgenden doch versucht werden, auf einige Schwerpunkte hinzuweisen, die bei einer derartigen Untersuchung mitbedacht werden sollten. Es ist bekannt, daß der Autor für die Schilderung der

Geschehnisse des sechsten Jahrhunderts die ersten sechs Bücher der *Libri Historiarum* Gregors von Tours benützte und ihren Formulierungen oft folgte. Daneben verwendete er für die Frühzeit den kurzen Prolog der *Lex Salica* und für das Jahr 613 die *Fortsetzung Isidors* aus dem Jahre 624. In jenen Teilen des *Liber Historiae Francorum*, in denen sich der Verfasser auf die genannten Vorbilder stützte, muß die sprachliche Untersuchung methodisch anders ausgerichtet sein als dort, wo der Autor frei formulierte. Während es nämlich im ersten Fall das Ziel ist, aus den Veränderungen, die der Autor an den Vorlagen vorgenommen hat, Rückschlüsse auf sein eigenes Sprachverständnis zu ziehen, steht in jenen Abschnitten, in denen der Autor das gestellte Thema aus Eigenem darzustellen versucht, die Frage nach dem Gestaltungsprinzip und den sprachlichen Möglichkeiten im Vordergrund. Dabei fällt unter anderem die Vorliebe für die Aussage in Form der direkten Rede auf, die er mit Gregor von Tours gemeinsam hat und die allgemein den Stileigenheiten epischer Sprache zuzurechnen ist. Unter diesem Gesichtspunkt der epischen Sprache könnten auch die vielen, immer wiederkehrenden gleichlautenden Wendungen und grammatikalischen Erscheinungen besser verstanden werden, ohne daß sie wie bisher als Ausdruck „barbarischen“ Lateins gewertet werden müßten. In diesem Zusammenhang könnte vielleicht auch an die Existenz mündlich tradierter merowingischer „Heldenlieder“ gedacht werden, für die außer der Aufnahme epischer Elemente auch die Erzählung und Weiterentwicklung verschiedener Sagenmotive, scheinbar erfundene Kampfschilderungen und die Dialoge sprechen. Das eben Gesagte verliert aber selbstverständlich seine Gültigkeit in jener Zeit, die der Verfasser als Augenzeuge schildert.

Eine allgemeine Beurteilung der Sprache des *Liber Historiae Francorum* wird erst nach der Erstellung einer genauen sprachlichen und stilistischen Analyse des Textes möglich sein, die seine grammatikalischen und semantischen Sonderheiten nicht aus dem unzulässigen Vergleich mit dem Latein einer längst untergegangenen Epoche zu erklären sucht, sondern sie als Spiegelbild jener entscheidenden politischen und gesellschaftlichen Umschichtungen sieht, die sich an der Wende vom siebten zum achten Jahrhundert vollzogen haben.

3. Die Überlieferung des Textes

Der *Liber Historiae Francorum* zählt zu den meistverbreiteten Texten des Mittelalters. Die Begründung dafür mag in seiner Kürze und dem Umstand liegen, daß er für einen bestimmten Zeitraum die einzige Informationsmöglichkeit bot. Der Text ist in zwei Fassungen überliefert, die B. Krusch im Vorwort zu seiner Ausgabe in den *Monumenta* mit den Buchstaben A und B bezeichnete. Davon ist A die ältere der beiden Fassungen und im Jahre 727 entstanden, während B eine Überarbeitung von A darstellt, die jedenfalls noch vor 737, dem Todesjahr König Theuderichs IV., entstand. B. Krusch stellte in seiner Ausgabe beide Fassungen einander doppelbrüchig gegenüber, ein Prinzip, das aus Platzmangel in der vorliegenden Auswahl nicht übernommen werden konnte. Abgedruckt ist nur die ältere Fassung A, weshalb auf die handschriftliche Überlieferung von B an dieser Stelle auch nicht näher einzugehen ist. Für sie und die genauen Handschriftenbeschreibungen verweise ich auf die Einleitung der genannten Ausgabe B. Kruschs in den *Monumenta Scriptores rerum Merovingicarum* II 215–238. B. Krusch unterscheidet bei A drei Klassen, die ihrerseits wieder mehrfach unterteilt sind. Im folgenden ist jeweils die entsprechende Handschrift der einzelnen Klassen angeführt:

A 1a Bernensis 599, f. 1–132, saec. VIII. Sie enthält den ganzen Text bis auf die Worte disceptavit – Theudericum Cala in Kapitel 53.

A 1b Parisiensis 5596, saec. IX.

A 1c Vindobonensis 991, saec. XII. Es fehlen die Kapitel 2–10.

A 2 Camaracensis 711, saec. IX. Es fehlt zwar das Kapitel 28, aus dieser Handschrift kann aber die fehlende Stelle in A 1a ergänzt werden, mit der gemeinsam sie die Textgrundlage bei Krusch und damit auch für die vorliegende Auswahl ist.

A 3 schließlich gliedert sich in viele kleine Unterabteilungen, von denen hier nur die zwei wichtigsten angeführt werden sollen:

A 3a Parisiensis 10911, saec. IX.

A 3b Vaticanus bibl. Christinae reginae 713, saec. VIII/IX. Sie enthält nur die Kapitel 1–32 vos et filios.

Abschließend seien noch einige allgemeine Bemerkungen zur äußeren Einrichtung der vorliegenden Ausgabe hinzugefügt, die im wesentlichen in angepaßter Form auch für die Edition des ersten Buches von Jonas' *Vita Columbani* und für die *Vita Lebuini antiqua* gelten. Als Textgrundlage dient ihr die Ausgabe des *Liber Historiae Francorum* durch B. Krusch in den *Monumenta Historiae Germanica* und sie beschränkt sich auf die Wiedergabe des Textes in der Fassung A. Die „austrasische" Überarbeitung B wird nur dann in Form von Fußnoten herangezogen, wenn sie divergierende sachliche Aussagen bietet, was in den in die Auswahl übernommenen Kapiteln nur selten der Fall ist. Daß auf einen genauen textkritischen Apparat weitgehend verzichtet wurde, entspricht den bisher üblichen editionstechnischen Grundsätzen der Reihe, in der dieser Band erscheint. Sachkommentare sind aufs äußerste eingeschränkt und bieten im wesentlichen nur topographische und chronologische Hinweise, die für das Textverständnis unumgänglich sind. Auf die Angabe von Spezialliteratur wurde, bis auf wenige Ausnahmen, verzichtet. Die Bibliographie bietet eine Auswahl weiterführender Literatur. Der Seitenwechsel in der Monumentaausgabe wird durch / im lateinischen Text angezeigt. Die Kapitel 43—53 wurden auszugsweise von O. Abel in den *Geschichtsschreibern der deutschen Vorzeit* 11 (4. Auflage 1940) übersetzt. Diese aus dem Jahre 1848 stammende und von W. Wattenbach unwesentlich veränderte Übertragung konnte aus verständlichen Gründen nur mehr teilweise und mit Einschränkungen übernommen werden. Oberstes Ziel der vorliegenden Übersetzung ist es, historische Distanz und sprachliches Engagement, grammatikalische Notwendigkeit und einfühlendes Nachempfinden zu vereinen, um der Gefahr bloßer „Nachdichtung" ebenso zu entgehen wie allzu pedantischer Worttreue. Letzteres schließt ein, daß die lateinischen Satzstrukturen an manchen Stellen verändert und der deutschen Sprache angepaßt werden mußten. Jedenfalls hat der Leser bei solchen freieren Übersetzungen ja stets den lateinischen Text zur Kontrolle bei der Hand. Das gilt auch für die Übersetzung der Ortsnamen, die, soweit es möglich war, in ihrer modernen Form erscheinen, wogegen Personennamen weitgehend unverändert übernommen wurden.

LITERATUR

Th. Breysig, Die Zeit Karl Martells (1869) 112f.

H. Brosien, Kritische Untersuchungen der Quellen zur Geschichte des fränkischen Königs Dagobert I. (622–638) (1868) 41ff.

C. Courtois, L'avènement de Clovis II. et les règles d'accension au trône chez les Mérovingiens. Mélanges L. Halphen (1951) 163f.

L. Dupraz, Le royaume des Francs et l'ascension politique des maires du palais au déchin de VIIe siècle (656–680) (1948).

J. Fischer, Der Hausmeier Ebroin (Diss. Bonn 1954).

A. Jacobs, Géographie de Frédégaire, de ses continuateurs et des Gesta Francorum (1859).

B. Krusch, Einleitung zur Edition in den MGH SS rer. Merov. II (1888) 213–238.

Ders., Zur Chronologie der Merowingischen Könige. Forschungen zur deutschen Geschichte 22 (1882) 451–490.

G. Kurth, Étude critique sur les Gesta Regum Francorum. Études Franques 1 (1919) 31–65.

Ders., Histoire poétique des Mérovingiens (1893).

H. Löwe, Deutschland im fränkischen Reich. In: B. Gebhardt (Hrsg.), Handbuch der deutschen Geschichte 2 (Deutscher TaschenbuchVerlag WR 4202, 1970).

A. Longnon, Géographie de la Gaule au VIe siècle (1878).

M. Manitius, Geschichte der lateinischen Literatur des Mittelalters I (Handbuch der klassischen Altertumswissenschaft IX/2, 1911) 227ff.

G. Monod, Les origines de l'historiographie à Paris III (Mémoires de la Société de l'histoire de Paris et de l'Ile de France, 1876) 219ff.

G. Richter, Annalen des fränkischen Reiches im Zeitalter der Merovinger. Vom ersten Auftreten der Franken bis zur Krönung Pippins (Annalen der Deutschen Geschichte im Mittelalter von der Gründung des fränkischen Reiches bis zum Untergang der Hohenstaufen 1, 1873) 167ff.

R. Sprandel, Der merovingische Adel und die Gebiete östlich des Rheins (Forschungen zur Oberrheinischen Landesgeschichte 5, 1957).

P. Taylor, The Latinity of the Liber historiae Francorum (1925).

K. Voretzsch, Das Merowingerepos und die fränkische Heldensage. Philologische Studien. Festgabe für E. Sievers (1896) 53ff.

J. M. Wallace-Hadrill, The Long-Haired Kings and Other Studies in Frankish History (1962).

W. Wattenbach, Deutschlands Geschichtsquellen im Mittelalter. Heft 1: Die Vorzeit von den Anfängen bis zur Herrschaft der Karolinger. Bearb. von W. Levison (1952) 114f.

E. Zöllner, Geschichte der Franken bis zur Mitte des 6. Jahrhunderts (Geschichte der deutschen Stämme bis zum Ausgang der Völkerwanderung, 1970).

INCIPIUNT CAPITULA
LIBRI HISTORIAE FRANCORUM

1. De origine ac gesta Francorum vel eorum frequenta certamina.
2. Quod gens Alanorum contra Valentinianum imperatorem rebellarunt, eosque Franci devicerunt, et tributa Francis concessa sunt.
3. Ubi imperator exactores misit, ut tributa solverent Franci.
4. Quod idem imperator exercitum commovit adversus Francos, et de adventu eorum in partibus Reni fluminis et de rege primo eorum.
5. De morte Faramundi regis et de Chlodione, filio eius, vel de Chunorum incursu in Gallias.
6. Ubi Childericus rex eiectus est de regno.
7. Quod Franci super se statuerunt Egidium Romanum atque deiciunt et Childericum recipiunt.

[...]

35. De Iustino et Tyberio imperatores et de Italia subiugata et transitu Guntramni regis, et quod per ingenium Fredegundis interfectus est Chilpericus.
36. Ubi Fredegundis bellum cum Austrasiis egit, eosque devictos, Campaniam succendit.
37. De morte Fredegundis, et bellum Theudoberti contra Chlotharium.
38. De consilio pessimo Brunchildis, et quia Theuderichus fratrem suum occidit.
39. Quod Theudericus neptem suam ad coniugium sociare voluit, et quia Brunchildis ipsum Theudericum occidit.
40. Quod Austrasii et reliqui Franci Chlotharium in monarchiam elevant et Brunchilde morte condempnant.

HIER BEGINNEN DIE KAPITEL DES BUCHES VON DER GESCHICHTE DER FRANKEN

1. Von der Herkunft der Franken, ihren Taten und wiederholten Kämpfen.
2. Wie sich das Volk der Alanen gegen Kaiser Valentinian erhob, die Franken sie besiegten und den Franken deshalb eine Belohnung zugestanden wurde.
3. Wie der Kaiser Steuereintreiber ausschickte, um von den Franken Abgaben einzutreiben.
4. Wie der Kaiser ein Heer gegen die Franken schickte; von ihrer Ankunft in der Gegend des Rheins und ihrem ersten König.
5. Vom Tode König Faramunds, von seinem Sohne Chlodio und dem Einfall der Hunnen in Gallien.
6. Wie König Childerich aus seinem Reich vertrieben wurde.
7. Wie die Franken den Römer Egidius (zu ihrem König) machten, ihn vertrieben und Childerich wieder annahmen.

[...]

35. Von den Kaisern Justinus und Tiberius, von der Unterwerfung Italiens, dem Heimgang König Guntramns und wie Chilperich einem Anschlag der Fredegundis erlag.
36. Wie Fredegundis gegen die Austrasier zu Felde zog, sie besiegte und die Champagne niederbrennen ließ.
37. Vom Tod der Fredegundis und der Krieg Theudeberts gegen Chlothar.
38. Vom schrecklichen Rat der Brunchildis und wie Theuderich seinen Bruder tötete.
39. Wie Theuderich seine Nichte zur Frau haben wollte und Brunchildis jenen Theuderich umbrachte.
40. Wie die Austrasier und die übrigen Franken Chlothar zum Alleinherrscher erhoben und Brunchildis mit dem Tode bestraften.

1. Principium regum Francorum eorumque origine vel gentium illarum ac gesta proferamus[1]. Est autem in Asia oppidum Troianorum, ubi est civitas, quae Illium dicitur, ubi regnavit Aeneas. Gens illa fortis et valida[1], viri bellatores atque rebelles nimis, inquieta certamina obiurgantes, per gyrum finitima debellantes. Surrexerunt autem reges Grecorum adversus Aeneam cum multo exercitu pugnaveruntque contra eum cum cede magna, corruitque illic multum populus Troianorum. Fugiit itaque

1. Den Anfang, die Herkunft und die Taten der Frankenkönige und ihrer Völker will ich erzählen[1]. In Asien liegt eine Stadt der Trojaner, diese Stadt heißt Ilium und dort herrschte Aeneas. Das Volk war tapfer und stark[2], die Männer voll unbändiger Kriegslust und stets waren sie in Kämpfe verwickelt, bis sie die Nachbarschaft im Umkreis unterworfen hatten. Da erhoben sich die Könige der Griechen mit einem großen Heer gegen Aeneas und kämpften gegen ihn in einer schrecklichen Schlacht und viel Volk der Trojaner kam dort um. Aeneas floh deshalb und ver-

[1] Vgl. *Gregor II 9.*
[2] Anklang an die kürzere Fassung des Prologs der *Lex Salica.*

Aeneas et reclusit se in civitate Illium, pugnaveruntque adversus hanc civitatem annis decim. Ipsa enim civitate subacta, fugiit Aeneas tyrannus in Italia locare gentes ad[a] pugnandum[3]. Alii quoque ex principibus, Priamus videlicet et Antenor, cum reliquo exercitu Troianorum duodecim milia intrantes in navibus, abscesserunt / et venerunt usque ripas Tanais fluminis.[4] Ingressi Meotidas paludes navigantes, pervenerunt iuxta terminos Pannoniarum iuxta Meotidas paludes et coeperunt aedificare civitatem memoriale eorum appellaveruntque eam Sicambriam[5]; habitaveruntque illic annis multis creveruntque in gentem magnam.

2. Eo itidem tempore gens Alanorum prava ac pessima rebellaverunt contra Valentinianum imperatorem Romanorum ac gentium[6]. Tunc ille exercitum movit hostem magnam de Roma, contra eos perrexit, pugnam iniit superavitque eos atque devicit. Illi itaque caesi super Danubium fluvium, fugierunt et intraverunt in Meotidas paludes. Dixit autem imperator: 'Quicumque potuerit introire in paludes istas et gentem istam pravam eicerit, concedam eis tributa donaria annis decim.' Tunc congregati Troiani[b], fecerunt insidias sicut erant edocti ac cogniti, et ingressi in Meotidas paludes cum alio populo Romanorum, eieceruntque inde Alanos percusseruntque eos in / ore gladii. Tunc appellavit eos Valentinianus imperator Francos Attica lingua, hoc est feros[7], a duritia vel audacia cordis eorum.

3. Igitur post transactos decim annos misit memoratus imperator exactores una cum Primario[8] duce de Romano senatu, ut darent consueta tributa de populo Francorum. Illi quoque, sicut erant crudeles et inmanissimi, consilio inutile accepto, dixerunt ad invicem: 'Imperator cum exercitu Romano non potuit eicere Alanos de latibulis paludarum, gentem fortem ac rebellem; nos enim, qui eos superavimus, quur solvimus tributa? Consurgamus igitur contra Primarium hunc vel exactoribus istis percutiamusque eos et auferamus cuncta quae secum habent et non demus

[a] *Gentes illas, ut ei auxilium ferrent* in B.
[b] *Franci, qui fuerant de Troia eiecti* in B.

[3] Zur Entwicklung der fränkischen Herkunftssage zusammenfassend R. Grand, Recherches sur l'origine des Francs (1965) 5ff.

schanzte sich in der Stadt Ilium; sie kämpften um diese Stadt 10 Jahre lang. Als sie sie endlich erobert hatten, floh der Tyrann Aeneas und siedelte seine Leute in Italien zum Kampf an[3]. Andere Fürsten, wie etwa Priamus und Antenor, verluden das restliche zwölftausend Mann starke Heer der Trojaner auf Schiffe und fuhren bis zu den Ufern des Dons[4]. Dann zogen sie durch die Asowschen Sümpfe, in deren Nähe sie schließlich nach Pannonien kamen, und erbauten eine Stadt, der sie in Erinnerung an ihre Vorfahren den Namen Sicambria[5] gaben; dort wohnten sie viele Jahre und wurden ein großes Volk.

2. In jener Zeit empörten sich, wie schon oft, die schrecklichen, bösen Alanen gegen Valentinian, den Kaiser der Römer und der anderen Völker[6]. Er stellte von Rom aus ein großes Heer auf, marschierte gegen sie und bezwang sie in einer Schlacht entscheidend. Geschlagen wandten sie sich über die Donau und kamen auf ihrer Flucht zu den Asowschen Sümpfen. Da sprach der Kaiser: „Wer auch immer in diese Sümpfe vordringen kann und jenes böse Volk von dort verjagt, dem will ich auf 10 Jahre einen Ehrensold gewähren". Da versammelten sich die Trojaner, legten, wie sie es gelernt hatten und sich darauf verstanden, einen Hinterhalt, stießen mit dem übrigen Römervolk in die Asowschen Sümpfe vor, vertrieben die Alanen von dort und vernichteten sie mit der Kraft des Schwertes. Damals gab ihnen Kaiser Valentinian aufgrund ihrer unbeugsamen Verwegenheit den Namen Franken, was in der attischen Sprache soviel wie „die Wilden" heißt[7].

3. Als 10 Jahre verstrichen waren, sandte der erwähnte Kaiser Steuereintreiber zu den Franken unter der Führung des römischen Senators Primarius[8], denen sie die üblichen Abgaben geben sollten. Jene aber trafen in ihrer wilden und ungestümen Art eine törichte Entscheidung und sagten zueinander: „Wir haben die Alanen besiegt, jenes tapfere, unbändige Volk, das der Kaiser samt dem römischen Heer nicht aus den Sumpfverstecken hatte vertreiben können; warum sollten also wir, die wir sie besiegten, Steuern zahlen? Wir wollen uns daher gegen diesen Primarius und seine Steuereintreiber empören, sie töten und ihnen alles wegnehmen, was sie mit sich führen; dann verweigern wir den Römern die

[4] Auch Procopius in seinem *De bello Vandalorum I 3* bezeichnet die Vandalen als *Meotides paludis accolae.*

[5] Möglicherweise ist damit die römische Festung Aquincum (= Buda) in Ungarn gemeint; vgl. A. Eckhardt, Sicambria, capitale légendoise des Francais en Hongrie. Revue des Études Hongroises 2/3 (1928).

[6] Valentinianus II., oströmischer Ks. 375–392.

[7] Diese Deutung des Frankennamens beruht auf der Erklärung Isidors von Sevilla, *Etym. IX 2,10,* die auch von Ermoldus Nigellus im *Carmen in honorem Ludowici Pii* übernommen wurde.

[8] Oder adjektivisch?

Romanis tributa et erimus nos iugiter liberi'. Insidiis vero praeparatis, interficerunt eos.

4. Audiens hec imperator[9], in furore et ira nimis succensus, praecepit hostem commovere Romanorum et aliarum gentium cum Arestarco principem militiae, direxeruntque aciem contra Francos. Fuit autem / ibi strages magna de uterque populo. Videntes enim Franci, quod tantum exercitum sustinere non possint, interfecti ac cesi, fugierunt; ceciditque ibi Priamus eorum fortissimus. Illi quoque egressi a Sicambria, venerunt in extremis partibus Reni fluminis in Germaniarum oppidis, illucque inhabitaverunt cum eorum principibus Marchomire, filium Priamo, et Sunnone, filio Antenor[10]; habitaveruntque ibi annis multis. Sunnone autem defuncto, acciperunt consilium, ut regem sibi unum constituerent, sicut ceterae gentes. Marchomiris quoque eis dedit hoc consilium, et elegerunt Faramundo[11], ipsius filio, et eleveverunt eum regem super se crinitum. Tunc habere et leges coeperunt[c], quae eorum priores gentiles tractaverunt his nominibus: Wisowastus, Wisogastus, Arogastus, Salegastus, in villabus quae ultra Renum sunt, in Bothagm, Salechagm et Widehagm[12].

5. Mortuo quippe Faramundo rege, Chlodionem, filium eius crinitum, in regnum patris sui elevaverunt. Id temporis crinitos reges habere coeperunt[13]. Venientesque sagaciter in finibus Toringorum ibique resederunt[14]. Habitavit itaque Chlodio rex[15] in Disbargo castello[16] in finibus Toringorum regionem Germaniae. In illo tempore in his partibus citra Renum usque Ligere fluvio habitabant Romani, ultra Ligere quoque Gothi dominabantur. Burgundiones itaque paganissimo in Arriana doctrina prava tenebantur, inhabitantes iuxta Rodanum fluvium, quae adiacet Lugdunum civitate. Chlodio autem rex misit exploratores de Disbargo castello Toringorum usque ad urbem Camaracum. Ipse postea cum grande exercitu Renum transiit, multo Romanorum populo occidit atque fugavit. Carbonaria silva[17] / ingressus,

[c] *Quam consiliarii eorum priores gentiles* in B.

[9] Ks. Valentinian II.

[10] Die Namen stammen aus *Gregor II 9.*

[11] Weder von Gregor noch von Fredegar genannt.

Abgaben und wir werden gemeinsam frei sein". So bereiteten sie ihnen einen Hinterhalt und töteten sie.

4. Als der Kaiser[9] das hörte, wurde er überaus zornig, befahl, ein Heer aufzustellen, das aus Römern und anderen Völkern bestand, übertrug das Oberkommando Arestarcus und ließ die Truppen gegen die Franken ziehen. Dort kam es aber zu einer heftigen Schlacht zwischen den beiden Völkern. Schließlich mußten die Franken einsehen, daß sie einem so großen Heer nicht gewachsen waren, und zogen sich unter sehr schweren Verlusten zurück; auch Priamus, der tapferste von ihnen, kam dort ums Leben. Sie verließen Sicambria, kamen zu den am äußersten Rhein gelegenen Städten Germaniens und ließen sich dort mit ihren Anführern Marchomir, dem Sohne des Priamus, und Sunno, dem Sohn Antenors, nieder[10]; sie wohnten viele Jahre hier. Nach dem Tod Sunnos faßten sie den Entschluß, dem Beispiel der übrigen Völker folgend einen König einzusetzen. Auch Marchomir riet ihnen dazu, und so wählten und erhoben sie dessen Sohn Faramund[11] zu ihrem König mit dem gelockten Haar. Auch Gesetze hatten sie damals zum ersten Mal, die ihre Stammesältesten mit den Namen Wisowast, Wisogast, Arogast und Salegast in den Orten Bothagm, Salechagm und Widechagm jenseits des Rheins verhandelten[12].

5. Nach dem Tod König Faramunds erhoben sie seinen Sohn Chlodio zum König mit dem gelockten Haar im Reiche seines Vaters. Seit dieser Zeit wurden gelockte Könige die Regel[13]. In der Folge erkundeten sie das Gebiet der Toringer und ließen sich dort nieder[14]. König Chlodio[15] wohnte in Germanien in der Feste Dispargum[16] im Siedlungsgebiet der Toringer. In jener Zeit lebten in der Gegend diesseits des Rheins bis zur Loire Römer, jenseits der Loire herrschten die Goten. Die Burgunder, befangen in der verderblichen heidnischen Irrlehre des Arius, siedelten an der Rhône nahe der Stadt Lyon. König Chlodio sandte von seiner toringischen Feste Dispargum Kundschafter bis zur Stadt Cambrai. Er selbst überquerte später mit einem großen Heer den Rhein, tötete viel Volk der Römer und trieb sie in die Flucht. Er zog durch den Kohlenwald[17]

[12] Wörtliche Übernahme aus der kürzeren Fassung des Prologs zur *Lex Salica*.

[13] Im langen Haupthaar lag das Königsheil der Merowinger.

[14] Die Lage dieses linksrheinischen Toringien ist unbekannt; vgl. *Gregor II 9*. Die Ableitung des Namens vom Stamme der Tungrer ist doch eher zweifelhaft.

[15] Er stand an der Spitze der unter der Führung der Salier vom Niederrhein aus vorgedrungenen fränkischen Gruppe. Seine Existenz ist durch *Apollonaris Sidonius V 212* gesichert.

[16] Wahrscheinlich Duisburg, Pr. Brabant, Ar. und Ct. Louvain.

[17] Römische Bezeichnung für einen Teil des Ardennenwaldes von der Sambre nordwestlich bis zur Schelde.

Turnacinsem urbem obtenuit. Exinde usque Camaracum civitatem veniens, illicque resedit pauco temporis spacio; Romanos quos ibi invenit, interficit. Exinde usque Sumnam fluvium occupavit. Chlodione rege defuncto[18], Merovechus de genere eius regnum eius accepit[19]. Regnavit Chlodio annis 20. Ab ipso Merovecho rege utile reges Francorum Merovingi sunt appellati. [d]Eo tempore Chuni Renum transierunt[20], Mettis succenderunt, Treveris distruunt, Tuncrus pervadunt, usque Aurilianis perveniunt[21]. Id temporis sanctus Anianus episcopus virtutibus praeclarus. Veniente ad eum Egecio[22] patricio Romanorum et Tursomodo rege Gothorum, auxiliante Domino, Chuni ab ipsa civitate, orante sancto Aniano[23], cum Attelane eorum rege devicti atque prostrati sunt[d].

6. Ipse itaque Merovechus genuit filium nomine Childerico, qui fuit pater Chlodovecho rege inclyto atque fortis/simo. Erant enim tunc Franci pagani atque fanatici, adorantes idola et simulacra[24] et non Deum caeli ac terrae, qui creavit eos. Erat quoque tunc in ista parte Galliarum ex Romanis Egidius rex[25] ab imperatore missus[26]. Childericus itaque rex, filius Merovechi, cum esset nimis luxuriosus et regnaret super Francos, coepit eorum filias diludere atque distrahere[27]. Illi cum grande furore hoc indignantes, voluerunt occidere eum et eicere de regno. Ille haec audiens, vocavit amicum suum, prudentem consiliarium nomine Viomadum[28], petiit cum eo consilium, qualiter animos furentium / Francorum possit mitigare. Tunc dederunt inter se signum, qualiter certa indicia cognoscere deberet, si ad pacem quando quidem reverti poteretur, quod signum inter se recognoscerent. Tunc diviserunt aureum unum ad invicem in signum; unam medietatem Childericus rex secum portavit, aliam partem Viomadus retenuit, dicens: 'Quando istam aliam partem tibi transmisero, scias, me Francos tecum habere pacatos, et securus reverte in pace'. Abiit ergo Childericus rex in Toringam; apud regem Bisinum nomine uxoremque eius latuit.[29]

[d-d] Fehlt in B.

[18] Um 460.

[19] Weniger ausführlich *Gregor II 9.*

[20] Vgl. *Gregor II 6.*

und besetzte die Stadt Tournai. Von dort stieß er zur Stadt Cambrai vor, wo er während eines kurzen Aufenthaltes alle Römer töten ließ, deren er dort habhaft wurde. Dann eroberte er das ganze Gebiet bis zur Somme. Schließlich starb König Chlodio nach 20jähriger Herrschaft[18], und Merovech, der aus dem gleichen Geschlecht stammte, übernahm sein Reich[19]. Von diesem tüchtigen König haben alle Frankenkönige den Namen Merowinger erhalten. In jener Zeit überschritten die Hunnen den Rhein[20], zündeten Metz an, verwüsteten Trier und zogen durch das Gebiet der Tungrer bis nach Orléans[21]. Dort war damals der heilige Anianus Bischof, ein für seine Frömmigkeit berühmter Mann. Zu ihm kamen der römische patricius Egecius[22] und der Gotenkönig Thorismund, und mit der Hilfe des Herrn wurden die Hunnen mit ihrem König Attila durch das Gebet des heiligen Anianus[23] vor dieser Stadt besiegt und vernichtet.

6. Jener Merovech zeugte einen Sohn namens Childerich, der seinerseits der Vater des ruhmreichen und tapferen Königs Chlodovech war. Die Franken waren damals irrgläubige Heiden und beteten anstelle ihres Schöpfers, des Gottes des Himmels und der Erde, Götzen und Trugbilder an[24]. Über die Römer in diesem Teil Galliens herrschte in jener Zeit König Egidius[25], der vom Kaiser hierher geschickt worden war[26]. König Childerich aber, der Sohn Merovechs, begann in unglaublicher Zügellosigkeit mit den Töchtern der Franken, deren Herr er war, sein Spiel zu treiben und sie zu verführen[27]. Darüber erbost, wollten sie ihn in ihrer großen Empörung töten und aus dem Reiche jagen. Als ihm das zu Ohren kam, rief er einen Freund zu sich, den klugen Ratgeber Viomadus[28], und bat ihn um Rat, wie er den wütenden Zorn der Franken besänftigen könnte. Sie machten untereinander ein Zeichen aus, an dem er sicher erkennen könnte, wann er ohne Gefahr wieder zurückkehren könne, und das nur ihnen beiden bekannt war. Als Erkennungszeichen diente ein halbierter Aureus; die eine Hälfte führte König Childerich mit sich, die andere blieb bei Viomadus, der erklärte: „Sobald ich dir diese meine Hälfte schicke, wisse, daß ich die Franken mit dir versöhnt habe, und kehre unbesorgt in Frieden zurück“. So zog König Childerich nach Toringien und hielt sich beim König Bisinus und seiner Gattin versteckt[29].

21 Vgl. *Gregor II 7.*

22 Gemeint ist Aetius.

23 Vgl. *Jordanes, Getica 37, 194.*

24 Vgl. *Gregor II 10;* zum Ausdruck *pagani atque fanatici* vgl. *Liber Hist. Franc. 10.*

25 Er war nach *Gregor II 11 magister militum.*

26 Ks. Marcianus (gest. 457) regierte im Westreich nur nominell.

27 Zur folgenden sagenhaft-epischen Schilderung vgl. *Gregor II 12.*

28 Zu seiner Person vgl. auch c. 7.

29 Nach Venantius Fortunatus ist Bisinus der Vater Herminefreds und Berthars; vgl. *Gregor III 4.*

7. Franci vero, relicto Childerico, Egidium principem Romanorum in regnum super se statuerunt[30], malum consilium tractantes. Qui cum octo annos super eos regnaret, et fincxit se Viomadus amicicia cum eo sociare, dum ab eo, quid cogitaret, cognosceret. Hortabatur Egidio aliquos Francos dolose oppremere. Ille audiens consilium eius, acrius coepit oppremere eos[31]. Ille vero in timore ac seditione versi, iterum consilium a Viomado expetierunt, qualiter facere deberent. At ille dixit eis: 'Quare non recordatis, quomodo eiecerunt Romani opprementes gentes vestram et de eorum terra eiece/runt eos? Vos vero eiecistis regem vestrum utilem et sapientem et elevastis super vos militem istum imperatoris superbum atque elatum; non bonum consilium fecistis, sed nimium malum'. Et illi responderunt: 'Calidus enim erat nobis. Paenitet nos haec fecisse contra regem nostrum. Utinam meruisemus invenire eum, et cum pace regnaret super nos'. Tunc amicus ille regis misit partem soledi, quem prius inter se diviserant, dicens: 'Revertere ad regnum Francorum, quia pacificata sunt omnia'. Ille vero cognoscens hoc signum dimidium aureum, intellexit certa indicia, quod a Francis desideraretur; ipsisque rogantibus, reversus est in regnum suum. Nam dum in Toringa fuit, cum Basina regina[32], uxorem Bisini regis, ipse Childericus rex adulterium commisit. A regno Francorum receptus, Egidium Romanum principem desuper se expulerunt a regno. Basina quoque illa regina Bisini regis Toringorum, relicto viro suo, ad Childericum venit. Cumque inquisitus interrogasset, quid quaereret, aut pro qua causa ad eum de tam longinqua regione venisset, respondisse fertur: 'Novi utilitatem et pulchritudinem tuam, quod utilis sis et sapiens; ideo veni, ut habitem tecum. Nam si in extremis finibus / maris utiliorem te cognovissem, ipsum expetissem atque eum copulassem'. Illeque gaudens eam ad coniugium suum copulavit. Illa vero concipiens ex eo, peperit filium vocavitque nomen eius Chlodovechum. Hic fuit rex magnus super omnes reges Francorum et pugnator fortissimus. [...]

7. Als König Childerich die Franken verlassen hatte, kamen sie auf die üble Idee, den römischen princeps Egidius zu ihrem Herrscher zu machen[30]. Als er acht Jahre regiert hatte, ging Viomadus zum Schein mit ihm ein Freundschaftsbündnis ein, um seine Absichten kennenzulernen. Er munterte Egidius heimtückisch auf, die Franken zu unterdrücken. Jener folgte seinem Rat und begann, sie härter zu unterjochen[31]. In ihrer Angst und Empörung wandten sich die Franken nun ihrerseits an Viomadus mit der Bitte, ihnen einen Rat zu geben, wie sie sich verhalten sollten. Er aber sagte ihnen: „Habt ihr schon vergessen, wie sehr die Römer euer Volk unterdrückt und euch aus eurer Heimat vertrieben haben? Ihr aber habt dafür euren klugen und tüchtigen König verjagt und diesen eingebildeten und aufgeblasenen Soldaten des Kaisers an eure Spitze gestellt; dieses euer Vorgehen war wahrlich nicht klug, sondern ganz und gar übel". Sie antworteten: „Er war uns gegenüber ein verschlagener Mensch. Es tut uns jetzt leid, so gegen unseren König gehandelt zu haben. Wüßten wir nur, wo er zu finden ist, so könnte er wieder im vollen Frieden unser König sein". Da schickte jener Vertraute des Königs diesem den halben Solidus, den sie zuvor geteilt hatten, mit den Worten: „Kehre zurück ins Reich der Franken, denn alles ist in Frieden". Jener erkannte den halben Aureus, das verabredete Zeichen, wieder, verstand, daß er von den Franken erwartet werde und kehrte auf ihre Bitten hin in sein Reich zurück. Während seines Aufenthalts in Toringien hatte König Chilperich mit Basina[32], der Gattin des Königs Bisinus, Ehebruch begangen. Nach seiner Heimkehr ins Frankenreich vertrieben sie den römischen princeps Egidius aus dem Reich. Jene Basina aber verließ ihren Gatten, den Toringerkönig Bisinus, und kam zu Childerich. Auf die genauen Fragen nach dem Ziel und dem Grund für ihre Reise aus einer so entlegenen Gegend, soll sie zur Antwort gegeben haben: „Ich kenne dich als tüchtigen und stattlichen, tapferen und klugen Mann; ich bin nun gekommen, um bei dir zu wohnen. Wäre mir im entlegensten Winkel des Meeres irgendein anderer Mann bekannt, der tüchtiger wäre als du, dann hätte ich diesen aufgesucht und mit ihm gelebt". Voll Freude darüber nahm Childerich sie als seine Gattin zu sich. Sie wurde von ihm schwanger und gebar einen Sohn, der den Namen Chlodovech bekam. Er war ein großer König über alle Könige der Franken und ein heldenmütiger Krieger.

[...]

30 Die Stelle ist wohl so zu verstehen, daß sich die Franken in irgendeiner Form seiner Autorität als kaiserlicher *magister equitum* unterstellten.

31 Nach *Fredegar III 11* legte Aegidius auf Anraten des Viomadus den Franken harte Steuern auf und ließ 100 Mann töten.

32 Ein Silberlöffel aus einem Gräberfeld bei Weimar trägt die Aufschrift BASENAE.

35. Eo anno Iustinus imperator amens effectus, 18.[e] anno imperii sui apud Constantinopolim civitatem obiit[33]. Tiberius quoque imperium eius suscepit[34]. Post haec Theudericus puer, filius Chilperici, mortuus est[35]. Peperit quoque alium filium his diebus Fredegundis, quem Chlotharium vocaverunt. Hic fuit postea rex magnus, qui genuit Daigobertum. Childebertus itaque rex Auster cum hoste in Italia abiit[f], ipsam devastavit et tributariam fecit[36]. Maxime quoque discordiae in illis diebus inter Chilpericum et Childebertum, nepotem suum, / crescebant[37]. Inritabant enim eos ex utrisque partibus Fredegundis et Brunchildis. Eo quoque tempore mortuus est bonae memoriae domnus Guntramnus rex, frater Chilperici regis; Cabillonno civitae Burgundiae[39] in basilica sancti Marcelli martyris sepultus est. Regnavit autem annis 31.[38] Fredegundis vero filiam suam nomine Ricchunde cum magnis opibus et infinitis thesauris in Hispaniis Leubighildum regem uxorem filii sui cum magna legatione Gothorum direxit[40]. Erat autem Fredegundis regina pulchra et ingeniosa nimis atque adultera. Landericus quoque tunc erat maiorum domus palacii, vir ingeniosus ac utilis[41], quem memorata regina diligebat multum, quia in luxoria commiscebatur cum ea. Quadam die maturius mane cum rex ad venationem exercendam de villa Calense[42] in Parisiaco dirigeret, cum amaret eam nimis, reversus in camara placii de stapplo[43] equitum, illa caput suum abluens aqua in ipsa camara, rex vero retro veniens, eam in natibus suis de fuste percussit. At illa cogitans, quod Landericus esset, ait: 'Quae sic facis, Landerice?' Respiciens sursum viditque, / quod rex esset; expavit vehementer. Rex vero nimis tristis effectus, in ipsa venatione perrexit. Fredegundis itaque vocavit ad se Landericum et enarravit haec omnia, quae rex fecerat, dicens: 'Cogita, quid agere debeas, quia crastina die ad tormenta valida exibimur'. Et ait

[e] *13.* in B.

[f] Die Erläuterung *rursumque eam ad partem Auster, quam ipse regebat, adquesivit et sub tributo subiugavit* in B.

[33] 578; die aus *Gregor V 30* übernommene Jahresangabe ist falsch, da Justinus nur 13 Jahre regierte. Die richtige Zahl findet sich in der Fassung B.

[34] Ks. Tiberius II., Mitregent Ks. Justinus' seit 574.

35. In diesem Jahr wurde Kaiser Justinus verrückt und starb im 18. Jahr seiner Herrschaft in der Stadt Konstantinopel[33]. Tiberius übernahm seine Herrschaft[34]. Danach starb der Knabe Theuderich, der Sohn Chilperichs[35]. Fredegundis aber gebar in jenen Tagen wieder einen Sohn, den sie Chlothar nannten. Er wurde später ein großer König und der Vater Dagoberts. Der austrasische König Childebert zog hierauf mit einem Heer nach Italien, verwüstete das Land und machte es abgabepflichtig[36]. In jener Zeit brach ein heftiger Streit zwischen Chilperich und seinem Neffen Childebert aus[37]. Beide wurden nämlich von Fredegundis und Brunchildis gegeneinander aufgehetzt. Damals starb auch der Herr und König Guntramn seligen Angedenkens, der Bruder König Chilperichs; nach 31jähriger Herrschaft[38] wurde er in Burgund in der Stadt Chalon-sur-Saône[39] in der Kirche des heiligen Martyrers Marcellus begraben. Fredegundis schickte nun ihre Tochter mit dem Namen Ricchundis in Begleitung einer großen gotischen Gesandtschaft mit reichen Geschenken und ungeheuren Schätzen als Gattin des Sohnes von König Leovigild nach Spanien[40]. Die Königin Fredegundis aber war schön, sehr verschlagen und ehebrecherisch. Der Hausmeier bei Hof war damals Landerich, ein verschlagener und tüchtiger Mann[41], in den die erwähnte Königin sehr verliebt war, weil er sich zügellos mit ihr einließ. Eines Tages ging der König früh am Morgen zum Ort Chelles[42] in der Nähe von Paris auf die Jagd, kehrte aber in seiner großen Liebe zu Fredegundis von den Pferdeställen[43] noch einmal in ihr Gemach in den Palast zurück, wo sie sich eben im Wasser ihr Haupt wusch; der König aber kam von hinten auf sie zu und gab ihr mit einem Stock einen Klaps auf das Hinterteil. In der Meinung, es wäre Landerich, sagte sie: „Was tust du da, Landerich?" Als sie sich umdrehte und bemerkte, daß es der König selbst war, erschrak sie heftig. Der König aber wurde sehr traurig und ging jagen. Hierauf rief Fredegundis Landerich zu sich, erzählte im alles, was der König gemacht hatte, und sprach: „Überlege, was nun zu tun ist, denn sonst werden wir morgen zu schrecklichen Folterungen

[35] 584.

[36] Zumindest übertrieben; vgl. die Schilderung bei *Gregor VI 42.*

[37] 581; vgl. *Gregor VI 12.*

[38] 592; die Jahresangabe stimmt.

[39] Dep. Saône-et-Loire; vgl. *Fredegar IV 14.*

[40] Ricchundis wurde 584 mit dem Westgotenkönig Reccared I., einem S. König Leovigilds, verheiratet.

[41] Zur Beurteilung seiner Person vgl. *Fredegar IV 25* (a. 603/4).

[42] Chelles, Dép. Seine-et-Marne, Ar. Meaux, Ct. Laguy, etwa 19 km von Paris entfernt.

[43] *Stapplum* entspricht der Kontraktionsform *Stablum;* vgl. *Forcellini ed. de Vit V 618.*

Landericus, contritu spiritu, commotus lacrimis, dicens: 'Tam mala hora te viderunt oculi mei! Ignoro enim, quid agere debeam, quia conpremunt me undique angustiae'. Et illa dixit ei: 'Noli timere, audi consilium meum, et faciamus hanc rem, et non moriemur. Cum autem rex de venatione, clauso iam die, ad noctem advenerit, mittamus qui eum interficiat, et proclament, quod Childebertus rex Auster insidiatus ei fuisset. Illoque mortuo, nos cum filio meo Chlothario regnemus'. Cumque nox advenisset, revertente Chilperico rege de venatione[44], emissae homicidae inebriati a vino a Fredegunde, dum rex de equo discenderet, euntibus reliquis personis ad mansiones suas, ipsi gladiatores percusserunt regem in ventrem suum duobus scramsaxis. At ille vociferans, mortuus est. Adclamaverunt autem insidiatores, quos regina miserat: 'Insidiae, insidiae sunt haec Childeberto regi Austri super dominum nostrum!' Tunc exercitus huc / illucque discurrentes, cum nihil invenissent, reversi sunt ad propria sua[45]. Malulfus itaque Silvanectinsis[46] episcopus, qui in ipso palatio tunc aderat, indutumque eum vestibus regalibus, in nave levato[47], cum hymnis et psallentio cum Fredegunde regina vel reliquo exercitu Parisius civitate in basilica beati Vincenti martyris eum sepelierunt[48]. Regnavit enim annis 23. Fredegundis autem cum Chlothario rege parvolo, filio suo, et Landerico, quem maiorum domo palacii elegerunt, in regno resedit. Franci quoque predicto Chlothario rege parvolo super se in regnum statuerunt.

36. Audiens autem Childebertus rex Auster, filius Sighiberti, nepus Chilperici, avuncolo suo mortuo et maleficia Fredegundis reginae[49], hostem collegit. Nam, defuncto Guntramno, patruelem suum, regnum Burgundiae ipse acceperat[50]. Burgundiones et Austrasii superiores Franci simul commoti grande exercitu, valde Campanias digressi[51], paygo Suessionico cum Gundoaldo et Wintrione[52] patriciis vastantes ingrediuntur. Haec audiens Fredegundis, cum Landerico et reliquos Francorum duces hostem

[44] Vgl. *Gregor VI 46.*

[45] Nach *Fredegar III 93* wurde K. Chilperich I. von einem gewissen Falco auf Anstiften der Brunchildis ermordet. Gregor beschuldigt keine der beiden rivalisierenden Königinnen. Der ganze Bericht weist ebenso wie der Sachsenkampf *(Liber Hist. Franc. 41)* epische Elemente auf. Der Mord ereignete sich 584.

fortgeschleppt werden." Landerich antwortete mit betrübtem Herzen unter Tränen: „Verflucht sei die Stunde, in der meine Augen dich zum erstenmal gesehen haben! Ich weiß nicht, was ich tun soll, bedrängt mich doch von allen Seiten das Unheil." Jene aber sagte ihm: „Hab keine Angst, sondern höre meinen Plan, den wir ausführen wollen, und wir werden nicht sterben. Wenn der König in der Nacht, am Ende des Tages, heimkehren wird, wollen wir ihm einen Mörder schicken und erklären, König Childebert von Auster habe ihm aufgelauert. Ist er erst einmal tot, wollen wir gemeinsam mit meinem Sohn Chlothar herrschen." Als es Nacht war und König Chilperich von der Jagd zurückkehrte,[44] schickte Fredegundis die vom Wein berauschten Mörder aus, und als der König vom Pferd stieg und die übrigen Begleiter in ihre Behausungen gingen, rannten die Schergen ihrem König plötzlich zwei Messer in den Bauch. Er aber schrie auf und starb. Da riefen die von der Königin geschickten Mörder: „Eine Falle, eine Falle hat König Childebert von Auster unserem Herrn gestellt!" Daraufhin liefen die Soldaten hin und her, kehrten aber wieder heim, da sie nichts hatten finden können.[45] Malulf, der Bischof von Senlis,[46] der damals eben am Königshof weilte, ließ ihn, angetan mit dem königlichen Gewand, auf ein Schiff bringen[47] und dann bestatteten sie ihn mit geistlichen Liedern und Psalmengesang in Anwesenheit der Königin Fredegundis und auch des Heeres in der Stadt Paris in der Kirche des heiligen Martyrers Vincentius[48]. Er hatte 23 Jahre geherrscht. Fredegundis aber regierte mit dem kleinen König Chlothar, ihrem Sohn, und mit Landerich, den sie zum Hausmeier des Hofes gewählt hatten, im Reich gemeinsam. Die Franken aber machten den erwähnten kleinen König Chlothar zu ihrem Herrscher.

36. Als König Childebert von Auster, der Sohn Sigiberts und Neffe Chilperichs, vom Tod seines Oheims und von der Untat der Königin Fredegundis hörte[49], zog er ein Heer zusammen. Er hatte nämlich nach dem Ableben seines Onkels Guntramn die Herrschaft in Burgund übernommen[50]. Die Burgunder und die Großen unter den austrasischen Franken stellten gemeinsam ein starkes Heer auf, zogen in die Champagne[51] und drangen unter der Führung der patricii Gundoald und Wintrio[52] plündernd in den Gau von Soissons ein. Auf diese Kunde hin brachte auch Fredegundis im Verein mit Landerich und den übrigen duces der

[46] Dép. Oise.

[47] Ein interessanter Hinweis auf das Bestattungsritual bei den Franken.

[48] Heute St. Germain-des-Prés.

[49] Vgl. *Liber Hist. Franc. 35.*

[50] 592

[51] Vgl. *Fredegar IV 14.*

[52] Angeblich ein Friedelsohn K. Chlothars I., vgl. *Gregor V 1* und *Fredegar III 72. Wintrio,* auch *Quintrio* genannt, dux der Champagne.

congregat. Brinnacum villa[53] veniens, multa dona et munera Francis ditavit, eosque ad pugnandum contra inimicos eorum / coortans. Cum dedicisset, quod nimis esset exercitus Austrasiorum, coniunctis simul, consilium dedit Francos, qui cum ea erant, dicens: 'De nocte consurgamus contra eos cum lucernis, portantes socii, qui nos precedunt, ramis silvarum in manibus, tintinnabolis super equos legatis, ut nos cognoscere ipsorum vigiles custodes hostium non queant. Inluciscente inicium diei, inruamus super eos, et forsitan eos devincimus'. Placuitque hoc consilium. Cum denunciatum fuisset placitum, qua die ad preliandum in loco nuncupante Trucia[54] in paygo Suessionico convenire deberent, illa, sicut consilium dederat, de nocte consurgens, cum armorum apparatu, cum ramis in manibus vel reliqua quae superius diximus, ascensis equitibus, Chlothario parvolo rege in brachia vehitans, usque Trucia pervenerunt. Cum autem custodes hostium Austrasiorum ramis silvarum quasi in montibus in agmine Francorum cernerent et tinnitum tintinnabulorum audirent custodes, dixit vir ad socium suum: 'Nonne crastina[55] die in illo et illo loco campestria erant, quomodo silvas cernimus?' Et ille inridens, dixit: 'Certe inebriatus fuisti, modo deleras. Non audis tintinnabula equorum nostrorum iuxta ipsam silvam pascencium?' Cum haec agerentur, et aurora diei inicium daret, inrueruntque Franci cum strepitu tubarum super Austrasiis et Burgundiones dormientibus / cum Fredegunde vel Chlothario parvolo interfeceruntque maxima parte de hoste illo, innumerabilis multitudo, maximus valde exercitus, a maiore usque ad minorem[56]. Gundoaldus quoque et Wintrio per fugam dilapsi, vix evaserunt. Landericus vero insequutus Wintrione, ille per auxilium equi velocissimi evasit. Fredegundis vero cum reliquo exercitu usque Remus accessit, Campaniam succendit atque vastavit. Cum multa preda atque spolia reversa est Suessionis civitate cum exercitu suo.

37. Eo tempore Childebertus rex Auster habebat filios duos, seniorem ex concubina[57] nomine Theudeberto, iuniorem vero ex regina[58] nomine Theudericum; ipsumque cum ava sua Brunchilde

Franken ein Heer zusammen. Dann zog sie nach Berny-Riviére[53], verteilte unter den Franken reiche Gaben und Geschenke und ermunterte sie zum Kampf gegen ihre Feinde. Als sie aber erkannte, daß das Heer der Austrasier dennoch zu stark sei, scharte sie alle Franken, die bei ihr waren, um sich und gab ihnen folgenden Rat: „Laßt uns in der Nacht mit Fackeln gegen jene aufbrechen; dabei sollen die Kameraden, die in der ersten Reihe stehen, Baumzweige in den Händen tragen und Schellen an den Pferden anbinden, damit uns die Nachtwachen der Feinde nicht bemerken können. Dann wollen wir, wenn das Dämmerlicht den Tag ankündet, auf sie losstürzen und vielleicht können wir sie besiegen". Dieser Plan gefiel. Nach der Bekanntgabe des Entschlusses, an welchem Tag sie im Ort namens Droizy[54] im Gebiet von Soissons zum Kampf zusammentreffen würden, brach sie – wie sie geraten hatte – des Nachts in voller Rüstung auf, mit den Zweigen in den Händen und dem Übrigen, wovon wir weiter oben berichtet haben, stieg aufs Pferd und trug den kleinen König Chlothar in den Armen, und sie kamen nach Droizy. Als die Wachtposten des austrasischen Herres die Zweige des Waldes im Heer der Franken auf den Bergen sahen und das Geklingel der Schellen hörten, sagte der Mann zu seinem Gefährten: „War gestern[55] nicht eben an jenem Ort, wo wir jetzt den Wald sehen, freies Feld?" Jener aber sagte lachend: „Sicher bist du betrunken gewesen und auch jetzt redest du wie im Rausch: hörst du denn nicht das Klingeln unserer Pferde, die neben jenem Wald weiden?" Als sich das zutrug und die Morgenröte den Tagesbeginn ankündigte, stürmten die Franken gemeinsam mit Fredegundis und dem kleinen Chlothar unter dem Lärm der Kriegstrompeten auf die schlafenden Austrasier und Burgunder los und töteten den größten Teil des Heeres, eine unzählbare Menge, ein gewaltiges Aufgebot, hoch und niedrig[56]. Gundoald und Wintrio konnten sich durch die Flucht retten und entkamen mit Mühe. Landerich aber verfolgte Wintrio, und dieser entkam nur dank der großen Schnelligkeit seines Pferdes. Fredegundis zog nun mit dem übrigen Heer nach Reims, steckte die Champagne in Brand und verwüstete alles. Mit viel Raub und Beute kehrte sie mit ihrem Heer in die Stadt Soissons zurück.

37. In jener Zeit hatte König Childebert von Auster zwei Söhne, den älteren namens Theudebert von einer Nebenfrau[57], den jüngeren aber mit dem Namen Theuderich von der Königin[58]; ihn schickte er mit dessen Großmutter Brunchildis nach Burgund ins Reich König Guntramns

[53] Dép. Aisne, Ar. Soissons, Ct. Vic-sur-Aisne.

[54] Dép. Aisne, Ar. Soissons, Ct. Oulchy-le-Château.

[55] Vertauschung der Zeitbegriffe *crastinus* und *hesternus*.

[56] Zwischen 592 und 593.

[57] Ihr Name ist nicht bekannt.

[58] Faileuba

in Burgundiam in regno Guntramni regis magni direxit[h.59]. Eo enim tempore mortua est Fredegundis regina senex et plena dierum[60], Parisius in basilica sancti Vincenti martyris sepulta. Theudericus itaque rex Burgundiae erat pulcher et strenuus et calidus nimis. Per consilium avae suae Brunchilde hoste maximo ex Burgundia congregans, contra Chlotharium, patruelem suum[61], dirigens, Chlotharius haec audiens, commoto Francorum exercitu, contra eum festinus perrexit. Convenientesque simul cum hostibus, in paygo Sennonico[62] super fluvium Aroanna[63] pugnam invicem concitantes[64], tantus populus ibidem caecidit, ut ipse fluvius de corporibus mortuorum repletus, illa aqua currere non valeret pre sanguine coacolato. In ipsa pugna fuit angelus Domini gladio evaginato super ipso populo. Chlotha/rius rex lesum cernens exercitum suum, in fugam dilapsus, secus fluvium Sequana Malitonensem castrum[65] ingressus, postea Parisius penetravit. Theudericus vero regionem illam devastans atque succendens usque Iscionam vicum[66], cum multa spolia reversus est.

38. Chlotharius namque a Parisius exiit et Arelauno silva[67] ingressus est. Brunchildis enim cotidie peiora consilia ipsius Theuderico ministrabat, dicens: 'Quare neglegis et non requiris thesaurum patris tui ac regnum eius de manu Theudoberti, cum scias, eum non esse fratrem tuum, quia[i] in adulterio in con/cubina[68] patris tui procreatus fuit?' Haec audiens Theudericus, fero ut erat corde, hostem plurimum commovit, contra Theudobertum, germanum suum, direxit. Tulbiecum castrum[69] ad pugnam egressi sunt. Illis fortiter pugnantibus, Theudobertus lesum videns exercitum suum, in fuga versus, Colonia civitate ingreditur[70]. Theudericus itaque terra Riboariense succendens ac devastans, populus ille sub eius manibus se tradedit, dicens: 'Parce, domine rex, nos et terra nostra, — iam tui sumus,[71] — noli

[h] Ergänzt durch *Eo tempore mortuus est Childebertus rex iunior regnavitque annis 20. Theudebertus, filius eius, in regnum patris sui in Auster statutus est, Theudericus vero in Burgundia* in B.

[i] *Filius meretricis, concubinae patris tui, in adulterio fuit editus* in B.

[59] 596/7, nachdem K. Childebert II. nach dem Tode K. Guntramns (gest. 593) drei Jahre selbst die ihm durch den Vertrag von Andelot 586 zugesicherte Herrschaft in Burgund übernommen hatte.

des Großen[59]. Damals starb die Königin Fredegundis hochbetagt und in der Fülle ihrer Tage[60] und wurde in Paris in der Kirche des heiligen Märtyrers Vincentius bestattet. Theuderich aber, der König von Burgund, war schön, tapfer und sehr klug. Auf den Rat seiner Großmutter Brunchildis sammelte er ein großes burgundisches Heer und führte es gegen seinen Oheim Chlothar[61]. Als Chlothar das hörte, stellte er ein fränkisches Heer auf und zog ihm rasch entgegen. Sie trafen gemeinsam mit ihren Heeren beim Fluß Orvanne[63] im Gau von Sens[62] aufeinander und kämpften gegeneinander[64], wobei so viel Volk umkam, daß sich die Leichen in jenem Fluß stauten und das Wasser wegen des gestockten Blutes nicht mehr fließen konnte. Fürwahr, in jener Schlacht kam der Engel des Herrn mit gezücktem Schwert über das Volk. Als König Chlothar die Niederlage seines Heeres erkannte, rettete er sich durch die Flucht und erreichte die Feste Melun an der Seine[65] und zog dann nach Paris. Theuderich aber verwüstete und brandschatzte dieses Gebiet bis zum Ort Essonnes[66] und kehrte mit reicher Beute heim.

38. Dann verließ Chlothar Paris und begab sich in den Wald von Brotonne[67]. Brunchildis aber lenkte Theuderich durch täglich bösere Ratschläge und sagte: „Warum vernachlässigst du es und verlangst von Theudebert nicht den Schatz und das Reich deines Vaters, da du doch weißt, daß er in Wahrheit nicht dein Bruder ist, sondern aus einem Ehebruch deines Vaters mit einer Nebenfrau[68] entstand?“ Als Theuderich das hörte, stellte er in seiner ungestümen Art ein großes Heer auf und zog gegen seinen Bruder Theudebert. Bei der Feste Zülpich[69] schritten sie zum Kampf. Sie kämpften tapfer, bis Theudebert die Niederlage seines Heeres einsah, sich zur Flucht wandte und in die Stadt Köln kam[70]. Theuderich brandschatzte und plünderte unterdessen das Ripuarierland, die Bevölkerung unterwarf sich ihm freiwillig und bat: „Schone uns und unser Land, Herr und König, dir gehören wir ja schon[71], und ver-

60 587

61 Chlothar II., K. d. Franken 584–629 (Neustrien).

62 Nach *Fredegar IV 20* bei Dormelles im Dép. Seine-et-Marne, Ar. Melun, Ct. Moret-sur-Loing.

63 Mündet bei Moret im Dép. Seine-et-Marne in die Loing.

64 599/600

65 Hst. des Dép. Seine-et-Marne.

66 Ein Teil von Corbeil-Essonnes im Dép. und Ar. Seine-et-Oise.

67 La forêt de la Brotonne nahe Caudebec; vgl. *Liber Hist. Franc. 25.*

68 Ihr Name ist nicht bekannt. K. Theudebert II. galt nach *Gregor VIII 37* als legitimer S. von K. Sigibert I.

69 RB. Köln, Kr. Euskirchen.

70 612

71 Zur Formulierung vgl. *Liber Hist. Franc. 15.*

amplius delere populum!' Et ille dixit: 'Aut adducite mihi vivo Theudoberto aut absciso caput eius mihi adferte, si vultis, ut vobis parcam'. Illi enim ingressi in illa civitate, alia pro aliis mentientes, Theudoberto dixerunt: 'Sic mandat frater tuus: Redde thesaurum patris tui, quod apud te retenes, et sic postea ille revertetur cum populo suo'. Cum haec ei mentiti dixissent, ille cum eis in palacium thesauris sui intravit. Cumque apertas arcas thesaurorum, ornamenta requireret, unus ex eis, abstracto gladio, a retro eum in cervice percussit, et accepto caput eius sustullerunt per murum civitatis Coloniae[72]. Theudericus namque haec videns, ipsam civitatem adprehendens, thesauris magnis acceptis. / Cum ei ipsi Franci seniores sacramenta iurarent in basilica sancti Gereonis martyris, visum ei fuit, ut percussus fuisset in latere dolose. Et dixit: 'Observate ad hostia; nescio, quis me de istis periuratis Riboariis percussit'. Cumque revolvissent vestimenta eius, non aliud invenerunt, nisi signum parvolum purporeum. Inde enim cum multa spolia reversus, cum filiis ac filia pulchra Theudoberti regis, fratris sui, reversus est urbem Mettinsem, ibique Brunchildis regina advenerat. Adprehensisque pueris[73], filiis Theudoberti, interficit. Minorem enim[74] in albis, ad petram percussum cerebrum, elisit.

39. Theudericus itaque videns pulchram filiam Theudoberti, neptem suam, volensque eam ad coniugium copulare. Cui dixit Brunchildis: 'Quomodo accipere potes filiam fratris tui?' Et ille ait: 'Num tu mihi dixisti, quod non esset frater meus? Quare fecisti in me hoc peccatum, ut fratrem meum occiderem, inimica mala?' Et evaginato gladio voluit eam occidere. Illa vero a viris nobilibus, qui circumstabant, erepta, vix evasit, in camara domus elapsa. In odium nimium habita, pocionem venenatam, per / manus ministrorum maleficium ei porrigens. Theudericus rex haec ignorans, bibit, elanguensque, inicum spiritum in peccatis deficiens, mortuus est[75]. Filios eius parvulos ipsa Brunchildis occidit[76].

40. His regibus mortuis, Burgundiones et Austrasii, cum reliquis Francis pace facta, Chlotharium regem in totis tribus

[72] Nach *Fredegar IV 38* wurde K. Theudebert II. von seinem Bruder gefangen nach Chalon-sur-Saône gebracht; zu seinem Tode vgl. *Jonas I 27.*

nichte nicht länger unser Volk!" Er aber sagte: „Wenn ihr wollt, daß ich euch verschone, so bringt mir Theudebert entweder lebendig oder seinen abgehackten Kopf". Daraufhin zogen sie in jene Stadt, logen Theudebert etwas vor und sprachen: „So lautet der Auftrag deines Bruders: Gib den Schatz deines Vaters zurück, den du bei dir verwahrst, und er wird sich dann mit seinem Heer zurückziehen". Aufgrund dieser Lügen, die sie ihm erzählten, betrat er mit ihnen die Schatzkammer seines Palastes. Als er die Schatztruhen geöffnet hatte und das Geschmeide heraussuchte, zückte einer von ihnen das Schwert, stieß es ihm von hinten in den Nacken, und sie nahmen seinen Kopf und brachten ihn zu den Mauern der Stadt Köln[72]. Als Theuderich das sah, eroberte er die Stadt und nahm die großen Schätze in Besitz. Als ihm die Anführer dieser Franken in der Kirche des heiligen Märtyrers Gereon den Treueid schwuren, schien es ihm, als ob er heimtückisch in die Seite getroffen würde. Hierauf sagte er: „Bewacht die Tür; ich weiß nicht, wer von diesen meineidigen Ripuariern mich getroffen hat". Als sie aber seine Gewänder zurückzogen, fanden sie nur ein ganz kleines purpurrotes Mal. Er kehrte mit reicher Beute von dort zurück und begab sich mit den Söhnen und der schönen Tochter seines Bruders, König Theudeberts, in die Stadt Metz, wohin auch die Königin Brunchildis gekommen war. Die gefangengenommenen Knaben[73], die Söhne Theudeberts, tötete er. Den jüngeren[74], der noch im weißen Gewand lag, schmetterte er nämlich an einen Felsen und brach ihm den Schädel.

39. Als Theuderich seine Nichte, die schöne Tochter Theudeberts, sah, wollte er sie zur Ehe nehmen. Da sprach Brunchildis zu ihm: „Wie kannst du die Tochter deines Bruders heiraten?" Er aber antwortete: „Hast du mir nicht gesagt, daß er gar nicht mein Bruder ist? Warum hast du mich also dieses Verbrechen begehen lassen, meinen eigenen Bruder umzubringen, du böse Feindin?" Dann zog er das Schwert aus der Scheide und wollte sie töten. Sie aber wurde von den umstehenden Edlen gerettet, entkam mit Mühe und floh in ein Gemach im Hause. In ihrem übergroßen Haß reichte sie Theuderich zu seinem Unheil durch die Hand von Dienern einen vergifteten Trank. König Theuderich aber nahm ihn ahnungslos zu sich und bald schwanden seine Kräfte; er hauchte in seinen Sünden sein ungerechtes Leben aus und starb[75]. Seine kleinen Söhne aber tötete Brunchildis[76].

40. Nach dem Tod dieser Könige schlossen die Burgunder und Austrasier mit den übrigen Franken Frieden und erhoben König Chlothar zum

[73] Merowech und Chlothar.

[74] Merowech; vgl. die *Vita Marii appendix* und *Fredegar IV 38.*

[75] 613; zu seiner Todesart vgl. *Fredegar IV 39* und *Jonas I 28.*

[76] Sigibert und Corbus. Nach *Fredegar IV 42* wurden sie von K. Chlothar II. getötet.

regnis[77] in monarchiam elevaverunt. Rex namque Chlotharius, commoto exercitu, in Burgundiam dirigit, Brunchilde, quasi ad coniugium accippere fingeret[78], ad se venire rogavit, tamquam ad pacem. Illa vero cultu regale ornata, ad eum ad castrum vel fluvium Tiroa[79] venit. Qui cum eam vidisset, dixit: 'Inimica Domini, quur tanta mala perpetrasti et tanta genealogia regale interficere ausa fuisti?' Tunc coadunato exercitu Francorum et Burgundionum in unum, cunctis vociferantibus, Brunchilde morte turpissima esse dignissima, tunc iubente Chlothario rege, in camelo levata, / toto hoste gyrata, deinde equorum indomitum pedibus legata, dissipatis membris, obiit. Ad extremum sepulchrum eius ignis fuit, ossa ipsius conbusta[80]. Rex vero, pacem per circuitum facta, reversus est. Gundolandus nobilis maiorum domus in aula regis[81], vir egregius atque industrius.

41. Eratque Chlothario rege tunc filius nomine Dagobertus, puer efficax atque strenuus, ad omnia solers, versutissimus. Quem rex adultum uno cum Pippino duce in Auster regnaturum direxit. Austrasii vero Franci superiores congregati in unum, Dagobertum super se regem statuunt[82]. In illis quoque diebus Saxones rebelles nimis commoverunt exercitum gencium plurimarum contra Dagobertum regem vel Chlotharium[83]. Dagobertus vero, collecto hoste plurimo, Renum transiit, contra Saxones ad pugnam exire non dubitavit. Illisque valide pugnantibus, Dagobertus super galea capitis sui percussus, abscisa particola de capillis eius ad terram, a retro stans armiger eius collegit / eam. At ille lesum cernens populum suum, dixit ad ipsum puerum: 'Perge velociter festinus cum crine capitis mei nunc ad patrem meum, succurratque nobis, antequam cunctus exercitus corruat'. Qui cucurrit velociter, Ardinna silva transit, usque fluvio penetravit. Illic Chlotharius rex cum exercitu plurimo pervenerat. Cumque nuncius ille festinus adfuisset, deferens rege abscisa crine filii sui, ille nimio dolore commotus, cum strepitu tubarum de nocte consurgens, cum exercitu suo Renum transiit et in auxilium filii sui festinus pervenit. Cumque simul coniuncti in unum

[77] 613

[78] Eine sonst nicht bekannte, unwahrscheinliche Bemerkung.

Alleinherrscher in allen drei Reichen[77]. König Chlothar stellte ein Heer auf, zog nach Burgund und bat Brunchildis unter dem Vorwand, sie zur Ehe nehmen zu wollen[78], gleichsam in Frieden zu ihm zu kommen. Daraufhin schmückte sich jene mit königlichem Prunk und kam zur Feste Rèneve am gleichnamigen Fluß[79]. Kaum aber hatte er sie erblickt, rief er aus: „Du Feindin unseres Herrn, warum hast du soviel Unheil angerichtet und wie konntest du es wagen, eine so große Königssippe fast auszurotten?" Hierauf vereinigte sich das Heer der Franken und der Burgunder und als alle schrien, Brunchildis habe den schmachvollsten Tod verdient, befahl König Chlothar, sie auf ein Kamel zu setzen und im ganzen Heer herumzuführen; dann band man sie an die Füße wilder Pferde, ihre Gliedmaßen wurden zerrissen und sie starb. Zuletzt war das Feuer ihre Grabstätte und ihre Gebeine wurden verbrannt[80]. Der König aber stellte den Frieden im ganzen Umkreis her und kehrte heim. Der Adelige Gundoland, ein tüchtiger und eifriger Mann, war Hausmeier am Hof des Königs[81].

41. König Chlothar hatte einen tatkräftigen und tapferen Sohn namens Dagobert, der für alles Interesse zeigte und sehr gewandt war. Erwachsen geworden, schickte ihn der König gemeinsam mit dem dux Pippin als Herrscher nach Auster. Die Großen der austrasischen Franken aber versammelten sich und machten Dagobert zu ihrem König[82]. In jenen Tagen erhoben sich die Sachsen und stellten ein aus vielen Völkerschaften bestehendes Heer gegen König Dagobert und Chlothar auf[83]. Dagobert brachte nun seinerseits ein sehr großes Heer zusammen, überquerte den Rhein und schritt ohne Verzug zum Kampf gegen die Sachsen. Während sie tapfer kämpften, wurde Dagobert oberhalb des Helmes am Kopf getroffen, ein kleiner Teil seines Haupthaares wurde abgeschnitten und fiel zu Boden, von wo es sein hinter ihm stehender Waffenträger aufhob. Als jener (Dagobert) die Niederlage seines Heeres erkannte, sagte er zu seinem Diener: „Eile nun so schnell du kannst mit diesem meinen Haupthaar zu meinem Vater, damit er uns zu Hilfe komme, bevor das ganze Heer zugrunde geht". Darauf lief dieser schnell fort, eilte durch den Ardennenwald und gelangte an den Fluß. Dorthin war auch König Chlothar mit einem großen Heer gekommen. Als jener schnelle Bote angekommen war, brachte er dem König das abgeschnittene Haarbüschel seines Sohnes, worauf dieser tief bekümmert war und noch in der Nacht beim Lärm der Kriegstrompeten aufbrach, mit seinem Heer den Rhein überquerte und seinem Sohn rasch zu Hilfe eilte. Als sich nun

79 Dép. Côte-d'Or, Ar. Dijon, Ct. Mirebeau-sur-Bèze.

80 Vgl. *Fredegar IV 39* und die *Vita Marii appendix.*

81 In Neustrien.

82 623

83 Der folgende Bericht über den Sachsenkampf ist sonst unbekannt.

hilari corde manibus plauderentur, super Wisra fluvium tendentes, fixerunt tentoria. Bertoaldus dux Saxonorum ex alia parte ripae huius fluminis stans, paratus ad placitum, ut ad pugnam procederet, audiens hunc tumultum populi, interrogat, quid hoc esset. At illi responderunt, dicentes: 'Domnus Chlotharius rex venit, et ob hoc letantur Franci'. Qui respondit cum cacinno, dicens: 'Mentitos vos! delerare, formidatis, cum Chlothario vobiscum habere dicitis, cum / nos eum mortuum auditum esse habemus'. Rex quoque illuc stans, lurico indutus, galea in capite, crines cum canicie variatas obvolutas. Cumque discopertus a galea apparuisset caput regis, cognovit eum Bertoaldus esse regem et ait: 'Tu hic eras, bale[84] iumente?' Rex vero haec audiens, valde indignatus hoc convicium, Wisra fluvium ingressus cum equo velocissimo, transnatavit. Fero ut erat corde, Bertoaldum persequebatur, Francorumque exercitus sequenter regem natantes, vix fluvium cum Dagoberto transiebant per gurgites inmensos. Rex itaque Chlotharius persequutus Bertoaldo, certabatur valde cum eo. Dixitque Bertoaldus: 'Recede a me, o rex, ne interficiam te; quia si prevalueris adversus me, sic omnes homines dicent, quod servum tuum Bertoaldum gentilem peremisti; si autem ego interficero te, tunc rumor magnus in cunctis gentibus audietur, quod fortissimus rex Francorum a servo sit interfectus'. Rex autem nequaquam adquievit dictis eius, sed magis consurgebat super eum. Equester itaque regis a longe sequutus rege, clamabat: 'Confortare contra adversarium tuum, domine mi rex!' Erantque manus regis valde graves; erat enim rex luricatus. Consurgensque rex super eum et interficit ipso / Bertoaldo sustullitque caput eius in conto reversusque est ad Francos. Illisque lugentibus, — nesciebant, quid regi contigisset, — viso eo, gavisi sunt gaudio magno. Rex vero, tota terra Saxonorum vastata, populo ille interfecto, non ibi maiorem hominem viventem reliquit, nisi ut gladius suus, quod spata vocant, per longum habebat. Hoc signum in regione illa statuit, reversusque est rex victor in terra sua.

42. Succedente vero tempore mortuus est Chlotharius rex senex regnavitque annis 44[85], regnumque eius Dagobertus rex, filius

ihre Heere frohen Herzens und unter Beifall vereinigt hatten, zogen sie zur Weser und schlugen dort ihre Zelte auf. Der Sachsen-dux Bertoald stand am anderen Ufer dieses Flusses, bereit zum Entschluß, zum Kampf zu schreiten, als er diesen Lärm im Volk hörte und fragte, was das sei. Jene aber antworteten und sagten: „Der Herr und König Chlothar ist gekommen und deshalb freuen sich die Franken". Jener erwiderte ihnen unter Gelächter und sprach: „Ihr Lügner, die Angst raubt euch den Verstand, wenn ihr behauptet, Chlothar bei euch zu haben, während wir gehört haben, daß er tot ist". Auch der König stand dort, mit dem Waffenkleid angetan, den Helm am Kopf und sein weiß gewordenes Haupthaar verdeckt. Als er den Helm abnahm und sein Königshaupt entblößte, erkannte Bertoald, daß es der König war und rief: „Wast tust du hier, falsches Lasttier?"[84] Als der König das hörte, wurde er ob dieser Schmähung sehr zornig, sprang mit seinem schnellsten Pferd in die Weser und durchschwamm den Fluß. Aufbrausend wie er war, setzte er Bertoald nach, während das Heer der Franken dem König nachschwamm und gemeinsam mit Dagobert nur mit Mühe die gewaltigen Strudel überquerte. So verfolgte König Chlothar Bertoald und kämpfte heftig mit ihm. Da sagte Bertoald: „Weiche von mir, König, damit ich dich nicht töte; wenn nämlich du die Oberhand über mich behalten solltest, werden alle Leute sagen, daß du nur den Heiden Bertoald, deinen Knecht, getötet hast; wenn aber ich dich töten sollte, wird sich diese unerhörte Kunde rasch bei allen Völkern verbreiten, daß der tapfere König der Franken von einem Knecht umgebracht worden ist". Der König ließ sich durch dessen Worte aber nicht beruhigen, sondern drang noch heftiger auf ihn ein. Da rief ein Reiter des Königs, der dem König in weiter Entfernung folgte: „Zeige deine Kampfeskraft gegen deinen Feind, mein Herr und König!" Die Arme des Königs aber waren sehr schwer; der König war nämlich gepanzert. Hierauf stürmte der König auf Bertoald los, tötete ihn, spießte sein Haupt auf den Speer und kehrte zu den Franken zurück. Jene trauerten bereits um ihn — sie wußten nämlich nicht, was dem König zugestoßen war —, als sie ihn aber sahen, waren sie voll großer Freude. Der König verwüstete das ganze Sachsenland, rottete die Bevölkerung aus und ließ niemanden am Leben, der größer war als sein Schwert, die sogenannte Spada. Das setzte der König in jenem Gebiet als Beispiel und kehrte dann siegreich in sein Land zurück.

42. In der Folgezeit starb König Chlothar hochbetagt nach 44 Jahren der Herrschaft[85], das Reich aber übernahm voll Eifer sein Sohn, König Dago-

[84] Das Wort balus begegnet in der Literatur nur noch in den vom *Liber Hist. Franc.* abhängigen *Gesta Dagoberti 14*. Seine Bedeutung ist unklar; vgl. Mittellateinisches Wörterbuch I 1334, 1 ff.

[85] 629

eius, in monarchiam in totis tribus regnis sagaciter accepit[86]. Fuitque ipse Dagobertus rex fortissimus, enutritor Francorum, severissimus in iudiciis, ecclesiarum largitor. Ipse enim elimosinarum copia de fisco palacii per ecclesias sanctorum primus distribuere censum iussit. Pacem in cuncto regno suo statuit. In multis gentibus rumor eius personuit. Timorem et metum in universis regnis per circuitum incussit. Ipse pacificus, velut Salomon, quietus regnum obtenuit Francorum. / Tunc et beatus Audoinus episcopus exortus enituit[87]. Eo tempore, defuncto Gundolando maiorum domo inclito, Dagobertus rex Erchonoldo[88] viro inlustre in maiorum domato statuit. Habebat igitur predictus rex ex regina sua Nanthilde de genere Saxonorum[89] filios duos Sighiberto et Chlodovecho. Sighibertum vero, maiorem filium suum, in Auster una cum Pippino duce direxit in regno statuto[90], Chlodovecho quippe iuniore secum retenuit.

43. Post haec igitur rex Daygobertus a febre valida correptus, egrotans mortuus est Spinoglio villa[91] in paygo Parisiacense urbis, in basilica beati Dionisii martyris sepultus. Plancxeruntque eum Franci diebus multis, regnavitque annis 44[92]. Chlodovechum, filium eius, Franci super se regem statuunt; accepitque uxorem de genere Saxonorum nomine Balthilde[93], pulchra omnique ingenio strenua. Post haec autem Sighibertus rex Auster, Pippino defuncto, Grimoaldo, / filio eius, in maiorum domato instituit[94]. Decedente vero tempore, defuncto Sighiberto rege[95], Grimoaldus filium eius parvolum nomine Daygobertum totundit[96] Didonemque Pectavensem urbis episcopum in Scocia peregrinandum eum direxit, filium suum in regno constituens[97]. Franci itaque hoc valde indignantes, Grimoaldo insidias preparant, eumque exementes, ad condempnandum rege Francorum Chlodoveo deferunt[98]. In Parisius civitate in carcere mancipatus,

[86] Dagobert, I. K. d. Franken 623/9–639; zu seiner Person R. Barroux, Dagobert, roi des Francs (1938).

[87] Audoin scheint 641 gemeinsam mit dem heiligen Bischof Eligius ordiniert worden zu sein.

[88] Falsch; Erchonold wurde erst nach dem Tode K. Dagoberts I. neustrischer Hausmeier und folgte nicht auf Gundoland, sondern auf Aiga; vgl. *Fredegar IV 83/4.*

bert als Alleinherrscher in allen drei Reichen[86]. König Dagobert war sehr tapfer, den Franken ein Vater, streng im Urteilsspruch und ein Wohltäter der Kirchen. Er ließ nämlich als erster eine Fülle von Almosen als Abgabe aus dem Königsgut an die Kirchen der Heiligen verteilen. In seinem ganzen Reich stellte er den Frieden her. Sein Ruf drang zu vielen Völkern. Alle Königreiche im Umkreis versetzte er in Angst und Schrecken. Er selbst übte, wie Salomon, die Herrschaft über die Franken friedliebend und in aller Ruhe aus. Damals begann auch der heilige Bischof Audoin hervorzutreten[87]. In jener Zeit übertrug König Dagobert nach dem Tod des hervorragenden Hausmeiers Gundoland die Hausmeierwürde dem vir inluster Erchonold[88]. Der vorhin genannte König hatte von der aus dem Volk der Angelsachsen stammenden Königin Nanthilde[89] zwei Söhne, Sigibert und Chlodovech. Sigibert, seinen älteren Sohn, schickte er gemeinsam mit dem dux Pippin nach Auster, das für ihn bestimmte Königreich[90], den jüngeren Chlodovech aber behielt er bei sich.

43. Danach wurde König Dagobert von heftigem Fieber befallen und starb im Ort Épinay-sur-Seine[91] im Gau der Stadt Paris und wurde in der Kirche des heiligen Märtyrers Dionysius begraben. Die Franken aber trauerten viele Tage um ihn; er hatte 44 Jahre regiert[92]. Dann machten die Franken seinen Sohn Chlodovech zu ihrem König; dieser nahm Balthildis[93] aus dem Stamm der Angelsachsen zur Gattin, eine schöne und in allem geistreiche Frau. Hierauf bestellte König Sigibert von Auster nach dem Tode Pippins dessen Sohn Grimoald zum Hausmeier[94]. Als nun im Laufe der Zeit auch König Sigibert starb[95], ließ Grimoald dessen kleinen Sohn namens Dagobert scheren[96], schickte ihn mit dem Bischof Dido aus der Stadt Poitiers in die Fremde nach Irland und machte seinen eigenen Sohn zum König[97]. Die Franken aber waren darüber sehr erzürnt, legten Grimoald einen Hinterhalt, ergriffen ihn und brachten ihn dem Frankenkönig Chlodovech zur Verurteilung[98]. In der Stadt Paris wurde er in den

[89] Seine dritte Gattin.

[90] 633/4; von der austrasischen Opposition unter der Führung Pippins erzwungen.

[91] Dép. Seine, Ar. St. Denis, Ct. St. Ouen.

[92] 639; die Jahresangabe ist falsch, vgl. *Fredegar IV 79.*

[93] Zu ihrer Person A. Clément, La reine Bathilde et son temps (Exposition mérovingienne Musée Alfred Bonna, Chelles 1961) und die *Vita Balthildis reginae Francorum* A und B.

[94] 640, nach der Ermordung seines Rivalen Otto; vgl. *Fredegar IV 88.*

[95] 656

[96] Er war damals vier Jahre alt.

[97] Childebert 656; es handelt sich um den sogenannten Staatsstreich Grimoalds.

[98] Die Angabe ist falsch; K. Chlodowech II. starb schon 657 und Grimoald wurde wohl erst nach dem Tode seines Sohnes Childebert 661/2 von den Neustriern in Paris hingerichtet.

vinculorum cruciatu constrictus, ut erat morte dignus, quod in domino suo exercuit, ipsius mors valido cruciatu finivit.

44.[99] Eo tempore Chlodoveus brachium beati Dionisii martyris abscidit[1], instigante diabulo. Per id tempus concidit regnum Francorum casibus pestiferis. Fuit autem ipse Chlodoveus omne spurcicia deditus, fornicarius et inlusor feminarum, gulae et ebrietate contentus. Huius mortem et finem nihil dignum historia recolit. Multa enim scriptores eius finem condempnant; nescientes finem nequitiae eius, in incertum de eo alia pro aliis referunt[2]. Nam ex Balthilde, regina eius, / adserunt ei tres filios habuisse Chlotharium, Childericum atque Theudericum. Decedente itaque in extremis prefatum regem Chlodoveum[3], regnavitque annis 16[4]. Franci vero Chlotharium, seniorem puerum ex tribus, regem sibi statuunt, cum ipsa regina matre regnaturum[5].

45.[6] Eo tempore, defuncto Erchonoldo maiorum domo, Franci in incertum vacellantes, prefinito consilio, Ebroino huius honoris altitudine maiorum domo in aula regis statuunt[7]. In his diebus Chlotharius rex puer obiit regnavitque annis 4[8]. Theudericus, frater eius, elevatus est rex Francorum[9]. Childericum itaque, alium fratrem eius, in Auster una cum Vulfoaldo duce regnum suscipere dirigunt[10]. Eo tempore Franci adversus Ebroinum insidias preparant, super Theudericum consurgunt eumque de regno deiciunt[11], crinesque capitis amborum vi abstrahentes, incidunt. Ebroinum totundunt eumque Luxovio monasterio in Burgundia[12] dirigunt. In Auster / propter Childericum mittentes, accomodant. Et una cum Vulfoaldo duce[13] veniens, in regno Francorum elevatus est[14]. Erat enim ipse Childericus levis nimis, omnia nimis incaute peragebat, donec inter eos odium maximum et scandalum crevit, Francos valde oppremens[15]. Ex quibus uno

[99] Das ganze Kapitel ist das Vorbild für *Fredegar Cont. 1.*

[1] Sonst nirgends überliefert.

[2] Ein interessanter Hinweis auf verlorengegangene schriftliche Überlieferungen über K. Chlodovech II. und Balthildis; zugleich auch ein frühes Zeugnis für Geschichtskritik.

[3] 657

[4] Richtig 18 Jahre; vgl. *Fredegar Cont. 1.*

[5] Seit 657.

Kerker geworfen, in schmerzvolle Fesseln gelegt und starb schließlich als gerechte Strafe für das, was er an seinem Herrn verübt hatte, unter heftigen Qualen.

44.[99] In jener Zeit ließ Chlodovech auf Antrieb des Teufels den Arm des heiligen Märtyrers Dionysius abschneiden[1]. Zu jener Zeit brachen unheilbringende Schicksalsschläge über das Reich der Franken herein. Chlodovech selbst aber war den niedrigsten Gelüsten ergeben, ein Wüstling, der mit den Frauen sein Spiel trieb und mit Essen und Trinken zufrieden war. Über seinen Tod und sein Ende berichtet die Geschichte nichts der Erinnerung wertes. Die Geschichtsschreiber verurteilen sein Ende nämlich auf vielfache Weise; da sie aber den Ausgang seiner Verworfenheit nicht kennen, berichten sie in ihrer Unsicherheit bald dieses und bald jenes darüber[2]. Von Balthildis, seiner Königin, schreiben sie, habe er drei Söhne gehabt, Chlothar, Childerich und Theuderich. Als der oben erwähnte König Chlodovech aber schließlich starb[3], hatte er 16 Jahre geherrscht[4]. Die Franken machten hierauf Chlothar, den ältesten der drei Knaben, zu ihrem König, damit er gemeinsam mit der Königinmutter regiere[5].

45.[6] In jener Zeit waren die Franken nach dem Tode des Hausmeiers Erchonold unschlüssig, setzten dann aber, nachdem sie sich vorher beraten hatten, Ebroin in die erhabene Würde des Hausmeieramtes bei Hof ein[7]. In diesen Tagen starb König Chlothar im Knabenalter im vierten Jahr seiner Herrschaft[8]. Sein Bruder Theuderich wurde zum König der Franken erhoben[9]. Seinen zweiten Bruder Childerich aber schickten sie mit dem dux Wulfoald nach Auster, damit er dort die Herrschaft übernehme[10]. In jener Zeit legten die Franken Ebroin einen Hinterhalt, erhoben sich gegen Theuderich, jagten ihn aus dem Reich[11] und schnitten beiden gewaltsam das Haupthaar ab. Ebroin schoren sie und sandten ihn ins Kloster Luxeuil in Burgund[12]. Dann schickten sie um Childerich nach Auster und holten ihn. Und als er gemeinsam mit dem dux Wulfoald[13] kam, erhoben sie ihn zum König der Franken[14]. Jener Childerich aber war sehr leichtsinnig, handelte in allem sehr unvorsichtig und unterdrückte die Franken schwer[15], bis endlich größter Haß und Empörung

[6] Das ganze Kapitel ist das Vorbild für *Fredegar Cont. 2.*

[7] Um 658.

[8] 673 im Alter von 19 Jahren; offiziell war er seit 657/8 K. in Neustrien gewesen.

[9] 673 nach der Ermordung K. Childerichs II.

[10] Bereits 662/3 auf Betreiben Ebroins.

[11] 673; an der Spitze dieser neustrisch-burgundischen Adelserhebung stand Bischof Leudegar von Autun.

[12] K. Theuderich III. war im Kloster St. Denis inhaftiert.

[13] Hausmeier in Austrasien.

[14] Ebenfalls noch 673.

[15] Hier wird die neustrische Tendenz des Autors bemerkbar.

Franco nomine Bodilone ad stipitem tensum cedere valde sine lege precepit. Haec videntes Franci, in ira magna commoti, Ingobertus videlicet et Amalbertus et reliqui maiores natu Francorum, sedicionem contra ipsum Childericum concitantes. Bodilo super eum cum reliquis surrexit, insidiaturus in regem; interficit una cum regina eius pregnante[16], quod dici dolor est. Vulfoaldus quoque per fugam vix evasit, in Auster reversus. Franci autem Leudesio, filio Erchonoldo, in maiorum domato palacii elegunt[17]. Eratque ex Burgundia in hoc consilio beatus Leudegarius Augustudunensis episcopus et Gaerinus, frater eius, consentientes. Ebroinus capillis crescere sinens, congregatis in auxilium sociis, hostiliter a Luxovio caenubio egressus, in Francia revertitur cum armorum apparatu. Ad beatum vero Audoinum direxit, quid ei consilio daret[18]. At ille / per internuntios hoc solum, scripta dirigens, ait: 'De Fredegunde tibi subveniat in memoriam'. At ille, ingeniosus ut erat, intellexit. De nocte consurgens, commoto exercitu, usque Isra fluvium veniens, interfectis custodibus, ad Sanctam Maxenciam[19] Isra transiit; ibi quos repperit de insidiatoribus suis occidit. Leudesius una cum Theuderico rege et sociis quam plurimis per fugam evasit; Ebroinus eos persequutus est. Bacivo villa[20] veniens, thesauros regales adprehendit. Deinde post haec Crisciaeco[21] veniens, regem recepit[22]. Leudesium, data fide, sub dolo[23] ad se venire mandavit. Quo facto, Leudesium interficit; ipse principatum sagaciter recepit. Sanctum Leudegarium episcopum diversis poenis caesum gladio ferire iussit[24]; Gaerinum, fratrem eius, dira poena damnavit[25]. Reliqui vero Franci eorum socii per fugam vix evaserunt; nonnulli vero in exilio pervagati, a propriis facultatibus privati sunt.

16 Bilichildis, im Herbst 675.

17 Ein Verwandter Leudegars; kurz schien es nämlich so, als ob sich die burgundische Gruppe um Leudegar und Gaerin nach der Ermordung K. Childerichs II. gegen Ebroin behaupten könnte; vgl. die parallele Schilderung in der *Vita Leodegarii 3ff.*

18 Der mehrdeutige Orakelspruch trieb ihn jedenfalls zu raschem und kompromißlosem Vorgehen.

19 Dép. Oise, Ar. Senlis, wo sich das Lager Leudesius' befand.

unter ihnen wuchs. Einen von ihnen, einen Franken namens Bodilo, befahl er gegen das Gesetz an einen Pfahl gebunden auszupeitschen. Als die Franken, nämlich Ingobert, Amalbert und die übrigen fränkischen Großen, das sahen, wurden sie sehr zornig und zettelten einen Aufstand gegen jenen Childerich an. Auch Bodilo erhob sich mit den übrigen Franken gegen ihn und lockte den König in eine Falle; er tötete ihn samt seiner schwangeren Königin[16], was schmerzlich zu berichten ist. Wulfoald konnte sich mit Mühe durch die Flucht retten und kehrte nach Auster zurück. Die Franken aber wählten Leudesius, den Sohn Erchonolds, für das Hausmeieramt bei Hof[17]. Aus Burgund nahmen an dieser Beratung der heilige Bischof Leudegar von Autun und sein Bruder Gaerin teil. Ebroin ließ sich unterdessen die Haare wachsen, sammelte zu seiner Unterstützung Gefährten um sich, brach gewaltsam aus dem Kloster Luxeuil aus und kehrte in voller Waffenrüstung nach Franzien zurück. Er schickte nun zum heiligen Audoin, was er ihm rate[18]. Jener aber übermittelte ihm durch Boten schriftlich nur das eine: „Die Erinnerung an Fredegundis komme dir zu Hilfe". Jener aber, klug wie er war, verstand die Botschaft. Er brach in der Nacht auf, zog sein Heer zusammen, kam bis zur Oise, tötete die Wachtposten und überquerte die Oise bei Pont-St. Maxence[19]; dort tötete er alle Feinde, die er fand. Leudesius aber entkam mit König Theuderich und einem Großteil seiner Gefährten durch die Flucht; Ebroin nahm ihre Verfolgung auf. Als er zum Ort Baizieux[20] kam, nahm er den königlichen Schatz in Besitz. Danach gelangte er nach Crécy-en-Ponthien[21] und bekam den König in seine Gewalt[22]. Leudesius ließ er zu sich kommen, nachdem er ihm (zuvor) heimtückisch Sicherheit versprochen hatte[23]. Hierauf tötete er Leudesius; den Principat übernahm er voll Eifer selbst. Er bestrafte den heiligen Bischof Leudegar auf verschiedene Weise qualvoll und ließ ihn schließlich mit dem Schwert hinrichten[24]; auch dessen Bruder Gaerin verdammte er zu schrecklicher Strafe[25]. Die übrigen Franken aber, deren Gefährten, entkamen mit Mühe durch die Flucht; einige von ihnen gingen in die Verbannung und wurden ihres Vermögens beraubt.

[20] Dép. Somme, Ar. Amiens, Ct. Corbie.

[21] Dép. Somme, Ar. Abbéville.

[22] K. Theuderich III.

[23] *Vgl. Liber Hist. Franc. 46*, Ebroins Vorgehen gegen den Austrasier Martinus.

[24] Er war nach der Eroberung Autuns geblendet worden. Nach zweijähriger Haft und grausamen Folterungen im Kloster Fécamp war er im Jahre 679 unter der Anklage, an der Ermordung K. Childerich II. 675 beteiligt gewesen zu sein, durch ein *concilium episcoporum* und danach durch das Königsgericht zum Tode durch das Schwert verurteilt worden; vgl. die *Passio Leudegarii I 24ff.*

[25] Er wurde gesteinigt.

46.[26] Eo quoque tempore, decedente Vulfoaldo de Auster, Martinus et / Pippinus iunior[27], filius Anseghiselo quondam, decedentibus regibus, dominabantur in Austria, donec tandem aliquando hii duces in odium versi contra Ebroinum, exercitum plurimum Austrasiorum commotum, contra Theudericum regem et Ebroinum aciem dirigunt. Contra quos Theudericus et Ebroinus cum hoste occurrunt[28], loco nuncupante Lucofao[29] simul coniuncti, sese invicem cede magna prosternunt. Corrueruntque ibi infinita turba populi. Austrasii devicti, in fugam lapsi, terga verterunt. Ebroinus eos cede crudelissima insequutus, maxima parte ex illa regione vastata. Martinus per fugam elapsus, Lauduno Clavato ingressus, illuc se reclusit; Pippinus autem altrinsecus evasit. Ebroinus itaque, patrata victoria, reversus est. Veniens cum exercitu Erchreco villa[30], ad Martinum dirigit nuncios, ut, data sacramenta, cum fiducia ad regem Theudericum veniret[31]. Hoc dolose ac fallaciter super vacuas capsas ei iurantes, ille vero credens eos, Erchreco veniens, ibi cum sociis suis interfectus est[32].

47.[33] Ebroinus itaque magis ac magis Francos crudeliter oppremebat, donec / tandem aliquando Ermenfredo Franco insidias parare dissimulat. Ille quoque per noctem clam super eum consurgens, atrociter prefatum Ebroinum interficit[34], atque ad Pippinum in Auster fugiens, evasit. Franci vero consilio pertractantes, Warattonem virum inlustrem in loco eius cum iussione regis[35] maiorum domo palacii constituunt. Accepit ipse Waratto inter haec obsides a predicto Pippino et pacem cum eo iniit[36]. Erat id temporis memorato Warattone filius efficax industriusque, fero animo et acervis moribus, insidiator patris sui, eumque ab honore generositatis subplantans[37], eratque nomen eius Ghislemarus. Cui beatus Audoinus episcopus prohibuit, ne hac nequicia contra patrem inferret; quod ille audire contempsit. Fueruntque inter ipso Ghislemaro et Pippino bella civilia et multae discor-

[26] Das ganze Kapitel ist das Vorbild für *Fredegar Cont. 3.*

[27] Zu dieser Stelle H. E. Bonnell, Die Anfänge des karolingischen Hauses (Jahrbücher der Deutschen Geschichte, 1866) 123f.

[28] 680

[29] Ein Buchenwald östlich von Laon; vielleicht auch das Dorf Laffaux im Dép. Aisne (Ile-de-France), Ar. Soissons, Ct. Vailly-sur-Aisne.

46.[26] In jener Zeit herrschten nach dem Tod des Austrasiers Wulfoald und nachdem auch die Könige gestorben waren, Martin und Pippin der Jüngere[27], der Sohn Ansegisels, in Austrasien, bis sich schließlich auch diese duces mit Ebroin verfeindeten, ein großes austrasisches Heer aufstellten und ihre Schlachtreihe gegen König Theuderich und Ebroin führten. Ihnen eilten Theuderich und Ebroin mit einem Heer entgegen[28]; im Ort namens Bois-Royal du Fays[29] trafen sie zusammen und kämpften in einer heftigen Schlacht gegeneinander. Eine ungeheure Menge Volks ging dort zugrunde. Schließlich wurden die Austrasier besiegt, wandten sich zur Flucht und entkamen. Ebroin verfolgte sie mit grausamer Wut und verwüstete den größten Teil jenes Gebiets. Martinus entkam durch die Flucht, zog nach Laon und schloß sich dort ein; Pippin aber entkam anderswohin. So hatte Ebroin den Sieg errungen und kehrte heim. Als er mit dem Heer zur villa Ecry[30] kam, schickte er Boten zu Martinus, er möge auf seine eidliche Zusicherung hin vertrauensvoll zu König Theuderich kommen[31]. Hinterlistig und heimtückisch legten sie ihm den Eid auf leere Reliquienkästchen ab, er aber schenkte ihnen Glauben, kam nach Ecry und wurde dort samt seinen Gefährten getötet[32].

47.[33] So unterdrückte Ebroin die Franken immer grausamer, bis er schließlich auch dem Franken Ermenfred nachzustellen versuchte. Jener aber brach heimlich in der Nacht gegen ihn auf, tötete den vorhergenannten Ebroin auf schreckliche Weise[34], floh hierauf zu Pippin nach Auster und entkam. Die Franken aber hielten Rat und setzten mit dem Willen des Königs[35] den vir inluster Waratto an dessen Stelle in die Hausmeierwürde bei Hof ein. Dabei empfing jener Waratto vom vorhergenannten Pippin Geiseln und schloß mit ihm Frieden[36]. Der erwähnte Waratto hatte zu dieser Zeit einen tatkräftigen und unternehmungslustigen Sohn von ungestümer Wesensart und rauhen Sitten, der seinem Vater nachstellte und ihn aus seiner hohen Ehrenstelle verdrängte[37]; sein Name war Gislemar. Der heilige Bischof Audoin ermahnte ihn, er solle seinem Vater nicht eine solche Ruchlosigkeit antun; jener aber lehnte es ab, darauf zu hören. Es herrschten auch zwischen jenem Gislemar und Pippin Bürgerkriege und viele Kämpfe. Schließlich strafte ihn

30 Dép. Aisne (Ile-de-France), Ar. Laon, Çt. La Fère.

31 Ähnlich war Ebroin auch gegen Leudesius vorgegangen; vgl. *Liber Hist. Franc. 45*.

32 680 (?)

33 Das ganze Kapitel ist das Vorbild für *Fredegar Cont. 4*.

34 680

35 K. Theuderich III.

36 Dabei erlangte er von Pippin die De-iure-Anerkennung K. Theuderichs III.

37 683

diae. Qui ob iniurias patris vel alia peccata crudelia a Deo percussus, iniquissimum spiritum exalavit, iuxta quod sanctus Audoinus ei predixerat. Illoque defuncto, Waratto iterum honore pristino nanctus est. His diebus beatus Audoinus Rotimagensis episcopus plenus / dierum ac virtutibus preclarus Clepiaco villa regale[38] in suburbana Parisiorum civitate migravit ad Dominum; cum gloria basilica sancti Petri apostoli Rothomacum civitate sepultus est[39].

48.[40] Succedente quippe temporum curricola predictus Waratto defunctus est[41] fuitque ei matrona nobilis ac ingeniosa nomine Anseflidis. Franci nempe in diversa tendentes, vacellabant. Interdum Bercharium quondam[42] statura pusillum, sapientia ignobilem, consilio inutile[43], in maiorum domato oberrantes statuunt Franci in invicem divisi. Pippinus ab Austrasiis consurgens, commoto hoste quam plurimo, contra Theudericum regem et Bercharium aciem dirigit[44]. Convenientesque ad proelium in loco nuncupante Textricio[45], illisque inter se belligerantibus, Theudericus rex una cum Berchario maiorum domo terga verterunt. Pippinus quoque victor extitit. Cedendum itaque tempore ipse Bercharius ab / adulatoribus occisus est[46], et[k], instigante Anseflide, post haec[47] Pippinus Theuderico rege coepit esse principale regimine maiorum domus[48]. Thesauris acceptis[49], Nordebertum quondam de suis cum rege relictum, ipse in Austria remeavit. Eratque Pippino principe uxor nobilissima et sapientissima nomine Plectrudis[50]. Ex ipsa genuit filios duos; nomen maioris Drocus, nomen vero minoris Grimoaldus. Drocus ducatum Campaniae accepit.

49.[51] Obiit autem Theudericus rex; regnavit annis 19[52]. Chlodoveus, filius eius, puer regalem sedem suscepit[53], ex regina nomine

[k] *Et* fehlt in B.

[38] Dép. Seine. Ar. St. Denis.

[39] Nach B. Krusch am 24. August 685/6.

[40] Das ganze Kapitel ist das Vorbild für *Fredegar Cont. 5.*

[41] 686

[42] Der Schwiegersohn Warattos und der Ansefledis, verheiratet mit deren Tochter Adaltrudis.

[43] Die negative Form des im *Liber Hist. Franc. 16* für Aridius angeführten Katalogs der Fürstentugenden.

[44] 687

Gott für das seinem Vater angetane Unrecht und für viele andere schreckliche Verfehlungen, und er gab seinen ruchlosen Geist auf, so wie es ihm der heilige Audoin vorausgesagt hatte. Nach dessen Tod erlangte Waratto seine frühere Würde wieder. In diesen Tagen entschlief der heilige Bischof Audoin von Rouen in der Fülle seiner Tage und berühmt für seine Wunder im königlichen Hof Clichy[38] in unmittelbarer Nähe der Stadt Paris im Herrn; er wurde in der Kirche des heiligen Apostels Petrus ruhmvoll in der Stadt Rouen begraben[39].

48.[40] Im Laufe der folgenden Zeit starb der obengenannte Waratto[41]; er hatte eine edle und kluge Frau namens Ansefledis. Nun waren die Franken verschiedener Meinung und schwankten hin und her. Endlich verirrten sich die untereinander noch immer uneinigen Franken auf Berchar[42], der von winziger Statur, unklug und zum Rat untauglich war[43], und bestimmten ihn zum Hausmeier. Da erhob sich Pippin von Austrasien, stellte ein sehr großes Heer auf und führte die Truppen gegen König Theuderich und Berchar[44]. Als sie nun beim Ort namens Tertry[45] zur Schlacht zusammentrafen und miteinander kämpften, ergriff König Theuderich gemeinsam mit dem Hausmeier Berchar die Flucht. Pippin aber blieb Sieger. In der Folgezeit wurde jener Berchar von falschen Freunden umgebracht[46] und auf Betreiben der Ansefledis begann hierauf[47] Pippin als Hausmeier König Theuderichs die eigentliche Herrschaft auszuüben[48]. Er nahm den Schatz in Besitz[49], ließ von den Seinen einen gewissen Nordebert mit dem König zurück und kehrte selbst nach Austria heim. Der princeps Pippin hatte eine sehr edle und kluge Frau namens Plectrudis[50]. Sie gebar ihm zwei Söhne; der Name des Älteren war Drogo, der Name des jüngeren aber Grimoald. Drogo erhielt den Dukat der Champagne.

49.[51] Dann starb König Theuderich; er hatte 19 Jahre geherrscht[52]. Sein Sohn Chlodovech, den die Königin Chrodchildis geboren hatte, übernahm als Knabe die Königswürde[53]. Nicht viel später starb auch

45 Dép. Somme, Ar. Peronne, Ct. Ham.

46 Jedenfalls nach 690, da er noch 690/1 in einer Urkunde K. Theuderichs III. begegnet.

47 Et fehlt in B, was hieße, daß Berchar auf Betreiben der Ansefledis ermordet wurde. Diese Deutung ist aber durch den Ausdruck *adulatores* auch in der vorliegenden Fassung möglich.

48 688

49 Synonym für die de facto königsgleiche Stellung Pippins.

50 Die Vermählung fand zwischen 670 und 675 statt.

51 Das ganze Kapitel ist das Vorbild für *Fredegar Cont. 6.*

52 K. Theuderich herrschte 675–691; die angegebenen Herrschaftsjahre sind demnach falsch.

53 Chlodovech III., K. d. Franken 691–695; für ihn führte seine Mutter Chrodechildis die Vormundschaftsregierung.

Chrodchilde progenitus. Nec multo post ipse Chlodoveus rex puer mortuus est regnavitque annis 2[54]. Childebertus, frater eius, vir inclytus in regno statutus est[55]. Attamen et Nordebertus mortuus est. Grimoaldus, Pippini principis filius iunior, in aula regis Childeberti maiorum domus effectus est[56]. Pippinus quoque multa bella gessit contra Radbodem[57] gentilem vel alios principes, / contra Suevos vel quam plurimas gentes. Grimoaldus quippe genuit filium ex concubina Theudoaldo nomine. Sub idem fere tempus Drocus, filius Pippini, defunctus est[58], habensque Pippinus prefatus princeps filium ex alia uxore nomine[59] Carlo, virum elegantem, egregium atque utilem.

50.[60] Tunc enim bonae memoriae gloriosus domnus Childebertus rex iustus migravit ad Dominum; regnavit autem annis 17[61], sepultusque est Cauciaeco monasterio[62] in basilica sancti Stephani protomartyris. Regnavitque Daygobertus[63] puer, filius eius, pro eo. Habebat igitur Grimoaldus uxorem in matrimonium nomine Theudesindam, filiam Radbodis ducis gentilis. Eratque ipse Grimoaldus maiorum domus pius, modestus, mansuetus et iustus. Cedendum enim tempore, egrotante Pippino principe, genitorem eius, dum ad eum visitandum acces/sisset[64], nec mora in basilica sancti Landeberti martyris Leudico peremptus est a Rantgario gentile, filio Belial[65]. Theudoaldum vero, iubente avo, in aula regis honorem patris sedem sublimem instituunt[66].

51.[67] Eo tempore Pippinus febre valida correptus, mortuus est obtenuitque principatum sub suprascriptos reges annis 27 et[l] dimidio[68]. Plectrudis quoque cum nepotibus suis vel rege[69] cuncta gubernabat sub discreto regimine. In illis diebus instigante diabulo, Franci denuo Cocia silva[70] in Francos invicem inruunt ac sese mutuo dirissima cede prosternunt. Theudoaldus autem per

[l] *Et* fehlt in B.

[54] 695; die richtige Jahreszahl in *Fredegar Cont. 6.*

[55] Childebert III., K. d. Franken 695–711.

[56] Zwischen 697 und 701.

[57] Herzog der Friesen, gest. 719. Er verlor in den Kämpfen mit Pippin um 689 das Westfriesenland.

dieser König Chlodovech noch als Kind nach zweijähriger Herrschaft[54]. Hierauf wurde sein Bruder Childebert, ein erlauchter Mann, zum König bestellt[55]. Nun starb auch Nordebert. Grimoald, der jüngere Sohn des princeps Pippin, wurde Hausmeier am Hofe König Childeberts[56]. Pippin führte auch viele Kriege gegen den Heiden Radbod[57] und andere Fürsten, gegen die Sueven und noch viele andere Völker. Grimoald hatte von einer Nebenfrau auch einen Sohn namens Theudoald. Ungefähr zu jener Zeit starb Drogo, der Sohn Pippins[58]; der oben genannte princeps Pippin hatte von einer anderen Frau einen Sohn namens Karl[59], einen stattlichen, vortrefflichen und tüchtigen Mann.

50.[60] Damals entschlief der ruhmvolle Herr, der gerechte König Childebert seligen Angedenkens im Herrn; er hatte 17 Jahre regiert[61] und wurde im Kloster Choisy-au-Bac[62] in der Kirche des heiligen Erzmärtyrers Stephanus begraben. Für ihn herrschte sein Sohn, der Knabe Dagobert[63]. Grimoald hatte damals eine Gattin namens Theudesinda zur Ehe, eine Tochter des heidnischen dux Radbod. Grimoald selbst war ein frommer, maßvoller, friedliebender und gerechter Hausmeier. Als nun in der Folge der princeps Pippin, sein Vater, krank wurde und er (Grimoald) auf Besuch zu ihm gekommen war[64], wurde er plötzlich in der Kirche des heiligen Martyrers Landebert in Lüttich von dem Heiden Rantgar, dem Sohne Belials, ermordet[65]. Hierauf setzten sie auf Befehl des Großvaters Theudoald am Hofe des Königs in die hohe Würde seines Vaters ein[66].

51.[67] In jener Zeit erkrankte Pippin an heftigem Fieber und starb; er hatte den Principat 27 Jahre und ein halbes über die obengenannten Könige innegehabt[68]. Plectrudis leitete nun mit ihren Enkeln und dem König[69] alles in heimlicher Herrschaft. In jenen Tagen stürmten auf Antrieb des Teufels im Forst von Cuise[70] abermals Franken gegen Franken und vernichteten einander in einem schrecklichen Gemetzel. Theudoald aber

58 Dux der Champagne 708; nach *Fredegar Cont. 6* ist er in Metz in der Kirche des heiligen Bekenners Arnulf begraben.

59 Aus einer Friedelehe mit der Adeligen Chalpaida.

60 Das ganze Kapitel ist das Vorbild für *Fredegar Cont. 7.*

61 K. Childebert III. starb am 14. April 711.

62 Dép. Oise, Ar. Compiègne.

63 Dagobert III., K. d. Franken, 711–715.

64 Nach *Fredegar Cont. 7* in Jupille, Pr. und Ar. Liège, Ct. Grivegnée.

65 714

66 Auf Betreiben der Plectrudis und unter Vernachlässigung Karls.

67 Das ganze Kapitel ist das Vorbild für *Fredegar Cont. 8.*

68 Nach den *Annales S. Amandi* am 16. Dezember 714.

69 Als Vormundschaftsregierung für K. Dagobert III. und den Hausmeier Theudoald, den unmündigen S. Grimoalds.

70 Der forêt de Cuise nahe Compiègne, im Jahre 715; vgl. *Liber Hist. Franc. 29.*

fugam lapsus, ereptus est; fuitque illo tempore valida persequutio. Theudoaldo enim fugato, Ragamfredo in principatum maiorum palacii elegerunt[71]. Qui, commoto cum rege exercitu, Carbonaria silva[72] transeuntes, usque Mosam fluvium terras illas vastantes succenderunt; cum Radbode duce gentile[73] amicicias feriunt. Carlus his diebus cum captus a Plectrude femina sub custodia teneretur, auxiliante Domino, vix evasit[74].

52.[75] Sequenti tempore Dagobertus rex / egrotans mortuus est regnavitque annis 5.[76] Franci nimirum Danielem quondam clericum, cesarie capitis crescente, eum in regnum stabiliunt atque Chilpericum nuncupant[77]. Eo nempe tempore denuo exercitum movent, usque ipsum fluvium Mosam contra Carlum dirigunt; ex alia parte Frigiones cum Radbode duce consurgunt[78]. Carlus quoque super ipsos Frigiones inruit, ibique maximum dispendium de sodalibus suis perpessus est, atque per fugam delapsus, abscessit[79]. Succedente igitur tempore, iterum ipse Chilpericus cum Ragamfredo, hoste commoto, Ardinna silva ingressus, usque Renum fluvium vel Colonia civitate pervenerunt, vastantes terram. Thesauro multo a Plectrude matrone accepto, reversus est; sed in loco quidem Amblava[80] maximum, Carlo in eos inruente, perpessi sunt dispendium[81].

53.[82] Eo itidem tempore predictus vir Carlus, exercitu commoto, iterum / contra Chilpericum vel Ragamfredo consurgens. Contra quem illi hostem collegunt, bellum preparantes accelerant; sed Carlus pacem fieri postolat. Illisque contradicentibus, ad proelium egressi sunt in loco nuncupante Vinciaco[83], dominica die inluciscente, 12. Kal. April. in quadragensimo[84]. Illis quidem fortiter bellantibus, Chilpericus cum Ragamfredo terga vertit. Carlus victor extitit. Regiones illas vastatas atque captivatas, itemque cum multa preda in Auster reversus, Colonia civitate veniens, ibique seditione intulit[85]. Cum Plectrude matrona disceptavit et thesauros patris sui sagaciter recepit regemque sibi

[71] Die neustrischen Franken.

[72] Im Hennegau zwischen Sambre und Schelde.

[73] Vgl. *Liber Hist. Franc. 49.*

[74] Im Sommer 715.

entkam durch die Flucht und rettete sich; in jener Zeit herrschte heftige Verfolgung. Nach der Flucht Theudoalds wählten sie[71] Raganfred an die Spitze der Hofhaltung. Dieser zog mit dem König ein Heer zusammen, sie durchquerten den Kohlenwald[72] und plünderten und brandschatzten jenes Land bis zur Maas; mit dem heidnischen dux Radbod[73] schlossen sie ein Freundschaftsbündnis. In diesen Tagen entkam Karl mit Mühe und mit Gottes Hilfe aus der Haft, in der er von der Frau Plectrudis festgehalten wurde[74].

52.[75] Im folgenden Jahr wurde König Dagobert krank und starb nach fünfjähriger Herrschaft[76]. Die Franken setzten einen gewissen Kleriker Daniel, noch während sein Haupthaar wuchs, zum König ein und nannten ihn Chilperich[77]. In dieser Zeit stellten sie abermals ein Heer auf und zogen gegen Karl an die Maas. Auf der anderen Seite erhoben sich die Friesen gegen Karl[78]. Dieser ging nun gegen die Friesen vor, erlitt aber einen schweren Verlust an Gefährten, entkam durch die Flucht und zog ab[79]. In der Folgezeit bot Chilperich mit Raganfred abermals ein Heer auf, zog in den Ardennenwald, gelangte bis zur Stadt Köln am Rhein und verwüstete das Land. Als Chilperich den reichen Schatz von der Frau Plectrudis erhalten hatte, kehrte er heim; im Ort Amblève[80] aber fiel Karl über sie her und sie erlitten einen schweren Verlust[81].

53.[82] In jener Zeit stellte der schon genannte Herr Karl ein Heer auf und erhob sich abermals gegen Chilperich und Raganfred. Diese zogen auch ihrerseits ein Heer gegen ihn zusammen und trieben die Vorbereitungen zum Kampf voran; Karl aber forderte, daß Frieden geschlossen werde. Als sie es ablehnten, schritt man am frühen Morgen eines Sonntags, am 21. März,[84] in der Fastenzeit, beim Ort mit dem Namen Vincy[83] zur Schlacht. Nach tapferem Kampf wandten sich Chilperich und Raganfred zur Flucht. Karl blieb Sieger. Nachdem er jene Gegend verwüstet und geplündert hatte, kehrte er mit reicher Beute nach Auster zurück; als er in die Stadt Köln kam, verursachte er dort einen Aufstand[85]. Er stritt mit der Frau Plectrudis, nahm voll Eifer den Schatz seines Vaters

[75] Das ganze Kapitel ist das Vorbild für *Fredegar Cont. 9.*

[76] 715

[77] Chilperich II., K. d. Franken 715–721, der S. K. Childerichs II.

[78] 716

[79] Wahrscheinlich auf die Hausgüter der Pippiniden in der Eifel.

[80] Pr. Liège, Ar. Verviers, Ct. St. Vith.

[81] Ebenfalls 716, womit die „nationale" Reaktion in Neustrien gebrochen war.

[82] Das ganze Kapitel ist das Vorbild für *Fredegar Cont. 10.*

[83] Vincy sur l'Escaut im Dép. Nord, Ar. Cambrai.

[84] 717

[85] Nach *Fredegar Cont. 10* eroberte Karl Paris.

statuit Chlotharium nomine.[86] Chilpericus itaque vel Ragamfredus Eudonem ducem[87] expetunt in auxilio. Qui movens exercitum, contra Carlum perrexit. At ille constanter ei occurrit intrepidus; sed Eudo fugiens, Parisius civitate regressus, Chilpericum[88] cum thesauris regalibus sublatum ultra Ligere recessit. Carlus eum persecutus, non repperit. Chlotharius quidem memoratus rex eo anno obiit[89], Carlusque anno insecuto legationem ad Eudonem / dirigens amicitiasque cum eo faciens. Ille vero Chilperico rege cum multis muneribus reddidit, sed non diu in regno resedit. Mortuus quidem est post haec[90], Noviomo[91] civitate sepultus; regnavit autem annis 5 et dimidio. Franci vero Theudericum[92], Cala monasterio[93] enutritum, filium Dagoberto iunioris[94], regem super se statuunt, qui nunc anno sexto in regno subsistit.

[86] Chlothar IV., K. d. Franken 716–719 (Austrasien).

[87] Dux von Aquitanien, gest. 735.

[88] K. Chilperich II.

[89] 719

[90] 720

in Besitz und machte Chlothar zu seinem König[86]. Chilperich und Raganfred baten sodann den dux Eudo[87] um Hilfe. Dieser stellte ein Heer auf und führte es gegen Karl. Jener aber trat ihm mannhaft und furchtlos entgegen; da floh Eudo, wich in die Stadt Paris zurück und zog sich mit Chilperich[88] und dem Königsschatz über die Loire zurück. Karl verfolgte ihn zwar, fand ihn aber nicht. In diesem Jahr starb der erwähnte König Chlothar[89]. Karl schickte im folgenden Jahr eine Gesandtschaft zu Eudo und schloß mit ihm ein Freundschaftsbündnis. Jener gab ihm mit vielen Geschenken König Chilperich zurück, der aber nicht mehr lange regierte. Er starb nämlich bald darauf[90] und wurde in der Stadt Noyon[91] begraben; er hatte fünfeinhalb Jahre regiert. Die Franken bestellten nun Theuderich[92], den im Kloster Chelles[93] erzogenen Sohn Dagoberts des Jüngeren[94], zu ihrem König, der jetzt im sechsten Jahr seiner Herrschaft steht[95].

[91] Dép. Oise, Ar. Compiègne.

[92] Theuderich IV., K. d. Franken 720–737.

[93] Dép. Seine-et-Marne, Ar. Meaux, Ct. Lagny.

[94] K. Dagobert III.

[95] Hieraus ergibt sich die Datierung für die Abfassung des *Liber Hist. Franc.* im Jahre 727.

VITA LEBUINI ANTIQUA
(selectio)

DAS ALTE LEBEN LEBUINS
(Auswahl)

EINLEITUNG

Der heilige Lebuin, auch Liafwin, Livin und Liebwin genannt, zählt zu jener zweiten Welle angelsächsischer Missionare, die versuchten, die vom heiligen Willibrord u.a. begonnene Missionierung im Friesenland fortzusetzen. Über sein Leben ist nur wenig bekannt. Um 770 verließ er seine Heimat England und zog nach Utrecht, jenem alten angelsächsischen Missionszentrum, wo er mit dem heiligen Abt Gregor (Gest. 772/775) zusammentraf. Von hier aus missionierte er mit wechselndem Erfolg im Issel-Gebiet (Vgl. *Vita Lebuini antiqua 3*) unter den Friesen. Ergebnislos blieb sein Versuch, den blutsverwandten „Altsachsen" bei ihrer jährlichen Zusammenkunft in Marklo an der Weser das Evangelium zu verkünden. Nur mit Mühe konnte er von besonnenen Stammesgenossen unter den Schutz des Gesandtschaftsrechtes gestellt und seine Pfählung verhindert werden. Die enge Verbindung von Götterglaube und Stammesheil, wie sie sich besonders in der Verehrung der Irminsul in der Eresburg zeigte, machte die Sachsen der christlichen Mission gegenüber unzugänglich und gab den angelsächsischen Missionaren die Gewißheit, daß dieses Volk nur mit Hilfe der fränkischen Waffen bekehrt werden könne. Die Drohung Lebuins mit der fränkischen Macht ist eine Reflexion dieser Grundhaltung, die angesichts der Konsolidierung des Frankenreiches seit der Mitte des achten Jahrhunderts ihre Wirkung nicht verfehlte. Jedenfalls ist das Auftreten Lebuins bei Marklo vor den ersten Sachsenfeldzug Karls des Großen im Jahre 772 anzusetzen, bei dem die Eresburg genommen und die Irminsul zerstört wurde. Lebuin erbaute später die erste Kirche in Deventer, in der er nach seinem Tode um 780 vom heiligen Liudger beigesetzt wurde. Liudger brachte seinen Kult in die Abteien Essen und Werden, wo wahrscheinlich um 850 die älteste erhaltene, hier teilweise abgedruckte Lebensbeschreibung des heiligen Lebuin entstand. Als Abfassungsort wurde auch Deventer vermutet, was aber unwahrscheinlich ist, da man an diesem Ort schon im neunten Jahrhundert nicht mehr als den Namen des Heiligen kannte.

Der Autor der *Vita Lebuini antiqua* ist anonym geblieben. Er kannte und benützte zu ihrer Abfassung Liudgers *Vita Gregorii abbatis Traiectensis*, Altfrids *Vita Liudgeri* und Bedas *Historia ecclesiastica gentis Anglorum*. Aus diesen Vorbildern ist der Wortlaut der drei ersten und des letzten Kapitels der *Vita* zusammengesetzt. In den hier wiedergegebenen Kapiteln vier bis sechs berichtet der Autor möglicherweise aufgrund mündlicher Traditionen vom Auftreten Lebuins auf dem Allthing der Sachsen zu Marklo. Die Bedeutung dieser Stelle für die sächsische Stammes- und Verfassungsgeschichte ist offenkundig und Inhalt einer so vielfältigen Literatur, daß an dieser Stelle nicht näher darauf einzugehen ist. Erstaunlich ist die sprachliche Ausdruckskraft und Lebendigkeit der Schilderung, die ein eindrucksvolles Zeugnis für die Bedeutung der Hagiographie des Frühmittelalters ablegt.

Die *Vita Lebuini antiqua* ist in den folgenden sechs Codices überliefert:
1. Groningensis bibl. univ. 23f. 112–115', saec. XV.
2. Hagensis, ehemals bibl. regiae 129 G 3, f.116'–119', saec. XV.
3. Monasteriensis bibl. Paul. 353 p. 55–58, saec. XV.
4. Hagensis, ehemals bibl. regiae 70 E 21, f. 331b–332', a. 1461.
5. Vindobonensis 7928, f. 169–171', saec. XV.
6. Bruxellensis bibl. regiae f. 181b–184a, saec. XV.

Aufgrund der Handschriften 4 und 6 erstellte A. Moltzer im Nederlandsch archief voor kerkengeschiedenis NS. VI (1909) die erste kritische Ausgabe der alten *Vita Lebuini*. An früheren Editionen sind zu nennen: die Ausgabe in den MGH Poetae IV 169–172, die die Handschriften 2 und 3 vernachlässigte, und die Ausgabe bei Migne, Patrologia Latina 132, 877–894. Zwischen 918 und 930 hat der Mönch Hucbald von St. Amand in einer kleinen Schrift unter anderem auch die *Vita Lebuini* abgeschrieben. Diese Abschrift diente im 15. Jahrhundert als Grundlage für die von der Windsheimer Kongregation geschaffene Vita, die M. Coens in den *Analecta Bollandiana* 34–35 (1915/16) 306–330 herausgab. Außerdem existiert eine epitomierte Fassung der *Vita Lebuini* aus dem 15. Jahrhundert (Cod. Bruxellensis 1382–1391), die großteils aus Hucbald exzerpiert ist. Die von J. Mabillon in den Acta Sanctorum OSB. II 449–461 (= Migne, Patrologia Latina 87, 327–344) edierte *Vita S. Livini* ist erst um 1050 in St. Bavo in Gent angefertigt worden. Der darin beschriebene heilige Livinus ist aber nicht, wie angegeben, der Schüler des heiligen Augustins (gest. 604), sondern ist mit dem heiligen Lebuin identisch. Die grundlegende Ausgabe, der der hier abgedruckte Text folgt, ist die von A. Hofmeister in den MGH SS XXX/2, 789–795, in der auch die genauen Handschriftenbeschreibungen zu finden sind.

LITERATUR

W. Böhne, Lebuin. In: Lexikon für Theologie und Kirche 6 ([2]1961) 870.

H. Büttner, Mission und Kirchenorganisation des Frankenreiches. In: Karl der Große. Lebenswerk und Nachleben 1: Persönlichkeit und Geschichte, hrsg. von H. Beumann (1965) 454–488.

L. van der Essen, Étude critique et littéraire sur les Vitae des saints mérovingiens de l'ancienne Belgique. Université de Louvain. Recueil de travaux publiés par les membres des conférences d'histoire et de philologie 17 (1907) 368–375.

A. Hauck, Kirchengeschichte Deutschlands 2 ([4]1912) 359ff.

F. Hesterman, Das heilige Westfalen (1935).

A. Hofmeister, Die Jahresversammlung der alten Sachsen bei Marklo. HZ 118 (1917) 189–221.

ders., Über die älteste Vita Lebuini und die Stammesverfassung der Sachsen. Geschichtliche Studien Albert Hauck zum 70. Geburtstag dargebracht (1916) 85–107. Neudruck in: Entstehung und Verfassung des Sachsenstammes. Wege der Forschung 50 (1967).

W. Lammers (Hrsg.) Entstehung und Verfassung des Sachsenstammes. Wege der Forschung 50 (1967) passim.

M. Lintzel, Untersuchungen zur Geschichte der alten Sachsen VIII. Sachsen und Anhalt 7 (1931) 76–108.

F. Philippi, Die Umwandlung der Verhältnisse Sachsens durch die fränkische Eroberung. HZ 129 (1924) 189–232.

J. Rogier, L'auteur de la passio Livini s'est-il inspiré de la vita Lebuini. Analecta Bollandiana 70 (1952) 285–305.

4. Regem antiqui Saxones non habebant, sed per pagos satrapas constitutos[1]; morisque erat, ut semel in anno generale consilium agerent in media Saxonia iuxta fluvium Wisuram ad locum, qui dicitur Marklo[2]. Solebant ibi omnes in unum satrapae convenire, ex pagis quoque singulis duodecim electi nobiles totidemque liberi totidemque lati. Renovabant ibi leges, praecipuas causas adiudicabant et, quid per annum essent acturi sive in bello sive in pace, communi consilio statuebant.

5. Erat praefato Folcberto[3] filius nomine Helco, qui instante hoc consilio debebat illuc cum aliis iuvenibus proficisci. Mane quodam dum pater cum filio sermonicaretur, dixit inter alia: 'Sollicitus sum de dilecto meo Wine[4]' — sic enim eum appellare consueverat —, 'timeo, ne in aliquos incurrat, qui eum odiunt, ut vel ipsi eum interficiant vel ad consilium, ut interficiatur, adducant.' Tunc ergo inter sermocinandum[5] canes in atrio latrare incipiunt et nimis in advenientem saevire. Accessit ad ostium praedictus iuvenis Helco videre, quis ignotus adveniret; et ecce beatus Lebuinus in medio canum se baculo defendebat. Accurrit et abegit canes hominemque gaudenter introduxit ad patrem. Post mutuae salutationis exultationem dum simul consederent, hominem Dei Folcbertus affatus est: 'Bene nunc venisti, mi dilecte Wini, bene venisti; optabam modo, ut te viderem et tecum loqui possem. Quo vero nunc disponis ire?' Respondit homo Dei: 'Ad consilium Saxonum pergere habeo.' Folcbertus dixit: 'Carus es nostrorum multis, mi dilecte Wini; mihi quoque valde sunt suavia, quae narrare soles. At vero insolentes quoslibet iuvenes audio tibi maledicere tibique comminari. Rogo, audias me eosque caveas.

DAS ALTE LEBEN LEBUINS

4. Die alten Sachsen hatten keinen König, sondern ihre Gaue waren Häuptlingen unterstellt[1]; und es war Sitte, daß sie einmal jährlich eine allgemeine Versammlung mitten im Sachsenland an der Weser bei einem Ort abhielten, der Marklo heißt[2]. Dort kamen alle Häuptlinge zusammen und aus jedem Gau 12 ausgewählte Edle und ebenso viele Freie und Halbfreie. Dort erneuerten sie die Gesetze, saßen über bedeutende Sachen zu Gericht und entschieden bei diesen gemeinsamen Versammlungen, was sie das Jahr über im Krieg und im Frieden unternehmen wollten.

5. Der vorhergenannte Folcbert[3] hatte einen Sohn namens Helco, der mit anderen jungen Männern zur bevorstehenden Versammlung dorthin reisen sollte. Als sich der Vater eines frühen Morgens mit seinem Sohne unterhielt, sagte er unter anderem: „Ich bin in Sorge um meinen lieben Wine[4]" – so nannte er ihn nämlich gewöhnlich –, „er könnte vielleicht auf Leute stoßen, die ihn hassen und ihn entweder selbst umbringen oder Leute zur Versammlung mitnehmen, die ihn töten sollten". Als sie noch so sprachen[5], begannen die Hunde im Hof zu bellen und wild auf einen Ankömmling loszufahren. Der vorhergenannte junge Helco ging zur Türe, um nachzusehen, welcher Fremde gekommen sei, und siehe da, da stand der heilige Lebuin umringt von den Hunden und wehrte sie mit einem Stock ab. Helco lief hinzu, vertrieb die Hunde und brachte den Mann voll Freude zum Vater. Sie begrüßten einander lebhaft, und als sie sich dann niedersetzten, sagte Folcbert zum Manne Gottes: „Es trifft sich gut, mein lieber Wini, daß du gekommen bist, sehr gut sogar; ich wollte dich ohnedies schon sehen, um mit dir reden zu können. Wohin willst du jetzt weiterwandern?" Der Mann Gottes antwortete: „Ich beabsichtige, zur Versammlung der Sachsen zu reisen". Folcbert erwiderte: „Vielen von uns, mein lieber Wini, bist du lieb; und besonders ich finde das, was du gewöhnlich erzählst, sehr schön. Ich höre aber auch, daß so manche ungebärdige junge Leute dich schmähen und dir drohen. Höre mich bitte

[1] *Beda, Historia ecclesiastica gentis Anglorum V 10.*

[2] Wahrscheinlich Marklohe im Kr. Nienburg in Niedersachsen.

[3] Vgl. *Vita Lebuini 3.*

[4] Gemeint ist Liafwin.

[5] Anklang an *Hieronymus, Vita S. Pauli 10.*

Noli ad consilium pergere, sed redi ad domum tuam et ad Davonem amicum tuum. Nam pertransito hoc consilio minus periculose perges, ad nos quoque secure venies, et verba tua libentissime audiemus.' Respondit vir Dei: 'Non possum omittere, quin ad conventum hunc veniam, quia ipse Christus Iesus mihi praecepit, ut ibi mandatum eius Saxonibus nunciem.' Tunc ait: 'Non evades!' 'Bene', inquit, '[6]evadam, quia, qui me misit, ipse me adiuvabit[6]'. Dum ergo non posset ei persuadere, dimisit eum.

6. Igitur advenerat dies statuti consilii, advenerunt satrapae, assunt et alii, quos adesse oportebat. Tunc in unum conglobati fecerunt iuxta ritum in primis supplicationem ad deos, postulantes tuitionem deorum patriae suae, et ut possent in ipso conventu statuere sibi utilia et quae forent placita omnibus diis. Deinde disposito grandi orbe con/cionari coeperunt. Ecce autem subito beatus Lebuinus in medio orbe stetit, clericali habitu indutus, crucem in manibus, ut ferunt, et evangelium portans, elevataque voce: 'Audite', ait, 'audite. Dei omnipotentis sum nuncius; mandatum eius vobis Saxonibus fero.' Conticuerunt obstupescentes ad verba et ad insolitam formam viri. Prosecutus est homo Dei sermonem dixitque: 'Mandat vobis Deus caeli et terrae rex et Iesus Christus filius eius, quia, si volueritis eius fieri et facere, quae per servos suos vobis mandaverit, tanta vobis bona praestabit, quanta numquam ante audiebatis.' Addidit etiam hoc, quod: 'Sicut hucusque super vos regem, o Saxones, non habuistis, ita non erit rex, qui contra vos praevalere possit et sibi subicere. Quodsi eius non vultis fieri, tunc mandat haec vobis: Praeparatus est in vicina terra rex quidam, qui vestram terram ingredietur, praedabit vastabitque, variis vos bellis fatigabit, in exilium adducet, exhereditabit vel occidet, hereditates vestras quibus voluerit tradet; eique postea subditi eritis ac posteris eius.' Non tulerunt amplius silentium, sed elevato clamore: 'Hic', inquiunt, 'hic est ille decursor et illusor, qui vadit cum deliramentis et fantasiis discurrendo per terram[7]; capite eum, capite et lapidate.' Prohibentibus licet eis, qui sapientiores erant, accurrerunt ad vicinam saepem, raptos sudes acuerunt, ut more suo lapidarent

an und gehe ihnen aus dem Wege! Reise nicht zur Versammlung, sondern kehre in dein Haus zu deinem Freund Davo zurück! Wenn diese Versammlung dann vorüber sein wird, wird die Fahrt weniger gefahrvoll sein, in Sicherheit kannst du dann zu uns kommen und wir werden für deine Worte ein bereites Herz haben". Der Mann Gottes antwortete: „Ich kann nicht anders, ich muß zu dieser Versammlung gehen, denn Jesus Christus selbst hat mir aufgetragen, daß ich den Sachsen dort seine Botschaft verkünde". Da sagte er: „Du wirst ihnen nicht entkommen!" „Ich werde sehr wohl entkommen," erwiderte jener, „[6]da mich der schützen wird, der mich gesandt hat[6]". Da er ihn nicht überzeugen konnte, entließ er ihn.

6. So war der Tag der anberaumten Versammlung gekommen: es kamen die Häuptlinge, und auch die anderen, die da sein sollten, waren anwesend. Als sie sich gemeinsam versammelt hatten, flehten sie der Sitte nach zuerst zu den Göttern, baten um deren Schutz für ihr Vaterland und daß sie ihnen die Kraft geben möchten, bei dieser Zusammenkunft Entschlüsse zu fassen, die ihnen vorteilhaft und den Göttern genehm wären. Dann reihten sie sich zu einem großen Kreis und die Reden begannen. Doch siehe, plötzlich stand der heilige Lebuin mitten unter ihnen, angetan mit dem Priesterkleid, das Kreuz – wie es heißt – und das Evangelium in den Händen, und rief mit erhobener Stimme: „Hört, hört! Ich bin ein Bote des allmächtigen Gottes, sein Gebot überbringe ich euch Sachsen". Alle verstummten überrascht von den Worten und dem ungewöhnlichen Äußeren des Mannes. Der Mann Gottes setzte seine Rede fort und sagte: „Das ist die Botschaft Gottes, des Königs des Himmels und der Erde, und seines Sohnes Jesus Christus an euch: Wenn ihr die Seinen sein und das tun wollt, was er euch durch seine Diener aufträgt, wird er euch soviel Gutes erweisen, wie ihr es nie zuvor gehört habt". Er fügte dann noch hinzu: „So wie ihr, Sachsen, bis jetzt keinen König über euch gehabt habt, wird es auch in Zukunft keinen König geben, der euch beherrschen und sich unterwerfen kann. Wenn ihr aber nicht die Seinen werden wollt, hört seinen Spruch an euch: Im Nachbarland steht ein König bereit, in euer Land einzudringen, es zu plündern und zu verwüsten, in vielen Kriegen euch aufzureiben, in die Verbannung zu schleppen, zu enterben und zu töten und euer Erbteil zu geben, wem er will; ihm und seinen Nachkommen werdet ihr dann unterworfen sein". Da hielten sie nicht länger still; es erhob sich ein Lärmen und sie schrien: „Hier, hier ist ja jener hergelaufene Betrüger, der mit seinen verrückten Phantasiereien durch unser Land zieht[7]; schnell, packt und steinigt ihn!" Ungeachtet des Einspruchs jener, die größere Einsicht besaßen, liefen sie in den benachbarten Hain und spitzten die von dort mitgenommenen Pfähle

[6-6] *Jo. 8, 29.*

[7] Vgl. *Sulpicius Severus, Dialogi III 15, 4.*

eum cum sudibus[8]. Reversi giraverunt eum, et ille inter eos stans [9]subito non comparuit[9]. Tum vero isti confusi, alii, qui antea eos prohibebant, indignati, omnes iniquum factum condempnabant. Praecipue concionator quidam Buto nomine conscendens truncum arboris sic clamabat omnibus: 'Audite, quae dico', ait, 'et iuducate. Nordmanni vel Sclavi, Fresones quoque seu cuiuslibet gentis homines si quando ad nos mittunt nuncios, cum pace suscipimus ac modeste audimus. Dei autem nuncius nunc venit ad nos, et ecce, quibus eum insectabamur iniuriis! Credite ergo, quia tam vera dixit, quam facile potuit nobis insectantibus eripi, et illa, quae comminatus est, incunctanter evenient' Commoti itaque poenitudine statuerunt, ut nemo Dei nuncium illum laederet, si ulterius appareret, sed cum pace dimitteretur, quocumque vellet ire. Quo facto inter se agebant, quod coeperant.

7. Sanctus vero Lebuinus pergebat, quocumque eum perduxit spiritus Dei, persistens in opere Domini, quousque dilectam Deo reddidit animam[10].

zu, um ihn, wie es bei ihnen Sitte war, mit Pfählen zu töten[8]. Zurückgekehrt bildeten sie einen Kreis um ihn, doch plötzlich war er verschwunden, [9]wiewohl er mitten unter ihnen stand[9]. Da waren die einen verwirrt, die anderen, die sie vorher abzuhalten versucht hatten, empört, alle aber verurteilten diese böse Tat. Da schwang sich ein Redner namens Buto hoch auf einen Baumstumpf und rief allen zu: „Hört meine Worte und urteilt. Wenn die Normannen, Slawen, Friesen oder sonst Leute von einem beliebigen Stamm Boten zu uns schicken, nehmen wir sie friedlich auf und hören sie ruhig an. Nun aber ist Gottes Bote zu uns gekommen und siehe, mit wieviel Unrecht haben wir ihn verfolgt! Glaubt doch, daß seine Worte ebenso wahr sind wie er unseren Verfolgungen leicht entkommen konnte; und das, was er uns angedroht hat, wird sicher eintreten!" Daher beschlossen sie, von Reue ergriffen, niemand dürfe dem Boten Gottes etwas antun, wenn er fortan irgendwo auftauche; er sollte vielmehr in Frieden entlassen werden, wohin auch immer er gehen wolle. Danach setzten sie die begonnenen Beratungen untereinander fort.

7. Der heilige Lebuin aber wanderte, wohin ihn der Geist Gottes führte, und ließ nicht ab vom Werke Gottes, bis er seine teure Seele Gott empfahl[10].

[8] Vgl. *Vita secunda Liudgeri 1, 25.*

[9-9] *3. Reg. 20, 40.*

[10] Um 780.

IONAE VITAE COLUMBANI
LIBER PRIMUS

JONAS ERSTES BUCH
VOM LEBEN COLUMBANS

EINLEITUNG

1. Der Verfasser und sein Werk

Unter den Heiligenviten der Merowingerzeit nimmt die Lebensbeschreibung des heiligen Columban eine besondere Stellung ein. Der Grund dafür liegt einmal in der Bedeutung, die dem heiligen Columban für die kirchliche und damit auch für die politische Geschichte im Frankenreich an der Wende vom siebten zum achten Jahrhundert zukommt, und zum andern darin, daß das Werk nur wenige Jahre nach dem Tode des Heiligen entstand.

Sein Verfasser, der Mönch Jonas, stammt nach eigener Angabe (*Vita Columbani* II 5) aus der Stadt Susa nahe Turin in Piemont. Die Chronologie seines Lebens weist viele Ungewißheiten auf: so ist das Datum seiner Geburt ebensowenig überliefert wie das seines Todes. Sicher wissen wir nur, daß sich Jonas im Jahre 618 zum erstenmal in Bobbio aufhielt, also nur knapp fünf Jahre nach der Gründung dieses Klosters. Nimmt man an, daß Jonas zu diesem Zeitpunkt etwa zwanzig Jahre alt gewesen ist, läßt sich sein Geburtsdatum mit der Zeit um 600 erschließen. Was aus seinem Leben sonst bekannt ist, beruht fast ausschließlich auf eigenen Angaben, die Jonas in seinen Heiligenviten machte. Als er, wie erwähnt, im Jahre 618 nach Bobbio kam, war der heilige Columban bereits drei Jahre tot, und das Kloster stand, so wie es Columban bestimmt hatte, unter der Führung seines Schülers Athala, der aus vornehmem burgundischen Geschlecht stammte (sein Leben in der *Vita Columbani* II 1–6). Er war 11 Jahre Abt und brachte das Kloster Bobbio zu seiner ersten religiösen und kulturellen Blüte. Vor seinem Tode im Jahre 627 regelte Athala seine Nachfolge, die der Franke Bertulf, ein Verwandter Bischof Arnulfs von Metz, übernahm und bis zum Jahre 640 innehatte (sein Leben in der *Vita Columbani* II 23). Diese Änderung in der Leitung des Klosters nahm Bischof Probus von Tortona zum Anlaß, die Unterstellung des Abtes von Bobbio unter seine Jurisdiktion zu fordern. Bei der Reise nach Rom, die Bertulf hierauf auf Anraten des Langobardenkönigs Aistulf unternahm, wurde er von Jonas als seinem Sekretär begleitet. Am 11. Juni 628 erlangte das Kloster Bobbio von Papst Honorius I. die Exemption von der bischöflichen Gewalt. Ein Jahr vor dem Tode Bertulfs 639 schloß sich Jonas dem Bischof Amandus an und machte dessen Missionsreise in den Norden des Frankenreiches bis zum Jahre 642 mit. In diese Zeit fällt auch die Abfassung der beiden Bücher über das Leben des heiligen Columban und seiner Gefährten, das Abt Waldelenus von Luxeuil (629—670) und dem Nachfolger Bertulfs, Abt Bobolenus, gewidmet ist. Im Jahre 659 unternahm Jonas im Auftrag König Chlothars III. und der Königin Balthilde eine nicht weiter bekannte Mission, die ihn nach Chalon-sur-Saône und in das Kloster Moutiers-St. Jean führte. Dort verfaßte er, als Hagiograph unterdessen bereits bekanntgeworden, auf Wunsch Abt Hunnas die Lebensgeschichte des Klostergründers Johannes von Réomé. Ob Jonas in der Folge selbst Abt geworden ist, wissen wir nicht, die Identifikation seiner Person mit Jonatus, dem dritten Abt von Elnon, ist eher unwahrscheinlich. Auch Jonas' Todesjahr ist unbekannt, wird aber meist mit 665/6 angenommen.

Jonas gibt im Prolog zur *Vita Columbani* I an, daß er vor drei Jahren Abt Bertulf eine Lebensbeschreibung des heiligen Columban versprochen habe. Zu diesem Zwecke unternahm er in Begleitung des heiligen Bischofs Amandus die für die Beschaffung der nötigen Information unumgänglichen Reisen. Da Jonas diese Missionsfahrten im Jahre 639 begann, das fertige Werk aber schon dem Nachfolger Bertulfs, Abt Bobolenus, widmete, ist anzunehmen, daß die *Vita Columbani* 642 beendet wurde. Sie gliedert sich in zwei Teile: Die Kapitel 1—17 schildern das Leben Columbans bis zur Gründung der Vogesenklöster Annegray und Luxeuil; im zweiten, längeren Abschnitt berichtet Jonas in den Kapiteln 19—30 die Geschehnisse von der Ausweisung Columbans aus dem Frankenreich bis zu seinem Tod am 23. November 615 im oberitalienischen Kloster Bobbio. Wenngleich der Autor den heiligen Columban nicht mehr persönlich kannte, standen ihm für seine Arbeit dennoch ausgezeichnete Informationen zur Verfügung, waren doch seine zumeist namentlich genannten Gewährsmänner fast ausschließlich Augenzeugen und Gefährten des Heiligen. Jonas erweist sich aber, trotz einiger Fehler, auch im politischen Geschehen so gut informiert, daß ihn B. Krusch im Vorwort zu seiner Monumenta-Ausgabe als den „bedeutendsten gallischen Historiographen des siebten Jahrhunderts nach Fredegar" bezeichnete. Besonders wertvoll sind die Berichte über das Zusammentreffen des heiligen Columban mit den Großen seiner Zeit, da aus ihnen eindrucksvoll die Kämpfe zwischen dem erstarkten Adel und Brunchildis zu ersehen sind, als diese versuchte, der Zentralgewalt noch einmal zum

Sieg zu verhelfen. Jonas überliefert dabei viele Namen und Einzelheiten, die sonst unbekannt sind.

Immer wieder sind in den Verlauf der Darstellung Wundererzählungen eingeflochten, deren Bedeutung freilich nicht gering geschätzt werden sollte, da es sich bei ihnen fast nie um bloße Erfindungen handelt; Jonas gibt zumeist die Zeugen für seine Wunderberichte namentlich an und rechtfertigt die Wunder gegen die Kritiker ausdrücklich mit dem Hinweis auf das Ziel des Werkes, Gott in seinen Heiligen zu preisen (vgl. *Vita Columbani* I 15). Davon abgesehen, ist die Bedeutung der Wunderberichte in der frühmittelalterlichen Hagiographie als Spiegelbild sozialer Beziehungen in den letzten Jahren mehrfach betont worden. Das war auch der Grund, das erste Buch der *Vita Columbani* ungekürzt abzudrucken, gleichsam als ein in sich geschlossenes Ganzes. Auf eine auch nur teilweise Wiedergabe des zweiten Buches mußte leider verzichtet werden: es wäre nämlich nicht gerechtfertigt gewesen, das zweite Buch, das ähnlich dem ersten ein durchgestaltetes Ganzes darstellt, nur in Auswahl herauszugeben. Die vollständige Wiedergabe beider Bücher der *Vita Columbani* hätte aber den für sie vorgesehenen Platz weit überstiegen. Jonas verfaßte außer der *Vita Columbani* noch eine Vita des heiligen Vedastus, Bischof von Arras, sowie eine Lebensbeschreibung des heiligen Johannes von Réomé, des Gründers des Klosters Moutiers-St. Jean.

2. Die Sprache

Über die Sprache und den Stil des Autors fehlt eine gründliche Untersuchung, so daß man dafür noch immer auf die kurzen Angaben zurückgreifen muß, die B. Krusch im Vorwort zu seiner Ausgabe machte. Freilich genügen sie zur Feststellung, daß Jonas für seine Zeit recht belesen und vielleicht in einer Rhetorenschule ausgebildet war. So finden sich in seinem Werk, wie nicht anders zu erwarten, zahlreiche Zitate aus den heiligen Schriften, wobei aus dem *Alten Testament* das Buch Deuteronomium, das Buch der Richter, der Ecclesiasticus und der Prophet Isaias sowie die Psalmen zitiert werden, während das *Neue Testament* durch Anklänge an die Matthäus-, Markus- und Lukasevangelien vertreten ist. Daneben waren Jonas auch die Bücher der Kirchenväter und das hagiographische Schrifttum seiner Zeit bekannt, das ihm, wie er schreibt (*Vita Columbani I praefatio)*, als Vorbild diente. Er nennt dabei Athanasius als Autor der *Vita sancti Antonii*, Hieronymus mit seinen Lebensbeschreibungen der heiligen Paulus und Hilarion, sowie Fortunatus,

Paulinus und Possidius als Verfasser der Viten der Heiligen Hilarius, Ambrosius und Augustinus. Die von Sulpicius Severus in Dialogform niedergeschriebene Vita des heiligen Martinus schreibt Jonas drei Autoren zu: Postumianus, Severus und Gallus. Bei seiner Ausbildung lernte Jonas aber auch antike Autoren kennen; so überliefert er ein Zitat aus einem verlorengegangenen Buch des Livius (*Vita Columbani* I 3). Mehrfach finden sich Anklänge an klassische Dichter, besonders an Vergil und Ovid, mit deren Redewendungen er seine Erzählung schmückt. Daß Jonas auch die christlich-lateinische Dichtung, wie etwa Juvencus, kannte, braucht fast nicht hinzugefügt zu werden. Aus diesem seinem Nahverhältnis zur Dichtkunst resultiert aber auch die Eigenheit seiner Sprache. Besonders im Vorwort und in den ersten Kapiteln der *Vita Columbani* I ist sein Stil durch die Einfügung dichterischer Floskeln und Phrasen oft bis zur Unverständlichkeit überladen, was für die Übersetzung keine geringen Probleme aufwirft und eine bisweilen recht freie Übertragung notwendig macht. Im Laufe der Darstellung verringert sich diese rhetorisch-dichterische Sprache immer mehr zu einer einfacheren, die für das siebte Jahrhundert aber noch immer auf beachtlichem Niveau steht. Zu dem Wunsch nach einer gehobenen Ausdrucksweise, die der Bedeutung seines Helden Rechnung trägt, paßt auch die nicht seltene Verwendung griechischer Wörter, wie *reuma*, *peplos* u.ä., die den üblichen kirchlichen Bereich übersteigen und vielleicht auf eine zumindest teilweise Kenntnis der griechischen Sprache hinweisen könnten. Freilich treten an anderen Stellen immer wieder Zeichen der wirklichen Sprache seiner Zeit auf, die sich besonders in neuen Wortbildungen (z.B. *barriditas*, *faciditas*, *gavisio* u.a.) und in der Übernahme volkssprachlicher Ausdrücke, wie *braces*, *tiprum*, *calmen*, *duciclus* u.a. zeigen. Orthographie und Grammatik entsprechen hingegen im wesentlichen den Gepflogenheiten der klassischen Sprache.

3. Die Überlieferung des Textes

Die beste Übersicht über die handschriftliche Überlieferung der *Vita Columbani* findet sich in der Einleitung zu B. Kruschs Ausgabe. Krusch teilt die Handschriften in zwei Klassen mit mehreren Unterabteilungen ein, die er mit den Buchstaben A und B bezeichnet. Von A sind zahlreiche Handschriften existent, die die *Vita Columbani* zumeist ganz, die Viten der Columban-Schüler aber nur teilweise überliefern. Da in der vorliegenden Ausgabe aus den angegebenen Gründen nur die *Vita Columbani* I abgedruckt ist, beschränkt sich der kurze Überblick über die einzelnen Handschriften auf die Überlieferungslage des ersten Buches. A gliedert sich in fünf Gruppen, deren jeweilige Hauptvertreter folgende Codices sind:

A 1a Sangallensis 553, saec. X. Er enthält die Vita Columbani ganz.

A 1b Bruxellensis 8518–8520, saec. X. Er bringt die Vita Columbani ab Kapitel 11. Diese Lücke wird durch A $1b^x$ Heidelbergensis Salem. 9, 21, saec. XIII, ergänzt.

A 1c Wirziburgensis Mp. th. f. 139, saec. XII. Er ist von einem gewissen Lambert geschrieben und enthält die Vita ganz, aber ohne Kapitelüberschriften und ohne das Kapitel 16.

A 2 Parisiensis 5600, saec. XI in. Er bringt die Vita vollständig.

A 3 Mettensis 523, saec. XI ex. Er weist weder Kapiteleinteilung noch Kapitelüberschriften auf, enthält sonst aber bis auf die Umstellung einzelner Kapiteln die Vita vollständig.

A 4 Bernensis 48, saec. XI. Er bietet nur die Kapitel 1–17 processerat. Die Kapitelüberschriften sind meistens vorhanden, ohne aber vom Kontext abgehoben zu sein.

A 5 besteht aus dem Suerinensis Kade a. 1204 und dem Coloniensis 170, saec. XV. Beide Codices bieten den Text der Vita ab Kapitel 1 rutilantem.

Die nach B. Krusch „italienische" Klasse B ist durch die beiden Hauptgruppen B 1 und B 2 vertreten, wobei für B 1 folgende sieben Codices zu nennen sind:

B 1a Taurinensis F IV 26, saec. X. Er enthält die Vita ganz.

B 1b Taurinensis F IV 12, saec. X. ex. In Bobbio geschrieben, bringt er die ganze Vita und ist eng mit B 1a verbunden.

B 1c Londoniensis Mus. Brit. 21917, saec. X. Er bietet den Text der Vita von Kapitel 10 Ende fuerit prudens auctor bis Kapitel 30 a Theodorico Theodbertum.

B 1d Admontensis 2, saec. XI. Es handelt sich um eine mit schönen Initialen geschmückte, sehr sorgfältig ausgeführte Handschrift, die die Vita von Kapitel 2 bis Kapitel 21 ruit atque discerpens enthält.

B 1e Monacensis 22245, saec. XII.

B 1f Parisiensis 3788, saec. XII. Er enthält die Vita ab Kapitel 1 vollständig bis Kapitel 30 vellet contra quos.

B 1g Mediolanensis Ambros. B 55 inf., saec. XII ex. Er bietet neben andern Heiligenviten auch Teile der Vita Columbani, und zwar Kapitel 1 rutilantem – coronam, Kapitel 2 Natus ergo hic – roborant und Kapitel 30 beatus ergo – amen.

B 2 besteht aus dem Codex Vaticanus reg. Christ. 1025, saec. X ex. Es fehlen die Kapiteln 11–17.

Die Abhängigkeiten der angeführten Handschriften untereinander und das entsprechende Stemma finden sich bei B. Krusch in der genannten Einleitung seiner Ausgabe S. 46ff. ebenso wie die Aufzählung und Bewertung der früheren Editionen. Was die äußere Einrichtung der vorliegenden Ausgabe betrifft, verweise ich auf das in der Einleitung zum *Liber Historiae Francorum* Gesagte. Als Grundlage für die deutsche Übertragung diente zum Teil die Übersetzung von O. Abel in den Geschichtsschreibern der deutschen Vorzeit 11 (4. Aufl. 1940) 110–130, die freilich an vielen Stellen modifiziert wurde.

LITERATUR

F. Blanke, Columban und Gallus (1940).

F. Graus, Volk, Herrscher und Heiliger im Reich der Merowinger. Studien zur Hagiographie der Merowingerzeit (1965).

G. Hertel, Über des hl. Columban Leben und Schriften. Zeitschrift für historische Theologie 45 (1875) 396–454.

Ders., Anmerkungen zur Geschichte Columbans. Zeitschrift für Kirchengeschichte 3 (1879) 145–150.

K. U. Jäschke, Kolumban von Luxeuil und sein Wirken im alamannischen Raum. Vorträge und Forschungen 20: Mönchtum, Episkopat und Adel zur Gründungszeit des Klosters Reichenau (1975) 77–130.

B. Krusch, Vitae Columbani abbatis discipulorum eius libri II auctore Iona. MGH SS rer. Merov. 4 (1902) 1–61.

H. J. Lawlor, The Manuscripts of the Vita S. Columbani. Transactions of the Royal Irish Academy 32 (1922).

H. Leclercq, Jonas de Bobbio. Dictionnaire d'Archéologie Chrétienne et de Liturgie VII/2 (1927) Sp. 2631–2641.

F. MacManus, St. Columban (1962).

M. Manitius, Geschichte der lateinischen Literatur des Mittelalters I (Handbuch der klassischen Altertumswissenschaft IX/2, 1911) 181–187.

Th. Payr, Jonas von Bobbio. Lexikon für Theologie und Kirche 5 ([2]1960) Sp. 1115.

E. K. Rand, The Irish Flavour of Hisperica Famina. Studien zur lateinischen Dichtung des Mittelalters. Festgabe für K. Strecker (1931) 134–142.

E. Salin, La civilisation mérovingienne. 4 Bde. (1950–1959).

R. Sprandel, Der merowingische Adel und die Gebiete östlich des Rheins (Forschungen zur Oberrheinischen Landesgeschichte 5, 1957).

W. Wattenbach, Deutschlands Geschichtsquellen im Mittelalter. Heft 1: Die Vorzeit von den Anfängen bis zur Herrschaft der Karolinger. Bearb. von W. Levison (1952) 133f.

J. Wilson. The Reliability of Jonas. Mélanges Colombaniens (1950) 81–86.

INCIPIUNT CAPITULA LIBRI PRIMI

ES BEGINNEN DIE KAPITEL DES ERSTEN BUCHES

Incipit liber primus de vita sancti ac beatissimi Columbani abbatis et confessoris

1. Praefatio libri primi

Rutilantem atque eximio fulgore micantem sanctorum praesulum atque monachorum patrum solertia nobilium condidit vitam doctorum, scilicet ut posteris alma redolerent priscorum exempla. Egit hoc a saeculis rerum sator aeternus, ut suorum famulorum famam commendaret perennem utque praeterita gesta linquerent futuris exempla et de praecedentium meritis vel imitando exemplo vel memoriae commendando ventura sobolis glorietur. Quorum beatus Athanasius Antonii[1], Hieronimus Pauli et

Es beginnt das erste Buch vom Leben des heiligen und ehrwürdigen Abtes und Bekenners Columban

1. Vorwort zum ersten Buch

Damit das hehre Vorbild der Alten bei den Nachkommen entsprechend Anklang findet, ist das strahlende und in herrlichem Glanz aufleuchtende Leben heiliger Bischöfe und Mönche später von edlen und gelehrten Männern stets voll Fleiß dargestellt worden. Der ewige Schöpfer aller Dinge aber hat es vom Anbeginn der Zeiten an so eingerichtet, daß der Ruhm seiner Diener nie vergeht und ihre Taten in der Vergangenheit den Zukünftigen als Vorbild dienen, damit das kommende Geschlecht Ruhm erwerben kann, indem es aufgrund der Verdienste der Vorgänger dem Beispiel nacheifert oder es unvergessen macht. So haben der heilige Athanasius die Erinnerung an Antonius[1], Hieronymus

[1] Athanasios' *Vita sancti Antonii* (um 370) wurde in der Übersetzung des Euagrios für die Form der mittelalterlichen Hagiographie bestimmend.

Hilarionis vel ceterorum quos cultus bonae vitae / laudabiles reddebat[2], Postumianus vero, Severus et Gallus Martini egregiae nostris eorum memoriam dimisere saeclis[3]: plerique aliorum, quos aut fama aut bonorum exempla operum vel virtutum monimenta commendarunt, ut sunt columnae ecclesiarum Hilarius, Ambrosius, Agustinus[4], qui inter tot saeculi turbidines, et fluctuante mundo, statum ecclesiae sustentarunt, ne, flatu adversante iniquo hac hereticorum procella quatiente, veram fidem adversitas macularet. Quorum nos exempla temerario conatu secuti, qui nec meritorum supplimentum nec facundiae flore suffulti nec elucubrante scientiae fonte, tanti patris nostris saeculis refulgentem Columbani adgredimur texere gesta[5]. Erit tamen nostrorum arbiter dictorum virtutum largitor inmensus, qui illi et gratiae suae munera et vitae perennis largitus est coronam.

2. De ortu et ostensione solis genetrici per visum ostenso

Columbanus etenim qui et Columba[6], ortus Hibernia insula, extremo oceano sita, expectatque Titanis occasum, dum vertitur orbis, lux [a]et occiduas pontum descendit in umbras[a]: undarum inmanes moles quo truces latebras colore et nimio passim crinecrispanti, peplo kana, raptim quem dant cerula terga, aequoris spumea cedunt et litora, sinus ultimus terrarum, nec mitem sinunt carinam tremulo petentem salo dare nota litora nobis. Flavus super haec Titan descendit opago lumine arcturi petitque partes girando: aquilonem sequens orientis petit ad ortum, ut mundo redivivus lumen reddat amoenum, / sese mundo late tremulo ostendat et igne. Sicque metas omnes diei noctisque peractu

[a]–[a] Nach *latebras* eingefügt in A 1a. c. d.

[2] Die beiden genannten Viten gehören zu einer Gruppe von Mönchsbiographien, die vor 392 abgefaßt wurden.

[3] Gennadius von Marseille berichtet im Kapitel 19 seiner Fortsetzungen der von Hieronymus begonnenen Schrift *De viris illustribus*, daß Sulpicius Severus den Dialog des Postumianus und Gallus über die Unterschiede zwischen dem öst-

die an Paulus, Hilarion und die übrigen, die ihr Lebenswandel berühmt machte[2], Postumianus aber, Severus und Gallus die Erinnerung an den erhabenen Martinus bis auf unsere Zeit wachgehalten[3]. Das gilt auch für die meisten anderen, deren ruhmvolle und vorbildlich gute Werke und Tugenden sie zu Mahnern werden ließen, wie etwa Hilarius, Ambrosius und Augustinus[4], die als Säulen der Kirche mitten im Trubel dieser Welt und, obwohl der ganze Erdkreis ins Wanken geriet, die Kirche aufrechterhielten und verhinderten, daß der wahre Glaube vom feindlichen Sturm der Irrlehren erschüttert und befleckt wurde. Ihrem Beispiel sind wir in törichtem Unterfangen gefolgt und darangegangen, die hervorragenden Taten[5] des berühmten Vaters Columban in unserer Zeit darzustellen, obwohl wir freilich weder in unseren Verdiensten Hilfe suchen noch uns auf große Beredsamkeit und herausragendes Wissen stützen können. Das Urteil über unsere Worte aber wird dennoch dem unerschöpflichen Spender aller Tugenden vorbehalten bleiben, der diesem das Geschenk seiner Gnade und die Krone des ewigen Lebens gewährt hat.

2. Von seiner Geburt und dem Sonnenwunder, das Gott seine Mutter sehen ließ

Columban, auch Columba genannt[6], stammt aus Irland, einer im fernen Ozean gelegenen Insel, die gegen Sonnenuntergang gerichtet ist, wenn sich deren Kreis wendet und das Licht sich im Westen in die Dunkelheit der Meere senkt: Dort peitschen riesige schaurige Wellenberge und schäumende Gischt ungestüm auf die Schlupfwinkel der Menschen und schleudern den Schaum, den das Meer wie ein weißes Gewand reißend auf seinem hellen Rücken trägt, gegen die Küste, die entlegenste Bucht der Welt; kein Schiff lassen sie ungeschoren, das in der tosenden Flut auf diese Gestade losfährt, uns Kunde zu bringen. Gelb senkt sich die Sonne auf sie mit schwachem Licht und begibt sich auf ihrer Bahn ins Gebiet des Großen Bären. Dann folgt sie dem Nordwind und kommt zum Ursprung des Ostens, um wiedererstanden der Welt ihr warmes Licht wiederzugeben und sich ihr weithin im zitternden Feuerscheine zu zeigen. So durchmißt sie alle Wendepunkte des Tages und der Nacht auf

lichen Mönchstum und der Lebensweisheit des hl. Martin von Tours in der *Vita sancti Martini* zusammengefaßt hat.

4 Ihre Biographien wurden von Venantius Fortunatus, Paulinus von Mailand und Possidius verfaßt.

5 Hier Synonym für *vita*.

6 Jonas verwendet, wie auch Columban selbst, beide Namensformen unterschiedslos.

cursu et inpletas, suo lustrat candore terras, amoenum reddens orbem calore madentem. Insulae situs, ut ferunt, amoenus ac adversantium exterorum carens bella nationum[7].

Hanc Scottorum gens[8] incolit, gens quamquam absque reliquorum gentium legebus, tamen in christiani vigoris dogmate florens, omnium vicinarum gentium fide praepollet. Natus ergo hic inter primordia fidei gentis illius, ut fides, quam infecundam ex parte gens illa habebat, suo ac sodalium suorum munimine cultu uberi fecundaretur. Sed priusquam lucem vitae praesentis caperet, quid ante eius ortum actum sit, non est silendum. Nam eius genetrix iam cum conceptu alvo gravida teneretur, subito per intempestam noctem sopore depressa vidit e sinu suo rutilantem solem et nimio fulgore micantem procedere et mundo magnum lumen praebere. Haec genetrix, postquam sopor membra laxavit et caecas mundo surgens [9]aurora pepulit tenebras[9], semet intra clauso conamine pensare coepit et ancipiti gaudio tantae visionis vim sagaci animo trutinare vicinorumque solaminis supplimentum petit, quos doctrina sollertes reddebat, quaerens, ut tantae visionis vim sapientum corda rimarent. Tandem peritorum libramine responsa recepit, se egregiae indolis utero tenere virum, qui et suae saluti utilia et proximorum provideret utilitati oportuna. Quem mater postquam edidit, tanta custodia servavit, ut vix eum vel cognitis parentum reliquorum moribus crederet, quoadusque vita puberis ad boni cultus operis Christo duce, sine quo nihil boni agitur, adspiraret. Nec inmerito solem fulgentem suo e sinu mater conspexit, quin matris universorum ecclesiae membra instar Foebi fulgore micant, Domino dicente: [10]*Tunc iusti fulgebunt sicut sol in regno patris eorum*[10]. Sic Debbora precantis voce ad Deum, Spiritu sancto monente, olim loquebatur, dicens: [11]*Qui autem diligunt te, sicut sol in ortu suo splendet, sic rutilent*[11]. Aetherea etenim axis siderum distinctione flavescens, de frequentia celebrae lucis speciosior est. Sicut diei lux, Phoebi aucta splendore, mundo amoena refulget, ita corpus ecclesiae, cum conditoris ditata opibus, sanctorum augmentata numero, et scientiae religione nitescit,

[7] Das hier endende, im Hexameterrhythmus abgefaßte Gedicht ist stark von den *Hisperica Famina* beeinflußt, die Autorschaft Jonas' ist ungewiß.

ihrem Lauf und erleuchtet mit ihrem Glanze die Erde, schenkt der Welt Wärme und macht sie lieblich. Die Insel aber — so heißt es — ist schön gelegen und kennt keine Kriege mit fremden, feindlichen Völkern[7].

Dort wohnt das Volk der Scoten[8], das die Gesetze der anderen Völker zwar nicht kennt, in der starken Kraft seines Glaubens aber alle Nachbarvölker übertrifft.

Hier wurde er in den Anfängen des Glaubens dieses Volkes geboren, um diesen Glauben, den jenes Volk zum Teil erst in unfruchtbarer Form besaß, durch seine und seiner Gefährten Stärkung zu reicher Frucht zu bringen. Freilich dürfen die Geschehnisse nicht verschwiegen werden, die sich ereigneten, noch bevor er das Licht dieser Welt erblickte. Als ihn seine Mutter nämlich schwanger in ihrem Leibe trug, sah sie in dunkler, stiller Nacht tief im Schlafe aus ihrem Leib plötzlich eine leuchtende und überaus strahlende Sonne hervorgehen und der Welt helles Licht darbieten. Als nun der Schlaf von ihr gewichen war und die aufsteigende [9]Morgenröte die blinden Schatten der Nacht von der Erde vertrieben hatte[9], versuchte sie anfangs die Bedeutung dieser gewaltigen Zeichen heimlich in unsicherer Freude bei sich genau abzuwägen, wandte sich aber dann an Nachbarn, die für ihre Weisheit bekannt waren, und bat sie, daß die Weisen ihr den Sinn der Erscheinung eröffneten. Schließlich gaben ihr die weisen Leute nach reiflicher Überlegung zur Antwort, sie trüge einen Mann von außergewöhnlichen Fähigkeiten unter ihrem Herzen, der für das sorgen werde, was ihm und seinen Nächsten zum Nutzen wäre. Nach seiner Geburt behütete ihn die Mutter so fürsorglich, daß sie ihn nicht einmal den Verwandten anvertraute, bis er im Knabenalter unter der Leitung Christi, ohne den ja nichts Gutes geschehen kann, nach der Übung guter Werke strebte. Die Mutter aber hatte nicht zu Unrecht eine leuchtende Sonne aus ihrem Leibe hervorgehen sehen, da ja nach dem Worte des Herrn die Glieder der Kirche, der Mutter aller, hell wie die Sonne erstrahlen: „[10]Dann werden die Gerechten im Reiche ihres Vaters glänzen wie die Sonnen[10]". Und Debbora rief vom Heiligen Geiste gedrängt einst im Gebete wie folgt zu Gott: „[11]Die dich aber lieben, strahlen so rot wie die Sonne bei ihrem Aufgange[11]". Denn [so wie] die Himmelsachse, gelbgefärbt durch die verschiedenen Sterne, durch helles Licht immer mehr zu leuchten beginnt und wie das Tageslicht im strahlenden Sonnenscheine der Welt erst zur Schönheit verhilft, so erstrahlt auch der Leib der Kirche, reich beschenkt durch die Hilfe des Schöpfers, durch die sich mehrende Zahl der Heiligen und ihre Weisheit;

[8] Iren

[9–9] Anklang an *Ovid, Metamorphosen VII 703.*

[10–10] *Mt. 13, 43.*

[11–11] *Judic. 5, 31.*

ut ex frequentia doctorum pullulent lucra subsequentum. Et ut sol vel luna astraque omnia noctem diemque suo nitore nobilitant, ita sanctorum merita sacerdotum ecclesiae, monumenta roborant. /

3. De sagacitate et industria et progressu a natali solo et magistri institutis

Peractis itaque infantiae annis, in pueritiae aetate pubiscens, liberalium litterarum[12] doctrinis et grammaticorum studiis ingenio capaci dare coepit laborem, quem per omnem pueritiae vel aduliscentiae tempus exercens, usque ad virilem aetatem uberi intentione defixit. Sed cum eum formae elegantia praesertim corporis candore et pubertas nobilis omnium gratum redderet, coepit tandem contra eum antiquus hostis loetifera tela laxare, ut [b]quem tanto ingenio crescere cerneret[b], suis abenis, si valuisset, inretiret, adgressus lascivarum puellarum in eum suscitare amores, precipue quas forma corporis perfuncturio decore horrendo desiderio in miserorum animos solet inmergere[13]. Sed cum se egregius milis tantis pilis undique urgueri conspiceret et micantem sicam callidi hostis se contra erigi conspexisset, expertus fragilitatis humanae, cito ad procliva labendo dimergi, ut[c] Livius ait, nihil esse tam sanctum religione tamque custodia clausum quo penetrari libido nequeat[15], euangelicum clipeum[15] leva tenens ensemque ancipitem dextra ferens, contra inmanes cuneos hostium pugnaturus paratur pergere, ne frustrato labore, quem potissimo ingenio desudaverat in grammaticam, rethoricam, geometricam vel divinarum scripturarum seriem, in saeculi inlecebris occuparet; daturque adhuc stimulus urguendi.

Cum haec iam poenes se volverit, venit ad cuiusdam religiosae ac Deo dicatae feminae cellulam. Quam cum prius humili voce salutasset, postea castigare iuvenili, ut poterat, hortamine adgres-

[b–b] Fehlt in A 2a.

[c] *Nihil ait esse utulius* (!) *vel tucius, nil tam sanctum*, aber ohne *ut Livius* in A 1b.

[12] *Trivium* (Grammatik, Rhethorik, Dialektik) und *Quadrivium*(Arithmetik, Geometrie, Musik, Astronomie).

können doch die nachfolgenden Geschlechter aus der Vielzahl gelehrter Männer großen Nutzen ziehen. Und wie die Sonne, der Mond und alle Sterne durch ihren Glanz den Tag und die Nacht veredeln, so bringen die Verdienste heiliger Priester der Kirche frische Kraft.

3. Von seinem Eifer und Fleiß, wie er das Vaterland verließ und von seiner Ausbildung bei seinem Lehrer

Als er die Jahre der Kindheit hinter sich gebracht hatte und ein junger Mann geworden war, bemühte er sich mit seinem aufnahmefähigen Geist um die Kenntnis der freien Wissenschaften[12] und der Grammatik. Dieses Bemühen hatte er während der ganzen Zeit seiner Kindheit und seiner Jugend geübt und sich bis ins Mannesalter mit fruchtbarem Eifer erhalten. Bald machten ihn die Anmut seiner Gestalt, sein schöner Wuchs und die vornehme Jugend allen besonders lieb. Da begann der alte Feind, todbringende Geschosse gegen ihn bereitzustellen. Da er sah, daß dessen wunderbare Anlagen Frucht zu tragen begannen, wollte er ihn um jeden Preis mit seinen Netzen umgarnen. Er machte nichtsnutzige Mädchen in ihn verliebt, besonders solche, deren körperliche Reize, wenn auch zum Sterben verurteilt, die armen Menschen dennoch in schrecklicher Leidenschaft zu fesseln pflegen[13]. Als aber der tapfere Streiter sah, daß ihn von allen Seiten solche Gefahren umgaben und der verschlagene Feind das blitzende Schwert gegen ihn erhoben hatte, sagte ihm die Erfahrung, daß der Mensch in seiner Schwäche strauchelnd rasch im Abgrund versinke. Denn schon Livius sagt, es gäbe keinen noch so geheiligten und noch so geschützten Ort, wohin die böse Lust nicht eindringen könnte[14]. Also ergriff er mit seiner Linken den Schild des Evangeliums[15], in seiner Rechten führte er das zweischneidige Schwert und begann den erbitterten Kampf gegen die gewaltigen Scharen der Feinde. Denn er wollte sich nicht um alle die Mühe betrogen sehen, die er voil Eifer und im Schweiße seines Angesichts auf die Kunde der Grammatik, Rhetorik, Geometrie beziehungsweise der heiligen Schriften gewandt hatte, und sich den Verlockungen der Welt nicht kampflos ergeben; bis hierher reichte der Stachel der Versuchung.

Nachdem er alles das bei sich überlegt hatte, kam er zur kleinen Zelle einer frommen gottgeweihten Frau. Er begrüßte sie zuerst ehrfürchtig, begann sie aber dann voll jugendlichen Eifers aufzumuntern, so gut er

[13] Ein beliebter Topos in der mittelalterlichen Hagiographie; vgl. die irische *Vita sancti Carthagi episcopi 11.*

[14] Zitat aus einem verlorengegangenen Buch des Livius; vgl. W. Weissenborn, T. Livi a.u.c. libri commentario instructi X 2 (1881).

[15] Anklang an *Hebr. 4, 12* und *Eph. 6, 17.*

sus. Quae videns gliscentem in aduliscente vigorem: 'Ego', ait, 'utcumque potui, ad bellum progressa exivi. En quindecim tempora volvuntur, quo et domum carui et hunc peregrinationis locum expetii, et numquam deinceps Christo praesule, [16]manu stipham tenens, retro respexi[16], et nisi fragilis sexus obstasset, mare transacto, potioris peregrinationis locum petissem. Tu vero aduliscentiae flammis exaestuans, natalem solum incoles; ad fragiles voces, velis nolis, fragilitate adtrahente, aurem accommodas et visitare te femineum sexum libere credis? Non reminisceris suasu Evae Adam dilapsum[17], Samsonem a Dalida seductum[18], David a pristina iustitia pulchritudine Bersabeae / corruptum[19], sapientissimum Salamonem mulierum amore deceptum?[20] 'Perge', inquid, 'o iuvenis, perge, evade ruinam, per quam multos conperis corruisse, declina viam, quae inferi ducit ad valvas'. Huius ergo dictis stimulatus aduliscens, et ultra quam aduliscentem terreri crederes, grates taliter increpanti refert, sodalibus vale dicens, iter arripit; materque eius dolore stimulata, precatur, ut se non relinquat. At ille: 'Non', inquid, 'audisti: [21]Qui amat patrem aut matrem plus quam me, non est me dignus[21]?' Obstanti matri et limitem ostii inherenti postulat, ut se ire sinat. Illa eiulans et pavimento prostrata, denegat se permissuram; ille limitem matremque transilit poscitque matri, se laetam habeat: illum numquam deinceps in hac vita visurum, sed, quocumque salutis via iter pandat, se progressurum.

Relicto ergo natali solo, quem Lagenorum[22] terram incolae nuncupant, ad virum venerabilem nomine Sinilem perrexit, qui eo tempore singulare religione et scripturarum sacrarum scientiae flore inter suos pollebat. Quem cum vir sanctus ingenii sagacis esse videret, omnium divinarum scripturarum studiis inbuit, ita tamen, ut fieri adsolet, cum ludendo magistri discipulos sciscitare conantur, ut de suo ingenio cognoscant vel flagrantem ubertate sensum vel neglegentiae somno torpentem, coepit ab eo ex dificilium quaestionum materia sensus querere. At ille pa-

16–16 Vgl. *Lk. 9, 62.*
17 Vgl. *Gen. 3, 6.*
18 *Judic. 16, 19.*
19 *2. Reg. 11.*

konnte. Als sie die strotzende Kraft des jungen Mannes sah, sagte sie: „Ich bin, so gut ich es vermochte, in den Kampf gezogen. Fünfzehn Jahre sind vergangen, seitdem ich keine ordentliche Behausung und diesen Ort der Pilgerschaft angestrebt habe. Während all dieser Zeit habe ich unter der Führung Christi stets [16]die Hand am Pfluge gehalten und niemals zurückgeblickt[16]. Wäre ich nicht eine schwache Frau gewesen, ich hätte das Meer überquert und einen besseren Platz für die Pilgerschaft gesucht. In dir aber brennt das Feuer der Jugend und du wohnst immer noch im Lande deiner Geburt. Du leihst vergänglichen Worten das Ohr und sie machen dich schwach, ob du es willst oder nicht. Glaubst du vielleicht, daß sich die Frauen aus eigenem Antrieb an dich heranmachen? Erinnerst du dich nicht, daß Adam durch die Überredung Evas schwach[17], Samson von Dalila verführt wurde[18], daß die verführerische Bersabea David von seiner alten Gerechtigkeitsliebe abbrachte[19] und daß selbst Salomon, der Weiseste, durch die Liebe zu den Frauen getäuscht wurde[20]? „Mach dich auf den Weg, junger Mann", rief sie, „brich auf, flieh vor dem Verderben, das, wie du weißt, so viele bereits zugrunde gerichtet hat und geh nicht auf dem Wege, der zu den Pforten der Hölle führt!" Ihre Worte beunruhigten und erschreckten den jungen Mann mehr als man hätte annehmen können. Er dankte ihr für die mahnenden Worte, verabschiedete sich von seinen Freunden und wollte sich auf den Weg machen. Seine Mutter war deshalb vom Schmerz aufgewühlt und bat ihn, sie doch nicht zu verlassen. Er aber antwortete ihr: „Kennst du nicht den Satz: ‚[21]Wer Vater oder Mutter mehr liebt als mich, ist meiner nicht wert[21]'?" Als sich die Mutter ihm in den Weg stellen wollte und die Tür nicht freigab, forderte er sie auf, ihn gehen zu lassen. Sie jammerte laut, warf sich auf den Boden und schrie, sie werde es niemals zulassen. Da stieg er über die Mutter und die Schwelle hinweg und forderte sie auf, sich zu freuen. Zwar werde sie ihn in diesem Leben niemals mehr wiedersehen, er aber werde aufbrechen, wohin auch immer ihn der Weg des Heiles führen sollte.

So verließ er das Land seiner Geburt, das die Einwohner das Land der Lagener[22] nennen, und gelangte zu einem ehrwürdigen Manne namens Sinilis. Dieser stand bei den Seinen damals im Rufe einzigartiger Heiligkeit und großen Wissens um die heiligen Schriften. Als der heilige Mann seinen Lerneifer sah, führte er ihn in alle Geheimnisse der heiligen Schriften ein. Er tat das wie üblich auf die Weise, daß die Lehrer ihre Schüler im Spiel auszufragen versuchen, um so zu erkennen, ob sie eifrig und willig bei der Sache wären oder ob sich etwa Nachlässigkeit in ihren Sinn eingeschlichen habe. So begann er ihn nach der Bedeutung der

[20] *3. Reg. 11.*

[21–21] *Mt. 10, 37.*

[22] Leinster, Landschaft im Osten der Republik Irland.

vido quamquam, tamen sagaci e pectore, ne inoboediens magistro appareret, non cenodoxiae[23] actus vitio, sed magistro parendo vice versa obiecta sibi elucubrabat memor illius psalmigraphi praeconii: [24]Aperi os tuum, et ego adimplebo illud[24]. Tantum eius in pectore divinarum thesauri scripturarum conditi tenebantur, ut intra aduliscentiae aetate detentus, psalmorum librum elimato sermone exponeret[25], multaque alia, quae vel ad cantum digna vel ad docendum utilia, condidit dicta.

4. De adventu eius ad Sinilem abbatem, egressu Hibernia

Dedit deinde operam, ut monachorum necteretur societate, ad monasterium cuius vocabulum est Benechor[26] petiit, in quo presul virtutum ubertate cluebat / beatus Commogellus, egregius inter suus monachorum pater, quique et religiones studio et regularis disciplinae cultu praecipuus habebatur[27]. Ibi solis ora tionibus et ieiuniis vacare coepit et [28]iugum Christi, quod ferentibus leve est, super se ferre semetipsumque sibi abnegando ac crucem suam tollendo Christum sequere[28], ut qui aliorum doctor futurus erat, ipse quod doctrina didicerat in suo corpore mortificationem ferendo uberius exemplo monstraret, quid aliis implenda fore docuisset.

Peractis itaque annorum multorum in monasterio circulis, coepit peregrinationem desiderare memor illius Domini imperii ad Abraham: [29]Exi de terra tua et de cognatione tua et de domo patris tui et vade in terram, quam monstrabo tibi[29]. Confessus igitur venerabili patri Commogello cordis ardorem et [30]ignitum igne Domini desiderium, de quo igne Dominus in euangelio loquitur: [31]Ignem veni mittere in terram; quam volo, ut ardeat[30.31], ardentem patri patefaciebat affectum, sed non ita in patris repperiebat responsum, ut sua petitio anhelabat. Erat enim venerabili Commogello arduum tanti solaminis patere dispendium. Tandem

[23] Jonas erklärt das Wort *cenodoxia* in der *Vita sancti Johannis Reomensis 18* mit den Worten *cenodoxiae, id est aelatione*.

[24–24] Vgl. *Ps. 80, 11.*

[25] Vielleicht die verlorengegangene *Expositio super omnes psalmos*, die sich im achten und zehnten Jahrhundert in St. Gallen und in Bobbio befand.

schwierigsten Probleme zu fragen. Nicht das Laster des Hochmutes[23] war es, sondern Gehorsam seinem Lehrer gegenüber, daß er, wenn auch aufgeregt, so doch voll Eifer und um nicht ungehorsam zu erscheinen, die vorgebrachten Probleme erklärte, eingedenk des Wortes des Psalmisten: „[24]Öffne deinen Mund und ich werde ihn erfüllen![24]" So tief war die Kenntnis der heiligen Schriften in seinem Herzen verwurzelt, daß er trotz seines jugendlichen Alters das Buch der Psalmen mit angebrachten Worten erklärte[25]. Und noch vieles andere brachte er hervor, was für den Gesang wichtig und für die Lehre nützlich sein könnte.

4. Seine Ankunft beim Abt Sinilis und seine Abreise aus Irland

Hierauf wollte er in die Reihe der Mönche aufgenommen werden und begab sich deshalb ins Kloster, das Bangor[26] heißt. Dort war der heilige Commogellus Abt, ein erhabener Vater seiner Mönche, der damals durch seine vorbildliche Frömmigkeit berühmt war[27]. Er und seine Gefährten legten besonderen Wert auf die Kenntnis und die Einhaltung der Ordensregel. Dort war er nun endlich frei für Gebet und Fasten. [28]Er nahm das Joch Christi auf sich, das jenen, die es tragen, leicht ist, verleugnete sich selbst, nahm sein Kreuz auf sich und folgte Christus nach[28]. So hatte er, der der Lehrer anderer werden sollte, am eigenen Leibe erfahren, was es heißt, Selbstverleugnung zu üben, und zeigte in überaus fruchtbarem Beispiel, was er die anderen in Zukunft zur Erfüllung lehren sollte.

Und wieder waren viele Jahre im Kloster vergangen, als er den Wunsch verspürte fortzuwandern, eingedenk des Herrenwortes an Abraham: „[29]Verlaß dein Land, deine Verwandten und das Haus deines Vaters und zieh in das Land, das ich dir zeigen werde[29]". Er gestand dem ehrwürdigen Commogellus seinen sehnlichen Wunsch und [30]das Feuer, das der Herr in ihm entfacht hatte. Über dieses Feuer sagt ja der Herr im Evangelium: „[31]Ich bin gekommen, Feuer auf die Erde zu senden; und ich will, daß es brenne[31.30]." So eröffnete er dem Vater seinen glühenden Wunsch. Die Antwort aber, die er erhielt, entsprach keineswegs seiner Bitte, da es dem ehrwürdigen Commogellus hart ankam, den Verzicht auf einen solchen Trost zuzugeben. Trotzdem ließ er sich im Laufe der Zeit um-

[26] Nordöstlich von Belfast in der Grafschaft Down (N-Irland).

[27] Gestorben 601/2.

[28–28] Vgl. *Mt. 11, 29f.*

[29–29] Vgl. *Gen. 12, 1.*

[30–30] Wörtlich wiederholt in der *Vita sancti Johannis Reomensis 18.*

[31–31] Vgl. *Lk. 12, 49.*

tamen adspirare coepit et corde anteponere, ut non plus suae necessitati studeret quam aliorum utilitati oportuna parere. Nec sine omnipotentis arbitrio fiebat, qui tyronem suum ad bella futura erudierat, ut de eius victoria gloriosus referret triumphos lautaque suppellectile de cesorum hostium reportaret falangas. Vocatumque eum, tristem licet sibi, tamen aliis utilem sententiam depromit, se et pacis vinculum et solaminis supplimentum comitesque itineris, quos religio claros reddebat, largiturum. Collecto sane fratrum coetu, omnium orationum suffragium postulat, ut venturo itinere solamen largitor pietates tribuat.

Vicensimum[d] ergo aetatis annum agens[32], arrepto itinere, cum duodecim comitibus Christo duce ad litus maris accedent. Ibi omnipotentis misericordiam prestolantur, ut, si suae voluntatis inhereat, concoepti consilii effectus / perficiatur, agnoscuntque secum clementis iudicis voluntatem adesse, carinamque ingressi, dubias per freta ingrediuntur vias mitemque salum, prosperantibus zepherorum flabris, pernici cursu ad Brittanicos perveniunt sinus[33]. Paulisper ibidem morantes, vires resumunt ancipitique animo anxia cordis consilia trutinantur. Placet tandem arva Gallica planta terere et mores hominum ferventi aestu sciscitare, ut, si salus ibi serenda sit, quantisper commorare; si obduratas caligine arrogantiae mentes repperiant, ad vicinas nationes pertransire.

5. De ingressu eius in Galliis et exemplo sodalium religiosorum

A Brittanicis ergo sinibus progressi, ad Gallias tendunt, ubi tunc vel ob frequentia hostium externorum vel neglegentia praesulum[e] religionis virtus pene abolita habebatur. Fides tantum manebat christiana, nam penitentiae medicamenta[34] et mortificationis amor vix vel paucis in ea repperiebatur locis. Agebat

[d] *Tricesimum* in A 4. B 1a. 2.
[e] *Priscorum principum* statt *praesulum* in B 1a. 2.

stimmen, um dem Bedürfnis der Mitmenschen mehr Rechnung zu tragen als der eigenen Notwendigkeit. So geschah es nach dem Willen des Allmächtigen, der seinen Rekruten für die künftigen Kriege geschult hatte, damit er zu seinem Ruhme siegreich über die Feinde triumphiere und ruhmreiche Beute von den Scharen der besiegten Gegner heimbringe. So rief ihn der heilige Commogellus zu sich und verkündete ihm den für ihn selbst zwar traurigen, für die anderen aber heilsamen Entschluß: er sei bereit, ihm als Band des Friedens und als Trost und Hilfe Weggefährten mitzugeben, deren Frömmigkeit allgemein bekannt war. Als er dann eine Schar von Brüdern um sich gesammelt hatte, bat er alle um die Hilfe ihrer Gebete, damit der Spender allen Trostes ihnen für ihr künftiges Unternehmen die rechte Gesinnung schenke.

Er war zwanzig Jahre alt[32], als er seine Fahrt begann und unter der Führung Christi mit zwölf Gefährten das Meeresufer erreichte. Dort baten sie den Allmächtigen inbrünstig um sein Erbarmen, damit ihr begonnenes Unternehmen erfolgreich verlaufe, wenn es nach seinem Willen wäre. Bald kamen sie zur Gewißheit, daß die Gnade des allmächtigen Richters mit ihnen sei, bestiegen das Schiff und begannen ihre Fahrt ins Ungewisse über das Meer, die ruhige Salzflut. Günstige Westwinde ließen sie sehr rasch zur bretonischen Küste[33] gelangen. Dort verweilten sie ein wenig, um neue Kraft zu schöpfen, und erwogen die unsichere Zukunft bangen Herzens. Schließlich machten sie sich doch auf den Weg durch Gallien, lernten voll Eifer die Wesensart dieser Menschen kennen und beschlossen, ein wenig bei ihnen zu bleiben und, falls sich die Möglichkeit ergeben sollte, die Lehre des Heiles hier zu verbreiten. Sollte aber törichte Eitelkeit die Herzen dieser Menschen verhärtet haben, wollten sie zu den benachbarten Völkern weiterwandern.

5. Seine Ankunft in Gallien und vom frommen Beispiel seiner Gefährten

Sie brachen also von der bretonischen Küste auf und zogen nach Gallien. Dort galt die Kraft der Religion für fast erloschen, sei es wegen der zahlreichen Feinde von außen, sei es, weil die verantwortlichen Kirchenoberen zu nachlässig waren. Allein der christliche Glaube währte noch, aber das Heilmittel der Reue[34] und die Liebe zur Abtötung fehlten dort fast ganz und man fand sie nur an wenigen Orten. Der heilige Mann

[32] Um 590/1; die Altersangabe ist ebenso falsch wie das 30. Lebensjahr in einem Teil der Handschriften.

[33] Zur Lokalisierung der *sinus Brittanici* vgl. A. Gougaud, Annales de Bretagne 22, 327–343.

[34] Anklang an *Columbans Poenitentiale.*

venerandus vir, ut, quaecumque loca progrederetur, verbum euangelicum adnuntiaret. Erat enim gratum hominibus, ut quod facundiae cultus adornabat, elucubrante praedicationis doctrina, simul et exempla virtutum confirmabant: tanta humilitatis ubertas, ut versa vice, sicut de honoribus homines saeculi conantur quaerere dignitates, iste cum sodalibus suis de humilitatis cultu alter alterum nitebantur praevenire[35] memores praecepti illius: [36]Qui se humiliat exaltabitur[36], et illud Esaiae: [37]Ad quem respiciam nisi ad humilem et quietum et trementem sermones meos?[37] Tanta pietas, tanta caritas omnibus, [38]ut unum velle, unum nolle[38], modestia atque sobrietas, mansuetudo et lenitas aeque in omnibus redolebat. Execrabatur ab his desidiae atque discordiae vitium, arrogantiae ac elationis supercilium duris castigationum ictibus feriebatur, irae ac livoris noxa sagaci intentione pellebatur. Tanta patientiae virtus, caritatis affectus, lenitatis cultus aderat, ut mitem in medio eorum Dominum patule non ambigeres habitare[39]. Si quempiam his labere in vitiis repperissent, simul omnes aequo iure neglegentem correptionibus cedere / studebant. Communia omnibus omnia erat[40], si quispiam proprium aliquid usurpare temptasset[41], ceterorum consortio segregatus penitentiae ultione vindicabatur. Nullus proximo contrarietatem rependere[42], nullus asperum sermonem proferre audebat, ita ut in humana conversatione angelicam agi vitam cerneres. Tanta in beatum virum gratia redundabat, ut in quorumcumque domus quantisper commoraret, omnium animos ad religionis cultum defigeret.

beabsichtigte nun, das Wort des Evangeliums zu verkünden, wohin auch immer er kommen sollte. Den Menschen war es nämlich lieb, daß das, was die Pflege der Bildung durch die herausragende Kraft der Predigt schmückte, zugleich auch durch das Beispiel ihres Lebens bekräftigt wurde: so groß war die Fülle ihrer Demut, daß er, so wie die Menschen dieser Welt Ehre und Würde zu erlangen trachten, sich im Gegenteil mit seinen Gefährten darum bemühte, einander in Demut zu übertreffen[35] eingedenk des Auftrages: „[36]Wer sich erniedrigt, wird erhöht werden[36]" und jenes Isaias-Wortes: „[37]Auf wen soll ich Rücksicht nehmen, wenn nicht auf den Demütigen, Ruhigen und den, der meine Worte fürchtet?[37]" So groß war ihre Frömmigkeit, so groß die Liebe zu allen, daß sie alle [38]nur eines wollten und nur eines ablehnten[38]. Maßvolle Haltung und Nüchternheit, Milde und Sanftmut zeichneten alle gleichermaßen aus. Verflucht wurde von ihnen das Laster der Trägheit und Zwietracht, die Sünde der Anmaßung und des Hochmuts wurde durch harte Schläge der Züchtigung niedergerungen, Zorn und Neid mit aufmerksamem Eifer vertrieben. So groß war die Tugend der Geduld, der Ausdruck der Bruderliebe, so sehr übten sie Milde, daß man nicht zweifeln konnte, daß der barmherzige Herr wirklich in ihrer Mitte wohnte[39]. Wenn sie aber jemanden gefunden hatten, der in seinen Lastern einherwankte, strebten sie alle mit gleichem Rechte danach, den Nachlässigen mit Tadel zu geißeln. Allen gehörte alles[40]. Wenn irgendwer versuchte, irgendein Eigentum für sich zu behalten[41], wurde er von den übrigen abgesondert und mußte die Strafe der Reue auf sich nehmen. Keiner wagte es, seinem Nächsten zu widersprechen[42], keiner, ein böses Wort zu sagen, so daß man sehen konnte, daß sie im menschlichen Dasein ein engelgleiches Leben führten. Der heilige Mann aber war der Gnade so übervoll, daß er, in welchem Hause auch immer er nur eine kleine Weile verbrachte, die Herzen aller zur Pflege der wahren Religion veranlaßte.

[35] Vgl. *Columbans Poenitentiale 5.*

[36–36] *Lk. 14, 11.*

[37–37] Vgl. *Is. 66, 2.*

[38–38] Vgl. *Sallust, Bellum Catilinae 20, 4.*

[39] Vgl. *Ps. 85, 5.*

[40] *Act. 4, 32.*

[41] Vgl. die Klosterregel Columbans 1 und 2.

[42] *Columban, Regula monachorum 5.*

6. De Sigiberti regis susceptione et obtione heremi ingressumque in Anagrates

Pervenit ergo fama Columbani Sigiberti[f] regis[43] ad aulam, qui eo tempore duobus regnis Austrasiorum Burgundionorumque inclitus regnabat Francis[44], quorum eximium nomen prae ceteris gentibus quae Gallias incolunt habetur. Ad quem cum vir sanctus cum suis accessisset, gratus regis et aulicis ob egregiae doctrinae copiam redditus. Coepit tandem ab eo rex querere, ut intra terminos Galliarum resederet nec eos ad alias gentes transiens se relinqueret; omnia quae eius voluntas poposcisset se paraturum. Tunc ille regi ait, non se aliorum opum fore ditaturum, sed euangelici praeconii, in quantum carnis fragilitas non obstabat, sectaturum exemplum: [45]Qui vult[45], inquid, [45]post me venire, abneget semet ipsum sibi, tollat crucem suam et sequatur me[45]. Cui talia obicienti rex praebet responsa: 'Si Christi crucem tollere et ipsum sequi desideras, potioris heremi sectare quietem, tantum ne, nostrae ditionis solo relicto, ad vicinas pertranseas nationes, ut tui praemii augmentum et nostrae salutis provideas oportuna'. Data itaque obtione, obtemperavit regis persuasionibus, heremum petiit[46]. Erat enim tunc vasta heremus Vosacus nomine, in qua castrum dirutum olim, quem antiquorum traditio Anagrates[47] nuncupabant. Ad quem vir sanctus cum venisset, licet aspera vastitate solitudinis et scopulorum interpositione loca, ibi cum suis resedit, parvo alimentorum solamine contentus, memor illius verbi, [48]non in solo pane hominem vivere, / sed verbo vite satiatus, adfluenti dape habundare, quam quisquis sumptam esuriem nesciat in evum[48].

[f] *Childeberti* in A 3.

6. Seine Aufnahme bei König Sigibert, der Wunsch nach einer Einöde und seine Ankunft in Annegray

So gelangte der Ruf Columbans auch zum Hofe König Sigiberts[43], der damals über die beiden fränkischen Königreiche der Austrasier und der Burgunder geachtet herrschte[44]. Ihr Name gilt für hochberühmt und vor allen übrigen Völkern, die in Gallien wohnen. Als der heilige Mann nun mit den Seinen zu ihm gekommen war, war er dem König und seinen Hofleuten wegen der Fülle seiner Gelehrsamkeit sehr lieb. Schließlich begann der König ihn zu bitten, er solle sich doch innerhalb der Grenzen der gallischen Länder niederlassen und sie nicht verlassen, indem er zu anderen Völkern weiterreise. Alles, was er sich wünsche, werde er ihm erfüllen. Darauf antwortete er dem König, er wolle sich nicht durch die Hilfe anderer bereichern, sondern, soweit es die Schwäche seines Fleisches zulasse, nach dem Beispiele jenes Wortes aus dem Evangelium leben: „[45]Wer mir nachfolgen will, verleugne sich selbst, nehme sein Kreuz auf sich und folge mir[45]." Auf diese Antwort erwiderte ihm der König: „Wenn es dein Wunsch ist, das Kreuz Christi auf dich zu nehmen und ihm zu folgen, dann suche dir am besten irgendeinen stillen, abgelegenen Ort. Sieh aber zu, daß du unser Herrschaftsgebiet nicht verläßt und nicht ins Gebiet unserer Nachbarn gelangst. So wirst du größeren Lohn für dich haben und für unser Heil sorgen". Das versprach er ihm und suchte, so wie es ihm der König geraten hatte, einen unbewohnten Ort[46]. Es gab damals aber ein großes unbewohntes Gebiet, das Vogesen heißt, in dem sich die Ruine eines alten Lagers befand, das nach alter Überlieferung den Namen Annegray[47] trug. Als der heilige Mann dorthin gekommen war, ließ er sich mit den Seinen dort nieder, obwohl die ganze Gegend weithin unwegsam und sehr gebirgig war. Er aber war in seinen Ansprüchen an Nahrung sehr genügsam, eingedenk jenes Bibelwortes, daß [48]der Mensch nicht allein vom Brote lebe, sondern vom Worte des Lebens satt werden müsse; nur so habe er Speise im Überfluß und wer einmal davon genossen habe, werde in Ewigkeit nicht mehr hungern[48].

[43] K. Sigibert I., der Vater K. Childeberts II., wurde 575 ermordet. Zur Zeit der Ankunft Columbans regiert in Burgund K. Guntramn. Der Irrtum Jonas' ist möglicherweise eine Folge der falschen Angabe in Kapitel 4, wonach Columban 20jährig das Kloster Bangor verlassen habe.

[44] Falsch; die Angabe trifft erst für K. Childebert II. zu, den S. des hier erwähnten K. Sigibert I., der seit 592/3 über Burgund und Austrasien herrschte.

[45–45] Vgl. *Lk. 9, 23.*

[46] 591

[47] Dép. Haute-Saône, Ar. Lure, Ct. Faucogney-et-la-Mer.

[48–48] Vgl. *Deut. 8, 3, Mt. 4, 4* und *Lk. 4, 4.*

7. De ammonitione quorundam, qui viro Dei sumptus detulere et sospitate mulieris

Eo ergo in loco virum Dei cum suis commorantem, subito unum e fratribus vel ob probationem, vel qualibet culpa adtrahente[49], vis febrium coepit flagellare. Sed cum nulla alimentorum solamina adessent, nisi corticum et herbarum pabula praeberentur, tantummodo coepit omnium animos adspirare, ut pro egri fratres sospitate ieiunio omnes et oratione vacarent. Tertia iam die peracto ieiunio, nihil habentibus, unde fessa corpora reficerentur, subito conspiciunt virum quendam, cum panum supplimento vel pulmentorum aequos oneratos, ante fores adstare, qui se referebat subita cordis ammonitione actum, ut eis ex sua substantia subveniret, qui tantam egestatem pro Christo in heremo sustinerent. Oblatis itaque viro Dei quae detulerat, coepit cum cordis humilitate deposcere, ut vir sanctus pro coniuge sua Dominum deprecaretur, quam per anni circulum tanta ignis febrium urebat, ut iam non crederetur superis reddi. Humili et anxio corde poscenti noluit vir sanctus denegare solamen; adhibitis simul fratribus, pro ea Domini misericordiam deprecatur. Cumque ille cum suis orationem conplesset, statim ea quae periculum mortis in propatulo habebat sanitati est reddita. At vero cum vir eius, largita sibi a viro Dei benedictione, domum remeasset, invenit coniugem suam domi sedentem, sciscitatusque, qua hora eam febrium vis reliquisset, repperit ea hora sanatam fuisse, qua vir Dei pro ea Dominum deprecasset[50].

Transactis itaque deinceps parvo temporis intervallo, quo pia capite Christo placamenta ac piamina mentis, per contritionem carnis iniuriasque famis mortificata Deo membra, offerrent [g]ac inviolatum religionis statum servare studerent, duris acerbitatibus omnis frangebatur voluptas[g], ut videlicet predo virtutum omnium expoliator criminum foret. Novem iam transierant dies, quo Dei vir cum suis non alias dapes caperet quam arborum cortices herbasque saltus; sed temperavit escae ariditatem pietas virtutis aeternae monuitque per visum abbatem quendam nomine

[g-g] Fehlt in A 4a.

7. Wie einige Leute gemahnt wurden, dem Manne Gottes Nahrung zu bringen, und von der Heilung einer Frau

So lebte der Mann Gottes mit den Seinen an diesem Ort, als einer von den Brüdern unvermutet schwer an hohem Fieber erkrankte, sei es aus Prüfung oder als Strafe für irgendeine Schuld[49]. Da es zur Stärkung aber keine andere Nahrung gab als Wurzeln und was die Wiesen an Kräutern darboten, munterte er alle auf, sie sollten für die Genesung ihres kranken Bruders fasten und nichts anderes tun als beten. Schon hatten sie den dritten Tag gefastet und besaßen nichts mehr, womit sie ihre entkräfteten Leiber hätten stärken können, als sie plötzlich einen Mann sahen, der vor der Pforte stehenblieb und dessen Pferde mit Broten und Mehl schwer beladen waren. Er erzählte, daß er plötzlich in seinem Herzen den Wunsch verspürt hätte, ihnen mit seinen Vorräten auszuhelfen, da sie ja um Christi willen in diesem unbewohnten Gebiet ein so kärgliches Leben führten. Er übergab dem Manne Gottes, was er mitgebracht hatte, und begann ihn voll Demut zu bitten, er möge für seine Gattin zum Herrn beten, da sie schon ein ganzes Jahr lang von so heftigem Fieber befallen wäre, daß man ihr keine Hoffnung aufs Überleben mehr geben könne. Da er so demütig und angsterfüllt flehte, wollte ihm der Mann Gottes seine Hilfe nicht verwehren. Er ließ alle Brüder zusammenkommen und flehte zum Herrn um Erbarmen für die Frau. Kaum hatte er das Gebet mit den Seinen vollendet, als sie, die schon an der Schwelle des Todes gestanden war, plötzlich geheilt war. Als ihr Gatte, der vom Manne Gottes noch den Segen erhalten hatte, nach Hause zurückgekehrt war, fand er seine Frau daheim sitzen und fragte sie, zu welcher Stunde sie das hohe Fieber verlassen hätte. Da erfuhr er, daß sie genau zu jener Stunde gesund geworden war, in der der Mann Gottes den Herrn für sie angefleht hatte[50].

Seit damals war nur kurze Zeit verstrichen, während der sie ihre Körper züchtigten und danach trachteten, durch Abtötung jeder Sünde abzusterben. So wollten sie Christus, ihrem Haupte, fromme Sühne und Vergeltung anbieten und strebten danach, unverfälscht nach der Religion Christi zu leben. So wurde jede körperliche Lust durch bittere Entsagung gebrochen und die Abkehr von jeder Sünde verkündete laut ihre Frömmigkeit. Neun Tage waren schon vergangen, während deren der Mann Gottes und die Seinen keine andere Nahrung zu sich genommen hatten als Baumrinden und die Kräuter des Waldes. Die Liebe des ewig Guten aber linderte ihre Hungersnot. Im Traume mahnte er einen Abt

[49] Zur Krankheit als Strafe vgl. auch die *Vita Rusticulae sive Marciae 13* sowie die *Vita Fidoli abbatis 11.*

[50] Vgl. *Jo. 4, 52f.*

Carantocum[51], qui monasterio cui Salicis[52] nomen est preerat, ut famulo suo Columbae intra heremi vastitate consistente necessaria deferret. Expergefactus igitur Carantocus, cellerarium suum Marculfum nomine vocat reique ammonitae causam narrat. At ille: 'Fac', inquid, 'ut imperatum est tibi'. Iubet ergo Carantocus Marculfum ire et omnia quae posset parare beato Columbano deferre. / Oneratis ergo Marculfus vehiculis iter arripit, sed, cum solitudinis ora adtegit, viam sibi pandi iteneris nequaquam repperit. Fuit tandem consilii, ut si in hoc Dei esset imperium, praemissis aequitibus, imperantis potentia viam aperiret. Mira virtus! antecedentes aequi ignotum iter ungula calle terent rectoque itenere ante fores beati Columbani ad Anagrates perveniunt[53]. Mirans Marculfus, aequorum vestigia subsecutus, ad virum Dei pervenit et quae detulerat presentat. Ille grates conditori rependit, qui sic suis famulis in deserto parare mensam non distulit. Accepta ergo ab eo benedictione, Marculfus calle quo venerat repetavit, [h]omnibus rei geste causam patefecit[h]. Coepit exinde frequentia populi et infirmantium cohortes ob sanitatem redintegrandam ad eum frequentare et omnium infirmitatum suffragium quaerere, quorum vota cum revocare a se nequiret, omnium petitionibus parens, orationum medicamine cunctorum ad se venientium infirmitates, divino fultus auxilio, curando subveniebat.

8. De temptatione et probatione et constantia et secessu tutioris heremi

Hisdemque in locis evenit, ut per opaca saltus inter devia hisdem vir Dei deambularet, et librum humero ferens, de scripturis sacris secum disputaret, subitoque cogitatio in mentem ruit, quid[i] elegeret melius, in hominum iniurias incedere an ferarum sevitiam sustinere? Cumque urgueret cogitationem inlata severitas, crebro frontem signo crucis armans atque orans, intra se

[h–h] Fehlt in A 4a.

[i] *E duobus* eingefügt in A 1a.

namens Carantocus[51], der das Kloster, das Saulx[52] heißt, leitete, daß er seinem Diener Columban, der sich in einer großen Einöde aufhalte, das zum Leben Nötigste bringen lasse. Vom Schlafe erwacht, rief Carantocus seinen Kellermeister namens Marculf zu sich und erzählte ihm, wozu er ermahnt worden sei. Darauf jener: „Handle, wie dir aufgetragen wurde!" Also befahl Carantocus dem Marculf, sich auf den Weg zu machen und dem heiligen Columban alles zu bringen, was er nur auftreiben könne. Marculf machte sich mit schwer beladenen Karren auf die Reise, konnte aber, als er in das unwegsame Gebiet vorgedrungen war, nirgends einen gangbaren Weg entdecken. Schließlich dachte er sich, wenn es Gottes Auftrag sei, könne er die Pferde ruhig vorausschicken und Gottes Macht werde ihnen sicher den Weg zeigen. O wundertätiger Glaube! Die vorausziehenden Pferde trabten auf einem unbekannten Pfad und gelangten auf dem kürzesten Wege zur Pforte des heiligen Columban nach Annegray[53]. Staunend folgte Marculf den Spuren der Pferde, kam beim Manne Gottes an und bot ihm alles dar, was er mitgebracht hatte. Jener aber dankte dem Schöpfer von Herzen, der nicht vergaß, auf solche Weise seinen Dienern in der Wüste das Mahl zu bereiten. Marculf empfing den Segen, kehrte auf demselben Pfade wieder zurück, auf dem er gekommen war, und erzählte allen, was sich zugetragen hatte. Darauf begann das Volk immer öfter dorthin zu pilgern. Ganze Scharen von Kranken eilten zu ihm, um von ihm ihre Gesundheit wiederzuerlangen und Hilfe bei allen Leiden zu suchen. Er aber konnte sich ihren Bitten nicht verschließen, erhörte das Flehen aller und heilte durch die Kraft seiner Gebete alle Krankheiten der zu ihm Gekommenen mit großer Sorgfalt und gestützt auf die Hilfe Gottes.

8. Wie er der Versuchung standhaft widerstand und sich noch tiefer in die Einöde zurückzog

Einmal wanderte der Mann Gottes in dieser Gegend kreuz und quer durch einen schattigen Wald. Er trug ein Buch auf den Schultern und war in den heiligen Schriften versunken. Plötzlich stellte sich ihm die Frage, wofür er sich gegebenenfalls eher entscheiden würde: in die Hände böser Menschen zu fallen oder sich wilden Tieren auszusetzen. Da ihn dieses Problem nicht losließ und quälte, bekreuzigte er seine Stirn und betete, um gewappnet zu sein. Dann sagte er bei sich, er wolle

[51] Wahrscheinlich ein Brite.

[52] Dép. Côte-d'Or, Ar. Dijon, Ct. Is-sur-Tille.

[53] Zum Topos des wegweisenden Pferdes vgl. A. Mayer, Das mantische Pferd in lateinischen Texten des Mittelalters. Liber floridus (1952) 132ff.

ait, melius esse ferocitatem bestiarum absque alieno peccato, quam hominum rabiem sustinere cum damna animarum. Dumque haec animus volveret, conspicit XII lupos advenire et dextra levaque medius adstare, manebatque immobilis atque dicens: [54]Deus, in adiutorium meum intende; Domine, ad adiuvandum me festina![54] Propius illi accedunt atque ora vestimentis [eius] iungunt; cumque ille constans adstaret, interritum relinquunt saltumque pervagantur. Hac temptatione in securitate traiecta, iter per saltum carpit. Cumque haud procul abisset, audit vocem multorum Suevorum[k] per avia oberrantium, qui eo in tempore hisdem in locis latrocinia exercebant[55], sicque demum, traiecta per constantiam temptatione, pepulit adversitatem. Sed hoc utrum diaboli fallacia finxerit, an rei veritas gestivit, patule non agnovit. Rursumque secessit a cellula, longiorique via vasta heremi penetrans, repperit saxum inmane preruptaque rupis latera, aspera scopulis terga, avia hominibus, ibique conspicit concavum in caute sinum. Adgressusque abdita perscrutare, repperit in interiore sinus ursi habitaculum ipsumque interius residentem. Mitis / ergo feram abire iubet: 'Nec deinceps hos', inquid, 'repetes calles'[56]. Abiit fera mitis nec prorsus est ausa repetare, distabatque ab Anagrate locus plus minusve milibus septem.

9. De ariditate cibi et aqua ex petra producta

Quo in tempore cum in eadem concava scopuli solitariam vitam duceret, sicut eius erat consuetudinis, ut cum dominicis festis vel quorumlibet sanctorum sacratae sollemnitatis adpropinquaret adventus, ab aliorum societate segregatus et abditis locis receptus, vel longioris spatii heremi secreta tutabatur, ut solida mentae[l] et absque curarum inquietudine solius orationis vacaret et religioni omni conatu intenderet, erat cibis ita adtenuatus, ut vix vivere crederes, nec aliud penitus quam agrestium herbarum exigua mensura vel pomorum parvulorum, quae heremus ille

[k] *Sevorum* in A 1b^x. 3'.
[l] Auf Rasur in A 1a.

lieber sündenfrei sein und von wilden Tieren zerrissen werden, als die Gesellschaft böser Menschen aushalten zu müssen und an der Seele Schaden zu nehmen. Während er noch darüber nachdachte, sah er, wie zwölf Wölfe auf ihn zukamen und rechts und links von ihm stehenblieben. Er rührte sich nicht und betete: „[54]Gott komm, steh mir bei! Herr, eile mir zu Hilfe![54]" Die Tiere rückten immer näher und berührten schon den Saum [seines] Gewandes. Er aber bewegte sich nicht und stand furchtlos da. So verließen sie ihn und streiften weiter durch den Wald. Kaum hatte er diese Versuchung heil überstanden, setzte er seine Wanderung durch die Wildnis fort. Er war noch nicht weit gegangen, als er das Geschrei einer Suebenschar hörte, die durch den Wald zog und damals in dieser Gegend häufig Raubzüge unternahm[55]. So entkam er dieser Gefahr, weil er sich in der Versuchung standhaft gezeigt hatte. Ob es nun ein Wahnbild des Teufels war oder ob es sich wirklich so zugetragen hatte, konnte er freilich nicht genau feststellen. Als er ein anderes Mal seine Zelle verließ und ihn seine ausgedehnte Wanderung in ein ganz unwegsames Gebiet führte, fand er einen riesigen Stein, dessen Seiten schroff abfielen. Die hintere Seite war eine steile Felsenklippe, die kein Mensch erklettern konnte. In diesem Felsen sah er eine runde Öffnung und als er eintrat und das Innere untersuchte, fand er tief drinnen in der Höhle einen Bären sitzen, der hier offenbar seine Behausung hatte. Er sprach das Tier an und befahl ihm freundlich fortzugehen und sagte: „Daß du mir nicht mehr den gleichen Weg in diese Höhle nimmst"[56]. Das wilde Tier trabte willig davon und wagte es nicht mehr wiederzukehren. Der Ort aber lag von Annegray etwa sieben Meilen entfernt.

9. Von der Nahrungsknappheit und wie Wasser aus dem Felsen floß

Er führte damals in eben dieser Höhle für lange Zeit ein Einsiedlerleben, wie es seine Gewohnheit war, und kam mit den Brüdern nur an den Festen des Herrn oder bei den Feierlichkeiten zu Ehren der Heiligen zusammen. Sonst war er von ihrer Gemeinschaft getrennt, hauste an entlegenen Orten und manchmal zog er sich noch tiefer in die Einsamkeit zurück, um ungestört und frei von Belästigungen den ganzen Tag beten zu können und zu versuchen, ganz nach der Religion zu leben. Er aß so wenig, daß man es kaum glauben konnte, daß es zum Leben reichte: kleine Kräuter des Feldes und winzig kleine Früchte, die dort in der

[54–54] *Ps. 69, 2.*

[55] Die aus mehreren Suebenstämmen zusammengesetzten Alemannen mit ihrem Kern um den Bodensee siedelten östlich des burgundischen Stammesgebiets.

[56] Eine ähnliche Vertreibung eines Bären schildert Jonas in der *Vita sancti Vedastis episcopi 1, 6;* vgl. auch die *Vita Galli auctore Wettino 11.*

ferebat, quae etiam bullugas[57] vulgo appellant; potus aqua erat: ut qui semper in aliorum curis occupatus, haec aequae agere nequiret, saltim per intervalla temporum pro parte mentis vota patraret. Eratque eius in ministerio puerolus quidam nomine Domoalis, qui cum certas oportunitates monasterii evenissent, solus patri renuntiaret ac fratribus observanda referret. Positus ergo in praefatu sinu eminentis saxi, qui aliunde pene aditum denegabat, multis cum iam inibi diebus resedisset, coepit supradictus puerolus sub silenti voce conquerere, cur in promptu aquam non haberet, sed grandi labore per montis ardua, fessis poplitibus, deferre. Cui Columbanus: 'Fili', inquit, 'paulisper saxi terga sciscitare; memento populo Israhel Dominum de caute latices produxisse'[58]. At ille patri oboediens rupem cedere adgressus. Sanctus itaque vir statim genibus provolutus, orationibus Dominum deprecatur, ut suae necessitati tribuat oportuna. Tandem eius precibus parens, pie petenti larga subvenit potestas, moxque latex producta, fons coepit manare perennis, quae usque in hodiernum diem manat. Nec inmerito misericors Dominus suis sanctis tribuit postulata, qui ob suorum praeceptorum imperio proprias crucifixerunt voluntates, tantum fidem pollentes, quae eius misericordiae postulaverint, impetrare non dubitant; quia ipse promisit, dicens: [59]Si habueritis fidem sicut granum sinapis, dicetis monti huic: 'Transi' et transiet, et nihil inpossibile erit vobis[59]; et alibi: [60]Omnia quecumque orantes petitis credite quia accipietis, et venient vobis[60].

10. De inventione Luxovii et monasterio ibi constructo et monachorum concursu

Cumque iam multorum monachorum societate densaretur, coepit cogitare, ut potioris loci in eodem heremo quereret, quo monasterium construxisset, invenitque castrum firmissimo olim fuisse munimine cultu, a supradicto loco distantem plus minus octo milibus[61],

[57] Zum Ausdruck vgl. das Mittellateinische Wörterbuch I 1613, 30ff. und *Jonas I 27.*

[58] Vgl. *Num. 20, 7ff.*

Wildnis wuchsen und vom Volke Brombeeren genannt werden[57], bildeten seine karge Nahrung, Wasser war sein Getränk. So erlangte er, der stets mit den Sorgen der anderen beschäftigt war und deshalb nicht so leben konnte, die ersehnte Lebensweise zumindest teilweise und bisweilen. Ihm zur Seite stand ein ganz junger Mann namens Domoal, der, wenn es für die Klostergemeinschaft unbedingt erforderlich war, beim Vater allein Botendienst verrichtete und den Brüdern seine Weisungen mitteilte. Er hielt sich also in jenem riesigen Felsvorsprung auf, der sonst von allen Seiten schier unzugänglich war. Als er schon viele Tage dort verbracht hatte, begann eben jener junge Mann leise zu klagen, warum er denn das Wasser nicht gleich zur Hand haben könne und es immer mit großer Anstrengung ganz erschöpft aus dem gebirgigen Gelände herschleppen müsse. Columban antwortete ihm: „Mein Sohn, schlage getrost auf den Felsen; denke daran, daß der Herr auch dem Volke Israel Wasser aus dem Felsen hat fließen lassen“[58]. Er folgte dem Vater und begann auf den Stein zu schlagen. Der heilige Mann warf sich auf die Knie und bat den Herrn inständig, er möge gewähren, was für sie so notwendig sei. Schließlich ließ sich die Macht Gottes, die jede gläubige Bitte im Überfluß erfüllt, durch sein Flehen erweichen. Wasser quoll hervor und wurde zu einer ständig fließenden Quelle, die bis auf den heutigen Tag fließt. So erfüllt der barmherzige Gott die Bitten seiner Heiligen, denen diese Gnade deshalb zuteil wird, weil sie in treuer Erfüllung seiner Gebote ihre eigenen Wünsche ans Kreuz geschlagen haben und voll des Glaubens keinen Augenblick an der Erfüllung dessen zweifeln, worum sie den Herrn gebeten haben. Er selbst hat es ihnen ja mit folgenden Worten versprochen: „[59]Wenn euer Glaube nur so klein ist wie ein Senfkorn, sagt zu dem Berg: ‚Heb dich hinweg!‘ und er wird verschwinden und nichts wird euch unmöglich sein[59].“ Und an einer anderen Stelle sagt der Herr: „[60]Glaubt fest daran, daß alle eure Gebete erfüllt werden, und sie werden in Erfüllung gehen[60].“

10. Die Auffindung Luxeuils, die Errichtung des dortigen Klosters und der Zustrom von Mönchen

Als die Gemeinschaft Mönche in übergroßer Zahl besaß, beabsichtigte er, in jener einsamen Gegend einen Platz zu suchen, der sich noch besser für eine Klostergründung eignen würde, und fand schließlich nur ungefähr acht Meilen[61] vom obengenannten Ort entfernt ein altes Lager, das

[59–59] Vgl. *Mt. 17, 19.*

[60–60] Vgl. *Mk. 11, 24.*

[61] Nicht ganz 12 Kilometer.

quem Luxovium prisca tempora nuncupabant.[62] Ibi aquae calidae cultum eximio constructae habebantur[63]; ibi imaginum lapidearum densitas vicina saltus densabant, quas cultu miserabili ritoque profano vetusta paganorum tempora honorabant, quibusque execrabiles ceremonias litabant; solae ibi ferae ac bestiae, ursorum, bubalorum, luporum multitudo frequentabant. Ibi residens vir egregius, monasterium construere coepit, ad cuius famam plebes undique concurrere et cultui religionis dicare curabant, ita ut plurima monachorum multitudo adunata, vix unius caenubii collegio sistere valeret. Ibi nobilium liberi undique concurrere nitebantur, ut exspreta faleramenta saeculi et praesentium pompam facultatum temnentes, aeterna praemia caperent. Quod beatus Columbanus cernens, undique ad penitentiae medicamenta plebes concurrere et unius caenubii septa tantum conversantum cohortem absque difficultate non[m] teneri, quamvis [64]mente una et cor unum[64], tamen conversationis tante multitudines incongruum, alium experimento locum querit, quem aquarum inriguitas adornabat, aliumque monasterium construit, cui Fontanas nomen indedit[65]. Dedit gubernatores praepositus, de quorum religione nihil dubitabatur.[66] His ergo in locis monachorum plebes constitutas, ipse vicissim omnibus intererat regulamque, quam tenerent,[67] Spiritu sancto repletus condedit, in quam, qualis et quantae disciplinae vir sanctus fuerit, prudens lector vel auditor agnoscit.

11. De progressu eius cum Autierno in heremo et supplimento piscium

Eo itaque in tempore quidam frater nomine Autiernus pulsare coepit, ut peregrinandi causa in Hibernia perveniret. Cui Columba ait: 'Pergentes in heremo, / voluntatem Dei probemus, utrum

[m] *Posse* eingefügt in A 4.

[62] Dép. Haute-Saône, Ar. Lure; die Namensform Luxovium begegnet bei Jonas zum ersten Mal.

[63] Vgl. die Votivtafeln im *Corpus Inscriptionum Latinarum XIII nn. 1039* und *5425*.

einstmals stark befestigt gewesen war und in alter Zeit den Namen Luxeuil geführt hatte[62]. Hier waren mit riesigem Aufwand Bäder für warme Quellen errichtet worden[63] und in den benachbarten Waldschluchten lagen noch immer überall die steinernen Bildnisse herum, die die Heiden in alter Zeit in törichter Verehrung und auf abergläubische Weise verehrt und bei denen sie ihre verdammenswerten Opferfeierlichkeiten abgehalten hatten. Jetzt aber trieben sich dort nur wilde Tiere und Ungeheuer herum, eine große Schar von Bären, Auerochsen und Wölfen. Dort ließ sich der erhabene Mann nieder und erbaute ein Kloster, auf dessen Ruf hin das Volk bald von überall her herbeiströmte und sich einem frommen Lebenswandel weihen wollte, so daß die Mönche bald so zahlreich geworden waren, daß sie nicht länger in nur einem Kloster bleiben konnten. Denn auch die Söhne der Adligen eilten von überall hierher, die Verlockungen der Welt und den trügerischen Glanz irdischen Reichtums zu verachten und dadurch den ewigen Lohn zu erringen. Als der heilige Columban nun merkte, daß es durch diese große Menge Volkes, das von allen Seiten kam, um durch seine Reue das Heil zu finden, im Kloster für diese gewaltige Schar der dort Versammelten, [64]obwohl sie eines Sinnes und eines Herzens waren[64], nur Schwierigkeiten geben könnte und ein Kloster allein für das Zusammenleben so vieler ungeeignet sei, suchte und fand er einen anderen für seinen Wasserreichtum bekannten Ort, wo er ein zweites Kloster errichtete und ihm den Namen Fontaines-les-Luxeuil gab[65]. Als Äbte stellte er Männer an die Spitze, deren Frömmigkeit unzweifelhaft war[66]. So hatte sich an diesen Orten eine Schar von Mönchen zusammengefunden, bei denen allen er sich bald hier und bald dort aufhielt und denen er voll des Heiligen Geistes eine Regel gab, an die sie sich halten sollten[67]. Aus ihr kann der verständige Leser und Hörer leicht erkennen, wes Charakters und von welch großer Strenge dieser heilige Mann war.

11. Wie er mit Autiernus in die Einöde ging und vom Fischwunder

In jener Zeit bat ihn ein Bruder namens Autiernus immer wieder, er wolle um Christi willen nach Irland ziehen. Columban sagte ihm: „Wir wollen in die Einsamkeit gehen und den Willen Gottes erforschen, ob du

[64–64] *Act. 4, 32.*

[65] Dép. Haute-Saône, Ar. Lure, Ct. St. Loup-sur-Sermouse, etwa 5 Kilometer von Luxeuil entfernt.

[66] Columban bestimmte vor seiner Abreise nach Nantes Waldelenus zum Abt von Luxeuil; vgl. *MGH Epp. III 166.*

[67] Die *regula monachorum* und die *regula coenobialis*, beide hrsg. von G. S. M. Walker, S. Columbani Opera (1957) 122–169 mit englischer Übersetzung.

desideratum arripias iter, an in coetu fratrum permaneas'. Pergentes ergo simul, tertium aduliscentem nomine Sonicharium, qui adhuc superis iunctus est, in comitatu sumunt et ad distinatum in heremo locum pervenerunt, unius panis tantum cibo contenti. Cumque iam duodecimus transisset dies nec quicquam panis fragmentis remansisset horaque refectionis adpropinquaret, imperantur a patre, ut per praerupta rupis eant atque ad ima vallis perveniant, et quicquid ad cibum oportune repperiant deferant. Ovantes illi per concava vallis Musella tenus advenerunt capturamque piscium olim a pastoribus consertam et undis oppositam cernunt. Accedentesque, quinque magnos reppererunt pisces, sumentesque tres, qui adviverant, patri presentandos vehunt. At ille: 'Cur', inquit 'non quinque detulistis?' Respondent, mortuos repperisse duos, proinde reliquisse. Ille: 'Nequaquam' ait, 'ex his comedetis, nisi, quos dimisistis, venerint'. At illi miraculo perculsi de providentia divinae gratiae, pernici cursu reppetunt, increpanturque, quur repertam mannam reliquissent, et sic cibos parare iubentur. Nempe Spiritu sancto plenus noverat sibi a Domino passim dapes paratas.

Aliaque vice cum in eadem solitudine moraretur, [n]non tamen eo in loco, iamque quinquaginta dies transierant[n], unusque tantum e fratribus cum eo erat Gallus nomine; cui ille imperat, ut ad Bruscam[68] eat piscesque capiat. Ille abiit ratumque duxit, ut ad Lignonem[69] amnem pergeret. Quo cum pervenisset, retem in alveum iactavisset, aspicit tantam multitudinem advenire nec prorsus retem tenere, sed, velut in parietem inpingerent, retro revertere. Laboravit itaque per totam diem neve unum capere quivit; reversus, patri renuntiat de frustrato labore. Ille inoboedientem increpat, cur non ad denuntiatum locum properasset, [o]aitque denuo: 'Vade cito et ad denuntiatum perge locum'[o]. Pervenit itaque et undis rete opposuit, tantaque piscium[p] copia est rete impletum, ut vix prae multitudine trahi potuisset[70]. Haec nobis supra dictus Gallus sepe narravit. /

[n–n] Fehlt in A 3.
[o–o] Fehlt in A 3.
[p] Auf Rasur in B 1a.

die ersehnte Reise unternehmen oder in der Gemeinschaft der Brüder verbleiben sollst". Sie machten sich also auf den Weg und nahmen einen jungen Mann namens Sonicharius als dritten Begleiter mit, der jetzt schon bei den Toten weilt. Schließlich kamen sie ans Ziel ihrer Wanderung in die Einöde, wo sie mit nur einem Stück Brot ihr Auslangen finden wollten. Als schon zwölf Tage verstrichen und kein Krümel Brot mehr übrig war, trug ihnen der Vater beim Herannahen der Stunde der Refektion auf, die unwegsame Wildnis zu durchqueren, bis sie zur Talsohle gelangten, und alles herzubringen, was sie Eßbares fänden. Freudig eilten sie durch das enge steile Tal bis zur Mosel, wo sie eine Vorrichtung zum Fischfang fanden, die einst von Hirten verfertigt worden und den Wellen ausgesetzt war. Sie kamen näher und fanden fünf große Fische, von denen sie drei noch lebende mitbrachten und dem Vater zeigten. Er fragte sie: „Warum habt ihr nicht alle fünf mitgenommen?" Sie antworteten, sie hätten sie schon tot vorgefunden und deshalb zurückgelassen. Darauf sagte jener: „Ihr werdet von diesen hier nichts essen können, bis nicht auch jene da sind, die ihr nicht mitgenommen habt." Betroffen vom Wunder, das die Vorsehung Gottes in ihrer Gnade gewirkt hatte, eilten sie schnellen Laufes zurück, mußten sich schelten lassen, die gefundene Himmelsspeise nicht mitgebracht zu haben und bereiteten dann die Speise, wie es ihnen aufgetragen worden war. Denn voll des Heiligen Geistes hatte er gewußt, daß ihm der Herr allenthalben Speise bereiten würde.

Ein anderes Mal hatten sie schon fünfzig Tage in der Einöde verbracht, wenn auch an einem anderen Ort. Von den Brüdern befand sich nur einer namens Gallus bei ihnen. Diesem trug er auf, zur Breuchlin[68] fischen zu gehen. Er aber ging fort und beschloß, zur Ognon[69] zu wandern. Dort angekommen, warf er das Netz in den Fluß. Bald sah er eine große Menge Fische herbeischwimmen, die sich aber nicht im Netz fingen, sondern wieder kehrtmachten, wie wenn sie an einer Mauer anstießen. So mühte er sich den ganzen Tag, konnte aber keinen einzigen Fisch fangen. Heimgekehrt berichtete er dem Vater von seiner vergeblichen Mühe. Jener tadelte ihn streng wegen seines Ungehorsams, weil er nicht zum bezeichneten Ort gegangen war und sagte abermals: „Brich rasch zum angegebenen Ort auf!" Als er dorthin gekommen war und das Netz in die Wellen geworfen hatte, füllte es sich mit einer so großen Menge von Fischen, daß er es kaum herauszuziehen vermochte, so viele waren es[70]. Das hat uns der oben genannte Gallus oftmals erzählt.

[68] Mündet bei Conflans im Dép. Haute-Saône in die Lanterne.

[69] Mündet bei Heuilly-sur-Saône im Dép. Côte-d'Or in die Saône.

[70] *Jo. 21, 6.*

12. De sodalium egritudine divinitus conperto et sospitate oboedientum

Morabatur alia vice in supradicto scopuli sinu, a quo ursum expulerat, diuque ibi oratione et ieiunio corpus adflixerat. Cognovit per revelationem, fratres qui poenes Luxovium erant diversis morborum generibus vexari nec amplius remansisse, quam qui egrotis administrabant. Egressus itaque de specu, ad Luxovium venit; cumque omnes adflictos cerneret, imperat, ut omnes surgant atque messem in area virga cedant. Surrexerunt ergo, quorum conscientiam oboedientiae ignis urebat, ad areamque venientes, virga messem cedere cum fidei gratia adgressi sunt. Videns ergo pater fidem in filiis et oboedientiae gratiam habundare, ait: 'Sinite', inquit, 'fessa egritudine membra a labore reficere'. Mirantur de sospitate oboedientes, nullum doloris vestigium remanente, mensasque parare iubet, ut uberi gaudio omnes reficerent. Increpantur deinde [q]inoboedientes, ignavia fidei arguitur, longitas egritudinis denuntiatur. Mira ultio! nam supra metam anni[q] inoboedientes egritudinis poena ita vehementer exussit, ut vix mortem evaderent; impleverunt mensuram poenitentiae de suscepto inoboedientiae tempore.

13. De segete inter imbres collecta et viri Dei fide pluvia a segete pulsa

Interea tempus evenerat, ut copia segetum horreis conderentur, nec prorsus vis ventorum nubes conpilare cessabat. Urguebat sane necessitas, ne maturae messis spica in stipulam, germine emisso, periret. Eratque vir Dei apud Fontanas coenobium, ubi et messium copiam novus ager locupletem dederat. Inruebant ventorum flabra cum vehementia imbrium nec omnino nubila caeli dare terris pluviam quiescebant. Quid inter haec vir Dei ageret, anxio corde pensabat; armavit mentem fides, docuit impetrare oportuna arcessivitque omnes ac segetem praecidi iubet. Mirantur illi patris imperium nec tamen quisquam patri

[q]–[q] Fehlt in A 4.

12. Wie ihm Gott die Krankheit seiner Gefährten kundtat und die Gehorsamen wieder gesund wurden

Abermals hielt er sich in jener Höhle auf, aus der er den Bären vertrieben hatte, und züchtigte dort seinen Leib durch Gebet und Fasten. Da erkannte er aufgrund einer Offenbarung, daß die in Luxeuil weilenden Brüder von verschiedenen Krankheiten heimgesucht würden und es außer ihm niemanden mehr gäbe, der sich um die Kranken kümmern könnte. Daher verließ er die Grotte und gelangte nach Luxeuil. Als er sie alle darniederliegen sah, befahl er ihnen aufzustehen und die Ernte von Felde heimzubringen. Sie erhoben sich also, gingen voll Gehorsam zum Acker und begannen in tiefem Glauben mit der Mahd. Als der Vater aber sah, daß seine Söhne die Gnade des Glaubens und des Gehorsams in so großem Maße besaßen, sprach er: „Hört auf und quält eure kranken Körper nicht länger mit Arbeit!“ Sie folgten ihm und staunten, daß sie alle gesund waren und auch nicht die geringste Spur von Schmerz mehr verspürten. Er aber hieß sie, das Mahl zu bereiten, damit sie sich frohen Herzens stärken könnten. Hierauf schalt er die Ungehorsamen, tadelte ihren schwachen Glauben und prophezeite ihnen eine lange Krankheit. Und die Strafe folgte auf dem Fuße! Länger als ein Jahr quälte die Ungehorsamen ihre Krankheit so heftig, daß sie nur mit Mühe dem Tode entrannen. So erfüllten sie das Maß der Reue über die Zeit ihrer begangenen Unfolgsamkeit.

13. Wie sie bei starkem Regen die Ernte einbrachten und der Mann Gottes durch seinen Glauben das schlechte Wetter von der Mahd vertrieb

Unterdessen war es Zeit geworden, die Fülle des Getreides in die Scheunen zu bringen. Der Himmel aber war dicht bewölkt und kein Wind rührte sich. Die Zeit wiederum drängte schon sehr, damit die Ähren des reifen Getreides nicht verdörrten und das Korn verlorenginge. Der Mann Gottes hielt sich beim Kloster Fontaines auf, wo ein neuer Acker reichlich Frucht abgeworfen hatte. Heftiger Wind peitschte schwere Regenschauer, und der Himmel war so bewölkt, daß es schier keine Aussicht auf ein Ende des Regens gab. Voll Sorge überlegte der Mann Gottes, was er unter diesen Umständen machen sollte. Doch sein Glaube machte ihn stark und lehrte ihn, die nötigen Vorkehrungen zu treffen. Er rief alle zusammen und sagte, sie sollten mit der Ernte beginnen. Sie wunderten sich zwar über den Befehl ihres Vaters, aber trotz-

cogitatum depromit. Venerunt omnes falceque inter diffusionem imbrium secant segetem patremque, quid agat, conspiciunt. Ille quattuor plenos religione viros per quattuor angulos messis praeponit, Comininum et Eunocum ac Equonanum ex Scottorum genere quartumque Gurganum genere Brittonem[71]. His ordinatis, ipse cum reliquis medius messem praecidebat. Mira virtus! fugebat imber a segete et undique pluvia diffundebatur; medios tantum messores solis ardor torrebat aestusque vehemens, quousque messem conderent, afflavit. Sic fides et oratio meruit, ut, pulsa pluvia, aestum inter imbres haberet. /

14. De fecunditate sterelis [r]et prolis donum orationibus inpetratum[r]

Eratque enim tunc temporis dux quidam nomine Waldelenus[72], qui gentes qui intra Alpium septa et Iurani saltus arva incolent regebat[73]. Huic sobolis nulla erat, ut Iuvencus de Zacharia et Helisabeth ait: [74]Gratius ut donum iam disperantibus esset.[74]

Hic cum coniuge sua Flaviam nomine et genere et prudentia nobilem ad beatum Columbanum ex Vesontionense oppido pergit, precantes simul, ut pro eis Dominum deprecaretur: se multorum opum esse ditatos, sed, cui hereditatem post obitum linquerent, heredem non habebant. Quibus vir sanctus: 'Si', inquit, 'voti vestri est, ut largitoris donum eius nomini consecretis [s]mihique ex lavacro suscipiendum tradatis[s], pro vobis ego Domini clementiam implorabo, ut non solum eum quem domino vovetis habeatis, verum etiam, quantum volueritis, post pignora suscipiatis.' At illi laeto animo promittunt se eius imperiis parituros, tantum pro ipsis Domini misericordiam non desinat implorare. Spondet vir Dei muneribus plenus se in promptum habere, tantum ne pacti foedus studeant violare. Mirum dictu! vix domi remeant,

[r–r] Fehlt in A 2a. 4.
[s–s] Fehlt in A 1c.

[71] Jonas nennt außer ihnen noch Columban, Gallus, Lua, Potentinus und Domoalis als die ersten Gefährten.
[72] Sonst nirgends erwähnt.

dem sagte ihm keiner, was er sich dachte. Alle gingen sie hin und schnitten bei heftigem Regen mit ihren Sicheln das Getreide ab und blickten auf ihren Vater, was er wohl tun würde. Er aber stellte vier sehr fromme Männer an den vier Ecken des Ackers auf, nämlich Cominius, Eunocus, Equonanus, alle Scoten, und als vierten den Briten Gurganus[71]. Dann begann er selbst mitten unter den übrigen das Getreide einzubringen. Da geschah ein unfaßbares Wunder: Über dem Acker hörte der Regen auf und die Wolken verzogen sich auf allen Seiten. Mitten auf die Schnitter brannte die Sonne hinab und solange sie mit der Einbringung der Ernte beschäftigt waren, wehte ein heißer Wind. So machten sein Glaube und sein Gebet den Himmel wolkenlos und brachten ihnen trotz des Regens warmes Wetter.

14. Wie eine Unfruchtbare geheilt wurde und kraft seiner Gebete das Geschenk der Nachkommenschaft empfing

Damals lebte auch der dux namens Waldelenus[72], der an der Spitze jenes Volkes stand, das zwischen der Alpenkette und dem waldigen Juragebirge wohnte[73]. Er hatte weder einen Nachkommen noch konnte er mehr auf dieses herrliche Geschenk hoffen, wie Juvencus von Zacharias und Elisabeth sagt: „[74]Mehr Freude macht ein Geschenk jenen, die gar nicht mehr darauf hoffen[74]." So machte er sich mit seiner Gattin Flavia, die ihre Herkunft und ihre Klugheit adelten, zum heiligen Columban auf und verließ die Stadt Besançon. Beide baten sie ihn, er möge für sie zum Herrn beten: sie seien reich und hätten zwar Macht, aber keinen Erben, dem sie ihr Erbe nach ihrem Tode hinterlassen könnten. Der Mann Gottes antwortete ihnen: „Wenn ihr damit einverstanden seid, dieses Geschenk des ewigen Spenders seinem Namen zu weihen und es mir gleich nach der Taufe zu übergeben, will ich für euch den Herrn um die Gnade bitten, er möge euch nicht nur dieses eine Kind schenken, das ihr ihm weiht, sondern nach diesem Unterpfand noch so viele andere, wie ihr wollt". Jene aber versprachen voll Freude, seinem Ansinnen zu folgen und willigten mit dem einen Wunsche ein, sofern er nur nicht aufhöre, Gott für sie um seine Gnade zu bitten. Das versprach ihnen der Mann Gottes, dem alle Möglichkeiten offenstanden, daß sie auf ihn rechnen könnten, wenn sie nur nicht versuchten, das abgeschlossene Bündnis zu brechen. Kaum waren sie nach Hause zurückgekehrt, geschah das Unfaßbare: die Frau wurde

[73] Es ist das Gebiet westlich des Juragebirges um Besançon gemeint, da nach *Fredegar IV 13* der pagus Ultraiuranus vom dux Wandalmarus beherrscht wurde.

[74–74] *Iuvencus, Evangeliorum libri I 8f.*

donum creatoris alvo gravida mater futura expectat. Editum ad virum sanctum defert, suis orationibus largitum munus demonstrat, grates conditori agit, qui sic ad petitiones famulorum suorum quesita dona largitur. Quem vir sanctus suis manibus receptum sacravit sacroque lavacro ablutum ipse suscepit Donatumque[75] nomen inponet matrique ad nutriendum reddit. Qui post alitus in eodem monasterio, sapientia inbutus[76], Vesontionensis pontifex praefectus, nunc usque superest, eandem cathedram regens[77]. Qui post in amore beati Columbani ex ipsius regula monasterium virorum construxit, quem / Palatium[78] nuncupant ob veterum monimenta murorum. Addiditque post eum bonitatis largitor famuli sui promissum alium filium Chramelenum[79] nomine, qui nobilitate et sapientia pollens, post patris obitum in eius honore est suffectus, quamvis seculari habitu, tamen in creatoris amore vigil. Nam et ipse in amore beati viri in saltum Iorensem super Novisona fluviolum monasterium ex eius regula construxit, in quo Siagrium abbatem praefecit[80]. Addiditque adhuc duas filias pristino munere et seculo nobiles et in Christi timore deditas. Post ista munera mater ipsorum Flavia post mariti obitum monasterium puellarum in supradicta urbe Vesontionis construxit[81], omni munimine roborans, multarum puellarum contionem adunavit. Tantum in eis viri Dei gratia flagravit, ut omnia faleramenta praesentis vitae temnentes, ad omnipotentis [Dei] cultum anhelarent.

15. De Theudegisili digito secto et Winioci fronte sanato et corvi oboedientia

Si vero aliqua inserere nitimur, quae parva hominibus videantur, erit obtrectatorum latratibus patens; conditoris tamen largitio aeque in minimis, ut in magnis, misericorditer adspirat nec

[75] Er war als Bischof von Besançon bei den Konzilen von Clichy (626/7) und Chalon-sur-Saône (639/654) anwesend. Da die Bischofsweihe nicht vor dem 30. Lebensjahre erteilt werden durfte, muß Donatus vor 596/7 geboren sein.

[76] Ist auf Luxeuil zu beziehen; vgl. auch *Jonas I 17.*

[77] 642

schwanger und erwartete als künftige Mutter das Geschenk Gottes. Gleich nach der Geburt brachte sie das Kind zum Manne Gottes, zeigte ihm das Geschenk, das ihr kraft seiner Gebete zuteil geworden war, und dankte dem Schöpfer, der seinen Dienern jene Gaben gibt, um die sie ihn bitten. Der heilige Mann nahm das Kind in seine Arme, segnete und reinigte es in der heiligen Taufe. Dann nahm er es auf, nannte den Knaben Donatus[75] und gab ihn seiner Mutter zurück, damit sie ihn nähre und großziehe. Als er groß geworden war, lernte er in eben jenem Kloster die wahre Weisheit[76], wurde dann Bischof von Besançon und hat diesen Bischofssitz bis auf den heutigen Tage inne[77]. Aus Verehrung zum Heiligen Columban ließ er nach dessen Regel ein Männerkloster errichten, das wegen der Reste uralter Mauern Palatium heißt[78]. Der Spender alles Guten aber schenkte ihnen, so wie es sein Diener versprochen hatte, nach diesem noch einen anderen Sohn namens Chramelenus[79], der aufgrund seiner adeligen Herkunft und seiner Weisheit nach dem Tode des Vaters dessen Würde übernahm. Obwohl er das weltliche Gewand anhatte, blieb in ihm die Liebe zum Schöpfer doch stets wach. Denn auch er ließ aus Verehrung für den Mann Gottes im Juragebirge bei dem kleinen Fluß Novisona nach dessen Regel ein Kloster gründen, in dem er Siagrius als Abt einsetzte[80]. Dem vergangenen Segen fügte der Herr noch zwei Töchter hinzu, die in der Welt angesehen und voll echter Liebe zu Christus waren. Nach dem Tode ihres Gatten ließ deren Mutter Flavia nach all diesen Geschenken ein Frauenkloster in der oben erwähnten Stadt Besançon errichten[81], stattete es mit jedem Schutz aus und vereinigte dort eine Schar Nonnen. So sehr war in ihnen die Verehrung für den Manne Gottes wach, daß sie alle Freuden des irdischen Lebens verachteten und ihr Leben ganz zur Ehre des Allmächtigen einrichteten.

15. Wie sich Theudegisil den Finger abschnitt, das Gesicht des Winioc geheilt wurde und vom Gehorsam des Raben

Manches, was wir unserem Bericht mit Absicht beifügen, mag den Menschen unbedeutend erscheinen und wird meinen Kritikern Gelegenheit zu bösem Gerede geben. Gott zeigt aber seine unendliche Gnadenfülle in den kleinsten Dingen in gleicher Weise wie in den großen, und

[78] Später St. Paul am anderen Ufer der Doubs, wo Donatus auch begraben wurde.

[79] Zu *Chramelenus* vgl. *Fredegar IV 78* und *90*.

[80] Nicht näher bekannt.

[81] Heute die Kirche Notre Dame; das Kloster heißt im *Catalogus episcoporum Vesontionum Iussanum*.

defert in modicis aurem pietatis accommodare, sicut in maximis exaudit vota petentis. Quadam etenim die cum vir egregius [Columbanus] ad precidendam messem cum fratribus poenes calmen[82] quam Baniaritiam vocant / venisset et, blando commodoque austro flante, falce segetem secarent, evenit, ut unus eorum Theudegisilus nomine digitum falce praeciderit, nec prorsus hereret preter pellis parvae retentaculo. Itaque stantem vir Dei Theudegisilum a longe cernens, imperat, ut cum sodalibus coeptum opus perficiat. At ille rei gestae causam promit. Celer ille ad ipsum properat digitumque inlitum salivo pristine statim sospitati reddit; imperat, ut celer ad coeptum opus vires augeat. Coepit cum gaudio geminare laborem ac pre ceteris ad praecidendam stipulam uberius urguere, qui dudum de preciso membro animum meroris subderat. Haec nobis ipse Theudegisilus narravit digitumque monstravit.

Et in supradicto caenubio Luxovio tale quiddam vice alia simile gessit. Nam quidam presbiter ex parrochianis, pater Boboleni, qui nunc Ebobiensi cenubio praeest, Winiocus nomine ad beatum Columbanum venit; eratque ille in saltum cum fratribus ob lignorum oportunitatis parandas. Cumque supradictus Winiocus venisset miransque aspiciret, quanta vi truncum querqui cuneis arieteque partirent, elapsus e trunco cuneus medium frontem secavit hac venarum profluas sanguinis undas produxit. Vidensque [vir Dei] Columbanus detectum os, sanguinem fluentem, statim in terram orans ruit, surgensque salibo inlitum sanum reddidit, ut vix cicatricis vestigium remaneret.

Aliaque vice cum ad cibum capiendum veniret [beatus igitur Columbanus] in sepefacto caenubio Luxovio, tegumenta manuum, quos Galli wantos[t.83] vocant, quos ad operis labore solitus erat habere, supra lapidem qui ante fores refecturii erat deposuit; moxque, quiete reddita, corvus alis rapax advolavit, unumque ex eis rostro ferens, abstulit. Peracta refectionis hora, foris vir Dei rediens, tegumenta manuum requirit. Cumque omnes inter se conquererent, qui abstulisset, vir sanctus ait, nullum alium esse, qui sine comeatu aliquid adtingere presumpsisset, nisi alitem,

[t] *Gantos* in A 4a.

auch weniger wichtigen Bitten leiht er genauso sein Ohr, wie er das Flehen in höchst bedeutungsvollen Angelegenheiten erhört. Als der erhabene Mann nämlich eines Tages mit seinen Brüdern zu einem Flecken[82] gekommen war, der Baniaritia hieß, um hier das Getreide zu mähen, wehte ein einladender angenehmer Südwind und sie begannen, mit den Sicheln das Getreide abzuschneiden. Dabei geschah es, daß sich einer von ihnen namens Theudegisil mit der Sichel seinen Finger so durchschnitt, daß er gar nicht mehr am Fleisch haftete, sondern nur mehr an der bloßen Haut hing. Als der Mann Gottes den Theudegisil von der Ferne aufrecht stehen sah, rief er ihm zu, er solle mit seinen Gefährten die begonnene Arbeit zu Ende bringen. Jener zeigt ihm den Grund für sein Verhalten. Da eilte er zu ihm hin, bestrich den Finger mit Speichel und sofort war er gesund wie zuvor. Zugleich trug er ihm auf, er solle sich noch mehr als bisher bemühen, die begonnene Arbeit zu vollenden. Voll Freude verdoppelte er seine Anstrengungen und begann eifrig das Getreide abzumähen, um jene Zeit wettzumachen, die er in Trauer um seinen abgeschnittenen Finger zugebracht hatte. Das hat uns Theudegisil selbst erzählt und uns den Finger auch gezeigt.

In dem schon genannten Kloster Luxeuil trug sich wieder ein anderes Mal etwas Ähnliches zu. Ein gewisser Winioc nämlich, ein Pfarrpriester, der Vater jenes Bobolenus, der heute Abt von Bobbio ist, kam zum heiligen Columban, als dieser gerade mit seinen Brüdern im Wald weilte und geeignetes Holz suchte. Als Winioc nun dorthin gekommen war und verwundert zusah, wie kraftvoll sie die Eichenstämme mit Keil und Axt spalteten, glitt ein Keil vom Stamm ab und zerschnitt ihm das Gesicht. Ströme von Blut flossen aus dieser Wunde. Als der Mann Gottes Columban aber sah, wie stark dessen zerfetztes Angesicht blutete, warf er sich zu Boden und betete. Dann erhob er sich, bestrich ihn mit Speichel und heilte ihn derart, daß kaum die Spur einer Narbe zurückblieb.

Als der heilige Columban ein anderes Mal in das schon oft erwähnte Kloster Luxeuil essen ging, legte er seine Handschuhe, die die Gallier Wanten[83] nennen und die er bei der Arbeit für gewöhnlich anhatte, auf einen Stein, der vor der Türe des Refektoriums aufgestellt war. Während sie noch ruhten, flog ein diebischer Rabe herbei, packte einen der Handschuhe mit dem Schnabel und schleppte ihn mit sich fort. Als die Stunde der Erholung vorüber war, ging der Mann Gottes hinaus und suchte seine Handschuhe. Da fragten sie alle untereinander, wer denn den einen weggenommen haben könnte. Der heilige Mann aber antwortete, daß jener, der es gewagt habe, fremdes Eigentum unaufgefordert zu berühren, sicher eben jener Vogel gewesen sei, der, von Noah frei-

[82] Frz. *chaume;* vgl. das Mittellateinische Wörterbuch I 89, 26ff.

[83] Frz. *gant.*

qui a Noe dimissus, ad arcam non remeavisset[84], addiditque se nullo modo suos pullos aliturum, si rapacem furtum celeri volatu non referret. Expectantibus fratribus, in medio omnium corvus advolat, male sublatum furtum rostro reportat nec se pennigera conatur eripere fuga, sed mitis ante omnium conspectum, oblitus ferocitatis, ultionem expectat, quem vir sanctus abire imperat. O mira aeterni iudicis virtus! qui tanta suis famulis prestat, ut non solum hominum honoribus, sed etiam avium oboedientia clarescant. /

16[u]. *De cervisae redundatione absque effusionis damna fluentis*

Patratum deinceps aliud miraculum, [[v]quod per beatum Columbanum et eius cellerario factum fuit, referam[v]]. Cum hora iam refectionis adpropinquaret et minister refecturi cervisam administrare conaretur, – quae ex frumenti vel hordei sucos equoquitur, quamque prae ceteris in orbe terrarum gentibus preter Scordiscis[w] et Dardanis gentes[85] quae Oceanum incolunt usitantur, id est Gallia, Brittania, Hibernia, Germania, ceteraeque ab eorum moribus non disciscunt –, vas quod tiprum[86] nuncupant ad cellarium deportat [x]et ante vase quo cervisa condita erat adponit[x], tractoque serraculo meati, in tiprum currere sinit. Quem subito [beati Columbani] patris imperio alius e fratribus vocavit. At ille oboedientiae igne ardens, oblitus meatum obserrare, pernici cursu ad beatum pergit virum, serraculum quem duciclum vocant[87] manu deferto. Postquam sibi vir Dei quae voluerat imperata deprompsit, recordatus neglegentiae, celer ad cellarium rediit, coniciens, nihil in vase de quo cervisa decurrebat remansisse. Intuitus supra tiprum cervisam crevisse et ne minimam stillam foris cecidisse, ut crederes in longitudine

[u] Das ganze Kapitel fehlt in A 1c. c[x].

[v–v] Fehlt in A 3. 3′. 4. B 1a. 2.

[w] *Scordiscas* in A 1a[x]; *Scordiscos* in B 1a; sonst meist mit einer Form von *Scoti* gleichgesetzt.

[x–x] Fehlt in A 4.

gelassen, nicht mehr in die Arche zurückgekehrt sei[84]. Er fügte noch hinzu, daß er dessen Junge fortan nie mehr füttern würde, wenn er sein Diebsgut nicht so rasch als möglich zurückgeben wollte. Erwartungsvoll standen die Brüder da, als plötzlich ein Rabe in ihre Mitte flog, den bösen Raub mit dem Schnabel zurückerstattete und keineswegs versuchte, raschen Flugs die Flucht zu ergreifen, sondern mit gesenktem Kopfe vor den Augen aller eingedenk seiner bösen Tat Strafe erwartete. Der Mann Gottes aber bedeutete ihm, er solle sich schleunigst entfernen. Wie wunderbar ist doch die Gnade des ewigen Richters, der seinen Dienern die Fähigkeit schenkt, nicht nur vor den Menschen geehrt zu werden, sondern durch den Gehorsam sogar der Vögel Ruhm zu erlangen!

16. Wie das Bier überfloß, ohne daß dadurch Schaden entstand

Nun will ich ein anderes Wunder erzählen, das sich bald darauf zutrug und vom heiligen Columban und seinem Kellermeister gewirkt wurde. Schon war die Stunde der Erholung nahe und der dafür verantwortliche Diener wollte eben das Bier bereitstellen – es wird aus Gerstensaft herausgekocht und steht, sieht man von den beim Ozean wohnenden Scordiscern und Dardanern ab[85], bei fast allen Völkern der Erde in Verwendung, also in Gallien, Britannien, Hibernien, Germanien und bei allen übrigen, die sich von deren Lebensgewohnheiten nicht unterscheiden – er trug also das Gefäß, das man tiprus[86] nennt, zum Kellermeister, stellte es vor dem Faß nieder, in dem das Bier aufbewahrt war, zog den kleinen Riegel heraus und ließ die Flüssigkeit in den tiprus laufen. Da rief ihn ein anderer Bruder ganz unerwartet im Auftrage des Vaters, des heiligen Columban, zurück. Jener aber vergaß voll des glühenden Eifers, nur ja gehorsam zu sein, den Riegel wieder vorzuschieben, eilte im schnellen Lauf zum heiligen Mann und trug dabei den Riegel, der duciclus[87] heißt, in der Hand. Als ihm der Mann Gottes seine Wünsche dargelegt hatte, erinnerte er sich plötzlich seiner Nachlässigkeit und eilte rasch in den Keller zurück. Dort bemerkte er, daß das Faß, aus dem das Bier herausfloß, leer geworden war. Beim näheren Hinblicken sah er, daß das Bier das Fassungsvermögen des tiprus zwar weit überschritten hatte, daß aber dennoch nicht der kleinste Tropfen vergossen war. Man hätte glauben können, der tiprus sei zu doppelter Höhe empor-

[84] Vgl. *Gen. 8, 7.*

[85] Beide Stämme im Gebiet der antiken Provinzen Moesien, Illyrien und Pannonien beheimatet.

[86] Von einem späteren Epitomator als *gillo* gedeutet *(Cod. Parisinus 11759 f. 236).*

[87] In der *Vita sancti Romarici* als Ableitung von *educere* erklärt.

tiprum geminatum esse, ut quali et quanta rotunditas infra tipri inerat corona, talis in altum crevisset orna. Quantus imperantis meritus, quanta oboedientia obsequentis! ut sic utriusque tristitiam Dominus voluisset avertere, ne, si fratrum substantiam et imperantis et oboedientis ardor diminuisset, ambo se a licitis alimentis abdicassent[88]. Sicque aequus arbiter occurret, ut utrorum culpas ablueret, quas illi, si, casu veniente vel Domino permittente, fuisset patratum, ambo suis noxis evenisse adseruissent. /

17. De prohibita ursi esca et copia frumenti horreo aucta et panum multiplicationem. De vocatione Columbae oratione viri Dei moratae

Eodemque in tempore actum est, ut per densa saltus vipurna fructicum solitudinis amator, quae propter Fredemungiacas calmen erat, vir Dei ambularet, repperitque cadaver cervi, quem luporum feritas perimerat, ursum devorare velle, cuius iam sanguinem lambens exiguam carnis partem voravisset. Ad quem vir Dei accessit, increpans, ne corium, quod ad usus calciamentorum necessarium erat, lederet. Tunc bestia, oblita ferocitate, mitis esse coepit, et contra naturam absque murmore blandiens atque colla submittens, cadaver reliquid. Quod vir Dei ad fratres rediens indicavit, in eo loco ut irent et e cervi cadaver corium avellerint. Abeuntes ergo fratres, repperiunt undique rapacium alitum procul multitudinem abesse nec cadaver supra viri Dei interdictum accedere audere, diuque expectantes a longe, si vel fera vel avis audaci conatu prohibitae escae urgueretur praedam capere, conspiciunt ad odorem cadaveris adventare, et procul adstantes, acsi mortiferum aliquid ac loetale deviare et celeri fuga omittere.

Moransque alia vice penes Luxovium [coenobium] Columba, Winiocus presbyter, cuius superius fecimus mentionem[89], ad eum venit, sequebaturque Winiocus Columbae vestigia, quocum-

[88] Festgesetzt in der *regula coenobialis 3.*
[89] Vgl. *Jonas I 15.*

gewachsen. Wie eine hochgewachsene Esche türmte sich die Flüssigkeit in einer großen runden Krone von unten aus dem tiprus heraus. So sehr stand der Auftraggeber in der Gnade Gottes, so groß war der Gehorsam des Gehorchenden! Also hatte der Herr beiden die traurige Strafe ersparen wollen, sich der erlaubten Nahrung enthalten zu müssen[88], da ja das gemeinsame Gut aller Brüder durch den Eifer des Auftraggebers und dessen, der gehorcht hatte, Schaden erlitten hätte. Dem wollte der gerechte Richter entgegentreten und befreite beide von der Schuld, die, wie sie beide hätten zugeben müssen, durch ihre Unbedachtsamkeit hervorgerufen worden wäre, wenn es das Schicksal so gewollt oder der Herr es zugelassen hätte.

17. Wie er dem Bären die Nahrung verbot, sich das Getreide in der Scheune vermehrte und von der Brotvermehrung. Wie Columban durch das Gebet des Mannes Gottes am Sterben gehindert wurde.

Damals trug sich folgendes zu: der Mann Gottes wanderte eben durch die menschenleeren, wildverwachsenen Waldgebirge, die sich in der Nähe des Fleckens Fredemungiacas befanden. Als er wieder einmal so umherstreifte, fand er einen verendeten Hirsch, den wilde Wölfe erlegt hatten. Ein Bär leckte gerade an seinem Blute, machte sich daran, ihn zu zerfleischen und hatte schon einen kleinen Brocken Fleisch verschlungen. Da eilte der Mann Gottes auf ihn zu und schrie, er solle die Haut, die man doch zur Herstellung von Schuhen so notwendig benötige, nicht beschädigen. Da legte das Untier seine Wildheit ab, wurde plötzlich zahm und ließ das tote Tier zurück, wobei es ganz gegen seine Natur ohne jedes Brummen und mit hängenden Ohren abzog. Nach seiner Rückkehr zu den Brüdern erzählte ihnen der Mann Gottes davon und trug ihnen auf, zu jenem Orte zu gehen und den Hirsch abzuhäuten. Als die Brüder nun auszogen, bemerkten sie bald, daß sich über ihnen, aber freilich in weiter Entfernung, ganze Scharen von Raubvögeln befanden, es aber nicht wagten, sich dem Kadaver zu nähern, der ihnen vom Manne Gottes untersagt worden war. Die Brüder warteten in sicherer Entfernung einige Zeit, ob es ein Raubtier oder einer der Raubvögel trotz des Verbotes nicht vielleicht doch versuchen würde, nach dem Aas zu schnappen und es als seine Beute anzusehen. Immer wieder konnte man beobachten, wie sie durch den Leichengeruch zwar hergelockt wurden, dann aber in einigem Abstand stehenblieben und schnell die Flucht ergriffen, so als ob sie einem todbringenden Verderben aus dem Wege gehen müßten.

Als Columban wieder einmal im [Kloster] Luxeuil war, kam der Priester Winioc zu ihm, den wir schon früher erwähnt haben[89]. Er folgte Columban auf Schritt und Tritt, wohin auch immer er ging, und gemeinsam

que iret, veneruntque ad horreum, quo frumenta condebantur. Aspicit Winiocus, parvique pendens copiae exiguitatem, ait, se non habere panis habundantiam, quo tanta multitudo alatur, quurque segnitia torpeat quaerendi frumenta, increpat. Cui beatus Columba respondit: 'Si rite conditori suae deserviant plebis, numquam per aeva esuriem sciant; sic enim preconantis vox psalmigraphi concelebrat: [90]Non vidi iustum derelictum nec semen eius, quaerens panem[90]. Perfacile farre horreum replet, qui de quinque panibus hominum quinque milia satiavit[91]'. Manente denique nocte illa ibi Winioco, viri Dei fide et oratione horreum repletum est. Maneque consurgens Winiocus, iuxta horreum transiens, inoppinato horreum apertum cernit clavigerumque simul ante ostium adstantem. Sciscitatus, quis hoc direxerit, aut quae plaustrorum congeries haec frumenta devexerint; cui horrei custos ait: 'Non ita est, ut putas, / nam cerne, si vestigia plaustrorum vel iumentorum telluri inpressa pareant? Nequaquam enim clavis a me hac nocte discesserunt; sed, obserato horrei osteo, divino solamine frumento repletum est horreum'. Coepit de industria ille, intentis oculis, terram respicere et deferentium vestigium diligenti examinatione cognoscere. Cumque nihil horum simile quid repperisset, ait: 'Potens est Dominus servis suis parare mensam in deserto[92]'.

Traiecto exin temporis intervallo venit [beatus igitur Columbanus] isdem Columba ad Fontanas caenubium repperitque fratres sexaginta sarculo terram excolere et semine futuro confectam glebis arvam parare. Cumque vidisset magno labore glebas scindere, ait: 'Sit vobis, o fratres, a Domino conlata refectio'. Quo audito, minister ait: 'Pater mi, non sunt nobis amplius quam duo panes et paulolum cervisae'. Ille: 'Vade', inquit, 'et defer hic'. Concito ille gradu perrexit duosque panes et parum cervisae detulit. Intuens caelos, Columba ait: 'Christe Iesu, unica spes orbis, tu hos panes et hunc potum multiplica, qui de quinque panibus quinque satiasti milia in heremo[93]'. Mira fides! Satiati sunt omnes, potuque austu, prout voluntas cuique fuit, dupla minister fragminum spolia recollexit, potusque duplicavit mensura;

[90–90] *Ps. 36, 25.*
[91] Vgl. *Mt. 14, 21.*

kamen sie zu einer Scheune, in der das Getreide aufbewahrt wurde. Winioc blickte hinein und als er sah, daß sie fast leer war, meinte er, Columban werde zu wenig Brot haben, um so viele Brüder zu verköstigen. Zugleich tadelte er ihre Faulheit, weil sie das Getreide noch nicht heimgebracht hätten. Der heilige Columban antwortete ihm: „Wenn alle Völker dem Schöpfer dienten, wie es sich gehörte, wüßte niemand auf der ganzen Welt, was Hunger heißt. Denn so rühmt doch schon die prophetische Stimme des Psalmisten: ‚[90]Ich habe den Gerechten nicht verlassen gesehen noch seine Nachkommenschaft, wenn sie Brot suchten[90].' Denn mühelos füllt jener die Scheune mit Getreide, der mit fünf Broten fünftausend Menschen sättigte[91]". Und während Winioc jene Nacht bei der Scheune zubrachte, füllte sie der Mann Gottes durch seinen Glauben und sein Gebet. Als Winioc früh am Morgen aufstand und an der Scheune vorbeiging, fand er sie wider Erwarten offenstehen und gleichzeitig sah er auch, daß der Pförtner vor dem Tore stand. Er fragte ihn, wer ihm das hergebracht habe und wer diese vielen Karren Getreide habe herbringen lassen. Der Scheunenwächter antwortete ihm: „Du mußt dich irren. Denn siehe, wenn es wirklich Karren oder Lasttiere gewesen wären, müßte man doch ihre Spuren am Boden sehen! Außerdem habe ich die Schlüssel die ganze Nacht bei mir gehabt. Da das Scheunentor zugeriegelt war, ist die Scheune offenbar durch die Gnade Gottes mit Getreide angefüllt worden". Daraufhin prüfte jener die Erde und begann eifrig und ganz genau den Boden zu untersuchen, ob sich nicht Spuren von jenen finden ließen, die das Getreide gebracht hatten. Als er aber nichts dergleichen hatte finden können, rief er aus: „Mächtig ist der Herr und er bereitet seinen Dienern das Mahl in der Wüste![92]"

Wieder war einige Zeit verstrichen, als der heilige Columban ins Kloster Fontaines kam. Er fand sechzig Brüder damit beschäftigt, den Boden mit der Harke aufzubereiten und die Schollen für die künftige Saat zu bearbeiten. Als er sah, mit welch großer Anstrengung sie die Schollen zerschlugen, sagte er: „Brüder, der Herr gönnt euch jetzt wohl eine Ruhepause". Als der dafür Verantwortliche das hörte, sagte er: „Mein Vater, wir haben nur mehr zwei Brote und ganz wenig Bier". Darauf jener: „Geh und bring es hierher!" Schleunig lief er fort und brachte die beiden Brote und den letzten Rest Bier. Columban blickte zum Himmel und sprach: „Jesus Christus, du einzige Hoffnung der Welt, vermehre diese Brote und das Getränk, der du ja auch mit fünf Broten Fünftausend in der Wüste gesättigt hast"[93]. Welch wundertätiger Glaube! Alle wurden satt, obwohl jeder soviel gegessen und getrunken hatte, wie er wollte. Der Diener aber sammelte noch zwei Körbe mit Brotresten ein und vom Getränk blieb

[92] Vgl. *Ps. 77, 19.*
[93] Vgl. *Mt. 14, 21.*

sicque intellexit, plus merere fidem digna divini muneris lucra, quam disperationem, quae solet diminuere etiam conlata.

Cum quodam tempore in eodem caenubio Luxovio vir Dei commoraret, accidit, ut unus e fratribus, nomen et ipse Columbanus, febre correptus adque in extremis positus, felicem postulabat exitum. Cumque iam ultimus alitus carere vellit, fidus de caelesti munere, quem longo famulato quaesierat, vidit ad se virum fulva luce amictum accedere sibique dicere: 'Non te modo a corpore ducere possum, quia orationibus et lacrimis patris tui Columbani praepedior'. Cumque haec Columbanus audisset, merens, acsi e somno evigilasset, suum ministrum Theudegisilum, cuius superius mentionem fecimus[94], clamare coepit: 'Festina', inquit, 'perge et patrem communem Columbanum ad me venire conpelle'. Concito ille gradu venit ac beatum Columbanum in ecclesia positum flentem repperit; postulat, ut ad egrotum festinus accedet. Venit ergo perniciter et, quid vellit, interrogavit. At ille causam obicit: 'Quur me', inquid, 'tuis orationibus in / hac erumnosa vita detenis? Nam adsunt, qui me ducere volunt, si tuis fletibus et precibus non praepediantur. Retentationis solve obstacula, ut mihi iam pateant caelestia regna'. Tum metu Columba perculsus, signo tacto, omnes adesse imperavit, [y]sancti sodalis amissione gaudia temperavit[y]; corpus Christi abeunti de hac vita viaticum praebet hac post extrema oscula functionis cantus implevit. Erat enim ex eodem genere quo et beatus Columbanus unoque comeatu et nomen ex Hibernia processerat[z]. /

18[a]. De reverentia Theuderici regis et obiurgatione eius et Brunichildis adversitate

Creverat iam passim fama sancti viri in universas Galliae vel Germaniae provincias, eratque omnium rumore laudabilis, omnium cultu venerabilis, in tantum ut Theudericus rex, qui eo regnabat in tempore[95], ad eum saepe veniret et orationum suarum suffragio omni cum humilitate deposcerit. Sigibertus etenim, cuius

[y–y] Fehlt in A 2. 3. 3'. 3[x].

[z] Hier endet das Kapitel 17 in A 1a. B 1a. 2. ua.

[a] Die Kapitel 18–28 fehlen in A 4a.

doppelt soviel übrig. So erkannte er, daß der Glaube an Gottes Geschenk mehr Gewinn bringt als der Zweifel, der für gewöhnlich sogar auch das noch verringert, was man besitzt.

Als der Mann Gottes wieder einmal in diesem Kloster Luxeuil weilte, geschah es, daß einer der Brüder, der auch Columban hieß, mit heftigem Fieber zu Tode erkrankte und um ein glückliches Ende flehte. Schon wollte ihm der Atem versagen, als er plötzlich voll Vertrauen auf das Geschenk des Himmels, den er in langer Dienerschaft angestrebt hatte, einen in strahlend gelbem Gewand bekleideten Mann auf sich zukommen sah, der zu ihm sprach: „Ich kann dich nicht von deinem Körper befreien. Die Gebete und die Tränen deines Vaters Columban hindern mich daran". Als Columban das hörte, war es ihm, als ob er vom Schlafe erwachte, und er begann, seinem Diener Theudegisil, den wir schon früher erwähnt haben[94], traurig zuzurufen: „Lauf schnell zu unser aller Vater Columban und bring ihn dazu, daß er herkommt!" Eilenden Schritts begab sich dieser zum heiligen Columban, den er in der Kirche weinend liegen sah, und forderte ihn auf, er möge rasch zum Kranken kommen. Sofort eilte er zu ihm und fragte, was er wolle. Jener aber legte ihm den Grund dar und sagte: „Warum hältst du mich durch deine Gebete in diesem jammervollen Leben zurück? Schon stehen jene bereit, mich von hier wegzuführen, würden sie nicht durch dein Weinen und Flehen daran gehindert. Beseitige das Hindernis, halte mich nicht zurück, auf daß mir endlich das Himmelreich offenstehe!" Da bekam Columban Angst, ergriff das Kreuz und ließ alle zusammenkommen. Der Verlust des heiligen Gefährten verringerte freilich seine Freude. Dann reichte er dem aus diesem Leben Scheidenden den Leib Christi als Wegzehrung, gab ihm zum letzten Mal den Bruderkuß und stimmte den Totengesang an. Er stammte nämlich aus dem gleichen Geschlechte wie der heilige Columban und war als sein Namensvetter einst mit ihm aus Irland fortgezogen.

18. Wie ihn König Theuderich verehrte, von ihm getadelt wurde und von der Feindschaft der Brunchildis

Schon hatte sich der Ruf des heiligen Mannes in alle Provinzen Galliens und Germaniens verbreitet. Alle priesen und verehrten ihn so sehr, daß auch König Theuderich, der damals regierte[95], oft zu ihm kam und in Demut um die Hilfe seines Gebetes bat. Sigibert, den wir kurz zuvor

[94] Vgl. *Jonas I 15.*

[95] Theuderich II., K. d. Franken 587/595–613 (Burgund).

superius fecimus mentionem[96], apud Victuriacum villam publicam[97], quae in suburbano Atravitensis urbis sita est, Hilperici germani sui[98] dolo, qui apud Turnacum oppidum tunc erat, quem Sigibertus usque ad internitionem persequebatur[99], interfectus est. Perempto itaque Sigiberto, Childebertus[1] filius eius regni sceptra suscepit, annuente matre Brunichilde. Mortuo deinde Childeberto intra aduliscentiae annos[2], regnaverunt filii Childeberti duo Theudebertus et Theudericus cum avia Brunichilde: regnum Burgundionorum [b]Theudericus potitus[3], regnum Austrasiorum Theudebertus suscepit regendum[b.4]. Theudericus ergo, quia infra terminus regni sui beatum Columbanum haberet, gratulabatur. Ad quem saepissime cum veniret, coepit vir Dei eum increpare, quur concubinarum adulteriis misceretur et non potius legitimi coniugii solamina frueretur, ut regalis prolis ex honorabilem reginam prodiret et non potius ex lupanaribus videretur emergi. Cumque iam ad viri Dei imperium regis sermo obtemperaret et se omnibus inlicitis segregare responderet, mentem Brunichildis aviae, secundae ut erat Zezabelis, antiquus anguis adiit eamque contra virum Dei stimulatam superbiae aculeo excitat[5], quia cerneret viro Dei Theudericum oboedire. Verebatur enim, ne si, abiectis concubinis, reginam aulae praefecisset, dignitates atque honoris suae modum amputasset.[6] /

19. De adventu eius ad Brunichildem et Theudericum et effusione potus ac cibi et infestatione regia ac expulsione a Luxovio et damnatorum relaxatione

Evenit ergo, ut quadam die beatus Columbanus ad Brunichildem veniret. Erat enim tunc apud Brocariacum villam[7]. Cumque illa eum in aulam venisse cerniret, filios Theuderici, quos de

b–b Fehlt in A 2.

96 Vgl. *Jonas I 6.*

97 Dép. Pas-de-Calais, Ar. Arras.

98 Chilperich I., K. d. Franken 561–584 (Neustrien).

99 Vgl. *Gregor IV 50* und *51.*

1 Childebert II., K. d. Franken 571/575–595 (Austrasien und Burgund); vgl. *Gregor V 1.*

erwähnten[96], war in der königlichen Domäne Vitry[97], die im Umkreis der Stadt Arras liegt, einem listigen Anschlag seines Bruders Chilperich[98] zum Opfer gefallen, der sich damals eben in der Stadt Tournai aufhielt und von Sigibert bis zur Vernichtung verfolgt worden war[99]. Nach dessen Tode übernahm nun sein Sohn Childebert[1] mit dem Einverständnis seiner Mutter Brunchildis die Herrschaft. Als aber Childebert in jungen Jahren gestorben war[2], herrschten seine beiden Söhne Theudebert und Theuderich gemeinsam mit ihrer Großmutter Brunchildis. Theuderich regierte das Königreich Burgund[3], während Theudebert die Herrschaft über Austrasien übernahm[4]. Theuderich aber schätzte sich glücklich, den heiligen Columban innerhalb der Grenzen seines Reiches zu haben. Als er wieder einmal, wie so oft, zu ihm kam, schalt ihn der Mann Gottes heftig, daß er mit seinen Konkubinen ehebrecherisch verkehre und sich so besudle, statt lieber den Trost einer rechtmäßigen Gattin zu genießen. So würde die königliche Nachkommenschaft von einer ehrenhaften Königin geboren werden und nicht wie bisher gleichsam aus Bordellen auftauchen. Sofort erklärte sich der König bereit, dem Wunsche des Mannes Gottes Folge zu leisten und antwortete, er werde sich von allen unerlaubten Freuden lossagen. Doch da schlich die alte Schlange ins Herz der Brunchildis, jener zweiten Jezabel, und machte sie durch den Stachel des Hochmuts heftig gegen den Mann Gottes aufgebracht[5]; sie sah nämlich, daß Theuderich ihm zu gehorchen bereit war und fürchtete, daß ihre eigene Macht- und Ehrenstelle beeinträchtigt werden könnte, wenn eine Königin nach der Vertreibung aller Konkubinen die eigentliche Herrschaft am Königshof übernehme[6].

19. Seine Ankunft bei Brunchildis und Theuderich, wie er Speise und Trank verweigerte, vom Zorn des Königs, seine Vertreibung aus Luxeuil und die Befreiung der Gefangenen

So geschah es, daß der heilige Columban eines Tages zu Brunchildis kam. Sie weilte damals nämlich am Hofe Bruyères-le-Châtel[7]. Als sie ihn das Gebäude betreten sah, führte sie die Söhne Theuderichs, die er von

[2] 595

[3] Bis 613

[4] Gestorben 612; vgl. *Fredegar IV 16.*

[5] Vgl. *3. Reg. 21.*

[6] K. Theuderich II. heiratete 606/7 die Westgotenprinzessin Ermenberga, schickte sie aber schon im folgenden Jahr nach Hause zurück; vgl. *Fredegar IV 3.*

[7] Dép. Seine-et-Oise, Ar. Corbeil-Essonnes, Ct. Arpajon.

adulterinis permixtionibus habebat, ad virum Dei adducit[8], quos cum vidisset, sciscitatur, quid sibi vellint. Cui Brunichildis ait: 'Regis sunt filii; tu eos tua benedictione robora'. At ille: 'Nequaquam', inquid, 'istos regalia sceptra suscepturus scias, quia de lupanaribus emerserunt'. Illa furens parvolus abire iubet. Egrediens vir Dei regiam aulam, dum limitem transiliret, fragor exorta totam domum quatiens omnibus terrorem incussit nec tamen misere feminae furorem conpescuit. Paratque deinde insidias molire: vicinus monastirii [c]per nuntius imperat, ut nulli eorum extra monasterii[c] terminos iter pandatur, neque receptacula monachis eius vel quaelibet subsidia tribuantur. Cernens beatus Columbanus regios animos adversum se permotus, ad eos properat, ut suis monitis misere pertinaciae intentu frangat; erat enim tunc temporis apud Spissiam villam publicam[9]. Quo cum iam sol occumbente venisset, regi nuntiant, virum Dei inibi esse nec in regis domibus metare velle[10]. Tunc Theudericus ait, melius esse virum Dei oportunis subsidiis honorare, quam Dominum ex servorum eius offensam ad iracundiam provocare. Iubet ergo regio cultu oportuna parare Deique famolo dirigi. Itaque venerunt et iuxta imperium regis oblata offerunt. Quae cum vidisset dapes et pocula cultu regio administrata, inquiret, quid sibi de ista vellint. Aient ille, tibi a rege fore directa. Abominatus ea, ait: 'Scriptum est: [11]Munera impiorum reprobat altissimus[11], non enim dignum est ut famolorum Dei ora cibis eius polluantur, qui non solum suis, verum etiam aliorum habitaculis famulis Dei aditum deneget'. His dictis, vascula omnia in frustra disrupta sunt, vinaque ac sicera solo diffusa ceteraque separatim dispersa. Pavifacti ministri rei gestae causam regi nuntiant. Ille pavore perculsus, cum / avia delucolo ad virum Dei properant, precantur de commisso veniam; se inpostmodum emendare pollicentur. His pacatus promissis, ad monasterium rediit.

Sed polliciti vademonii iura non diu servata violantur; exercentur miseriarum incrementa, solitoque a rege adulteria

[c–c] Fehlt in A 1b.

[8] K. Theuderich II. waren in den Jahren 601–607 vier Söhne geboren worden.
[9] Dép. Côte-d'Or, Ar. Montbard, Ct. Semur-en-Auxois.

seinen ehebrecherischen Beilagern hatte, zum Manne Gottes[8]. Als dieser sie sah, fragte er, welche Bewandtnis es mit ihnen habe. Darauf sprach Brunchildis: „Sie sind die Söhne des Königs. Stärke sie also mit deinem Segen!" Jener aber antwortete: „Wisse, daß sie niemals das königliche Szepter übernehmen werden, stammen sie doch aus der Unzucht!" Rasend vor Zorn hieß Brunchildis daraufhin die Kinder weggehen. Der Mann Gottes aber verließ den Königshof. Als er die Schwelle überschritt, entstand ein Beben, das das ganze Haus erzittern ließ und alle mit Schrecken erfüllte. Nur der Wahnsinn des unglückseligen Weibes war unerschütterlich und sie begann, ihm nachzustellen. Durch Boten befahl sie den Nachbarn des Klosters, keinen Mönch aus dem Klosterbereich hinauszulassen und ihnen weder Unterschlupf noch sonst in irgendeiner Weise Hilfe zu gewähren. Als der heilige Columban sah, daß man von seiten des Königs gegen ihn aufgebracht war, eilte er zu ihm, um das unglückselige und starrsinnige Unterfangen durch mahnende Worte zu beenden. Der König hielt sich nämlich damals im Königshof Époisses auf[9]. Als er schon bei Sonnenuntergang dorthin gekommen war, meldete man dem König, der Mann Gottes sei zwar da, weigere sich aber, das Haus des Königs zu betreten[10]. Hierauf meinte Theuderich, es sei besser, dem Manne Gottes behilflich zu sein und ihn zu ehren, als einen Knecht des Herrn zu beleidigen und damit den Zorn Gottes herauszufordern. Er befahl hierauf, alles Nötige wie für einen König herzurichten und dem Diener Gottes zukommen zu lassen. So kamen sie und warteten ihm nach dem Befehl des Königs auf. Als er aber die mit königlichem Prunk aufgetragenen Speisen und die Becher sah, fragte er sie, was das zu bedeuten habe. Jene antworteten, der König schicke ihm das. Da verfluchte er alles und schrie: „Es steht geschrieben: ‚[11]Der Allerhöchste mißbilligt die Gaben der Frevler[11]'. Es ist nämlich ein Frevel, wenn Diener Gottes ihren Mund mit den Speisen dessen besudeln, der ihnen nicht nur den Zugang zu ihren, sondern sogar die Zuflucht in die Häuser anderer versperrt". Nach diesen Worten brach er alle Gefäße in Stücke, schüttete den Wein und die Getränke auf den Boden und schleuderte das übrige Stück für Stück von sich. Voll Angst berichteten die Diener dem König den Grund des Geschehens. Jener erschrak sehr, eilte mit seiner Stiefmutter bleich zum Manne Gottes und sie baten für ihre Tat um Verzeihung. Auch versprachen sie, sich in Zukunft bessern zu wollen. Durch diese Versprechungen besänftigt, kehrte er in sein Kloster zurück.

Aber nicht lange hielten sie ihr feierlich abgelegtes Versprechen und brachen es. Immer tiefer versanken sie in ihr Unheil, und der König

[10] Ähnlich verhält sich Bischof Daganus in *Bedas Historia ecclesiastica gentis Anglorum II 4.*

[11–11] *Eccl. 34, 23.*

patrantur.[12] Quae audita, beatus Columbanus litteras ad eum verberibus plenas direxit comminaturque excommunicationem, si emendare dilatando non vellit. Ad haec rursum permota Brunichildis, regis animum adversum Columbanum excitat omnique conatu perturbare intendit oraturque proceris, auligas[13], obtimatis omnis, ut regis animum contra verum Dei perturbarent, episcopusque sollicitare adgressa, et de eius religione detrahendo et statum regulae, quam suis custodiendam monachis indederat[14], macularet. Obtemperantis igitur auligae persuasionibus miserae reginae, regis animum contra verum Dei perturbant, cogentes, ut accederet hac relegionem probaret. Abactus itaque rex ad virum Dei Luxovium venit; conquestusque cum eo, cur ab conprovincialibus moribus discisceret, et intra septa secretiora omnibus christianis aditus non pateret. Beatus itaque Columbanus, ut erat audax atque animo vigens, talibus obicienti regi respondit, se consuetudinem non habere, ut saecularium hominum et relegione alienis famulorum Dei habitationes pandant introitum; se et oportuna aptaque loca ad hoc habere parata, quo omnium hospitum adventus suscipiatur. Ad haec rex: 'Si', inquid, 'largitatis nostrae munera et solaminis supplimentum capere cupis, omnibus in locis omnium patebit introitus'. Vir Dei respondit: 'Si, quod nunc usque sub regularis disciplinae abenis constrictum fuit, violare conaris, nec tuis muneribus nec quibusque subsidiis me fore a te sustentaturum. Et si hanc ob causam tu hoc in loco venisti, ut servorum Dei caenubia distruas et regularem disciplinam macules, cito tuum regnum funditus ruiturum et cum omni propagine regia dimersurum'. Quod postea rei probavit eventus. Iam enim temerario conatu rex refecturium ingressus fuerat. His ergo territus dictis, foris celer repetat. Duris post haec vir / Dei increpationibus rex urguetur; contraque Theudericus ait: 'Martyrii coronam a me tibi inlaturam speras'; non esse tantae dementiae, ut hoc tantum patraret scelus, sed potiores consilii se ageret utilia paraturum, ut qui ab omnium saecularium mores disciscat, quo venerit, ea via repetare studeat. Auligum simul

[12] 607/8

[13] Analog zu *auriga*.

brach die Ehe wie eh und je[12]. Als der heilige Columban davon hörte, schickte er ihm einen Brief voll bitterer Vorwürfe und drohte mit der Exkommunikation, wenn er davon nicht ablasse und sich nicht bessern wolle. Darauf ergrimmte Brunchildis ein zweites Mal. Sie hetzte den König gegen Columban auf, ließ nichts unversucht, um ihn aufzuwiegeln und zu beunruhigen und bat die Großen, die Höflinge[13], kurz alle Vornehmen, den König gegen den Mann Gottes aufzubringen. Sie machte sich auch daran, die Bischöfe aufzuwiegeln, indem sie seine Rechtgläubigkeit in Zweifel zog und den Wortlaut seiner Regel verdächtigte, die er den Mönchen zur Beobachtung gegeben hatte[14]. Die Leute bei Hof aber ließen sich durch die Überredungskünste der unseligen Königin dazu bringen, den König gegen den Mann Gottes aufzuhetzen und ihn zu nötigen, sich zu diesem zu begeben und dessen Landesverweisung bestätigt zu erhalten. Wohl oder übel kam der König also zum Manne Gottes nach Luxeuil. Er beschwerte sich bei ihm, daß er von den im Land üblichen Gewohnheiten abgehe und allen Christen den Zugang zu den abgeschlossenen inneren Räumlichkeiten des Klosters verwehre. Auf diesen Vorwurf des Königs antwortete der heilige Columban in seiner bekannt furchtlosen und klugen Weise, es sei bei ihm nicht Sitte, daß der Zugang zu den Behausungen der Diener Gottes Menschen weltlichen Standes offenstehe und solchen, denen ein Leben nach der Regel fremd sei. Dafür habe er bestens geeignete Räume bereitgestellt, in denen alle ankommenden Gäste Aufnahme finden könnten. Der König erwiderte: „Wenn du unsere verständnisvolle und großzügige Hilfe in Anspruch nehmen willst, so sollen alle überall Zugang haben". Da antwortete der Mann Gottes: „Solltest du versuchen zu zerstören, was bis auf den heutigen Tag durch die strenge Zucht der Regel fest verbunden ist, lege ich keinen Wert darauf, von dir in Zukunft Gaben oder irgendeine Hilfe zu bekommen. Wenn du aber aus diesem Grunde hierher gekommen bist, die klösterliche Gemeinschaft der Diener Gottes zu vernichten und unsere Regel zu durchbrechen, so wisse, bald wird dein Königreich völlig zerstört und alle Nachkommenschaft des Königshauses untergegangen sein!" Die späteren Ereignisse aber bestätigten diese Weissagung. Denn schon hatte der König in törichtem Unterfangen das Refektorium betreten, verließ es aber, erschrocken über diese Worte, rasch wieder. Danach bedrängte der Mann Gottes den König mit schweren Vorwürfen. Theuderich entgegnete ihm: „Du hoffst wahrscheinlich, von mir die Krone des Martyriums zu erlangen"; er sei aber nicht so dumm, eine solche Untat auf sich zu laden, wisse er doch ein besseres Mittel, um sein Ziel zu erreichen: Da er von den Gepflogenheiten aller in der Welt lebenden Christen abweiche, habe er dorthin zurückzukehren, woher er gekom-

[14] Andeutung des Streites zwischen Columban und den einheimischen Bischöfen wegen des Osterdatums.

consona voce vota prorumpunt, se habere non velle his in locis, qui omnibus non societur. Ad haec beatus Columbanus se dicit de caenubii septa non egressurum, nisi violenter abstrahatur.

Discessit ergo rex relinquens virum quendam procerem nomen Baudulfum. His enim cum remansisset, virum Dei a monasterio pellet et poenes Vesontionensem oppidum ad exulandum perducit[15], quoadusque ex eo regalis sententia quod voluisset decerneret.

Commorans[d] ergo inibi, audit carcerem eo in loco plenum esse damnatorum hominum, mortis damna expectantium. Ad quem vir Dei properat, ingressusque ostium, nullo obstante, verbum Dei damnatis depromit, spondentque illi, si liberentur, emendaturos et de commissa noxa penitentiam acturos. Beatus itaque Columbanus post haec ministro Domoali, cuius superius fecimus mentionem[16], imperat, ut manu ferrum quo conpedes inretiti erant atque innexi adprehendat ac trahat. Quem ille adprehensum trahet et veluti fructix putrefacta per partes comminuitur; egredique carcerem damnatos, solutis conpedibus, iubet, peractoque euangelici cultus officio, pedes lavit linteoque abstersit[17]. Imperatque deinde, ut ecclesiam petant et commissi sceleris penitendo ac fletibus abluendo culpas luant. Properantes ergo illi ecclesiae fores obseratas repperiunt. Tribunus ergo militum cum vidisset virtutem Dei per beatum Columbanum damnatorum conpedes fractos et vacuum sibi tantummodo relinqui ergastulum, insequi calces damnatorum, acsi a somno excitatus, cum militibus coepit. Ille vero post tergum adpropinquare satellites videntes et fores ecclesiae obserratas cernentes, gemina vallati angustia, virum Dei conpellant, ut eruantur. Anxio ille anhelitu sursum caput adtollet precaturque Dominum, ut sua virtute ereptos e ferro non sinat denuo tradi satellitum nexu. Nec morata auctoris bonitas foris firmis obseratas claustris reserat, in angustia positis aditum pandit, pernicique cursu ingrediuntur ecclesiam; / fores vero post damnatorum introitum in oculis militum absque humana manu obserantur, acsi custos usu clavigero perniciter et reserasset et obserasset. Perveniens ergo beatus Columbanus cum suis

[d] Hier beginnt ein neues Kapitel in B mit der Überschrift: *De damnatorum laxatione et foribus aecclesiae per se reseratis.*

men sei. Zugleich brachten die Höflinge einhellig die Bitte hervor, sie wollten nicht jemand in ihrem Gebiet haben, der mit niemandem Gemeinschaft habe. Darauf meinte der heilige Columban, er werde die Räume des Klosters nur dann verlassen, wenn man ihn mit Gewalt wegschleppe.

Der König ging nun fort und ließ den Mann Gottes unter der Aufsicht eines Vornehmen namens Baudulf zurück. Als dieser zurückgeblieben war, zwang er den Mann Gottes, das Kloster zu verlassen und brachte ihn zur Ausweisung in die Stadt Besançon[15], bis der königliche Spruch die Entscheidung darüber treffe.

Als er sich dort aufhielt, hörte er, daß das dortige Gefängnis voll von Verurteilten sei, die alle die Todesstrafe erwarteten. Der Mann Gottes eilte dorthin, trat, ohne behindert zu werden, durch das Tor, verkündigte den Verurteilten das Wort Gottes und nahm ihnen das Versprechen ab, sich zu bessern und für ihre Vergehen Buße zu tun, wenn sie befreit würden. Darauf befahl der heilige Columban seinem Diener Domoal, den wir schon weiter oben erwähnten[16], er möge das Eisen, mit dem sie an den Füßen aneinandergekettet waren, angreifen und daran ziehen. Jener begann an der Kette zu zerren und sie fiel wie eine verfaulte Frucht auseinander. Nachdem die Fußfesseln gelöst waren, trug er den Gefangenen auf, das Gefängnis zu verlassen und erfüllte an ihnen den Dienst nach dem Vorbilde des Evangeliums, indem er ihre Füße wusch und sie mit einem Tuche abtrocknete[17]. Hierauf befahl er ihnen, in die Kirche zu gehen, ihre Vergehen unter Tränen zu bereuen und dadurch ihre Schuld abzuwaschen. Jene eilten also zur Kirche, fanden die Tore aber verriegelt. Als der Anführer der Soldaten sah, daß Gott durch den heiligen Columban ein Wunder gewirkt, die Fesseln der Verurteilten gesprengt hatte und daß das Gefängnis nunmehr leer und verlassen war, begann er sich, wie vom Schlafe aufgescheucht, mit seinen Soldaten den Gefangenen an die Fersen zu heften. Jene aber bemerkten, wie die Häscher hinter ihnen immer näher rückten, die Kirchentüre aber versperrt war. Von zwei Seiten bedrängt, bestürmten sie den Manne Gottes, er sollte sie retten. Er aber seufzte betrübt, hob den Kopf zum Himmel und flehte zu Gott, er möge nicht zulassen, daß jene, die er durch ein Wunder von den Ketten befreit habe, ein zweites Mal in die Hände ihrer Häscher fielen. Und die Güte des Schöpfers ließ nicht auf sich warten, löste die Riegel der Türe aus ihren festen Verankerungen und gab den Bedrängten den Weg frei, auf dem sie schnell ins Kircheninnere liefen. Als nun alle Verurteilten in der Kirche waren, schloß sich das Tor vor den Augen der Soldaten ohne menschliches Zutun von selbst, so als ob es der Pförtner mit dem Schlüssel rasch auf- und wieder zugesperrt hätte. Als nun

[15] 610

[16] Vgl. *Jonas I 9.*

[17] Vgl. *Jo. 13, 5ff.*

simulque et tribunus cum militibus, fores obserratas reppererunt Aspasiumque nomen custodem querent, ut claves largiatur. Qui cum venisset, clavigeroque usu fores reserare volens, ait se numquam diligentius obserata claustra invenisse. Nec quisquam post ausus est damnatis iniuriam inferre, quos divina virtus eruisset.[18]

20. De regressu eius ad Luxovium et cecitati satellitum, expulsione regia sodaliumque separatione et sospitate vexantium

Post haec vir Dei cernens, quod nullis custodiis angeretur a nulloque molestiam ferret, – videbant enim omnes in eum Dei virtutem flagrare, ideoque omnes ab eius iniuriis segregabantur, ne socii culparum forent, – ascendit ergo dominica die in verticem ardui cacuminis montis illius, – ita enim situs urbis habetur[19]: cum domorum densitas in diffuso latere proclivi montis sita sit, prorumpent ardua in sublimibus cacuminibus, qui undique abscisi, fluminis Dovae[20] alveo vallante, nullatenus commeantibus viam pandit, – ibique usque ad mediam diem expectat, si aliqui iter ad monasterium revertendi prohibeat. Et cum nullus contrarius existeret, ipse per mediam urbem cum suis ad monasterium regreditur. Quo audito, Brunichildis ac Theudericus, quod scilicet ab exilio revertisset, atrociorebus irae aculeis stimulantur iubentque militum cohortem, ut rursum virum Dei vim abstrahant et ad pristinum prorsus exilium revocent. Venientes ergo milites cum tribuno, peragrantur septa monasterii, virum Dei perquirunt; residebat enim ille in atrio ecclesiae librumque legebat. Ubi cum sepe venissent et propter eum transirent, ita ut nonnulli in eius pedibus suos offenderent et vestimentis suis eius tangerent, obcecatis luminibus, ipsum nequaquam viderent, eratque expectaculum pulcherrimum: ille ovans cernebat quaerentes, nec omnino videbatur; illi in medio eorum positum, cum viderentur, non videbant. Venitque tribunus, intuitusque per

der heilige Columban mit den Seinen sowie der Anführer und die Soldaten kamen und die Türe fest versperrt fanden, baten sie den Türhüter namens Aspasius, den Schlüssel zu bringen. Als er gekommen war und die Türe mit dem Schlüssel aufsperren wollte, stellte er fest, er habe das Schloß nie zuvor sorgfältiger verriegelt gefunden. Hierauf wagte es niemand mehr, Hand an die Verurteilten zu legen, die ein Wunder Gottes gerettet hatte[18].

20. Seine Rückkehr nach Luxeuil und die Blindheit der Häscher, wie er vom König verjagt und seine Gefährten von ihm getrennt wurden und von den Teufelsaustreibungen

Als der Mann Gottes hierauf bemerkte, daß er ohne lästige Wachen war und keine Widerwärtigkeiten mehr zu ertragen hatte – da nämlich alle erkannt hatten, daß die Kraft Gottes in ihm war, wollte ihm keiner ein Unrecht antun, um nicht an der Schuld mitbeteiligt zu sein –, stieg er eines Sonntags auf den Gipfel des steilen Berges. Die Lage der Stadt ist nämlich folgende[19]: Während auf der ebeneren Seite des abschüssigen Berges Haus an Haus zusammengedrängt ist, fällt seine Steilseite mit schroffen, allseits spitzen Felsklippen zur Doubs[20] ab und engt das Tal so sehr ein, daß ein Durchkommen unmöglich ist. Dort wartete der heilige Columban also den Mittag ab, ob man ihn daran hindern würde, in sein Kloster zurückzukehren. Als sich ihm aber niemand in den Weg stellte, kehrte er mit den Seinen mitten durch die Stadt ins Kloster zurück. Als Brunchildis und Theuderich hörten, daß er aus der Verbannung zurückgekehrt sei, gerieten sie nur noch mehr in Zorn und befahlen einer ganzen Abteilung von Soldaten, den Mann Gottes gewaltsam von dort wegzuschleppen und wieder in die alte Verbannung zurückzubringen. So drangen die unter der Führung eines Befehlshabers angelangten Soldaten ins Kloster ein und suchten den Manne Gottes. Er aber saß im Vorhof der Kirche und las ein Buch. Und obwohl sie bei ihrer Suche oft nur knapp an ihm vorbeieilten, ja einige sogar an seine Füße anstießen und sein Gewand berührten, konnten sie ihn nicht sehen, da ihre Augen mit Blindheit geschlagen waren. Es war ein herrliches Schaupiel! Er sah voll Freude sie, wie sie ihn voll Eifer suchten, ohne aber selbst bemerkt zu werden; sie hingegen sahen ihn nicht, obwohl er sich mitten unter ihnen befand und sie sah. Als nun der Befehlshaber kam und durchs Fenster blickte,

[18] Zum hagiographischen Topos der Gefangenenbefreiung vgl. F. Graus, Die Gewalt bei den Anfängen des Feudalismus und die „Gefangenenbefreiungen" der merowingischen Hagiographie. Jahrbuch für Wirtschaftsgeschichte 1 (1965) 61–156.

[19] Vgl. die Schilderung bei *Caesar, De bello Gallico I 38.*

[20] Mündet bei Chalon-sur-Saône im Dép. Saône-et-Loire in die Saône.

fenestram, vidit virum Dei inter ipsos laetum residere et legere, cernensque virtutem Dei, ait: 'Quid tam intente atria ecclesiae peragratis nec omnino repperitis? Nequaquam amplius insaniae errore / cor vestrum decipiatur; non enim poteritis vos invenire quem virtus teget divina. Recedite ab hac intentione, et regi properemus nuntiare, quia eum minime repperistis'. Daturque manifeste intellegi, tribunum militum non sponte ad patrandam viro Dei iniuriam venisse et ideo ad eum videndum lumen meruisse.

Renuntiantibus illis auribus regiis, illi, aucto furore miserae intentionis, Bertecharium comitem[21] ad eum attentius perquirendum virorum cum praesidio simulque et Baudulfum, quem superius direxerat[22], destinarunt. Quo cum venissent, beatum Columbanum in ecclesia positum psallentioque ac oratione deditum cum omni congregatione fratrum repperiunt, sicque virum Dei adlocuntur: 'Vir Dei, precamur, ut tam regiis quam etiam nostris oboedias praeceptis, egressusque, pergas eo itenere quo primum his adventasti in locis'. At ille: 'Non enim', inquid, 'reor placere conditore, semel natali solo ob Christi timorem relicto, denuo repedare'. Cumque nullatenus cerneret sibi virum Dei obaudire, relictis quibusdam, quibus ferocia animi fortior inerat, Bertecharius abscessit. Hii vero qui remanserant virum Dei hortantur, ut illis misereatur, qui ad tale opus patrandum infeliciter fuerant relicti, eorumque periculo consuleret; qui si eum violenter non abstraherent, mortis eos pericolum incurrere. At ille se ait iam sepius testatum esse, nisi vim abstraheretur, se non discessurum. Illi gemino vallati periculo, undique urguenti formidinae, palleum quo indutus erat adtingunt; alii genibus provoluti, cum lacrimis precantur, ut pro tanti sceleris culpam illis ignosceret, qui non suis desideriis, sed regiis obtemperarent praeceptis.

Videns itaque vir Dei pericolum aliorum fore, si suae severitatis satisfaceret, cum omnium eiulatu[e] atque merore egreditur, depotatis custodibus, qui, quousque ditionis suae regno pelleretur, non eum relinquerent. Inter quos primus Ragumundus erat,

[e] *Ululatu* in B 1a.

bemerkte er den Mann Gottes fröhlich unter ihnen sitzen und lesen. Da erkannte er das Wunder Gottes und sprach: „So genau habt ihr die Vorhalle der Kirche durchforscht und nichts gefunden? Nicht länger täusche törichte Verblendung euer Herz! Niemals nämlich werdet ihr den finden, den die Kraft Gottes verbirgt! Laßt ab von eurem Bemühen! Erstatten wir vielmehr dem König rasch die Meldung, daß ihr ihn nicht habt finden können!" Daraus kann eindeutig geschlossen werden, daß jener Militärbefehlshaber gegen seinen Willen hierhergekommen war, um dem Manne Gottes Unrecht anzutun, weshalb es ihm auch gegeben war, ihn zu erkennen.

Als der König dies erfuhr, ließ er wutentbrannt keineswegs von seiner ruchlosen Absicht ab, sondern bestimmte, daß der Graf Bertechar[21] und Baudulf, den er schon früher einmal damit betraut hatte[22], mit einer starken Mannschaft ganz genau nach jenem suchen sollten. Dort angekommen, fanden sie den heiligen Columban in der Kirche, wo er eben mit der ganzen Brüderschar Psalmen sang und betete. Sie redeten den Mann Gottes folgendermaßen an: „Mann Gottes, wir bitten dich, gehorche unserem und unserer Könige Auftrag! Verlaß diesen Ort und kehre auf jenem Wege wieder zurück, auf dem du zum erstenmal hierher gekommen bist!" Darauf sagte jener: „Ich glaube nicht, daß es dem Schöpfer gefällt, wenn ich wieder in meine Heimat zurückkehre, die ich einst aus Ehrfurcht vor Christus verlassen habe". Als Bertechar sah, daß ihm der Mann Gottes auf keinen Fall gehorchen werde, ließ er einige Leute zurück, die von wilder Verwegenheit beseelt waren, und machte sich auf den Weg. Jene aber, die zurückgeblieben waren, baten den Manne Gottes, er möge sich ihrer erbarmen: sie seien unglücklich, daß sie zurückgelassen worden seien, eine solche Tat auszuführen; er möge sich doch überlegen, in welcher schrecklichen Lage sie seien: wenn sie ihn nämlich nicht mit Gewalt wegschleppten, setzten sie sich der Gefahr aus, selbst getötet zu werden. Er aber erwiderte, er habe schon mehrmals erklärt, er werde das Kloster nur verlassen, wenn er gewaltsam entfernt werde. Von doppelter Gefahr eingeschlossen und in quälender Angst berührten die einen sein Gewand, das er anhatte, andere wiederum warfen sich auf die Knie und flehten ihn unter Tränen an, er solle ihnen nicht die Schuld an diesem gräßlichen Verbrechen geben und verzeihen, da sie ja nicht eigenem Wunsche, sondern dem Befehle des Königs gehorchten.

Als nun der Mann Gottes sah, daß er andere in Gefahr bringe, wenn er bei seiner strikten Haltung verharre, verließ er unter dem bitteren Klagen und der Trauer aller das Kloster, begleitet von den Wachen, die nicht von seiner Seite wichen, bis er den Herrschaftsbereich des Königreiches verlassen hatte. Ihr Anführer war Ragumundus, der ihn nach

[21] Bertharius lieferte 612 den in Köln gefangengenommenen K. Theuderich II. seinem B. Theudebert II. aus, vgl. *Fredegar IV 38.*

[22] Vgl. *Jonas I 19.*

qui eum Nametis usque perduxit, universis fratribus velut funus subsequentibus; nam meror omnium corda repleverat. Anxius pater tantorum / membrorum dispendia caelos respicit: 'Aeterne', inquit, 'conditor rerum, tu nobis locum praepara oportunum, quo tibi tuae famulentur in secula plebes'. Consolatur deinde universam simul cohortem, ut spem ne praecedant, sed omnipotenti Deo inmensas laudes rependant; se hoc non ob dispendium suum vel suorum habere, sed ob multiplicandas monachorum plebes hanc esse datam occasionem. Quicumque enim se sequi velint, promptissimo animo ad sustinendas secum iniurias venirent; qui vero in supradicto coenobio remanere voluerint, securi in hoc loco remanerent: cito Dominum de eorum merore ultionem daturum. Sed cum equo animo de custodia pastoris segregari non vellint, custodes regii inquiunt, nequaquam hinc se sequi alios permissuros, nisi eos quos sui ortus terra dederat, vel qui e Brittanica arva ipsum secuti fuerant; ceteros, qui Gallico orti solo, preceptis esse regiis inibi remansuros. Hoc cum egregius pater cerneret, vim a se sua membra discerpi, tam suus quam etiam membrorum suorum dolor multiplicatur; [f]pro tanti sceleris pondera Dominum omnium consolatorem deprecatur[f], ut quos a se regia pertinacia segregabat, ipse sua custodia tueretur. Inter quos venerabilis vir, qui post in eodem monasterio pater exstetit, Eusthasius[23] discipulus et minister sancti viri violenter avellitur, intendente super eum Mietium[24] avunculum eius, qui Lingonicae ecclesiae pontifex erat.

Egressus ergo vir sanctus cum suis vicesimo anno post incolatum heremi illius[25], per orbem Vesontionum Agustidunumque ad Avallonem castrum[26] pervenit. Sed priusquam Avallonem perveniret, in via ei custos equorum Theuderici occurrit lanceaque virum Dei traicere voluit, sed malivolam animam ultio mox digna praevenit. Nam, dextra quam adversum Dei levaverat virum torpente, lancea ante suos pedes humo defixit; ipse demone correptus, ante vestigia viri Dei ruit. Quem cernens ille se coram ultione percussum, die illa nocteque / penes se tenuit, cumque sequens rursus dies inluxit, ad se arcessivit; Deoque favente curatus a peste ad propria remeavit. Deinde ad Coram fluvium[27]

[f–f] Fehlt in A 2a.

Nantes brachte, wohin ihm alle Brüder wie bei einem Leichenzuge das Geleit gaben; denn Trauer hatte ihrer aller Herzen erfüllt. Voll Sorge über den Verlust so vieler Glieder blickte der Vater zum Himmel empor und betete: „Ewiger Schöpfer aller Dinge, bereite du uns nun einen geeigneten Ort, wo dir dein Volk in Ewigkeit dienen kann". Dann sprach er der ganzen Schar Trost zu, sie sollten die Hoffnung nicht verlieren, sondern dem Allmächtigen vielmehr jubelnd Dank sagen: er fasse das nämlich nicht als Trennung von den Seinen auf, sondern damit sei vielmehr die Möglichkeit gegeben, die Schar der Mönche zu vervielfachen. Alle, die ihn begleiten wollten, sollten kommen und bereiten Herzens das Unrecht mit ihm gemeinsam ertragen; jene aber, die lieber im obenerwähnten Kloster blieben, könnten das ohne jede Furcht tun: denn bald werde der Herr ihre Trauer rächen. Während nun aber alle einmütig unter der Obhut ihres Hirten zu bleiben begehrten, erwiderten die Wachen des Königs, niemand anderer dürfe ihn von hier wegbegleiten als jene, die aus seinem Heimatlande gekommen und die ihm aus Britannien gefolgt waren. Alle übrigen in gallischem Lande Geborenen müßten auf Befehl des Königs zurückbleiben. Als der erhabene Vater sah, daß die Glieder seiner Gemeinschaft mit Gewalt auseinandergerissen wurden, verdoppelte sich seine und seiner Gefährten Trauer. Er flehte wegen der schweren Last dieser Untat zum Herrn, dem Tröster aller, daß er selbst jene unter seinen Schutz nehme, die der König unnachgiebig von ihm trenne. Von diesen wurde der erhabene Eusthasius[23], ein Schüler und Diener des heiligen Mannes, der jenem als Abt in diesem Kloster folgen sollte, gewaltsam von dort entführt und der Aufsicht seines Onkels Mietius[24] unterstellt, der Bischof der Stadt Langres war.

So verließ der heilige Mann mit den Seinen im zwanzigsten Jahre der Besiedlung dieser Einöde den Ort[25] und gelangte über die Städte Besançon und Autun zur Feste Avallon[26]. Knapp vor Avallon eilte ihm eine Wache aus der Reiterei König Theuderichs entgegen und versuchte, den Mann Gottes mit der Lanze zu durchbohren. Doch die gerechte Strafe kam der Untat zuvor: Seine rechte Hand, die er gegen den Mann Gottes erhoben hatte, erschlaffte plötzlich, und die Lanze blieb vor seinen Füßen im Boden stecken. Er selbst aber wurde von einem bösem Geist ergriffen und brach vor dem Manne Gottes zusammen. Da er erkannte, daß jener vor ihm bestraft worden war, behielt er ihn einen Tag und eine Nacht bei sich und ließ ihn am folgenden Tag zu sich bringen. Durch die Gnade Gottes von seinem Verderben geheilt, kehrte jener wieder nach Hause zurück. Hierauf eilte er zum Flusse Cure[27] und

[23] Später begleitete er freilich Columban nach Bregenz; vgl. *Jonas I 27.*

[24] Mietius nahm am Konzil von Paris (614) teil.

[25] 610

[26] Dép. Yonne.

[27] Mündet bei Vermenton im Dép. Yonne in die Yonne.

properans, ad domum cuiusdam nobilis et religiosae feminae Theudemande pervenit. Quo cum esset, XII occurrerunt viri pleni rabido demone, furentes atque ruentes in terram, quos vir Dei protinus oratione curavit. Eademque die ad vicum quem Coram[28] vocant venerunt, ibique quinque frenesi vexati obvenerunt, ubi et mox sanati sunt. Exin Autisiodorum[29] properavit, ibique allocutus Ragumundum est, quia ipse eum via qua ibat duceret: 'Memento', inquit, 'o Ragumunde, Chlotharium, quem nunc spernitis, intra triennium dominum habebitis'. At ille: 'Quur', inquit, 'talia, domine mi, ais?' Illeque: 'Videbis prorsus quae dixi, si tunc vitam cum superis feras'.

21. De sanitate frenetici et ultione hominis et ceco inluminato

Progressus exin ab Autisiodoro, conspicit iuvenem a demone correptum pernici ex adversu currere cursu; XX etenim milibus totis viribus cucurrerat. Quo visu, substetit, quousque saucius homo demonis arte veniret, veniensque, ante virum Dei ruit discerpens; quem vir Dei orationibus curavit patrique sospitem reddidit. Deinde ad Nivernensem oppidum[30] venit, custodibus antecedentibus ac subsequentibus, ut Ligeris scafa reciperetur Brittanicoque sinu redderetur. Ubi etiam cum venissent et tardo conamine scafam insilirent, quidam e custodibus, arrepto remo, unum eorum qui Lua dicebatur percussit, virum sanctissimum et in omni religione deditum. Quod vir Dei intuens, sua coram se membra cedi: 'Quur', inquid, 'crudelis, addis merori merorem? An non sufficit ad vestram ruinam patrati sceleris malum? Quur fessa Christi membra cedis? Quur contra mitem inmitis appares? Quur saevitiam in mansuetis praetendis? Memento te a divina ultione in hoc loco percussurum, in quo Christi membrum furens percussisti!' Probavit inlatae sententiae poenam ultio mox subsecuta. Nam ut subsequenti vice rediens, ad eundem portum transiturus venit, divinitus percussus, in eodem est loco dimer-

gelangte zum Haus der adeligen und frommen Frau Theudemande. Als er sich dort aufhielt, stürmten zwölf von einem wilden Dämon besessene Männer auf ihn zu, die sich tobend am Boden wälzten. Der Mann Gottes aber heilte sie durch sein Gebet gänzlich. Am gleichen Tag kamen sie zu einem Dorf, das Cure heißt[28]. Dort eilten ihnen fünf vom Wahnsinn Geplagte entgegen, die auch bald Heilung fanden. Dann wanderte er nach Auxerre[29] und sagte zu Ragumundus, der ihn bei seiner Reise als Bewachung begleitete: „Vergiß es nicht, Ragumundus! Chlothar, über den ihr heute lacht, wird binnen drei Jahren euer Herr sein". Jener aber erwiderte: „Warum sagst du das mir, Herr?" Darauf er: „Du wirst erkennen, was ich prophezeit habe, wenn du dann unter den Toten weilen wirst".

21. Wie er den Besessenen heilte, Rache an einem Menschen nahm und den Blinden heilte

Als er Auxerre verließ, bemerkte er, wie ein junger Mann, der vom Teufel besessen war, in hastigem Lauf ihm entgegenlief. Er war schon zwanzig Meilen mit voller Kraft gelaufen. Als er ihn sah, blieb er stehen, bis der Teufel den Kranken hertrieb. Kaum war er herangekommen, warf er sich zuckend vor dem Manne Gottes zu Boden. Dieser heilte ihn durch sein Gebet und übergab ihn gesund seinem Vater. Hierauf brachten ihn die Wächter, die ihm auf Schritt und Tritt folgten, nach Nevers[30], von wo er mit dem Schiff über die Loire fahren und dann in die Bretagne zurückkehren sollte. Als sie, dort angekommen, ohne besondere Eile ins Boot stiegen, griff ein Wachtposten nach dem Ruder und hieb damit auf einen der ihren ein. Dieser hieß Lua und war ein sehr frommer Mann, dem der Glaube über alles ging. Als der Mann Gottes sah, daß gleichsam sein eigenes Fleisch und Blut vor seinen Augen geschlagen wurde, rief er: „Grausamer, warum machst du unseren Schmerz noch größer? Genügt euch denn das schreckliche Verbrechen nicht, das ihr zu eurem eigenen Unheil getan habt? Warum schlägst du die ermatteten Glieder Christi? Warum bist du dem Sanftmütigen unbarmherzig und grausam gegen Sanfte? Wisse, daß dich die Strafe Gottes genau an jenem Orte treffen wird, an dem du in deiner Verblendung ein Glied Christi geschlagen hast!" Die Strafe aber folgte rasch und bestätigte seine Worte. Denn als dieser am nächsten Tag wieder umkehrte, um den Fluß bei eben jenem Hafen zu überqueren, traf ihn die Strafe Gottes und er ertrank an

[28] Nahe Domecy-sur-Cure im Dép. Yonne, Ar. Avallon, Ct. Vézelay.

[29] Hst. des Dép. Yonne.

[30] Hst. des Dép. Nièvre.

sus. Quid enim fuerit, ut iustus arbiter eandem ultionem inpostmodum dilatasset, nisi ut tunc sancti obtutus de eius vindicta non macularentur?

/Indeque ad Aurilianensem urbem venerunt[31]. Quo cum nec aditum ecclesiarum sibi ex regiis praeceptis pandi videret, cum grandi merore super ripam Ligeris tentoriis contentus paulisper quiescit. Cumque iam sumptuum necessaria indigerent, duos in urbe direxit, ut necessaria quaererent, quorum unus erat Potentinus nomen, qui adhuc superest et Armoricana in loca in suburbano Constantiae urbis[32] monachorum cohortem adunavit. Cumque lustrantes urbem nihil repperissent, quia regio timore omnium corda perculsa manebant, via qua urbem intraverant repetabant obviamque habent mulierem in platea ex genere Sirorum. Quae cum eos vidisset, sciscitata est, quinam essent[33]. Illi, rei veritate digesta, aiunt se necessaria quesisse nec prorsus repperisse. Illa infit: 'Accedite, domini mi, ad metatum famulae vestrae, et quae sunt necessaria vobiscum vehite. Nam et ego advena sum ex longinquo Orientis solo'. Illi ovantes eam sunt calce secuti; venerunt ad domum eius, sellaque subposita, quieverunt, donec detulit, quid ab eis evectum esset. Eratque simul in consessu vir eius, olim iam luminibus orbatus, de quo sciscitati sunt, quis esset. Illa inquit: 'Vir meus ex eodem Sirorum genere, sicut et ego, quem per multorum circulo annorum lumine privatum traho'. Illi inquiunt, si Christi famulo Columbae obtutibus praesentetur, suarum interventu orationum lumen posse recipere. At ille promissi muneris fidei nexibus mentem roborat, surgensque, eorum est prosecutus cum duce vestigia. Narravit ergo Potentinus hospitalitatis munus in peregrinis, nec porsus verba impleverat, cecus adstabat, precatusque Dei virum, ut suis orationibus eius lumen restituat. Videns ille fidem, omnes poscet, ut pro ceco orent, pronusque diu supra humum iacuit, surgensque, manu oculos adtegit hac post crucis signum postulatum lumen reddidit. Gaudens ille, reddito lumine, domi remeavit, ut videlicet qui interiorem lumen in hospites habere non omiserant, exte-

[31] Hst. des Dép. Loiret.
[32] Dép. Manche.

jenem Ort. Welchen anderen Grund aber hätte es für den gerechten Richter geben können, dessen Bestrafung auf später zu verschieben als den, daß er dem heiligen Manne jede Befleckung durch den Anblick seiner Heimsuchung ersparen wollte?

Hierauf kamen sie zur Stadt Orléans[31]. Als er aber sah, daß ihm auf königlichen Befehl sogar der Zutritt zur Kirche verwehrt war, mußte er sich mit großer Trauer mit einem Zeltlager am Ufer der Loire begnügen, wo er ein wenig ausruhte. Da ihnen schon das Allernötigste zum Leben fehlte, schickte er zwei Leute in die Stadt, die das Benötigte auftreiben sollten. Einer von ihnen hieß Potentinus, der noch heute in der Armorica lebt, wo er der Schar der Mönche in der Nähe der Stadt Coutances[32] angehört. Sie streiften also durch die Stadt, konnten aber nichts ausfindig machen, weil aus Furcht vor dem König die Herzen aller verschlossen blieben. Als sie also auf dem gleichen Weg zurückkehrten, auf dem sie die Stadt betreten hatten, begegnete ihnen in einer Gasse eine Frau aus dem Volke der Syrer, die sie, nachdem sie sie erblickt hatte, fragte, wer sie seien[33]? Jene antworteten ihr wahrheitsgemäß, sie hätten ohne Erfolg versucht, Lebensunterhalt aufzutreiben. Darauf sprach sie: „Kommt mit mir, meine Herrn, in die Behausung eurer Dienerin und nehmt mit euch, was ihr benötigt! Denn auch ich bin eine Fremde aus einem fernen Lande im Osten". Voll Freude folgten sie ihren Schritten. Sie kamen zu ihrer Behausung, wo sie sich auf einer bereitgestellten Bank ausruhten, bis sie alles herbeigeschafft hatte, was sie von ihr mitnehmen konnten. Auch ihr Gatte war damit einverstanden. Er aber hatte einst das Augenlicht verloren, und sie fragten die Frau, wer er sei. Sie antwortete: „Mein Mann stammt wie ich aus dem Volke der Syrer und schon viele Jahre hindurch ertrage ich seine Blindheit". Darauf meinten sie, wenn ihn der Diener Christi, Columban, sehen könnte, würde er sich sicherlich mit seinem Gebet dafür einsetzen, daß er seine Sehkraft wiedererlange. Jener aber zweifelte nicht am verheißenen Geschenk, raffte sich auf und folgte ihnen mit einem Führer als Begleiter. Potentinus erzählte, wie freundlich sie als Fremdlinge aufgenommen worden waren, und er hatte seinen Bericht noch nicht ganz beendet, als der Blinde auch schon dastand und den Mann Gottes anflehte, er möge ihm kraft seiner Gebete das Augenlicht wieder zurückgeben. Als jener seinen Glauben sah, forderte er alle auf, für den Blinden zu beten und lag selbst lange Zeit im Gebet am Boden hingestreckt. Dann erhob er sich, berührte dessen Augen mit der Hand, machte das Kreuzzeichen und schenkte ihm das ersehnte Augenlicht wieder. Jubelnd kehrte er geheilt nach Hause zurück. So sollten jene, die im Herzen bereit gewesen waren, Fremden gegenüber nicht blind zu sein, auch selbst der körperlichen Sehkraft

[33] Vgl. P. Scheffer-Boichorst, Zur Geschichte der Syrer im Abendlande. MIÖG 6 (1885) 535.

riorem non carerent. Sicque exinde turba obsessorum, quos demones horrido furore torquebant, ad virum Dei curandi gratia propiant, daturque salus largita a Domino: omnes ibi a viro Dei curati sunt. His virtutibus populus urbis permotus, virum Dei suis honoribus latenter fulciebat; non enim patule propter custodes quicquam praebere audebant, ne regis iram incurrerent. Deinde arreptum iter peragunt.

/22. *De scafa retenta et furto patefacto et supplimento copiae*

Navigantes ergo per Ligerem ad Toronensem[34] perveniunt urbem, ubi vir sanctus custodibus precatur, ut scafam portu adpropinquent seque ad sepulchrum beati confessoris Martini ire sinant. Quod abnuentes custodes, navigare veloci conatu conpellent, remigeros urguent, ut omni virtute cursu celeri portum transeant, gubernatorem imperant, ut medio fluminis alveo scafam teneat. Quod videns beatus Columba, maestus vultus ad caelum erigit, conpellans se tante mestitiae subdi, ut ne sanctorum sepulchra visere permittatur. Urguentibus ergo omnibus, mox ut contra portum ventum est, velut quibusdam anchoris defixis, scafa stare coepit et ad portum caput dirigere. Quod cum custodes obstare non valerent, inviti scafam quo vellit ire sinunt. Mirum in modum medio e fluvii filo[35] ad portum pennigero ceu volatu[36] pervenit, portoque recepta, viro Dei viam pandit. Gratias ille regi refert aeterno, qui suis sic obtemperare non dedignatur servis. Egressus sane, ad sepulchrum beati Martini accedit; tota ibi nocte in oratione excubat. Inluciscente vero die, a Leupario[37] urbis illius episcopo invitatus ad esum, ire non abnuit presertim ob suorum requiem fratrum, moratusque eo die cum supradicto pontifice. Qui cum hora refectionis cum eo ad mensam resederet, interrogatus, quur retro ad patriam repedaret, respondit: 'Canis me Theudericus meis a fratribus abegit'. Tunc

[34] Hst. des Dép. Indre-et-Loire.

nicht entbehren. Darauf eilte eine Schar Besessener zum Manne Gottes, die von der schrecklichen Wut eines Dämons geplagt wurden, um geheilt zu werden. Der Herr aber schenkte ihnen in seiner Güte Genesung: Alle erlangten sie vom Manne Gottes ihre Gesundheit wieder. Diese Wunder stimmten das Volk in der Stadt um, das den Mann Gottes nun heimlich mit großer Ehrfurcht unterstützte. Öffentlich freilich wagte es wegen der Wachen keiner, ihm etwas darzubieten, um beim König nicht in Ungnade zu fallen. Hierauf setzten sie die begonnene Fahrt fort.

22. Wie das Boot stehenblieb, der Diebstahl aufgedeckt und er mit dem Nötigsten versorgt wurde

Sie kamen mit dem Schiff auf der Loire zur Stadt Tours[34], wo der Mann Gottes die Wachen ersuchte, sie möchten mit dem Boot beim Hafen anlegen und ihn zum Grab des heiligen Bekenners Martin gehen lassen. Die Wächter aber lehnten das ab, trachteten, möglichst rasch vorbeizufahren, und trieben die Ruderer an, mit aller Kraft und in schneller Fahrt am Hafen vorbeizukommen. Dem Steuermann befahlen sie, das Boot in der Flußmitte zu halten. Als der heilige Columban das sah, erhob er sein Antlitz traurig zum Himmel und klagte heftig, einem so harten Geschick unterworfen zu sein, daß er nicht einmal die Grabstätten der Heiligen besuchen dürfe. Schon war man mit aller Anstrengung direkt gegenüber dem Hafen angelangt, als der Kahn plötzlich, wie von Ankern gehalten, trotz aller Bemühungen feststand und Richtung auf den Hafen zu nehmen begann. Da die Wachen nichts dagegen unternehmen konnten, ließen sie das Boot widerwillig dorthin treiben, wohin es wollte. Auf wunderbare Weise steuerte es wie im Vogelflug[36] schnurgerade aus der Mitte des Flusses[35] dem Hafen zu. Schließlich erreichte man den Hafen, und der Weg stand dem Manne Gottes nunmehr offen. Er sagte dem ewigen König Dank, der es nicht unter seiner Würde erachtet, selbst seinen Dienern zu willfahren. So verließ er heil das Schiff und kam zum Grabmal des heiligen Martin, wo er die ganze Nacht im Gebete zubrachte. Als es aber Tag wurde, lud ihn Leuparius[37], der Bischof jener Stadt, zum Essen ein. Er aber schlug es nicht ab, um seinen Brüdern eine Ruhepause zu gönnen, und verbrachte jenen Tag beim obengenannten Bischof. Als er sich zur Stunde der Refektion mit ihm bei Tisch niederließ, antwortete er auf die Frage, warum er wieder in seine Heimat zurückkehre: „Theuderich, der Hund, hat mich von meinen Brüdern weggejagt!" Einer der

[35] Frz. *le fil de l'eau.*

[36] Zum Ausdruck vgl. *Hieronymus, Vita sancti Pauli 8.*

[37] Bischof 602–614.

unus e convivis Chrodoaldus nomine, qui amitam Theudeberti regis in coniugium habebat, regi tamen Theuderico fidelis erat, hic viro Dei humili voce respondit, se melius esse lacte potare quam absinthium[38]. Cui vir Dei: 'Cognosco', ait, 'te regis Theuderici foederis iura servare velle'. At ille fatetur, se foedus fidei promissae, quamdiu valeret, observare. 'Si', inquit, 'regis Theuderici iunctus es foederis, / amico tuo et domino laetus eris a me legatus directus. Haec ergo eius auribus infer, et ipsum et suos liberos intra triennii circulum esse delituros, radicitusque eius stirpem Dominum eradicaturum'. 'Quur', inquit supradictus vir, 'talia, famule Dei, promes?' At ille: 'Non enim queo silere, quae mihi loquenda Dominus tradet'. Quod inpostmodum omnes Galliae nationes sensere impletum, confirmavitque superius ad Ragumundum sententiam inlatam[39].

Sublato deinde prandio, vir Dei ad scafam remeat repperitque suos multa tristitia depressos; inquirensque, invenit praeterita nocte quae in scafam habuissent furto perdidisse simulque aureos quos in pauperes non erogaverat furto ablatos. Quo audito, ad sepulchrum beati confessoris repetat, questusque se non idcirco ad eius excubasse exubias, ut ille sua ac suorum siniret damna patrari fratrum. Nec mora, his qui sacellum cum aureis furaverat coepit inter flagella corporis poenas clamare et dicere illo et illo in loco aureos occultatos habere. Quod videntes socii omnes currunt furtuque sublata omnia reddunt, virum Dei precantur, ut tanti sceleris culpas ignoscat. Quod miraculum omnibus terrorem incutit, ut deinceps qui ista audierant velut sacrata omnia quae ad virum Dei pertinebant attingere non auderent. Prebens itaque necessaria Leupecharius, virum Dei valedicet.

Navali ergo itinere ovans usque Namitensem[40] oppidum venit; ibi quantisper moratus est. Quo cum quadam die quidam egenus ante fores cellule, in qua vir Dei metatus erat, clamaret, vocatumque ille ministrum ait: 'Prebe', inquit, 'cibos alimonia petenti'. At ille: 'Non est nobis', ait, 'panis nisi paulolum tantum farinae'. At ille: 'Quantum', inquit, 'habes?' Testatusque ille, amplius

[38] Wurde Kindern, die an Wurmkrankheiten litten, mit Honig vermischt zur Heilung gegeben.

Tischgenossen aber namens Chrodoald, der zwar mit einer Tante König Theudeberts verheiratet, aber dennoch ein Getreuer König Theuderichs war, antwortete dem Manne Gottes mit leiser Stimme, er täte besser daran, Milch statt Wermut[38] zu trinken. Darauf sagte ihm der Mann Gottes: „Ich sehe, du bist bereit, König Theuderich den Treueschwur zu halten". Jener aber bekannte, er werde das geschworene Bündnis bewahren, solange er könne. Hierauf Columban: „Da dich ein Treuebündnis an König Theuderich bindet, wirst du deinem Freund und Herrn ja gerne eine Botschaft von uns überbringen. Melde ihm also, er selbst und seine Kinder würden innerhalb von drei Jahren umkommen und der Herr würde sein ganzes Geschlecht von Grund auf ausrotten". Da fragte ihn der erwähnte Mann: „Warum sagst du das, Diener Gottes?" Er aber erwiderte: „Ich kann nicht verschweigen, was der Herr mir zu verkünden geboten hat". Alle Völker Galliens erlebten später die Erfüllung dieses Wortes und es bestätigte sich das, was er schon früher dem Ragumundus prophezeit hatte[39].

Nach der Beendigung des Mahles kehrte der Mann Gottes zum Schiff zurück, wo er die Seinen traurig und ganz niedergeschlagen fand. Als er nach dem Grund fragte, erfuhr er, daß ihnen in der vergangenen Nacht ihr ganzes Hab und Gut am Schiff gestohlen und jene Goldstücke, die er nicht an die Armen verteilt hatte, entwendet worden seien. Auf diese Kunde hin ging er zur Grabstätte des heiligen Bekenners zurück und klagte, er habe nicht deshalb die ganze Nacht bei ihm im Gebet gewacht, daß dieser nun zulasse, daß er und seine Brüder Schaden litten. Und auf der Stelle begann jener, der den Sack mit den Goldstücken gestohlen hatte, unter strafenden Peitschenhieben vor Schmerz laut aufzuschreien und zu verraten, an welchen Orten er die Goldstücke versteckt hatte. Als dessen Gefährten das sahen, liefen sie alle herbei, gaben den ganzen aufgedeckten Raub zurück und flehten den Mann Gottes an, er möge ihnen die Schuld ihres ungeheuren Verbrechens vergeben. Dieses Wunder erfüllte alle mit solcher Angst, daß fortan jene, die davon gehört hatten, alles, was dem Manne Gottes gehörte, gleichsam als geheiligt ansahen und es nicht anzurühren wagten. So versorgte Leupecharius den Mann Gottes mit dem Notwendigen und verabschiedete sich von ihm.

Auf seiner Schiffsreise kam er schließlich voll Freude zur Stadt Nantes[40], wo er ein wenig verweilte. Als nun eines Tages ein Armer vor der Türe der Zelle, die dem Manne Gottes als Unterkunft diente, laut schrie, rief er einen Diener herbei und sprach: „Gib ihm etwas zu essen, er bettelt um Nahrung". Jener erwiderte: „Wir haben selbst kein Brot und nur mehr ganz wenig Mehl". Darauf fragte er: „Wieviel hast du noch davon?" Er beteuerte, daß er nur mehr ungefähr ein Scheffel Mehl besitze.

[39] Vgl. *Jonas I 20.*

[40] Hst. des Dép. Loire-Atlantique.

se non habere, ut rebatur, quam farinae modium. 'Da ergo', dicit, 'totum nec quicquam reserves in crastinum'. Oboediens minister, totum simul pauperi tribuit, nihil ad necessitatem communem reservans. Ieiunantibus ergo illis, tertia iam dies inluxerat, nihil poenes se habentibus preter spei et fidei gratiam, unde fessis ieiunio membris subvenirent: subito audiunt fores signo terere. Cumque ostiarius sciscitaretur, cuius rei necessitas posceret sono fragoris fratrum aures inquietare, his qui fores terebat ait se a domina sua Procula nomen directum esse, quae divinitus ammonita, ut sumptus viro Dei Columbae atque / comitibus eius, qui apud Namitensem oppidum morarentur, dirigeret, haberique in proximo: se ideo praevenisse, ut vasa quo reciperent pararent; centum modia esse vini ducentaque frumenti, sed et braces[41] centum idemque modia. Quod ostiarius celeri cursu patri indicanda properat; at ille: 'Sine', inquid, 'se scire, fratrumque coetum adunare, ut simul positi pro largitricem Dominum precarentur simulque grates referant conditori, qui suos solare non desinet in omnibus famulos necessitatibus, et post munus oblatum recipiant'. O mira conditoris pietas! Egere sinit, ut sua dona egentibus largiendo demonstret; temptari permittit, ut in temptatione subveniens suorum uberius in se corda excitet famulorum; sua membra sevis laceranda tradit, ut circa sanatorum medicum multiplicata dilectio confirmetur.

Aliaque simul nobilis et religiosa [g]femina Doda nomine direxit ducenta[h] frumenti ac promiscue centum modia. Quae causa[g] maximam verecundiam urbis illius pontifici excitavit nomine Soffronio[42], cui cum nihil muneris impetravisset, nec quicquam commutando capere potuere. Quo cum moraretur, quaedam mulier demonis peste plena cum filia, idemque tali atrocitate repleta, venit; quas cum Columba vidisset, communem pro eas Dominum exoravit sanitatisque post redditas metatui suo redire praecepit.

[g–g] Fehlt in A 2a.
[h] *Modia* eingefügt in A 1c.

„Gib ihm alles", sagte er, „ und behalte nichts für morgen zurück!" Der Diener gehorchte, gab alles dem Armen und hob nichts für ihr gemeinsames Bedürfnis auf. So fasteten sie schon den dritten Tag und besaßen außer der Gnade der Hoffnung und des Glaubens nichts, um ihre vom Fasten ermatteten Leiber zu stärken, als sie plötzlich bei Tagesanbruch lautes Klopfen an der Türe vernahmen. Als der Türhüter fragte, was es denn so Wichtiges gebe, die Brüder mit solchem Getöse in ihrer Ruhe aufzuschrecken, rüttelte jener an der Tür und antwortete, seine Herrin namens Procula habe ihn hergeschickt. Sie sei nämlich vom Herrn ermahnt worden, dem Manne Gottes Columban und seinen Gefährten, die sich in der Stadt Nantes aufhielten, Nahrung zu senden, und befinde sich ganz in der Nähe. Er selbst sei vorausgezogen, damit sie Gefäße zur Aufnahme all dessen bereitstellten: es handle sich um 100 Maß Wein, 200 Scheffel Getreide und nochmals 100 Scheffel Malz[41]. Als der Türhüter schnellen Laufes herbeieilte und dem Vater diese Nachricht brachte, sagte er: „Laß es alle Brüder wissen und die ganze Gemeinschaft zusammenkommen, damit wir gemeinsam für die Spenderin zum Herrn beten und zugleich auch dem Schöpfer danken, der nicht aufhört, seine Diener mit allem Nötigen zu trösten. Dann aber sollen sie das dargebrachte Geschenk in Empfang nehmen". O wunderbare Liebe des Schöpfers! Um den Hungernden seine überreiche Gnadenfülle schenken zu können, läßt er sie zuvor darben, er setzt sie der Prüfung aus, um den Seinen dann zu Hilfe zu eilen und die Herzen seiner Diener noch fruchtbarer für ihn entbrennen zu lassen, er läßt seine Glieder von bösen Menschen zerfleischen, um sie als Arzt wieder zu heilen, zu dem ihre Liebe doppelt fest stehe.

Auch eine andere edle und fromme Frau namens Doda schickte ihm 200 Scheffel Getreide und dann nochmals hundert. Dieses Ereignis aber beschämte den Bischof dieser Stadt namens Soffronius[42] zutiefst, von dem Columban keine Gaben erlangen und auch nichts im Tausch hatte bekommen können. Als er dort weilte, kam auch eine vom Unheil des Dämons besessene Frau samt ihrer Tochter zu ihm, die vom gleichen bösen Schicksal getroffen war. Als Columban sie sah, betete er für sie zum Herrn aller, gab ihnen die Gesundheit wieder und hieß sie in ihre Behausung zurückkehren.

[41] Zur Herstellung von Bier; zum Ausdruck vgl. Mittellateinisches Wörterbuch I 1559, 51 ff.

[42] Unterschrieb 614 beim Konzil von Paris.

23. De nave referta undis et veneratione adversantium

Post haec Soffronius Nametensis urbis episcopus una cum Theudoaldo comite iuxta regis imperium beatum Columbanum nave susceptum ad Hiberniam destinare properabant. Sed vir Dei inquit: 'Si navis quae sinibus Hiberniae reddatur adest, omnem suppellectilem comitesque suscipiat; ego interim scafa receptus Ligeris unda vehar, quousque maris alta deferar'. Reperta ergo navis, quae Scottorum commercia vexerat, omnem suppellectilem comitesque recepit[43]. Cumque iam remigera arte, prosperantibus zepheris, navis ad alta pelagi tenderit, undarum /moles obvenit navemque ad litus redire coegit planoque terris solo depulsam reliquid, collectoque fluctu, in sinibus aequor quievit. Mansit per triduum absque undis carina. Intellexit ergo dominus navis, ob viri Dei suppellectilem comitesque receptos se esse detentum. Fuit tandem consilii, reiecit omnia a navis sinibus, quae ad virum Dei pertinebant. Nec mora, undarum moles adfuit carinamque ad alta provexit. Mirantes itaque omnes cognovere, non esse voluntatem Dei, ut retro amplius repetaret. Ad metatum ergo suum quo prius fuerat rediit, nec ullo iam obstante quo velit ire; sed magis, prout quisque poterat, virum Dei honoribus ac sumptibus fulciebat. Nec defuit quicquam presidii, dum in omnibus conditoris manebat auxilium; quia prorsus numquam obdormiet, qui [44]sub alarum suarum umbra Israel tegit[44]. Sic nempe omnibus omnia largiendo demonstrat, ut ab omnibus pro munerum suorum glorificetur largitione.

24. De adventu eius ad Chlotharium regem et gavisione regis

Moratus ergo ibi paululum, post ad Chlotharium, Chilperici regis filium, qui Neustrasis[i] Francis regnabat[45], extrema Gallia ad Oceanum positis, pergit. Porro Chlotharius audierat, quantis qualibusve iniuriis virum Dei Brunichildis ac Theudericus fatiga-

[i] *Austrasis* in A 1a; *Austrasiis* in A 3.

23. Wie das Schiff von den Wellen zurückgebracht wurde und ihn sogar seine Feinde ehrten

Hierauf empfingen Soffronius, der Bischof von Nantes, und der Graf Theudoald vom König den Befehl, den heiligen Mann auf raschestem Wege nach Irland zu befördern. Als sie ihm nun ein Schiff zuwiesen, sagte der Mann Gottes: „Wenn ein Schiff mit dem Kurs nach Irland hier vor Anker liegt, so befördert damit meine Gefährten mit allen Habseligkeiten heim. Ich selbst werde unterdessen die Loire bis zu ihrer Mündung hinabfahren". Und es fand sich tatsächlich ein Handelsschiff aus Irland, in dem seine Habseligkeiten und seine Begleiter untergebracht wurden[43]. Schon hatten geschicktes Rudern und günstiger Wind die Gefährten weit aufs offene Meer hinausgetrieben, als sich ein Wellenberg plötzlich so gewaltig auftürmte, daß das Schiff umkehren mußte. Kaum aber lag es auf trockenem Land fest, beruhigten sich die Wogen wieder und das Meer lag in der Bucht friedlich da. Drei Tage hindurch lag das Schiff auf dem Trockenen. Jetzt sah der Schiffseigner ein, daß er wegen des Gepäcks des heiligen Columban und seiner Gefährten zurückgehalten worden sei. Also beschloß er, all das in der Bucht zurückzulassen, was irgendwie mit dem Manne Gottes in Beziehung stand. Sofort war der Wellengang wieder zur Fahrt geeignet und trieb das Schiff auf See. Da erkannten alle voll Staunen, daß ihre Rückkehr offenbar nicht dem Willen Gottes entsprach. Also kehrte er zur Behausung zurück, in der er sich früher aufgehalten hatte, und niemand hinderte ihn daran, zu gehen, wohin er wollte, ja im Gegenteil: jeder ehrte den Mann Gottes und unterstützte ihn mit Nahrung, so gut er konnte. An keinem Schutz mangelte es ihm, da die Hilfe Gottes ja in allem ruht. Denn wahrlich, niemals wird jener schlafen, der [44]Israel im Schatten seiner Flügel barg[44]. Denn er offenbart sich allen als Spender von allem, um so von allen wegen der Fülle seiner Gaben gepriesen zu werden.

24. Seine Ankunft bei König Chlothar und wie sich der König darüber freute

Dort verweilte er ein wenig und brach dann zu Chlothar auf, dem Sohne König Chilperichs, der damals über die neustrasischen Franken herrschte[45], die am Rande Galliens beim Ozean wohnen. Chlothar aber hatte schon gehört, wie gewaltig das Unrecht war, mit dem Brunchildis

[43] Vgl. Columbans Brief an seine in Luxeuil zurückgelassenen Gefährten in *MGH Epp. III 169.*

[44–44] Vgl. *Ps. 16, 8.*

[45] Seit 584.

verant. Quem cum vidisset, velut caelestem munus recepit, ovansque precatur, ut, si velit, intra sui regni terminos resedeat, seque ei, prout voluerit, famulaturum. At ille nequaquam ait his in locis se consistere velle vel ob suam peregrinationem augendam vel illius inimicitiarum occasionem sedandam. Tenuit ergo eum Chlotharius quantis potuit poenes se diebus, castigatusque ab eo ob quibusdam erroribus, quos vix aula regia caret, spondit se Chlotharius iuxta eius imperium omnia emendaturum. Erat enim Chlotharius sollers in amore sapientiae. Inventum ergo optatum munus gratificabat.

Morante ergo eum poenes Chlotharium, lis oritur inter Theudebertum et Theudericum. Disceptantibus utrisque de regni termino, uterque ad Chlotharium legatos dirigunt, uterque adversum parem auxilium postulat[46]. Quod Chlotharius beato Columbano insinuare procurat, consulens, ut si videretur eius consilii, se unum consentiendo contra alium dimicare. Ad quem ille prophetico repletus spiritu ait, neutris te fore pariturum consiliis; tua intra triennii tempus in ditione utrorum regna venire[47]. Videns Chlotharius a viro Dei talia sibi / prophetico ore dici, neutri parere voluit[48]; sed promissum sibi tempus fideliter expectans, post potitus est triumphus victoriae.

25. De transitu eius per Parisius et occursu ac curatione frenetici

Post haec egit Chlotharium vir Dei, ut sibi solamen largiretur, utque per Theudeberti regnum, si valeret, ad Italiam, Alpium iuga transcendens, perveniret. Datis ergo comitibus, qui eum usque ad Theudebertum perducerent, itinere arrepto, ad Parisius[49] urbem pervenit. Quo cum venisset, occurrit ei homo in porta, habens spiritum inmundum, debaccans ac discerpens et garrulans. Querulo sciscitatur virum Dei effamine: 'Quid his, vir Dei, agis

[46] 610/1
[47] Vgl. *Jonas I 20* und *22.*

und Theuderich den Manne Gottes verfolgt hatten. Als er ihn nun vor sich sah, nahm er ihn wie ein Geschenk des Himmels auf und bat ihn voll Freude, sich, wenn er wolle, in seinem Reiche niederzulassen. Er werde ihm dabei behilflich sein, so wie er es wünsche. Jener aber antwortete, daß er nicht die Absicht habe, in diesem Gebiete zu verbleiben, sei es, weil er seine Wanderschaft weiterführen wollte, oder um die Möglichkeit auszuschalten, daß jener seinetwegen Händel anfangen könnte. Chlothar hielt ihn also, solange er konnte, bei sich zurück und versprach, manche Verfehlungen, wie sie fast an jedem Königshofe begegnen, von Columban aber angeprangert worden waren, auf dessen Wunsch hin auszumerzen. Chlothar war nämlich eifrig um die Liebe zur Weisheit bemüht und schätzte sich aus diesem Grunde über das erhaltene Geschenk sehr glücklich.

Während aber Columban noch bei Chlothar weilte, erhob sich ein Streit zwischen Theudebert und Theuderich. Sie hatten Grenzstreitigkeiten und schickten deshalb beide Gesandte zu Chlothar, und jeder verlangte Unterstützung im Kampf gegen den andern[46]. Chlothar ließ das den heiligen Columban wissen und fragen, ob es ihm gut schiene, sich dem einen anzuschließen und gegen den andern zu kämpfen. Jener antwortete, vom prophetischen Geiste erfüllt: „Folge dem Wunsch keines von beiden! Innerhalb von drei Jahren wirst du nämlich die Herrschaft über die Reiche beider erlangen“[47]. Als Chlothar nun merkte, daß ihm der Mann Gottes das in prophetischer Weise verkündigte, beschloß er, keiner der beiden Parteien zu willfahren[48]. Er wartete vielmehr vertrauensvoll auf die Zeit der Erfüllung dieser Weissagung, und bald erlangte er auch tatsächlich den Triumph des Sieges.

25. Seine Reise nach Paris und wie er einen Besessenen heilte, der ihm entgegenlief

Danach erreichte der Mann Gottes von Chlothar das Versprechen, ihn, wenn möglich, durch das Reich Theudeberts ziehen zu lassen, damit er die Alpen überschreiten und nach Italien gelangen könne. Chlothar gab ihm Gefährten mit, die ihn bis zu Theudebert begleiten sollten. Die erste Station der Reise war die Stadt Paris[49]. Bei seiner Ankunft lief ihm beim Stadttor ein Mensch entgegen, der einen unreinen Geist besaß. Er gebärdete sich wie verrückt, lief hin und her und redete wirr. Endlich schwatzte er den Mann Gottes an und sprach: „Mann Gottes, was tust du

[48] Er versprach K. Theuderich II., daß er dessen Bruder K. Theudebert II. nicht unterstützen werde; vgl. *Fredegar IV 37.*

[49] Paris war 603/4 in die Hände K. Theuderichs II. gefallen, muß aber — wenn die Stelle der Wahrheit entspricht — schon bald darauf von K. Theudebert II. wieder zurückerobert worden sein.

in locis?' raucoque anhelitu a longe virum Dei Columbanum advenire dudum iam clamitabat. Quem cum vir Dei vidisset, ait: 'Egredere, pestifer, egredere nec corpora Christi lavacro abluta diu obsedere presumas; cede virtuti Dei, et Christi nomen invocato, contremesce'. Sed cum diu saevis atrisque viribus obstaret, vir Dei manum ori eius iniecit linguamque adtrectat; in virtute Dei imperat, ut egrediatur. Tunc horrida vis discerpens, ut vix nexibus teneretur, cum viscerum motione ac vomito moto progressus, tantum foetorem adstantibus dedit, ut sulphureos se crederent facilius tolerare odores.

26. De susceptione Chagnerici et Autharii et benedictione domus eorum ac prolis sacratione

Deinde ad Meldensem[50] oppidum properat. Quo cum quidam vir nobilis Chagnericus[51] Theudeberti conviva, vir sapiens et consiliis regiis gratus et nobilitatis sapientia vallatus, inesset, his virum Dei miro gaudio recepit seque habere curam spondit, qualiter ad Theudeberti accederet aulam; non esse necesse alios comites e regio latere habere. Ad hoc enim aliorum differebat subsidium, ut vir / Dei secum, quamdiu valeret, teneret et eius doctrina sua domus nobilitaretur. Benedixit ergo vir Dei domum eius, filiamque illius nomen Burgundofara, quae infra infantiae annis erat, benedicens, Domino vovit de quo postea in subsequentibus narrabimus.[52]

Progressusque inde venit ad villam quendam Vulciacum[53], quae supra amnem Matronam sita est. Ibi receptus a quodam viro Autharium nomen, cuius coniunx Aiga dicebatur; erantque his filii infra infantiae annis detenti, quos mater ad benedicendum viro Dei obtulit. Videns ille matris fidem, infantulos sua benedictione sacravit, qui post, mox ut pubescere coeperunt, Chlotharii regis primum ac deinceps Dagoberti gratissimi habiti; qui postquam saeculi gloria fuerunt inlustrati, anhelare coeperunt, ut per gloriam saeculi non carerent aeternam. Quorum maior

hier an diesem Ort?" Dann rief er mit heiserer Stimme immer wieder, Columban, der Mann Gottes, komme. Der Mann Gottes aber blickte ihn an und sprach: „Weiche, Verderber, weiche! Wage nicht länger, im Leibe Christi zu verweilen, der durch die Taufe reingewaschen wurde. Beuge dich der Kraft Gottes und erzittre bei der Anrufung des Namens Gottes!" Als jener aber in einem fort mit wilden unheilvollen Kräften Widerstand leistete, griff der Mann Gottes in seinen Mund und berührte seine Zunge, wobei er ihm nochmals in der Kraft Gottes befahl, auszufahren. Da krümmte sich der Mann mit so schrecklicher Kraft zusammen, daß er fast jede Umklammerung sprengte. Dabei entleerte sich sein Magen und er spie auf den Boden. Davon ging ein so übler Geruch aus, daß die Umstehenden glaubten, eher Schwefelgestank ertragen zu können als das.

26. Seine Aufnahme bei Chagnerich und Autharius und wie er ihr Haus und die Nachkommenschaft durch seinen Segen heiligte

Hierauf eilte er in die Stadt Meaux[50]. Dort lebte Chagnerich[51], ein Adliger aus der Tischrunde König Theudeberts. Er war ein kluger Mann, auf dessen Rat der König gerne hörte und dem seine edle Verständigkeit Schutz gewährte. Mit großer Freude nahm dieser den Mann Gottes auf und versprach, für seine Reise zum Hofe Theudeberts Sorge tragen zu wollen. Dafür seien nun keine anderen Begleiter seitens des Königs mehr nötig. Seine Unterstützung unterschied sich nämlich von der der anderen darin, daß er mit allen Kräften versuchte, den Mann Gottes bei sich zu behalten, damit sein Haus durch seine Lehre geadelt werde. Der Mann Gottes segnete also sein Haus und weihte seine Tochter namens Burgundofara, die noch ein Kind war, dem Herrn. Doch darüber werden wir später noch ausführlicher berichten[52].

Von hier brach er auf und gelangte zum Gut Ussy[53], das an der Maas gelegen ist. Dort wurde er von einem Manne namens Autharius empfangen, dessen Gattin Aiga hieß. Sie hatten Söhne, die noch im Kindesalter standen und die die Mutter dem Manne Gottes zum Segnen hinhielt. Als jener nun den Glauben der Mutter sah, heiligte er die Kleinen mit seinem Segen. Mannbar geworden, standen diese zunächst bei König Chlothar und dann bei Dagobert im höchsten Ansehen. Als sie aber großen Ruhm in dieser Welt erlangt hatten, begannen sie dafür Sorge zu tragen, den himmlischen Ruhm nicht wegen des irdischen zu verlieren.

[50] Dép. Seine-et-Marne.

[51] Er wohnte mit seiner Gattin Leudegundis in der villa Pipimisiacus, etwa zwei Meilen von Meaux entfernt; vgl. *Jonas II 7.*

[52] *Jonas II 7* und *11—22.*

[53] Dép. Seine-et-Marne.

natu Ado nomen semet suis voluntatibus abdicavit, postque intra Iorani[54] saltus monasterium ex beati regula Columbani construxit; iuniorque nomen Dado[55] intra Briegensem saltum supra fluviolum Resbacem[56] ex supradicti viri regula monasterium construxit[57]. Tanta in virum Dei gratia redundavit, ut quoscumque sacravit, in boni cultus perseverantia dies suprema invenit. Illud oppido iure dictum sit, ut quos de industria monuit, gavisi sunt se postea inpunitatem meruisse, nec inmerito tanti viri fultus adminiculo partae gratiae potitus est supplimentum, qui eius doctrinis innexus, noluit ab iustae vitae tramitem deviare. /

27. De susceptione Theudeberti et Brigantiae sessione gentiumque correptione et adventu alitum et divisione pomorum et angeli per visum monitum

Exinde ad Theudebertum venit; quem cum Theudebertus vidisset, ovans suis sedibus recepit. Iam enim multi fratrum post eum ex Luxovio venerant, quos velut ex hostium preda recipiebat. Pollicitusque est Theudebertus se repperire intra suos terminos loca venusta et famuli Dei ad omni oportunitate congrua proximasque ad predicandum nationes undique haberi. Ad haec: 'Si', inquit vir Dei 'pollicitationis tuae adminiculum preberis, et vademonio falsitatis noxa non opponeretur, quantisper se moraturum ac probaturum, si in cordibus gentium vicinarum fidem serere valeat[58]'. Dedit ergo rex optionem, quamcumque in partem voluisset, experimento quereret locum, qui sibi et suis placuisset; inquisitumque locum, quem favor omnium reddebat laudabilem, intra Germaniae terminos, Reno tamen vicina, oppidum olim dirutum quem Bricantias[59] nuncupabant. Sed quid tunc vir Dei, dum per Reni alveum navigaret, actum sit, non est silendum.

[54] Dép. Seine-et-Marne, Ar. Meaux, Ct. La Ferté-sous-Jouarre.
[55] Er war 632/639 Referendar K. Dagoberts I.; vgl. *Fredegar IV 78.*

Ado, der ältere von ihnen, entsagte seinen Wünschen und gründete später im Waldgebiet von Juarre[54] ein Kloster nach der Regel des heiligen Columban. Der Jüngere aber namens Dado[55] stiftete in der Brie an einem kleinen Fluß das Kloster Rebais[56] nach der Regel des erwähnten Mannes[57]. So groß war die Gnade, die vom Manne Gottes ausging, daß alle, die seinen Segen empfangen hatten, bis zu ihrer Todesstunde treu am Glauben festhielten. In der Stadt aber hieß es, daß sich alle glücklich schätzten, die er zu größerem Eifer anspornte, da sie der Meinung waren, dadurch für die Zukunft Straffreiheit verdient zu haben. Denn jeder, der sich seiner Lehre anschloß, konnte zu Recht darauf hoffen, er werde, gestützt auf den Beistand dieses Mannes, die nötige Kraft und Gnade erlangen, niemals vom Pfade eines gerechten Lebens abzuweichen.

27. Seine Aufnahme bei Theudebert, die Reise nach Bregenz, wie er die Heiden tadelte, von der Ankunft der Vögel, der Teilung der Früchte und von der Mahnung, die er durch einen Engel Gottes erhielt

Hierauf kam er zu Theudebert, der sich über sein Erscheinen freute und ihn gerne in seinem Reiche aufnahm. Denn schon oft vorher waren Brüder aus Luxeuil gekommen, die er gleichsam als Beute von den Feinden annahm. So versprach Theudebert, in seinem Reiche einen guten Ort ausfindig zu machen, der für die Diener Gottes in allem geeignet wäre und die Möglichkeit bieten würde, den Nachbarvölkern zu predigen. Darauf der Mann Gottes: „Wenn du das nicht nur versprichst, sondern auch deine Unterstützung gewährst und es ganz ehrlich damit meinst, möchten wir hier wohl ein wenig verweilen und versuchen, ob wir nicht den wahren Glauben ins Herz der benachbarten Heidenvölker einpflanzen könnten[58]“. Daher überließ ihnen der König freie Wahl, sich versuchsweise, wo auch immer er es wolle, einen Ort zu suchen, der für ihn und die Seinen günstig wäre. Der ausgewählte Ort, der von allen gerühmt wurde, war eine einst zerstörte Stadt mit dem Namen Bregenz[59], die zwar noch innerhalb der Grenzen Germaniens liegt, aber doch schon dem Rhein benachbart ist. Was der Mann Gottes aber damals bei seiner Reise zu Schiff über den Rhein vollbracht hat, soll nicht verschwiegen werden.

[56] Dép. Seine-et-Marne, Ar. Meaux; die Stiftung zu Ehren der heiligen Petrus, Paulus und Antonius erfolgte von Dado gemeinsam mit seinen Brüdern Ado und Rado.

[57] Vermischt mit der Benediktinerregel.

[58] Vgl. *MGH Epp. III 167.*

[59] Hst. des Bundeslandes Vorarlberg.

Dum quodam die per Reni alveum, ut diximus, scafa veherentur, ad urbem quam Mogontiacum[60] veteres appellarunt perveniunt. Quo cum venisset, remigeri, qui in comitatu viri Dei a rege directi fuerant, viro Dei aiunt se habere amicos in urbe, qui necessarios sumptus preberent; iam enim defecerant itinere longo stipendia sumptuum. Quibus vir Dei ait: 'Ite'. Qui cum abissent, nihil reppererunt. Reversique ac a viro Dei interrogati, respondent se nullatenus inpetrare ab amicis aliquid potuisse. Ad haec ille: 'Sinite me', inquit, 'paulolum ad meum abire amicum'. Mirantibus illis, unde huic illo in loco, quo ante non fuerat, amicum habere, progressus ille ad ecclesiam pergit; qua ingressus, pavimento inherens longe orationis protractione suum Dominum, pietatis postulat / auctorem. Nec mora, episcopus urbis illius[61] domo progressus ad ecclesiam venit, reppertumque beatum Columbanum, sciscitatur, quis sit. At ille fatetur se peregrinum esse. Cui ille: 'Si', inquit, 'necesse est sumptuum copiam capere, propera domi, et quantum necesse fuerit, tecum defer'. At ille cum gratias simul conditori qui inspiraverat ac illi qui optatam necessitatis copiam offerebat referret, adtentius ille cogit ac imperat, ut omnia oportuna sumat; puerosque festinos ad navem ipse dirigit, ut omnes veniant praeter custode uno dimisso, et queque velint, secum deportent. Quod ne cui casu evenisse videatur, nam solitus erat postea hisdem episcopus protestari, numquam se antea sic adtonitum in tribuendo necessaria fuisse et se absque alia oportunitate ad beati Columbani meritum divina monitione ad ecclesiam venisse.

Ad destinatum deinde perveniunt locum[62]. Quem peragrans vir Dei non suis placere animis aiet, sed tamen ob fidem in gentibus serendam inibi paulisper moraturum se spondit. Sunt etenim inibi vicinae nationes Suaevorum. Quo cum moraretur et inter habitatores loci illius progrederetur, repperit eos sacrificium profanum litare velle, vasque magnum, quem vulgo cupam vocant, qui XX modia[63] amplius minusve capiebat, cervisa plenum in medio positum. Ad quem vir Dei accessit sciscitaturque, quid

[60] Rheinhessen.
[61] Lesio; vgl. *Fredegar IV 38.*

Als sie eines Tages, wie erwähnt, mit ihrem Kahn den Rhein flußaufwärts fuhren, gelangten sie zu einer Stadt, die die Alten Mainz[60] nannten. Dort angekommen, sagten die Ruderer, die der König dem Manne Gottes zur Begleitung mitgegeben hatte, sie hätten in der Stadt Freunde, die ihnen den nötigen Lebensunterhalt geben würden; durch die lange Reise war ihnen nämlich das Geld für Nahrung ausgegangen. Der Mann Gottes antwortete ihnen: „Geht". So begaben sie sich in die Stadt, bekamen aber nichts. Nach ihrer Rückkehr fragte sie der Mann Gottes darum. Sie erwiderten, sie hätten von ihren Freunden nicht das geringste bekommen können. Darauf meinte jener: „Laßt mich kurz zu meinem Freund gehen". Jene aber wunderten sich, wieso er an jenem Ort, an dem er doch noch nie vorher gewesen war, einen Freund haben könne. Jener aber brach eilends zur Kirche auf, betrat sie, warf sich zu Boden und flehte zu seinem Herrn, dem Urheber des Guten. Und es dauerte nicht lange, als der Bischof jener Stadt[61] von daheim fortging, um zur Kirche zu gehen. Er fand dort den heiligen Columban und fragte ihn, wer er sei. Jener aber antwortete, er sei ein Fremder. Hierauf sprach der Bischof zu ihm: „Wenn es dir an irgendeinem Lebensunterhalt mangelt, komm zu mir nach Hause und nimm dir von dort mit, wieviel auch immer du benötigst". Jener aber dankte in gleicher Weise dem Schöpfer, der diesem den Gedanken eingegeben hatte, und ihm selbst, der die erbetenen notwendigen Gaben darbot. Jener aber trieb ihn immer eifriger an und befahl ihm geradezu, sich alles zu nehmen, was er benötige. Er selbst schickte eilends Knaben zum Schiff, damit alle bis auf einen Wächter kommen sollten, um sich, was auch immer sie wollten, mitzunehmen. Damit aber niemand glaube, daß das aus Zufall geschehen sei, pflegte eben jener Bischof später öffentlich zu bekennen, daß er niemals zuvor beim Austeilen der Gaben so erschüttert gewesen sei und daß ihn die Weisung Gottes einzig und allein wegen des Verdienstes des heiligen Columban, fern von jedem anderen Vorteil, zu jener Kirche geführt habe.

Hierauf gelangten sie an ihren Bestimmungsort[62]. Als er ihn gesehen hatte, sagte der Mann Gottes, daß er seinen Vorstellungen zwar nicht entspreche, versprach aber trotzdem, einige Zeit hier zu verweilen, um den Heiden den Glauben in ihr Herz zu pflanzen. In der Nachbarschaft befanden sich dort nämlich die Völker der Sueben. Als er hier verweilte und sich bei den Bewohnern der Stadt aufhielt, bemerkte er, daß sie sich daranmachten, ein heidnisches Opfer darzubringen. Sie stellten nämlich ein großes Gefäß, das in ihrer Sprache Kufe heißt und ein Fassungsvermögen von etwa 20 Scheffel hat[63], angefüllt mit Bier in der Mitte des Ortes auf. Der Mann Gottes aber schritt auf diesen Krug zu und fragte,

[62] Bregenz

[63] Altes Hohlmaß; der Inhalt schwankt zwischen 30 und 300 Liter.

de illo fieri vellint. Illi aiunt se Deo suo Vodano nomine, [k]quem Mercurium[64], ut alii aiunt, autumant[k], velle litare. Ille pestiferum opus audiens, vas insufflat, miroque modo vas cum fragore dissolvitur et per frustra dividitur, visque rapida cum ligore cervisae prorumpit; manifesteque datur intellegi diabolum in eo vase fuisse occultatum, qui per profanum ligorem caperet animas sacrificantum. Videntes barbari, stupefacti aiunt magnum virum Dei habere anhelitum, qui sic possit dissolvere vas ligaminibus munitum[65], castigatusque euangelicis dictis, ut ab his segregarentur sacrificiis, domibus redire imperat. Multique eorum tunc per beati viri suasum vel doctrinam ad Christi fidem conversi, baptismum sunt consecuti; aliosque, quos iam / lavacro ablutus error detinebat profanus, ad cultum euangelicae doctrinae monitis suis ut bonus pastor ecclesiae sinibus reducebat.[66]

Eo itaque in tempore Theudericus atque Brunichildis non solum adversum Columbanum insaniebant, verum etiam et contra sanctissimum Desiderium Viennensis[67] urbis episcopum adversabantur. Quem primo exilio damnatum multis iniuriis adfligere nitebantur ad postremum vero glorioso martyrio coronarunt[68], cuius gesta[69] scripta habentur, quibus et quantis adversitatibus gloriosus apud Dominum meruit habere triumphos.

Vagante itaque Columbano cum suis poenes Bregantiam urbem, durae egestatis tempus obvenit; sed quamvis alimonia deessent, manebat intemerata atque inconcussa fides, quae necessaria apud Dominum impetraret. Cumque iam tridui ieiunio fessa corpora referrent, evenit tanta copia alitum, velut Israhelitarum castra coturnix olim operuit[70], ita ut omnem paginam loci illius alitum multitudo obpleret. Intellexit vir Dei, suam suorumque ob necessitatem has dapes terrae diffundi nec prorsus alibi obvenire preter eo quo ipse moraretur in loco. Iubet suos prius

[k–k] Fehlt in A 3.

[64] Vgl. *Paulus Diaconus, Historia Langobardorum I 9.*

[65] Ein ähnliches Wunder schreibt Jonas dem heiligen Vedastis zu.

[66] Eine in der Hagiographie sonst unüblich milde Haltung der Heiden; meist wird der Heilige getötet oder muß zumindest fliehen.

was mit ihm geschehen solle. Sie erwiderten, sie wollten ihrem Gotte namens Wodan, den sie, wie andere berichten, auch Merkur[64] nannten, ein Opfer darbringen. Als jener von ihrem verderblichen Vorhaben hörte, blies er erzürnt auf das Gefäß, worauf dieses auf wunderbare Weise mit großem Lärm zerbrach und in Stücke barst. Das Bier aber strömte in raschem Fluß heraus. Daraus war klar zu ersehen, daß in diesem Gefäß der Teufel versteckt gewesen war, um durch den heidnischen Opfertrank die Seelen der Opfernden zu umgarnen. Als die Heiden das sahen, staunten sie und meinten, der Mann Gottes besitze einen gewaltigen Atem, mit dem er sogar dieses mit starken Verstrebungen zusammengehaltene Gefäß zerstören könnte[65]. Er aber tadelte sie mit den Worten des Evangeliums, sie sollten solche Opfer in Zukunft unterlassen, und hieß sie dann nach Hause gehen. Viele von ihnen wurden hierauf, sei es durch die Überzeugungskraft oder durch die Lehre des heiligen Mannes zum Glauben an Christus bekehrt, und empfingen die Taufe. Andere hingegen, die zwar durch die Taufe schon gereinigt waren, aber dennoch an ihrem heidnischen Irrglauben festhielten, führte er wie ein guter Hirte zur Befolgung der Lehre des Evangeliums wieder in den Schoß der Kirche zurück[66].

In jener Zeit aber wüteten Theuderich und Brunchildis nicht nur gegen Columban, sondern bedrängten auch den hochheiligen Desiderius, den Bischof der Stadt Vienne[67]. Zuerst bestraften sie ihn mit dem Exil, dann bemühten sie sich, ihn mit vielen Bosheiten heimzusuchen und zuletzt ließen sie ihn sogar die ruhmvolle Krone des Martyriums erlangen[68]. Aus der vorliegenden Beschreibung seines Lebens[69] ist leicht zu ersehen, welch häufige und schwere Heimsuchungen es ihm ermöglichten, jenen erhabenen Triumph vor dem Herrn zu feiern.

Als sich Columban also mit den Seinen in der Stadt Bregenz aufhielt, brach eine Zeit harter Entbehrung an. Aber obwohl keinerlei Nahrungsmittel mehr vorhanden waren, bewahrte er dennoch den unerschütterlichen und ungebrochenen Glauben, daß er beim Herrn das Notwendige erreichen würde. Als sie durch dreitägiges Fasten körperlich schon völlig ermattet waren, erschien plötzlich eine große Vogelschar, die den ganzen Raum jenes Platzes ausfüllte. So war ja auch einst das Lager der Israeliten von den Wachteln erfüllt worden[70]. Da erkannte der Mann Gottes, daß jene Vögel seiner und der Seinen Notlage wegen als Speise den Boden bedeckten und daß das nur deshalb geschah, weil er sich an jenem Ort befand. Er befahl den Seinen, zuerst dem Schöpfer Lob und

[67] 596 als Erzbischof von Vienne zum erstenmal bezeugt; nahm 602/3 am Konzil von Chalon-sur-Saône teil.

[68] Um 611.

[69] *MGH SS rer. Merov. III 620—648.*

[70] Vgl. *Num. 11, 31.*

grates laudesque rependere conditori sicque alitum dapes capere. Erat mirum et stupendum miraculum: capiebantur aves, prout patris imperium urguebat, nec abscedere pennigera fuga nitebantur. Mansit ergo alitum manna per triduum defusa. Quarto deinde die quidam pontifex ex vicinis urbibus frumenti copiam, divina monitus adspiratione, beato Columbano direxit; sed mox omnipotens, qui penuriam patientibus aligeros prebuerat cibos, ut farris adeps advenit, alitum falangas imperavit abire. Nam Eusthasium hoc cognovimus referentem, qui eo tempore inter reliquos sub viri Dei oboedientia ibidem tenebatur adnexus, quod nullus ea fuerit in caterva, qui ante talium genera alitum se vidisse referret; et tanta sapor in cibo aderat, ut regias vinceret dapes. O mirum divinae potentiae donum! Quando terrenae dapes cultoribus Christi desunt, tunc demum caelestia tribuuntur, sicut de Israhel dictum est: / [71]Panem caeli dedit eis[71], cum autem terrenae opes subvenirent, tunc grates amoventur inlatae.

Ipso itaque in tempore, cum sub quodam scopulo inter vasta heremi ieiunio corpus conficeret et nihil aliud praeter ruris poma, quorum superius fecimus mentionem[72], in cibos caperet, venit adsueta abdite voracitatis fera ursus coepitque necessarius delambere cibos ac passim poma ore detrahere. Cumque hora refectionis advenisset, Chagnoaldum[l.73] ministrum direxit, ut consuetam mensuram pomorum deferret. Qui cum abisset, ursum inter ruris fructices rubusque pervagare perspexit ac poma lambendo carpere. Festinus redit patrique indicat; ille imperat, ut eat partemque fructicum in cibos fere dimittat aliamque partem sibi reservare iubet. Abiit namque Chagnoaldus ac iussa patris implevit divisitque virga fructices rubusque, quae poma ferebant, et partem suam iuxta viri Dei imperium ait ut fera comedat aliamque partem in usus viri Dei reservet. Mira in fera oboedientia! Nequaquam ex prohibita sibi parte ausa est carpere cibos, sed in segregata, permissa sibi fructicum parte tantummodo pabula requisivit, quoadusque vir Dei eo in loco commoravit.

[l] Von hier an immer *Magnoaldum* in A 1a.

[71–71] Ps. *17, 24.*

[72] Vgl. *Jonas I 9;* gemeint sind Schlehen oder Brombeeren.

Dank zu sagen und dann die Vögel als Speise in Empfang zu nehmen. Da zeigte sich ein großes und unfaßbares Wunder: Die Vögel ließen sich nämlich, wie es der Auftrag des Vaters forderte, freiwillig fangen und versuchten gar nicht, rasch mit ihren Flügeln zu entfliehen. So blieben also die Vögel gleichsam als himmlisches Manna drei Tage hindurch am Boden verstreut. Am vierten Tage aber schickte ein Bischof aus den Nachbarstädten aufgrund einer göttlichen Eingebung dem heiligen Columban eine Menge Getreide. Dann aber, als das Getreide angekommen war, hieß der Allmächtige, der den Hungerleidenden die Vögel als Nahrung dargeboten hatte, die Scharen der Vögel wegfliegen. Diesen Bericht habe ich von Eusthasius, der zu jener Zeit gemeinsam mit den übrigen in Gehorsam mit dem Manne Gottes ebendort verweilt war. Er berichtete, daß niemand in dieser Schar gewesen war, der sagen konnte, daß er jemals zuvor derartige Vögel gesehen hätte. Die Speise aber war derart schmackhaft, daß sie selbst die königliche Festtafel übertraf. O wunderbares Geschenk göttlicher Macht! Denn erst dann, wenn irdische Speisen den Dienern Gottes fehlen, werden ihnen himmlische zuteil, so wie es von Israel heißt: [71]Brot vom Himmel gab er ihnen[71]. Sobald aber irdische Hilfe zuteil wird, verschwindet die dargebotene Hilfe von selbst.

Als er seinen Körper in jener Zeit wieder einmal in einer Höhle, die in unwegsamer Einsamkeit lag, durch Fasten geißelte und nichts anderes als Speise zu sich nahm als die Früchte der Erde, die wir weiter oben erwähnten[72], kam heimlich ein wilder Bär des Wegs, der in gewohnter Gefräßigkeit die benötigte Nahrung abzulecken und allenthalben die Frucht mit seiner Schnauze herauszureißen begann. Als die Stunde des Mahles gekommen war, schickte er seinen Diener Chagnoald[73] aus, damit er, wie immer, die Früchte für das Mahl herbeibringe. Als dieser weggegangen war, sah er den Bären zwischen den Früchten und dem Gebüsch des Feldes umherstreifen, die Früchte ablecken und ausreißen. Eilends kehrte er zurück und erzählte es dem Vater. Jener befahl, er solle gehen und einen Teil der Früchte dem wilden Tier als Speise überlassen und befehlen, den anderen Teil für ihn aufzuheben. Chagnoald aber ging fort und führte den Auftrag seines Vaters aus. Er teilte das dichte Gestrüpp, das die Frucht trug, mit einer Gerte und sagte zu dem wilden Tier, wie ihm der Mann Gottes aufgetragen hatte, es solle seinen Teil auffressen, den anderen Teil aber zum Gebrauch des Mannes Gottes unberührt lassen. Welch wunderbarer Gehorsam zeigte sich da in dem Tier! Es wagte nämlich auf keine Weise, von dem ihm verbotenen Teil Nahrung zu nehmen, sondern suchte sich seine Speise nur in dem abgesonderten und ihm überlassenen Teil des Gestrüpps, solange sich der Mann Gottes an jenem Orte aufhielt.

[73] Ein Bruder Burgundofaras, der sich Columban um 610 angeschlossen hatte und später Bischof von Laon wurde (gestorben um 633).

Interea cogitatio in mentem ruit, ut Venetiorum qui et Sclavi[74] dicuntur terminos adiret caecasque mentes euangelica luce lustraret ac ab origine per avia oberrantibus veritatis viam panderet. Cumque haec votis patrandum inesset, angelus Domini per visum apparuit, parvoque ambitu, velut paginali solent stilo orbis discribere circulum, mundi conpagem monstravit. 'Cernis', inquit, 'quod maneat totus orbis desertus. Perge dextra levaque, qua eligis, ut labores tui fructus comedas'. Intellexit ergo ille, non esse gentis illius in promptu fidei profectus, quievitque in loco, donec aditus ad Italiam viam panderet.

28. De bello regum et revelatione viri Dei et Theudeberti proditione

Interea inter Theudericum Theudebertumque lis firmatur, ac quisque adversus fratrem usque ad internitionem desevit, utrisque gentium robore superbientibus. / Inter quae vir Dei ad Theudebertum accedit eumque suadet, ut coepte arrogantiae supercilium deponeret seque clericum faceret, et in ecclesia positus, sacre subderetur religione, nec simul cum damna presentis regni aeternae pateretur vitae dispendia. Quod et regi et omnibus circumadstantibus ridiculum excitat, aientes, se numquam audisse, Mervengum, in regno sublimatum, voluntarium clericum fuisse. Detestantibus ergo omnibus, beatus Columba ait: 'Si voluntarius nullatenus clericatus honorem sumat, in brevi invitus clericus existat'. His ergo dictis, vir Dei ad cellolam remeat, moxque prophetici dicti eventum res non diu dilata adfirmat.

Nec mora, Theudericus Theudebertum ad bellum ciet et propter Tullum[m,75] devictum fugat[76]. Postque, collecto robore exercitus, persequitur, similique modo gentium multorum Theudebertus robore vallatus, ad Tulbiacensem[77] castrum pugnaturus occurrit. Ibi, praelio inito, innumere hominum falangas

[m] *Tulbiacum* in A 2.

Unterdessen faßte dieser den Plan, ins Gebiet der Veneter zu wandern, die auch Slawen[74] genannt werden, ihre verblendeten Herzen mit dem Lichte des Evangeliums zu erleuchten und ihnen, die von Anfang an unwegsame Irrwege beschritten hatten, den Weg zur Wahrheit zu eröffnen. Als er aber in seinen Gebeten um die Erfüllung dieses Wunsches flehte, erschien ihm ein Engel Gottes, der ihm in kleinem Umfang, so wie man in kurzer Form den Weltenkreis zu beschreiben pflegt, das Gefüge der Welt zeigte: „Du siehst", sagte er, „daß dieser ganze Teil des Erdkreises wüst bleiben soll. Geh nach rechts und links, wo du es auch auswählst, damit du den Lohn für dein Bemühen genießen kannst". Daraus erkannte jener, daß diese Heidenvölker noch nicht bereit seien, sich dem Glauben zuzuwenden. Er blieb daher an jenem Ort, bis ihm der Weg nach Italien offenstand.

28. Vom Krieg zwischen den Königen und der Offenbarung des Mannes Gottes und vom Verrat an Theudebert

Unterdessen wurde der Streit zwischen Theuderich und Theudebert immer heftiger. Die beiden Brüder wüteten bis zur völligen Vernichtung gegeneinander, wobei sie sich der Stärke ihrer Völker rühmten. In dieser Situation kam der Mann Gottes zu Theudebert und riet ihm, mit seinem verderblichen Hochmut Schluß zu machen und Geistlicher zu werden, damit er als Glied der Kirche und als der heiligen Kirche unterworfen, nicht zugleich mit dem Untergang seines irdischen Reiches auch das ewige Leben verliere. Doch dafür hatten der König und alle Umstehenden nur ein Lachen übrig und sie antworteten ihm, sie hätten noch niemals gehört, daß ein regierender Merowinger freiwillig Geistlicher geworden sei. Als er seinen Rat von allen so abgewiesen sah, sagte der heilige Columban: „Wenn er die Würde des Priesteramtes nicht freiwillig auf sich nimmt, wird er bald gegen seinen Willen Geistlicher werden!" Nach diesen Worten kehrte der Mann Gottes in seine Zelle zurück, und es dauerte nicht lange, da stellte sich heraus, daß seine Prophezeiung der Wirklichkeit entsprach.

Denn kurz danach zog Theuderich gegen Theudebert in den Krieg und schlug ihn in die Flucht, nachdem er ihn zuvor bei Toul[75]besiegt hatte[76]. Wenig später sammelte er ein großes Heer und setzte Theudebert nach, der sich in ähnlicher Weise mit großen Kriegsscharen umgeben hatte. In der Schlacht bei der Feste Zülpich[77], wohin man zum Kampf geeilt war,

[74] Über ihren König Samo *Fredegar IV 48;* zur Zeit des heiligen Bonifatius siedelten sie an der Saale und in Thüringen; vgl. *MGH Epp. III 372.*

[75] Dép. Meurthe-et-Moselle.

[76] Mai 612; vgl. *Fredegar IV 38.*

[77] RB. Köln, Kr. Euskirchen.

ex utroque exercitu perierunt; victus tandem Theudebertus fugit.[78]

Eo igitur in tempore vir Dei in heremo morabatur, contentus tantum unius ministri Chagnoaldi famulatu. Ea ergo hora, quo apud Tulbiacum commissum est bellum, supra querqui putrefactam truncum vir Dei librum legens resedebat; quem subitus sopor obpressit, et quid inter duos reges ageretur, vidit. Moxque excitatus, ministrum vocat cruentamque regum pugnam indicat; multum humanum sanguinem fundi suspirat. Cui temerario conatu minister ait: 'Pater mi, Theudeberto tuis precibus prebe suffragium, ut communem debellet hostem Theudericum'. Ad haec beatus Columbanus: 'Stultum ac religione alienum consilium administras. Non enim ita Dominus voluit, qui nos pro inimicis nostris orare rogavit[79], in arbitrio esse iam iusti iudicis, quid de eis fieri vellit'. Inquisivit ergo post minister temporis diem et horam; repperit ita fuisse, sicut viro Dei fuerat revelatum.

Persecutus est ergo Theudebertum Theudericus et suorum proditione captum ad aviam Brunichildem direxit. Quem cum avia recepisset, quia Theuderici partis Brunichildis favens erat, furens Theudebertum fieri clericum rogavit; at non post multos dies impie nimis post clericatum perimi iussit[80]. /

29. De interitu Theuderici et liberorum nece et impleta prophetia Chlothario

Porro Theudericus poenes Mettensem morans oppidum divinitus percussus inter flagrantes ignis incendia mortuus est.[81] Post quem Brunichildis filium eius Sigibertum in regnum suffecit.[82] Itaque Chlotharius memor prophetiae viri Dei,[83] collectu exercitu, fines regni, quae suae ditioni debebantur, conatur recipere; contra quem Sigibertus cum hostium cuneis pugnaturus advenit.

[78] Vgl. *Fredegar IV 38.*
[79] Vgl. *Mt. 5, 44.*
[80] 612/3; vgl. *Fredegar IV 42.*

gingen zahllose Menschenscharen aus beiden Heeren zugrunde, doch schließlich mußte Theudebert besiegt fliehen[78].

Zu dieser Zeit weilte der Mann Gottes in der Einsamkeit und begnügte sich allein mit dem Dienst seines Helfers Chagnoald. In jener Stunde, in der bei Zülpich gekämpft wurde, saß der Mann Gottes eben auf einem morschen Eichenstamm und las ein Buch. Plötzlich erfaßte ihn tiefer Schlaf, und er sah im Traum die Schlacht zwischen den beiden Königen. Als er aufwachte, rief er seinen Diener zu sich und erzählte ihm seufzend von der blutigen Schlacht der Könige und daß viel Blut vergossen worden sei. Hierauf sprach sein Schüler unbedacht zu ihm: „Mein Vater, hilf Theudebert durch die Kraft deiner Gebete, damit er unseren gemeinsamen Feind Theuderich besiege!" Der heilige Columban aber antwortete: „Dein Wunsch ist töricht und stimmt mit unserem Glauben nicht überein. So meinte es unser Herr nämlich nicht, als er uns auftrug, auch für unsere Feinde zu beten[79]. Es liegt vielmehr im Belieben des gerechten Richters, was er mit ihnen geschehen lassen will". Als der Diener später den Tag und die Stunde erfahren hatte, bemerkte er, daß sich alles so ereignet hatte, wie es ihm vom Manne Gottes geoffenbart worden war.

Unterdessen wurde Theudebert auf der Flucht vor Theuderich von seinen eigenen Leuten verraten und gefangen zu seiner Großmutter Brunchildis gebracht. Diese stand auf der Seite der Anhänger Theuderichs und ließ Theudebert, sobald er in ihre Hände geraten war, voll Zorn zum Geistlichen scheren. Wenige Tage aber nachdem er Geistlicher geworden war, wurde Theudebert auf Befehl seiner ruchlosen Großmutter getötet[80].

29. Vom Tode Theuderichs, der Ermordung seiner Kinder und wie sich die Prophezeiung an Chlothar erfüllte

Unterdessen wurde Theuderich bei seinem Aufenthalt in der Stadt Metz von Gott mit Feuer geschlagen und starb in den glühenden Flammen[81]. Ihm ließ Brunchildis seinen Sohn Sigibert in der Herrschaft folgen[82]. Chlothar aber erinnerte sich an die Weissagung des Mannes Gottes[83], sammelte ein Heer und versuchte, jene Gebiete des Reiches an sich zu bringen, die seiner Herrschaft unterstanden. Gegen ihn zog Sigibert mit einer feindlichen Schar zu Felde, wurde aber von Chlothar

[81] 613; *Sisebut, Vita Desiderii 19* und *Fredegar IV 39* berichten übereinstimmend, daß K. Theuderich II. an der Ruhr gestorben sei.

[82] Er war von Brunichildis unter Ausschluß seiner Brüder 613 zum König erhoben worden.

[83] Vgl. *Jonas I 24.*

Quem Chlotharius captum peremit[84] fratresque eius quinque, Theuderici filios,[85] cum proavia Brunichilde coepit. Pueros separatim peremit,[86] Brunichildem vero primo ignobiliter camelo inpositam hostibus girando monstravit, postque indomitorum aequorum caudis inretitam miserabiliter vitae privavit.[87] Funditus ergo radicitusque deletam Theuderici stirpem, Chlotharius potitus est trium regnorum solus monarchiam. Quo facto, beati Columbae prophetia in omnibus impleta est, unum intra triennium cum omni stirpe funditus deletum, alium violenter clericum factum, tertium trium regnorum possessione ac dominatione dilatatum.

30[n]. Beatus ergo Columbanus cum vidisset, ut superius diximus[88], devictum a Theuderico Theudebertum, relicta Gallia atque Germania, Italiam ingreditur, ubi ab Agilulfo[89] Langobardorum rege honorifice receptus est. Qui, largita optione, ut intra Italiam, quocumque in loco voluisset, habitaret, ibi Dei consultu / actum est, dum ille poenes Mediolanium urbem moraretur et hereseorum fraudes, id est Arriane perfidie, scripturarum cauterio discerpi ac desecari vellet, contra quos etiam libellum florenti scientia ededit,[90] vir quidam nomine Iocundus ad regem venit, qui regi indicat se in solitudine ruribus Appenninis basilicam beati Petri apostolorum principis scire, in quam virtutes expertus sit fieri, loca ubertate fecunda, aquis inrigua piscium copia. Quem locum veterum traditio Bobium[91] nuncupabant ob rivum in eo loco hoc nomine fluentem amnemque alium profluentem nomine Triveam,[92] super quem olim Hannibal hiemans, hominum, aequorum, elefantorum atrocissime damna sensit[93]. Ubi cum venisset, omni cum intentione basilicam inibi semirutam repperiens, prisco decori renovans reddidit. In cuius restauratione mira Domini virtus panditur. Nam cum per prerupta saxorum scopula trabes ex abietibus inter densa saltus locis inaccessibilibus cederentur, vel alibi caesa, inibi casu elapsa aspero, aditum plaustro-

[n] Das Kapitel 30 hat in den Handschriften stark divergierende Titel, weshalb auf die Überschrift überhaupt verzichtet wurde.

[84] 613

[85] Namentlich bekannt sind außer K. Sigibert II. noch Merovech, Corbus und Childebert, der entkommen konnte; vgl. *Fredegar IV 42.*

gefangengenommen und getötet[84]. Ebenso bemächtigte sich Chlothar dessen fünf Brüder, der Söhne Theuderichs[85], zusammen mit ihrer Urgroßmutter Brunchildis. Während er die Knaben getrennt umbringen ließ[86], wurde Brunchildis zuerst auf ein Kamel gesetzt und rundum schmachvoll ihren Feinden zur Schau gestellt. Dann band man sie an den Schweif wilder Pferde, wo sie eines elenden Todes starb[87]. Als Chlothar die Familie Theuderichs so gänzlich ausgerottet hatte, regierte er in allen drei Königreichen als Alleinherrscher. So erfüllte sich die Weissagung des heiligen Columban in allen Punkten: Der eine war binnen drei Jahren mit seiner ganzen Sippe von Grund auf vernichtet, der andere gewaltsam zum Priester gemacht worden, der dritte aber hatte Besitz und Herrschaft über die Reiche von allen dreien erlangt.

30. Als der heilige Columban nun, wie wir weiter oben dargestellt haben[88], die Niederlage Theudeberts gegen Theuderich im Traume gesehen hatte, verließ er Gallien und Germanien und begab sich nach Italien, wo er vom Langobardenkönig Agilulf[89] in Ehren aufgenommen wurde. Dieser erfüllte ihm den Wunsch, er dürfe sich in Italien niederlassen, wo immer er wolle. Als er sich nun in der Stadt Mailand aufhielt und dort die trügerische Irrlehre der arianischen Häretiker mit dem brennenden Schwert der Heiligen Schrift und durch die Abfassung eines eigenen sehr klugen Buches[90] von Grund auf auszurotten versuchte, kam ein Mann namens Jocundus auf Anraten Gottes zum König. Er sagte ihm, er wisse in der Einöde des Apenninengebirges eine Kirche der Apostelfürsten Petrus und Paulus. Es sei ihm auch bekannt, daß sich dort Wunder ereigneten. Das Gebiet sei sehr fruchtbar, gut bewässert und fischreich. Der Ort heißt nach alter Überlieferung Bobbio[91], weil dort ein Fluß gleichen Namens fließt, der in einen anderen Fluß namens Trebbia[92] mündet. In seiner Nähe habe einst Hannibal überwintert und den unglücklichen Verlust vieler Menschen, Pferde und Elephanten beklagt[93]. Als der Mann Gottes dorthin gekommen war, fand er dort eine halbverfallene Kirche, die er mit allem Eifer erneuerte und im alten Glanz wiederherstellte. Bei ihrer Wiedererrichtung aber zeigte sich die Wundermacht Gottes auf folgende Weise: Sie begannen nämlich, Stämme zu fällen in jenem steilen, unwegsamen Gelände, das schier undurchdringlich verwachsen war. Diese und andere Stämme, die entwurzelt im

[86] *Fredegar IV 42* berichtet, daß nur Corbus ermordet wurde.

[87] Vgl. *Sisebut, Vita Desiderii 21.*

[88] Vgl. *Jonas I 28.*

[89] Agilulf, K. d. Langobarden 590–616.

[90] Nicht erhalten.

[91] Pr. Piacenza (Emilia-Romagna).

[92] Mündet bei Piacenza in den Po.

[93] Vgl. *Livius XXI 58, 11.*

rum denegabat, mirum in modum trabem, quem vix triginta vel quadraginta plano terrae solo positum vehere non valerent, ibi cum duobus vel tribus, prout ardui callis meatus patebatur, vir Dei accedens, suis ac suorum humeris inmane pondus inponebat; et ubi antea prae asperitate itineris libero gressu vix graderentur, onerati mox trabium pondere festini gradiebantur, ut versa vice, qui onera ferrent, acsi ab aliis veherentur, firmis vestigiis, velut otio vagantes ovantes irent. Videns itaque vir Dei tanti auxilii supplimentum, suos hortatur, ut arreptum opus laeti perficiant, animoque roborati, eo consistere in heremo studeant; Dei in hoc voluntatis esse adfirmat. Tecta itaque templi culmina, murorum restaurant ruinas ceteraque, quaeque ad monasterii necessitatem pertinent, construere parat.

Interea memoratus Chlotharius vir Dei prophetiae effectum in se fuisse impletum cernens, venerabilem Eusthasium, qui eius in loco Luxoviensem monasterium regebat[94], ad se venire imperat. Quem pio effamine rogat, ut sibi cum / supplimento publico legationem fungere curet sociosque quos vellit nobilium virorum haberet, qui sui vademonii arbitres essent: post beatum Columbanum pergerent; quocumque repperissent in loco, eleganti suasu ad se venire hortarent. Perrexit itaque venerabilis discipulus, magistri vestigiis prosecutus; qui cum ad eum venisset, Chlotharii verba depromit. Viso ergo Eusthasio, beatus Columba gavisus recepti muneris aditum gratulatur retentumque poenes se quantisper hortatur, ut sui laboris[o] meminisceret, cohortem fratrum disciplinae habenis erudiret multorumque collegio Christi plebem adunaret suisque institutis edocaret. Dimissum post haec ad Chlotharium remeare iubet talibusque responsis regias mulciri imperat aures, seque retro repedare nullatenus ratum duceret; tantummodo poscere, ut sodales suos, qui Luxovio incolebant, regali adminiculo ac presidio foveret. Litteras castigationum effamine plenas regi dirigit. Gratissimum munus rex velut pignus foederis viri Dei ovans recepit nec eius petitioni oblivionis noxam preponit. Omni presidio supradictum monasterium munire studet, annuis censibus ditat, terminos undique, prout

[o] *Praemio vires resumat* vor *reminisceretque* eingefügt in B 1a. 2.

Wege herumlagen, machten einen Transport mit Karren unmöglich. Doch siehe! Dreißig oder vierzig Männer hätte es bedurft, um die fest am Boden liegende Last wegzuschaffen, der Mann Gottes aber kam mit nur zwei, drei der Seinen – mehr hatten auf dem schmalen Pfad nämlich nicht Platz –, und sie luden dennoch alles auf ihre Schultern. Obwohl sie an den Baumstämmen sehr schwer zu tragen hatten, schritten sie auf dem gleichen Wege rasch zurück, auf dem sie zuvor wegen der Unwegsamkeit des Geländes kaum hatten weiterkommen können. Da aber jene, die die Last schleppten, so unbeschwert und fröhlich einherschritten, hatte es den Anschein, als ob sie von anderen gezogen würden. Als der Mann Gottes sah, wie sehr ihm geholfen wurde, munterte er die Seinen auf, das begonnene Werk voll Freude zu Ende zu führen und sich voll Zuversicht hier in der Einöde niederzulassen, da das ja unzweifelhaft der Wille Gottes sei. So ließ er die Dächer und Giebel der alten Kirche und die zerstörten Gemäuer wieder herrichten und alles neu dazubauen, was man für ein geregeltes Klosterleben benötigt.

Unterdessen erkannte der erwähnte Chlothar, daß sich an ihm die Prophezeiung des Mannes Gottes erfüllt habe, und ließ den ehrwürdigen Eusthasius zu sich kommen, der an dessen Stelle nun das Kloster Luxeuil leitete[94]. Er bat ihn mit ehrfürchtigen Worten, mit königlicher Unterstützung eine Gesandtschaft für ihn zu unternehmen, für die er sich beliebig viele adelige Männer aussuchen könne, die als Boten seines feierlichen Entschlusses dienen sollten. Sie sollten dem heiligen Columban nachziehen und ihn, gleichgültig wo sie ihn gefunden hätten, geziemend überreden, wieder zu ihm zu kommen. So machte sich der ehrwürdige Schüler auf und folgte den Spuren seines Meisters. Bei ihm angelangt, überbrachte er die Worte Chlothars. Als der heilige Columban aber Eusthasius sah, freute er sich über alle Maßen über den Empfang dieses Geschenkes, behielt ihn ein wenig bei sich und ermunterte ihn, sich seiner schwierigen Aufgabe bewußt zu bleiben, die Schar der Brüder in strenger Zucht zu erziehen, viel Volk der Gemeinschaft Christi hinzuzufügen und sie in seinen Satzungen zu unterweisen. Danach entließ er ihn und befahl ihm, zu Chlothar zurückzukehren und den König mit folgenden Worten zu beruhigen: Es sei für ihn zwar eine beschlossene Sache, daß er selbst niemals mehr zurückkehren werde, er wünsche aber sehr, daß der König seine Gefährten, die in Luxeuil lebten, unter seinen königlichen Schutz und Beistand nehme. Außerdem schickte er dem König einen Brief, der von strengem, tadelndem Inhalt war. Der König aber nahm dieses Geschenk gleichsam als Unterpfand eines Vertrages des Mannes Gottes dankbar und freudig an und vergaß niemals, seiner Bitte zu entsprechen. Er bemühte sich, das oben genannte Kloster mit allem Beistand zu sichern, bereicherte es durch jährliche Abgaben, vergrößerte

[94] Eusthasius, 615–629 Abt von Luxeuil.

voluntas venerabilis Eusthasii erat, auget omnique conatu ad auxilium inibi habitantium ob viri Dei amorem intendit.

Porro beatus Columbanus, expleto anni circulo, in antedictu caenubio Ebobiensi vita beata functus, animam membris solutam caelo reddidit VIIII. Kl. Decembris[95]. Cuius strenuitatem si quis nosse vellit, in eius dictis repperiet. Reliquiaeque eius eo habentur in loco conditae, ubi et virtutum decore pollent presole Christo, cui est gloria per omnia secula seculorum. Amen.

seine Gebiete, wie immer es der ehrwürdige Eusthasius wollte, und versuchte aus Liebe zum Manne Gottes, den dort Wohnenden auf jede Weise behilflich zu sein.

Als sich nun der Jahreskreis geschlossen und der heilige Columban sein ehrwürdiges Leben im vorher genannten Kloster Bobbio vollendet hatte, kehrte seine Seele, vom Leibe befreit, am 23. November zum Himmel zurück[95]. Wenn aber jemand seine entschlossene Kraft kennenlernen will, so wird er sie in seinen Schriften wiederfinden. An jenem Orte werden auch seine Reliquien verehrt, die durch häufige Wunder ausgezeichnet und geehrt sind, die Christus, der Herr, zu ihrer Ehre wirkt, dem Ruhm gebührt in Ewigkeit. Amen.

[95] 615; vgl. das *Martyrologium Hieronymiani* zum 23. November in den *Acta Sanctorum, Nov. II 1, 146.*

REGISTER

Während bei der Aufnahme der Orts- und Personennamen möglichste Vollständigkeit angestrebt wurde, konnte dieses Prinzip bei sachlich und sprachlich wichtigeren Wörtern sowie bei den „Motiven" nicht in gleicher Weise Geltung haben. Die unterschiedliche Ausführlichkeit innerhalb der Schlagwörter liegt in der Beschaffenheit der Quellen und der divergierenden Auffassung der Bearbeiter begründet. Die Identifikation der Orte bzw. Personen erfolgt in der Regel an der ersten angegebenen Textstelle, nicht also in den Einleitungen.

Grammatikalisch-sprachwissenschaftliche Begriffe sind in das Register integriert.

Bis zur Seite 41 werden die Belege auf jeder einzelnen Seite ausgewiesen, ab Seite 44 wird im wesentlichen auf die linke Seite (lateinischer Text) Bezug genommen. Die Verweise bedeuten: s. = alle Belege finden sich an der verwiesenen Stelle; s.a. = an der verwiesenen Stelle finden sich teilweise auch andere Belege; vgl. = an der verwiesenen Stelle findet sich nur eine auffällige Wortform. Die in der näheren Beschreibung eines Stichwortes genannten Eigennamen etc. sind ebenfalls zu vergleichen. Der Vermerk passim bezieht sich, wenn nicht anders angegeben, auf die Seiten 272ff.